翟广顺◎著

青岛教育史：1891-1949
The History of Qingdao Education:1891-1949

中国海洋大学出版社
·青岛·

图书在版编目(CIP)数据

青岛教育史：1891—1949 / 翟广顺著. —青岛：
中国海洋大学出版社，2019.8（2021.1重印）
ISBN 978-7-5670-1981-2

Ⅰ.①青… Ⅱ.①翟… Ⅲ.①地方教育－教育史－青
岛－1891-1949 Ⅳ.①G527.523

中国版本图书馆 CIP 数据核字(2019)第 297567 号

出版发行	中国海洋大学出版社	
社　　址	青岛市香港东路 23 号	**邮政编码**　266071
出 版 人	杨立敏	
网　　址	http://pub.ouc.edu.cn	
电子信箱	cbsebs@ouc.edu.cn	
订购电话	0532－82032573(传真)	
责任编辑	纪丽真　史　凡	**电　　话**　0532－85902469
印　　制	青岛国彩印刷股份有限公司	
版　　次	2019 年 12 月第 1 版	
印　　次	2021 年 1 月第 2 次印刷	
成品尺寸	170 mm×240 mm	
印　　张	32.75	
字　　数	606 千	
印　　数	1～1500	
定　　价	89.00 元	

图1　清末胶澳地区乡村私塾教学情形

图2　19世纪末胶州湾乡区办学的外国传教士及其家属

图3　创办青岛礼贤书院的德国传教士卫礼贤

图4　1902年天主教圣方济各会弗朗西斯科修道院学校

图5　以卫礼贤妻子名字命名的青岛美懿书院授课情形

图6 1901年建成的德胶澳总督府学校

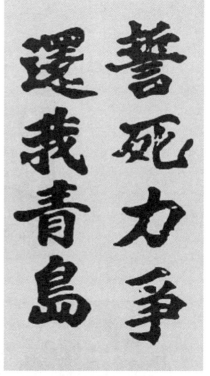

图8 1919年五四运动的标语
"誓死力争 还我青岛"

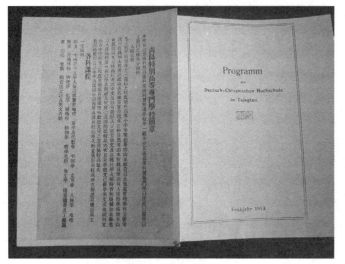

图7 1909年《青岛特别高等专门学堂章程》

图9 20世纪20年代初期的青岛日本高等女学校

图10　1922年胶澳教育会成立纪念照

图11　1923年青岛学界欢庆青岛回归一周年集会

图12　1923年来青开展学生运动的中共创始人之一邓恩铭

图13　1924年私立青岛大学校董事会会议

图14　1924年在德伊尔蒂斯兵营旧址成立的胶澳中学校

图 15　青岛市教育局局长雷法章

图 16　1932 年建成的青岛市立太平路小学校

图 17　1933 年青岛市立盲童学校成立一周年纪念照

图 18　1933 年著名教育家蔡元培为青岛崇德中学校校刊的题词

图 19　杨振声任校长的国立青岛大学

图20　20世纪30年代青岛四方职工学校教学情形

图21　作家许地山为青岛圣功女子中学校校歌作词

图22　1940年即墨信义中学师生合影

图23　日伪时期青岛特别市市立江苏路小学体育运动队合影

图24　日伪时期吉利平次郎开设的青岛学院商业学校毕业照

图 25　全面抗战期间内迁并入中央大学的山东大学生合影

图 26　国立山东大学校长赵太侔

**图 27　青岛解放前夕青岛市立
中学与市立女中的联合音乐会**

**图 28　反甄审运动中的青岛
文德女中教员费筱芝**

**图 29　1949 年 3 月国立山东大学学生反
南迁游行**

目　录

引　论 …………………………………………………………………… [1]

第一章　青岛建置时期(1891 年 6 月—1897 年 11 月) …………… [29]

第一节　近海防御体制下的国防教育 ……………………………… [29]
一　晚清海防危局与半渔半农的军户社会 ……………… [29]
二　未被"中体西用"充分改造的传统私塾 …………… [34]

第二节　以宗教功利为目的的教会学校 …………………………… [40]
一　基督教在鲁传教办学与即墨郭显德教案 …………… [40]
二　散布乡间的教会学校与岛城西学的冷寂 …………… [47]

第二章　德胶澳租借地时期(1897 年 11 月—1914 年 11 月) …… [53]

第一节　德国教育制度的楔入与中国学制的分合 ……………… [53]
一　德式实科中学改良型的胶澳总督府学校 …………… [53]
二　德国规制与中国学制兼容的华人蒙养学堂 ………… [61]
三　德总督府教育体制外的本土华人教育 ……………… [68]

第二节　初兴的城市工业与德国职业教育的植入 ……………… [74]
一　适应城市工业文明的德式职业技术教育 …………… [74]
二　半工半读的胶澳船坞工艺厂华人徒工学校 ………… [80]

第三节　西方宗教势力在胶澳租借地的办学活动 ……………… [84]
一　欧美基督教、天主教接踵开办的华人学校 ………… [84]
二　礼贤书院的创办与卫礼贤的华人师资培养 ………… [90]
三　教会女子教育与美懿/淑范华人女校 ……………… [99]

第四节　中德政府合作青岛特别高等专门学堂 ………………… [105]
一　德殖民地新文化政策与晚清新教育的互鉴互利 …… [105]

1

二　融合中德教育元素及租借地实用特点的科系建制 …………［109］

三　中西教育相辅而行与服务社会需求的办学启示 …………［115］

第三章　日本第一次占领时期（1914 年 11 月—1922 年 12 月）…………［120］

第一节　享有特权的海外日侨子女学校 …………［120］

一　"恩准法待遇"与日侨子女普通教育 …………［120］

二　兼收华人生源的职业教育与中国语学校 …………［126］

第二节　日本军政殖民下的华人学校教育 …………［128］

一　殖民化的初等教育公学堂和日语专门学校 …………［128］

二　夹缝中的私立、教会学校与乡村私塾的转型 …………［133］

第三节　"鲁案"的刺激与岛城教育的新期待 …………［140］

一　明德中学的排日标语与日侨的"鲁案"态度 …………［140］

二　日华实业协会"拟筹未成"的商科大学 …………［144］

第四章　北洋政府时期（1922 年 12 月—1929 年 4 月）…………［149］

第一节　"壬戌学制"与青岛回归后的教育 …………［149］

一　军阀混战的政局与强求统一的学校制度 …………［149］

二　国人治理体制与多方面发展的各类教育 …………［153］

三　仍具实力的日侨学校及外国教会学校 …………［163］

第二节　国土重光与私立青岛大学的短暂办学 …………［167］

一　高恩洪与私立青岛大学的官商投资体制 …………［167］

二　现代民营高校董事会制的草创与困厄 …………［171］

第三节　大革命时期青岛学界的爱国运动 …………［175］

一　邓恩铭等共产党人在学界的革命活动 …………［175］

二　1925 年青岛惨案及后期的学生运动 …………［180］

第五章　南京国民政府前期（1929 年 4 月—1937 年 12 月）…………［185］

第一节　趋于定型的教育行政体制及经费划拨机制 …………［185］

一　雷法章与集权统一的教育管理制度 …………［185］

二　从 30 万元的"假定标准"到相当比例的教育投入 …………［191］

第二节　基于普及初等义务教育的二部制小学 …………［197］

一　从偏重示范性小学到谋初等义务教育普及 …………［197］

二　以救济失学儿童为目的的城市新式小学 …………［202］

三　谋求城乡一体化的农村初等义务教育 …………［206］

第三节　市立与教会学校并峙的中等教育结构 ……………… [211]

一　政府举办的市立中等学校及其管理 ……………… [211]

二　平稳中趋于式微的外国教会中学 ……………… [217]

第四节　闻名遐迩的劳工教育与有限的中学职业科 ……………… [222]

一　以增进工人知识技能为目的的职工学校 ……………… [222]

二　职业补习学校与普通中学附设职业科 ……………… [227]

第五节　师范教育、师资培训及教师管理制度 ……………… [233]

一　中等师范教育从发轫到渐次形成体系 ……………… [233]

二　中小学教师在职培训与小学教师暑期学校 ……………… [236]

三　以统制办法建立的中小学教师管理制度 ……………… [241]

第六节　规模化的社会教育及乡村建设运动 ……………… [245]

一　以促进成年文盲识字为目的的民众学校 ……………… [245]

二　引导市民适应社会生活的民众教育馆 ……………… [252]

三　以社会教育中心区为推力的乡村庶政改革 ……………… [255]

第七节　"党化"体制下的训导与社会实践教育 ……………… [260]

一　强势政治制导的学校训育和儿童节活动 ……………… [260]

二　深受时代影响的军事训练与社会服务活动 ……………… [265]

第八节　标榜"儿童本位"的课程与教学管理 ……………… [272]

一　上行下效的课程设置与个性化的教学研究 ……………… [272]

二　严格的毕业会考制度及优良生奖进 ……………… [277]

三　追求质量的学校体育及其竞技比赛 ……………… [282]

四　蔚成风气的艺术教育及校园文艺活动 ……………… [288]

第九节　督学职能的强化与教育视导的规范化 ……………… [294]

一　督学机构的加强与视导过程具体化 ……………… [294]

二　视察辅导并重与改进教务的建议性批评 ……………… [300]

第十节　从国立青岛大学到国立山东大学 ……………… [305]

一　杨振声与国立青岛大学的创办及其解散 ……………… [305]

二　赵太侔与易名国立山东大学后的发展 ……………… [312]

三　代理校长林济青与国立山东大学内迁 ……………… [320]

第六章　日本第二次侵占与全面抗战时期(1938 年 1 月—1945 年 8 月)

……………… [325]

第一节　服务于"建设东亚新秩序"的教育施策 ……………… [325]

一　从"维持会"到"特别市"的教育伪化体制 ……………… [325]

二 "酌量需要情形"次第恢复授课的各类学校 ················ ［330］

三 在即墨和胶州占领区炮制农村殖民教育体系 ············ ［339］

四 太平洋战争前后的第三国教会学校 ···················· ［343］

五 "圣战"教育体制下的日侨学校 ······················ ［347］

第二节 基于"皇国"民族优越观的日本语教育 ·············· ［351］

一 殖民政治高压下的中小学日语教育 ···················· ［351］

二 官僚化的日语院校与势力的东文书院 ················ ［355］

第三节 贯穿教与学过程的殖民奴化属性 ···················· ［360］

一 刺刀下的中小学教师管理与师资培训 ················ ［360］

二 课程教材的日本化与教学活动的奴化 ················ ［367］

第四节 遍及青岛地区的抗战教育 ·························· ［374］

一 沦陷区师生的抗争与崇德中学的抗日活动 ············ ［374］

二 大泽山等中共抗日根据地及边区的教育 ·············· ［379］

三 国民党在鲁东战区和国统区的教育工作 ·············· ［384］

第七章 解放战争及南京国民政府后期（1945 年 8 月—1949 年 6 月）

··· ［390］

第一节 战后时局与国民党政府的教育政策 ·················· ［390］

一 复员机制下的教育行政制度与战后治理 ·············· ［390］

二 极端拮据的教育经费及学校滥收费现象 ·············· ［394］

三 社会资源的整合与初见端倪的电化教育 ·············· ［398］

第二节 城乡小学国民教育的恢复与发展 ···················· ［403］

一 接收恢复城乡小学与国民学校体制的确立 ············ ［403］

二 以质量为中心的教学规范及小学师资管理制度 ········ ［409］

第三节 战后中学格局及形形色色的私立中学 ················ ［413］

一 公办中学的扩容与中学教育发展规划 ················ ［413］

二 实业团体办学与私立中学的兴建 ···················· ［418］

三 内战风云下的政治化学校与流亡中学 ················ ［422］

第四节 国立山东大学的复校与发展 ························ ［427］

一 逆袭式复校与紧张有序的开学筹备 ·················· ［427］

二 倾其智慧和力量彰显地方区位优势 ·················· ［433］

三 大学教育完整性和丰富性的时代困局 ················ ［440］

第五节 反美反蒋风潮与解放区的教育 ······················ ［444］

一 反甄审运动及轰动全国的费筱芝惨案 ················ ［444］

二　美使司徒雷登碰壁与师生反内战反饥饿学潮 …………… [451]

三　胶东等解放区教育对蒋管区学校的影响 ……………… [460]

四　中共的接管准备与山大反南迁等护校斗争 …………… [464]

附　录　青岛教育大事记(1891—1949) ……………………… [471]

参考文献 ……………………………………………………… [495]

作者相关研究举要 …………………………………………… [503]

表索引 ………………………………………………………… [506]

后　记 ………………………………………………………… [508]

引　论

　　青岛,旧称"胶澳",别称"琴岛""岛城",以古代渔村"青岛"[①]得名,是中国享誉海内外的历史文化名城。

　　青岛旧称之"胶澳"是指胶州湾及其沿岸地方,在19世纪中叶大部分处于山东省莱州府之胶州(下辖即墨县)、平度州的行政管辖之下。[②] 作为一个土地总面积约1.13万平方千米经2017年10月新的区划调整后的城市,青岛市现辖市南、市北、李沧、崂山、黄岛(西海岸新区)、城阳、即墨7个区(土地面积为5226平方千米),代管胶州、平度、莱西3个县级市(土地面积为6067平方千米),另有海域面积1.22万平方千米。[③] 青岛地处山东半岛东南沿海、胶东半岛东部,环绕胶州湾,东、南濒临黄海,隔海与朝鲜半岛相望,东北与烟台毗邻,西与潍坊相连,西南与日照接壤,为海滨丘陵地貌,海岸线曲折,岬湾相间,得天独厚。境内有东部的崂山、北部的大泽山、南部的大小珠山,山海形胜,腹地广阔,形成了独特的城市风光。青岛属北温带海洋性季风气候,年均气温为12.7℃,年均降水量为662毫米,年均相对湿度为73%。[④]气候四季宜人。

　　青岛地区历史悠久,是新石器时代东夷先民繁衍生息的主要地区之一,遗留了丰富多彩的北辛文化、大汶口文化、龙山文化和岳石文化。据古文献记载,夏禹分九州时青岛为青州之域,商周为莱、莒、夷诸国,春秋战国时代为齐国所属,秦朝属琅琊郡,西汉分属琅琊郡和胶东国,东汉为不其侯国,晋属长广郡,隋、唐时代属东莱、高密二郡,宋、元、明、清均属莱州府之域。青岛因地理位置优越,商周是中国海盐的发祥地,中国"五大古港"之一的密州港也在此处。春秋战国时

---

　　① 明万历七年(1579),即墨知县许铤遍察四方海域及乡土,在其《地方事宜议》中有关"青岛"之名有一段记述:"本县东南滨海,即中国东界,望之了无津涯,惟岛屿罗峙其间。岛之可人居者曰'青'、曰'福'、曰'管'、曰'白马'、曰'香花'、曰'田横'、曰'颜武'。"这里的"青"即指青岛。(《同治即墨县志》卷十《艺文·文类中》,载《中国地方志集成·山东府县志辑》第47册第244页,凤凰出版社,2004。)

　　② 青岛市史志办公室:《青岛市志·沿革区划志》,第10页,新华出版社,2000。

　　③④ 青岛市史志办公室:《青岛年鉴2018》,第21、22页,青岛年鉴社,2018。

1

期建立了山东地区第二大市镇——即墨，"即墨故城"（今平度市境内）是中国现存较早的古代城池遗址。秦始皇统一中国后五巡天下，三临琅琊（今黄岛区境内）。刘彻曾以皇子的身份被封为"胶东王"，即位后是中国有记载的到青岛地域巡游次数最多的皇帝。唐宋时期，青岛作为衔接南北航运的中转站成为中国北方沿海最重要的贸易口岸，自此脱出了中国传统政治城市的模式。① 元代为方便海运漕粮，开凿了中国唯一的海运河——纵贯山东半岛的胶莱运河。明清时期，青岛是中国北方重要的海防要塞。1891 年 6 月 14 日，清政府在青岛驻兵建置。1897 年 11 月，德国以"巨野教案"为借口强租青岛，建港口，修筑胶济铁路，青岛遂因"一港一路"而兴，成为沿黄流域和环太平洋西岸重要的国际贸易口岸和"海上丝绸之路"运输枢纽。

一方水土养一方人，育一方人。显然，宏观纵向地划分古代青岛教育的历史分期，须将教育作为社会发展的特有现象，出于传授劳动和社会经验的需要，在横向的中观和微观层面体现出青岛教育鲜明的地方特色。

（一）"黔首"渔耕经济与齐地东隅官学教育体制

中国教育史上的官学之设有"夏曰'校'，殷曰'序'，周曰'庠'，学则三代共之"②的说法，但在青岛地区，官学教育作为独立的社会活动，夏商的推测过于朦胧，最合理的推断当在西周之后。况且，古代青岛的地方官学又有着政府移民的时代背景和齐地渔盐农耕经济的显著特征。

据史料记载，周初封邦建国时移封重臣吕尚于草莱弹丸之齐地。吕尚（前1156？—前1017？），姜姓，名尚，字子牙，是中国古代影响久远的韬略家、军事家与政治家。吕尚建立齐国后，经济上基于东境关隘襟河面海之实际，提出了"通商工之业，便鱼盐之利"的政策；政治上则"因其俗，简其礼"③，"尊贤尚功"④，并将八神主中的"四时主祠"建于琅琊，实现了四岳一系的炎帝文化、周族的黄帝文化与齐地原有的东夷文化的融合，创立了与"鲁学"风格不同的"齐学"，形成儒学在齐国的地域变体。春秋战国时期虽硝烟四起，教育却呈现出欣欣向荣的

---

① 美国学者费正清（John King Fairbank）将中国沿海城市比作"次要传统"的"差异性亚世界"。（［美］费正清：《剑桥中华民国史（1912—1949 年）》，杨品泉等译，上卷，第 10 页，中国社会科学出版社，1994。）

② 《孟子·滕文公章句上》。

③ 《史记》卷三十二《齐太公世家第二》。

④ 《吕氏春秋》卷十一《仲冬纪·长见》。

景象。田齐盛世时于都城临淄创设中国历史上著名的国立大学堂——稷下学宫的同时，很可能在乡遂设立了由地方行政长官主持兴办、为先秦贵胄子弟开办的学校。尽管限于文献条件迄今尚未寻获齐国乡学的史证，但稷下学宫绝非孤立的学校现象。将教育作为称霸伟业重要组成部分的齐国，设立地方官学以确保世禄世卿制度下都邑大夫占有一切教育资源，将以血缘为纽带的爵禄世代传承子孙，当是很合理的推测。这与中国古代从西周到春秋前期第一个贵族时代的划分及先秦"学在官府"的教育垄断制度是吻合的。同时，从晚近灵山岛出土的西周铜鼎、铜锛、陶器等考古发现已经证实，安陵古邑即在灵山卫故城。① 如上可见环胶州湾及青岛濒海门户在齐国版图上的重要意义。还可以进一步说，正是因为东周列国北方滨海文化的内蔚外播，才有了后来秦汉方士演绎出的一桩桩海中有神山琼阁可享长乐无极的神话。

秦国横扫六国统一天下，为消弭关东士民与秦人的心理隔阂，建构大秦帝国的国家认同，秦始皇先后五次巡视新征服的领地，其中三幸齐地。据《史记》载，秦始皇二十八年(前219)，这位首次完成华夏大一统的铁腕政治人物为镇抚四方，出都东巡，因"南登琅邪，大乐之，留三月。乃徙黔首三万户琅邪台下"②。这次移民有别于秦派往新版图征战的囚徒（或被歧视的人），是一次有计划、大规模、遴选性的政府移民，这 3 万户"黔首"得到"免除一般劳役 12 年的奖励"③。秦始皇东巡最具象征意义的是刻石颂德，其琅邪石刻中有"同书文字……欢欣奉教"等重视文化教育的表述，以及"尊卑贵贱，不逾次行。奸邪不容，皆务贞良。细大尽力，莫敢怠荒。远迩辟隐，专务肃庄。端直敦忠，事业有常"④等教化性内容。秦之政主于刑，秦代的地方官学不可考。琅邪刻石的意义在于首次以官方文告的形式确立了国家政治统一与文化统一的一致性原则，体现了政府在核心价值主体向度上的导引职能，反映了秦代"以法为教，以吏为师"改化黔首的教育政策。至于公元前 213 年和前 212 年的"焚书坑儒"，虽基于以"力"治世的新政统与强调礼乐文明的旧道统之间的剧烈冲突，有行政权力强力控制意识形态领域的历史必然性，但其根本性的失误在于完全没有意识到儒家的伦理道德教化是稳定社会、巩固帝国统一的思想基础，且为此后历代王朝实行文化专制主义开了先河。

历经周秦之变，西汉董仲舒从"天人感应"的角度为儒学的实施提供了系统且具有终极意义的理论依据，儒家文化成为中国古代社会的主流。魏晋时期虽

---

① 佟海燕：《琅琊文化史略》，第 1 卷，第 70 页，山东人民出版社，2010。

②④ 《史记》卷六《秦始皇本纪第六》。

③ ［英］崔瑞德、［英］鲁惟一：《剑桥中国秦汉史（公元前 221 年—公元 220 年）》，杨品泉、张书生、陈高华等译，第 81 页，中国社会科学出版社，1992。

战乱频繁，但琅琊郡的地方官学成绩斐然。史载：平原人管辂因父为琅琊官吏，"时年十五，来至官舍读书。始读《诗》《论语》及《易》本"。琅琊太守单子春闻管辂"一黉之俊"，与其讲论《易》理。管辂亹亹而谈，言言精奥，对答如流，单子春及众宾客无不叹服，"大会宾客百余人"。① 由此可见青岛地区官学规模之大。一般地说，古代青岛的地方官学基本分为州、郡、县三级或州、县两级学校，学校与祭祀孔子的文庙实行的是"庙学合一"的体制。东汉元嘉三年（153），刘志诏令修建孔子庙。唐贞观元年（627），李世民下诏书，"天下学皆各立周孔庙"，由此文庙得以大范围兴建，成为国家在地方推行儒家教化、树立国家合法性和正统信仰的重要手段。

文庙，又称"学宫""孔庙""夫子庙""宣庙"等，是一个地区文化教育的标志性建筑。据平度地方志称，文庙始建于宋代，这可能是青岛地区历史文献最早的记载。至金朝章宗时期，盘马弯弓的女真人接受了中原文化，在封建化的进程中参考唐宋沿革，崇尚儒雅，一度文治灿然。据载，明昌六年（1195），胶水县主簿祖仇香"修学宫"②，勒立石碑。据《金莱州胶水县重修宣圣庙碑》《元至元重修县学碑》《明成化重修庙学碑》等载，文庙旧址在州城东北，大门南向，进门有半圆形的泮池，池北有戟门，院内有大成殿、崇圣祠等建筑。③ 为表率人伦，积学力行，明孝宗弘治十三年（1500），平度知州宋礼"修学庙，建明伦堂"④；清顺治八年（1651），知州刘有道"修学宫"⑤。平度以田地收益作办学基金的学田，自明洪武十五年（1382）始立，每年"征解提学租银十六两五钱二分四厘六毫"⑥，用于文庙官办学校的开支。

即墨文庙的历史最早见于南宋末年。咸淳六年（1270），即墨人吕瓒、吕珪兄弟在县治东"以己田易邻"，换取乡邻坐落于东门里大街路北的土地作为复建庙学的基地，同时捐钱 500 缗，建筑讲堂及斋舍，⑦以供奉孔子像和县学师生住宿、授课之用。然而，即墨地方志有关县衙和庙学更准确的记忆是，元至正十二年（1352）即墨知县董守中"建县治并儒学"⑧。明洪武十五年（1382），即墨县置荒地 1 顷 68 亩 9 分 8 厘拨充学田。及至嘉靖年间，即墨倡导尊孔的各界名流集资重修文庙，重修后占地约 3 亩。庙前临街处立有一座高 6 米、宽 4 米的石雕牌

---

① 《三国志》卷二十九《魏书二十九·方技传》。

②③④⑤ 《道光重修平度州志》卷二十六《大事》，载《中国地方志集成·山东府县志辑》第 43 册第 366、333—340、366、369 页，凤凰出版社，2004。

⑥ 《民国平度县续志》卷四下《政治志·学校》，载《中国地方志集成·山东府县志辑》第 43 册第 472 页，凤凰出版社，2004。

⑦ 即墨县教育志编写组：《即墨县教育志》（内部发行），第 271 页，1990。

⑧ 《同治即墨县志》卷十一《大事》，载《中国地方志集成·山东府县志辑》第 47 册第 289 页，凤凰出版社，2004。

坊,上有即墨名人蓝田的丹书"圣门"二字。

胶州文庙始建于金熙宗皇统九年(1149),地址在胶西县城土城口。① 金大定(1161—1189)、承安(1196—1200)年间重修,以后圮废。及至元代,在"郡县莫不有学,学皆有孔子庙"的背景下,至元三十一年(1294),胶州同知林鹗始修文庙,"尤为兴一邑文教之先声"②;延祐元年(1314),知州燕帖木儿(蒙古人)改建胶州文庙,时称"宣庙"。明洪武八年(1375),知州赵礼主持重建文庙,移建于内城东南隅,充学田16顷70亩9分4厘6毫。在明初财政拮据的情况下,修复文庙、赐田于学不失为重教良策。洪武十九年(1386),胶州同知杜筠昌"崇学校,课农桑",与知州张恭同修学官。③ 青岛地区的文庙作为儒学的重要载体乃至文化的象征,以其自身独特的精神内核影响了区域的政治生态、文化传承及社会教化,成为传统中国知识精英的心灵家园。

与学官、文庙、学田制等相应的是学正、训导等教职和廪生、岁贡等地方官学制度的逐步完善。

地方官学作为化民成俗、长育人才之地,汉元始三年(3)不仅有"郡国曰学,县、道、邑、侯国曰校……乡曰庠,聚曰序"④等地方官学,而且有经师、五经百石卒史、乡三老等地方学官。北魏天安元年(466),全国按大、中、下郡设博士、助教和生员,但由于战乱动荡,四方学校所存无几。隋唐因开科举取士之途,按府、州、县的人口多少分等级,规定博士、助教和生员的名额;开元时期(713—741)还在州县之下设乡学、里学、村学,由官府配备师资,招生讲学。据说,著名诗人白居易曾任"乡校竖儒"。至宋代,中国地方官学业已发展到新的历史水平。南宋虽曰偏安,然文教隆兴,设庠立序之兴学举措不绝史册。元明时期,地方官学教职的名称逐步得以统一,并有数额规定。据史料记载,元代至元年间(1264—1294)胶州设学正两人,其中蒙人一人,汉人一人。这种蒙汉兼设的地方学官制直至大德年间,后来升任彰德路教授的汉人学正刘世杰可能是胶州任职最长的地方学官。至正年间(1341—1368),胶州地方官学升格,有教授严仲良和王思温、学正韩伯昌、教谕孔思贞。⑤元代的儒者命运不济,政治上受压抑,一些实现

---

①⑤ 《道光重修胶州志》,载《中国地方志集成·山东府县志辑》第39册第148、44—46页,凤凰出版社,2004。

② 《民国增修胶志》卷十六《官职·侯王历代官师》,载《中国地方志集成·山东府县志辑》第42册第176页,凤凰出版社,2004。

③ 《乾隆莱州府志》卷四《学校》,载《中国地方志集成·山东府县志辑》第44册第83页,凤凰出版社,2004。

④ 《汉书》卷十二《平帝纪第十二》。

不了"更高追求的学者"便把精力投放到教育上来。① 明初，北方丧乱，人鲜知学，文化教育荒废已极。洪武二年（1369），明太祖虽有"大兴学校，府设教授，州设学正，县设教谕，各一"的诏令，但胶州地方官学只有一名训导叫周思再。洪武二十二年（1389），胶水县升格为州，改名"平度"（领潍县、昌邑两县），也只有一名训导叫杨宗德。

明代青岛地方官学在永乐年间（1403—1424）有了起色。史载：胶州学正王振宗"德行纯粹，学问渊涵，课士劝学，无间寒暑"；训导任纶"明经学，砥躬行，勤于训士"。② 洪武年间，灵山卫和鳌山卫也建立了官学。正统元年（1436），莱州府通判任经、指挥使萧俊于灵山卫建武学；正统十年（1445）改为儒学，并设教授。③ 这个南濒黄海、防御倭寇的沿海军事重镇，自此有了相当于府一级的官学教育机构。地处崂山湾北的鳌山卫，万历年间曾有多人出任教授。《明史》的职官志所谓"府，教授一人，训导四人。州，学正一人，训导三人。县，教谕一人，训导二人。教授、学正、教谕，掌教诲所属生员，训导佐之"④的地方官学制度，在成化年间（1465—1487）得以健全，但学正（教谕）、训导的员额配置则因地而异。明正德、嘉靖、隆庆及万历年间，即墨、胶州和平度地方官学均有诸多学正（教谕）、训导执教，虽阵容整饬，但更换频繁。明府、州、县学的生员有定额：府学40名、州学30名、县学20名，皆食廪，月给廪米6斗。其后名额增多，因此谓初设食廪者为"廪膳生员"，增多者为"增广生员"，不给廪银；又于额外增取，附于诸生之末者为"附学生员"。生员享有一定的特权，如有过错需"戒饬"的，须会同教谕在学宫进行；如犯重大过失，须经学政革去学籍方能惩办。平时，对生员不能随意派充杂役。⑤

清沿明制，顺治元年（1644）即诏各省府、州、县学分设教授、学正、教谕各一员，"训迪学校生徒，课艺业勤惰，评品行优劣，以听于学政"，各学"皆设训导佐之"。史料载有清政府提高官学教官薪俸的政策，如乾隆元年（1736）即墨曾"裁瓜果等税增教官俸银"⑥。值得注意的是，政府行政区划改革对教育的影响不可

① ［德］傅海波、［英］崔瑞德：《剑桥中国辽西夏金元史（907—1368年）》，史卫民等译，第729页，中国社会科学出版社，1998。

② 《道光重修胶州志》卷二十二《列传二·官师》，载《中国地方志集成·山东府县志辑》第39册第209页，凤凰出版社，2004。

③ 《乾隆莱州府志》卷四《学校》，载《中国地方志集成·山东府县志辑》第44册第83页，凤凰出版社，2004。

④ 《明史》卷七十五《志第五十一·职官四》。

⑤ 莱西县教育史志办公室：《莱西教育志（1840—1987）》（内部发行），第30页，1990。

⑥ 《同治即墨县志》卷十一《大事》，载《中国地方志集成·山东府县志辑》第47册第290页，凤凰出版社，2004。

低估。雍正十二年(1734)裁鳌山卫教授,十三年(1735)裁撤灵山卫并入胶州,保留卫学,额附于州。《胶志》载:灵山卫学旧额廪生20名,增生20名,岁入文童8名、武童8名,科入文童8名。清代,经岁、科两试一等前列者方能取得廪膳资格,每年或两三年选送年资较长的廪生入中央官学国子监读书。地方官学出贡入仕、纳贡入监、中式举人等制度的实施,一方面规范了以习举备考为主轴的地方生员的学习和生活,另一方面在以礼乐为中心的教育模塑人才上发挥了重要作用。

不过,在官学教育不敷举业的背景下,很多廪生不得不弃巾裂冠,决绝仕途,甚至沦为山人清客。迨及明中后期,士子廪于学宫的局面转为以自学、私学、书院、立会结社为主。学在民间的现象在有清一代持续发展,以至于出现了"儒学浸衰,教官不举其职,所赖以造士者,独在书院"①的局面。地方学校的兴衰与官员为政和兴学热情有关。清乾隆五十一年(1786),胶州知州张玉树创建胶西、灵山两书院。②康熙二十四年(1759)到任的平度知州王化南,其兴教事迹更为突出。

王化南(生卒年月不详),甘肃武威人,幼读经书,学业卓然,乾隆己未(1739)科进士,入翰林院考试散馆后任职山东,以政绩优异擢升平度知州。为振兴平度文化教育,王化南念一方文运关乎一域人才,在平度古刹圆明寺西侧"筑草舍十余架"为胶东书院,"集士子肄业其中"。③书院落成后,王化南自捐"养廉银"以做延师和"膏火"之用。他每至书院,亲自指授后生,求学读书文风丕进。胶东书院开了平度教育和科举的复兴之路,成为清代平度士子进学的最高学府。乾隆五十一年(1786),知州马振玉重修胶东书院。道光八年(1828)署知州阮煊辉、二十三年(1843)知州许椿再修胶东书院。④王化南的兴教行为影响了嗣后平度历任知州。据载,道光年间的方熙和李天锡、同治年间的吉灿升、光绪年间的彭履谦和陈尔延除了"捐廉"资助、延聘名师外,还经常过问书院事宜,并亲自"督课诸生"。光绪十四年(1888),经平度士民申报,王化南入祀平度名宦祠。地方官因重教而名垂久远者,王化南最具代表性。

此外,值得一提的是明清时期作为府、州、县学重要补充的"社学"和"义学"。

社学,是以民间子弟为教育对象的基层地方官学,始于宋代,由官府正式设

---

① 《清史稿》卷一百六《志八十一·选举》。

② 《民国增修胶志》卷二《大事记》,载《中国地方志集成·山东府县志辑》第42册第46页,凤凰出版社,2004。

③④ 《道光重修平度州志》,载《中国地方志集成·山东府县志辑》第43册第214、108页,凤凰出版社,2004。

立是从元代至元二十三年（1286）开始的，招收的生员大都是 8 岁以上、15 岁以下没有获得任何功名的童子。明洪武八年（1375），朱元璋在立国之初即下诏规定府、州、县每 50 家设立一处社学。根据可信的史料，万历十九年（1591），胶州知州余邦辅创办了 10 处社学。① 社学的教师称"社师"，一般遴选当地学行兼优的长者担任，以实现"导民善俗"的目标。康熙九年（1670），爱新觉罗·玄烨诏令沿袭明代的社学和社师制。雍正元年（1723），爱新觉罗·胤禛进一步提出：凡社学中学习成绩优秀者，经考试可升入府、州、县学；府、州、县学学习成绩不佳者，要被降到社学去，即所谓"发社"。不久，社学即为义学等形式所取代。义学在清初是为弥补官学的缺失发展起来的，而义学在全国范围内的拓展则得益于雍正时期以义学代替书院的政策。不过，由于书院依然保持着强大的历史惯性，清廷以义学取代书院的政策未能有效贯彻，业已得到推广的义学只作为一种既成的现实被保存下来。

据史料记载，明代青岛地区的社学始于万历十一年（1583），即墨在县衙东南、刘家庄和南村镇各设立一处社学。清代义学在青岛地区比较普遍。史载：康熙四十二年（1703），莱州知州舒积贵在平度立义学四处：一在东关路南，一在南门外，一在西门外桥北，一在西门外桥南。② 在即墨，康熙五十年（1711）重修西北关义学，乾隆十年（1745）于万寿宫后建义学，同治十年（1871）又于县城西门外建义学。在莱西，乾隆十八年（1753），莱西（阳）县知县陈坞借用僧院创办义学；乾隆三十三年（1768），莱西（阳）县知县万卓同士绅张学徽于城西门内吴公颊寺增建庭房三排，莱西（阳）县义学自此有了定址。在胶州，道光二年（1822），胶州知州李文耕决定由官府出资，一次创办了三处义学；道光十四年（1834），胶州学正田赓和都司尚国泰在胶州城南隅（今分水岭街）捐款创办了"育材义学"③；光绪元年（1875），胶州知州李翼清将咸丰十一年（1861）"毁于兵燹"的"州四隅旧有义塾"，"重加整理，捐廉延师，更于灵山卫、薛家岛、七级集添设义塾三处"。④ 在平度，及至光绪十三年（1887）城乡义学多达 60 处，私塾分布在各村庄。事实仍然是，由于社会动荡，一些州县官学不免衰废，设于乡村的社学和义学却依然普遍存在。一方面，社学与义学适应了明清士人"好经术而矜功名"的诉求，成为科举考试的预备机构；另一方面，由于社学与义学地处乡村，不容易直接受政局变化的影响，且人员编制十分简单（往往只有一名教师），日常所需经费微乎其微，自然成为官府推广教化、维护地方安定的重要工具。

---

① ② 《乾隆莱州府志》卷四《学校》，载《中国地方志集成·山东府县志辑》第 44 册第 83、82 页，凤凰出版社，2004。

③ ④ 《民国增修胶志》，载《中国地方志集成·山东府县志辑》第 42 册第 101、190—191 页，凤凰出版社，2004。

(二)郑玄等名家旅寓授业与胡峄阳等土著塾师的私学

私学,作为中国古代官学的重要补充形式源远流长,一直与官学并行存在和发展。只是到了春秋时代,由于周天子权力衰微、王室典籍失散、文化职官流离、士庶阶层扩充,还有诸子学派蜂起、相互颉颃、波谲云诡、蔚为百家争鸣盛况,造成了"天子失官,学在四夷"①的局面。事实上,私学是中国古代农耕经济、族群与地域文化及中央集权政治的必然反映,在几千年的历史积淀中形成了学在民间、重教兴学等优良的教育传统。古代青岛地区的私学具有名家寓居授业与当地塾师相辅相成的特征。

由于青岛特殊的地缘优势,客居青岛办学的名师大家代不乏人。孔子因鲁国的一次内乱于周敬王三年(前517)东游齐国,"闻《韶》音,学之"②,以至于"三月不知肉味,曰'不图为乐之至于斯也'"③。孔子适齐进一步印证了苌弘的见解,丰富了儒家礼乐治国的思想。孔子的足迹还向东,至"(胶)州西南十一里","东观于海至此回车"。④至于青岛坊间盛传的孔子在胶州设台传道,留有"撇车沟""讲堂村"等地名之说,诚系"讹疑"⑤,恐不足信。孔席墨突,春秋时期与儒家同为"显学"的墨家创始人墨子周游列国,在齐国居住了很长时间。据《墨子》所载"公输盘为楚造云梯之械,成,将以攻宋。子墨子闻之,起于齐,行十日十夜而至于郢,见公输盘"⑥,可知墨子阻楚攻宋、大败鲁班的出发地即在齐国。关于墨子的里籍问题,有论者认为墨子本是齐国即墨大劳山人。⑦此外,道、法、阴阳等学派为培养自己的人才,扩大政治势力,四处办学,其足迹踏入青岛地区自是情理中事。应当说,春秋战国时期的诸子百家客观上实现了对西周贵族教育的改革,使教育对象由少数贵族扩大到平民,为学术的广泛传播开辟了途径。

先秦诸子学说中的儒学,作为客籍私人设帐授学在青岛最早见于经传的是东汉时期,可能以逢萌为最先。

---

① 《左传·昭公十七年》。

② 《史记》卷四十七《孔子世家第十七》。

③ 《论语·述而第七》。

④ 《乾隆莱州府志》,载《中国地方志集成·山东府县志辑》第44册第48页,凤凰出版社,2004。

⑤ 1931年民国版增修胶志卷五十五《讹疑》有评述:"回车岭,《府志》:'孔子适齐东观于海,至此回车,故名。'按此事《家语》《史记》皆不载,即《阙里志》《文献通考》《祖庭广记》亦不及,而以府志一语遂成故事,实为无据。"(《中国地方志集成·山东府县志辑》,第42册,第615页,凤凰出版社,2004。)

⑥ 《墨子·公输》。

⑦ 宋正介:《墨子为齐国人考》,载《大陆》第11卷第8期,1955年10月。

逄萌（也作"逢萌"，生卒年月不详），字子康，北海郡都昌县（今山东昌邑）人，因不愿屈为亭长，西去求学，研读《春秋》。居长安时，适逢王莽篡汉，逄萌感叹"三纲绝矣"而挂冠回归，携家渡海到辽东居住。建武元年（25），逄萌自辽东来到崂山，讲学授业，"养志修道，人皆化其德"①。汉明帝刘庄曾屡次下诏征其出仕，逄萌佯作疯狂拒之，寿终于家。明大儒周如锦有诗赞曰："逄萌悯三纲，举世无枉足。辽东不可留，崂山栖黄鹄。"逄萌入祀即墨乡贤②，实为一名难得的客籍宗师。

晚于逄萌、在青岛设帐授徒不及一年的郑玄，名气和影响力却超过逄萌及所有旅寓青岛的古代硕儒。郑玄（127—200），字康成，北海高密（今山东高密西南）人，自幼聪慧，13岁能诵《五经》，16岁被称作"神童"；西向入关，拜马融攻读古文经，回故里后，客耕东莱，教授生徒，"学徒相随已数百千人"③。中平五年（188），郑玄与荀爽、申屠蟠、韩融等14人被朝廷征为博士，然郑玄"不至"。是年，郑玄与门人崔琰为躲避战乱，在伏完的邀请下领徒于崂山，建康成书院。④康成书院坐落于崂山北麓三标山西侧，北倚铁骑山，南临墨水河，初建时之规模、结构、布局已无可考。由于不久而至的战乱及自然灾害，山中粮食奇缺，康成书院难以为继，郑玄便谢绝众生的挽留离开崂山，迁往徐州。据清乾隆五年（1740）刊行的《莱州府志》称，在康成书院边的山坡、沟壑处长有一种叶如韭、"长尺许、坚韧异常、霜雪愈青"的草，据说郑玄讲学论经时经常采摘此草编简，当地人便将其称为"书带草"。唐朝文学家陆龟蒙游康成书院时对此草产生了兴趣，便以草喻人、以人比草，作《书带草赋》，其中有"彼碧者草，云书带名。先儒既没，后代还生。有味非甘，莫共三山芝校。无香可媚，难将九畹兰争"⑤等名句。明代学者顾炎武来崂山游康成书院后，也对郑玄肃然起敬，并写诗抒怀："荒山书院有人耕，不记山名和县名。为问黄巾满天下，可能容得郑康成。"⑥郑玄康成书院的意义远非一般私人讲学场所能比拟。作为儒学诠释学的早期代表之一，郑玄冲破了师法和家法的藩篱，于今、古文经学之外再现了一种全新的景象，"郑学"自此成为中国儒家经学正统。同时，郑玄对经学传播身体力行，重视教人研经以化民成俗，对后世经学教育产生了深远影响。至少在青岛，郑玄为东夷偏远的崂山培养了第一代儒生，开创了村学之风。

---

① 《后汉书》卷八十三《逸民列传七十三·逄萌传》。
② 〔清〕周铭旗等：《即墨县乡土志》，卷上第二，第63页，中国文史出版社，2011。
③ 《后汉书》卷三十五《列传第二十五·郑玄传》。
④ 〔唐〕李吉甫：《元和郡县图志》，上册，第308页，中华书局，1983。
⑤ 〔唐〕陆龟蒙：《书带草赋》，载《历代赋汇》第8册第694页，北京图书馆出版社，1999。
⑥ 〔明〕顾炎武：《不其山》，载《顾亭林诗笺释》上册第390页，中华书局，2003。

此外,古代青岛旅寓经师比较知名的还有南北朝时期的明僧绍和杨愔。明僧绍(?—483),字承烈,平原郡鬲县(今山东德州)人,明经,有儒术,南朝宋永光元年(465)"镇北府辟功曹,并不就。隐长广郡崂山,聚徒立学"①。淮北沦陷后,明僧绍南渡长江,遁还摄山,永明元年(483)征国子博士,不就而卒。北朝割据政权时期,辅佐鲜卑人建立北齐的朝官杨愔曾教授即墨。杨愔(511—560),字遵彦,华阴(今陕西华阴)人,北魏中兴年间因遭遇政治倾轧,被迫弃衣冠于水滨,躲避崇山。据悉,天平元年(534),杨愔避难于即墨,更名改姓刘士安,"东入田横岛,以讲诵为业,海隅之士谓之刘先生"②。史书中的杨愔言论高雅,风神俊悟,有"杨愔重其德业,以为人之师表"③之誉。但是,在国祚短暂、胡汉矛盾尖锐、权力斗争惊心动魄的北齐时代,杨愔"仁风被于四海"的榜样意义不但未能促进北方游牧统治者变更"最初的制度安排"④,反而成为以勋贵集团控制的皇权政治的牺牲品。

从逄萌到郑玄,再到明僧绍和杨愔,古代青岛的客籍经师大都是归隐山林的士人。中国历史上(尤其是东汉中后期至汉魏之际)隐士之多堪称世界之最。隐逸风尚盛行,既与政权频繁更替、社会持续动荡、士子为避乱避祸游走于社会边缘有关,也与两汉以后浓厚的门阀政治阻断了普通士族仕进的通道有关,坚守人格自由和独立的士人只能通过隐居寻求精神上的慰藉。逄萌、郑玄和明僧绍都是朝廷屡征不就的社会名流,他们的归隐是不满现实的求"道"之隐,为此不惜贫陋艰辛。这种安贫乐道、不慕荣禄的高迈之气,成就了聚徒教授、泽被后世的教育之举,对古代中国官本位思想也是一种摒弃和超越。

相对于旅寓青岛的客籍名师,青岛当地土著塾师的私人讲学活动可能更早一些。

在没有更新可凭借文献的情况下,公元前1世纪西汉经学大师庸谭的私学可能是青岛地区最早的记载。庸谭,大约生活在汉昭帝、宣帝时期(前1世纪中期),胶东国人,世称"胶东庸生"⑤。遭遇了秦始皇"焚书坑儒",经由汉初逊秦遗儒口授儒家典籍及孔宅壁中发现《尚书》,古文经学注解文献不遗余力和长于训诂、注重史实、持论平实的学风得以凸显。庸谭不远千里赴鲁,师从都尉朝学

---

① 《南史》卷五十《列传第四十·明僧绍传》。

② 《北史》卷四十一《列传第二十九·杨愔传》。

③ 《北齐书》卷三十一《列传第二十三·王昕传》。另《北史·王昕传》称:"杨愔重其德素,以为人之师表。"

④ [英]崔瑞德:《剑桥中国隋唐史(589—906年)》,中国社会科学院历史研究所西方汉学研究课题组译,第52页,中国社会科学出版社,1990。

⑤ 《民国增修胶志》卷三十九《人物志·汉金元人物》,载《中国地方志集成·山东府县志辑》第42册第407页,凤凰出版社,2004。

习《尚书》《论语》等，①成为承袭孔子后裔孔安国的再传弟子。之后，庸谭迁居砚水湖畔(今胶州北关砚里庄村北)，闭门谢客，以其特殊的记忆力将《尚书》《论语》《孟子》等文献整理再现。庸谭一生在民间传经，设塾收徒，表现了知识殉道者的风范。据悉，自西汉后期到东汉中期最知名的古文经师(如贾逵、马融等)，都与庸谭有着明晰可考的师承关系。庸谭一生不入仕途，以布衣终，后"祀乡贤"②，汉宣帝刘询下诏为其建祠。乾隆五十一年(1786)，爱新觉罗·弘历慕名来到砚水湖畔，颁旨重修"庸生祠"，进一步奠定了庸谭的历史地位。稍晚于庸谭的房凤则于拜太史掌故、青州牧等官职期间聚徒讲学。房凤(生卒年月不详)，字子元，不其(今青岛城阳)人，师从经学大师尹更始。随着经学章句兴盛之世的到来，房凤与光禄勋王龚、奉车都尉刘歆共同校书。通过独具两汉特色的经传诠释，房凤于《谷梁春秋》的"房氏之学"有开创之功，丰富了春秋文献学史的繁盛局面。据传，房凤"晚归讲学不其山下"③。

两汉的经学传授主要是私学。汉武帝之后官学与私学并行不悖，但在数量上私学占据绝对的优势。④ 私学的发展基于官学数量的不足，私学自然承担起绝大部分基础教育(尤其是启蒙教育)的任务。除了有条件的家庭自行教导子弟，普通庶民子弟的教育主要在私学进行，教师称"塾师"，教学以识字、习字为主，并有比较适用的教材。到汉中期，私学的学习和教学经历也成为选仕、做官的重要依据，朝廷的政策无疑带动了私学的发展。同时，私学自由办学、自由讲学、自由就学，虽不能脱离封建政治，但较官学有很大的独立性。学术文化的私家传授，使得私学不断融合各派观点，不同学派通过平等竞争获得发展。同样，私学由于潜心治学，少有非学术上的干扰，许多私学大师的学术造诣并不亚于博士，这种状况在东汉尤为突出。

及至明清时期，青岛乡贤士大夫在本地举办的私塾发展比较迅速。私塾在设置上分为族塾、家塾、自设馆等。族塾是宗族内部的学舍，往往设在宗祠里，招收本族子弟就读。例如：明代名震四方的莱西左氏家族建有西墅草堂，草堂中有一处名曰"浴月台"的书斋，供左氏子弟与同学读书，诗文唱和。再如，即墨雍正癸卯(1723)举人黄克中，"族中子弟多受业者"⑤。家塾是士子接受文化教育的主要场所，富家大户或聘请名师宿儒，或有过读书经历的家庭成员在家专门教授自家子弟。例如：光绪庚辰(1880)科进士、平度人金鸿霄罢官回乡后设塾收徒，

---

① 《道光重修平度州志》卷十七《列传三·历代人物》，载《中国地方志集成·山东府县志辑》第43册第219页，凤凰出版社，2004。
②⑤ 〔清〕周铭旗等：《即墨县乡土志》，卷上第二，第63、66页，中国文史出版社，2011。
③ 周至元：《崂山志》卷四《人物志·明贤》(增补本)，第153页，2007。
④ 张良才等：《山东教育通史》，古代卷，第210页，山东人民出版社，2001。

"以教读终"。再如,清代理学大家、即墨人范士骥为家塾"著有《启蒙》数十卷"①。自设馆是塾师自行设馆招生,不拘姓氏。例如:明代景泰年间定居胶州的法寰辞官返乡,在城南怡云岭设学馆,以授徒讲学为业,不少弟子后来考中举人、进士,一时远近名士皆出其门下。②再如,康熙辛丑(1721)科进士、即墨人周毓正归故里后,置义田,睦姻任恤,"尤喜陶成后进",执经问学者盈门,"远近师尊之"。③古代青岛地区的私学按其程度可分为三个阶段:一是以识字教育为主的蒙学教育阶段;二是以学《论语》《孝经》为主的初识经学教育阶段;三是以研习"五经"为主的专经教育阶段。

明清时期青岛地区土著塾师特别值得一提的是胡峄阳。胡峄阳(1639?—1718),名良相,字峄阳,即墨流亭(今青岛城阳)人,清顺治十年(1653)应童子试,因遭守门人强令解衣搜身,拂袖而去,自此放弃举业,立誓终生不仕,以塾业终其一生。据说,胡峄阳生有异禀,亦儒亦仙,精研《周易》,"于濂洛之学别有微契"④,在青岛历史上享有"民间理学家"和"布衣先哲"之誉。胡峄阳的私学教育尤重家训著作,特别是他的《竹庐家聒》作为地域化的平民家训,将严防子弟沾染恶习放在首位的观点对当地私学深有影响。在清初青岛社会民众求平安的社会心理、好赌的社会风气、尚读书的社会文化教育背景下,胡峄阳以乡间用语讲家庭之常,主张"教先急务"⑤,注重培养子弟平淡踏实的生活态度,对清初青岛胡氏家族的发展及地方社会的稳定起到了一定的积极作用,影响了一方水土的文化风尚。

客观地说,古代青岛私学的发展得益于家族势力、商业资本、民俗文化等方面所提供的物质和精神的支持。同时,由于中国小农经济发展缓慢平稳,私塾的教学形式与内容也少有变化,大量存在的私塾对古代青岛地区教育的普及起到了很大作用。

(三)即墨周氏等望族的科举传承与明清书院文化

古代青岛教育最具地方特征的是士绅阶层开设的独立于官学体制之外的书院和学馆。一些民间书院,或出于创办者提高个人威望,或为了家族利益,或由

---

①③〔清〕周铭旗等:《即墨县乡土志》,卷上第二,第66、44页,中国文史出版社,2011。

②杨进春:《崇文重教话胶州》,载《胶州文史资料》第15辑(教育专辑)第3页,2002。

④《同治即墨县志》卷九《人物·隐逸》,载《中国地方志集成·山东府县志辑》第47册第161页,凤凰出版社,2004。

⑤〔清〕胡峄阳:《竹庐家聒自叙》,载《胡峄阳文集·竹庐家聒》第1页,上海古籍出版社,2011。

于儒学教化的使命,世代相传,绵延数百年。明清民间书院的兴起,提供了一个考量士绅阶层参与地方事务的特有视角,从中既折射出乡绅在维持儒家伦理、振兴地域文化中举足轻重的作用,又反映了儒学辅治在山左海右基层社会的渗透过程。

古代青岛最早的士族高门当属琅琊王氏士人集团。王氏系中古时期中原最具代表性的名门望族,琅琊王氏作为簪缨世家在中古众多的家族中历史发端之久远与绵延之流长,可谓少有其匹。秦始皇东巡琅琊时,在秦并六国中立下不世之功的王贲随行左右。秦末,王贲在与项羽的交战中被俘,其子王元出逃,迁琅琊皋虞(今即墨温泉),是为琅琊王氏之始。西汉昭、宣时期,王元四世孙王吉自琅琊皋虞迁居同郡之临沂都乡南仁里,其后代从此自称琅琊临沂人。王吉(?—前48),字子阳,以孝廉补授若卢县右丞,官至博士谏大夫。与祖先骁勇尚武不同,王吉少好学明经,既精且博,成为传授《齐论语》的名家,对琅琊王氏经术家学传统影响至深。自王吉始延续至魏晋南朝,在近300年的时间里,琅琊王氏一家"正传六十三人,三公令仆五十余人,侍中八十人,吏部尚书二十五人"[1]。琅琊王氏迭经世变,冠冕不替,与其经世致用的祖遗门风不无关系。此外,琅琊地区诗礼传家的世族还有东武伏氏、藏马丁氏、阳都诸葛氏、六旺赵氏、琅琊臧氏、放鹤张氏等。

古代青岛之所以出现琅琊儒学阅今几代的局面,原因是多方面的。首先,秦汉时期琅琊作为行政区划的地位显著。琅琊之地经历"属诸侯国之郡—独立为诸侯国—属中央政府直辖之郡—独立为诸侯国"的变化,地缘优势带来了齐地人才分布的地域性和不平衡性,人才类型也逐渐向官吏和儒生集中。其次,琅琊儒学在以齐地为中心区的海岱之间深受"齐学"与"鲁学"的双重影响。琅琊伏氏之先祖伏胜本是居家济南的秦国博士(世称"济南伏生"),自六世孙伏孺始客授琅琊东武。其后有伏理,以《诗》授汉成帝,为高密太傅;伏湛辅佐光武成就帝业,被封为不其侯;伏翕、伏光承其位,皆卒于官。伏湛之弟伏黯,"明《齐诗》,改定章句,作《解说》九篇"[2]。伏黯继子伏恭,诗礼家声,以青州优异、太常试经第一授博士,施惠政,办学闻达,由此北州多传伏氏诗学。客观地说,琅琊儒学更倾向于"齐学",其尚巫风俗和丧葬思想都不同于传统"鲁学"。

只是,琅琊儒学在东汉初年出现衰退的迹象,东汉和帝后琅琊儒学完全没落了。随着选官制度的改变,士族等级秩序解体,庶族地主和次等士族逐渐增长,挤压了贵戚豪族的势力。特别是隋唐科举取士的实施,彻底打破了血缘世袭关

---

[1] 邓名世:《古今姓氏书辩证》,第202页,江西人民出版社,2006。

[2] 《后汉书》卷七十九下《儒林列传第六十九下》。

系和世族门阀的垄断制度，一些寒门子弟通过科举考试进入社会上层，获得施展才智的机会。根据史料记载，公元1世纪，东汉北海胶东国人公沙穆、公沙孚父子，庸谭后裔庸理、庸光相继举孝廉。中年庸谭家境败落，不得已居砚水湖畔之草庐；公沙氏则属贫寒庶族。公沙穆（生卒年月不详），幼年家贫，立志为学，潜心攻读《韩诗》和《春秋公羊》，尤锐思河洛推步之术，后隐居东莱山，学者自远而至。公沙穆谢绝富人王仲欲助他走行贿当官的捷径①，以学博高行被北海国举为孝廉而入高第，历任主事、缯侯国相、弘农县令、辽东属国都尉。公沙穆有五子，时号"公沙五龙"②，其中次子公沙孚官至上谷太守。

公沙氏与庸氏凭借察举制崭露头角。至隋唐通过吏部铨选、制举、吏部科目选、使府辟署等渠道选拔人才后，唐代胶水县（今平度）开明进步的蒋氏家族涌现出的蒋钦绪、蒋演、蒋溶、蒋沇、蒋清等"俱为才吏"③，其中蒋钦绪进士及第。蒋钦绪（660？—730），名绾，祖籍青州博昌（今山东滨州博兴），乃祖任莱州府司马时入籍胶水县。史称：蒋钦绪"颇工文辞，擢进士第，累迁太常博士"④，以爱才荐贤、处事公平、不计个人恩怨而为人称道，晚年历任汴州和魏州刺史，均留下好政声。蒋钦绪之三子蒋沇，性介独好学，以孝廉授洛阳尉，迁监察御史，处事平允，剖断精当，动为群僚楷式，追赠工部尚书。蒋钦绪之幼子蒋清于唐天宝末年考中明经科，任太子校书郎，调巩县丞、御史台判官，"死安禄山乱，赠礼部侍郎"⑤。唐敬宗宝历二年（826），蒋钦绪重孙、蒋清之孙蒋郿官洛阳郡伊阙令。《新唐书》《旧唐书》《资治通鉴》等都载有蒋氏家族一门两代忠烈为国的事迹。北宋时的胶水已成为"望县"，先是淳化三年（992）祁玮登进士第，继而蔡齐与其侄蔡延庆相继金榜题名，荣耀了蔡氏家族。最值得称道的是，进士第一的蔡齐成为古代青岛历史上唯一的状元。

蔡齐（988—1039），字子思，祖籍洛阳，其曾祖父蔡绾为莱州胶水知县，蔡氏家族随之安家占籍。北宋大中祥符八年（1015），蔡齐以莱州贡士身份赴汴京应试，赵恒阅其试卷，赞为"宰相器"，遂召高第三四人并列于庭，见蔡齐"仪状俊伟，举止端重"，当即钦定为第一，乃诏令派金吾卫士为之清道，"传呼以宠之"。⑥后世状元跨马游街之殊荣，即自蔡齐始。据悉，平度域内自此留下了新郎结婚允

① 周至元：《崂山志》卷四《人物志·栖隐》（增补本），第145页，2007。

②③ 《乾隆莱州府志》卷十《人物》，载《中国地方志集成·山东府县志辑》第44册第208、210页，凤凰出版社，2004。

④ 《新唐书》卷一百一十二《列传第三十七·蒋钦绪传》。

⑤ 《新唐书》卷一百一十二《列传第三十七·蒋清传》。另，蒋钦绪子辈还有蒋潵、蒋漾、蒋溢等，蒋潵为凤州刺史，蒋漾任咸阳令，蒋溢官长安丞。

⑥ 《宋史》卷二百八十六《列传第四十五·蔡齐传》。

戴状元花、百姓盖屋准许使用红色屋檐橶子之习俗。蔡齐关心民瘼，不畏权贵，历任监丞、通判、司谏、员外郎、给事中、谏议大夫、御史中丞，景祐二年（1035）升任礼部侍郎参知政事，成为宰执重臣，为政有仁声。后因宫廷矛盾，蔡齐辞去相职，以户部侍郎归班，旋又出知颖州（今安徽阜阳），卒于职，享年52岁。蔡齐逝后，赵祯追赠蔡齐为兵部尚书，谥"文忠"；欧阳修为蔡齐写行状；范仲淹写墓表。平度人视蔡齐为"魁星"。明正德十五年（1520），知州刘景宾修建了"状元书院"①，在平度城里专为蔡齐建状元坊，筑状元祠，"在学宫门内，祀宋户部侍郎、参知政事蔡文忠公"②。

身为名门蔡氏一族，蔡齐自是家族振兴的灵魂人物，其堂弟蔡禀、蔡亶、蔡奕、蔡交，其子蔡延嗣，其孙蔡迨，或正途仕进，或荫封虚位，几无白丁。显然，蔡氏兴家得益于北宋的偃武修文政策。但及北宋末年，金兵南侵，国破导致家衰，蔡迨举家南渡后平度蔡氏从名门望族的行列退出，名讳不传。事实上，靖康之变带来的人口南迁不仅影响了平度蔡家，而且改变了既往的士大夫政治格局，对青岛地区人才流向影响极大。据记载，金末胶州仅有未能擢第的乡贡进士王伟，其先世"仕宋为殿丞，葬于胶因家焉"③，王伟遂"绝意仕进，以儒业教授"④。元代胶州进士也只有张复初一人，张绅、张经、张缉兄弟三人于元至正七年（1347）同领乡荐（举人）。即墨自汉代卜居大信村的孙氏一族，只在金朝出了孙仁鉴、孙仁杰两兄弟进士。

山左半岛士绅之崛起并形成科甲群星璀璨之景象，是明清时期。明初即墨、胶州移民的大量输入，改善了农田垦殖的落后状况，隆庆后海禁废弛、海上贸易线的开通，促进了胶即地区商品经济的发展，从而带动了文化教育的进步。此外，明廷颁行的兴办学校、科举规范化等文教政策，开了士子向上流动的路径，为青岛地区望族振业兴家提供了政策保障和外部环境。据载，明自洪武四年（1371）辛亥科首次会试起，共举89次，录取进士24610名，其中山东有1630名，而莱州府占186名，是山东进士总数的11.41%。有清一代，自顺治三年（1646）丙戌科会试，至光绪三十年（1904）甲辰恩科，共发112榜，及第进士达26849名，其

---

① 《乾隆莱州府志》卷四《学校》，载《中国地方志集成·山东府县志辑》第44册第82页，凤凰出版社，2004。

② 《道光重修平度州志》卷九《建置》，载《中国地方志集成·山东府县志辑》第43册第106页，凤凰出版社，2004。

③ 《道光重修胶州志》卷二十四《列传四·人物》，载《中国地方志集成·山东府县志辑》第39册第224页，凤凰出版社，2004。

④ 《民国增修胶志》卷三十九《人物志·汉金元人物》，载《中国地方志集成·山东府县志辑》第42册第408页，凤凰出版社，2004。

中山东有2260名,莱州府为329名,占山东的比率为14.56%。① 当然,由于研究者使用的文献资料和统计方法不同,明、清两朝进士数存在不小的出入。值得注意的是,明清时期中国经济重心南移之后,山东文化开始衰落,进士在全国的占比远不及唐宋时期。就莱州府而言,明、清两朝进士总量在山东六府中始终处于倒数第二的位置,莱州府所辖七县(州)排名前三位的是潍县、掖县和胶州。历数青岛地区即墨、胶州、平度、莱西的明清进士是非常困难的,这不仅因为历史上的行政区划模糊了莱西与登州府的莱阳,以及与青州府诸城的地理空间,而且还有诸多各甲次人数统计、文武进士区分、特科进士身份认同、进士乡贯争议等问题。

非常引人瞩目的是,青岛进士分布自明代出现了向新兴缙绅望族集中的现象,如即墨周氏、黄氏、蓝氏,平度崔氏、官氏,莱西左氏,胶州王氏、宋氏、高氏、纪氏、张氏、匡氏,还有南乡六旺赵氏、琅琊臧氏、臧马丁氏等。这一现象及至清代,由于清廷及时沿袭明代的科举制度和用儒术统制的文教政策,耕读传家成为古代青岛望族治家之正途。特别是迁徙山左的移民望族,因其深谙"勤耕种不丰也足,多读书非圣亦贤"之道,在经受物换星移、改朝换代之痛后,很快便找到通过科举成为长盛不衰仕宦大家族的精神密码(参见表0-1)。例如:即墨的周、黄、蓝、杨、郭"五大望族",胶州的赵、法、杨、张"四大家族",平度的显姓官、崔、于、戴、高,莱西的左、张、李等姓氏,瓜瓞绵延,科甲连第,天下名士多出其门。有西方学者对比英国及欧洲贵族提出的中国大族"更能贴切地反映一个能包容财富和地位有巨大差别的复杂的社会"②,可能是一个颇具意味的论题。据悉,即墨仅章家埠周氏一族,明、清两代共出进士8人、举人16人、太学生24人、贡生27人、廪生107人。③ 胶州王氏家族明、清两代共出16名进士、51名文武举人、104名贡生,以援例、议叙、考授、从伍、世袭等方式授九品以上官职者多达94人,可谓"青岛之最"。

值得注意的是,明清时期青岛的文化家族大都拥有自办的民间书院。事实仍然是科举刺激了书院教育。一般来说,"书院"之名始于唐代,最初是官方整理、校勘和藏书的场所。唐末五代士人为获取进士科所需要的诗赋文学知识,纷

---

① 根据朱宝炯、谢佩霖的《明清进士题名碑录索引》(上海古籍出版社,1989),刘廷銮、孙家兰的《山东明清进士通览》(山东文艺出版社,2014)等史籍计算。

② [英]崔瑞德、[美]牟复礼:《剑桥中国明代史(1368—1644年)》,杨品泉等译,下卷,第419页,中国社会科学出版社,2006。

③ 即墨周氏续修族谱委员会:《即墨周氏家乘》(内部资料),第132页,2014。另,即墨周氏族联曰:"东宫讲读遗经在,南粤循良审谱存。"(第133页)

表0-1　明清时期青岛地区科举世家进士情况抽样分析表

科举世家名称	主要代表人物	文/武进士人数			科举世家历史影响（时间跨度）	科举世家渊源
		合计	明代	清代		
即墨章嘉埠周氏	周如砥	8	3	5（含武进士1名）	明万历—清光绪	明初自河南汝南迁即墨
即墨留村周氏	周铭旗	8	1（武）	7（含武进士1名）	明万历—清同治	
胶州王氏	王元浩	16	2	14（含武进士4名）	明嘉靖—清道光	明永乐初自云南移民至胶州
胶州水寨宋氏	宋可发	13	3	10	明永乐—清光绪	元末明初从山东德州迁胶州
胶州高氏	高宏图	12	4	8（含武进士1名）	明万历—清咸丰	除原始居民外，主要来自山东利津，另有少量从云南及山东黄县等地迁入
胶州大沽纪氏	纪五常	11	7	4	明正统—清乾隆	明永乐初自云南落户大沽河东岸
胶州张氏	张若麒	11	5	6	明嘉靖—清乾隆	除原始居民外，主要来自河北、云南、湖北、安徽、陕西
胶州匡氏	匡翼之	11	3	8（含武进士1名）	明成化—清道光	元朝末年自江苏赣榆迁胶州
即墨黄氏	黄嘉善	8	4	4	明嘉靖—清光绪	明永乐初由青州益都移民即墨
胶州六旺赵氏	赵从龙	8	5	3	明万历—清康熙	明永乐初由徐州迁胶州南乡六旺
胶州李氏	李纲	7	1	6	明永乐—清光绪	除原始居民外，主要来自云南、河南、河北、山西
胶州藏马丁氏	丁惟宁	6	2	4	明嘉靖—清光绪	明洪武年迁琅琊，落户藏马山之天台山东面
胶州琅琊臧氏	臧惟一	5	3	2	明嘉靖—清康熙	明初由江苏东海宿迁移居琅琊

（续表）

即墨蓝氏	蓝　章	5	3(含武进士1名)	2	明成化—清康熙	南宋由山东莱阳昌阳异山徙居即墨
平度昌里崔氏	崔廷槐	5	3	2(含武进士1名)	明嘉靖—清道光	金末元初崔世荣因军功由青州府迁平度居住
平度官氏	官　廉	4	3	1	明成化—清顺治	出自周晋叔禹裔食采王官城,居平度北花园村
莱西左氏	左懋第	5	4	1	明万历—清雍正	明永乐年间自山东章丘迁莱阳西乡店埠

纷隐居山林读书。宋初,皇廷忙于军事征讨,无暇顾及兴学设教,书院遂由私人隐居读书发展为从事讲学活动的地方教育组织。历经元、明、清,朝代鼎革往往伴随着剧烈的政治生态变迁,催生出多元的社会文化,不少富室、学者为求取功名,自行筹款,于山林僻静之处建学舍,或置学田收租,逐渐衍生出书院这种特殊的学校。山左是儒家"齐学"与"鲁学"的交会之地,明清即墨、胶州等地望族生活于浓厚的齐鲁儒学氛围中,以儒起家,亦以儒传家,书院以其灵活的办学方式自然成为名门世家代际传承的文化载体。

在明清时期青岛众多书院学馆中,论创建规模之大、持续时间之久、藏书之丰富、列即墨各书院"最著者,无如蓝氏之华阳书院"①。早在明成化年间,蓝氏先祖即在即墨城东建东厓书屋,为子弟读书之所。蓝章继承了蓝氏家族书香传统,弘治二年(1489)丁忧受制期间,觅崂山华阳山南麓筑华阳书院②,供子弟居息游学。蓝章(1453—1525),字文绣,成化甲辰科进士,历官御史、陕西巡抚等,官终刑部右侍郎。正德十二年(1517),蓝章三疏乞休,告退归故里,于嘉靖元年(1522)在书院内建紫云阁,"招延贤居塾席"施教,远近许多学子慕名前来求学。蓝氏世族从华阳书院走出来的人才有蓝史孙,明嘉靖年间贡士;蓝涺,崇祯辛巳(1641)科武进士;蓝再茂,崇祯二年(1629)选贡,任南皮知县;蓝润,清顺治丙戌(1646)科进士;蓝深,以恩贡擢临淮令;蓝启肃,康熙二十三年(1684)举人,授内阁中书。华阳书院由蓝章创建,经子蓝田增修,传12世、历400年,开启了明清

① 〔清〕黄肇颚:《崂山续志》,第161页,山东省地图出版社,2008。

② 华阳书院北倚华阳峰,山崖刻有"弘治元年春",据说与书院初建有关。据黄宗昌撰《崂山志》载,华阳书院"据山之半,抱而不脱,少司寇蓝公……建置于此"。(〔明〕黄宗昌:《崂山志》卷三,载沈云龙主编《中国名山胜迹志丛刊》第2辑第28页,文海出版社,[1971]。)

时期即墨逸臣归乡筑庐课士之风。

即墨黄氏的私家书院则是明御史黄宗昌于崇祯十年(1637)归故里,因慕郑玄之学识和为人,于铁骑山南仿康成书院构筑的玉蕊楼。① 清顺治初年,明崇祯甲戌科进士、饶州知府、莱阳人张允抡到玉蕊楼授徒,达10年之久。这里出了顺治乙酉(1645)科进士黄贞麟、顺治己丑(1649)科进士姜元衡、康熙二年(1663)举人黄子厚、康熙十一年(1672)贡士黄宗崇等。即墨人江恭先在安州知府任上辞归乡里,于道光年间"塾居青峪山半"建青峪书院②,延请黄念昀教其二子读书,只是青峪书院建成不久即衰落。

明清时期,平度是古代青岛书院教育较为发达的地区。从明正德三年(1508)至清光绪十四年(1888),平度有太泉书院、状元书院、两山书院、麓台书院、潍阳书院、北海书院和胶东书院7处书院,其中最早的是平度官氏的太泉书院。据载,太泉书院由明弘治庚戌(1490)科进士官贤去职归田,卜居平度城北太泉之畔所创。③ 官贤秉承"学与仕固可并行而不相拧"之理念,延聘名师教育子孙及"邑人子弟之好学者"。官贤之子官一夔承继父业,于正德后期居乡主持太泉书院,"教子睦族",成就斐然,其弟子崔廷槐、傅汉臣、李学诗三人及第嘉靖丙戌同科进士。耕读起家的平度官氏,科宦累进,明贤接踵。除官廉(天顺甲申科)、官贤(弘治庚戌科)、官箴(万历戊戌科)、官靖共(顺治丙戌科)及第进士外,举人有官一夔、官延泽(官廉之曾孙)、官成(官箴之弟)、官讷,贡监有官政朔、官贞(官廉之弟),拔贡有官熙载(官廉之子)、官熙业(官廉之子)、官熙伯(官贤之子)、官文仲(官一夔之子)等等。清道光至同治年间,官氏族人官锦堂、官琴堂、官松堂、官星堂四兄弟均中武举。④ 此外,平度乡贤李慧于嘉靖二年(1523)创办了两山书院。⑤

明清时期,山左地区的课士之所还有一些以别墅兼作学馆的。明成化十三年(1477),胶州匡翼之于西门外云溪河北岸斥资修建祠堂,用于匡氏世族祭祀祖先。之后,其子匡允定屡增式廓,建成花园,始称"嘉树园";至其孙匡铎修为别墅,成为规模宏大的私人园林建筑。匡铎(1537—1614),字淑教,嘉靖乙丑科进士,以文章彰显家族荣耀。匡铎晚年辞官回故里,除延聘名儒课授子弟外,常在园内招待故旧好友,"海内诸名公往来其间,饮酒赋诗,称一时之盛会,故嘉树

---

① 黄宗昌在《崂山志》卷七《别墅》中撰有《玉蕊楼自述》,以叙其事。
② 〔清〕黄肇颚:《崂山续志》,第295页,山东省地图出版社,2008。
③⑤ 《乾隆莱州府志》卷四《学校》,载《中国地方志集成·山东府县志辑》第44册第82—83页,凤凰出版社,2004。
④ 《民国平度县续志》,载《中国地方志集成·山东府县志辑》第43册第506页,凤凰出版社,2004。

园之名最远"①。匡氏嘉树园的功能更多地表现为寓学于乐、寓教于乐,独把高风遗后世。

明清鼎革之际,一些不甘贰臣的逸宦纷纷归避于乡间,筑庐隐居,一定程度上推动了青岛山野书院塾馆的兴盛。例如:即墨人、以选贡授通判的周如锦在崂山仰口筑紫霞阁别墅;庠生杨连吉筑乌衣巷别墅;不慕仕进的黄宗晓在鹤山西南建上庄别墅(又称"快山堂""花萼馆"),延聘名儒教授子弟;还有大崂草堂、一水山房、镜岩楼等,均为仕宦隐居之舍,又作授业课士之馆。大枣园村王子信于明万历十三年(1586)在崂山岔涧建书院,名曰"卧云轩"②。王子信之子王柱今系清顺治时廪监生,"读书目十行下敏于文"③,然屡试不第,便继承父业在卧云轩教学授徒。王柱今之子王如辰及第顺治乙未(1655)科进士,其孙王懿于康熙二十三年(1684)中举。康熙二十四年(1685)春,爱新觉罗·玄烨为旌表王氏子孙三代忠良,诰赠王柱今资政大夫,赐建两座功德牌坊矗立在大枣园村,并御赐题词"龙章三锡"与"义方式训"。④ 三年后,王懿及第戊辰(1688)科进士,授翰林院庶吉士、编修,官历户部给事中、顺天府府丞兼学政、大理寺少卿、工部侍郎,是皇子爱新觉罗·胤禛的经筵侍讲。胤禛即皇位(雍正)后,念及恩师王懿,连下三道金牌催师进京。时王懿已过古稀,不堪长途跋涉,病逝于甘肃兰州。王懿灵柩返里后,雍正谕旨祭王懿于渠哥庄(今名"曲哥庄")名宦乡贤祠,依二品官员规格设葬。胶州人、大理寺评事赵任在华楼山之北建一栋名"皆山楼"别墅,同邑高宏图崇祯五年(1632)去官后游崂山时,甚爱皆山楼一带景观。适值赵任年老思归故里胶州,遂将此楼赠予高宏图。高宏图将其更名为"太古堂",在此编撰诗文集《太古堂集》。崇祯十六年(1643),高宏图复出,离开太古堂去南京履职,此楼易主胶州人王锦。

明清山左青岛的别墅式学馆,多为依山傍水、因地制宜的林中庭舍,既是名儒硕彦交游的会所,又是经师荟萃的讲堂。从时人夜访平度尚家疃蔚堂书塾时写下的"经堂通问罢,一笑竹扉开"⑤诗句中,不难窥见古代青岛私家书院学馆的生活状貌,其所折射出的不仅仅是教育学的意思。

① 匡范:《匡氏嘉树园序》,载胶州市政协编《遗忘的嘉树园》(内部发行)第60页,2014。

② 《大枣园村志》,第234页,方志出版社,2011。

③ 《道光重修胶州志》卷二十七《列传七·人物》,载《中国地方志集成·山东府县志辑》第39册第251页,凤凰出版社,2004。

④ 其碑文载有王氏三代功名:"长男如辰,甲午科乡试第七名亚魁、乙未科会试连捷进士,历任广西按察使司督学道加三级;次男如春,戊午科乡试第二十五名举人;三男如云,壬子岁进士;孙懿,甲子科乡试第二十名举人、戊辰会试第一百四名进士、殿试二甲第十七名,钦选翰林院庶吉士第九名。"

⑤ 《民国平度县续志》卷十二下《艺文志》,载《中国地方志集成·山东府县志辑》第43册第651页,凤凰出版社,2004。

（四）多元区域文化与崂山道释各宗的玄僧教育

青岛地处齐之东陲，为山左海右僻邑，自古形成了独特的贝帆农果经济生态。域内雄峙海隅之崂山以其独特的景色和优越的地理位置，享有"灵异之府""神窟仙宅""洞天福地"之名，被世人推崇为近海诸山之冠。青岛地域在黄土与海洋、齐鲁与外来、人间与神界的对立统一中，具有与山东乃至中国所有沿海、沿江城市迥异的特殊性、多元性和包容性。古代青岛除了居主流地位的儒家文化，道、释等神仙文化也占据重要席位，佛学与道家教育成为古代青岛教育不可或缺的组成部分。

当先民无法用科学智慧解释洞天深处的别样世界，溟涬鸿濛的天地四维、明灭变幻的海洋奇观，更激发了三面环海的青岛原始土著人的遐思和想象。幻想海中有仙山，仙山有神仙，神仙长生不老，此为青岛最具地域特点、最富想象力的神仙文化的起源，其影响在先秦时期就扩散到山东半岛以外了。从齐威王、齐宣王到燕昭王，不断"使人入海求蓬莱、方丈、瀛洲……诸仙人及不死之药皆在焉"①。据载，春秋时期，一些"可往而不可见，可见而不可致"的巫觋方士云集于崂山。迨至战国后期，崂山已成为享誉华夏的"东海仙山"，神仙思想在齐燕和吴楚地区极为流行。吴王夫差僭礼违制，传"尝登劳山得灵宝度人经"②。《灵宝度人经》是一部包含象数易学内容的道教神学作品，号称群经之首、万法之宗，是符箓灵宝派的核心经典，只是此经晚至东晋末始出世。生活于公元前5世纪的夫差得经未必可信，倒是秦汉之际的术士安期生被列为黄老学说的传承人之一值得研究。

安期生（生卒年月不详），琅琊阜乡（今属青岛黄岛）人，师从河上丈人习黄帝、老子之学，得太丹之道、三元之法。河上公之前的黄老学家以理论研究和修身养性为主，而安期生在全面接受了黄老哲学的基础上，与海右地区的狐仙和神仙文化相结合，采药炼丹，成为方仙道的创始人。据说，秦始皇东游琅琊台时"与语三日夜，赐金璧数千万"③。安期生与秦始皇亲面，对始皇帝掀起的大规模的方士入海寻仙风潮不无关系。秦时毁弃诗书，法家主操大权，道家与法家产生于动荡且四分五裂的时代，两者异中有同。作为哲学基础，黄老思想在政治学领域

---

① 《史记》卷二十八《封禅书第六》。

② 《同治即墨县志》卷十二《拾遗》，载《中国地方志集成·山东府县志辑》第47册第310页，凤凰出版社，2004。

③ 周至元：《崂山志》卷四《人物志·仙道》（增补本），第162页，2007。

得到法家的演绎。这就不难理解为什么安期生能说动秦皇,并拥有众多的授徒。《史记》载:"安期生教毛翕公,毛翕公教乐瑕公,乐瑕公教乐臣公,乐臣公教盖公。盖公教于齐高密、胶西,为曹相国师。"①天上一日,人间一年,神仙信仰一旦内在于人心,享仙寿天福便不单是帝王将相的专属,对民间百姓也颇具蛊惑力。据青岛地方志载,即墨人乐正子长在鳌山遇到了仙人,得长生不老药"巨胜赤散丸",传说此药"蛇服化龙,人服长生,长服之年百八十如童颜"②。乐正家族传有宗祠"十字通联",其下联便是"栖真高士服仙药而升天"③。可以这样说,行径荒诞的安期生和神秘诡异的乐正子长,分别代表了古代青岛官方和民间追求超越世俗的神仙理想与渴望永享人间富贵的愿望。

及至汉初,由于"无为之治"的道家具有稳固政权、与民休息的作用,老庄思想上升为主流被统治者接纳,老子一度成为体现自然、支配自然的伟大神力和修炼得道的救世主。据载,西汉建元元年(前140),张廉夫在崂山授徒拜祭,揭开了崂山道教的序幕。张廉夫(前171—?),字静如,号乐山,江西瑞周高乐(今江西高安)人,汉景帝中元二年(前147)科举中文学茂才一等,官至上大夫;后因得罪权要,弃职入道,先去终南山精研玄学,得师真传后辗转来到被视为灵薮的崂山。道家对山水的观照与感悟,是中国古人以遐想揭示自然界奥秘的尝试。前临东海太清湾,背依崂山七峰,张廉夫率众弟子用三年时间建起了三官庵和三清殿,奠定了太清宫之雏形,被崂山道士尊为"开山始祖"④。张廉夫之于崂山道教的功绩不仅仅是开创宫庙,更重要的是他往来各地道观,推进道家典籍、经韵曲牌的交流,为崂山太清宫道藏、经乐、韵律、曲牌的汇集起了奠基的作用。据悉,汉昭帝始元二年(前85),张廉夫离崂山太清宫往鬼谷山三元宫,委弟子刘方清、赵冲虚、冯若修等主持修道,时道士已达90余名,规模相当可观。

西汉时期,海右崂山与陕西终南山、江西鬼谷山因黄老道而齐名。刘彻毕生热衷于求仙和鬼神之祀,两次巡游海右,其第二次是太始四年(前93)夏四月,"幸不其,祠神人于交门宫"⑤。学界公认,刘彻定郊祀祭天之礼具有方术和游仙色彩,通过"绝地天通"获得沟通神圣世界与世俗国家的独占权,以之作为王权合法性的基础和终极来源。刘彻择崂山道庵为自我神化之所,既源于崂山深岩

---

① 《史记》卷八十《列传第二十·乐毅传》。

② 《同治即墨县志》卷十二《杂稽·释道》,载《中国地方志集成·山东府县志辑》第47册第299页,凤凰出版社,2004。

③ 乐正家族宗祠"十字通联"的上联是"孝行名贤虑下堂之伤足"。另有"七字通联"——"下堂伤足有忧色,仙药飞升无挂牵",其下联乃指得仙药的乐正子长。

④ 周宗颐:《崂山太清宫志》卷一《开山始基篇》,第1页,方志出版社,1987。

⑤ 《汉书》卷六《武帝纪第六》。

幽谷、峭拔耸秀、云气离合、水天一色的自然景观,又反映了崂山黄老道在西汉的繁荣程度。在最本质的意义上,道家所代表的神奇幻异的天真世界,所主张的信顺柔弱、躬耕而食、常于止足、归乎无名的信念,对民俗、民风及民间文学艺术影响甚大。这一现象在两汉之交随着黄老道宗教化基本教义的初步形成,尤为突出。由于社会动荡、民生凋敝,百姓对超自然力量的不解与恐惧,加之确有可供方仙道依附和发挥的神秘主义内涵,黄老之学与神仙术遂逐渐结合起来。东汉末年黄老道以有实体活动的宗教形式(道教)出现,已在情理之中。不过,道教教义中虽有道学成分,但远不足以代表道家精神,更不足以传达盛誉四海的老庄思想。

从西汉到五代末,崂山道教基本属于太平道及南北朝寇谦之改革后的天师道,宗派上分属于楼观教团、灵宝派、茅山宗。宋初,崂山道士刘若拙得宋太祖"华盖真人"之敕封,崂山各道教统属新创华盖派。金元以后,道教全真派兴起,崂山各门纷纷皈依于"北七真"。成吉思汗敕封丘处机之后,崂山道教大兴。山左名山以岱为宗,因了东晋南燕地理学家晏谟的一句"泰山自云高,不如东海崂"①,崂山身价倍增。明嘉靖以后,因皇帝崇尚,很多高道开宗立派,作为全真道支派的崂山道教达到鼎盛,传有"九宫八观七十二庵"之繁荣。据悉,清道光之前,崂山多处道观得以修葺,道士人数也有所增加,实现了崂山道教的又一次辉煌。道光以后,崂山道教渐趋衰落。值得注意的是,青岛周边地区的道教远不及崂山。即墨境内最早的道观高真宫建于晋太安元年(302),没有形成什么影响;胶州道观有元明观、万仙宫、复点观、太微观、集元观等;平度则有崇德宫、云台观、云山观、磐石观等道士修行之所。

道观是道士研习道教教义、行施宗教礼仪、传播道教文化及生活起居之所,一座道观就是一所学校。道士的玄门功课是上殿诵经,凡出家住观之道士,每日(天干为戊的日子除外)早、晚须在主殿内分诵诸品妙经、圣诰仙号、宝忏等。所谓"功课者,课功也;课自己之功者,修自身之道也"②,凡诵经,须定心平气,斋戒沐浴,严整衣冠,不得松懈。从崂山各道观的内修和外修两类诵经内容看,内修有称为"内五经"的《阴符经》《道德经》《清静经》《龙虎经》《黄庭经》,及称为"内四书"的《参同契》《悟真篇》《三皇玉抉》《青华秘文》;外修有称为"外五经"的《度人经》《皇经》《三官经》《北斗经》《王枢经》,及称为"外四书"的《生神章》《济炼科》《祈祷仪》《千金方》。除了上述内、外经典外,又有《太上十三经》《西

---

① 转引自周至元《〈崂山志〉自序》,载周至元编著《崂山志》(增补本)第3页,2007。晏谟成书于十六国时期的《齐记》,宋元后亡佚,其佐证文献有《元和郡县图志》卷十一《河南道七》、《太平御览》卷四十二《地部七》、《寰宇记》卷二十《河南道二十》、《齐乘》卷一《山川》。

② 《太上玄门功课经序》,载张全晓、周作奎校注《玄门必读》第1页,中国文化出版社,2013。

升经》《南华经》《文始经》《道书全集》等，其他丹经子书皆系教后辈学道之人参考。

道士讽诵的经章是一种有文有韵的经歌。文即词，韵即曲，最初源于上古时期汉族的民歌和民间号子，后来演变成风行华夏的"十方经韵"，宛如众仙缥缈步行虚空歌诵之声。由于崂山道教派别多而杂，各宗的经文虽大致相同，但韵曲各异，一些隐逸方士带来的民歌雅曲（特别是琴曲）对崂山的道乐经韵影响极大。康熙年间，蒲松龄两次游居崂山，将俚曲、鲁南弦子戏中的一些精华片段传授给崂山道士。① 此外，几位乐女出身的皇妃隐居崂山时，将宫廷韵律糅入道家乐中。南宋末年卫王昺的两太后谢丽和谢安、明末崇祯帝二妃养艳姬和蔺婉玉在崂山修道时，都对道乐进行了改造，使崂山斋醮科仪音乐更具完备的形态与深刻的内涵，崂山道乐成为崂山道教文化的特征之一。

崂山道乐从功能和韵律风格上可分为课韵、功韵、咒韵、庆韵、祭韵、逸韵六类。据称，崂山太清宫自张廉夫初创后，道士的早、晚课经文就配有一定的韵谱。这种曲谱不仅可使道众诵经众口一致，而且有清喉抒胸、提高吐纳效果和凝神聚精之作用。据传，唐代宫廷乐师吴筠等人游崂山时，将《清平乐》曲传给崂山道士，作为课韵的一部分流传下来。全真道兴起后，道士始重内功修炼，练功者通过反复诵唱，以达气出丹田、云萦紫府、百脉流畅、中气充盈之效。崂山是"北七真"的丛林基地，各门都有自己秘不轻传的功韵。崂山道士中高寿者极多，与其功韵丰富有很大关系。咒韵是特定的咒语配上特定的咒音，通过声波的震荡以期达到祭祷请福、辟鬼役鬼之功。崂山的东夷先民及神仙家创造了《太乙咒》《太岁咒》等大量咒韵，充满东夷文化的浓厚气息。庆韵是道教中专门用于重大庆典活动的演奏曲牌，体现出隆重、吉祥、欢快和宏伟的气势。崂山道乐中流传的《赞》《颂》类及《接大驾》《三清号》②都是庆韵的代表作。祭韵，按照拜祭对象的不同呈现不同的韵味，祭天、祭地、祭神则体现虔诚、希望、庄重之风，祭人物则呈现悲壮委婉的韵律。崂山道乐《祭岳》《祭孔》《六问青天》《宾鸿泪》《满江红》等，都是祭韵中流传较广的曲牌。崂山道士中有不少文士才子，他们原先为官，后来入道，环境一旦适应了志趣，所创曲牌则抒怀畅思、物我两谐。这类道乐属逸韵，充满高雅、清淡、飘逸之质，《秋山行旅》《鹊华春山》《晋济三界》《归去来辞》等均属此类。

---

① 闫水村、周聪：《蒲松龄对崂山道乐的贡献》，载《蒲松龄研究》2011 年第 1 期。

② 相传，谢丽与谢安隐居崂山塘子观后，将丘处机的《三涂颂》改编，并加入江南丝竹乐之旋律，更名《三清号》。起初，此曲用于初一、十五及年节时日，后崂山道者认为曲调高雅正统，便规定只用在"接大驾"的仪式中。二谢仙逝后，崂山道士为纪念这两位皇妃出身的道姑，将其经曲统称为《谢谱》。二谢的遗体所葬之处，名曰"双台"。

　　崂山是一座宗教文化名山，深为托钵行僧所垂青，争夺生存空间的佛家自然不会缺席。按照通行的说法，佛教自公元1世纪由天竺传入中国，由于其理论比较适合封建统治者的需要，迅速在中华大地扎根。崂山地处陆路传播要道的东端和海上越播路线的入口，魏晋以降，佛教宗风大兴。魏元帝景元五年（264），不其城东（今青岛城阳惜福镇）出现了第一座佛教寺院——崇佛寺，俗称"荆沟院"。这座供佛门弟子修持、以弘法传教为目的的寺院，奠定了鲁东第一寺的历史地位。之后，崂山相继建起了石佛寺（潮海院）、石竹庵（后改名"慧炬院"）和狮莲院。北魏武帝年间（424—452）法海寺的创建，标志着崂山佛教已粗具规模。嗣后至清代后期，又有大悲阁、普济寺、白云庵、普庆庵、大明寺、洪门寺、清凉院、海印寺、华严寺、灵圣寺等，其中不少就是依靠禅林培养僧才的菩提道场。据载，明、清两代崂山创建和重修的寺院有20余处，其中最有影响的是清顺治九年（1652）即墨黄氏创建的华严寺，内藏雍正年间刊印的《大藏经》，还有元代手抄珍本《册府元龟》等珍贵文献。另外，胶州有茂林寺、慈云寺、洪福寺、崇福寺和报恩寺，其中的茂林寺历史最早，始建于北齐；崇福寺始建于元代至正十一年（1351），碑文载"有经文三藏及画五十三参十六尊者"[①]。平度的知名梵刹有智藏寺、圆明寺、千佛阁等，其中智藏寺位于大泽山，始建于唐代。通常，晨昏礼佛、四时拜祷、念生死苦、发菩提心、净心修持是古代青岛佛教寺院的基本功课和行为规范。

　　青岛历史上最著名的僧人是法显，尽管他的出现颇具偶然性。法显（334—420），本姓龚，上党襄垣（今山西襄垣）人，东晋义熙八年（412）赴印度等地求经，泛海返国遇飓风，漂泊到崂山南岸栲栳岛一带登陆。笃信佛教的长广郡太守李嶷，将法显视为"轺轩冠盖之使"，接至不其城内，挽留在此译经传教一年。法显将西行取经的经历和沿途见闻写成《佛国记》一书，保存了许多研究古代中亚、南亚次大陆诸国历史、地理及宗教的珍贵文献。法显之后，佛教在崂山声名大振，三宝广为传播，乡间梵音和持咒之声不息。

　　宋、元两代在青岛一直和睦相处的"黄冠缁流"，却在明万历年间发生了一场著名的僧道之争。万历十三年（1585），憨山和尚在太清宫三清殿前隙地耗巨资修建了气势恢宏的海印寺，进士出身的道人耿义兰"为鸣鸠逐鹊计"讼于公堂，由此引发激烈的道释纠纷。憨山名冠晚明"四大佛教大师"之列，有"骑士王"之称，曾用自己的血液和着金粉抄写《华严经》，深得孝定李太后的垂注。但是，这场宗教官司由于幕后万历帝与其母慈圣太后的权势之争，最终导致憨山成

---

　　① 《民国增修胶志》卷七《疆域志·古迹》，载《中国地方志集成·山东府县志辑》第42册第78页，凤凰出版社，2004。

了宫廷倾轧的牺牲品。万历二十八年(1600),明廷降旨毁寺复宫,香火几绝的太清宫得官资重修而气势隆重,憨山因"私造禅寺"罪被迫还俗,远戍雷州。所幸,其弟子洞闻与汉月携藏经、佛像、法器等迁入慧炬院,使这些珍贵的佛教经典文物得以保存。清同治时,即墨知县林溥在《劳山纪游》一诗中给出的"华藏元宗无二义,可怜缁羽枉相侵"①的评价,是相当公允的。

青岛崂山地区的佛教大多属于华严宗和天台宗。华严宗之主要教理为法界缘起说,其理论有四法界、六相、十玄门等;天台宗的主要思想是实相和止观,以实相阐明理论,用止观指导实修。事实上,佛教这种生成于异域的外来宗教,经过中国化改造,超越了儒与道的思想世界,尤其是对宇宙的虚幻、生存的痛苦、三世的轮回等观念,是过去中国思想史未曾听说或不曾确立过的。② 由于佛教的因果报应说对现实世界的农民具有极大的诱惑力,趋向于现实性的中国农民对其小乘教义是比较容易接受的。大乘般若在哲学上较道教的玄言更容易被接受,尤其读书人在感觉不自在、无出路的时候最易接纳蹈空的"出世"思想。沙门在用佛法征服白丁百姓的同时,其大乘气象、文化气运、逻辑方法、行文风格尤能感动士大夫群体,于是当仁不让地在中国学术界占据了一个牢固而永久的位置。

一个值得深思的问题是,古代青岛道、释二教,论历史的久远、势力的强盛和教内徒众的神学素养,道教远在佛教之上;但就宗教的普世化倾向和对社会的影响力而言,佛教则不输于道教。一个无须强调的事实是,"大慈大悲观世音"与"阿弥陀佛"几乎成为乡民的口头禅。事实上,伴随着佛宇僧寮的兴建、诵经说法的举行,佛教不同于儒学和道家的"轮回转生"观逐渐为民间百姓所认同,其慈悲为怀的救赎传统在明代重新得到了强调。特别是明清居士佛学的勃兴和庙产兴学的扩大,寺院愈加开放,山林布衣、乡村长者、俗家百姓、佛教僧侣都可以进院听讲,甚至登堂演说。青岛土著民众中有的持斋念佛,但未必通晓教义;虽信奉"三宝",却并非教徒,他们所迷信的神明、天象、鬼魂等,隐含的是人们对现实生活、自身命运、家庭利益的关心。崂山大多数寺院建筑于山之麓、海之滨的美景之处,这是感到尘间生活乏味的人们的渴望,朝拜圣山和释刹成为佛、俗两界同样趋之若鹜的行为。论其虔诚程度,许多俗界徒众并不逊色于职业僧侣。教众持斋吃素、静坐禅定,甚至苦行禁欲,与其说是为了转世超脱,莫如说是为解决现实苦难与困厄更实际一些。寺院的纪念性、超度性、顺俗性佛事影响到当地

① 《同治即墨县志》卷十《艺文·文类下》,载《中国地方志集成·山东府县志辑》第47册第276页,凤凰出版社,2004。

② 葛兆光:《中国思想史》,第1卷,第380页,复旦大学出版社,2001。

土著民众的语言、饮食、艺术,并对风俗形成了潜在的影响,以至于和尚、尼姑都能出入俗家参与婚丧喜庆活动,农民所遵循的许多古老的仪式打上了佛教的烙印。据即墨志书载,丧礼"民间喜作佛事,独士大夫不行"①。当然,道教从未放弃在民间的渗透,其符咒科箓的问卜休咎、召神劾鬼之功很有受众。崂山道乐为适应民众的仪典需要,在部分乐章中融合当地民风韵调,红白喜事总有乐队吹吹打打,而百姓罕有考证曲目由来的。可见,民间信仰的多元并立性、分散自发性和地域繁杂性是不以人们的意志为转移的。

如上所述,古代青岛的道、释二教在专业和社会教育方面建树不凡,但与正统的儒家思想相比,道、释信仰与崇拜缺乏对价值和意义明确而有力的引导。天的古代宗教性在漫无统绪的重叠祭祀和随意供奉中,使得一些普通民众见神就烧香、见鬼就叩头,以冀上天的福报。不过,老百姓又发现,"袈裟未著嫌多事,著了袈裟事更多"②。从根本上说,从来就没有什么救世主,四民对未知前方的期待与悸动,恒以士大夫为准则。这与"罢黜百家,独尊儒术"所确立的主流思想体系有关,更反映了唯有儒家经典"四书五经"才具中国封建社会的信仰价值和政治伦理秩序的合法性。

---

① 《同治即墨县志》卷一《方舆·风俗》,载《中国地方志集成·山东府县志辑》第47册第38页,凤凰出版社,2004。

② 周至元:《崂山志》卷一《方舆志·风俗》(增补本),第13页,2007。

第一章　青岛建置时期

（1891 年 6 月—1897 年 11 月）

青岛的城市发展史具有"自开建置"和"约开商埠"两大特征,折射出中国近代历史的特殊性和复杂性。青岛在政治地理格局变迁之前,墨守"君权神授"和"三纲五常"的封建伦理思想。1840—1842 年第一次鸦片战争使"天朝帝国万世长存的迷信破了产"①,西方列强将中国一步步拖入半殖民地半封建社会的深渊。面对这"数千年未有之变局",清政府中的开明官员出于理性抗外的观念,竭力呼吁培植新式人才,发展新式教育逐步成为社会精英和国家的共识。青岛建置时期的教育具有总兵衙门军事防地和晚清改良教育的综合性特征,欧洲传教士舶来的少量教会学校在传播"基督福音"的同时也带来了西学,缓慢地对半岛乡区教育产生了影响。但是,由于传教士的触角尚未深入岛城,青岛教育受西学的影响甚少,显得相对冷寂。

第一节　近海防御体制下的国防教育

一　晚清海防危局与半渔半农的军户社会

建置及开埠前的青岛,按《胶澳志》的疆域区辖,包括即墨县仁化乡白沙河之南部和胶州湾北岸里仁乡之阴岛,位于海西的胶州沾化乡之黄岛、薛家岛及济实乡之塔埠头,②实际上还应当包括即墨县海润乡之崂山东部及福海乡之一部。然而,青岛建置及开埠前仅是胶州湾的一个拜地母之馈赠、借舟楫之便利的渔耕

---

　　①　[德]马克思:《中国革命和欧洲革命》,载《马克思恩格斯选集》第 1 卷第 779 页,人民出版社,2012。

　　②　赵琪、袁荣叟:《胶澳志》卷一《沿革志一》,载《中国方志丛书·华北地方》第 62 号第 19 页,成文出版社,1968。

之村,"有居民三四百户"①。

胶澳海湾的自然条件和地缘优势随着咸同以降日蹙的国势渐为中外所瞩目。登莱青道移驻芝罘(今烟台)设立东海关后,1859年,清政府在水陆通商要道的塔埠头和金家口设立分关,并在女姑口、沧口、沙子口、登窑、薛家岛等地设卡征收厘金,监管进出港口的船舶贸易及税务。与此同时,"西人颇垂涎胶澳,历遣其船只窥测胶口之形势"②。

据英国人金约翰(John W.King)编辑的《海道图说》载,1861年英国军舰"多布"号驶入胶州湾,于"澳外距镇一里半,水深九拓之处停泊"③。其后闯入胶州湾驻泊的英舰一直未断。1884年中法战争爆发后,法军"屡次声言将由胶州进图北犯",清政府急令李鸿章加强山东沿海防务,胶州湾设防建镇第一次进入大清帝国最高决策层的视野。山东巡抚陈士杰派兵200名驻防胶澳,会同胶州协统分扼要隘,以免意外之虞。但中法战争后不久,屯守胶澳地区的清军被裁撤,胶州湾仍是无防之地。1886年3月,李鸿章派道员刘含芳勘查胶州湾。刘含芳勘查后认为,"此口地势偏僻,断非目前兵力饷力所宜用也",胶澳设防之事不可急就,只可缓图,而应着力加强旅顺、烟台、威海门户,以卫京津。刘含芳的说帖使李鸿章设防胶州湾的热情大减。1886年5月,总理海军事务的醇亲王爱新觉罗·奕谭偕李鸿章阅海,论及胶州湾必应置守,唯经费支绌而搁浅。是月,出使德国大臣许景澄上奏清政府,条陈"山东之胶州湾宜及时相度为海军屯埠",建议对胶州湾"渐次经营,其于十年而成巨镇"。④ 其实,许景澄并没有到过胶州湾,他对这个海湾的了解部分原因是在德国发现了李希霍芬的一份调查报告。

李希霍芬(Ferdinand von Richthofen)是德国著名的地质学家、地理学家。他从1869年3月起利用欧美商会的资助,对山东进行了详细的地理和物产考察,并在1877年完成的题为《山东地理环境和矿产资源》的专题报告中强调了青岛地区优越的地理位置,渲染了可以在胶州湾筑建现代港口的关键性观点。许景澄的上奏和慈禧太后的批示,使李鸿章不得不令北洋水师提督丁汝昌偕洋员琅威理再次勘查胶州湾。1886年7月,监察御史朱一新上《敬陈海军事宜疏》,主

---

① 赵琪、袁荣叟:《胶澳志》卷一《沿革志一》,载《中国地方志丛书·华北地方》第62号第26页,成文出版社,1968。另,青岛建置及开埠前的人口始终缺乏准确的统计,估计有20余个村庄,总人口1万余人。(青岛市史志办公室:《青岛市志·人口志》,第1页,五洲传播出版社,2001。)

② 〔清〕胡存约:《〈海云堂随记〉摘录》,载青岛市委党史资料征委会办公室、青岛市档案馆编《青岛党史资料》(内部发行)第1辑第309页,1987。

③ 寿杨宾:《青岛海港史》(近代部分),第9页,人民交通出版社,1986。1拓为6英尺,合1.8288米。

④ 《出使德国大臣许景澄条陈海军事宜疏》,载张侠等编《清末海军史料》第74页,海洋出版社,1982。

张"欲固旅顺、威海卫,则莫如先固胶州"①。上述奏请对青岛建置极为有利。但此时,慈禧太后挥霍重金重修颐和园,水师装备名下的白银被挪用,悉数化为禁苑中的雕梁画栋。海军衙门则认为旅顺、威海卫两个屯兵基地足以拱卫京畿,从而搁置了胶澳海防之议。

胶防创议重新被提起已是五年后的 1891 年。是年 6 月 5 日,对"肘腋之患"始终保持警惕的李鸿章与帮办海军事务的山东巡抚张曜抵胶澳查勘形势,认为此地实为一大要隘,不可等闲视之,"胶澳设防实为要图"②。为防御海上之敌入侵起见,6 月 13 日李、张二人联名奏请设防胶澳。6 月 14 日,清内阁明发"上谕",决议在胶澳设防,此为青岛建置之始。③ 次年,李鸿章力荐的"于筑台修械事务粗有历练"的记名提督、登州镇总兵章高元率部驻防青岛,设立总兵衙门。④青岛由此开始摆脱渔耕经济模式的自然发展阶段,开启了以近海防御性军事要地为特征的城市化进程。

章高元(1843—1912),字鼎臣,安徽合肥人,早年加入淮军,曾参加镇压太平军和捻军,积功至副将,后戍守台湾,署澎湖镇总兵。⑤ 1884 年,章高元率部抗击入侵台湾法军荣立战功,于 1887 年擢登莱青镇总兵。自 1892 年 8 月起,章高元率领的嵩武前营、嵩武中营、广武前营和广武中营四营清军先后驻扎胶澳。这些驻军及其随军家属作为官府指定出军的人户,形成了青岛历史上特殊的军户阶层。与当地土著民户不同的是,军户的管理自成系统,其子弟的教育有着明显的国防特色。1892 年 10 月 29 日,《申报》披露了一条消息:"胶州口创修炮台,业已开工兴办。日前,有委员来烟,在道署领银万余两,解押前往,以济工需。"消息表明,章高元在青岛主持的北洋防御工程业已开工。1894 年 1 月,章高元之母不幸去世,按理他应开缺"丁忧"回籍守制,服满三年再行补职。但此时"胶州海口炮台工程紧要",头绪纷繁,事机急迫,章高元无法奔丧。时任山东巡抚福润

---

① 《陕西道监察御史朱一新条陈》,载青岛市档案馆、中国第一历史档案馆编《胶州湾事件档案史料汇编》上册第 2 页,青岛出版社,2011。

② 《李鸿章奏稿》卷七十二《直隶总督李鸿章等片(光绪十七年五月初七日)》,载《李鸿章全集》第 4 册第 2065 页,海南出版社,1997。

③ 1990 年 7 月 17 日,青岛市第十届人大常委会第十七次会议批准青岛市政府的建议,将青岛市的建置时间确定为 1891 年 6 月 14 日。

④ 英国人在《青岛(1898—1910)》一书中这样描述总兵衙门:大衙门是中国人统治时期建造的,其主要入口处在它的南侧。入口处迎面和其他各地的中国衙门一样,有一座影壁,在向衙门的一面上画着一只类似蜥蜴的巨兽——"TAN",瞪着大眼,张着大口,身上长着密密的鳞片和牛一样的尾巴,头部的上方是一轮正在升起的太阳。这只兽作为贪婪的象征,画在这墙上的目的是警告每天路过此处的官员们不可过于贪婪。([英]帕默、克里格:《青岛(1898—1910)》,载刘善章、周荃主编《中德关系史译文集》第 183 页,青岛出版社,1992。)

⑤ 《清史稿》卷四百五十九《列传二百四十六》。

与李鸿章奏请"暂缓回籍，假期内凡台工事宜，仍归该镇一手经理"。这一"夺情起复"之变通办法，为章高元"改为署任并赏假百日，扶纳回籍后仍回署任"。①对此，光绪帝朱批"知道了"，恩准章高元在守制未满期的情况下不着公服，素装治事。

1894年4月，李鸿章校阅北洋水师期间于4月23日抵青。据《申报》载，李鸿章在胶澳"看广武、嵩武等四营操及炮台打靶"，之后赶赴芝罘。5月29日，李鸿章在校阅海军的奏折中有"原拟于北岸之青岛、坦岛、团岛各设炮台一座，臣等逐处察勘，登州镇总兵章高元承办各台基址已具，所拟安设炮位处所尚得形胜"和"道员龚照玙又于青岛前建设大铁码头一座"②的字样。由此可见，至1894年4月，章高元所部的居住、训练条件已具备。在不到两年时间里，章高元先后建造了2座海军栈桥、3座炮台台基、4座兵营，还有军火库、电报局等军事设施。胶澳海防工事以青岛村为中心，沿前海海滨向两翼展开，形成了长蛇阵式的防御工事。不过，由于炮台施工量大、经费不足，预订的克虏伯大炮等武器装备尚未运到，胶州湾防御工程始终未能完竣。更重要的是，中日甲午战争的突然爆发打断了胶澳防务建设的进程。1894年8月4日，山东巡抚福润上奏称："惟胶澳台工未竣，炮位未齐，现亦电商李鸿章，饬令暂行停工，其工作之嵩武、广武四营，专事巡操，庶期有备无患。"③随后，章高元奉命率师往辽东赴援。战事结束后因得山东巡抚李秉衡的奏请，章高元虽如愿重返青岛，但胶澳防御工事大受影响，尤其是经费短缺始终困扰着章高元。据胡存约所著《海云堂随记》载，为解决经费不足，1896年"丙申四月二十二日……总镇衙门修筑海防台工，由胶州钱庄垫借五千五百两投用"④。

青岛前海栈桥的建成和连接内地大路的修通，客观上带动了青岛的城镇建设和经济发展，每年进入胶州湾的船舶达上百只，进出货物超过30万担。不少手工业者和商人举家迁居青岛，因为"建筑工作和士兵给养的供应都曾给一些人带来很好的挣钱机会"⑤。历经数年惨淡经营，青岛口发展成为清军海疆体系中的重要防地和崂山南部海岸上的市镇。到1897年德国占领前，青岛居民已达

① 杨来青：《胶澳设防的几个史实：章高元丧母"暂缓回籍"》，载《青岛日报》2016年6月20日。
② 〔清〕李鸿章：《校阅海军事竣折（光绪二十年四月二十五日）》，载《李鸿章全集》第15册第334页，安徽教育出版社，2007。
③ 《山东巡抚福润折》，载青岛市档案馆、中国第一历史档案馆编《胶州湾事件档案史料汇编》上册第15页，青岛出版社，2011。
④ 〔清〕胡存约：《海云堂随记（摘录）》，载青岛市博物馆等编《德国侵占胶州湾史料选编（1897—1898）》第23—24页，山东人民出版社，1987。
⑤ 〔德〕余凯思：《在"模范殖民地"胶州湾的统治与抵抗——1897—1914年中国与德国的相互作用》，孙立新译，第59—60页，山东大学出版社，2005。

1300 人、房屋 229 座。[①] 胡存约在光绪丙申年（1896）十月二十五日的笔记中写道："本口原有商铺四十九（家），今为六十一家。"又在次年的笔记中称：

> 丁酉三月十四日　晚，商董首事集议本口禀县商铺数目。除新近由即墨、平度、金口、海阳来此赁屋暂营者六家外，计车马旅店九，烘炉一，成衣、估衣、剃发三，油坊、磨坊、染坊六，杂货、竹席、瓷器店铺七，药铺二，当铺一，织网、麻、草、油篓、木材八，肉、鱼、盐铺行六，鞋帽、皮货各一，纱布绸店、洋广杂货店三，酒馆、饭铺九，酱园、豆腐坊各一，糕店茶食，计六十五家。[②]

上述商铺大都是生活服务类店商，其主要服务对象是当地居民，特别是驻扎于此的军户。不难判断，青岛社会业已具有消费型军事城镇的基本特征，其教育形态必然趋向于公共性和军事防御性。

胶州湾的优良区位和青岛军事防地的发展，日益成为西方列强的垂涎之地。中日甲午战争后，俄国自恃干涉"还辽"有恩于中国，仅有的海参崴一个港口不敷使用，遂向清政府索取将胶州湾作为其远东舰队冬季泊地的特权。俄舰多次在胶州湾靠泊，引起日本的关注。为牵制俄国在胶州湾的军事活动，1895 年 12 月，日本驻华公使馆书记官中岛雄受日本外务省指派对胶州湾进行调查，并提交了《胶州湾图说》的情报。紧接其后，1896 年 1 月，日本驻芝罘领事久水三郎出于对俄国行动的顾虑，利用在山东的日本人对胶州湾一带"巡视"，并形成了书面报告。这份报告详细描述了胶澳的布防，还得出胶州湾是"华北唯一要港"的结论，其中有这样一段文字：

> 沧口有四十余户人家，嵩武军的一名副中营率兵驻扎于此，并设有厘金局，停泊的船舶仅十艘。青岛海面颇深，可以停泊船舰；当地居民五十余户，东、南的三座山上驻扎有嵩武军中营、炮兵海防营等三营，附近人家过半为该营官兵的妻、子。居住之人均露出贫困之色，并没有见到富豪模样之人。其西面海岸接续筑有炮台，但并无备炮，任其自然损毁。南边的山上炮台稍加修整，状况好于西面的炮台。沙岸突出地带架有栈桥，新盖了一座海关房屋。栈桥停泊着七艘商船，一艘来自宁波，六艘来自北方。[③]

---

　　① *Das deutsche Kiautschou-Gebiet und seine Bevölkerung*, *Kartenkrokis und statistische Tabellen entwor fen und zusammengestellt von Offizieren des Gouvernements*. hesg. V. Reicsmarineamt 1899, S55.

　　② 〔清〕胡存约：《〈海云堂随记〉摘抄》，载民主建国会青岛市委员会、青岛市工商业联合会编《青岛工商史料》（内部发行）第 2 辑第 134 页，1987。

　　③ 《俄国之租借胶州湾》，存 JACAR（日本亚洲历史资料中心）REF. B03041154200；《各国之清国土地租借要求杂件》（日本外务省外交史料馆）1-4-1-11-001。

久水三郎的报告在记述胶州湾驻军及军事防御工事的同时,也从侧面反映了胶澳的经济发展状况,这为了解和认识青岛建置及开埠前的社会面貌和文化教育特征不无裨益。

俄国和日本的关注远不及包藏祸心既久的德国。在对中国沿海各地进行查勘对比后,德国将侵略目标锁定在胶州湾。1896年12月,德国驻华公使海靖(Friedrich Gustav von Heyking)正式向清政府总理各国事务衙门提出"割让"①胶州湾的无理要求。德国直截了当的"割让"要求令清政府大为震惊,清政府以"恐各国援照,事实难行"为由予以拒绝。面对岌岌之国防危局,1897年2月13日,恭亲王奕訢等奏报光绪帝,提出"山东胶州海口形势紧要,现拟建设船坞,屯扎兵轮,以资扼守而杜觊觎"的建议。在奏折中,奕訢特别强调:

> 上年十二月间,海靖竟指明胶州澳恳请借让,虽经臣等迭次坚拒,而该国借地之谋始终未已,难保日后不更来尝试。臣等会同商酌,非有先发制人之策,不足以杜外人冀幸之心。上年八月间臣等奏明订购德国穿甲快船三艘、英厂铁甲快船两艘、德厂雷艇三艘,均已开工制造,计期今冬明春可以陆续来华。若即在胶州澳停泊,实足以固吾围而折敌谋。惟船坞、炮台一切工程,必须先期经理,方臻妥协。已由臣衙门电商王文韶、李秉衡妥为筹办……速派大员前往胶州查明该处海口情形,应如何妥为布置之处,绘具图说,咨明臣衙门核办。②

奕訢的奏折真实地反映了德国的图谋和清政府的应对之策。为了杜绝德国的"冀幸之心",清政府终于在首倡胶防11年后决定将胶澳建成北洋海军基地,并计划于1898年春动工。然而,德国没有给腐败的清政府预留时间,胶防工事未及实施即发生了"胶州湾事件",胶澳防御工程终成历史尘埃。

二 未被"中体西用"充分改造的传统私塾

青岛建置时期的中国教育界,正经历着与救亡运动相伴随的洋务教育和维新教育的洗礼。在"中学为体,西学为用"的潮流下,作为北洋海防建设要地的

---

① 1896年12月16日,海靖在致德国外交部的报告中称:此前与清政府会谈时提出"割让一个海军港的要求"。(《外交大臣马沙尔男爵奏威廉二世公文》,载孙瑞芹译《德国外交文件有关中国交涉史料选译》第1卷第131页,商务印书馆,1960。)

② 《总理各国事务衙门恭亲王奕訢等折》,载青岛市博物馆等编《德国侵占胶州湾史料选编(1897—1898)》第54页,山东人民出版社,1987。

青岛不可能不受其影响。但是,不论较之山东早期开埠的芝罘,还是传统教育底蕴深厚的济南府等地,胶澳的教育发展水平都是极为有限的。

青岛建置及开埠前的教育状况,由于缺少可凭借的第一手资料,一直轮廓不清。《胶澳志》只有笼统的一句话:"胶澳教育在未辟租界以前,科举未废,学校未兴,关于文化事业殊少概见。"①根据1905年德国对胶澳租借地农村教育发展情况的考察报告,当时调查的246所学校,其中的175所"建立于最近8年之内"②。由此推算,在1897年德国"租借"胶州湾之前,青岛地区拥有71所学校。当然,这些被德国人指称的"学校"只是在科举体制下遍布乡间、一仍传统学塾旧貌的教育机构。德国学者约尔克·阿泰尔特(Jork Artelt)运用尘封的德国历史档案,在撰写的博士论文中表明,青岛在德国占领前"至少在较大的地方都设有一所或多所学校,每所学校平均有6~12名学生"③。德国汉学家余凯思(Klaus Mühlhahn)也认为,在胶澳,"几乎每个村庄都拥有一所或好几所学校建筑";即使"清一色的贫穷"的崂山山区,"也只有很少一部分村庄没有学校"。由此可见清末的青岛乡村不乏重教气息。不过,余凯思将青岛开埠前的教育发展成就归结为"当地有一个强大的精英阶层的存在"④,这个"十分活跃的乡村精英阶层"力图"捍卫自己的经济政治地位"。⑤崂山山区学校少的原因也是因为"精英阶层的缺乏"⑥。余凯思所称的"精英阶层"尽管难以在数量、范围、程度上准确描述,但可以断定,青岛在建置及开埠前并非一个纯粹的白丁社会,况且这个精英阶层"愿意捕捉新出现的机会,为己所用"⑦。1897年5月,德国海军署顾问、筑港工程师格奥尔格·弗朗裘斯(Georg Franzius)在对胶州湾进行技术性调查的过程中,亲眼看到"当地人的穿戴并不都是破破烂烂的"。他还用白描式的语言记载了一天早晨的见闻:

> 一个年轻的中国人在一座寺庙前练习骑马射箭。该庙建在一个孤立的高处,远远可见,而那位中国人看上去很像一位富有的运动健将。⑧

事实如此,凡能糊口的乡村百姓都不希望后辈成为"睁眼瞎"。据崂山大麦

---

① 袁荣叟:《胶澳志》卷七《教育志》,第983页,文海出版社,1973。

② 《胶澳保护区的中国乡村学校》,载青岛市档案馆编《青岛开埠十七年——〈胶澳发展备忘录〉全译》第457页,中国档案出版社,2007。

③ [德]约尔克·阿泰尔特:《青岛城市与军事要塞建设研究》,第5页,青岛出版社,2011。

④⑤⑥⑦ [德]余凯思:《在"模范殖民地"胶州湾的统治与抵抗——1897—1914年中国与德国的相互作用》,孙立新译,第57、61、57、61页,山东大学出版社,2005。

⑧ [德]格奥尔格·弗朗裘斯:《东亚沿海港口考察报告》,存BA(联邦档案馆)/MA(军事档案),弗莱堡,1897。

岛的村志记载,村子里几个"文化水平较高的从政人员"都上过私塾,如区长蓝世俊"入塾 10 年",保长王喜皋"入塾 8 年"。① 一些村落自发地通过书院改学堂、私塾改良等措施,开始了自身的近代化进程,民间的教育活动可能比官方更主动、更积极、更实际一些。

事实上,19 世纪 60—90 年代,以会同中西、再造文化的洋务运动选择的突破口是变革传统教育。在前后长达 30 年的缓步前行中,"中体西用"的理念虽有其历史局限性,但毕竟给当时的中国带来了新的知识,打开了人们的眼界,其方法论意义具有跨时代的价值。如果说中日甲午战争前是中国教育近代化的萌发和潜流阶段,那么甲午战后则是其速涨、高潮阶段,"中体西用"直接影响了维新思想的构建和戊戌变法的展开。中日甲午战争以后,当影响政治变革的社会文化机制和民族素质成为至关重要的问题时,对传统教育思想与制度的冲击便成为历史的必然。在如此历史鼎革之际,青岛的经济社会发生变化是不言而喻的。1897 年 2 月,清政府决定在胶澳建设的北洋海军锚地建设一个具有一定规模的造船厂,并设立船坞、大仓库,以便停泊大型船舰。② 根据这一规划,山东巡抚李秉衡即于是年 5 月提交了不同规格、不同费用的三个估算方案,其中投资350 万~500 万两白银的两个方案足以"购买新式大炮和建造一个现代化的造船厂"。更为重要的是,"这些在 90 年代出台的建设计划都强调军事建设与经济发展相结合,而这种结合在后期的自强运动中颇有典型意义"③。非常遗憾的事实是,在西方列强肆意瓜分中国的狂潮中,胶澳防地失去了自力更生的历史机遇,很快便从大清帝国的版图上被"租借"给蓄谋已久的德意志帝国。一个辉煌的军港之梦从岁月的间隙怅然而逝。

青岛建置时期主要是私塾蒙学教育。据记载,1891 年沧口坊子街、徐家宋哥庄、盐滩、阎家山、湾头等村庄办有私塾,塾生达 180 人。④ 至 1897 年,沧口地区的私塾达到 13 处。⑤ 1897 年,黄岛地区有前湾村、薛家岛、辛岛、南屯、濠北头、瓦屋庄 6 处私塾。⑥ 这种开设于家庭、宗族或乡村内部的民间教育机构,分为"族塾"和"散馆"两种形式。族塾也称"宗塾",是一村具有血缘关系的同姓家族成员利用宗祠、家庙设立的学屋;散馆是塾师在家(或者借用民房)开设的招

---

① 《大麦岛村志》,第 270 页,五洲传播出版社,2003。

② 《总理衙门备忘录》,载王彦威、王亮光编《清季外交史料》卷一百二十五第 8 页,书目文献出版社,1987。

③ [德]余凯思:《在"模范殖民地"胶州湾的统治与抵抗——1897—1914 年中国与德国的相互作用》,孙立新译,第 59 页,山东大学出版社,2005。

④ 《青岛市沧口区志》,第 355 页,中国出版社,2004。

⑤ 《青岛市李沧区教育志(1898—2002)》,第 60 页,中国出版社,2005。

⑥ 《黄岛区志》,第 435 页,齐鲁书社,1995。

徒授课的书房,或富有人家聘师莅家教读子弟的家学。据1905年德国对胶澳乡村246处私塾的统计,有137处设在祠堂里、106处设在私宅里,另有3处设在庙里。① 上述数字表明,占比56%的族塾是青岛农村地区私塾的主体。由于祠堂是一个家族所有成员的共同财产,且祠堂比庙里的茅屋更宽敞舒适,在祠堂设立学校不失为上佳的选择。据崂山《东九水村志》记载,九水刘氏的学屋分别设在家庙和西支祠堂,后来由于学生增多,又增辟了南支祠堂。② 大埠东、车家下庄在东韩王氏家庙开设私塾,前屋上课,后屋住宿,有塾生十一二人。③ 沟崖村在家庙后屋设立私塾,有学生八九人。④ 峪夼村8户村民合伙聘请了一位陈姓塾师,在李氏祠堂开办了私塾。⑤ 卧龙村的私塾使用的是村祠堂,课桌、凳子由学生自备。⑥ 岭西村的私塾办在王氏祠堂里,由其八世祖王世臣、十世祖王作权任塾师。⑦ 崂山北村的私塾设在由氏家庙,塾师是埠西村人袁相国。⑧ 华阳村的私塾规模较小,设在阎氏祠堂,学生只有五六人,塾师是本村秀才阎学奎。⑨ 胶州沽化乡辛安北下村村民李继源、东小庄村贡生杨福金联户利用村里空闲房屋,设立私塾。⑩ 应当说,族塾不乏公益教育的属性。

占比43%的散馆,多系异姓间非宗族血缘关系的私家学舍。由于缺乏构成分析,难以区分塾师自己在家开设的私塾与富裕人家聘师莅家教读子弟的家学。据崂山当地村志记载,金家岭上村、下村各有一处私塾,其上村私塾在王化信自家住宅,有学生10人左右。⑪ 石老人村一位名叫曲景玉的廪生,在自家书房开设了私塾。⑫ 毛公地村刘丰聪在北胡同借用3间民房开设私塾,有6名塾生。⑬ 江家土寨村村民江敦均、江崇光、江志秬自办了私塾学堂。⑭ 毕家上流村的贤者

① 《胶澳保护区的中国乡村学校》,载青岛市档案馆编《青岛开埠十七年——〈胶澳发展备忘录〉全译》第458页,中国档案出版社,2007。
② 《东九水村志》(内部发行),第180页,2015。
③ 《东韩村志》(内部发行),第199页,2013。
④ 《沟崖村志》,第127页,兰州大学出版社,2006。
⑤ 《峪夼村志》(内部发行),第123页,2009。
⑥ 《卧龙村志》(内部发行),第182页,2013。
⑦ 《岭西村志》(内部发行),第217页,2014。
⑧ 《北村志(1404—2009)》,第221页,黄河出版社,2010。
⑨ 《华阳村志》(内部发行),第133页,2013。
⑩ 《辛安村志》(内部发行),第369页,1994。
⑪ 《金家岭村志》,下册,第435页,方志出版社,2010。
⑫ 《石老人村志》,下册,第325页,中国国际文化出版社,2008。
⑬ 《毛公地村志》,第138页,方志出版社,2011。
⑭ 《江家土寨村志》(内部发行),第195页,2013。

毕瑞镐家境贫寒，在北石沟的山地上建一间茅草屋而居，也兼作私塾，收徒讲学。[①] 位于李村河北岸的郑庄也有一间私家书馆，塾师是秀才吕维栋。[②] 如此等等。

值得注意的是，德国人在调查清末青岛乡村私塾的设立办法时，发现了一个由5~20名塾东组成的类似于"校董事会"的权力机构，其职能是筹集聘任塾师所需的资金，商议选择合适的校址。德国人这样描述：

> "校董事会"以自己的方式选出一位主席（正董），他负责联系要聘任的老师和协商老师的薪水，向董事会成员收取学费、见面礼和节礼，经手给老师的现金。担任正董的往往是有威望的较大地主，且有闲暇料理学校事务。同时，不应把"校董事会"理解为一个按法律准则行事的机构，即理解为一个对老师及其教学方法和教学科目进行监督的组织。
>
> 老师和学校正董通过口头约定达成协议，规定好学生家长应向他支付多少现金和实物。这份报酬通常由见面礼、薪水、节礼、免费住房和免费膳食组成。[③]

有资格成为塾师的，一般是经过院试被取录的"生员"，也有落第秀才、老童生及贡生等身份的。塾师的聘期通常为3年，期满后由塾东议定其去留，通常一塾一师。塾师的收入根据所教学生的数量来定，或由学生均摊，或根据在塾年限承担，一位塾师一年的薪资平均约30吊钱。[④] 据对崂山东九水村塾师的调查，一年的薪资少时30吊钱，多时40~50吊钱。[⑤] 有的私塾则根据学生入塾年限交钱，年级高的塾生每生每年交8吊钱，开蒙塾生则纳2吊钱。[⑥] 杨家群村开蒙塾生的学费相当于1升小麦的折价。[⑦] 当然，也有以粮代资的，年底合伙给塾师一定数量的粮食作为报酬。龙泉村河西崖私塾每个塾生每年向塾师交15~16斤地瓜干。[⑧] 如果塾师是延聘的外村人，则由塾生家庭轮流给塾师提供饭食，如七峪村、江家土寨、王哥庄、杨家群、毕家上流村、毛公地、大枣园等村塾均为塾师"轮

① 《毕家上流村志》，第145页，黄河出版社，2010。

② 《青岛郑庄村志》，第146页，中国出版社，2006。

③ 《胶澳保护区的中国乡村学校》，载青岛市档案馆编《青岛开埠十七年——〈胶澳发展备忘录〉全译》第458页，中国档案出版社，2007。

④ 清末的青岛，1吊钱能买20斤小麦（1斤＝500克）。1吊钱＝1000文制钱，1升高粱（18斤）值550文制钱，1斤大白菜值6文制钱，1斤晚红薯值5文制钱，1斤萝卜值4文制钱。

⑤⑥ 《东九水村志》（内部发行），第179、125页，2015。

⑦ 《杨家群村志》（内部发行），第249页，2005。

⑧ 《大石、龙泉村志》（内部发行），第147页，2013。

流派饭"。庄户人再穷,也懂得在塾师的饭食上体现宾客之道。此外,在特定的年节(如春节、端午节、中秋节等),塾生家长携带礼金或礼品向塾师"拜谢",这笔馈赠年均7~8吊钱。杨家群村村民每年夏、冬两季还要集资为塾师添置衣服、毯子、靴子等物品。① 总体看,清末青岛地区的塾师收入能勉强维持一个五口之家的生计,基本能代表自给自足的中产阶级的水平。

据德国人统计的1903年的塾生情况,入塾学生占人口总数的3.7%,约占18岁以下男童的20%。② 入塾学生最小的5岁,8~15岁年龄段的塾生居多,也包括十七八岁乃至20岁的塾生。学生在塾的时间长短不一,视其家庭经济状况和个人的学习情况而定。清末,青岛地区大部分学生在塾时间为4~5年,也有个别超过11年的。通常情况下,私塾从农历正月十六日开始,在腊月初八结束,期间有15~20天的农忙和节假,一学年入塾约10.5个月。入塾时间分夏、冬两个季节时辰,夏季上课一般从早5点开始,冬季则为7点;除了午间有1~2个小时的休息时间,学习不分课时,不讲钟点,没有星期天。③ 农历正月至四月底、九月至腊月初的晚上还要加课2~3个小时。西登瀛村晚学的照明用具是煤油灯,所用煤油由各家集资购买,使用的是农民过年才舍得用的玻璃罩灯。④ 由此可见乡民依靠子弟读书改变家庭境况的热情与决心。但是,由于生活贫困和耕读的家风影响,入塾学生的数量并不多。据《大枣园村志》载,仅有30%的少年儿童有接受私塾教育的机会。⑤

私塾的课程没有太大的区别,不外读书与习字两种,也有"属对作文"、赋诗等功课,这与传统农耕的社会知识结构有关。必须承认的事实是,清末青岛私塾的生活是沉闷、枯燥的。崂山《大麦岛村志》对村塾不无批评地指出:

> 既无学制年限,又无教学计划和具体要求,进度不一,只读不讲,背熟一本再读一本。……读书背书,天天如此,无上下课和活动时间。背不熟书,轻者罚跪再念,重则挨木板子。⑥

据德国人提供的统计数字,青岛地区绝大多数私塾极为重视汉字书写,78%的私塾在学生入塾第一学年就开设了写字课,22%的私塾在第二学年才开。习

---

① 《杨家群村志》(内部发行),第249页,2005。
② 《胶澳保护区的中国乡村学校》,载青岛市档案馆编《青岛开埠十七年——〈胶澳发展备忘录〉全译》第459页,中国档案出版社,2007。
③ 《南窑村志》(内部发行),第310页,2015。
④ 《西登瀛村志》(内部发行),第164页,2014。
⑤ 《大枣园村志》,第235页,方志出版社,2011。
⑥ 《大麦岛村志》,第270页,五洲传播出版社,2003。

字从笔画最简单的字开始,由塾师手把手地教据笔运画;待学生运笔自立后,再教学生描仿、临帖。石湾村的村塾每年进入腊月,除了练写春联外还教学珠算,练习打算盘。① 据德国人统计,有17%的私塾开设了算术课,主要教授"九九乘法表"和用算盘运算。② 尽管开设算术课的私塾占比不大,但说明在海防要地青岛,"中体西用"理念成为改良私塾以适应当地经济社会发展的利器。晚清历经半个世纪的中西学问之争,争的不过是新旧学问的优劣消长,其间"中学"始终处于主导地位。这就决定了私塾教学的首要目的是向学生传授尽可能广泛的汉字知识,其主要课程仍是以儒家经典为教材的读书,通常以《三字经》为最初入门③,其后则是《百家姓》《千字文》和"四书"。年龄稍大或读完上述书籍后的一些预备将来走仕途的塾生,则加读"五经"中的1~2部。当然,一些私塾还选读《孝经》《女儿经》《五言千家诗》《七言千家诗》《幼学琼林》等蒙学读物;还有不少私塾增加了日用杂事、世事应酬的教育。据《卧龙村志》记载,村塾还讲授契约、春联、喜联、挽联、媒柬等实用内容。④

据文献记载,青岛建置及开埠前经历了1891年辛卯科、1893年癸巳恩科、1894年甲午科、1897年丁酉科四次乡试,即墨人周正岐、刘显初、黄泽泾、沈煦、张绍价、解熙业、周鹏鸶、杜光斗八人,胶州人王叔谦、赵文运、胡逢恩、王德瑞、张梯云、宋企适六人和平度人张登第、官均圻、王锡鸿、王锡铭、刘寰江、张含贞六人中举,其中周正岐和杜光斗分别为辛卯科、丁酉科之解元,周正岐与宋企适、王叔谦、胡逢恩又及第进士。有清一代,山东共举乡试110次,青岛地区有8人幸中乡试榜首,且都在康乾以后,尤以光绪年间最多,这不能不说晚清青岛地区深得社会进化风气之先。

第二节　以宗教功利为目的的教会学校

一　基督教在鲁传教办学与即墨郭显德教案

作为西方列强殖民主义入侵的附属物,鸦片战争后基督教势力凭借一系列不平等条约,攫取了在华的传教、办学等特权,为西方文明造就追随者。19世纪60年代后,美国基督教南浸信会和北长老会首先挺进山东及半岛地区,在传播

---

① 《石湾村志》,第181页,黄河出版社,2013。

② 根据《胶澳保护区的中国乡村学校》计算,载青岛市档案馆编《青岛开埠十七年——〈胶澳发展备忘录〉全译》第462页,中国档案出版社,2007。

③ 陈景磐:《中国近代教育史》(第3版),第13页,人民教育出版社,2003。

④ 《卧龙村志》(内部发行),第183页,2013。

"基督福音"的同时为皈依者带来了西式教育。当然,反教民众的不满和抵制始终存在,基督教在中国的传教活动成为中西冲突的导火索。

与佛教不同,同样从西域传入中国的外来宗教,基督教在中国的传播之旅可谓坎坷曲折。作为在思想信仰层面折射出的时代影像,早期基督教其实是抗议罗马帝国的群众运动,基督教建立的根基是灾难深重的犹太人民为摆脱异族压迫对"救世主"降临的渴望。通行的宗教学观点认为,基督教具有普世主义和世界主义精神,其信仰以耶稣基督为中心,以《圣经》为蓝本,核心思想是"福音",即上帝耶稣基督的救恩,以彰显上帝对于全人类和整个宇宙舍己无私的大爱。西方有研究者宣称,基督教传教远远早于欧洲的海外殖民扩张,并认定传教是"一项与近代早期殖民主义不相干的独立工程"①。5世纪,被基督教正统派斥为异端的聂斯托利派日渐向东传播,5—6世纪从波斯沿"丝绸之路"传入中国新疆地区,7世纪中叶传入内地,时称"景教"。唐贞观九年(635),波斯的景教僧阿罗本(Olopen)到达长安。景教在唐太宗、高宗时期受到较为宽容的对待,到天宝年间达到全盛,以至于出现了诸州各置景寺、"法流十道,寺满百城"之盛况。但是,会昌五年(845)李炎下诏禁绝佛教,殃及景教,中断了景教在中原地区的传播。至元代,基督教聂斯脱利派复兴,天主教也首次传入中国,罗马教廷与元朝皇廷之间进行了一个多世纪的往来。中国教徒被免除了兵役、徭役和租税,到14世纪30年代教徒已达3万余众。元代后期由于中亚战事频仍,欧洲的天主教也因教廷分裂、黑死病大流行等原因无力向东方传教,基督教在中国的传播再次中断。

随着16世纪地理大发现和新航路的开通,西方早期殖民主义的扩张浪潮燃起了基督教会向东方(特别是中国)的传教热情。明正德、嘉靖年间,基督教传教士先后在广东下川岛、浙江双屿、福建漳州建立教会。1553年,葡萄牙人强行租占了澳门,并在澳门建立纳入葡萄牙殖民地体制的教会。1576年,罗马教皇格里高利十三世(Gregory XIII)指定澳门为中国、日本和东京湾的第一个主教区。②天启、崇祯年间,西班牙入侵中国台湾北部,又建立了纳入西班牙殖民地体制的教会。万历十年(1582),意大利耶稣会士利玛窦(Matteo Ricci)来到中国,以耶教教义与儒家伦理观念相融合作为传教方针,为基督教在中国的广泛传播营造了条件。然而,由于格里高利十三世于1585年下达不许传教士前往中国和日本的禁令,耶稣与儒家的对话未能深入便中断了。利玛窦之后,耶稣"福音"在中

---

① [德]余凯思:《在"模范殖民地"胶州湾的统治与抵抗——1897—1914年中国与德国的相互作用》,孙立新译,第338页,山东大学出版社,2005。

② De Moidrey J T.*La Hi érarchie Cathilique enChine*,*en Corée et au Japon*(1307-1914).Chang-hai 1914.

国几乎沦入响绝光沉的地步。

及至 17 世纪,鉴于在中国艰难的传教形势,罗马教廷谋求一套独立的海外传教组织。1622 年,教皇格里高利十五世(Gregory XV)设立了"圣道传信部",作为管理传教士的最高指挥机关。1627 年,教皇乌尔班八世(Urban Ⅷ)建立了一个专门研究和训练涉外传信人员的教育机构——传信学院,又于 1633 年解除了格里高利十三世的传教禁令,通过信仰坚定的宣教师远行向不信仰宗教的人们传播"福音",力图在"上帝的救赎"尚未到达的地区建设"上帝之国"。1658 年,罗马教廷又增设了最高传教机构——使徒代理,并对中国实行"圣统制",同时建立非教区的"代牧制"。自 1660 年罗马教廷设立南京代牧区起至 1695 年,中国被划分为 3 个教区和 9 个宗座代牧区,面向海外地区的"教会派遣"和"教会形成"成为 18 和 19 世纪基督教化的中心任务。①

19 世纪初叶,伴随着英、美等新兴资本主义国家海外扩张势力的迅速发展,基督教新教首次传入中国内地,天主教也在西方列强与清政府缔结的一系列不平等条约的庇护下再度复兴。② 1842 年中英签订的《南京条约》,起草人是直接参加军事侵略的英籍来华传教士马儒翰(John Robert Morrison);这一条约的中文草稿出自德籍基督教路德会牧师郭士立(Karl Friedrich Gutzlaff)之手,他曾随英军到定海、宁波、上海、镇江等地活动。显然,西方传教士充当了列强推行种族中心主义和文化帝国主义的急先锋。1844 年,中美签订《望厦条约》,美国获得了在通商口岸建筑礼拜堂的特权。继美国之后,法国胁迫清政府签订的《黄埔条约》规定:法国不但可以在中国通商口岸建礼拜堂、医院、学校、坟地,而且中国当地政府承担保护教堂的义务,"倘有中国人将佛兰西礼拜堂、坟地触犯毁坏,地方官照例严拘重惩"③。这便为西方殖民主义势力利用宗教公开侵犯中国教育主权奠定了一块基石。第二次鸦片战争结束后,清政府被迫与英、法、俄、美等国签订《天津条约》和《北京条约》,西方传教士不仅可以自由进入中国内地传教,而且外国人可以在其居住地自由设立学校,以办学作为传教的间接手段。据有关资料统计,1864 年来华的西方传教士有 189 名,到 1874 年增为 436 名,1889 年则"达此数的三倍",及至 1905 年上升到 3445 名。④ 应当说,传教士以办学(尤其是传播西学)作为在华传教的手段,确实为中国人认识了解西方教育打开了一

---

① Hammer K. *Weltmission und Kolonialismus. Sendungsideen des 19. Jahrhunderts im Konflikt.* München: Kosel 1978, S20.

② 唐逸:《基督教史》,第 444 页,中国社会科学出版社,1995。

③ 《五口贸易章程:海关税则》,载伍杰主编《中外旧约辞典》第 6 页,青岛出版社,1992。

④ [美]费正清:《剑桥中国晚清史(1800—1911 年)》,中国社会科学院历史研究所编译室译,上卷,第 597 页,中国社会科学出版社,1985。

扇窗口。①

西方传教士在中国设立教会学校,首推马儒翰的父亲、英国第一位来华的基督教新教传教士马礼逊(Robert Morrison)。1818 年 11 月,马礼逊在马六甲开设的教会学校英华书院,旨在"为宣传基督教而学习英文与中文"②,这被视为基督教在华教育事业的开端。1839 年,美国传教士布朗(Samuel Brown)在广州开设了一所小学,但不久被当地人赶走,他便迁往澳门,在自己家里开设"马礼逊学校"。这所学校培养出了中国最早的留学生,包括后来从事中国学生留美教育事业的容闳等人。应当说,马礼逊与布朗的办学只能算是基督教在华教育活动的准备。《南京条约》签订后,随着外国传教士大量涌入中国,教会学校接二连三地出现在"条约体系"下的口岸地区。例如:1844 年,英国"东方妇女教育促进会"在宁波开设了中国最早的教会女校——宁波女塾。1845 年,美国北长老会在宁波建立了崇信义塾,1867 年迁往杭州,名为"育英义塾"。1850 年,上海出现了三所教会学校:英国基督教圣公会办的英华书院、美国北长老会办的清心书院和天主教办的徐汇公学。1853 年,美国公理会在福州设立格致书院。同年,天主教在天津设立法汉学堂、诚正小学和淑贞女子小学。据 1877 年 5 月第一次在华基督教传教士大会的书面报告,1842—1877 年西方传教士在中国举办的教会学校共有 350 所,在校学生达 5975 名。③这个数字不包括天主教在中国开办的教会学校。

确切地说,天主教耶稣会、方济各会、多明我会早在 19 世纪 30 年代即在山东开展传教活动。清道光十六年(1836),法国天主教神父郎司铎即在平度马家疃设教堂传教。此前,马戈庄乡孝廉于溥泽于乾隆五十一年(1786)进京应试,在玄武门教堂受洗奉教而归。不过,于溥泽以名医传世,临床上善用经方,未见其宗教方面的造诣。于溥泽和法国郎司铎在平度的传教布道,都发生在清政府的禁教时期。基督教在山东的全面展开,则是 1858 年《天津条约》新辟登州(后改设芝罘)为通商口岸后出现的。

美国南浸信会被视为"美国最大最具活力的新教教派"。1860 年 12 月,传教士花雅各(James Landrum Holmes)夫妇及海雅西(Jesse Boardman Hartwell)夫妇抵达芝罘,于次年 1 月成立了美国南浸信会在山东的第一个差会。④ 他们经常到邻近的黄县(今龙口)、招远、登州(今蓬莱)、掖县(今莱州)、平度等地传教,相继建立了教会组织。当然,美国南浸信会对山东半岛地区影响最大的是 1885

---

① 田正平:《中国教育史研究》,近代分卷,第 255 页,华东师范大学出版社,2009。

②③ 陈景磐:《中国近代教育史》(第 3 版),第 56,57 页,人民教育出版社,2003。

④ Hyatt I T Jr.*Our Ordered Lives Confess*：*Three Nineteenth-Century American Missionaries in East Shandong.* Harvard University Press 1976,P3.

年女传教士慕拉第在平度的传教。慕拉第（Charlotte Diggs Moon），1840 年出生于美国弗吉尼亚州一个富裕的种植园主家庭，是美国南方最早获得文学硕士学位的女性之一，能操拉丁语、希腊语、法语、德语、意大利语和西班牙语；美国南北战争结束后，任教于肯塔基州和乔治亚州的女子学校。1873 年 11 月，慕拉第以女单身宣教士身份来到山东登州，成为美国基督教组织第一位派往国外的女性教士。慕拉第学会了中文，并于 1878 年 2 月为当地女孩子办了一所学校，还开设了慕贞中学和育英女子中学。慕拉第走过胶东的许多乡村，愈发感到自己最热爱的不是教书，而是传播"福音"。当时登州等地正闹饥荒，她亲眼看到有人饿死在街头，心中泛起宗教同情心。慕拉第在给一位友人的信中写道："你给我的 5 元 5 角钱是这样使用的：我把 5 元钱给了两年来一直分发食物给灾民的理查兹先生，剩下的 5 角我给了街头饥饿的乞丐。"①1885 年 12 月，慕拉第来到平度开辟新的传教区，在平度度过了她的后半生。慕拉第十分重视女单身宣教士的特殊作用，在她的影响下，范妮·金特、劳拉·巴顿、桑顿三人先后在平度传教。当然，平度民众对基督教的抵抗也是相当激烈的。由于受洗教徒违背伦常，不祭拜祖先，深为乡民所不齿。据一位外籍牧师的笔记载，一名平度段姓男教徒因拒绝亲友提出的退教要求而遭到围殴：

> 他的亲戚们一拥而上，拳打脚踢，把他像抬猪一样用杠子吊着抬到家庙去，并在那里折磨他。②

19 世纪 80 年代，美国南浸信会本着宗教普世主义的原则，不断调整传教方式，缓和民教关系。1889 年，浦其维（Cicero Washington Pruitt）和鲍志培（George Bostick）牧师由黄县来到平度，同当地的中国教徒一起发展了沙岭村男女 6 人入教，并成立了沙岭基督教浸信会。1891 年，谢万禧夫妇寓居南关官氏宅宣教。③1894 年，蓝戴礼牧师来平度，居西关"施医助教"。1898 年，娄约翰（John Lowe）来平度接替蓝戴礼办医院，尔后美籍牧师阿雅各、欧温雅、崔怡美等 43 人和中国牧师李寿亭、李永忠等 15 人传教于平度。④ 慕拉第为了基督教信仰终身未嫁。1912 年春饥荒降临到平度，慕拉第拿出自己的所有储蓄和食物分给周围的人，结果她本人的健康受到严重损害。12 月 1 日，慕拉第饿昏在床上，同伴把她送上回美国的轮船。平安夜里，当船行至日本神户时，慕拉第饿死在异国他乡。她

---

① 申红、隋翔宇：《慕拉第百年前的中国往事》，载《大众日报》2011 年 12 月 13 日。

② ［美］安娜·西沃德·普鲁伊特：《往日琐事》，程麻译，第 85 页，山东画报出版社，2010。

③ 《民国平度县续志》卷三《疆域志·宗教》，载《中国地方志集成·山东府县志辑》第 43 册第 424 页，凤凰出版社，2004。

④ 山东省平度县地方史志编纂委员会：《平度县志》（内部发行），第 627 页，1987。

的虔诚与无畏旨在说明,在"福音"未至的东方乡间传教最终只能是"上帝"的殉教者。美国南浸信会为了纪念慕拉第,将每年的圣诞奉献称为"慕拉第圣诞奉献"。1915 年,山东登州民众为慕拉第竖立了"大美国慕拉第女士遗爱碑",慕拉第是众多来登州传教的外籍教士中被立碑记传的唯一一人。

几乎与美国南浸信会同时,基督教美国北长老会传教士倪维思(John Livingstone Nevius)夫妇于 1861 年到登州买下一座残破的观音堂,开始传教,并于 1862 年开办了一所女子学校。1864 年 1 月,狄考文(Calvin Wilson Mateer)夫妇到达时,正赶上倪维思因妻子病重需返国就医,遂接替了他们的工作。狄考文是"教会应重视教育"的倡导者与实践者,认为教育本质上是宗教性的。出于造就中国的宗教领袖和为教会学校培养师资的目的,狄考文从举办"蒙养学堂"做起,1876 年发展成"登州文会馆",由小学升为中学,并于 1881 年开设了大学预科。1904 年,狄考文与英国浸礼会在青州的广德书院协议迁址潍县,校名各取一字合为"广文大学"。1917 年,广文大学在济南千佛山下购地 600 余亩,并筹集了大量资金,随即将潍县的文理学院、青州的师范学院和神学院,以及济南、南京、北京、沈阳和汉口的医学专科学校全部迁此,形成了"齐鲁大学"。狄考文是基督教在山东办学成就最大的传教士,齐鲁大学被美国北长老会认定是狄考文作为"伟大的传教士和教育家的巨大贡献"[1]。

与狄考文同时来山东的美国北长老会传教士郭显德,1873 年开始在崂山、即墨一带的山村进行传教活动。郭显德(1835—1920),本名亨特·考尔贝德(Hunter Corbett),系苏格兰移民的后代,出生于美国宾夕法尼亚州一个基督徒家庭;1860 年从美国杰斐逊大学毕业后,进入阿利杰尼神学院深造了两年,又入美国普林斯顿大学神学院攻读神学;1863 年 6 月与女教士利滋·克柏逊(Lizzie Culbertion)结婚后,受美国北长老会派遣前往中国,同年 12 月到达上海,1864 年 1 月与狄考文夫妇同船到达山东登州。此后,郭显德一边学习中文,一边传播基督"福音",这位起初难以找到栖身之处的传教士,其传教区域竟遍及山东半岛,有"东海区可谓全为郭牧之教地"[2]一说。

1873 年初,利滋·克柏逊不幸病逝,郭显德带着三个孩子和一位中国保姆由芝罘来到即墨,以县城为中心,在城阳、元庄一带传教。一次,崂山董家庵的村民听郭显德布道受感,遂邀请郭显德到董家庵传教。董家庵北依卧佛山、劈石口,村民系明朝永乐年间由山西大同迁来的军垦移民,不少人信奉金丹教。金丹

---

①　[美]丹尼尔·W.费舍:《狄考文传——一位在中国山东生活了四十五年的传教士》,关志远等译,第 218 页,广西师范大学出版社,2009。

②　连警斋:《郭显德牧师行传全集》,第 267 页,上海广学会,1940。

教又称"金丹道"，是明清时期以炼制金丹期求长生不老的道教民间秘密组织。经过郭显德一个多月的宣教感化，全村有 69 名村民接受了洗礼；另一些金丹教成员为了避免清政府的镇压和打击，也改信了基督教。据悉，董家庵、傅家埠、科埠三个村子有 100 多人入教。① 董家庵还设立了庵岭支会，选举长老和执事。在郭显德的倡导下，村里的信徒自筹资金，于 1876 年建成"拐尺形瓦平房教堂"②。教堂占地面积为 363 平方米，建筑面积为 191 平方米③，后来扩建到 9 间的规模。1897 年，郭显德因董家庵有一道南北走向的山岭，遂将董家庵改名为"南北岭"。他多次前来布道，还委托库雷海牧师等来南北岭传教讲道。据悉，郭显德先后在即墨大北岭、元庄、河流庄、太祉庄、青中埠、科埠、石沟、石人河、黄石头等村庄设置教堂。④

基督教士在青岛地区的布道常常受到当地村民的抵制。1873 年农历十月初，郭显德从即墨科埠传教路过华阴村，适值逢集演戏，观众拥挤，郭显德骑马穿过人群时引起骚乱，导致演出中途停止，群众义愤，双方发生激烈的争执。郭显德连夜赶往即墨县衙，向县令麦瑞芳告状，声言被人打伤，什物被抄抢。据悉，县衙下令重申了《北京条约》有关保护外国传教士的条款，但由于告示没有在闹市区张贴，未能起到告诫的作用。同月二十八日即墨凤山玉皇庙逢会，郭显德带领部分教徒在庙前设坛布道，结果遭遇当地反教民众的围攻，并被大骂"鬼子"。郭显德本人称：

> 我并没有企图在那里布道，或散发书册，我仅是想要与群众和解，让他们安静下来。忽然间四面八方的石头子向我打来，我被石头打中了好几次。于是我突然跑进大殿，躲避危险。
>
> 群众撵着我来，大殿和当院都挤满了人，石头又从各方面抛了来。我在殿里等了一会，考虑我如何能有最好的脱险办法。而"暴徒"却越来越多，我当即决定，冒着危险，如可能的话，就由人群中冲出去。我冲出去，群众跟着来，幸而有几个人跌倒，使我得到瞬息的机会逃出来，跳上马飞奔而去。群众还是紧追着我，向我抛掷砖头、土块、石子；有几个本地教徒拦住为首的"暴徒"，更方便我逃走。我快马加鞭从乱石的雨林中跑了出来。
>
> 我逃走后，群众搜捕本地教徒，也打了他们。有一名老年教徒被石头打得受伤惨重，离家虽然不远，也不能走着回去，被人背到友人家里，包扎伤口。有位人被石头打倒在地，头顶破了一个大口，其他教徒也都或多或少，

①③　青岛市史志办公室：《青岛市志·民族宗教志》，第 109、109 页，新华出版社，1997。
②　《南北岭村志》（内部发行），第 74 页，2010。
④　即墨县县志编纂委员会：《即墨县志》，第 782 页，新华出版社，1991。

程度不同地受伤。①

这就是发生在青岛地区的"郭显德教案"。郭显德以被人打伤闯衙告状,并去芝罘报告美国驻天津兼芝罘总领事施佩德(Shephred)。施佩德立即照会东海关道和即墨县衙门,要求严查。1874年6月3日,美国领事和东海关道道台联合会审,美军炮舰"沙科"号舰长及舰上官兵数人也同往道台衙门。经交涉,最后达成解决办法,主要是:着即墨县将28名与此案有关的乡民传至芝罘受审;4名两次参与石击的"罪犯"被罚杖打(一人80板,两人各60板,一人40板),华阴、科埠两地地保各被打80板并撤职;即墨知县麦瑞芳以"纵民作乱"罪被革职,县尉武官因未能派兵保护洋人也被革职;赔偿郭显德经济损失估价银380两,须在15日内偿还;所有"犯人"都要具结,不再滋事,保证郭显德在即墨居住期间的人身安全。② 6月4日,郭显德、狄考文等7名在芝罘的美国传教士致函施佩德总领事,对其"最近在即墨所发生的骚乱案件上所运用的能力得到的效果,表示感谢"③。

"郭显德教案"系基督教入鲁至中日甲午战争前山东发生的46起教案之一。④ 由于山东教案主要涉案教会为天主教(涉案36起),此案列9起基督教教案之中,可见影响之大。从教案表面看,虽然是教民与非教民的利益冲突问题,但本质上则是民族矛盾和文化对立的体现,"郭显德教案"是19世纪末20世纪初更激烈、更复杂、更严峻的民教斗争的预演。

二　散布乡间的教会学校与岛城西学的冷寂

虽然基督教差会抱着极大的热情赴华传教,但传教士自身无法改变的"他者"身份成为与中国民众沟通和传播"福音"的直接障碍,中国人对基督教的态度非常冷漠,传教效果并不理想。传教士遂改变传教策略,积极参与公众生活,通过开办学校、医院、孤儿院及面向非基督徒的赈灾救济、布施穷人等慈善活动,实施间接传教。教会学校作为一种间接的传教工具,目的是为"本来的直接传教

---

① 《〈在山东前线〉一书关于郭显德教案的记述》,载廉立之、王守中编《山东教案史料》第110页,齐鲁书社,1980。

② 即墨县县志编纂委员会:《即墨县志》,第783—784页,新华出版社,1991。

③ 《郭显德致施佩德领事函》,载《中国近代对外关系史资料选辑(1840—1949)》第297页,上海人民出版社,1977。

④ 王守中:《山东教案与义和团》,第93页,中国文联出版社,2000。

创造良好的前提条件"①。

鲁东作为较早接受基督传教士兴办教会学校的地区,教会学校无疑给区域教育带来了无法消弭的双重影响。一方面,由于教会学校以欧美新式教育制度为摹本,一定程度上打破了国人陈旧僵腐的教育观念,客观上对刚刚被动地步入近代化的地区教育起到了促进作用;另一方面,由于教会学校兴起于中国主权被肆意践踏之时,祸难迭起,时局綦艰,西方教会教育对中国教育主权的侵犯是显而易见的。值得注意的是,青岛建置时期的教会学校主要分布于即墨、平度、胶州的乡区,以美国传教士郭显德、谢万禧和瑞典传教士任其斐的办学为主要代表。

1.郭显德的胶东办学与向即墨教育的渗透

相对于狄考文的登州文会馆,郭显德算不上美国北长老会的教育家,但自1866 年12 月在烟台建立文选小学起,郭显德相继在福山、牟平、栖霞、莱阳、海阳、即墨等地开办了40 余所小学。② 这些学校办在青岛的不多,且主要集中在即墨乡区,有明确记载的是:1876 年建成的董家庵教堂,平日兼作教会小学校舍;在夏庄西石沟村建立的与南北岭教堂并称"姊妹礼拜堂"的基督教堂,设有基督小学,有校舍3 间,占地约2 亩。1885 年,郭显德还在即墨太祉庄设立了一所小学。③

郭显德在办学之初写过一篇题为《教会应急速推广乡间小学教育,以求普及,备加大传教力量》的长文,阐述了自己的办学思想。郭显德的办学旨在服务宗教传播,以扩大教区、广纳教友。他十分重视改造教徒的思想和生活方式,要求教徒的孩子都要入教会学校就读。在教学内容上,郭显德始终坚持以"传道为主体"④,"定《圣经》为各学级必修之科"⑤。同时,郭显德善于迎合和利用中国传统文化,促使教会学校不断世俗化、本色化。郭显德认为,"'教育'二字并非足求知识之谓,乃是养育而善,提携人格之谓"⑥。他的学校不仅传授《圣经》,而且让学生学习儒家典籍"四书五经",以基督之道一以贯之,建立神学化的儒学。他来中国撰写的第一本中文书是《孝敬父母》,阐释的是基督教孝道对中国文化所抱之理想。郭显德针对晚清中国的状况曾说:"中国的不强,不是因为旧道德不去,是因为新知识不来。有了新知识,只要把'忠''孝'二字放在里头,什么政

① [德]余凯思:《在"模范殖民地"胶州湾的统治与抵抗——1897—1914 年中国与德国的相互作用》,孙立新译,第 414 页,山东大学出版社,2005。

② 段琦:《郭显德近代在华传教活动之初探》,载《世界宗教研究》1997 年第 2 期。

③ 即墨县县志编纂委员会:《即墨县志》,第 782 页,新华出版社,1991。

④⑤⑥ 连警斋:《郭显德牧师行传全集》,第 441、458、443 页,上海广学会,1940。

体,什么国体都可长保平安。"①他还创建了山东第一家自然博物馆,涉及动植物、矿产标本、近代科学仪器等,另有展示西方工业文明的器械。郭显德特意从胶州招募了一个身高不足三尺的矮人姜氏,负责接待观众。博物院福音堂的科学宣讲,开阔了当时极少接触西方事物的民众的视野。郭显德的办学游走在基督与儒学、神圣与世俗之间,表面看是中西分途并重,实则西体中用,只不过西体是科学和宗教的双体。

2.谢万禧与张义集、步恩伯在平度的建学启蒙

1891年冬,美国南浸信会派遣传教士谢万禧、张义集夫妇来平度,寄居南关传教。谢万禧(1865—1922),本名威廉·亨利·西尔斯(William Henry Sears),生于美国密苏里州,获威廉·贾维尔学院文学学士学位。张义集(Effie Sears,1873—1904)毕业于美国索尔兹伯里学校,颇有音乐天赋。1895年中日甲午战争结束后,谢、张夫妇在平度城北七里河子村办了一所简易女子小学,有十几名学生。1901年,谢、张夫妇在平度城西关租赁钦德堂民房,开办了一所名为"维新学院"的小学,谢万禧任校长。同年,女校迁平度城西关。1902年两校迁到南关,改名"知务学堂"(今平度第一中学前身),有男生70多名、女生40多名。之后,谢、张夫妇在平度城外又开办了8处学堂,时称"城乡学堂共十余处。夫妇殚心传习,人皆悦服。方冀教育有成,风气大开"②。有学生撰文写道:

> 光绪二十七年,师母随着谢牧,二次到平度,把开设学房当作最要紧的事。到了秋间,帮助谢牧在西关创设男学房、女学房各一。尽心管理,人人都悦服她。二十九年夏,把女学房迁到南关。师母独自掌管料理。凡学生吃饭、睡觉、梳头、洗衣,没有不亲自检点的。若有学生患病,必为他请医治疗。有不守规矩的,必再三劝导,不轻易发怒责打他们,总叫人都觉得念书的快活。师母曾唱诗抚琴,除了管教女学房外,又常到男学房,教他们学乐法。③

不幸的是,1904年3月张义集病逝。就在张义集去世的当年,谢万禧为女校在南关教堂西购地8亩,建新校址,1906年又增设了中学。是年,谢万禧继娶的澳大利亚籍步恩伯女士接续了女校校长一职。为纪念张义集,校名定为"义集女子中学",到1914年学生增至150多名。谢万禧经营的知务学堂于1905年也在南关购地10亩,建新校址。1906年该校增设中学班,并附设一处幼儿园,1912年改校名为"知务中学",并于1914年增设高中班。1922年春,谢万禧因劳

---

① 　连警斋:《郭显德牧师行传全集》,第413页,上海广学会,1940。
②③　《谢师母行状》,转引自李秀兰、王艳《〈谢万禧碑记〉的考证与研究》附录,山东省博物馆学会,2018。

成疾一病不起，在平度逝世。谢万禧去世后，谢氏的续娶之妻步恩伯从夫姓，改名"谢恩伯"，继续在平度坚持办学。及至 1941 年底日本发动太平洋战争，谢恩伯等寓居平度的第三国人被日军拘捕，送往潍县集中关押，谢万禧及其两任妻子与平度长达 40 年的教育情结就此终结。谢万禧、张义集及谢恩伯留给平度的是热心办学的基督徒形象。他们既不同于初始办学后专职布道的慕拉第，也不同于施医助教的蓝戴礼等教会医生，而是利用教会学校的"间接"方式传播"上帝的福音"。据载，不论知务学堂，还是义集女学，学生学《圣经》"信仰笃实"，课余还组织查经班、祈祷会、布道团等，学校"俨然如神学院"。① 事实上，谢氏等的教会学校办在与外部世界完全隔绝的落后的平度乡村，是对以科举考试为中心的传统教育发出的猛烈挑战。在文化势差的作用下，西方基督教势力的强行进入，使清末处于衰落预势的封建传统教育走向瓦解及向近代教育转型，成为不可避免的趋势。

3.瑞典浸信会在鲁宣教与任其斐的胶州瑞华学校

受西方基督教士大量来华的国际环境影响和瑞典工业化的经济支持，瑞典差会于 19 世纪晚期决心来华扩展自己教会的阵地。1877 年，开启国外宣教事业的瑞典浸信会，派传教士到中国与内地会联络。1888 年，中国内地会创始人哈德逊·泰勒（Hudson Taylor，戴德生）在瑞典伯特利浸会神学院讲道，鼓励瑞典差会参与中国宣教工作。当时，温伦（Carl Vingren）、林德伯格（Lindberg J E）与约翰·阿尔弗雷德·林奈尔（Johan Alfred Rinell）三名神学院学生积极响应，愿意前往基督教势力最强的山东传教。1891 年，瑞典浸信会派温伦以中文名字"文道慎"到中国。次年春，文道慎游历山东多地之后选择了胶州，他在小桥南头租赁民宅开始布道，但因水土不服而病倒，随即回国。1893 年，林德伯格以中文名字"令约翰"与妻子令爱德来胶州，接替文道慎的工作。② 1894 年，林奈尔以中文名字"任其斐"与妻子任桂香（Hedvig Rinell）到达胶州，与令约翰夫妇会合，开始了瑞典浸信会在青岛乡区的传教之路。

任其斐等改变了早期基督教的传教策略。他们既不同于浸信会的一贯做法，也有别于胶州其他基督教派的特性，而是以开办教会学校、教会医院、教会救济所辅助布道的"社会福音"活动。到 1898 年，有四人"受浸归主"③，任其斐在胶州设立了一个中西文化元素复合的具有本土特性的地方教会。同时，他还接受胶州衙门委托的邮政代办事务。1900 年由于义和团运动，任其斐只好暂去青

---

① 山东省平度县地方史志编纂委员会：《平度县志》（内部发行），第 631 页，1987。

② 王增强：《令约翰：山东瑞华浸信会的传教士》，载《湖北档案》2015 年第 5 期。

③ 湮滢：《瑞华浸信会在山东宣教概况》，载《翼报》（eBao Monthly.com）2009 年第 2 期。

岛避难,随后他在胶州王台、冷家村及高密地区设立了教会组织。据记载,1900年,瑞典差会在胶州城大井街创办了瑞华男童学校(今胶州第一中学前身),时有学生 5 名。① 令约翰之妻令爱德于 1903 年在胶州南关墨河桥创办了瑞华女童学校,时有学生 4 名。事实上,瑞典基督教浸信会以胶城为大本营,很快成为胶、诸、高地区最具影响力的基督教会。据统计,任其斐从初始期 10 年内只发展了8 名信徒,至 1941 年共发展教徒 6628 名,开办小学校 90 余所、中学校 2 所、圣经学校 1 所、医院 2 所、医护学院 1 所;此外还有孤女院 1 所,收女弃婴 50 余人,存活并长大的 27 名;另有女助会 7 个、戒烟所数个、济贫库 1 个。② 胶州瑞华学校的毕业生在回忆童年求学经历时写下这样的话:

> 丁香花开月朦胧,放学归去炊烟升,东院僻静茅屋矮,立梧桐。
> 笑问吾庐何处是,一湾荷香小桥横,修竹纸窗灯火里,读书声。③

　　瑞典基督教浸信会以《圣经》作为信仰和实践的最高权威,但其神学体系丰富多样,对于特定神学立场的执着是比较淡的。这是因为任其斐等瑞典传教士具有资产阶级上升时期的民主思想,他们开办的学校由于施行免费教育,使得胶州传教地一些无钱上学的儿童得到读书的机会。任其斐等开办的女子学校,组织的女助会、女子圣经学校及孤女院等,使长期受封建礼教束缚的中国妇女有机会走出家门,接触新鲜事物;任其斐等提倡的男女平等的家庭生活形式和反对纳妾、缠足等活动,对于提高中国妇女地位、打破封建桎梏具有积极的推动作用;任其斐设立的戒毒所、禁烟会,帮助受鸦片毒害者解除了一些痛苦。任其斐一家在胶州生活了 40 多年,他们视胶州为“第二个故乡”,出生在胶州的两个儿子任汝霖(Egron Rinell)、任为霖(Oscar Rinell)也留在胶州传道兴学,对胶州教育作出了贡献。

　　显然,形形色色的教会学校作为半岛地区不可否认的历史存在,是近代山东青岛特定历史条件下的特殊产物,并与错综复杂的社会矛盾交织在一起。西方传教士举着《圣经》,以“救世主”的身份,希冀以此对晚清时期的中国教育改革施加影响。1896 年,中华教育会第二届年会设立“教育改革委员会”,以图左右中国的教育改革运动。但是,从青岛的实际情况看,基督教会真正影响的是青岛的乡区和下层乡民,主要是贫穷人家子弟、孤儿、流浪儿童等社会边缘性群体,尚

① 钟星五、任其斐、王继善:《山东瑞华浸信会历史》,第 3 页,双珠印书馆,1926。
② 任其斐、令约翰、侯述先:《山东瑞华浸信会 50 周年纪念集》,第 132—135 页,青岛瑞华浸信会,1941。
③ 殷颖:《我的镂金岁月》,第 22 页,齐鲁电子音像出版社,2010。

未对知识阶层产生实质性的影响。学生读《圣经》,参加弥撒、礼拜及其他宗教活动,是为了在浓重的宗教气氛中受到感化,最终受洗入教,"其志亦并不在教育人才以促进教育之进步,乃欲以教会学校为一种补助之物,以助其宣传福音之业"①。同时,不少教会学校还开设中国传统的经书课程,以增强中国人对教会学校的接纳程度。从总体上说,西方传教士控制中国的企图是失败的,晚清社会开始了艰难的先是被迫、后是自觉的改革探索,清末的"壬寅-癸卯学制"没有采纳西方教会的意见,而是借鉴了日本的学制,且未将教会学校纳入国家教育系统。

总之,半岛地区诞生于19世纪末的西方教会学校,数量少,且蜗居于偏远的农村,未对青岛教育的发展起到直接的示范作用。由于鲜有传教士在岛城立足,至少在1897年之前难有"基督福音"和西学对青岛产生影响的记载。不过,作为清末教育不请自来的舶来品,基督教为1898年青岛开埠后乃至20世纪上半叶教会教育的滥觞做了准备。

---

① *Christian Education in China*, *The Report of the China Educational Commission of* 1921-1922. New York 1922,P20.

第二章　德胶澳租借地时期

（1897 年 11 月—1914 年 11 月）

1897 年 11 月 1 日,山东曹州发生教案,德国以此为借口于 11 月 14 日出兵强行占领了胶州湾。1898 年 3 月 6 日,清政府在德国的武力威逼下签订《胶澳租借条约》,将陆海总面积 1128.25 平方千米的区域划为胶澳租界,"租借"给德国 99 年。青岛作为清军要塞设立总兵衙门后不久,即被西方瓜分中国的图谋卷入德国海外殖民主义的狂潮中,被动地开启了城市化进程。与近代中国的其他沿海、沿江城市不同,由于德国实行的"模范殖民地"策略,青岛教育在传统的文化遗产与西方现代化示范效应的双重格局中,"既提供了新的机会",也同时"付出混乱和痛苦的极大代价"。① 事实上,胶澳总督府学校与华人子弟的蒙养学堂均不同程度地体现了德国的学校教育规制。船坞工艺厂徒工学校及铁路、农、林等专业学校的兴办,带来了德国职业技术教育的胚芽。德国的基督教、天主教教会学校和西方基督教面向青岛欧侨的宗教学校,折射出西方文化的强势。不过,德-瑞同善会传教士卫礼贤开办的青岛礼贤书院,则是一个非同寻常的例外。青岛特别高等专门学堂的创办,是 20 世纪初中德两国政府在华教育合作的第一个范例。

第一节　德国教育制度的楔入与中国学制的分合

一　德式实科中学改良型的胶澳总督府学校

青岛成为德国租借地后,住青德国人日益增多,一些有学龄儿童的德国家庭

---

① ［美］西里尔·E.布莱克:《现代化的张力:一个比较历史的研究》,景跃进、张静译,第 24 页,浙江人民出版社,1989。

深为青岛缺少一所"可使特别在 10 至 16 岁年龄段的男童受到充分教育的学校"而忧虑(虽然上海开办了一所实施"女童教育和年龄较小的男童教育"的德国学校)。因此,几乎所有的德侨不得不将年满 10 周岁的孩子送回德国接受学校教育。这种长时间的分离"除了会造成经济上莫大损失外,还会使人痛切感受迄今生活在东亚的德国人家庭所承受的困境"①。据说,1899 年一出题为《我们在胶州的孩子》的德国戏引起了德国侨民的办学冲动。② 可见,胶澳总督府学校的创设初衷是为解决青岛德侨的后顾之忧。

1.从德侨社团革创到胶澳总督府直属的管理体制

迄今未能找到德国开办学校的初始资料。从 1898—1899 行政年度的《胶澳发展备忘录》得知,至迟到 1899 年 10 月,青岛的德侨社团便在大鲍岛村一处当地人的民房里开办了学校。③ 但《胶澳志》称:该校开办是由"德人之学务委员会议定"④。根据国外的德国中学由私人教育小组维持、政府仅给予资助与监管的一般规定,该校的领导权归学校理事会。理事会由 9 人组成,其中 1 人由总督府指定,其他成员则是学校校长和由德侨社团每年选举产生的 8 名代表。学校校长由学校理事会推荐,但需经总督府批准。学校课程按德国的原则设立,教学使用德语,学校享有与德国本土学校相同的平等地位。

建校之初,学校的经费来源于学生的学费和德侨社团、总督府的补助两个渠道。学生交纳学费的数额采取倍数递减的方式,即每个家庭的第一个孩子每年交 100 块墨西哥银圆,其第二个孩子交 50 块,第三个孩子则交 25 块。⑤ 显然,每年 100 块墨西哥银圆的学费使以马克为货币收入的德侨深受其害。墨西哥银圆又称"墨银"或"鹰洋",以 27.07 克重量和 96.30% 的成色成为 19 世纪中后期世界"贸易银圆"的典范。据 1898 年胶澳总督府公布的土地拍卖价格,1 平方米土地的卖价恰好为 1 块墨银,1899 年的汇率 1 块墨银合 2.1233 马克,1906 年 11 月涨到 2.39 马克,1907 年中国春节后又回落到 2.20 马克。⑥ 德侨必须按照牌价用德国马克兑换成墨银来支付学费。

①⑤ 《胶澳发展备忘录(1898 年 10 月—1899 年 10 月)》,载青岛市档案馆编《青岛开埠十七年——〈胶澳发展备忘录〉全译》第 43—44、44 页,中国档案出版社,2007。

② George Steinmetz(石桥):《魔鬼的笔迹(二)——前殖民话语,人种/族类见解和跨文化认同在德国殖民过程中的作用》,载《清华大学学报》(哲学社会科学版)2005 年第 6 期。

③ 据 1898—1899 行政年度《胶澳发展备忘录》载,"校舍暂安置在一处中国人的房子中。计划下一行政年度建造学校大楼"。(青岛市档案馆:《青岛开埠十七年——〈胶澳发展备忘录〉全译》,第 44 页,中国档案出版社,2007。)

④ 袁荣叟:《胶澳志》卷七《教育志》,第 994 页,文海出版社,1973。

⑥ *Denkschrift betreffend die Entwicklung des Kiautschou-Gebietes in der Zeit von Oktober* 1906 *bis Oktober* 1907.hrsg.v.Reichsmarineamt.im *SBRV*.Bd.245(BA/MA585).Berlin 1908.

　　根据 1899—1900 学年的统计,最初共有 13 名儿童入学。1900 年夏虽有 3 名学生因病和其他原因离校,但学生增加到 18 名,其中男生 11 名、女生 7 名,年龄在 6~10 岁。除 1 人外,其余学生的父母都住在青岛。到 1901 年 9 月,学生增至 29 名(其中女生 12 名),按其年龄和程度设置了 3 个中学年级。由于有较小年龄的学生提出入学的申请,学校在 1901—1902 学年设立了 6 个班,其中有 3 个小学程度的学前班。学生的分班情况:三年级 2 名、二年级 4 名、一年级 6 名、第一学前班 3 名、第二学前班 6 名、第三学前班 7 名,其中 2 名学生来自天津,他们在青岛寄宿。①

　　由于一开始就将学校定位于"一所国立的、同等学历的男童中学",并争取学生毕业时"达到授予学生进行一年志愿服役的证书的水平"②,1902 年 4 月 1 日,胶澳总督府决定接管这所由德侨社团管理的学校。办学体制的更改必然带来经费筹措方式的变化,1902—1903 行政年度学费交纳办法调整为:低年级少一点、高年级多一点,小学班级的学费每年 60 块墨银,中学一至三年级为 81 块、四至六年级则为 102 块。学生入学时需预交 1/3;兄弟姊妹一起上学时,第二和第三个上学的孩子可交一半学费,第四个孩子的学费全免。③ 总督府于 1902 年制订了一套以普鲁士实科中学为基准的教学目标"作为过渡性临时计划进行教学",并以授予学生"一年志愿兵役的权利作为临时的外在的结业形式"。④ 1903 年 9 月,新学期报到的学生为 41 名(其中 4 人来自外地),学校增开了四年级(Unter Tertia)。面对越来越多的入学生源,1904 年学校成立了一个由德侨社团成员和学生家长组成的学校委员会,以便向总督府"提供咨询意见",学校每年须专门公布年度报告。⑤通过这个定期发布的学校报告,可以清晰地看出学校的发展变化。

　　首先是男、女学生分校教育。这一变化最初始于 1902 年 4 月女生向建在吕特鲍特街(Luidpold Str.,今浙江路)的圣方济各会女子学校分流。⑥不过这种依托 Konvikt(天主教会学校)的办法未能实行多久,作为一项随着男、女学生的年龄增长而"不得不采取的措施",1907—1908 行政年度的《胶澳发展备忘录》出现了"总督府女子学校"的专条,内容是:

　　①⑥　《胶澳发展备忘录(1901 年 10 月—1902 年 10 月)》,载青岛市档案馆编《青岛开埠十七年——〈胶澳发展备忘录〉全译》第 197、175 页,中国档案出版社,2007。

　　②　*Denkschrift betreffend die Entwicklung des Kiautschou-Gebietes in der Zeit von Oktober 1900 bis Oktober 1901.hrsg.v.Reichsmarineamt.im SBRV.Bd.193(BA/MA436).Berlin 1902.*

　　③　《胶澳发展备忘录(1902 年 10 月—1903 年 10 月)》,载青岛市档案馆编《青岛开埠十七年——〈胶澳发展备忘录〉全译》第 243 页,中国档案出版社,2007。

　　④⑤　《胶澳发展备忘录(1903 年 10 月—1904 年 10 月)》,载青岛市档案馆编《青岛开埠十七年——〈胶澳发展备忘录〉全译》第 297、297 页,中国档案出版社,2007。

公立女子学校迄今只开办了一个班(最高班),这个班有 5 名女学生,一位女教师给她们授课。准备要进女子学校的部分女孩在过渡阶段仍留在总督府学校中(预科除外),她们和男孩子们一起被编在较低的 4 个班级中。第二位女教师目前在预科工作,预科今后也收女生。①

女生作为总督府学校的数量要素,在 1907 年以后的《胶澳发展备忘录》中都有专门统计。例如:1906—1907 学年女生有 15 名,1907—1908 学年为 41 名,1908—1909 学年为 45 名,而 1912—1913 学年女生达到 110 名,约占学生总数的48.5%。男、女生性别比在 1907 年是 5∶1,1909 年则为 2∶1。这个数字的变化反映了总督府学校致力于排除性别隔离,德侨女童到公立学校接受教育越来越被重视。

其次是生源的不断扩容。经历了 1904—1907 年三个学年的发展,学生从 52名递增到 78 名,其中有外来学生 13 名(包括 2 名美国学生)。② 至 1907 年 9 月,在校学生为 92 名。③ 之后,总督府学校的学生迅速闯过百人大关,经过 1907—1908 学年 129 名和 1908—1909 学年 135 名的扩容后,1911 年 7 月 1 日达 162名④,1912 年 10 月 1 日达到 191 名。⑤ 1913 年 10 月初统计,总督府学校(包括小学在内)计有 227 名学生,其中有 10 名学生来自英国、俄国、美国、葡萄牙等欧美国家。⑥据《胶澳志》称,这所"公立德人学校"学生最多时达到 300 余人。⑦ 到1914 年 8 月日德青岛战争爆发前,胶澳总督府学校俨然是一所不断扩容的国际化的德国政府派出学校。

2.参照阿登纳体系的改良型德国实科中学教程

由于受胶澳总督府直接管理,这所学校实行的是 19 世纪后期德国本土的普通学校学制。学年以 9 月为秋季学期之始,学程分为三期:秋天至圣诞节,圣诞节至复活节,复活节至 7 月初,每期之间都有一段短假,但主要假期定在雨季 7

① 青岛市档案馆:《青岛开埠十七年——〈胶澳发展备忘录〉全译》,第 592 页,中国档案出版社,2007。1906—1907 行政年度《胶澳发展备忘录》曾提出:"准备在 1908 年 4 月建立一所青岛女子学校。"(第 518 页)

② Denkschrift betreffend die Entwicklung des Kiautschou-Gebietes in der Zeit von Oktober 1905 bis Oktober 1906.hrsg.v.Reichsmarineamt.im SBRV.Bd.241(BA/MA268).Berlin 1907.

③ 《胶澳发展备忘录(1906 年 10 月—1907 年 10 月)》,载青岛市档案馆编《青岛开埠十七年——〈胶澳发展备忘录〉全译》第 517 页,中国档案出版社,2007。

④ 《胶澳年鉴(1911 年)》,载青岛市档案馆编《青岛开埠十七年——〈胶澳发展备忘录〉全译》第712 页,中国档案出版社,2007。

⑤⑥ 青岛市档案馆:《胶澳租借地经济社会发展——1897—1914 年档案史料选编》,第 193、206—207 页,中国文史出版社,2004。

⑦ 袁荣叟:《胶澳志》卷七《教育志》,第 994 页,文海出版社,1973。

月—8 月间。

在 1902 年 4 月总督府接管之前,由于教会对教学计划拥有发言权,学校实施的是由一名基督教牧师控制的课程,贯彻的是神学教育方针。在青岛的天主教会和柏林传教会各派一名成员来校任教;课程是宗教、阅读、写字、德文、算术、历史、地理、博物学、绘画和唱歌,高年级开设英语和法语。高年级班每周 26 课时,中年级 22 课时,低年级 15 课时,①部分课程实行合班讲授。1900 年 9 月新学年伊始,德国派来了基础课教师,神职人员移交了大部分课程的教学工作。总督府接管学校后,制订了一套世俗的、类似德国实科中学的教程方案,其中有拉丁语课。

拉丁语是从中世纪成为欧洲不同国家交际的媒介语,罗马天主教则用拉丁语作为正式会议的公共语和礼拜仪式的语言,学术论文也大都用拉丁文写成。拉丁语被视为"镶嵌在古典学术宫殿巅峰的宝石"②,因而欧洲国家的高等学校和部分中等学校纷纷引入拉丁语课程。拉丁语在德国文科中学是主课,每周 1 小时,中学阶段通常要修满 76 个周时。拉丁语又是一种高度曲折的语言,一般每个名词都有六个格的区别,并有五种变格法;动词则有人称、数、时态、语气(直陈、虚拟、命令)和态(主动、被动)的区别,由于形态变化复杂,拉丁语通常被视为教学领域的"死语言"。显然,考虑到青岛大部分学生毕业后留在东亚从事实用职业的实际情况,因此"拉丁语不仅纯属多余而且是个累赘,严重妨碍着他们在学校中上进",自 1903 新学年始,总督府学校实行了一种不完全拉丁语课程的改良型实科中学的教学计划。③

实科中学,德文名 Real Gymnasium,也称"非古典语文学校",秉承教育上的唯实主义,是 18 世纪初为适应德国工商资产阶级的需要应运而生的新型学校。相对于传统的以拉丁语和希腊文为主要教学内容的文科中学,实科中学既具普通教育性质,又兼顾职业教育特点,通常修业 6 年,着重讲授自然科学和实用知识。德国政府于 1882 年承认实科中学为第二级进阶的高级中学类型,与古典型文科中学具有"基本相同的地位"。一直以来,实科中学被视为德国教育体系改革的成功范例,由此毕业的学生有多种发展选择:可以选择较高等的职业院校发展,也可以继续升学接受普通大学教育。1900 年威廉二世签署的《基尔法令》规定:实科中学学生与文科中学学生具有同等升入大学的资格。值得注意的是,胶

① *Denkschrift betreffend die Entwicklung des Kiautschou-Gebietes in der Zeit von Oktober* 1899 *bis Oktober* 1900. hrsg. v. Reichsmarineamt. im *SBRV*. Bd. 189(BA/MA115). Berlin 1901.

② [德]弗·鲍尔生:《德国教育史》,滕大春、滕大生译,第 142 页,人民教育出版社,1986。

③ 《胶澳发展备忘录(1904 年 10 月—1905 年 10 月)》,载青岛市档案馆编《青岛开埠十七年——〈胶澳发展备忘录〉全译》第 335 页,中国档案出版社,2007。

澳总督府学校按照 1892 年德国颁布的限制拉丁语、增加德语的《中学教学规则》进行了必要的改良，这在德国海外殖民地中更是独树一帜。有关专家判断，排除教学科目、课程内容纯古典主义的倾向，这种课程最适合胶澳租借地的实际需要。因为学校设有一个无拉丁语的初级中学部（一年级、二年级和三年级），在这个初中部之上才是"保留拉丁语作为外语教学的一般基础"[1]的实科中学各年级。这样就将不设拉丁语课的实科中学各年级与开设拉丁语课的实科中学各年级区别开来。

1905 年 9 月，总督府学校实施以阿登纳体系（Altona System）为基础的教程设置，由"德国教师采用现代教学方法教授德文、历史和地理、算术、数学、物理、化学和一般自然科学"[2]。事实上，阿登纳体系主要为社会科学、自然科学和语言类课程，总共 12~16 门，每周授课约 30 课时。[3] 阿登纳体系的社会科学，包括德文与历史故事、历史、地理、宗教、体育，另有习字、自由画；其自然科学包括算术与数学、物理、化学和矿物学；语言类则有英语、法语、拉丁语。[4] 阿登纳体系的关键问题是如何选定第二外语（ESL）。1905—1906 学年，总督府学校一年级（Sexta）未设拉丁语课，却增加了德、英语和算术的授课时数；1906—1907 学年，二年级（Quinta）的拉丁语课也被取消。这样，总督府学校在 1907—1908 学年停止三年级（Quarta）的拉丁语课程，而转入德国改良型实科中学的轨制。同时，根据阿登纳体系，初级中学只开设法语和英语两门外语，且调换成先英语、后法语的次序。由于英语在东亚地区使用范围广，总督府学校在一年级开始教授英语，然后增设法语课。随着新学年的开始，无拉丁语的年级从属于中级部。1908—1909 行政年度《胶澳发展备忘录》对总督府学校调整后的外国语课程这样表述：

> 改良型实科中学的不设拉丁文的初部已并入拥有三个年级的预科学校。这个部有一年级、二年级和三年级，其中从一年级起设英语课，二年级设法语课。在这个基础上学生升入中年级，即四、五年级和设拉丁语的六年级。[5]

---

① ［德］弗·鲍尔生：《德国教育史》，滕大春、滕大生译，第 149 页，人民教育出版社，1986。

② *Denkschrift betreffend die Entwicklung des Kiautschou-Gebietes in der Zeit von Oktober* 1907 *bis Oktober* 1908. hrsg. v. Reichsmarineamt. im *SBRV*. Bd.253（BA/MA1131）. Berlin 1909.

③ 姜文闵、张法琨：《外国教育通史》，第 4 卷，第 91 页，山东教育出版社，1992。

④ 《实科中学课程表》，载［日］梅根悟主编《世界教育史大系·德国教育史Ⅱ》第 12 册第 49 页，讲谈社，1976。

⑤ 《胶澳发展备忘录（1908 年 10 月—1909 年 10 月）》，载青岛市档案馆编《青岛开埠十七年——〈胶澳发展备忘录〉全译》第 674 页，中国档案出版社，2007。

3.现代化的教学设施与中小学衔接的公办国际学校先例

胶澳总督府学校的教育深受德国本土教育的影响。特别是19世纪的德国教育运动,不仅使德国大学成为世界公认的科学研究中心,而且中小学基础教育也成为欧洲的师表。① 值得注意的是,胶澳总督府学校始终处于先进的教学设施和教师编制偏紧的状态之中。

在教学设施方面,为解决暂借青岛当地民宅办学的问题,1899—1900行政年度《胶澳发展备忘录》曾提出1901年建设校舍的计划,并同时进行"对教材和教具的改善"。至迟到1900年10月,由德国建筑师贝尔纳茨(Bernatz)设计的"新校舍已经开始施工",总督府认为这"预示着整个教学工作的重大进步"。② 1901年9月,建于俾斯麦大街(Bismark Str.,今江苏路)的校舍投入使用,包括4间教室、1座礼堂和1幢教师宿舍。1901—1902行政年度《胶澳发展备忘录》明确提出"已开始筹建学生图书馆和自然科学陈列馆"③。由于外地生源不断增加,即便校外有"合适的私人寄宿公寓",但家长们"希望他们的孩子入住让人放心的国家办的寄宿学校",至迟到1903年秋,总督府学校决定在校内设立寄宿生食宿和可供他们度过课余时间的区域。应当说,寄宿收费不菲,每人每年为600块墨银;同一家庭的多子女寄宿生可享优惠,每人减为500块墨银。尽管如此,胶澳总督府学校的寄宿生络绎不绝。1906—1907学年,为安置来自香港、汕头、宁波、上海、芝罘、北京、牛庄(今营口)和神户等地的10名学生在校寄宿,总督府学校设立了"寄宿部",并委派"一名已婚高年级教师负责"。④ 然而,由于寄宿部的寝斋至多容纳12名学生,考虑到学校拥有授予学生一年志愿服役期的权利后外地生源将大幅度增加的实际情况,1907年7月,总督府学校在海因里希亲王街(Prina Heinrich Str.,今广西路)建筑了一栋可容纳12个教学班、280名学生的教学楼。《胶澳发展备忘录》用相当的篇幅记载了这座拥有德国"最新设施"的新校舍:

> 指导施工的建筑计划在一切方面都要求具备本国最新设施,特别是还要求建一劳作室,以便为学生提供机会,使他们能在课余时间从事小型手工劳作。林业局也在为学生们提供的教学花园方面取得了良好经验。

---

① [德]弗·鲍尔生:《德国教育史》,滕大春、滕大生译,第121页,人民教育出版社,1986。

② 《胶澳发展备忘录(1899年10月—1900年10月)》,载青岛市档案馆编《青岛开埠十七年——〈胶澳发展备忘录〉全译》第97页,中国档案出版社,2007。

③ *Denkschrift betreffend die Entwicklung des Kiautschou-Gebietes in der Zeit von Oktober* 1901 *bis Oktober* 1902.hrsg.v.Reichsmarineamt.im *SBRV*.Bd.196(BA/MA832).Berlin 1903.

④ 《胶澳发展备忘录(1906年10月—1907年10月)》,载青岛市档案馆编《青岛开埠十七年——〈胶澳发展备忘录〉全译》第518页,中国档案出版社,2007。

各班以及为其扩大所需的教室分别设在一层和二层以上。在与校园平面高度一样的底层设有理化实验室、已经被提及的劳作室、校役宿室、低压暖气锅炉和新鲜空气吸入设施以及厕所。设在一层的物理室连同仪器及预备室与实验室相连。在这一层，除学校领导办公室外还有会议室和集会室。在前厅的上面是礼堂。在楼上面北的附有模特儿室的绘画厅里挂有遮光窗帘，晚上上课时则直接由电灯照明。

建筑样式朴实，高而通风良好的房间面南者设有卷廉[帘]式遮阳百叶窗，面北者设有双窗以挡蔽冬季寒风。校园里修有网球场。在教堂完工后，过去的总督府小教堂被用作体操室。①

在师资方面，宗教课由神职人员担任，基础课由专业教师任教。德国有严格的教师选考制度。早在1810年普鲁士政府就规定：任教中学的教师属于专业工作者，必须经过柏林大学等高校"教育代表团"组织的选考，未经考试合格人员不得录用为教师，②以维护德国中等学校一向所具有的探索学术的独特风气。1901年，德国师资培训机构又提出：教师要成为"具有独立思考能力的确有学识的人"，教师资质的门阶进一步抬高。无疑，这对胶澳总督府学校来说是个不小的难题。

事实上，总督府接管学校后的1903年，正式列入学校教师编制的只有1名科学教师和1名小学部教师。为应对开齐课程的需要，学校不得不变通编制办法，依据资质标准，配备了2名不列编制的Hilfslehrer（代课教师）。1904年，总督府学校在预算中申请2名编制计划内教师；1905年的预算方案又提出"再增加一位科学教师和第三位小学教师的要求"③。但是，这6名教师难以胜任7个班级的授课任务，因此不仅"有必要进行一些合班上课"，而且"必须为宗教、绘画和体育课担任辅助教师"④。在为1906学年聘任的高级教师到达学校后，教师达到7名，学校的"领导工作被交给年龄最大的高级教师负责"，宗教课和绘画课则"另请人帮忙"⑤。由于缺少师资，英语和法语分别在不同年级选修，而不

①　《胶澳发展备忘录（1906年10月—1907年10月）》，载青岛市档案馆编《青岛开埠十七年——〈胶澳发展备忘录〉全译》第535页，中国档案出版社，2007。

②　[德]弗·鲍尔生：《德国教育史》，滕大春、滕大生译，第135页，人民教育出版社，1986。

③　《胶澳发展备忘录（1903年10月—1904年10月）》，载青岛市档案馆编《青岛开埠十七年——〈胶澳发展备忘录〉全译》第297页，中国档案出版社，2007。

④　*Denkschrift betreffend die Entwicklung des Kiautschou-Gebietes in der Zeit von Oktober* 1904 *bis Oktober* 1905.hrsg.v.Reichsmarineamt.im *SBRV*.Bd.222（BA/MA174）.Berlin 1906.

⑤　《胶澳发展备忘录（1905年10月—1906年10月）》，载青岛市档案馆编《青岛开埠十七年——〈胶澳发展备忘录〉全译》第433页，中国档案出版社，2007。

能同时开设。

虽然,胶澳总督府学校不必实行德国本土惯行的由 Oberlehrer(首席教师)担任中学最高年级授课的做法,但为使学校从小学过渡到中学,必须拥有受过高等教育的专家领导教学工作,以保证学生毕业所享有的一年义务兵役的质量。Einjährigen Schein 是德国"服兵役一年证书"的德文,这张证书的持有者本应服兵役 2~3 年,而得以减免为服兵役一年。① 1906—1907 学年结束时,总督府学校第一批(5 名)中学六年级(Unter Sekunda)学生于 1907 年 7 月 12 日毕业离校,并获得了免除为期一年的义务兵役。到 1911—1912 学年结束时,共有 20 名毕业生顺利领证离校。胶澳总督府学校为近代青岛中、小学衔接的公办国际学校教育开了先例。

不能不提及的是,一如胶澳开埠之初严格的欧人与华人区域隔离制度,胶澳总督府学校拒绝任何华人子弟入学。据悉,1905 年著名的中文报纸《胶州报》发行人李世恩试图送子女进校时,立即遭遇了"一股强烈的反对这种奢想的抗议风潮",定居青岛的德侨坚决反对"任何企图把德国学生与中国学生混合在一起的做法"。② 这种以种族隔离的方式将宗主国与殖民地学童严格区分的倾向,折射的是德胶澳租借地当局对租借地华人及其子女的歧视。

二 德国规制与中国学制兼容的华人蒙养学堂

1898 年 3 月《胶澳租借条约》签订后,德租借地当局于 4 月组建殖民机构,但未设专门的教育行政机关,仅在总督府内设了一个"学务委员会"。这个由总督指定的人员、总督府学校校长及德国公民团体推举的代表组成的"共同组织办理一切教育行政"③的办事机构,主要负责各类学校的设置与变更,但最终决定权归总督。据史料记载,德胶澳租借地时期学务委员会经办的主要工作是审定了 26 所为青岛华人子弟开办的蒙养学堂。

实际上,蒙养学堂并非德国人的专利。"蒙养"二字初见于《易经》"蒙以养正,圣功也"④,意指蒙童时代就要施以正确的教育,培养纯正无邪的品质,这是

---

① [德]弗·鲍尔生:《德国教育史》,滕大春、滕大生译,第 205 页,人民教育出版社,1986。根据德国的兵役制度,此证书获得者也可以享受其他待遇,但如果这样,则必须放弃减免兵役年限的权利。

② [德]余凯思:《在"模范殖民地"胶州湾的统治与抵抗——1897—1914 年中国与德国的相互作用》,孙立新译,第 284 页,山东大学出版社,2005。

③ 赵琪、袁荣叟:《胶澳志》卷七《教育志》,载《中国方志丛书·华北地方》第 62 号第 984 页,成文出版社,1968。

④ 《易经·象传》上《蒙》。

造就圣人的成功之路。就在《胶澳租借条约》签订后的同年 7 月，清政府发布
"上谕"，令"各省府厅州县现有之大小书院，一律改为兼习中学西学之学校"①。
至于学校等阶，清政府在 1901 年 9 月颁布的"兴学诏"中规定："各省所有书院，
于省城均改设大学堂，各府及直隶州均改设中学堂，各州县均改设小学堂，并多
设蒙养学堂。"②"蒙养学堂"之称首次见诸中国官方文献。尽管德胶澳总督府于
1898 年 4 月成立了教育行政机关，但殖民当局的精力主要集中在军事要塞、港
口、铁路等市政建设方面。德国人承认，在 1904 年 10 月前"总督府从未干预过
华人自己的教学工作"③。此时正是近代中国教育改革的鼎沸时期，1902—1904
年相继出台的"壬寅－癸卯学制"，形成了自蒙养院至高等学堂完整且上下衔接
的学校体系。这套来自中国政府的学制系统，虽有生硬照搬日本和西方国家教
育制度的痕迹，但由古代传统教育向近代新式教育转轨的意识是显而易见的。
尤其是各类学堂的培养目标和人才规格的分化，对以往官僚精英单一目标的突
破，必然引起西方教育界的关注。青岛的德国殖民当局明智地调整了租借地政
策，以往给华人学校"自由发展的空间，但同时不断保持国家方面监督权"④的做
法在 1905 年发生了改变。是年 1 月 27 日，一份出自德胶澳总督府的基本意向
书写下这样的话：

> 要使学校教育全面地向中国人的精神和品格施加影响，要使它成为这
> 样一种手段，借助于它，德国的知识和德国的精神可以被贯彻到全省，贯彻
> 到经济上依赖青岛的腹地之中。⑤

显然，青岛德租时期的蒙养学堂是清末"新政"改造书院运动在西方现代教
育的冲击下形成的兼具初级小学和幼稚园性质的蒙童教育机构。虽然蒙养学堂
掺杂着不可避免的殖民主义成分，但其存在时间较长，发展较为充分，初步实现
了青岛小学教育的现代化，不失为中国近代蒙养学堂的典型。

1.主要利用当地资源整旧从新的学堂建设途径

---

① 《大清德宗景皇帝实录》卷四百二十，载汤志钧、陈祖恩、汤仁泽编《中国近代教育史资料汇编·
戊戌时期教育》第 121 页，上海教育出版社，2007。

② 《光绪二十七年八月初二日上谕》，载朱有瓛主编《中国近代学制史料》第 1 辑下册第 776 页，华
东师范大学出版社，1986。

③ 《胶澳发展备忘录(1903 年 10 月—1904 年 10 月)》，载青岛市档案馆编《青岛开埠十七年——
〈胶澳发展备忘录〉全译》第 300 页，中国档案出版社，2007。

④ Hiery H J，Hinz H M.*Alltagsleben und Kulturaustausch：Deutsche Und Chinesen in Tsingtau 1897-1914.*
Deutsches His-torisches Museum，Berlin 1999。

⑤ 《雅各布森致帝国海军署电(1905 年 1 月 27 日)》，存 BA(德国联邦档案馆)/DBC(德国驻华使
馆)，档号：Nr.1241，Bl.198-219。

据统计,德胶澳总督府为青岛华人子弟开办的26所蒙养学堂,除少量的新建校舍外,多数采取改造旧有私塾和用庙产充学堂的办法。

1924年出刊的《胶澳商埠教育汇刊》载:青岛最早的公立小学是始建于光绪二十八年(1902)的台东镇蒙养学堂,二十九年(1903)建成法海寺蒙养学堂。① 但是,更早的来自德方的资料则显示,1905年2月胶澳总督府在台东镇和法海寺各开办的一所蒙养学堂是青岛公办小学教育的肇始,最初台东镇招收学生17名,法海寺为13名。② 两校的开办时间是个有待深究的问题。台东镇这个地方原先叫"杨家村",是青岛通往李村、崂山的必经之路。德租借地当局大兴土木建设,实行"华洋分治",把青岛村、大鲍岛等地拆迁的居民、小商贩、劳工全部迁居此处,并划分成84个建筑地块,最后形成了一个"棋盘式街道布局的村庄集市"。因其位于凤台岭以东,西南有贮水山、青岛山、太平山将其与欧人区隔开,遂更名为"台东镇",当地人称作"穷汉市"。③ 德租借地当局意识到在台东镇建蒙养学堂可作为向外围村庄辐射的范例。有关资料这样描写台东镇蒙养学堂:

> 教学楼为一层建筑,建筑面积720平方米,呈"E"形。建筑立面三段式布局,中门居中,拱形正门由花岗岩砌筑,装饰山花并排着9个钢盔式浮雕图案。门两侧嵌有雕花钢制壁灯,建筑的两端山花突起,与中部呼应统一。楼内共有教室9间,办公室3间,"一"字长廊,并有木制栏板、柱子及飞檐,留有中西合璧的折衷主义手法。④

法海寺蒙养学堂是利用庙产办教育的典型。1898年清政府为鼓励地方绅民办学,曾提出"至于民间祠庙,其有不在祀典者,即著由地方官晓谕民间,一律改为学堂,以节糜费而隆教育"⑤应当说,对于清政府提拨民间公庙、神会之款用于教育的"庙产兴学"政策,德国殖民当局的态度是"极其谨慎"的。从目前可见的历史文献看,至迟到1904年10月,德胶澳总督府曾派专员对青岛地区的道教宫观和佛教寺庙进行了一次有针对性的调查。德国人发现,这些宗教建筑物

---

① 《胶澳商埠公立私立学校最近概况表》,载胶澳商埠督办公署民政科学务股编《胶澳商埠教育汇刊》第12、15页,1924。

② 《胶澳发展备忘录(1904年10月—1905年10月)》,载青岛市档案馆编《青岛开埠十七年——〈胶澳发展备忘录〉全译》第370页,中国档案出版社,2007。

③ [德]谋乐:《山东德邑村镇志》,载青岛市档案馆编《胶澳租借地经济与社会发展——1897—1914年档案史料选编》第380页,中国文史出版社,2004。

④ 《蒙养学堂》,https://baike.baidu.com/item,2012年11月22日。

⑤ 《光绪二十四年五月二十二日上谕》,载朱有瓛主编《中国近代学制史料》第1辑下册第442页,华东师范大学出版社,1986。

主要用于"农业和开发崂山丰富的森林资源"方面,"只在很小程度上服务于文化事业"。德国人遂决定,"现在只能按总督府的用途来利用庙产",其中之一是"通过增建学校来提高老百姓的文化教养"。① 德国人在调查中首先取得了法海寺的有关数据。这座占地 78.798 亩、每年收益 690 吊钱,共有 6 名僧侣和 5 名仆人的寺院,②完全具备为所在区域源头村学童开设蒙养学堂的条件。总督府的调查还表明:青岛的宗教建筑物不仅有很大的办学潜力,而且其收益可观,足以弥补办学经费问题。例如:14 处宫观占有土地 724.744 亩,其中用来出租的 549.577 亩,每年租金 3130 吊钱。③另有 33 个村庙占地 348.19 亩,④其中午山庙占地 50 亩,40 亩出租,年租地收入 120 吊钱。雇用的 2 名道士和 3 个仆人每年用费 180 吊钱,尚有 120 吊钱的节余。⑤根据调查,总督府决定"利用寺庙的合作来解决办学问题"⑥。

同时,对私塾的改造也是胶澳总督府发展蒙养学堂的重要措施。1905 年李村区公所提供的一份胶澳租借地农村学校事业考察报告表明:除青岛、大鲍岛、台东镇、海西、灵山岛和黄岛外,尚有 246 处私塾分布在 209 个村庄里⑦,入塾就读塾生为 2994 名。⑧德租借地当局决定改造私塾的决心,一是因为散布在各村的私塾(尤其是"散馆")"没有一个村庄有独立的校舍"⑨;二是私塾的教育状况"远远落后于提高乡村教育事业对它的要求"⑩;三是"办校经费太少,不能满足中国民众全部合理要求"⑪。对于前两项,胶澳总督府继续增建蒙养学堂,1907 年春新增薛家岛蒙养学堂后,当年又在李村、宋哥庄和浮山后共新建了 3 所。⑫其中的宋哥庄蒙养学堂,系徐家宋哥庄利用江家祠堂私塾改造而成。对于后一项,1908 年 9 月总督府通过向租借地内华人征收的房捐、地皮捐、市场摊位捐,用于补充教育资金不足。这样,1908 年又新增九水庵、登窑、朱家洼和灰牛石共 4 所蒙养学堂。⑬ 其中,九水庵蒙养学堂利用的是庙产。之后,胶澳总督府又分别在大鲍岛、施沟、辛岛、南屯、濠北头、瓦屋庄、埠落、赵哥庄、下河、侯家庄、阴

---

①⑥ 《胶澳发展备忘录(1903 年 10 月—1904 年 10 月)》,载青岛市档案馆编《青岛开埠十七年——〈胶澳发展备忘录〉全译》第 301、300 页,中国档案出版社,2007。

②③④⑤ 《有关保护区宫观庙宇的地位和庙产的调查》,载青岛市档案馆编《青岛开埠十七年——〈胶澳发展备忘录〉全译》第 325、326、329、328 页,中国档案出版社,2007。1904 年 1 吊钱约合 1.43 马克。

⑦⑧⑨⑩ 《胶澳保护区的中国乡村学校》,载青岛市档案馆编《青岛开埠十七年——〈胶澳发展备忘录〉全译》第 457、459、458、463 页,中国档案出版社,2007。

⑪ 《胶澳发展备忘录(1907 年 10 月—1908 年 10 月)》,载青岛市档案馆编《青岛开埠十七年——〈胶澳发展备忘录〉全译》第 593 页,中国档案出版社,2007。

⑫ *Denkschrift betreffend die Entwicklung des Kiautschou-Gebietes in der Zeit von Oktober 1906 bis Oktober 1907.hrsg.v.Reichsmarineamt.im SBRV.Bd.245(BA/MA585).Berlin 1908.*

⑬ 《胶澳发展备忘录(1908 年 10 月—1909 年 10 月)》,载青岛市档案馆编《青岛开埠十七年——〈胶澳发展备忘录〉全译》第 675 页,中国档案出版社,2007。

岛、姜哥庄、于哥庄、香里、翁窑头、上流等地设学,均以地名命名蒙养学堂。据当地志书记载,翁窑头蒙养学堂系1913年开办,也称"沧口蒙养学堂"。[①] 上流蒙养学堂建于1914年日德青岛战争之前,坐落在杨家上流村,入学的生源包括毕家上流村、王家上流村和杨家上流村。[②]

2.德华折中学制与社会文化语用习得课程教学模式

德胶澳总督府为加强对华人教育的控制权,一开始就强调各类学校必须贯彻学务委员会规定的教育宗旨,执行学务委员会规定的教学计划。胶澳租借地26所蒙养学堂,作为德租借地当局兴办华人学校事业的基石,不但可以满足德方在华实用技术人员的需求,而且能够传播德语知识,进一步加强德国文化对中国的影响。为此,德胶澳总督府学务委员会在学制、课程、教学等方面不断强化管理措施。

在学制上,折中了清政府的"壬寅-癸卯学制"与德国初等学制,确定蒙养学堂为5年学程。清政府1902年的"壬寅学制"规定蒙学堂的学制为4年、寻常小学堂为3年;1904年的"癸卯学制"规定初等小学堂为5年、高等小学堂为4年,蒙养院不在学制体系之内。"壬寅学制"与"癸卯学制"一前一后,在小学阶段明显存在着年限差异,这为德国人的学制整合提供了依凭。实际上,德国的初等教育在19世纪业已发展成为名副其实的国民教育事业。俾斯麦当政时期,初等学校(Volks Schule)的修业年限一般分为三个阶段[③],通常一个阶段设一个年级班,据1901年统计,德国设3个班级的学校占乡村初等学校总数的2/3。由于介于初等和中等学校之间的中间学校(Mittel Schule)的出现,年级班遂提高到4个以上。及至20世纪,面向6~10岁德国儿童的四年制小学被确定下来,其中一、二年级为第一教育单元,三、四年级为第二教育单元,这两个初等教育单元均不给予在学生功利性的分数成就导向。可见,胶澳总督府对租借地华人学童推行的五年制蒙养学堂作为探索性新式学校的雏形,具有德华学制折中的鲜明特征:学生5年毕业"给以文凭,赏以书籍,以励其前进之志。如再欲入学者,或助半费,或助全费,以坚其向学之心"[④]。在租借地之外的即墨、胶州等地,则实行严格的"壬寅-癸卯学制"。例如:1902年胶县设立的官立高等小学堂实行的是4年学制。[⑤] 因此,《胶澳志》明确指出:德国在胶澳举办的蒙养学堂"与我国学制不

① 《青岛市李沧区教育志(1898—2002)》,第62页,中国出版社,2005。
② 《毕家上流村志》,第146页,黄河出版社,2010。
③ [德]弗·鲍尔生:《德国教育史》,滕大春、滕大生译,第170页,人民教育出版社,1986。
④ 《创设蒙养学堂大旨》,载[德]谋乐辑《青岛全书》第205页,青岛出版社,2014。
⑤ 张书丰:《山东教育通史》,近现代卷,第39页,山东人民出版社,2001。

合"①。

在课程上,主要根据"癸卯学制"的课程教学,但在后两个学年增设的德语课带有殖民主义的倾向。有德国学者称:胶澳蒙养学堂的课程(参见表2-1)是"按照中国政府在1904年颁布的新教学计划授课"②。其中,"修身"一科第一至

表2-1　五年制胶澳蒙养学堂课程及授课时数表

学年＼课程	修身	国文	经书	算学	地理	历史	博物	德文	每周总课时
第一学年	2	9	9	6	2	—	2	—	30
第二学年	2	9	7	6	2	2	2	—	30
第三学年	2	9	7	6	2	2	2	—	30
第四学年	2	7	7	4	2	2	2	6	32
第五学年	2	7	7	4	2	2	2	6	32

资料来源:根据《创办蒙养学堂大旨(附功课表)》编制,载[德]谋乐辑《青岛全书》第206—207页,青岛出版社,2014。

五学年的要求分别是:讲究个人对父母兄弟之义务;讲究个人对邻里乡党"并对国家之义务";讲究智、信;讲究仁、义、礼;讲究"所学修身各务以集其成"。③ "经书"一科则读《三字经》《孝经》和"四书"。④ 由此不难窥见,晚清"新政"时期的"癸卯学制"仍奉行以忠孝为本,以中国经史之学为基,"俾学生心术壹归于纯正"⑤的封建教育宗旨。值得注意的是,第四和第五学年开设的德文课,凸显的是对租借地的殖民统治。事实上,胶澳蒙养学堂是德国海外学校事业的重要组成部分,德国人所宣称的"附加德语学习",其实质是将宗主国的文化意识强加于殖民地文化之上。语言携带着文化,是征服精神的武器,拥有了语言就拥有了这种语言所承载和表现的世界,势必使殖民地人民失去自我,成为"驯顺的他者"。说到底,德胶澳总督府"为中国居民创办小学的做法却超出了实用的目

① 袁荣叟:《胶澳志》卷七《教育志》,第990页,文海出版社,1973。
② [德]余凯思:《在"模范殖民地"胶州湾的统治与抵抗——1897—1914年中国与德国的相互作用》,孙立新译,第284页,山东大学出版社,2005。
③ 《创办蒙养学堂大旨(附功课表)》,载[德]谋乐辑《青岛全书》第206—207页,青岛出版社,2014。
④ 青岛市史志办公室:《青岛市志·教育志》,第117页,新华出版社,1994。
⑤ 《张百熙、荣庆、张之洞重订学堂章程折》,载朱寿朋编纂《光绪朝东华录》(五)第5125页,中华书局,1984。

的,而是力求向中国广大民众施加文化影响"①。

在教学上,德国现代教学法和与之配套的德式教科书给蒙养学堂带来了新理念和新方法。在正式开办蒙养学堂之前,学务委员会即为总督府拟定了一套德国式的教学计划,主要是:

> 不再要求熟背经典著作。中国圣贤书中有关道德和信仰的重要章节按照德国通行的做法被编入语言教材当中。学生们在理解意思的基础上熟加背诵。
>
> 对于书写的练习被尽可能的提前。学生认识每个单词后应立即用它造句,然后在口语中加以运用,最终掌握其在书面语中的用法。
>
> 在高年级的班级引入语法教学。
>
> 在整个教学过程中,教材发挥模范作用,促进良好语言风格的形成。在高级学年,中国的经典文献将被引入课堂。②

事实上,德国人对青岛用传统教育方式开办的私塾十分不满,曾直言不讳地指出:"不尽人意之处并不在于缺少教学,而是在于教学方式。"③德租借地当局不仅在立场上持完全的否定观念,而且凭借行政权力强行干预华人蒙养学堂的教学过程。为此,德国人坚持"与乡村私塾不同",摈弃灌输和死记硬背,"致力于一种与机械学习汉字同步的相应理解和应用";同样,"算术课以在欧洲得到证实的教学体系为依据"。例如:法海寺蒙养学堂就是"由一位受过专门培训的老师授课"。④

德租借地当局重视教科书建设,至迟到1909年10月已"编印完毕"两册一套的中文读本和一本算学,算学的第二册"正在印刷中"。⑤ 1907年8月6日—20日,由德国出版者举办的教材流动展览在胶澳总督府学校展出。据悉,前来参观者十分踊跃,"展览也获得了(特别是华人的)普遍好评",并证明"青岛是传

---

①　[德]余凯思:《在"模范殖民地"胶州湾的统治与抵抗——1897—1914年中国与德国的相互作用》,孙立新译,第284页,山东大学出版社,2005。

②　《雅各布森致帝国海军署电(1905年1月27日)》,存BA(德国联邦档案馆)/DBC(德国驻华使馆),档号:Nr.1241,Bl.198-219。

③　《胶澳发展备忘录(1903年10月—1904年10月)》,载青岛市档案馆编《青岛开埠十七年——〈胶澳发展备忘录〉全译》第300页,中国档案出版社,2007。

④　《胶澳保护区的中国乡村学校》,载青岛市档案馆编《青岛开埠十七年——〈胶澳发展备忘录〉全译》第462页,中国档案出版社,2007。

⑤　*Denkschrift betreffend die Entwicklung des Kiautschou-Gebietes in der Zeit von Oktober* 1908 *bis Oktober* 1909.hrsg.v.Reichsmarineamt.im *SBRV*.Bd.272(BA/MA195).Berlin 1910.

播德国教育制度的良好园地"。①

三 德总督府教育体制外的本土华人教育

德租借地当局统治下的胶澳,并非完全隔绝了与租界外的联系。事实上,在1905年废除科举制度之前,胶澳中国人仍可以参加县考、府考乃至乡试。具体办法是,由山东省、莱州府、即墨县的中国官员将各级考试日期通知胶澳总督府,胶澳总督府则在华人居住区张贴告示公布。② 据德胶澳总督府1903—1904行政年度的备忘录记载,1903年"一些学生报名参加了在莱州府的中国国家考试",其中一人"获得中国一等成绩举人"。③1904年,山东抚署劝业道萧应椿到青岛礼贤书院选拔学生,鲁抚周馥遂授予该校学生"参加济南府大学堂(省学)的考试"资格;1905年有几名学生"毫无困难地通过了必要的考试",进入山东大学堂。④1906年,山东巡抚杨士骧因德国传教士卫礼贤办学有功,向清廷奏请封赏,清政府谕旨赏卫礼贤四品顶戴。⑤ 这些都说明,晚清政府的教育政策对德胶澳租借地依然存在一定的影响。

在胶澳租借地,虽然德胶澳总督府设计并实施了有力的教育管理规制,但德租时期学校办学主体多元化的现象始终存在。游离于总督府官方教育体制之外的乡村私塾、即墨等县域的官/公立小学堂,还有同盟会在青岛的办学活动,都是不可忽略的教育实存。

1.胶澳租借地内数以百计的乡村私塾与民众的教育观

1905年,德胶澳总督府在规划租借地的华人蒙养学堂时,曾对遍布租借地乡村的"还不能称之为真正意义上的乡村学校"——私塾进行了一次详尽的调查。在一份收入1905—1906行政年度备忘录的题为《胶澳保护区的中国乡村学校》的报告中,德国人阐述了租借地民众对教育的重视,以及学校教育对于改变农民家庭和个体命运的依赖:

> 自古以来,在乡村中就有学校,这是勿庸置疑的。自15世纪初以来,那

---

① *Denkschrift betreffend die Entwicklung des Kiautschou-Gebietes in der Zeit von Oktober 1906 bis Oktober 1907. hrsg.v.Reichsmarineamt.im SBRV.Bd.245(BA/MA585).Berlin 1908.*

②③ 青岛市档案馆:《青岛开埠十七年〈胶澳发展备忘录〉全译》,第300、299页,中国档案出版社,2007。

④ 《胶澳发展备忘录(1904年10月—1905年10月)》,载青岛市档案馆编《青岛开埠十七年——〈胶澳发展备忘录〉全译》第368页,中国档案出版社,2007。

⑤ [德]卫礼贤:《中国心灵》,王宇洁、罗敏、朱晋平译,第145页,国际文化出版公司,1998。

些来自中国南方各省、部分来自中国西南云南省的移民就在山东的这个地区找到了富饶的新土地。当他们在这里站稳脚跟以后，便随着富裕程度的不断增长开始考虑为自己的孩子提供某种利益，而按照中国古代观念，只有学校教学和教育才能保证这种利益。①

据德胶澳总督府的调查，1905 年在胶澳租借地 209 个村庄里共有 246 处私塾（涉及 17614 个家庭），平均 72 个家庭（约 360 人）拥有一处私塾。②另据可查阅的当地志书记载，薛家岛地区有 7 处私塾，其中顾家岛 2 处，南营、北庄、南屯、董家河和于家河各有 1 处，共有塾生 127 名。③ 租借地内的小水清沟 1907 年利用村东祠堂开办了塾馆，有塾生 12 名；下王埠村的王士铎创办了王埠学屋，招收塾生 20 名。1914 年，上王埠村曲启贵开办的学屋，以 450 吊钱的年薪聘请曲军德任教，有塾生 16 名。④ 德租时期，上臧村曾在臧氏祠堂“文善堂”设立私塾。1909 年，臧金三、臧锡禄分别在炉房村、上臧村办有塾馆。⑤ 在此前后，侯家庄、上流、下河都开办了规模不一的私家学馆。始于清乾隆二十五年（1760）的小庄塾馆持续不衰，1913 年，即墨师范单级讲习所毕业的王鸿课接过前任王修道的教鞭出任塾师，一直教到 1920 年。⑥ 小庄塾馆的办学经费出自祠堂公产，塾师耕种一定数量的公产地作为报酬。⑦据村志记载，清末之前村里即办有塾馆，及至民国时期（1933 年前）村庄仍继续开办私塾。⑧ 可见，尽管德胶澳总督府举办的 26 所新式蒙养学堂取得勃兴发展，但在胶澳华人居住区和乡村地区，中国传统教育形式仍以顽强的存在发挥着很大的作用，说“私塾仍是当时学校教育的主体”⑨实不为过。

光绪三十年（1904）正月二十日，发生在胶澳租借地夏庄南屋石村塾师宫仲栩的自缢殉国事件，不啻给德国殖民当局上了一课。宫仲栩（1831—1904），字伊真，即墨南石屋村（今青岛城阳）人，入庠为县生员。这位未曾考取秀才的老派学究有至性，醇谨沉默，踽踽守古道⑩，及长不求功名，应聘于仙家寨、女姑、源头等村塾馆。1898 年德国占据胶澳，将白沙河以南划归租借地，其中就有宫仲

①② 《胶澳保护区的中国乡村学校》，载青岛市档案馆编《青岛开埠十七年——〈胶澳发展备忘录〉全译》第 457、457 页，中国档案出版社，2007。

③ 黄岛区教育史志编写小组：《青岛市黄岛区教育记事长编》（内部资料），第 4 页，1988。

④ 《青岛市李沧区教育志（1898—2002）》，第 60—61 页，中国出版社，2005。

⑤ 《上臧村志》，第 196 页，黄河出版社，2013。

⑥⑦ 《小庄社区志》，第 209、209 页，中国书籍出版社，2014。

⑧ 《东宅子头社区志》，第 203 页，黄河出版社，2014。

⑨ 张书丰：《山东教育通史》，近现代卷，第 40 页，山东人民出版社，2001。

⑩ 〔清〕王锡极：《伊真宫先生事略》，载《皇清庠生伊真宫先生事略》，1905。

梓的故里。宫仲梓为伸张民族气节,弃家出走北京、盛京(长春)等地,寻求忠义之士,以雪国耻未果;返家后忧愤不已,至祠堂松林间自缢身亡,以死明志,留有"邦有道,危言危行;邦无道,危言行孙"的遗书。宫仲梓之死震撼了胶澳城乡及邻近各县的有识之士。著名史学家、胶州人柯劭忞撰挽联赞曰:"汉家纵有中行说,齐国宁无鲁仲连。"①莱阳籍翰林王垿为之作墓志铭,胶澳名人张绍价、黄象辕、于凤翰、刘绍芄等皆撰文称颂其节。

2.德租借地外的官/公立小学堂与"癸卯学制"的施行

晚清"新政"时期的教育改革一直是影响德胶澳租借地教育发展的重要因素,德胶澳总督府强烈地意识到中国人对"改革国家制度的必要性"②的认识及所付诸的实践。20世纪初期的几任山东巡抚(如袁世凯、周馥、杨士骧、孙宝琦等)都对教育改革抱有热情,周馥、杨士骧、孙宝琦主动莅临胶澳租借地,与德国总督商洽教育及其他社会事务。德国人清楚地看到,由于1902—1904年"壬寅-癸卯学制"的相继颁行,以往保守陈腐的中国教育体制发生了些许变化。在山东,1904年在省学政之下设立学务处,由布政使胡廷干、在籍翰林院编修孔祥霖综理全省教育事务。1905年清政府成立学部后,山东改设提学使司,提学使由学部奏派,归省督抚节制,为一省教育的最高行政长官。1906年,山东根据清政府颁布的《各厅州县劝学所章程》,在各府、州、县普遍设立由县视学兼学务总董负责的劝学所。例如:1906年,即墨县在原儒学署设劝学所,为县全境学务之总汇,置总董一员。③ 平度州于1907年改学正署为劝学所,附生张登岱任总董兼州视学。④ 劝学所又在县域划分若干学区,每学区设劝学员一人,综核本学区之事务。这样,整个山东形成了提学使司、劝学所、学区三级教育管理体制,山东地方教育行政体制得以基本确立。与这一管理体制相应的是,一批不同于传统私塾性质的官/公立初等、高等小学堂相继建立,在府和直隶州还出现了高于初等教育的中学堂。德胶澳总督府在《胶澳保护区的中国乡村学校》的调查报告中论及山东的"新学校"时,写下这样的话:

中国的改良努力导致了近年来许多新学校的建立。目前在山东的每个县城(县或州)都建有一所小学堂,其学生由国家资助。经过多年教育后,

① 袁荣叟:《胶澳志》卷十《人物志》,第1323页,文海出版社,1973。
② Denkschrift betreffend die Entwicklung des Kiautschou-Gebietes in der Zeit von Oktober 1906 bis Oktober 1907. hrsg.v.Reichsmarineamt.im SBRV.Bd.245(BA/MA585).Berlin 1908.
③ 即墨县教育志编写组:《即墨县教育志》(内部发行),第13页,1990。
④ 《民国平度县续志》卷四上《政治志·职官》,载《中国地方志集成·山东府县志辑》第43册第439页,凤凰出版社,2004。

最优秀的学生被选拔到中学堂学习;在每个府——即管理几个县的行政机构——的所在地,都建有这样的中学堂。①

对于身居胶澳租借地的德国当局来说,地界毗邻地区的教育状况更能直观、准确地说明问题。1898 年德国"租借"的胶州湾,涵盖胶州的塔埠头到积米崖一带 45 个村(屯),1912 年租借地内的施沟和南屯蒙养学堂成立之时,租借地外中国政府管辖的辛安、岳家村、下庄、泥沟泊、徐戈庄则分别成立了初级小学;1913 年租借地濠北头蒙养学堂成立时,租借地外的胶县则在辛安成立了县立第三十七模范小学。② 有意思的是,毗邻租借地的县立学堂甚至吸收了租借地内的生源。例如:1906 年即墨县官立高等小学堂成立,全县招收 30 名官费生,租借地内的小庄就有 2 人入学就读。③

在胶澳租借地外的即墨,一批旧式书院和传统私塾得以改造。1903 年,即墨县学署改崂山书院为"官立皋虞学堂"④。1906 年,公立育才高等小学堂在考院成立,招收 30 名自费生;是年冬,皋虞学堂迁入考院,招收了 30 名官费生。两校招生对象均为原私塾的塾生。这种学制 4 年、春季始业的官/公立小学堂,其课程既有类似德式蒙养学堂的修身、经学,也有西学,但不设殖民化的德语。据统计,及至光绪三十四年(1908),即墨县有官立高等小学堂和公立高等小学堂各 1 所,初等小学堂 49 所(其中官立 3 所、公立 41 所、私立 5 所)。⑤ 在平度,1903 年设立了第一所高等小学堂,址在西关;到 1906 年平度共有实行"癸卯学制"的官/公立小学堂 19 所,其中 15 所设在乡村。⑥ 莱西(阳)县 1906 年在卢乡书院东开办了第一所官立高等小学堂,1908 年又利用卢西寺旧址开办了两等小学堂,另有初等小学堂 17 所、学生 223 名。⑦

在胶州,由于 1904 年改为直隶州(另有济宁、临清两个直隶州),析莱州府属之高密、即墨两县领属,设学的位格与府级接近。1905 年,胶州知州余则达在 1901 年建立的达材学堂内创建了胶州官立中学堂,这是山东最早设立的 14 所官立中学堂之一,⑧为青岛地区最早的公办中学。胶州官立中学堂设内班和外

---

① 《胶澳保护区的中国乡村学校》,载青岛市档案馆编《青岛开埠十七年——〈胶澳发展备忘录〉全译》第 462 页,中国档案出版社,2007。

② 黄岛区教育史志编写小组:《青岛市黄岛区教育记事长编》(内部资料),第 3—4 页,1988。

③ 《小庄社区志》,第 203 页,中国书籍出版社,2014。

④ 即墨县县志编纂委员会:《即墨县志》,第 698 页,新华出版社,1991。

⑤ 即墨县教育志编写组:《即墨县教育志》(内部发行),第 1 页,1990。

⑥ 山东省平度县地方史志编纂委员会:《平度县志》(内部发行),第 512 页,1987。

⑦ 莱西县教育史志办公室:《莱西教育志(1840—1987)》(内部发行),第 41 页,1990。

⑧ 张书丰:《山东教育通史》,近现代卷,第 37 页,山东人民出版社,2001。

班,各招收学生 30 名,内班学生的"膳宿均官费"①。民国元年,胶州官立中学堂随山东中学堂易名编列,改为"山东省立第十六中学"。

3.同盟会以培植革命人才为目的的青岛震旦公学

清末教育改革期间,山东一批青年知识分子在孙中山及其同盟会的领导下,将学校作为开展反清斗争的阵地。同盟会山东革命党人相继在济南、青岛、烟台、即墨、昌邑等地成立了几处"一切皆以革命主义为教"的办学组织,培植革命人才,其中青岛震旦公学最具代表性。

青岛震旦公学的创办人是陈干。陈干(1881—1927),字明侯,山东昌邑人,幼年聪颖好学,但因家贫 14 岁即失学;1904 年入湖北陆军学堂习武,1906 年赴日本考察军事,因结识孙中山、章太炎等人,加入了同盟会。1907 年夏,同盟会山东主盟人丁惟汾"以青岛扼山东形势",嘱托陈干"至(青岛)立校,罗豪英,储革命选"。② 陈干到青岛后,即与在青同盟会员联络,赁得胶州街(今胶州路)一处民宅为校舍,发起创办了青岛震旦公学。"震旦"在佛教典籍中是对中国的称谓,陈干等以震旦为校名,寄托着振兴中华之意。远在日本的章太炎得知陈干在青岛创办震旦公学后,于 1907 年 12 月 25 日致函陈干:"知青岛大有可为,喜极。"章太炎担心陈干等人缺乏办学经验,又进一步叮嘱:"鄙意学堂不当骤办,盖此事既需经费,讲师又不易求,不如专在学会讲社会主义为妙。"③1908 年 1月,在济南的同盟会员刘冠三因创办的山左公学遭遇清政府阻挠而关闭,便与刘溥霖、邵麟勋等十几名骨干学生避居青岛。震旦公学由此得以壮大,公推陈干、刘冠三为总教务。

陈干等为震旦公学确定了紧密结合革命斗争的办学思想,一切教学活动皆以革命起事为准备,因此来校任教的大都是学有专长的同盟会员。例如:景定成、陈家鼎、陶成章、韩蔚斋任国学教员,吕秀文、商震、王鸣双担任军事教育,吕子人、李曰秋、赵锡九、王虎韬、王汝仁负责军事行动,臧庚文、钟孝先、邵麟勋、丁学舜负责联络及筹款。学校的教职员工不取薪金,与学生同食同宿,师生之间互教互学,以能者为师,结成了一个独特的社会群体。震旦公学创办不久就赢得了社会上的称誉,各方"蜂起加盟,争会震旦,震旦以革命导之,其势力日厚","自是数年之间,革命澎湃之气,弥漫全省"。④ 1908 年夏,德租借地当局无理要挟清

---

① 《民国增修胶志》卷二十二《学校·民国学校》,载《中国地方志集成·山东府县志辑》第 42 册第220 页,凤凰出版社,2004。胶州官立中学堂还附设小学优级内班,招生 20 名。

② 丁惟汾等:《山东革命党史稿》,载《山东文献》第 1 卷第 4 期,1976 年 3 月。

③ 章太炎:《与陈干》,载马勇编《章太炎书信集》第 189 页,河北人民出版社,2003。

④ 陈子彭:《忆革命先进陈明侯先生》,载陈隽、佟立容编《陈干集》第 470 页,香港天马图书有限公司,2001。

政府,索要茅山、潍县、诸城、沂水、沂州五处矿山开采权。适清政府大举外债,欲以山东五矿质诸德国。陈干联络山东商绅、学界,与济南的同盟会员、时任山东师范学堂教习的于洪起等共同发起成立山东矿产保存会("保矿会"),组织学生抗议德国武装侵占山东路权、矿权,并发布《敬告山东商学界旅外诸同乡浅说》。陈干公开向清外务部致电,指出:"德人背离协定,原定沿胶济铁路三十里内为限采矿,现已展至约二百里。……光绪三十四年(1908年)七月十二日满限后,德人苟有背离合同之举,即持而作废。"①青岛震旦公学将反封建与反帝斗争紧密联系起来,注意联络校外民众,注重同工人群众交往,曾在船坞码头发动工人举行反对德国殖民当局压迫的罢工斗争。陈干还组织吕子人、刘溥霖、李曰秋等人,在青岛盐滩依靠盐民,武力夺取海税局的公款,打劫贪婪的盐商、烟贩等豪富之家,夺取官府税款。事实上,青岛震旦公学实为山东革命党人的总机关,具备了走上社会政治舞台的条件,尤其在反帝方面如同梁启超所说,他们"比皇帝王朝更有效地反抗殖民主义的歧视和剥削"②。

震旦公学开办之初,山东官署即向德胶澳总督府提出取缔震旦公学的"照会",陈干等人反对德国侵夺山东矿权、抵制德货的斗争引起殖民当局的嫉恨。1908年11月22日,德胶澳总督府传约陈干,责令他一个月内离开青岛。陈干声明:"公学系大家创办,并非我一人之事,且公学在此不犯贵国法律,无碍治安,封禁于理不当。"③德国殖民当局见无法使革命党人就范,于1908年12月4日将震旦公学查封。随后,星散的震旦公学同仁撰文揭露德国的殖民阴谋,强烈谴责"路矿大利既为所吞噬,教育大权又将归其操纵"④。

此外,即墨胶莱公学也是同盟会革命的策源地之一。1907年秋,同盟会员郮文翰、魏殿光、李廷伟、谢新一等为培养干部、宣传革命,在即墨蓝村前桑行观音阁创办了胶莱公学。⑤郮文翰为堂长,魏殿光任总办,共有学生100余人。郮文翰(1878—1945),字洗元,山东潍县(今属潍坊)人,早年入县学,补博士弟子员,后以时贡授侯选训导;1904年入读山东省优级师范学校,未及毕业被选送日本留学,加入同盟会,1908年回国。青岛震旦公学被查封后,同盟会的活动极其

①　陈隽、佟立蓉:《陈公明侯先生传》,载陈隽、佟立容编《陈明侯将军逝世七十周年纪念辑》第14页,中国文史出版社,1997。

②　转引自[德]余凯思著《在"模范殖民地"胶州湾的统治与抵抗——1897—1914年中国与德国的相互作用》,孙立新译,第326页,山东大学出版社,2005。

③　《胶督关闭震旦公学详情》,载《顺天时报》第2065号,光绪三十四年十二月十六日(1909年1月7日)。

④　《震旦公学被德人破坏报告书》,载《顺天时报》第2102号,宣统元年二月初八(1909年2月27日)。

⑤　即墨县县志编纂委员会:《即墨县志》,第698页,新华出版社,1991。

困难。因胶莱公学距胶济铁路蓝村车站不远，交通比较便利，胶莱公学师生多次在德军及清兵监视下，将武器秘密送至校园隐藏，策应辛亥革命，配合 1912 年 1 月即墨的武装起义，体现了新一代知识分子谋民族进步的勇气和力量。[①] 1912 年春，胶莱公学校本部迁至高密，更名为"海右中学"。青岛震旦公学、即墨胶莱公学作为清末特殊历史时期的教育机构，陈干、鄞文翰等教师发挥了主导作用，他们以有别于晚清学校老派知识分子的不同面貌，带动了渴求新知、勇于探索、堪当大任的青年人。在此后近半个世纪的中国历史进程中，通过干部学校教育和培养武装化的优秀知识分子，成为各种政治势力的普遍追求。

第二节　初兴的城市工业与德国职业教育的植入

一　适应城市工业文明的德式职业技术教育

1898 年德国"租借"胶澳后，为将青岛建成与世界市场联系的门户，德租借地当局视路港联运的交通体系为"决定因素"，造船、机车等现代装备制造业随之出现。为满足初兴的城市工业对技术工人的需求，船坞工艺厂华人徒工学校和四方铁路职工学校相继建立，加上同时兴办的农事试验场附设学校和林务局附设学校，共同成为近代青岛职业技术教育的开端。

青岛职业技术教育之所以在 20 世纪初得以发轫，晚清"新政"时期对实业教育的重视自然是一个重要因素，但租借地相继兴办的啤酒厂、矿泉水厂、屠宰场、蛋厂、砖瓦厂、电厂等工业，促进了青岛城市建设的内在需求，德国职业技术教育的植入势在必然。

1.德国职业技术教育对胶澳租借地社会发展的直接影响

在德国，为从事商业和其他职业者的预备教育兴起很早，特别是 19 世纪后 30 年，随着德国工业的突飞猛进，原来一些在初等教育基础上设置的业余学校遂改为技术学校和专科学校。这种以初等教育为基础的专业教育学校，德文称 Gewerle-Schulen，曾有 Realschule I Ordnung（甲种实科中学）和 Realschule II Ordnung（乙种实科中学）两种不同层级的学校，前者为 9 年学程，后者为 6 年。德国中等程度的职业学校不再只是复习和巩固初等学校所学的知识，而是要学生"进一步获得同他所选择的或他所从事的职业"有直接用处的"知识和技能"。[②] 对此，清光绪十八年（1892），郑观应在《学校》一文介绍德、英、法、俄、美、

---

①　张书丰：《山东教育通史》，近现代卷，第 79 页，山东人民出版社，2001。

②　［德］弗·鲍尔生：《德国教育史》，滕大春、滕大生译，第 176 页，人民教育出版社，1986。

日等国学制时特别提出"德国尤为明备"①。

德国职业技术教育对青岛影响最早、最大的是铁路员工培训。1899年9月胶济铁路在青岛开工,为使职业技术教育与城市工业对技术密集型劳动力的需求趋于同步,是年秋,德华山东铁路公司委托在胶澳设立教区的德国天主教会斯泰尔传教会,在华人天主教徒中开设铁路训练班,学习"铁路营运业务所需知识和业务"②,培训费及膳宿费用全部由德华山东铁路公司支付。据悉,这个世俗的实行职前培训的铁路专业班创办伊始即招到13名学生,除一人外,全部来自山东的教会学校。在铁路训练班为期6个月的培训中,主要课程有德文、算术、发报、营运及车站业务规程等,尤其重视信号、转辙、制转、操车等工序的教授,由铁路公司的德国职员任教,上语言课时则由传教士从旁翻译。然而,好景不长,由于义和团运动,多数学生于1900年7月离开青岛,铁路训练班中断。不过,德国人相信,在中国"山东当局对德国保护区当局的关系在此期间得以澄清和巩固之后,这些逃跑者还是会回来的"③。到1901年10月,铁路训练班的华人学生增至20名。1902年,山东巡抚周馥向合格毕业的铁路训练班员工授予站长、列车长以相应的中国官阶。④

伴随着胶济铁路的开工,1900年10月,德华山东铁路公司在距青岛7千米的四方车站边投资158.7万马克兴建胶济铁路工厂(四方工厂),占地12.5万平方米的厂房在1902年初竣工。铁路工厂安装的机车、客车、货车、行李车,在1902年德国杜塞尔多夫举办的莱茵工业展览会上获得好评。⑤ 1903年试车投产后,铁路工厂承担了胶济全线的机车组装和车辆的制造、维修业务,主要机械设备有电动机、发电机、蒸汽机、水压机、起重机、锅炉、锻冶炉、化铁炉、汽锤、各种车床及石炭搬运车,至1914年日德青岛战争前,铁路工厂累计组装、修理机车、客车、货车共计1148辆。为加强技术培训,1904年铁路工厂设立徒工养成所,每年招收40名少年徒工进厂培训,每天学习职业课程2小时,其余时间由德籍工长或华人技工带其入场实习。徒工养成所学制4年,徒工满师后须留厂效力2年。⑥

与胶济铁路员工培训相似的德式职业教育,还有1902—1903年德华缲丝厂

①　〔清〕郑观应:《学校》,载陈景磐、陈学恂主编《清代后期教育论著选》上册第510页,人民教育出版社,1997。

②③　《胶澳发展备忘录(1899年10月—1900年10月)》,载青岛市档案馆编《青岛开埠十七年——〈胶澳发展备忘录〉全译》第83、84页,中国档案出版社,2007。

④⑥　《青岛铁路分局志(1899—1990)》,第6、480页,中国铁道出版社,1998。

⑤　*Denkschrift betreffend die Entwicklung des Kiautschou-Gebietes in der Zeit von Oktober* 1901 *bis Oktober* 1902.hrsg.v.Reichsmarineamt.im *SBRV.*Bd.196(BA/MA832).Berlin 1903.

对华人工长、监工的培训,以及其后出现的面向普通工人的有规模的职业技术教育。德国殖民当局认为,把丝织工业引入租借地的努力具有特别的国民经济意义。1902年,以德商为主设立在沧口大村河旁的德华缲丝厂,利用山东当地的柞蚕及桑蚕丝原料,使用蒸汽机械设备生产柞蚕丝、黄丝、白丝,可以直接运往德国,销往欧洲市场。在德国人的眼里,中国工人"尽管手巧能干,但缺乏系统训练",他们"好学勤快,但也必须严格加以纪律约束和组织,使其工作满足西方文明国家对各种丝织品提出的尽善尽美的要求"。为培养一些"日后的工长或监工",还在建造厂房时,德国人便"将大约100名经过仔细挑选、体力和智力均合格并与之订立了多年合同的男童"集中起来,设立了一所学校。学校的课程"除了德语,还教读、写、算术以及地理和中文"。待到1904年德华缲丝厂开工时,这些学员有数月之久是工厂唯一的工人,直到他们在"所有生产部门都受到了训练,足以成为新入厂工人的师傅为止"。①

德方还意识到,缲丝厂的"每个单独的工人都必须接受培训"②,使这些以往散居在青岛四郊、只习惯于农田的人感到自己是"适合于做一个能干的纺织工、放线工的人",而不再把到工厂工作"看成是副业"。③ 到1907年,德华缲丝厂已经形成"一支可靠的能适应新工业要求的基干工人队伍"。

德国的警务培训也被移植到青岛。胶澳租借地甫一建设,总督府为加强社会治安,从驻防青岛的德国第三海军营抽调了一批官兵执行警务。不过,总督府"有意在一定时间内培养相当多的一大批中国警察",使其行使"社会经济治安的职能"。④事实上,至迟到1908年,胶澳租借地的警察制度已相当完备。在1908—1909行政年度的备忘录里,不仅有公安警察,还有卫生警察、工商警察、水上警察、检疫警察的专条。各警种的教育训练以实用为导向,把法律规则变成现实要求,强调教员与学员及实践部门紧密互动。值得注意的是,胶澳总督府管理的警察学校、华人监狱和警务鉴定机关受到中国政府的重视,不少地方的警务人员被"派到青岛警察局接受培训"⑤。1902年12月山东巡抚周馥访问胶澳后,1903年便派5名省署警官来青岛学习考察了6个月。1906年,时任湖广总督的张之洞请求胶澳总督府将警察局长采用"休假一年"的变通方式,派往汉口指导鄂省警务。可见,来自不同文化背景的警察培训是可以沟通的,胶澳租借地运用德国"订单式"培训中国警察的做法实有"他山之石可以攻玉"之效。

---

① 《胶澳发展备忘录(1904年10月—1905年10月)》,载青岛市档案馆编《青岛开埠十七年——〈胶澳发展备忘录〉全译》第342页,中国档案出版社,2007。

② 《青岛德华丝绸工业公司报道》,载《远东劳埃德报》第36期,1905年9月8日。

③④⑤ 青岛市档案馆:《青岛开埠十七年——〈胶澳发展备忘录〉全译》,第498—499、94、274页,中国档案出版社,2007。

2.晚清"壬寅-癸卯学制"对实业教育地位的确立

其实,如何选择近代中国的自强求富之路,历经 19 世纪中叶两次鸦片战争的失败,以往那种饱读"四书五经"对自然科学知识一无所知的传统封建士子已经不能适应时代的需要。当造船制械、操练新军、通商、设厂、开矿、筑路、电报等新兴行业纷至沓来时,中国教育势必由空疏无用的传统教育向注重实用的近代教育转变,育才兴国的实业教育自然纳入学校系统中。事实上,1902—1904 年的"壬寅-癸卯学制"已经具备实业教育别树一帜的规划。"壬寅学制"规定:在大学堂设农、工、商等分科大学;在高等学堂附设农、工、商专门学堂;在中学堂外设"中等农、工、商实业学堂",并于中学堂三、四年级附设"实业科";另于高等小学堂外广设简易的农、工、商实业学堂。"癸卯学制"则明确提出:在初小一级增设艺徒学堂,实业教育的起点与普遍教育的初中阶段持平,大学预科与高等实业学堂平行,高等实业学堂"程度提高超过高等学堂"。① 与之配套颁行的《实业学堂通则》,则对各级各类实业学堂的教育宗旨、课程设置、教学设备、师资培训及实业学堂发展和管理等方面作出详细规定。

有意思的是,晚清"壬寅-癸卯学制"对实业教育的标榜,其"实业"一词借用德文 Realschule 一词的日文翻译。② 实业教育作为与社会生产联系最密切的教育形式,已超越了洋务运动时期的军事、工厂的附属角色,从军事技术的范围扩大到农、工、商、矿各领域,一定程度上推动了晚清教育革新和实业近代化的发展。1906 年,学部通令各省举办实业学堂,同年 4 月山东于兖州设农务学堂。到 1909 年,山东设有高等农业学堂 1 所、中等农业学堂 1 所、初等农业学堂 12 所、中等工业学堂 1 所、其他实业学堂 3 所。③

在实业教育思潮的影响下,青岛地区也出现了与农、工、商业相关的新式学校;即便在德国控制的租借地蒙养学堂里,第三、四学年也开设了具有实业教育属性的花学、兽学课程。④ 相对于山东乃至中国内地,青岛的实业学校较少所习不能精进及官本位意识下的职业观。据史料记载,1913 年,胶莱公学创办人之一、即墨王家屋村人李廷伟(字卓峰)率领学生将即墨城里龙王庙的神像推倒,在庙址开办了即墨乙种蚕业学校,招收初等小学毕业生,培养植桑、养蚕、制丝初级专业人才,学制 3 年。⑤ 1912 年,平度在城里设一所农业学校,1920 年改为以

---

① 《癸卯学制(奏定学堂章程)系统图及说明》,载《新教育》第 4 卷第 2 期,1922 年 1 月。

② 霍益萍、田正平:《试论中国近代职业教育的发展》,载《中国教育大系·历代教育制度考》(下)第 1980 页,湖北教育出版社,1994。

③ 张书丰:《山东教育通史》,近现代卷,第 34—35 页,山东人民出版社,2001。

④ 青岛市史志办公室:《青岛市志·园林绿化志》,第 21 页,新华出版社,1997。

⑤ 即墨县县志编纂委员会:《即墨县志》,第 708 页,新华出版社,1991。

招收小学毕业学农者为生源的乙种农业学校。① 1914 年，莱西（阳）乙种农业学校创办，设蚕桑科。② 倡导经世致用的实学之风蔚然兴起。

值得注意的是，清末民初青岛地区的实业教育大都集中于农桑业，较少教育歧视、师资短缺、生源与办学定位不准等问题。究其原因，农桑业既符合当地气候条件，又与胶济铁路的建成和胶澳租借地工商业的崛起有关，也适应了青岛特别高等专门学堂农林科的教学和人才需求。早在胶澳总督府规划华人高等学堂时就意识到，未来青岛德华大学的组建"取决于初级部（实科中学）学生的学习情况"③，其中农林科的生源显然需要农事试验场的专业培训，增进的却是知识技能型和技术技能型人力资源的理念。据史料记载，1905 年 9 月 29 日—30 日，胶澳总督府在李村举办了一次农产品展览会，展出了"保护区的农业、畜牧、工商业、狩猎和渔业产品"④。据悉，李村农事试验场用冷温水浸种和硫酸铜浸种防治黑穗病与白发病，这一方法在周边乡村得以推广。⑤ 到 1914 年日德青岛战争前，李村农事试验场从世界各地引入树种 600 多种次，成活 20 余种；从北美东部引入乔木和灌木 120 余种次，成活 30 余种；还从美国加利福尼亚州引入 73 个苹果品种和 8 个梨品种。⑥ 规模化的植树造林依赖林业知识的普及和农林教育的发展，这与德国人对青岛高等学堂农林科的预设思路"教养成农林学之知识，授以德国新法农林学"⑦是一致的。

青岛的农林教育还辐射到山东省城、奉天（今沈阳）、山西等地。1904 年周馥即表示以德国胶澳租借地的做法"为榜样"，对济南"砍伐地区实行强制性植树"⑧，为此组建起山东树艺公司。1907 年，出任奉天巡抚的唐绍仪通过德国驻华公使馆，向胶澳总督府提出借调林业职员的请求。据胶澳总督府 1907—1908 行政年度的备忘录记载，沈阳为建设"北方林业中心"的人才，"要在青岛实地培养，然后分配至负责一些属沈阳管辖的较小林区"⑨。此外，直隶的开平煤矿、山

---

① 山东省平度县地方史志编纂委员会：《平度县志》（内部发行），第 524 页，1987。

② 莱西县教育史志办公室：《莱西教育志（1840—1987）》（内部发行）第 78 页，1990。

③⑨ *Denkschrift betreffend die Entwicklung des Kiautschou-Gebietes in der Zeit von Oktober* 1907 *bis Oktober* 1908.hrsg.v.Reichsmarineamt.im *SBRV*.Bd.253（BA/MA1131）.Berlin 1909.

④ 《胶澳发展备忘录（1905 年 10 月—1906 年 10 月）》，载青岛市档案馆编《青岛开埠十七年——〈胶澳发展备忘录〉全译》第 399 页，中国档案出版社，2007。

⑤ 《民国山东通志》，第 3 册，第 1484 页，山东文献社，2002。

⑥ 青岛市史志办公室：《青岛市志·农业志》，第 165 页，中国大百科全书出版社，1996。

⑦ 《青岛特别高等专门学堂入学章程及学科简略课程》，载［德］谋乐辑《青岛全书》第 219 页，青岛出版社，2014。

⑧ Hiery H J，Hinz H M.*Alltagsleben und Kulturaustausch：Deutsche und Chinesen in Tsingtau* 1897-1914. Berlin 1999,S24.

西的井陉煤矿,还有天津万国公司和德华山东铁路公司,都向青岛林场提出购买槐树的要求。① 鉴于槐树的实用价值,为了解决轨枕用木和营建胶济铁路两侧路堤保护林带的需要,德华山东铁路公司与青岛林场洽商,自 1909 年始 10 年内完成 1200 公顷的植树造林计划。②

确切地说,青岛有影响的实业活动是草编制品的普及。这项兼具乡村经济、农业科学实验、出口贸易的编织品因其具有其他编织品无法替代的优势,受到农业、经济、教育界的普遍重视。1911 年 8 月,德国驻济南领事在致德国首相的电文中算了一笔账:近年来中国草编制品的出口量每年约为 13 万担,价值约为 2200 万马克,其中从青岛出口的占 80%。③ 可见青岛已成为华北草编制品加工和出口中心。作为一种有利可图的实业项目,草编制品促进了农业科学实验。为改变以往主要用平度小麦秸秆做草编制品的原料,1903 年,胶澳农事试验场设立了 36 块试验田试种"能提供最好秸秆材料的"日本大麦,同时施用含磷和含氮的化肥,以求大幅度提高茎秆的品质。其结果是,一些价格便宜、比较笨重的草编制品被较精细、"较轻的、劈开的草杆编织品"所取代。同时,草编制品促进了生产设备的改良。尤其是 1910 年改短绞盘为 16 英寸统一规格,解决了一直以来长度不规则的问题,草编制品进入严格操作的正轨,草辫以 1100 万元的出口额成为 1910 年最重要的出口产品。④ 对于实业教育来说,由于草编制品易教、易学、易推广,1912 年胶澳租借地有 30 多名教师在 33 个村庄教给约 1100 名儿童生产草帽辫。⑤ 胶澳总督府的年度报告不无夸张地称:胶澳租借地"没有一个村庄不编草帽辫的"⑥。

显然,胶澳租借地时期的青岛职业技术教育起步较早,其发展既移植了德国职业技术教育的样本,又得益于近代青岛城市工商业的进步。与中国其他地区实业教育由于西力之迫、亟思有所因应的背景及其遭遇的资金不多、师资不足、学科不备、设备不周、管理不力、质量不佳的情况不同,清政府库储一贫如洗的颓局并未影响胶澳租借地的职业技术教育。随着青岛历史上第一批技术工人的诞生,城市工业化迈出步伐,社会上"崇道轻艺"的传统思想倾向也得到一定程度

①② *Denkschrift betreffend die Entwicklung des Kiautschou-Gebietes in der Zeit von Oktober* 1907 *bis Oktober* 1908.hrsg.v.Reichsmarineamt.im *SBRV*.Bd.253(BA/MA1131).Berlin 1909.

③ 《德国驻济南领事致德帝国首相柏特曼·豪尔维克博士的电报》,载青岛市档案馆编《胶澳租借地经济与社会发展——1897—1914 年档案史料选编》第 130 页,中国文史出版社,2004.

④ 《胶澳年鉴(1910 年)》,载青岛市档案馆编《青岛开埠十七年——〈胶澳发展备忘录〉全译》第 706 页,中国档案出版社,2007.

⑤ 《胶州》,载《远东劳埃德报》1912 年 4 月 19 日.

⑥ 《1912 年胶州地区年度报告》,载青岛市档案馆编《胶澳租借地经济与社会发展——1897—1914 年档案史料选编》第 195 页,中国文史出版社,2004.

的遏制。

二　半工半读的胶澳船坞工艺厂华人徒工学校

无疑，胶澳租借地时期的职业技术教育以船坞工艺厂华人徒工学校最具代表性。

德国侵占青岛动用的是海军武力，对驻扎胶澳及东亚海军基地舰艇的维护和修理，最终建成现代化港埠和军事要塞，实现"港口殖民地"[①]，保护德国在远东的海权，是德意志帝国的最大关切。但德国人发现，整个山东"几乎没有任何工业"，除了为数不多的铁匠铺，维修军舰的专门工匠"很难找到"。[②] 1899 年，德国造船技师弗兰克·奥斯塔兹（Frank Oerstazz）从上海来到青岛，注册资金 30 万马克，开设了一家小型修船厂。显然，一家只能修补"零星物件"的私人船厂在德国工业的海外飞地青岛，难以满足船坞和海港建设的庞大需求。与胶济铁路资金主要来源于私人资本不同，1899 年开始的筑港工程，特别是 1901 年 5 月大港的开工建设，实际是德国运用国家资本有计划地打开"通向正待殖民化的国土的入口"[③]。不久，奥斯塔兹的修船厂与德海军鱼雷修理所合并，收归官办，选址维多利亚海岸（Victoria Bucht Ufer，今莱阳路一带），组成胶澳船坞工艺厂。为了"成功地从山东本地人中培养工匠"，而不必花费 0.80~2.00 银圆的代价雇佣南方的中国修理工，胶澳总督府决定筹建船坞工艺厂华人徒工学校，定向培养船舶技术工人。

1902 年 1 月 25 日，胶澳总督府水师工务局在山东报纸上刊登了"在青岛选择中国聪颖子弟，专教以制造机器轮船等工"的招生告示。其主要内容如下：

一、本局所受之生徒必须皆隶山东本籍，年自十六至十九岁，又须身体健康，相貌魁伟者为中式。

二、凡来学之生徒必须有中国殷实铺保，始准入学。

三、各生徒所学之期以四年为限，届期共同考试，考准者始可为师，然又必在本局经营二年，方准任意他适。

[①]　Grünfeld E. *Hafenkolonien und kolonieahnliche Verhaltnisse in China，Japan und Korea：Eine kolonialpolitische Studie.* Jena：Verlag August Fischer 1913.

[②]　《青岛船坞工艺厂中国工匠的培训》，载青岛市档案馆编《胶澳租借地经济与社会发展——1897—1914 年档案史料选编》第 429 页，中国文史出版社，2004.

[③]　《提尔皮茨直接上呈最高当局的备忘录（1900 年 10 月 4 日）》，存 BA（德国联邦档案馆）/MA（军事档案）、RM（帝国海军署）3/6782。

四、凡为生徒者,必须在本局栖止,且本局每年授以做工衣服二件,各生徒必须常为洗涤,外有大德管事人查其洁污,以定赏罚。至于食资,第一年每做工一天授以洋银二角,第二年二角五分,第三年三角,第四年三角五分。

五、凡学成考准为师者,其薪水之多寡,须观其人之才能、品行如何而定。

六、本局每礼拜只教授六日,至礼拜日即停工休息,此日各生徒或考察书籍,或游玩山水,各随其便。

七、凡生徒与为师者皆当殷勤己业,又宜容貌洁净,善受师训。故凡有行赌博吸鸦片,言污秽以及做不端之事者,概行不准。

八、凡来本局受业者,必须听管事人之命令,且要礼貌尊敬。若有住房不洁,衣服不净,以及犯他小过者,须听管事人按规惩治;如有犯大规者,必须禀水师官惩罚。

九、各生徒必须从管事人习学德文。

十、凡生徒除患大病不计外,每年至多准其一次告假,二次礼拜归家省亲。其所以如此之急着,因日少工多,诚恐不能精通学业故也。

十一、若师徒有患病者,须听医官调治。

十二、若师徒有不届期欲离本局,或逃走者,其以前所费之洋银,准水师官向铺保究问。若有学成考准且善于德文者,准其永远在本局工作,本局必优予薪水,高其身价。①

这张招生广告基本披露了船坞工艺厂华人徒工学校的办学宗旨、招生条件、修业年限、生徒待遇及权利、义务。据悉,报名人数超过了录取人数的两倍之多。面对富余的生源状况,德国当局盘算的是,宁肯选取"什么手艺也没有"的农家子弟,也不愿任用此前在"欧洲公司中任职"或"来自大城市的"报名者,这样可以保证生徒"在培训过程中不会受到物质的诱惑"。② 1902年4月,76名由殷实的中国人担保、有一定的中文基础、经医生体检合格的山东籍青年,成为胶澳船坞工艺厂华人徒工学校的首批生徒。

这所学制4年,按钳、焊、机、电、锻、木、漆等工种编班的徒工学校,实行半工半读制。其基础阶段(第一、二学年),每天早晨7:00—9:00学习德文、计算和工程课,上午9:00—12:00、下午1:30—6:00在车间工作,晚上7:30—8:00学习中

---

① 《青岛水师工务局章程》,载青岛市档案馆编《胶澳租借地经济与社会发展——1897—1914年档案史料选编》第434—435页,中国文史出版社,2004。

② 《青岛船坞工艺厂中国工匠的培训》,载青岛市档案馆编《胶澳租借地经济与社会发展——1897—1914年档案史料选编》第430页,中国文史出版社,2004。

文课。① 徒工学校的专业阶段（第三、四学年），每天早晨 6：30 起"他们在船厂的各自车间或办公室"进行"手艺方面的培训"。② 德租借地当局为其确定的目标是，一方面"为工厂造就了廉价的今后可从事工头工作的中国劳动力"，另一方面"在华人中建立起一支先行的工业工人的骨干队伍"。③ 为了加强技能培训，自 1906 年始，一些生徒"还在德属南太平洋诸岛接受了各种技术培训"④。这些培训显然已经超出胶澳船坞工艺厂的业务范畴。

由于 1902 年 4 月首批生徒带来的效益，胶澳总督府工务局又于 1903 年 10 月在山东招募了 102 名生徒。胶澳总督府在 1903—1904 行政年度的备忘录中所做的打算是：如果情况允许，"明春将在目前培训 160 名学徒的基础上再招 100 名学徒"⑤。1905 年 4 月第三批生徒进校后，全校在培生达到 257 名。按照修业年限，1902 年招收的第一批 76 名生徒定于 1906 年春季结业。胶澳总督府在 1904—1905 行政年度的备忘录中已作出"安排这些年青人定居下来，以便使他们长久地留在保护区"⑥的计划。事实上，第一批生徒中有 72 人通过满师考试，并依据服务 2 年的合同留厂做工匠，2 年后继续留厂工作的有 48 人。据 1906 年 12 月统计，胶澳船坞工艺厂的中国工人达到 1117 名，平均每天工作的人数稳定在 1000 人，其中由徒工学校出身的职工已达 144 名。⑦

为使徒工学校留厂人员承担起协助厂方管理华人工人"工头"的职能，自 1906 年 10 月第四个招生年起，胶澳总督府工务局将原定满师 2 年的服务合同延长为 4 年。事实上，1902—1908 年船坞工艺厂华人徒工学校历经 5 个招生年，共招收 490 名华人青年（详见表 2-2）。大量生徒入学带来教学用房、饭堂和居住区的紧张，建校初期每 12 名生徒住一间简易工棚已不敷使用。为保证生徒合同期满留用人员的数量，胶澳总督府考虑建设一个"新的、自成一体的居住区"，以便安置生徒出身的职工家属。这一计划很快变为现实，到 1908 年夏"由 26 个独

① 《中国徒工的培训计划》，载青岛市档案馆编《胶澳租借地经济与社会发展——1897—1914 年档案史料选编》第 436 页，中国文史出版社，2004。

② 《青岛船坞工艺厂中国工匠的培训》，载青岛市档案馆编《胶澳租借地经济与社会发展——1897—1914 年档案史料选编》第 431 页，中国文史出版社，2004。

③ *Denkschrift betreffend die Entwicklung des Kiautschou-Gebietes in der Zeit von Oktober* 1901 *bis Oktober* 1902.hrsg.v.Reichsmarineamt.im *SBRV*.Bd.196（BA/MA832）.Berlin 1903.

④ 《胶澳年鉴（1911 年）》，载青岛市档案馆编《青岛开埠十七年——〈胶澳发展备忘录〉全译》第 714 页，中国档案出版社，2007。

⑤ 《胶澳发展备忘录（1903 年 10 月—1904 年 10 月）》，载青岛市档案馆编《青岛开埠十七年——〈胶澳发展备忘录〉全译》第 283 页，中国档案出版社，2007。

⑥⑦ 青岛市档案馆：《青岛开埠十七年——〈胶澳发展备忘录〉全译》，第 341、498 页，中国档案出版社，2007。

立小院组成的宿舍"投入使用;同时还有"设有教室"和"堆放教具"的学校大楼,
"楼房都装有下水设备"。[①] 到 1911 年,日常在船厂工作的中国工人达 1486 人,
其中 220 人来自徒工学校,184 人还处于学徒期。[②]

表 2-2　胶澳船坞工艺厂华人徒工学校各年招生数及留用工匠数

单位:人

年　份	招生数	满师生徒合同期间工作的人数	合同结束后留用工作的人数
第一招生年 (1902 年 4 月)	76	72	48
第二招生年 (1903 年 10 月)	102	72	58
第三招生年 (1905 年 4 月)	79	64	合同至 1911 年 4 月
第四招生年 (1906 年 10 月)	114	学习期至 1910 年 10 月,有87 名满师生徒	合同至 1914 年 10 月
第五招生年 (1908 年 10 月)	119	学习期至 1912 年 10 月,有89 名满师生徒	合同至 1916 年 10 月
总　计	490	—	—

资料来源:《青岛船坞工艺厂中国工匠的培训》,载青岛市档案馆编《胶澳租借地经济与
社会发展——1897—1914 年档案史料选编》第 431 页,中国文史出版社,2004。

应当说,船坞工艺厂华人徒工学校经历了青岛港口建设的全过程,特别自大
港开港以来,徒工学校在大港防波堤内填海建成新址。1904 年 3 月,大港一号
码头建成部分交付营运,连接海口与省会济南府的铁路也铺设到码头上。1905
年 10 月,一座长 125 米、外宽 39 米(内宽 30 米)、深 13 米的 1.6 万吨级钢质浮船
坞建成,与这个号称"东亚第一大浮船坞"相配的是一台起重 150 吨的电动大吊
车,"这个符合需要的、价格合理、质量稳固的修理场所,在东亚还没有比这里更
好的地方"。到 1906 年,青岛港方便而安全的装卸设备"已超过了东亚所有港

---

① 青岛市档案馆:《青岛开埠十七年——〈胶澳发展备忘录〉全译》,第 603 页,中国档案出版社,
2007。

② 《胶澳年鉴(1911 年)》,载青岛市档案馆编《青岛开埠十七年——〈胶澳发展备忘录〉全译》第
714 页,中国档案出版社,2007。

口"，在诸多"老牌的海上贸易中心(如香港、上海、芝罘、天津、长崎和神户)，大船的装卸也必须借助舢板才行，但在青岛，即使最大的货轮也可在码头上将货物直接转装上火车"。[①] 1907 年 7 月，胶澳船坞工艺厂正式定名为"青岛造船厂"。1908 年，造船厂迁至大港六号码头，分为锅炉制造、化铁、铁工、钳工、木工、造船、电镀、漆皮、冷作、暖气、缝纫 11 个车间，生产过程基本实现了机械化。在1910 年的城市扩张计划中，港埠区与商业区上升为规划的重中之重。据 1912年统计，青岛造船厂共制成大小炮舰、快艇、拖轮 22 艘，其中有清政府定制的"舞凤"号钢质炮舰。[②]

青岛港口建设的进步自然离不开徒工学校的开办，因为毕业生徒大都成长为港口的技术骨干，据悉"充为领班、司账者最居多数"[③]。1907 年，山东巡抚杨士骧向胶澳船坞工艺厂华人徒工学校捐钱设立了奖学金，对优秀生徒予以奖励。[④] 1902 年入校的滕景云，学成后回家乡潍县创办了华丰机器厂，致力于民族工业，被誉为"中国内燃机工业之父"。1912 年辛亥革命时期，徒工学校一些具有革命思想的热血青年被召唤到济南和其他地方从事革命运动。[⑤]

第三节　西方宗教势力在胶澳租借地的办学活动

一　欧美基督教、天主教接踵开办的华人学校

毋庸讳言，德胶澳租借地时期的欧美教会学校是近代青岛教育的组成部分之一，其中尤以德国基督教柏林信义会、德-瑞同善会、天主教斯泰尔修会的教会学校最具影响。德国学者余凯思曾直言不讳地指出："没有任何一个国家像德国那样为了传教的利益而动用那么大的军事力量。"[⑥]德租借地当局对教会学校持"严格保护平行地位"的态度，并于 1901 年免除了"所有德国传教使团为华人开设的学校和医院"的"所有赋税"。[⑦] 客观地说，欧美基督教、天主教在青岛开办

---

① *Denkschrift betreffend die Entwicklung des Kiautschou-Gebietes in der Zeit von Oktober 1905 bis Oktober 1906. hrsg.v.Reichsmarineamt.im SBRV.Bd.241(BA/MA268).Berlin 1907.*

②③ 《节述船坞工艺厂》，载[德]谋乐辑《青岛全书》第 238、239 页，青岛出版社，2014。

④ *Tsingtauer Neueste Nachrichten(Tsingtau Sin Pau).3 November 1907.*

⑤ Seelemann D A.*The Social and Economic Development of the Kiaochao Leaschold under German Administration 1897-1914.PhD Diss.*,York University,Toronto 1982,P379.

⑥ [德]余凯思：《在"模范殖民地"胶州湾的统治与抵抗——1897—1914 年中国与德国的相互作用》，孙立新译，第 370 页，山东大学出版社，2005。

⑦ 《胶澳发展备忘录(1900 年 10 月—1901 年 10 月)》，载青岛市档案馆编《青岛开埠十七年——〈胶澳发展备忘录〉全译》第 144 页，中国档案出版社，2007。

的面向华人的教会学校,除了德-瑞同善会的礼贤书院主动接纳并融入中国文化,成为近代青岛新式学校教育的样板,并长久地影响了青岛的中学教育之外,德国柏林信义会、天主教斯泰尔修会为青岛华人开办的教会学校本质上是基督教"社会福音"理论的一种实践,其中所包含的神圣与世俗两方面的追求旨在为"殖民扩张活动提供相当重要的动员民众作用"①。

1.德国柏林基督教传教促进会的华人学校

德国柏林基督教传教促进会,也称"信义会",是最先抢滩青岛教育的宗教组织,其代表人是阿道夫·昆泽(Adolf Kunze)。1898年4月,《胶澳租界条约》签订后不及一个月,昆泽与牧师科尔莱克(Kolleker)、劳施奈尔(Leuschner)来青岛传教。是年圣诞节前,教区负责人佛斯卡姆普(Carl Johannes Voskamp,中文名字"和士谦")也来到青岛。柏林传教会沿用的是基督教正统的传教方式,通过"个人交往和慈善事业(如学校、医院)来努力深入人心。欲皈依基督教的异教徒先申请受洗,接受为期一年的洗礼教育"②。因此,柏林传教会在青岛最初的公开活动就是1899年9月在胶州街(Kiautschou Str.,今胶州路)西端为华人信徒租用了一处"虽简陋但极为结实"能容纳500人的教堂。1900年,昆泽在台东镇主持兴建了第二座礼拜堂,1901年1月2日举行了柏林传教会在青岛的第一次"圣洗"典礼。

为了扫除语言交流的障碍,柏林传教会对青岛华人的教育是从"提供学习德语的机会"开始的。这种"由总督府倡议并提供费用"的德语学校始建于1898年5月③,到10月"已经有20~30名学生在德语学习方面取得了令人满意的进步"④。柏林传教会最初工作的三年中,有"近500名学生从柏林传教会在德国保护区各地设立的学校中或长或短地学习了德语,培养了一批翻译人员,他们在殖民地的各行政管理部门、华人连队以及远征军中供职"⑤。青岛当地华人学习德语的热情源自与德国人的交往(尤其是做生意)。柏林传教会热衷于在宣教"福音"之外传播德语教育,这既符合德胶澳租借地当局的政治需要,又反映了基督教在与中国世俗社会调适中运用的世俗性方式和产生的世俗化结果。

利用教堂和租赁中国民房开办世俗的基础教育学校,是柏林传教会的工作

---

　　① ［德］余凯思:《在"模范殖民地"胶州湾的统治与抵抗——1897—1914年中国与德国的相互作用》,孙立新译,第336页,山东大学出版社,2005。

　　② Weicker H.*Kiautschou*:*Das deutsche Schutzgebietin Ostasien-Primary Source Edition*.Berlin 1908.

　　③ 周东明:《德国占领时期青岛的学校》,载《山东教育史志资料》(青岛专辑)1985年第5期。

　　④ 《胶澳发展备忘录(截止到1898年10月底)》,载青岛市档案馆编《青岛开埠十七年——〈胶澳发展备忘录〉全译》第11页,中国档案出版社,2007。

　　⑤ 青岛市档案馆:《青岛开埠十七年——〈胶澳发展备忘录〉全译》,第144页,中国档案出版社,2007。

重点。据胶澳总督府 1900—1901 行政年度的备忘录记载,在柏林传教会设于塔埠头和台东镇的教堂,还有租借地 5 个村镇租赁并经过扩建的中国民房里,"有 100 名学生在上课",课程有中国古文、初级德语和德国学校教育的基础学科,台东镇德华小学的首任教师为温再造。① 据说,胶澳租借地的华人对柏林传教会的"学校工作十分支持,其表现之一就是,他们在教堂中为建设高级德华中学校的捐款已达 1045 元"。与单纯的宗教免费教育不同,柏林传教会的世俗教育是收费的,仅 1900—1901 行政年度就收取华籍学生学费 522 银圆。②

胶澳总督府 1900—1901 行政年度备忘录提出的"高级德华中学校"于 1902 年春建成开学,共招收华人学生 100 名。其生源不仅来自租借地,还包括山东省域,其中"有几个人已在中国的科举考试中取得功名"。③ 到 1904 年 10 月前,柏林传教会开设的德华中学已有 4 个年级,教学内容是讲经(诗经)、汉语作文练习、中国通史、世界通史、地理、商业簿记、几何学、博物学(动物学)、物理学(热学)、德文、宗教信仰、唱歌和体操。④ 这种中西杂糅、掺和商业属性、渗透宗教神学的课程体系,折射出教会不甘于向世俗教育转向的复杂心态。

由于昆泽兼任胶澳总督府顾问要职,柏林传教会不断扩大办学规模,一定程度上回应了基督教社会世俗性、开放性的"福音"思潮。1901 年,柏林传教会在即墨设立了传教站,1903 年在李村和诸城新辟工作地,该会共有 5 个传教站、10 个分站,还有 6 个中国地区"驻外站",其教育规模包括 12 所学校(其中 7 所在胶澳租借地内),共有学生 255 名。⑤到 1904 年,柏林传教会开办的 12 所学校中有 289 名男童和 22 名女童上学。⑥其中,1904 年柏林传教会牧师邵约翰(John Scholz)、齐明德(Albin Zieger)在即墨花园村教会礼堂内设立的萃英书院(今即墨第一中学前身)最具影响。1905 年,德国柏林传教会派监督来青岛视察教务,确定以青岛为中心,向北以即墨为基地、向西以诸城(后迁胶州)为基地开展布道活动。为此,昆泽于 1905 年和 1908 年在即墨先后购地数亩建宅和礼拜堂。1908 年,柏林传教会在即墨除了办有一所"附设预科学校培养中国布道的神学院",还"经营着三所初级学校"。柏林传教会还参与了即墨官办学校的教学活动,有一个传教士在即墨县城的官立学校里任教。⑦

此外,柏林传教会还重视华人女子教育和社会教育。早在 1898—1899 年,柏林传教会在青岛天后宫后侧择地建立了爱道院,分男、女两部,主要招收贫苦

---

① 吴焕新:《东镇区会史略》,载《基督教鲁东信义会五十年》第 73 页,存青岛市档案馆,档号:A006005(1948)。

②③④⑤⑥⑦ 青岛市档案馆:《青岛开埠十七年——〈胶澳发展备忘录〉全译》,第 144、198、299、299、368、678 页,中国档案出版社,2007。

华人子女(包括孤儿),共有学生 40 余名。① 爱道院尚非一般意义上的女校,只能算是青岛华人女子学校教育的"预兆"。在德胶澳总督府的 1901—1902 行政年度备忘录里,柏林传教会自 1901 年开始筹建"一所中国女子学校"②,这应当视为青岛华人女子学校教育的开端。1907 年 9 月,该校迁址大鲍岛,及至 1908年共有学生 75 名。为基督教青年建立"青年会"是柏林传教会的社会教育举措之一。1908 年,柏林传教会在大鲍岛和台东镇分别建立了青年会组织,共发展会员 300 余人,其主要活动是由传教士和中国学者就时事、历史、政治和教会等主题发表演讲。青年会还设立阅览室,陈列富有教育内容的杂志和小册子,开展各种体育和联欢活动。

2.德国天主教斯泰尔修会的男童学校及在胶东的教育活动

德国天主教斯泰尔修会,也称"圣言会",是德租胶澳时最先进入青岛的教派之一。在 1897 年"胶州湾事件"前,天主教的活动隶属于法国方济各会,其驻地在芝罘。《胶澳租借条约》签订不久,青岛、即墨、高密和诸城四个教区划归德国天主教斯泰尔修会,鲁南主教安治泰(John Baptist Anzer)于 1898 年秋任命弗兰兹·巴尔特斯(Franz Bartels,中文名字"白明德")前往青岛,负责斯泰尔修会的传教工作。在胶澳总督府 1900—1901 行政年度的备忘录里,斯泰尔修会的主要任务是为鲁南的传教活动"充当代理人和过往站"③。由于白明德的热忱、专注、敬业和擅长沟通,斯泰尔修会很快获得了靠近大鲍岛华人街区一处约 3 万平方米的土地,还建立了方济各会的"生灵修道院"及寄宿学校。面向华人的教育,斯泰尔修会除了在青岛传教站开办了一个供应膳食的铁路培训班,还为青岛华人建立了德华男童学校。

关于青岛德华男童学校,是"作为天主教会的附属事业"定位的,由白明德于 1900 年夏在圣言会馆的东边开办,有学生 30 名,分小学和中学两级。④ 1904年,白明德为学校新建了一栋二层教学楼,到 1906 年学生增加到 74 名,其中有30 名住在圣言会馆。白明德为学校设置的课程有德文、中文、算术、地理、物理、绘画和体育。总的来看,德华男童学校的课程既缺乏系统性与连续性,也缺乏先进性和科学性,显然白明德不精通教育专业。1908 年,该校的学生减少为 41名,1909 年夏又增至 51 名。作为德华男童学校的补充,斯泰尔修会还在阴岛(今红岛)开设了"保护区第二所学校"⑤。截至 1906 年 10 月,阴岛学校有 18 名

---

①④　袁荣叟:《胶澳志》卷七《教育志》,第 996、987 页,文海出版社,1973。

②　*Denkschrift betreffend die Entwicklung des Kiautschou-Gebietes in der Zeit von Oktober* 1901 *bis Oktober* 1902.hrsg.v.Reichsmarineamt.im *SBRV*.Bd.196(BA/MA832).Berlin 1903.

③⑤　青岛市档案馆:《青岛开埠十七年——〈胶澳发展备忘录〉全译》,第 146、369 页,中国档案出版社,2007。

学生。①

值得注意的是,斯泰尔修会在开办的由"未受洗礼的世俗兄弟"管理的印刷所和木工房里,一些被"照料"的孤儿在"学习手艺"。印刷所发行的《青岛报》(后改名《同益报》),订户超过 2000 家。斯泰尔修会比基督教会更注重理论传教,并持"教皇极权主义取向",在编辑出版的杂志上竭力宣传"一种严格正统的和新教条主义的天主教"。② 1903 年,在斯泰尔修会的印刷所和书籍装订厂里,一些"青年华人天主教徒受到培训并得以工作"③。这种类似于职业性质的培训,不具有半工半读的教育属性,倒像纯粹的童工作坊。

像其他教派热衷于向租借地周边地区扩大教育影响一样,1899 年,斯泰尔修会即在胶州分站"为当地神职人员举办了神学院和预科学校",1900 年由于义和团运动停办,致使"预科学校里只剩下 8 名学生"。但斯泰尔修会没有放弃努力,同年又在胶州建立了一所"暂时只有 28 名学生"的小学校。④1900 年,斯泰尔修会在即墨"建有一所德国学校,大约有学生 15 名";同年"又在高密买了一所房子"。由于胶济铁路修筑期间发生民众纠纷,为了"迎合老百姓的期望,这里也建立了一所德国学校,目前有 20 名学生上学"。⑤1903 年 5 月,斯泰尔修会与时任山东巡抚的周馥签署了一项"半国家半教会性质的兖州中欧学校"⑥的协议,传教会在济宁创办的中学也获得了同样的法律地位。至迟到 1903 年 10 月,斯泰尔修会"领导着受国家资助的兖州府和济宁州的公立学校,它们开设了从最低年级到最高年级的系统课程"⑦。斯泰尔修会面向华人的办学适应了"出身于官宦和富商家庭"对子弟的功名需求。据载,在兖州和济宁的学校里,1904 年"有几个人通过了济南府大学堂(省学)的考试";在胶州的县学,有 10 名参加省学考试的学生"其中有 8 名得以通过";还有数名"由传教会培养的年轻的中国人被聘为中国县学的德语教师"。⑧据悉,1905 年 6 月山东巡抚杨士骧视察了这两所学校,"赞许那里的工作并给学校的教师们授奖"。1906 年,兖州和济宁的两所学校在校生分别达到 123 名和 150 名。⑨此外,斯泰尔修会还在诸城和高密开办了类似的华人学校。

不过,由于 1905 年后实施"癸卯学制"诞生的一批府、县官/公立学校,使青岛教会学校的生源普遍受到影响,受影响最大的是斯泰尔修会在山东内地的世

---

①③④⑤⑦⑧⑨　青岛市档案馆:《青岛开埠十七年——〈胶澳发展备忘录〉全译》,第 435、300、147、147、245、369、435 页,中国档案出版社,2007。

②　[德]余凯思:《在"模范殖民地"胶州湾的统治与抵抗——1897—1914 年中国与德国的相互作用》,孙立新译,第 386 页,山东大学出版社,2005。

⑥　Rivinius K J.*Traditionalismus und Modernisierung,Das Engagement von Bischof Augustin Henninghaus auf dem Gebiet des Bildungs und Erziehungswesens in China*(1904-1914).Nettetal 1994,S.183-185.

俗学校。到 1907 年,济宁和兖州的学生分别减少至 40 名和 36 名。因为生源锐减,诸城的学校"不得不停课"①。由于斯泰尔修会传入山东的特殊时间及其传教区域的特殊性,1908 年后因"先前与中国政府"在兖州和济宁的"共同办学的协定已经过期",鉴于"以往几年曾出现过一些麻烦",斯泰尔修会"决定不再续订合同,并停办了上述地点的两所中学"。1908 年,斯泰尔修会在台家建立的新校由于场地有限,于 1909 年夏将其"一分为二,其中一部分主要学习德语和常识等较高级课程,并迁往济宁"。此时,斯泰尔修会所办的学校成为"纯粹的传教学校了"②。据悉,在 50 千米以内的地区有 273 名男童和 220 名女童"上教义问答等纯宗教教育课",166 名儿童上冬学,即"一种较短期的宗教学习班"。③ 斯泰尔修会不再掩饰其办学的宗教目的了。

3.美国北长老会等欧美教会在德胶澳租借地及周边的办学活动

19 世纪中期活跃在芝罘及胶东的美国北长老会,在德租胶澳伊始即派罗阁等人来青岛活动。胶澳总督府在 1898—1899 行政年度的备忘录里明确记载:青岛"除了原有的信义会、同善会和天主教会,又增加了一个美国长老会"④,但这个美国教会的活动一直没有文献记载。1908 年,美国北长老会在济阳路 4 号建堂并设置差会。在德国人的眼里,此时美国北长老会的"工作主要是布道和科学研究"⑤。据德胶澳总督府的官方文献披露,美国北长老会的传教站主要设在塔埠头和台东镇,每个"星期日都举行布道会,每周数次举行用汉语做的祈祷和教会训导",塔埠头传教站还"廉价出售中文版基督教书籍"。⑥ 1911 年,美国北长老会聂克林夫人为纪念其子聂侯,出资在阳信路 2 号开办了一所被称为欧尼尔(O'Neil)的明德中学,终于在德国柏林信义会、瑞-德同善会、天主教斯泰尔修会几成竞争的办学格局中,插进了美国教会的一只手。明德中学学制 4 年,招生对象是青岛的华人基督教徒子弟,初创时仅有学生三四十人。⑦

值得注意的是,这所由美国北长老会开办的华人中学始终由中国人任校长,

---

① *Denkschrift betreffend die Entwicklung des Kiautschou-Gebietes in der Zeit von Oktober* 1907 bis Oktober 1908.hrsg.v.Reichsmarineamt.im *SBRV*.Bd.253(BA/MA1131).Berlin 1909.

② [德]余凯思:《在"模范殖民地"胶州湾的统治与抵抗——1897—1914 年中国与德国的相互作用》,孙立新译,第 417 页,山东大学出版社,2005。

③ 《胶澳发展备忘录(1908 年 10 月—1909 年 10 月)》,载青岛市档案馆编《青岛开埠十七年——〈胶澳发展备忘录〉全译》第 680 页,中国档案出版社,2007。

④⑤ 青岛市档案馆:《青岛开埠十七年——〈胶澳发展备忘录〉全译》,第 43、147 页,中国档案出版社,2007。

⑥ *Denkschrift betreffend die Entwicklung des Kiautschou-Gebietes in der Zeit von Oktober* 1901 bis Oktober 1902.hrsg.v.Reichsmarineamt.im *SBRV*.Bd.196(BA/MA832).Berlin 1903.

⑦ 《山东省青岛第十一中学校志(1911—1998)》(内部发行),第 1 页,1998。

学校教务则掌握在美国人武文手中。首任校长刘廉卿（字思义），山东潍县人，是美国牧师狄考文的学生，登州文会馆毕业，曾任青州神道学堂教习。1912年，狄考文之弟狄乐播（Robert McCheyen Mateer）委派刘廉卿执掌青岛明德中学。第二年，刘廉卿又被派往山东滕县主持新民学校，由即墨人王守清（字静安）继任青岛明德中学校长。美国北长老会在青岛明德中学任用华人校长，从某种意义上说是对青岛基督教自立运动的回应。此前，郭显德的学生、定居青岛的山东文登人刘寿山（字鹤亭）曾联络青岛华人基督教徒，筹建以"自主、自传、自养"为宗旨的自立会。① 然而，他们租地建堂的申请却遭到德胶澳总督府的拒绝。以摆脱西方教会控制、独立自主办教会为目的的中国基督教自立运动，无疑是国人争取独立、维护尊严的体现。

较之规模和势力强大的美国北长老会，瑞典基督教浸信会因规模小且主要活动于胶、诸、高地区，青岛德租时期，任其斐、任桂香夫妇的主要精力集中在胶州的宣教、办学和慈善事业上，特别是男、女童学校均有可观的发展。1900年任桂香在胶州城创办的瑞华男童学校，于1910年附设初中部后迁址寺门首街。1903年令爱德在胶州南关墨河桥创办的瑞华女童学校，于1904年由任桂香接办，1909年附设初中部后迁至小教场。1912年，瑞华学校第一届毕业生为5名女生；1913年第二届毕业生为3名男生。自此，扎根胶州的瑞典浸信会保持了教会学校连续33届毕业不辍的记录，其坚韧性和本色化为青岛地区其他欧美教会学校所不及。

二 礼贤书院的创办与卫礼贤的华人师资培养

德-瑞同善会在青岛的办学活动之所以在近代青岛乃至山东产生了深远影响，是因为卫礼贤创办了青岛礼贤书院。作为近代新式学校教育的样板，礼贤书院奠定了青岛中等教育的基石。学界通行的说法是：青岛的中学"始自德国租借时期教会所办学校"②。卫礼贤在中国生活了25年，在青岛度过了他旅华生活的重要时期。他以一名传教士的身份来到青岛，却将兴趣和精力投向教育和翻译，从而踏入探究中国传统文化的门径，成为20世纪欧洲最有影响的汉学家，为中德文化交流作出了重要贡献。

1.德-瑞同善会传教士卫礼贤与青岛礼贤书院的创办

德-瑞同善会，也称"魏玛传教会"，是由德国、瑞士等的一些具有自由思想

---

① 青岛市史志办公室：《青岛市志·民族宗教志》，第118页，新华出版社，1997。
② 《民国山东通志》，第4册，第2598页，山东文献社，2001。

的神职人员和大学教授在魏玛建立的教派组织。1898 年中德《胶澳租借条约》甫一签订,同善会传教士埃恩斯特·福柏(Ernst Faber,中文名字"花之安")捷足先登胶澳租借地。花之安的宣教方式基本沿袭了"利玛窦路线",即选择与中国人相契合的心灵途径传扬基督"福音"。1899 年 4 月,胶澳总督府为鼓励各教派在"中国居民当中继续进行富有价值的工作",将"几块较大的地皮无偿并免税赠予"德国教会。① 经过抽签,同善会得到了大鲍岛东山西面的地块,昆泽的柏林传教会则获取了东面的地块。不幸的是,花之安感染了恶性痢疾,同善会不得不另择人选,卫礼贤接替花之安来到青岛。

卫礼贤(1873—1930),本名理查德·威廉(Richard Wilhelm),出生于德国斯图加特一个手工业者家庭,因其父过早去世,不得已考入新教神学院,毕业后担任德国巴特·鲍尔镇的副牧师,旋与牧师的女儿萨洛莫·布鲁哈德(Salome Blumhardt,1879—1958)相恋,1899 年初应征到"新保护区胶州"接替花之安的工作。同年 5 月,一句汉语都不会说的理查德·威廉偕新婚妻子萨洛莫来到青岛。他给自己取了中文名字"卫希圣",字礼贤,卫礼贤开始出现在德胶澳租借地的教育名录中;萨洛莫则取中文名字"卫美懿"。

卫礼贤、卫美懿夫妇在青岛的办学活动,是从 1900 年 5 月为受义和团影响来青岛避难的潍县文华中学谭玉峰、谭岳峰、王真光三个中国男生教德语开始的。同年夏,卫氏夫妇因陋就简在胶州街寓所开办起德华神学院。因前来求学的人不断增多,至冬季卫氏夫妇租赁了胶州街几间民房做教室,扩大了办学规模,其经费主要由同善会负担。1901 年 6 月 20 日,以理查德·威廉的中文名字命名的"青岛礼贤书院"正式开学,卫礼贤自任监督(校长)。至 1902 年,礼贤书院的学生增加到 21 名。1902 年 12 月,山东巡抚周馥访问青岛时特意到礼贤书院视察,这位开明的鲁抚决意为卫礼贤的学校提供支持。德胶澳总督府的官方文献宣称:"中国方面对这所学校的大力支持使校舍得以再度扩建。"②1903 年,礼贤书院的新校舍在教会山(Missionberg,今上海路一带鲍岛山)落成,由此奠定了民国时期礼贤中学和 1952 年后青岛第九中学的基础。卫礼贤等曾这样描述青岛礼贤书院:

> 这是一所中国式的学校,包括它的建筑布局。学校的房屋各自封闭,并以著名的中国建房风格结为单独的院落。踏入正门,可以看到一个正方形

---

① 《胶澳发展备忘录(1898 年 10 月—1899 年 10 月)》,载青岛市档案馆编《青岛开埠十七年——〈胶澳发展备忘录〉全译》第 43 页,中国档案出版社,2007。

② *Denkschrift betreffend die Entwicklung des Kiautschou-Gebietes in der Zeit von Oktober 1903 bis Oktober 1904.hrsg.v.Reichsmarineamt.im SBRV.Bd.206(BA/MA561).Berlin 1905.*

的院子,四周被教室包围起来。与此相连的东院面积较大,里面设有学生宿舍。高年级学生拥有独立的宿舍内院,位于校南。西校区则建有一座专供低年级学生住宿的四合院。每个四合院的入口处均设有一间中国教师专用的门房,以便于他掌握院内学生的情况。宽大的中心校院是一片几乎正方的场地,四周围有低矮的排房,一条约 5 米宽的过道从中穿过,并由此通向前院。很引人注目的是,这里一道道门紧密相接,其间仅隔一窗……这个大约住着 60 名学生的院落同时也作为游戏和运动场地使用。①

由于卫礼贤的招生条件不受宗教信仰的影响,短短数年,青岛礼贤书院学生不断增加,其办学声誉鹊起,近自齐鲁,南通闽粤,北达幽燕,遐迩皆知。据胶澳总督府 1904—1905 行政年度的备忘录称,青岛礼贤书院"依旧是福音新教总传教会学校的基础,该校学生人数已超过 100 名",其中"有 73 名学生来自山东省,30 名来自其他省区,后 30 人主要是中国官员的子弟"。② 1908 年 12 月,第一批学生已通过毕业考试后离校,其中"有 3 名毕业生被青岛特别高等专门学堂录用为翻译助理"③。

德-瑞同善会采取的是教、学、医三管齐下的传教策略,即教会为学校、医院提供经费,学校为教会、医院培养人才,医院为教会、学校扩大影响,三者相依相促,形成了独特的教会工作形态。同善会利用花之安留下的遗产及德、英、美等国侨民的集资,先后建起了福柏医院、花之安医院。胶济铁路修建时,卫礼贤曾前往高密调解当地民众抗德阻路纠纷,在"龙与铁马"的对峙中赢得了当地人的爱戴,同善会便在高密建站,办医办学。1901 年,卫礼贤在最先遭德军弹压的杜家沙窝村办了一所规模不大的学校,学生仅有 15 名,实行免费教育。到 1903 年,礼贤书院与山东省内地保持联系的有高密县学、沙窝初小、栾家庄学校和平度兰底学校。④1905 年秋,卫礼贤受聘高密县立学堂兼理校务。据胶澳总督府 1906—1907 行政年度的备忘录披露,青岛礼贤书院"继续在高密县立学校中进行活动,主要是教授德文,该教会也在内地农村学校中进行活动"⑤。到 1907 年,青岛礼贤书院已将高密等学校作为"预科学校",第一批学生"在结束课业后毕业离校,又新收了 30 名学生"。⑥

1902 年底周馥视察青岛礼贤书院时,曾"授权这所学校派学生参加济南府

---

① Wilhelm R,Blumhardt H.*Unsere Schulen in Tsingtau*.Berlin:Missionsverein 1913.

②③④⑤ 青岛市档案馆:《青岛开埠十七年——〈胶澳发展备忘〉全译》,第 368、679、299、523 页,中国档案出版社,2007.

⑥ *Denkschrift betreffend die Entwicklung des Kiautschou-Gebietes in der Zeit von Oktober* 1907 *bis Oktober* 1908.hrsg.v.Reichsmarineamt.im *SBRV*.Bd.253(BA/MA1131).Berlin 1909.

大学堂(省学)的考试,他们在考试及格后可以得到一个文学学位(举人优贡)"①。1904年,劝业道萧应椿奉派到礼贤书院考试,选拔学生到济南参加高等学堂会考。礼贤书院高级部(甲班生)学生谭玉峰去山东大学堂与试,列优等,被选拔为优贡。1906年,山东巡抚杨士骧派学台张士珩到青岛考察,对礼贤书院印象颇佳。杨士骧遂上奏清政府,谕旨赏卫礼贤镶青金石的四品官顶戴。对此德国人认为,这是"加入中国官僚体系的标志和等级地位的象征,在帝国时代,其他西方传教士(例如施泰伊勒传教会的安治泰主教)往往需要施加外交压力才能获得这项殊荣"②。

2.中西合璧的课程、教学和一流的教师资源

首先,在课程计划方面,卫礼贤"尽可能考虑到中国的学校的情况"。在同善会看来,建立礼贤书院的意图"除了培养学生掌握良好的中国古文知识,还尽可能教他们学习全面的德国学校课程"。③ 胶澳总督府在1900—1901行政年度的备忘录中这样阐述礼贤书院的教学计划:

> 这所学校的计划是,在坚实的中国文化和足够的德语、算术和地理知识的基础上以双重方式培养学生。在商工部使学生在簿记、尺牍、会计学、几何制图和基础数学等方面受到更多的实用知识教育。科学部则应引领学生进入自然科学和人文科学诸领域。④

为了确保这一教学计划贯彻始终,1902年卫礼贤将"科学部的课程延长为7年",并主动与清政府"新创立的中国校规相结合",在对接"壬寅-癸卯学制"中达到"一所县学机构的中国公立学校的计划"。为了避免"在学习汉语语言文学的基础知识方面"花费过多的时间,礼贤书院规定:学生"在入学时都经过汉语考试"。⑤1903年,礼贤书院设高级德文科,其余学科"采取前清钦定高等学堂章程教授,定为八年卒业"⑥,并向山东省学政呈准立案。1906年,礼贤书院第一批学生毕业,自此至1914年日德青岛战争前,青岛礼贤书院实施的是初级4年、高

---

①⑤ 青岛市档案馆:《青岛开埠十七年——〈胶澳发展备忘录〉全译》,第368、244—245页,中国档案出版社,2007。

② [德]豪斯特·格林德:《卫礼贤——德国的自由派帝国主义者和中国的朋友》,载孙立新、蒋锐主编《东西方之间——中外学者论卫礼贤》第91—92页,山东大学出版社,2004。

③ *Denkschrift betreffend die Entwicklung des Kiautschou-Gebietes in der Zeit von Oktober* 1900 *bis Oktober* 1901.hrsg.v.Reichsmarineamt.im *SBRV*.Bd.193(BA/MA463).Berlin 1902.

④ 《胶澳发展备忘录(1900年10月—1901年10月)》,载青岛市档案馆编《青岛开埠十七年——〈胶澳发展备忘录〉全译》第199页,中国档案出版社,2007。

⑥ 《本校小史》,载《礼贤中学校廿五周纪念册》第13—14页,1925。

级3年(七年制)中学计划。1912年辛亥革命后颁布的"壬子学制"将中学定为4年,另在大学之前增设了一个三年制预科学习阶段,这正是礼贤书院的七年制修业年限。1909年青岛特别高等专门学堂开办后,礼贤书院的教学计划又进行了必要的改革,既要"努力完成"既定的教学任务,保持礼贤书院的教学特点,又要避免与高等学堂预科的教学"发生冲突"。①

其次,在教学资源方面,卫礼贤十分重视教科书和基础设施的配置。据载,1901年礼贤书院"在文科辅助教材方面",除了新出版的《德华语言教程》,还"编有德华语言练习手册"。② 一本名为《德汉语言练习册》于1902年在青岛出版第一版后,1903年又出版了《德汉语言教科书——汉语课文》第二版,1904年出版有《德汉语言教科书——词汇、语法和汉语课文改写》和《德汉语言教程——P.克兰茨教程》。至1913年,《德汉语言教程——P.克兰茨教程》出版了增订第七版。此外,卫礼贤还编写出版了《按笔画排列并加注音和翻译的最常用汉字》和《德–英–汉专业词典》。

卫礼贤尤其重视学校图书馆等基础设施建设。1900年青岛礼贤书院初创时,便有"藏书丰富的福柏图书馆向学生们提供中外文书刊供他们阅读"③。1912年,礼贤书院兴建一幢教学大楼,作为第一、第三教室和物理、化学实验室。卫礼贤除了教授德语,还任教解剖学和天文学,据说他教的天文学课"特别让学生感到高兴"④。1913年2月"尊孔文社"落成,卫礼贤经周馥引荐聘请劳乃宣来青主持社务。1914年5月,卫礼贤又在礼贤书院东院建起藏有1.2万多册中文经史子集和外文版图书的藏书楼,避青的逊清恭亲王爱新觉罗·溥伟题写了匾额。此外,为了提高教学质量,礼贤书院于1900年便"着力搜集形象教具并建立一个化学陈列室和一个物理陈列室"⑤。1906年,礼贤书院的"物理学教具也参加了德国教具流动展览"⑥。礼贤学子逄翀霄曾感言:"入礼贤书院之时乃感受新教育之始。"⑦

卫礼贤从1902年将《三字经》译成德文,在上海《远东》杂志发表/出版德译汉籍,便自觉地迈上了汉学家的成长之路,直接促进了礼贤书院的教科书资源建设。卫礼贤本是为宣讲基督"福音"来的,却对中国文化产生了景慕之情,在古

---

① ⑤ ⑥ 青岛市档案馆:《青岛开埠十七年——〈胶澳发展备忘录〉全译》,第679、199、523页,中国档案出版社,2007。

② ③ 《胶澳发展备忘录(1901年10月—1902年10月)》,载青岛市档案馆编《青岛开埠十七年——〈胶澳发展备忘录〉全译》第199、199页,中国档案出版社,2007。

④ Wilhelm S.*Richard Wilhelm – Der geistige Mittler zwischen China und Europa*.Eugen Diederichs Verlag 1956,S116.

⑦ 《同学祝词》,载《礼贤中学校廿五周纪念册》第10页,1925。

老的东方智慧中找到了精神慰藉和灵魂解脱,以至于传教士的本职工作只是虚与委蛇,他传教的成绩"几乎为零,因为他在华二十多年不曾给一个中国人行过洗礼"[1]。卫礼贤在逝世前的20多年间,先后翻译出版了《论语》《道德经》《列子》《庄子》《孟子》《大学》《易经》《吕氏春秋》《礼记》等中国典籍。尤其是在劳乃宣的指导帮助下,卫礼贤花了十年工夫将《易经》这一古奥难解的经典译成德文,充分表明了他"对中国作品罕见的领会"[2],使中国传统思想和文化进入了德国思想界主流之中,影响到黑塞、荣格等名流,卫礼贤成为西方首屈一指的侨易学家。

再次,在师资队伍建设方面,卫礼贤延聘中外名师硕儒,致力于形成优良校风。卫礼贤曾这样介绍礼贤书院教师的教学分工:

> 三名外籍教师,德国人,教授伦理学、宗教、历史、自然科学、教育学、心理学;六名中国教师教授西方科学、德语、算术、数学以至二次曲线、地理、物理、化学,四名中国教师教授中国文学和经典。[3]

1900年卫礼贤与卫美懿在寓所开办德华神学院时,他们夫妇教授德文,另聘恩贡生傅兰昇教国文,毕业于登州文会馆的朱宝琛教数学。次年,礼贤书院正式定名并在胶州街建校时,卫礼贤特聘周书训"襄理校务"[4]。周书训,字铭九,山东安丘人,1888年登州文会馆第十届毕业生,历任潍县文华书院教习、浙江台州知新学社教习,是早期学堂乐歌的奠基者之一,在中国近代音乐教育史上占有重要地位。1903年上海路新校舍落成后,卫礼贤聘周书训为总教习,增聘刘永锡和张春峰为数理化教习,臧毓臣和邢克昌为汉文教习。1904年因张春峰改任东镇蒙养学堂堂长,乃聘张松溪为数学教习。1906年,山东大学堂选聘刘永锡任化学教师,卫礼贤乃聘邵宝亮(字次明)为科学教习,并添聘廪贡生张庚耀为汉文教习。1909年邵宝亮去云南教书后,卫礼贤改聘李可云任教习。随着礼贤书院规模的扩大、生源的增加,卫礼贤又聘请了一批社会名流和海外留学人员担任教习。任教礼贤书院的德籍教师有苏保志,华本明与夫人,神学博士徐维廉(Wilhelm Schüler),哲学博士魏理慈(Hans Wirtz)、哈迈尔,医学博士魏世英,哲学博士白赫文(Hermann Bohner),理科博士毕斐洛,还有俄国人齐思其、日本人

---

① 杨武能:《卫礼贤——伟大的德意志中国人》,载《德国研究》2005年第3期。

② 张君劢:《卫礼贤——世界公民》,载孙立新、蒋锐主编《东西方之间——中外学者论卫礼贤》第27页,山东大学出版社,2004。

③ [德]卫礼贤:《同善会缘起与山东工作史略》,郭大松译,载《山东文献》第22卷第1期第71页,山东文献社,1996年6月。

④ 《本校小史》,载《礼贤中学校廿五周纪念册》第13页,1925。

坂根荣吉,等等。其中,苏保志(1885—1974),德文本名 Wilhelm Seufert,出生于德国巴顿,应同善会所聘 1912 年来到青岛,1914 年日德青岛之战时被送往日本战俘营,1920 年获释后赴德国汉堡大学深造,1922 年偕妻子苏伯俪返回青岛。苏伯俪(Beatrice Blind,1891—1973),德国柏林大学毕业。1952 年 3 月,苏保志夫妇返回德国,他们是青岛礼贤学校任职最长的德国人。

基于青岛礼贤书院中西合璧的办学风格,卫礼贤延聘教师着眼于两个方面。

一是尤重科举功名的国学教师。1900—1914 年任教礼贤书院的汉学教习有两位进士,一是光绪甲午恩科二甲进士、官至宗人府主事的叶泰椿,一是劳乃宣。劳乃宣(1843—1921),字季瑄,号玉初,浙江桐乡人,同治辛未(1871)科进士,历任南洋公学总理、浙江大学堂总理、京师大学堂总监督、学部副大臣兼代理大臣,1913 年 10 月移居青岛。劳乃宣通过与卫礼贤等外国知识阶层的交往,有意无意地实践着由传统士大夫向现代性知识精英的转变。另有五位举人,包括"即墨三举人"张显超、黄泽尊和张绍价。黄泽尊系即墨黄氏诗书衣冠之族的后裔,自幼饱读经典,治学谨严,堪称一代师表。张绍价学养丰富,以孝廉身份举同治恩科举人,究心于濂洛关闽之学,生平著述精诣,著有《居安轩存稿》《近思录解义》《中西学说通辨》等。溥仪在做伪满洲帝国皇帝时读了张绍价的《中西学说通辨》后,为其题写了"正学匡时"的横匾。寓青时期,前清学部副大臣刘廷琛曾设家塾,延请张绍价为"西席"。同为举人出身的山东平度人邢克昌任汉文教习,是邢克昌最初帮助卫礼贤接触了《论语》等儒家经典。汉学教习张庚耀是光绪初年平度州科试第高的廪膳生员,博学笃行,遍传乡里。平度廪贡生马绎簋、平度拔贡王仁溥、安丘附贡王荫清、胶州附贡赵瀛洲都是饱学之士。汉学教习、山东青州罗家庄人罗绳引曾是登州文会馆的留校教师,也是赫士(Watson Mcmillen Hayes)由蓬莱带到济南创办山东大学堂的教习之一。高天元帮助卫礼贤"定期编写《孔子家语》读物"。卫礼贤写于 1914 年日德青岛战争时期的日记称:"每天下午我再将上午高给我写出的文章释义翻译成德文。"①

二是特别重视理科新锐教师。近代中国的新式教育由于自然科学的加入而迥异于传统教育。与一般传教士以数、理、化学科抢占课程制高点不同,卫礼贤通过西学的传授达到与儒学汇流的目的,为此他特别注重礼聘数、理、化学科教师。化学教习刘永锡和数学教习朱宝琛来礼贤书院之前,曾经京师大学堂总教习丁韪良(William Martin)的筛选、面试,出任西学副教习,在洋教习称雄中国大学堂的崇洋时代,刘永锡和朱宝琛能登自然科学教师之位非同小可。刘永锡是莱阳朱毛村(今属莱西)人,1885 年他与狄考文、邹立文合作完成的《形学备旨》,

---

① [德]卫礼贤:《德国孔夫子的中国日志》,秦俊峰译,第 37 页,福建教育出版社,2012。

对几何学在中国的普及起到了重要作用。[①] 刘永锡应聘青岛礼贤书院不久,山东巡抚袁世凯敦请到济南筹办山东大学堂的赫士,即向在青岛的刘永锡发出邀请,但刘永锡眷恋礼贤书院,直到 1906 年才去济南应聘。朱宝琛是山东高密朱家沙浯人,曾任登州文会馆狄考文的秘书,时人称朱宝琛有"顺应时代规范的丰富学识"。1893 年,朱宝琛笔述《新排对数表》采用了印度–阿拉伯数字"0"来表示 0 的概念;1895 年编纂《心算初学》;1898 年与赫士合译并笔述的《光学揭要》《声学揭要》等书,均由上海美华书馆出版;1906 年还为山西大学堂译书院译述《最新天文图志》。数学教习张松溪编有《勾股题馈》《八线备旨》等数学课本。几何教习、平度鲁家邱人李可云有深厚的知识底蕴,是在礼贤书院任教时间最长的教师。

1914 年 8 月爆发的日德青岛战争,致使青岛教育蒙受了巨大损失。1915 年初礼贤书院复课时,教职员尚存不足 10 人,学生仅有 50 余人,而欧洲同善会总部的经费中断又使学校无法维持正常开支。然而,礼贤书院教师主动向卫礼贤提出薪水减半,高天元等教师则分文不取,甘尽义务。礼贤书院教师表现出的高尚品质和牺牲精神,进而成为"礼贤人"的思想资源。

3.对近代青岛师范教育的贡献与"师范有资"之办学特色

卫礼贤对近代青岛师范教育的贡献,主要表现在通过礼贤书院为胶澳地区的蒙养学堂培养了一批师资;同时又经礼贤书院的培养,一批堪当师表的人才回校任教。

卫礼贤在礼贤书院创办伊始即清醒地意识到,"把整个学校体制置于一个健全的基础之上势在必行"[②]。这个体制被后来的"礼贤人"概括为"中学为体、西学为用、师范有资"[③]。有理由认定,青岛礼贤书院的初始阶段是一所"准师范"性的教师培训学校。

其实,无论是晚清政府的"壬寅–癸卯学制"规划,还是胶澳总督府为青岛华人子弟开办的蒙养学堂,都面临着缺少适用、数量不足的师资问题。清政府解决的办法是:1904 年提出在初级师范学堂尚未设立前,设立应急性的师范教育机构——师范传习所。1905 年,胶州师范传习所在胶西书院的基础上设立,学制为 10 个月,学员来自乡村塾师,然仅办了一期即告解散。即墨的师范传习所建于旧学署[④],比胶州的早一年(建于 1904 年),但不及 4 年也停办。卫礼贤认为,这种临时应急性的师资培养机构只是"为了给旧式的老师来个现代化的表面

---

① 祝捷:《〈形学备旨〉的特点及影响初探》,载《中国科技史杂志》第 35 卷第 1 期第 16 页,2014。

② [德]卫礼贤:《中国心灵》,王宇洁、罗敏、朱晋平译,第 129 页,国际文化出版公司,1998。

③ 《本校小史》,载《礼贤中学廿五周纪念册》第 13 页,1925。

④ 即墨县县志编纂委员会:《即墨县志》,第 706 页,新华出版社,1991。

光"。他不无挖苦地说："传习所"被人们称作"穿衣所"，而培养教师的"师范学校"则被叫作"吃饭学堂"。①

应当说，德国一向重视师范教育。在德国，培养初级师资的机构称作 Lehrer Seminare，一般实行走读制；次一等的"预科" Praparanden-Anstalten 是初级师范教育的进阶。德国"租借"胶澳干预教育是从语言培训入手的。据载，至迟到1899年10月，德胶澳总督府即已开设了3个"德-汉语训练班"，录取华人学生"已达50名"。② 与德-瑞同善会相邻的柏林传教会，由于昆泽兼任总督府顾问的便利及拥有3名德国传教士、10名华籍助理牧师和教师、4名华籍宣教员的人力优势，至迟于1901年10月已"在总督府赠予的地皮上建立起几近完工的德华较高级教师学校，为100名学生提供了学习场所"。③胶澳总督府在1900—1901行政年度的备忘录里特别写了一个"德华教师学校"的专条，其中称：学生"每两人一间住在小房间里，而听课则在漂亮的大教室里。课程包括中国古文、德语、地理、算术、物理等，相当于德国的中学程度"。④ 此时的德-瑞同善会只有2名传教士和1名医生。

值得肯定的是，卫礼贤始终着眼学生的生涯需求，为学生未来求学和求职铺平道路；在最初设立科学部、商工部的同时，确定了礼贤书院"师范有资"的办学方向。出于充任未来青岛乡村蒙养学堂教师的目的，至迟到1902年10月，礼贤书院已形成一定的办学规模，学生增至5个教学班，具有明显的"准师范"特点。胶澳总督府在1905—1906行政年度的备忘录里，用赞赏的语气肯定了卫礼贤的工作：

> 建立了一所培养中国教师的预科学校，目的在于为书院初级部按现代原则建立初级学院的工作做准备，由此，书院可逐步减少基础课程，制定较高目的的教学计划。
>
> 正在编写适于这所新建学校的教材和其他中文教科书，这些教材都运用了现代的专门的教育学方法。⑤

礼贤书院的"准师范"性质契合了德胶澳总督府管理华人教育的目的，解决

---

① ［德］卫礼贤：《中国心灵》，王宇洁、罗敏、朱晋平译，第145页，国际文化出版公司，1998。

②③ 青岛市档案馆：《青岛开埠十七年——〈胶澳发展备忘录〉全译》，第43、144页，中国档案出版社，2007。

④ *Denkschrift betreffend die Entwicklung des Kiautschou-Gebietes in der Zeit von Oktober* 1900 *bis Oktober* 1901.hrsg.v.Reichsmarineamt.im *SBRV*.Bd.436（BA/MA193）.Berlin 1902.

⑤ 《胶澳发展备忘录（1905年10月—1906年10月）》，载青岛市档案馆编《青岛开埠十七年——〈胶澳发展备忘录〉全译》第435页，中国档案出版社，2007。

了青岛发展近代新式学校教育所需师资的燃眉之急。据载,卫礼贤为胶澳地区蒙养学堂培养的师资共计 33 名,柏林传教会昆泽的"德华较高级教师学校"则培养了 23 名。[1]

通过办学不断为礼贤书院补充优良师资,是卫礼贤发展近代青岛师范教育的又一贡献。青岛礼贤书院的师资是一个多元的组合,任教的中国教师中除了有科举功名的国文教习,理科教师最初主要依赖登州文会馆的毕业生源。狄考文培养师资的做法给卫礼贤以启示,通过礼贤书院培养"嫡系"教师,既是卫礼贤的孜孜追求,也成为礼贤学校的传统。在 1925 年编印的《礼贤中学校廿五周纪念册》52 名"前任教职员"名单上,属"本校毕业"的就有 11 人。其中就有1900 年最早跟随卫礼贤学德语的谭玉峰、谭岳峰、王真光三人,还有马德溢、王福汇、张溥泉、孙振魁、李毓蓁、黄义方、苟云书(字孟龙)、邵希周。[2] 马德溢、李毓蓁和后来的刘铨法、孙方锡、张金梁等既学在礼贤,又大半生服务于礼贤的教坛。

当然,也有中途远走高飞的,如王福汇。王福汇(1888—1984),字注东,山东潍县人,1900 年就读青岛礼贤书院,后来考取青岛特别高等专门学堂医科,从上海同济毕业后辗转回到礼贤书院任职。1918 年,王福汇离开青岛,与人集资在济南兴办山东私立女医学校,并任校长。[3] 1922 年,王福汇赴德国柏林皇家医学院进修,获博士学位;回国后曾任山东省立医专教授、教务长,济南医师公会会长,最终成为中国著名的眼科教育家。

三　教会女子教育与美懿/淑范华人女校

近代青岛的女子学校教育始于德胶澳租借地时期的教会办学,其兴起之路缓慢而曲折。其间,德国基督教柏林传教会和天主教会开办的女学固然是一个不可忽略的方面,但德-瑞同善会卫礼贤及妻子卫美懿的美懿/淑范华人女子学校则具有示范意义。

1.租借地欧侨女童和华人女子教会学校的兴办

根据史料,近代青岛学校招生对象不限性别的仅有三条信息记载:一是柏林传教会开办的爱道院,有文献记载,萧正清(Sauer)曾招收了 15 名女生。[4] 二是

---

①　Seelemann D A.*The Social and Economic Development of the Kiaochao Leaschold under German Adminis-tration 1897-1914*.PhD Diss.,York University,Toronto 1982,P.361-366.

②　《教职员名单》,载《礼贤中学校廿五周纪念册》第 17—20 页,1925。

③　《山东省卫生大事记》,http://www.doc88.com/,2014 年 3 月 8 日。

④　王淑芳:《青岛公会史略》,载《基督教鲁东信义会五十年》第 71 页,1948。

1899 年德侨社团自发成立的德国学校，其最初入学的 13 名儿童中包括女生，但具体人数不详；1900 年夏 18 名在校生中有 7 名女生。① 这是胶澳总督府官方文献最早公布的数字。三是 1899 年卫礼贤来青岛之初曾教授 7 名欧美儿童，其中有 3 个女孩，这 3 个女孩"一个说德语，一个说英语，另一个则说中国话"②。这段话出自卫礼贤 1926 年出版的游历中国的回忆，可见卫礼贤是青岛最早从事女子学校教育的教师之一。不过，上述办学记载均是男、女生混校的"单轨制"教育，并非严格意义上的女子学校教育。

1902 年 4 月，德国天主教斯泰尔修会为方济各会和圣母玛利亚修女会建成住所，与住所相连的是为青岛的欧侨建立的"一所德国女子寄宿学校"③。这是近代青岛女子学校教育最早的记载，习惯上将其称为"青岛天主教女子学校"（也称"弗朗西斯科女子学校"）。该校的课程有宗教、德语、法语、英语、文学、算术、地理、世界历史、自然科学、画画、油画、手工、音乐、雕塑和簿记。英语和法语课由侨居青岛的英国人和法国人任教，"其余的课程用德语讲授"；宗教课，"天主教的神学课只允许信奉天主教的学生参加，新教宗教课则是信奉新教者参加，授课者是总督府新教牧师"。④关于这所学校的创办宗旨、管理模式和办学规模，在胶澳总督府 1902 年以后各行政年度的备忘录及其他文献中逐步得以明了。

德国"租借"胶澳后，带来了基督教柏林传教会和德–瑞同善会。天主教斯泰尔修会虽早已在鲁南立足，但在青岛的势力十分有限，白明德便努力争取方济各会和圣母修女会的加入，因为开办女校是天主教会宣教的题中之义。青岛天主教女子学校以"陶冶品行、养成适应他日社会各阶级之妇人"⑤为宗旨，以培养标致的欧洲现代名媛淑女为目标。学校由方济各会修女和圣母玛利亚修女管理，并接受德胶澳总督府的监督。这所天主教女子学校被胶澳总督府称为"德国女子寄宿学校"，实际包括一所女子学校和一所幼儿园，女子学校的生源既有天主教会自招的，也有因总督府学校男、女生分校施教分流出的女生。该校 1902 年开办时有 10 名女生，幼儿园有 10 名儿童。⑥ 由于报名上学者十分踊跃，到 1903 年增至 42 名（含幼儿园），1904 年新年"还有另外 6 名女寄宿生报名"⑦。

---

① *Denkschrift betreffend die Entwicklung des Kiautschou–Gebietes in der Zeit von Oktober* 1899 *bis Oktober* 1900.hrsg.v.Reichsmarineamt.im *SBRV*.Bd.115（BA/MA189）.Berlin 1901.

② ［德］卫礼贤：《中国心灵》，王宇洁、罗敏、朱晋平译，第 3 页，国际文化出版公司，1998。

③④ 《胶澳发展备忘录（1901 年 10 月—1902 年 10 月）》，载青岛市档案馆编《青岛开埠十七年——〈胶澳发展备忘录〉全译》第 199、199 页，中国档案出版社，2007。

⑤ 李贻燕：《调查青岛教育报告书》，载胶澳商埠督办公署民政科学务股编《胶澳商埠教育汇刊·附录》第 115 页，1924。

⑥⑦ 青岛市档案馆：《青岛开埠十七年——〈胶澳发展备忘录〉全译》，第 199、245 页，中国档案出版社，2007。

到1904年10月前,学校共有10名修女,在校女生达到40多名。从胶澳总督府1903—1904行政年度备忘录表述的"修女们还教一些中国女孤儿制作刺绣品"[①]推测,这所面向青岛欧侨女童的寄宿学校可能试图打破中国女子学校教育的禁区,为华人女子接受正规教育探索拓荒的途径。

1905年9月以后的官方文献证实,方济各会的"修女们也为殷实家庭出身的中国少女开办了一所寄宿学校,目前有5名女学生,她们除了一般课程外,每天还上德语课"[②]。至1906年10月,青岛天主教女子学校的女生达到69名,其中有12名寄宿生。此外,为青岛华人女子开设的女校学生增加到11名,其课程有中文、德文、英文和手工。[③]由于1907年总督府学校解决"单轨制"教育缺陷单独为女生设置学校,青岛天主教女子学校的女生减少了许多,但寄宿生却有所增加,1909年的统计数字为24名。值得注意的是,方济各会又为青岛华人女子开办了"一所女子工读学校,在那里32名华人女孩学习宗教课和女子工艺。修女们计划把这所学校迁往大鲍岛的教会会址去,以便使其得到扩大"[④]。可见,华人女子的学校教育问题越来越受到教会的重视。对于教会来说,为那些皈依"上帝"的中国男子匹配基督化的妻子,有助于变中国为"福音世界";而开办华人女子学校,可以借教育之舟载基督"福音",实现最大限度地控制和影响中国人的目的。

据《胶澳发展备忘录》披露,柏林传教会早在白明德开办天主教女校之前,曾于1901年由"一位教会女教师"领导筹建"一所中国女子学校"。[⑤] 到1903年,这一任务"发展顺利",被"扩大为少女之家"。[⑥]这种教会女学秉承基督教的目的与方向,注重女子的身心发展。胶澳总督府对柏林传教会的女校建设多有记载,1905—1906行政年度的备忘录使用了"由一位有经验的教会女教师领导的大鲍岛女子学校正在稳步发展"的字样,并声称"现在已有必要从使用至今的中国房子中迁至一个面积宽敞设施齐全的新校舍中去了,为了建造新校舍已购置了地皮"。[⑦]到1907年9月,迁至大鲍岛"新建的漂亮校舍的女子学校"获得了青岛当地人"越来越多的好感",因为"上学的"女孩达到31名。[⑧]大鲍岛女子学校的课程以"教给女学生们掌握全部女红"为主,也"有几位女生遵照家长愿望在学习德语;课程由一位在德国国内师范学校学习过的教会女教师担任"。[⑨]到

　　①②③⑥⑦⑧⑨　青岛市档案馆:《青岛开埠十七年——〈胶澳发展备忘录〉全译》,第300、369、436、299、434、522、595页,中国档案出版社,2007。

　　④　《胶澳发展备忘录(1908年10月—1909年10月)》,载青岛市档案馆编《青岛开埠十七年——〈胶澳发展备忘录〉全译》第681页,中国档案出版社,2007。

　　⑤　Denkschrift betreffend die Entwicklung des Kiautschou-Gebietes in der Zeit von Oktober 1901 bis Oktober 1902.hrsg.v.Reichsmarineamt.im SBRV.Bd.832(BA/MA196).Berlin 1903.

1909 年,柏林传教会的大鲍岛女子学校共有 75 名寄宿生和走读生。[①]

2.卫礼贤、卫美懿夫妇的美懿/淑范华人女子学校

卫礼贤对近代青岛学校教育的另一贡献,是 1905 年与妻子卫美懿在礼贤书院一侧创办了美懿书院,1911 年又迁址扩建为淑范女子学堂。青岛华人女子教育由此进入规范化规模发展的阶段。

客观地说,卫礼贤涉足华人女子教育在青岛未执先鞭。与柏林传教会和天主教会的女校肇始不同,卫礼贤创办女校既有德-瑞同善会的意向,又受晚清中国教育改革的影响,同时也是礼贤书院"为男青年开设较高级学科课程"后的客观要求。据卫美懿回忆,1904 年卫氏夫妇就遇到了"一位要求进行德语授课的中国女孩",而"在那个时候男女生一起上课是不可能的",因此他们只好"在家中进行私人授课,但是很快开办一所女子学校的愿望就变得十分迫切"。[②]

据史料记载,1905 年第一学期,卫礼贤在礼贤书院"东南院划分一隅"为校舍"添设女学"。[③] 女校由卫美懿负责管理,并以其中文名字命名为"美懿书院"。卫礼贤按照德国女子中学的模式,为美懿书院设计了六年制学程。其教学计划规定:

> 训练实用中文的读和写;此外,还教授一定的中国文学知识。同时也考虑设德语、算术、地理、生物学、图画、音乐等课程;除这些理论课外,还引入了家政课和缝纫刺绣课。[④]

为了有效地执行这一计划,学生入学前须接受大鲍岛和台东镇日校三年制基础教育。美懿书院初创时仅有 5 名学生,很快便"由 8 人增为 28 人"[⑤]。总督府 1907—1908 行政年度《胶澳发展备忘录》称:美懿书院"有了特别令人高兴的进展",山东省内地来上学的人特别多,"以致不能将报名者全部录取",目前"共有四个班级……学生数目现为 34 名"。[⑥]事实如此,卫礼贤在礼贤书院的办学成就无形中为美懿书院赢得了生源,青岛及周边地区的许多华人开始认识妇女的地位,尤其是一些知识分子家庭出身的女子乐意选择美懿书院。及至 1908 年 10 月,美懿书院的学生增至 62 名,及至 1909 年增加到 82 名。由于"女生日多",与礼贤书院隔墙而设的东南院校舍实在容纳不下,在接受了一些私人捐赠

[①④⑤⑥] 青岛市档案馆:《青岛开埠十七年——〈胶澳发展备忘录〉全译》,第 678、368、523、596 页,中国档案出版社,2007。

[②] Wilhelm S.*Richard Wilhelm-Der geistige Mittler zwischen China und Europa*. Eugen Diederichs Verlag 1956,S129.

[③] 《本校小史》,载《礼贤中学校廿五周纪念册》第 14 页,1925。

的建设资金后,卫礼贤、卫美懿夫妇便考虑异地扩建女校。

新校址选在奥古斯特女皇街(Kaiserin Aug. Str.,今武定路)同善会医院附近,"筑讲堂及宿舍数十间"①。卫礼贤、卫美懿夫妇将新校定名为"淑范女子学堂",原美懿书院则"作为淑范女校的预备学校继续存在"②。学校分初、高两级,学制为初级3年、高级6年。卫礼贤不仅让女校在数量上扩容,而且在增量与存量上实现了深度调整。这样,美懿/淑范女校一家独大,超过了青岛同期任何一所女子学校。1911年12月,卫礼贤举行淑范女子学堂落成典礼,新任胶澳总督瓦尔德克出席并揭幕。

从美懿书院到淑范女子学堂,不单单是名称的更换和外延的扩张。虽然卫礼贤在新校人事安排上一仍原班人马,卫美懿等德国教师仍兼德语、体育课,但新校改由张松溪担任监督,与卫美懿、教务主任栾佩卿共同管理女校校务。张松溪(1871—1965),字子清,山东临朐人,1895年登州文会馆毕业,1904年受聘青岛礼贤书院数学教习,后在美懿书院兼课,其间与山东栖霞人栾佩卿结为夫妇。事实上,在美懿书院基础上发展起来的淑范女子学堂,有着深刻的内涵变异。总督府的官方文献称:这所"非教派学校"向中国女孩传授的是"欧式教育"。③ 总督府翻译官海因里希·谋乐则进一步说:淑范女子学堂"欲使德国女学之模范进行于中国,以为先路之导"④。卫美懿则道出了取名淑范女子学堂的原委:"校名的寓意是贵族女子的典范,此举在中国女子教育领域意义尤其重大。"⑤事实上,卫礼贤、卫美懿夫妇一直在美懿/淑范女校实行分科、分班和分级教学,既讲授西方人的生活方式和家事知识,又兼顾青岛城市化条件下的家政问题。缝纫刺绣课不是简单的女红,而是如何选择衣料,制织衣服;烹饪课教学生做西点、西餐和中国面点名菜,并渗透食材、营养与应酬宴请等常识。同时,美懿/淑范女校特别注重体育和美育,"以德国所分配之体操法式,以教授之",另有"女工图画、乐法、抚琴诸科"。⑥

卫礼贤、卫美懿夫妇在美懿/淑范女校办学实践中,致力于探索一条德国化、中国式的现代女子教育之路,在某种程度上加速了青岛教育的现代化进程,具体表现在以下两个方面。

一方面,传播先进的妇女卫生保健知识,促使女生做近代青岛放足运动的先

① 《本校小史》,载《礼贤中学校廿五周纪念册》第14—15页,1925。

②⑤ Wilhelm S.*Richard Wilhelm-Der geistige Mittler zwischen China und Europa.*Eugen Diederichs Verlag 1956,S.202,200.

③ 《胶澳年鉴(1911年)》,载青岛市档案馆编《青岛开埠十七年——〈胶澳发展备忘录〉全译》第712页,中国档案出版社,2007。

④⑥ 《青岛淑范学堂说略》,载[德]谋乐辑《青岛全书》第234、235页,青岛出版社,2014。

行者。办医是卫氏夫妇在青岛工作的重要组成部分。早在礼贤书院建校之初，同善会就于1901年9月择地"设医院一所，以疗学生疾苦，兼施市民，不受药费"①。此外，同善会还管理着一所"由台东镇中国教徒创建的"②华人医院。由于卫美懿本人来中国之前曾接受过医学护理专业的培训，卫美懿负责的美懿书院的女生不仅与礼贤书院男生同样享受免费就医的待遇，而且有切合女生心理和生理特点的性别文化教育。方便的医疗条件和美懿/淑范女校标新立异的课程，使女生对原先视为隐私的身体结构有了科学的认识，西方妇科医学的进步唤起了女生对自身卫生状况的重视。同时，卫氏夫妇强烈抨击中国传统妇女的缠足陋俗，竭力帮助入校女生摆脱这一特殊的"肉刑"，使女生不再背负"大脚鬼嫁不出去"的莫名耻辱。在近代青岛，包括美懿/淑范女校在内的青岛教会女校学生的天足成为青岛社会的追求，尤其是出没于工商界的华人和接受了新教育的男子改变了"三寸金莲"的审美习俗。有人公开登报放言："西人设女塾，以作中国之不逮，塾中之女无不六寸肤圆，年届及笄，人争娶之，其不得者辄恨各塾教女之少。"③

另一方面，营造民主进步的女校氛围，增进女性掌握社会场域的权力位置。鉴于女性千百年来的弱势地位和中国传统的"贤妻良母"论的巨大影响力，卫氏夫妇在美懿/淑范女校办学实践中，将女学作为解决妇女问题的切入点，推动女子教育从西方化向本土化、从传统性向现代性转化。事实表明，美懿/淑范女校的学生自主性较强，"俾有活泼自由之灵性"④。1912年，德国海因里希亲王访问青岛时曾专程视察淑范女校。这些勇敢的女学生拒绝参加欢迎仪式，全部离开学校，此事被称作中国学生运动史上第一次集体罢课。女生们不甘于"他者"的身份，开始为"女界"的未来奔走呼号，引发近代女性观的演变。例如：谭玉峰的侄女、高年级女生谭庆云极富革命热情，成为很有威信的学生领袖⑤。女学的兴办带来的社会影响逐渐扩大，成为转变社会风气和解放妇女运动的发端之一。近代青岛女性在抛弃裹脚旧习俗的同时更多地接受了殖民地的意识，更热衷于都市的女性生活，以至于出现了颠覆传统女性形象、崇尚自由与追求自我的摩登女郎。

---

① 《本校小史》，载《礼贤中学校廿五周纪念册》第13页，1925。

② *Denkschrift betreffend die Entwicklung des Kiautschou-Gebietes in der Zeit von Oktober 1904 bis Oktober 1905.hrsg.v.Reichsmarineamt.im SBRV.*Bd.174(BA/MA222).Berlin 1906.

③ ［英］立德夫人：《劝诫缠足丛说》，载《万国公报》第138册，1900年7月。

④ 《青岛淑范学堂说略》，载［德］谋乐辑《青岛全书》第236页，青岛出版社，2014。

⑤ 韩同文：《礼贤中学文德女中创始及演变真相》，载韩同文著《民族拓荒者》第125页，香港文化中国出版社，2004。

事实如此,近代青岛女学的出现有其深刻的社会政治、经济和思想文化背景。美懿/淑范女校不仅使女子学校教育步入合法之途,而且使女学与妇女解放、青岛教育近代化和现代女学之间的关系得以凸显,为民国时期女子教育规范有序的发展打下了基础。

第四节 中德政府合作青岛特别高等专门学堂

一 德殖民地新文化政策与晚清新教育的互鉴互利

青岛近代高等教育体制肇始于中德合作的青岛特别高等专门学堂。这所由中德两国政府在华合作建立的第一所高等学校,适应了中国新旧教育体制转轨和德国文化殖民扩张的双重需求。由于历史的原因,青岛特别高等专门学堂仅仅开校五年便在日德青岛之战的狼烟中解体,但它对青岛高等教育却产生了久远的影响。

1898年3月《胶澳租借条约》签订后,德国即开始谋划青岛的教育事业。据载,德–瑞同善会传教士卫礼贤1899年抵达青岛后,曾根据"清廷拟订的《高等学堂章程》,创办礼贤书院,学制八年(原为大学)"[①]。但是,德国在东亚(如德黑兰、巴格达、叙利亚、贝鲁特)的殖民教育,仅仅限于为那些地区的土著居民举办"宣传学校"或者"广告学校",尚未把创办高等学校的计划列入其中。[②] 况且,胶澳总督府管理中国事务的专员威廉·施拉迈耶(Wilhelm Schrameier)曾有过开始不要办大学(或学院),而要从小学开始的主张。因此,胶澳总督府最终确定礼贤书院为学制7年的中学。

然而,军事上的强权政治和经济上的赢利追求必然引发文化的扩张。1905年后,以德国海军署国务秘书提尔皮茨(Alfred von Tirpitz)为代表的一批内阁政要意识到,为改变明显落后于英、美等列强的德意志地位,增加外交发言权,在创建远洋舰队的同时,必须调整在远东尤其是青岛的殖民政策。1906年,德国成立了促进德意志在中国的文化工作委员会,并思考如何使"德国的知识和德国的精神"贯彻到"经济上依赖青岛的腹地之中",一如英国在香港的基地不能满足英国海军的需要一样,青岛租借地的教育不是"像在香港出现的情况那样,把自

① 韩同文:《花之安尉礼贤与礼贤书院和文德女中》,载《山东文献》第22卷第1期第76页,1996年6月。

② [德]弗兰茨·施密特:《关于德国的外国学校的历史》,载比里茨、绥德豪夫编《德国的外国学校》(德文版)第17—28页,1929。

已局限在仅仅培养一些只知道在学校教育中寻求一种更方便的谋生手段的中国人的水平上"。① 德国开始了进一步的教育殖民规划，即"采用一种目标明确的、由国家倡议、资助和组织的文化政策来对抗英国和美国主要出于私人传教团体的创意"②。

学界注意到，在1906—1907行政年度《胶澳发展备忘录》里豁然出现了"华人学校计划"专条，其学校结构包括一个"统一而完整的初级部"和一个"建立在初级部以上的高级部"，并强调"整个学校都必须重视中文学习"。③ 这个设计显然没有直接搬用德国的学校模式，而是考虑到中国新式学堂刚刚出现，必须从初级部发展到高级部，而重视中文学习可以迎合中国人的心理。鉴于当时英、美在中国所办的大学皆以神学和医科、理科为主，所以该计划的科系设置突出与胶澳租借地建设紧密相关的专业。胶澳总督府的备忘录还设计了这所"华人学校"的修业年限、学生来源、教学计划、实验室和师资问题，并考虑到如何与中国方面接洽。

> 学校的具体组织情况还要与北京教育部、山东省政府和山东邻近各省政府仔细磋商，因为要考虑到，这个学校毕业后应具有北京同类学校的相同学历，无论如何不能使毕业生在这方面遇到麻烦。此外要与中国当局打通关系，保证能从这些省区得到合适的教育对象。④

1907年7月9日，德国外交部国务秘书齐默尔曼（Arthur Zimmerman）致函提尔皮茨，转达了德国驻华公使雷克斯（Canth von Lex）在一份《德国文化政策备忘录》里提出的在青岛建立德华大学的意向。齐默尔曼和雷克斯的动议，正是提尔皮茨"多年来已考虑过的计划"⑤。在将青岛进一步建设成为"欧洲特别是德国在东亚的文化中心"的图谋上，胶澳总督府与海军署没有分歧；但在是否将德华大学建成提尔皮茨所预谋的"这一野心勃勃的工程"上，其意见截然相对。胶澳总督府疑虑的是：一方面，实现这一设想"代价很大"，租借地将不得不削减其他开支；另一方面，总督府更热衷于华人的职业教育，因为可以为租借地"提供受过良好培训的廉价劳动力"，而不愿"浪费金钱与时间用于造就可能根本不会为青岛本地效劳"的高等学府毕业的中国大学生。最终，还是提尔皮茨的强势态度

---

① *Jacobsen an die Reichsmarine-Amt.*27.1.1905.BA/DBC,Freiburg.R9208.1241.219.

② ［德］余凯思：《在"模范殖民地"胶州湾的统治与抵抗——1897—1914年中国与德国的相互作用》，孙立新译，第282—283页，山东大学出版社，2005。

③④ 《胶澳发展备忘录（1906年10月—1907年10月）》，载青岛市档案馆编《青岛开埠十七年——〈胶澳发展备忘录〉全译》第518、519页，中国档案出版社，2007。

⑤ *Almiral von Tirpitz an die Auswartiger-Amt.*4.10.1907.BA/DBC,Freiburg.1258.3.

占了上风。1907 年 12 月 11 日,提尔皮茨向中国驻德公使孙宝琦通报了德国政府在青岛建立"能进行较高级科学知识教育的德国模范学校"的计划,建议双方进行商谈。

对于德国政府的办学要求,清政府没有立即作出回应。一向老成持重的学部尚书荣庆认为,凡外国人欲在中国设立学堂一概不予批准,理由是洋学堂的宗旨、课程与中国"迥然不同"。1908 年 1 月 15 日,雷克斯致函清廷领班军机大臣、庆亲王奕劻要求立校,奕劻对此未置可否。消息传到体仁阁大学士、军机大臣兼管学部事务的张之洞那里,情况发生了转机。其实,中国对德国的教育一向看好。李鸿章早在 1872 年就派遣数名官员去德国受训,在天津设立的武备学堂还于 1885 年聘用了德国教习。1905 年清廷"五大臣出洋",对德国的教育制度大加褒扬。1908 年 2 月 15 日,张之洞与雷克斯晤面,双方开诚布公地表明立场。雷克斯提出:"德国先筹开办费三十万马克,其常年经费七万五千马克,望中国政府赞助。"①张之洞开出了一系列条件后明确提出:德国人的投资远不足以举办一所大学所需。德国对张之洞的条件虽然感到过分"挑剔",但他们希望把握眼前不可错过的时机,利用这位老臣大权在握之际,为德国学校在"中国的学校系统中可以一劳永逸地得以确认,并在将来保持其独立性",至少不能任由华人高等学校因为教育所需落入英、美的怀抱。关于预算问题,雷克斯深知中国人习惯于大场面,"一分钱一分货,如果某人要价不高,华人便会怀疑他的能力"。为此,雷克斯在报告里进一步写道:"我们要想成功便必须迎合他们。"②4 月,提尔皮茨将德国汉堡大学汉学家、曾长期在中国各埠德国领事馆任职的奥托·福兰阁(Otto Franke)聘至海军署,委托其以"特别委员"身份与中方谈判。5 月 29 日,福兰阁与张之洞会谈。

谈判中,有两个问题成为双方争议的焦点:一个是学校的性质(或程度),一个是如何认定学生的毕业资格。德方设想的是学校的程度与西方的大学相等,毕业生应"奖以进士出身"。中方则认为,大学名称"未便轻予假借"。大学在中国即指"太学",只有京师才有资格设立,各地省城只设作为大学预备科的"高等学堂",其毕业生须入"大学堂"继续学习,因此地方设立的高等学堂毕业生不可能授予进士出身。经双方进一步磋商,未来青岛的这所华人学校其校名的德文为 Deutsch-Chinesische Hochschule,可译作"德华高等学校"。关于毕业生的待遇,规定"俟考升中国大学堂肄习毕业后,再行给予奖励,不愿升学者,得由中国官府酌量任使"。

---

① 吴剑杰:《张之洞年谱长编》,下卷,第 1023 页,上海交通大学出版社,2009。
② 《青岛教育计划——致帝国总理的请示》,存青岛市档案馆,档号:B0001-008-00013-0009。

1908 年 6 月 22 日,学部杨熊祥、陈曾寿受张之洞委派前往德国驻华公使馆,向福兰阁转达中方对中德合办青岛华人学校有关条款的异议。6 月 24 日,福兰阁在致提尔皮茨的报告里详尽地写出了中方的意见:

第一条,学校应称为"高等学堂",分为两部分,一为预科,教授普通预备课程;一为正科,设置为原计划(即德方提出的办校计划)。

第二条,预科持续五年,其余不变。

第四条,所有学生住在校内,必须谨遵上谕,穿着(中国国家)法定的学校制服。

第八条,全体学生由山东省教育部门为学校选拔,这样则由学校毕业及预科结业的学生,可以按照中国普通国立学校学生的学历标准划分。

第十二条,违反现行规定的学生,视其情节轻重,按朝廷的教育律法进行惩处。

第十五条,学校的最高领导为监督(校长),统领全校事务。自此人以下所有官员,包括所有教员,无论中欧,皆由学校发薪。

附加条款:教授中国语言文学、品德及中国地理、历史的教员,应由中方教育部门选定推荐。

第十六条附加条款:学校毕业生可获批参加中国之大学("大学堂")的入学考试。在彼处完成学业后将获得相应的学历和证书。[1]

福兰阁在报告中强调指出:德方最满意的是第十六条的附加条款。因为这一条规定了毕业学生可以参加"大学堂"的考试,这意味着青岛的华人学校有了中国官方的认证,进入了中国高等教育序列,并成为一座有特权的高等学府。这在中国的外国人举办的学校中是独一无二的。[2]

谈判的最后阶段主要围绕学堂开办的具体细节进行,可这些细节问题竟耗费了一年多的时间。1909 年 7 月 9 日,中德双方在青岛议定特别高等专门学堂章程 18 条。其第十四条规定:学堂设监督一员,由德国验派;另设总稽察一员,"由中国选派,常川住堂",其职责是"考察学堂办法与本堂章程是否符合,呈报中国管理学务衙门备核,并稽查中学教员是否合度,学生功德品行如何,告知监督酌办"。[3] 7 月 11 日,第 97 期《学部官报》全文公布了《青岛特别高等专门学堂章程》,清政府遂派记名御史、学部员外郎蒋楷出任总稽察。德国政府则委派

①② 《中国教育部对在青岛办学的几点异议——致帝国海军署国务秘书的报告》,存青岛市档案馆,档号:B0001-008-00013-0005/7。

③ 《青岛特别高等专门学堂章程》,载[德] 谋乐辑《青岛全书》第 213 页,青岛出版社,2014。

曾任教中国京师大学堂的讲师、地质学家、德国海军署官员凯贝尔(Georg Keiper),赴青岛任学堂监督。8 月,双方又议定了开办等事宜,最终确定开办费为 64 万马克,其中德国政府提供 60 万马克,分 3 年划拨;常年经费为 20 万马克,其中德国支付 13 万马克;中方提供部分教学经费。德国在遭遇 1905—1906 年"摩洛哥危机"、国内普遍实行节约政策、压缩对租借地补贴的情况下,决意投入巨资在青岛开办华人大学。

1909 年 10 月 25 日,中国近代第一所中外合办的高等学府——青岛特别高等专门学堂开学典礼暨校舍奠基庆典如期举行,基石上用中德两国文字刻有这样一段话:

> 为支持中国方面安排其青年人学习西方科学知识所作的努力,为向中国表明德国的友谊,表明德国在远东工作的和平性质,德皇威廉二世陛下提议在青岛建立德华特别高等专门学堂一建议为中国政府怀着感激的心情所接受。①

二 融合中德教育元素及租借地实用特点的科系建制

青岛特别高等专门学堂以中德两国政府合作的办学优势,立足胶澳租借地实际并兼顾中国教育特点的学校管理体制和课程体系,开启了青岛近代高等教育的大门。

首先,在科系设置上充分体现了锐志科学、突出实用的特点,形成独特的科级并举高等学校建制。为把青岛建设成德国在远东的文化和科学中心,青岛特别高等专门学堂实行的是既有法政科、工科、医科、农林科四个科系,又有预科、专科及中文科三元级次的"四科三级制"。

预科,也称"预备班""初级部",学程 5 年(原定 6 年),招收 13~19 岁的男生入学,应招学生"必须已经掌握了中国书面语的基础知识"②,其程度相当于德国不设拉丁语的实科中学。按照德国的设想,入学的生源或者来自设于中国各地的德国学校,或者拥有中国地方政府举办的官/公立中学堂的毕业证书,以确保入学学生能跟得上未来繁重的学程。预科用汉语讲授的课程有词汇和语法、句子结构、经典著作、哲学、历史、地理、文学、标准汉语,还开设德语、绘画、体操、

---

① 《关于德华青岛特别高等专门学堂开学典礼的报告》,载青岛市档案馆编《青岛开埠十七年——〈胶澳发展备忘录〉全译》第 704 页,中国档案出版社,2007。

② Denkschrift betreffend die Entwicklung des Kiautschou-Gebietes in der Zeit von Oktober 1907 bis Oktober 1908. hrsg. v. Reichsmarineamt. im SBRV. Bd. 1131(BA/MA253). Berlin 1909.

游泳等课程,每周上课 38 个课时。德国人认为,这些课程是适应中国学生系统接受正式学科的需要而设置的,完成预备班学习,经考试合格的升入高等班分科学习。

专科,也称"高等班""高级部",是学堂的正式科系,其分科及学制分别为法政科 3 年、工科 4 年、医科 4 年、农林科 3 年。专科每周授课 39 个课时,除了专业课程(各科各学期课程见表 2-3),每周保留了 8 课时的德语课和 10 课时的中文课。① 需要说明的是,法政科与医科的实习有交叉的科目。法政科独立开设的课程,学生可以在 6 个学期中"任一学期开始学习"②,每两周或一个月要去胶澳帝国法院陪审学习。医科的课程,包括 3 个学期的前期学习和 5 个学期的专业学习。前期学习的内容是医科的基础性课程,并且"谨慎的且在中国人观念中极其困难的尸体解剖训练,在这里受到特别重视"③。在第五学期的下午,如遇胶澳帝国法院"审判庭剖尸解验等事,可以用之为实习"④。此外,1904 年竣工的胶澳督署医院为医科提供教学与实习场所,胶澳传染病院、福柏医院、天主堂医院、军妓检验所等医疗机构也提供临床实习。

其次,在师资与设施配备上展示了德国的教育样板,学堂在短短数年翻译出版了大量教科书和科学译著。

按照德国人的设想,青岛高等学堂师资的"品质最为关键",德籍教师"尽可能从在中国学校工作过的德国教师中聘请"⑤,或者选调德胶澳总督府职员及有关单位驻青岛的德国官员或技术人员充任,后来又根据福兰阁的建议直接从德国国内选派。按照双方最初达成的师资协议,德籍教员定额为 12 名,包括 1 名监督、3 名系主任、3 名受过高等教育的教师和 3 名任教预科的基础课教员,还有 1 名翻译室主任和 1 名助手;中国教员共 6 人,分别担任中国哲学、文学、伦理道德、历史、地理等科教学。到 1913 年上半年,学堂共有专兼职教师 32 名,其中德籍 26 名。1914 年,学堂教职员共有 42 名。⑥ 据德国学者分析,选聘著名专家担任教职的动机,一方面是为了展示德国的科学水平和能力,另一方面为了鼓励在青岛任教的科学家"为正在扩张的德国国家提供具体的关于中国的精确信息和

① *Denkschrift betreffend die Entwicklung des Kiautschou-Gebietes in der Zeit von Oktober 1908 bis Oktober 1909.hrsg.v.Reichsmarineamt.im SBRV.Bd.272(BA/MA195).Berlin 1910.*

② 《法学部的组织》,载《德华法学报》1911 年第 1 期。

③ 《胶澳年鉴(1911 年)》,载青岛市档案馆编《青岛开埠十七年——〈胶澳发展备忘录〉全译》第 713 页,中国档案出版社,2007。

④ 《医科办法大略章程》,载[德]谋乐辑《青岛全书》第 218 页,青岛出版社,2014。

⑤ 《胶澳发展备忘录(1908 年 10 月—1909 年 10 月)》,载青岛市档案馆编《青岛开埠十七年——〈胶澳发展备忘录〉全译》第 638 页,中国档案出版社,2007。

⑥ 褚承志:《青岛特别高等专门学堂》,载《山东文献》第 6 卷第 4 期,1981 年 3 月。

表2-3　青岛特别高等专门学堂各科各学期总课程表

	法政科	工　科	医　科	农林科
第一学期	民律总则、债权总论、普通国法之切于中国者、德国法之切于中国者、理论经济学	立体几何学、八线学、平面八线学、算术、二方方程、验性总论、分子力、无机化学实验、原子、化学记号、射形几何、地质学总论、金石学总论		农务入门,无机化学实验、实验物理学、植物解剖学与生理学、动物学,金石学,测地,实习4课时
第二学期	债权分则、物权、地产册法、刑律总则、实用国民经济学	八线学、工业问题应用之八线学、算术、液体平衡及运动、压力传留、浮力、声学、无机化学实验、原子、化学记号、射形学,地质之于动力、地震学,金石学总论	解剖及生理学(两门并授)、格致、化学、植物学、动物学,中学、德文、体操	普通土壤学与栽植物学,无机化学实验、地质学、实验物理学、动物解剖学与生理学、专门植物学、动物学,实习4课时
第三学期	遗产法、刑律分则、民事诉讼法、刑事诉讼法,实习1课时	八线学、弧八线、算术、合数论、三方方程、函数原意、热学、光之起源、光学器具、静重学、表力图,金属、非金属分析化学、元子量、分子量、射形学与工业,地质制造论,金石学总论		普通养牲学,普通栽种学,森林学入门、测量、有机化学实验、实验物理学、动物解剖学与生理学,实习4课时
第四学期	民事诉讼法、破产法、刑事诉讼法、商律(取引所法、期票法、海法、路法)、国民交际法暨国法,实习1课时	极微算法、平面解析几何、纵横线及图表法总论,磁气及电气、雷电、电信、发电机、显微音器,力学坚固论,应用化学工业、玻璃工业、陶器工业,物影图画法、视学,养化物	病理学,病院实验学届、显微镜实验学届、眼科实验学届、耳鼻喉等实验学届、外科器械及里疮学,中学、德文、体操	普通养牲学(饲养法)、专门栽种植物学、专门养牲学(养牛与制乳)、护林法、修业法、家畜寄生虫病、经济学,实习4课时

（续表）

第五学期	行政法、财政法、著作权法、保护营业法、国民经济法实习2课时,民法及民讼法实习4课时	极微算法、极大极小术、立空解析几何、函数及曲线应用法,静水学、水力学,无机化学及有机化学实验(定量分析及电解),金石学	病理学,外科、内科、妇科(一般到病院附学),摄生学、剖尸学,制药及配药学,应用药时及药力学,中学、德文、体操	栽种植物专门(树艺根生与商贾学物)、农物经营学、专门养牲学(养马养牛养猪)、森林利用科、改良土壤法、果树、经济学、瘟疫与内科病症,实习2课时
第六学期	择业、矿产、森林法、刑律及刑诉法实习6课时,国民交际法及行政法实习4课时,民律及民讼法实习2课时	矿物、熔铸学,机器学,电气工艺,建船,金石学试验,弹性学及物料坚腐学,电气及磁气、电气各机器、测量法、上层建筑、平常构造论,实习建桥,矿脉及矿脉层置,开井,金属熔铸总论	外科、内科、眼科、妇科、耳鼻科(到病院附学),微菌学、病菌学,制药及配药学,中学、德文、体操	估量学、农务会计、农务机器学、农务建筑科、林产章程与林产估计、林政与管理法、外科症与产科术、气象学、实习5课时
第七学期	—	力机器及计算初步,燃烧机器,水力机器,电气及磁气、电气各机器、测量法、上层建筑、室内修造实习、整理河道、安置轨条实习,椿撑及深掘法,电气化学要知	外科、内科、妇科、眼科、耳鼻科、皮肤及花柳病科(到病院附学),微菌学届、种痘学及实习、验水学届,中学、德文、体操	—
第八学期	—	起物及运物,弱电流工艺,青岛电气场实习,机器学、上层建筑经营、监工事宜、实习水工、船运河论、建筑铁路、建造车站、维持铁路工程,估计矿脉、经营矿场、盐池及海盐论	外科、内科、眼科、耳鼻科、妇科(到病院附学),瘴气及热带特别病症学,体操,温习病理解剖学,考试预备	—

资料来源:根据《青岛特别高等专门学堂入学章程及学科简略课程》编制,载[德]谋乐辑《青岛全书》第214—229页,青岛出版社,2014。

经得起理性检验的关于中国的知识。这种知识将构成未来殖民扩张和世界政治决策的基础"①。德籍教师包括《数学杂志》创建人、复合函数研究的学术权威康拉德·克诺谱(Konrad Knopp);量子物理学家胡普卡(Karl Erich Hupka),他是物理学家马克斯·普朗克(Max Planck)的门生,在动身赴青岛之前刚刚完成了一篇影响极大的有关伦琴射线的论文;植物学家威廉·瓦格纳(Wilhelm Wagner),他是一位较早研究地球物理学环境条件对经济作物传播影响的专家。此外,还有法政科教员、地方审判庭推事罗睦贝,医科教员、海军军医长卜莱夫,工科建筑教员、德国国家工程师葛德乐,工科机械教员、德国工科博士贝慈,算学格致教员、德国哲学博士德韩慈,以及预科教务长欧特曼、译书处总办魏理慈等。在青岛的胶州高等法院大法官格奥尔格·克鲁森(Georg Crusen)、皇家青岛观象台台长布鲁诺·梅尔曼(Bruno Meyermann)、青岛地亩局局长郭德凯、工部局局长石费德、青岛船坞厂机械师赫德、胶澳总督府翻译官谋乐(Friedrich Wilhelm Mohr)等德国专家,都曾兼任过讲师。

任职的中国籍教职员则由中国政府举荐,德国政府任命。除了总稽察蒋楷,还有中文总教习商衍瀛,经学教员孙中瀹,史地教员陆同龢,国文教员徐春官,人伦道德兼国文教员于濂芳,预科中文教员熊燮尧、朱子贵;另有通译窦学光,翻译焦继宗、谭岳峰、谭玉峰、张之诏、杨承顺、柴之藩、王真光、赵本笃等。总稽察蒋楷(1853—1912),字则先,湖北荆门人,国子监生员,1890 年出仕山东莒州代理知州,后任东平知州,因处理莒州、诸城、日照民教纷争不力而遭罢官。由于张之洞的提携,1901 年蒋楷出任湖北武备学堂稽察。张之洞晋京后,蒋楷被召入学部,任候补员外郎、记名御史,秩从五品。1908 年,张之洞兼管学部事务并主办与德国合作高等学堂,蒋楷成为中方代表来到青岛。他参加了张之洞所有与德方的会谈,以及所有由学部起草和上呈的中德合作青岛高等学堂的文件。最终还是张之洞的举荐,蒋楷因"卓著政声,实堪胜任"②,出任了总稽察一职。

青岛高等学堂的设施可谓一流。学堂地处王储海岸(Kronprinz Ufer,今贵州路一带),毗邻胶济铁路青岛终点站,校舍设计以容纳 250 名学生为基础。③1909 年开校时袭用德军野战炮兵黑澜兵营,到年底,新增建的第一幢学生宿舍楼竣工。自此直到 1914 年 8 月因日德青岛战争停办,建校施工始终未停。到1912 年耗资 64 万马克完成的学堂建筑群,包括一座 4 层大楼、2 栋学生宿舍和

---

① ［德］余凯思:《在"模范殖民地"胶州湾的统治与抵抗——1897—1914 年中国与德国的相互作用》,孙立新译,第 295 页,山东大学出版社,2005。

② 《学部奏陈青岛高等学堂磋议情形》,载《申报》1909 年 8 月 25 日。

③ *Denkschrift betreffend die Entwicklung des Kiautschou-Gebietes in der Zeit von Oktober 1907 bis Oktober 1908.hrsg.v.Reichsmarineamt.im SBRV.*Bd.1131(BA/MA253).Berlin 1909.

"附有绘画室、图书馆"的礼堂及办公用的大平房。教学楼位于校园南部，高2层，长约80米，楼顶为四坡斜顶。大礼堂建在教学楼的后侧，并与教学楼东翼相接。从建筑特点上看，学堂最为突出的部分是礼堂前的圆顶山墙，外墙扶壁的花岗岩护脚增强了楼体的塑性感。

按章程草拟时的设计，青岛高等学堂正常运转的经费每年不能少于20万马克，实际经费收入远远超出这个概算。据载，1912—1913年学堂总收入为367757马克，其中德国政府拨款264775马克，学费收入25599马克，房产租金收入17238马克，另外还有德国厂商捐助的35145马克、中国方面投入了25000马克。① 学堂还配有机器、仪器、模型、标本、图样等直观教具，设立了各科实验室。总体上说，青岛特别高等专门学堂由于资金投入大、办学起点高，创办伊始即处于中国北方地区的领先水平，并跻身于中国名校行列，成为青岛20世纪初期的样板学校。

青岛高等学堂始终注重科学研究事业，积极开展信息搜集活动，建校以后一些重要的科学著作多由学堂教师译成中文出版。1912年，学堂译书局翻译了一批中文、德文译著，其中有《德英汉外来语词典》第二部分。至1913年10月，学堂先后出版了《德文进修》《德华物理专门名词》《德英华三文科学字典》《中德法报》《中德法律汇览》《中国法政集要》《宪法全纂》《重量化学分析入门》《农学报》等书报。其中的理论书籍有的作为教材，有的对外发行。学堂的科研成就进一步印证了"德国在中国创办的所有学校都要仿效在青岛继续进行的教育特征"②。

由于雄厚的师资力量、优良的教学设备和现代化的管理模式，慕名求学者日益增多，青岛特别高等专门学堂学生人数逐年增加。据史料记载，1909年10月学堂首次招生时有200多人报名，经考试有93人及格，考虑到学堂的经济利益，一些成绩不及格的考生也"被有条件地收录"，共注册学生110名。③ 1910年入学学生为145名，1911年为212名，1912年达到336名，1913年更是达到368名。④ 胶澳总督府意识到，日趋增长的学生数量表明"文化教育工作的影响已经超出了本殖民地的狭小区域"⑤。学生来自山东、广东、江苏、浙江、福建、湖南、

---

① 刘增人、王焕良：《青岛高等教育史》，现代卷，第27—28页，人民出版社，2008。

② [德]余凯思：《在"模范殖民地"胶州湾的统治与抵抗——1897—1914年中国与德国的相互作用》，孙立新译，第291页，山东大学出版社，2005。

③⑤ 《胶澳发展备忘录（1908年10月—1909年10月）》，载青岛市档案馆编《青岛开埠十七年——〈胶澳发展备忘录〉全译》第639、640页，中国档案出版社，2007。

④ 《1913年胶州地区年度报告》，载青岛市档案馆编《胶澳租借地经济与社会发展——1897—1914年档案史料选编》第206页，中国文史出版社，2004。

河北、四川、湖北、安徽、江西、贵州、广西、东北三省等 16 个省份。1912 年春,一些来自英国在中国所办学校的学生提出到青岛高等学堂入学的申请,学堂在预科"设立了一个特别班",并希望这些"受过良好前期教育、懂英语的中国学生努力学习德语",①以便顺利进入专科学习。1913 年,胶澳总督府进一步提出"尽可能地节约和把资金用在最急需的新设施上",通过扩建校舍使学堂"达到招生500 人的规模"。②《协和报》刊发文章,评价"该堂景象如此,谓之为蒸蒸日上也,谁曰不宜?"③

三　中西教育相辅而行与服务社会需求的办学启示

作为 20 世纪初叶中德政府合作在华建立的第一所高等学校,青岛特别高等专门学堂在短短五年时间取得了令人瞩目的成就,其影响已不仅仅限于青岛、山东一隅,而是延伸到了全中国。

1912 年,德皇威廉二世的弟弟海因里希亲王到日本参加明治天皇的丧礼,路过青岛,曾与青岛高等学堂的师生有过接触。几乎同时,易君主政体以共和又旋即辞去临时大总统的孙中山也访问了青岛,并于 9 月 30 日应胶澳总督瓦尔德克(Alfred Meyer Waldeck)的邀请参观了这所学堂,还发表了演讲。这是孙中山唯一一次访问青岛。瓦尔德克希望孙中山通过访问对其"年轻的同胞施加影响"④。几天后的 10 月 4 日,瓦尔德克在致提尔皮茨的信中报告了孙中山的演讲内容。青岛媒体也有记录稿,其中有这样的话:

> 我是前天来到青岛,已对青岛之宽大与优美亲眼目睹。今天应邀来到贵校并对全校师生讲话,深感快慰。我中国政府,现已基本改变,民国政府,即将起步发展,全体国民,应尽一切的力量把它创造成为一个完整的结构。……特别是学生们,必须加倍努力,勤劳用功,一心向学,学成之后,才能贡献学识心力,为全民之幸福尽力。你们更要在发现、组织、工作等等方面多多注意研习。因为中国全民的幸福和前途,需要你们去开创和建立。尤其是你们在本校求学,机会更好,有著名的德国老师教导新的知识。德国人的

① 《胶澳年鉴(1912 年)》,载青岛市档案馆编《青岛开埠十七年——〈胶澳发展备忘录〉全译》第719 页,中国档案出版社,2007。

② 《1913 年胶州地区年度报告》,载青岛市档案馆编《胶澳租借地经济与社会发展——1897—1914年档案史料选编》第 205 页,中国文史出版社,2004。

③ 《蒸蒸日上之青岛大学》,载《协和报》第 4 年第 3 期,1913 年 10 月 18 日。

④ [德]瓦尔德克:《致帝国海军署国务秘书提尔皮茨的函件》,载《青岛文史资料》第 15 辑第 211页,中国海洋大学出版社,2006。

努力和文化乃至科学，尤其是他们的法律闻名于世。你们更应当以德国的一切为榜样，全心地学习。……你们在这里所看到的，应值得你们模仿，同时你们的目标，是把这个模例推广到全中国，把祖国建设得同样完美。①

孙中山演讲完毕后，总稽察蒋楷代表全堂师生致答谢词。之后，孙中山同学堂师生合影留念。虽然青岛特别高等专门学堂存续仅仅五年，却为青岛、山东乃至中国的高等教育留下了弥足珍贵的办学经验。

1. 维护教育主权与有条件出让学校经营权的尝试

青岛特别高等专门学堂的成立既基于德国殖民者传播德意志文化的动因，还适应了 20 世纪初中国政府废科举、兴新学和新知识阶层图强求存的诉求，并打破了长期以来中西学理对立的紧张局面。张之洞是最终促成中德两国政府在青岛合作创办高等学堂的关键人物。当德国提出两国政府合作在青岛举办华人大学的要求先后遭遇学部尚书和领班军机大臣的冷落后，是张之洞独具慧眼，认定"这是个伟大的工作，这是个很好的事业"②。张之洞意识到，清季教育"新政"在兴办新学堂的问题上，必须参用西法，德国教育向中国展示了一个值得效仿的样板。于是，他主动打破僵局，亲自与德国代表会谈。张之洞抓住德国急于求成的心态，毫不让步，一开始就申明了六项原则：(1)学校不能由德国方面自主招生，只能接收由中国政府选送的学生，入学录取将不限于山东人；(2)学校教育水平至少应达到中国中等学校毕业生的水平；(3)学校高初级分类必须以中国颁发的由皇上批准的统一规定进行；(4)学校必须置中文课程，由学部选送中文教师；(5)学校不得教授外国宗教；(6)按中方的理解，德方投入的资金显而易见是太少了。③ 不难看出，张之洞既有教育主权不让步的底线，又有转被动为主动、大胆利用外资合作办学的韬略。围绕德国提出的"德华大学"的校名，张之洞力主定名为"青岛特别高等专门学堂"，其中的"特别"和"专门"等限定词表明，青岛的这所华人学校既有别于各地众多的"高等学堂"，又符合清政府的"壬寅-癸卯学制"。最终德国所要求的把该校与其他外国大学"平等看待，却没有在学校章程中得以体现"④。特别值得注意的是，在学堂章程中加入的由中方选派总稽察一职，并强调"该总稽察不归监督节制"的规定，确保了中方在学堂管

---

① *Kiautschou Post*. Tsingtau 1912, S. 828—829.

② 《关于德华青岛特别高等专门学堂开学典礼的报告》，载青岛市档案馆编《青岛开埠十七年——〈胶澳发展备忘录〉全译》第 704 页，中国档案出版社，2007。

③ 刘增人、王焕良：《青岛高等教育史》，现代卷，第 23—24 页，人民出版社，2008。

④ ［德］余凯思：《在"模范殖民地"胶州湾的统治与抵抗——1897—1914 年中国与德国的相互作用》，孙立新译，第 287 页，山东大学出版社，2005。

理中的话语权。

当胶澳总督府得知德国以占比 94%的开办费和 65%的常年经费与中方达成协议后,总督特鲁泊(Oskar von Truppel)发表了言辞激烈的批评。他尖锐地指责德方过分让步,对中方过于迁就,背离了"这所学校将拥有中国皇家高等学府的地位和权限","且只受德国领导"①的初衷和准则。张之洞运筹帷幄,"一直等到确认中国的参与发言是绝对平等的而且中国可以在教学内容施加影响"②,遂于 1909 年 8 月 14 日抱病奏总署,他特别强调在维护教育主权上的努力,"此校与外人私立不同,大学之名,未便轻许"③。青岛特别高等专门学堂于 1909 年 9 月 12 日开学,开学典礼则于 10 月 25 日补行。遗憾的是,张之洞在开学典礼前的 10 月 4 日不幸病逝。

2.西方近代文化与中国儒家传统融合的课程

青岛特别高等专门学堂的举办,意味着中国本土的文化传统不可避免地要与德国文化碰撞。1902—1904 年,清政府参酌东西洋各国学制先后颁布的"壬寅学制""癸卯学制",以及自丙午年(1906)始停止科举考试等决定,虽然发出了新学大倡、旧学衰落的信号,但如何在根深蒂固的封建主义教育的废墟上植出新式教育,却是个知易行难的问题。德国决意在租借地精心打造的青岛特别高等专门学堂,是希冀控制中国"未来将占据关键职位的精英"的教育,以完成"本土的、受到意识形态操纵、绝对效忠的阶层"④的培养。显然,青岛高等学堂在中国的影响力并不仅仅取决于德方的意愿,更取决于中方的选择与接纳程度。德国人意识到,必须"在中、短期"以一种"细致的和温和的形式巩固殖民政权的统治"。⑤体现在青岛特别高等专门学堂的办学实践即三元级次结构,除了预科和专科,还有中文科。

所谓"中文",并非仅指"国文",而是广义的中国文化,包括经学、修身、人伦道德、文学、国文、历史、地理等科。尽管德国的初衷是通过青岛的华人学堂对中国文化施加影响,建立"强调纪律性、严格性、深刻性和彻底性德国教育学"⑥,但中文科的设置,既是中方坚持的基本办学原则,又是华人学堂的必然要求。中文科的开设打破了预、专科的界限,按照学生的中文程度分班,以甲、乙、丙、丁、戊、

---

① 《胶澳发展备忘录(1906 年 10 月—1907 年 10 月)》,载青岛市档案馆编《青岛开埠十七年——〈胶澳发展备忘录〉全译》第 555 页,中国档案出版社,2007。

②⑤ [德]余凯思:《在"模范殖民地"胶州湾的统治与抵抗——1897—1914 年中国与德国的相互作用》,孙立新译,第 321、278 页,山东大学出版社,2005。

③ 许同莘:《张文襄公年谱》,第 220 页,台湾商务印书馆股份有限公司,1969。

④ Franke O.*Die deutsch-chinesische Hochschule in Tsingtan, ihre Vorgeschichte,ihre Einrichtung und ihre Aufgaben*.Hamburg 1911,S214.

⑥ 《德华高等学堂的开办》,载《青岛最新消息报》1909 年 10 月 26 日。

已排序。其实,德国在中国胶澳租借地办学,两种教育制度在对峙中可能造成的消极影响早在拟定学堂章程时就考虑到了。章程第二条规定:"各班皆设中学各科功课和西学各科功课相辅而行。"①"相辅而行"在青岛高等学堂实际运作中表现为教学内容的"德国化"和教学形式的"中国化",即双方所津津称道的"科技+孔子"模式。为了确保"中国化"的教学形式得以贯彻,学堂章程还规定:学生"制服"为中国式白色长衫和深色裤子。每逢祭孔吉日,一律冠带整齐,集于礼堂,由总稽察率领向孔子像行礼。青岛特别高等专门学堂的办学使德国人感受到,与德国的领土原则不同,居住在胶澳租借地的中国人从来就没有放弃过中华帝国臣民的身份;在中国土地上建立的任何一所学校如果漠视儒家传统,必然在"文化方面下降到毫无意义的地步"。

3.立足地方实际需求与自然科学见长的办学特色

青岛特别高等专门学堂之所以自成立伊始备受关注,是因其突出了与租借地及山东建设密切相关的机械制造、房屋建筑、铁路建设、电气技术、矿山监管等专业课程,学科设置与城市发展汇通融合。1906年胶济铁路通车时,为解决铁路、建筑、机械等人才需求,时任山东巡抚的杨士骧曾试图利用德国赠予的高密和胶州两处营房,开办两所工科学校,但因缺乏师资未能得到社会各界的支持而搁浅。在青岛特别高等专门学堂,工科课程最能体现办学特色。根据胶澳租借地建设实际、中国国内的应时之需和与益格鲁-美利坚教育竞争的需要,工科分建设学、机械电气和采矿冶金三个专业,除设数学(算学)、物理(力学)、化学、地质学、金石学等公共课程外,还设置了电气、建造、矿务、熔铸、船舶、工艺等专业课程;不仅教学区拥有足够的实验空间,实验、实习活动还延伸到校外的四方铁道工厂、船坞工艺厂等。1912年,在德国政府的支持下,德国国内"各大工厂企业解囊相助,捐了约有24万马克的机器设备"②,其中有一台"完整的蒸汽机车和铁路机件",甚至还计划在学校周围"修建一条环形铁路以供学生实习之用"。③

与工科相依的农林科,最初名为"农业科学系",完全参照京师大学堂的农科模式,而无林科。1907年10月,提尔皮茨提交青岛高等学堂计划时,建议设立一所农林学校,并将原定的二年制改为三年学程。中德双方经反复磋商,在章

---

① 《青岛特别高等专门学堂章程》,载《学部官报》第3册第538页,台湾"故宫博物院"印行,1980。

② 刘善章:《如何评价近代中德关系》,载刘善章、周荃主编《中德关系史文丛》第2辑第14页,青岛出版社,1991。

③ 李厚基:《试谈华德青岛特别高等专门学堂的建立及其作用和影响》,载赵振玫主编《中德关系史文丛》第214页,中国建设出版社,1987。

程第四条写了"农林科三年毕业,其课程为林学、畜牧法、农圃机器使用法等"①。为适应青岛城市建设之需和农林科的教学需要,学堂设立了两处实习基地:一处是李村农林试验场,一处是汇泉林场。占地 74 亩的李村农林试验场于 1909 年 7 月投入使用,至 1914 年先后引进 200 多种果树品种、多种林木和蔬菜品种进行适应性试验,并专门建造了居中国北方领先水平的旋转式玻璃温室。1911 年,李村农林试验场引进 10 多头约克夏白猪,并将一些畜禽良种向民间推广。到 1911—1912 年冬季学期,农林科已有 2 个班、10 名学生,此时的京师大学堂农科仅有 17 名在校学生。1911 年,中国江南一带暴雨成灾,金陵大学教习裴义理(Joseph Bailie)与张謇等发起成立中国义农会。经商青岛校方同意,由青岛高等学堂和礼贤书院选报 6 名学生入金陵大学农林系就读,均享官费待遇,以造就农林专业人才。

青岛特别高等专门学堂的举办,为德国经营胶州湾赢得了极大的声誉②,使德国在青岛腹地(包括整个山东)形成了绝对优势,大大超过了"与已经在那里开展工作的列强进行抗衡"③的预期。德国在继 1904 年利用青岛港和胶济铁路完成了山东贸易重心由芝罘向青岛的转移后,又于 1909 年开始了第二次转移——山东教育文化的中心逐步由济南、青州、潍县、登州等地转而移向青岛,以至于迫使山东基督教大学作出与外省美国教会大学合并的计划。

然而,1914 年 7 月爆发的第一次世界大战及接踵而来的日德青岛之战,青岛特别高等专门学堂被迫停办。历时 5 年,学堂共毕业法政科两届 18 名、工科一届 13 名和农林科一届 7 名学生,1911 年开始招生的医科未有学生毕业,尚未毕业的学生约有 200 人。学堂解散后,预科学生部分转入礼贤书院,部分到济南、天津和上海的德文学校就读;专科部分师生转入德国人举办的上海同济德文医工学堂,青岛特别高等专门学堂的历史就此结束。

---

① 《青岛特别高等专门学堂章程》,载朱有瓛主编《中国近代学制史料》第 2 辑上册第 682 页,华东师范大学出版社,1987。

② 1912 年第 3 卷第 9 期《地学杂志》刊发的《德国之经营胶州湾》一文,称赞"胶州湾之教育事业,首推青岛大学"。此青岛大学即指青岛高等学堂。

③ 《雅各布森致帝国海军署电(1905 年 1 月 27 日)》,存 BA(德国联邦档案馆)/DBC(德国驻华使馆),档号:Nr.1241,Bl.198-219。

第三章　日本第一次占领时期

（1914 年 11 月—1922 年 12 月）

1914 年第一次世界大战爆发后,久已觊觎中国领土的日本借口"从中国排除德国的影响",对德宣战,取代了德国在青岛及山东的权益。1915 年初,日本以山东派遣军和关东军的武力为后盾,强迫袁世凯接受"二十一条"①,视青岛为永久殖民地。为此,日本不但加强军事侵略、政治压迫和经济掠夺,而且在教育上实行不同性质和品质的中日差别教育。为鼓励日本向青岛移民,日本占领当局高标准地建设仅供日侨子女就读的青岛中学和青岛高等女子学校,所开设的第一寻常高等小学不仅在青岛市区形成相当规模,而且在坊子、青州、博山等山东腹地设立了多处分校。日本占领当局对青岛华人子弟的教育则实行以普及日语教育为重点的初等教育,限制发展职业(实业)教育、普通中等教育和大学教育的殖民奴化教育体系;尤其是所推行的日语教育,剥夺了华人学生学习本国传统文化的权利,对青岛现代化教育造成恶劣的影响。日占时期,西方教会教育均遭遇不同程度的挤兑,青岛礼贤书院因经费困扰改成甲种商科学校。吉利平次郎兼收青岛华人学生的私立青岛学院和为华人学生"拟筹而未成"的青岛商科大学,折射出日本对人才的争夺。寓青华商创办的三江小学和广东小学是日占区华人的教育诉求。

第一节　享有特权的海外日侨子女学校

一　"恩准法待遇"与日侨子女普通教育

1914 年(日本大正三年)11 月 27 日,日本天皇发布命令,在刚刚攻占的德胶

---

① 有賀貞,『国際関係史-16 世紀から1945 年まで-』,198 頁,東京大学出版会,2010。

澳租借地设立军政合一的统治机构——守备军司令部,任命日军中将神尾光臣为司令官。29 日,神尾光臣在青岛成立市政厅。青岛由此进入日本占领的军政殖民时期,史称"日本第一次占领时期"。

1914 年 12 月 28 日,侵青日军占领青岛不久,日本政府就宣布将这座硝烟尚未散尽的城市对日本本土的国民开放。历史上,日本人是随着德胶澳租借地的开辟逐步进入青岛的。据悉,1901 年在青岛的日本人只有五六十人,1907 年 6 月为 31 户、196 人,大多经营杂货、酒楼、妓寮、旅店、照相等业。① 到 1913 年底,居青日侨共计 316 人,成为除德国人外在青最多的外国侨民。② 1915 年后大量日侨进入青岛,其本质是日本国策性质的移民行动。当时日本国内爆发了声势浩大的"护宪运动",桂太郎内阁和山本权兵卫内阁相继倒台。面临大量日本国民失业的局势,青岛的开放既有助于缓解日本的就业压力,又能平抑日本民众日益高涨的民主自由思想。许多日本人带着淘金的憧憬与梦想潮水般地涌入青岛。日本占领当局将日侨聚集的街道名称改为日本式的番、町,还开辟了几条日本街,建筑日本式的房舍以供日侨居住。1915 年 2 月,青岛的日本人达到 7400 人,4 月上升到 1 万余人;到 1916 年 12 月为 14241 人,及至 1919 年达到 24500 人。③ 大量日侨涌入青岛必然带来学龄子弟的教育问题,在青岛举办日侨学校成为日本占领当局的重要议事内容。

1.日本初等教育地位的凸显与山东辐射力的扩大

身为青岛占领地最高军政长官的神尾光臣,素有"中国通"之称,他十分重视日侨学龄儿童的教育。这位 1905 年曾任职辽东守备军的殖民官员意识到,对侨居海外的日本人来说,教育除了满足适龄青少年的学习要求,更重要的是培养"忠君爱国"的臣民,使远在青岛的日侨依然能"扶翼天壤无穷之皇运"。与第二次世界大战前后日本官方开始关注中学教科书不同,1903 年 1 月,日本文部省在修订的《小学校令》中宣布实行小学教科书国定制度,以实现政府统制初等教育的目的。④ 官夺民业,日本小学教科书从自由编写到国定化,突出的是对日本幼童臣服与忠诚意识的培养。应当说,大正时期的日本初等教育有了近乎长足的发展。据 1915 年统计,较之 1895 年,日本国内男童的入学率由 76.7% 提高到98.9%,女童则由 44% 提高到 98%。⑤ 日本近代教育体系已基本完备。1915 年

---

① 青岛市史志办公室:《青岛市志·外事志/侨务志》,第 121 页,新华出版社,1995。
② 田原天南,『膠州湾』,133 页,满洲日日新闻株式会社,大正三年(1914)。
③ 《青岛日本侨民统计表》,载青岛市委党史资料征委会办公室、青岛市档案馆编《青岛党史资料》(内部发行)第 1 辑第 138 页,1987。
④ 唐沢富太郎,『教科書の歴史-教科書と日本人の形成-』,128 页,創文社,1956。
⑤ 戴本博、单中惠:《外国教育通史》,第 5 卷,第 477 页,山东教育出版社,1993。

11 月 10 日，日本值大正天皇嘉仁即位仪式，制定《满铁附属地小学校儿童训练要目》，并以《满铁社报》（号外）公布，日本青岛占领当局即将此"要目"作为青岛日侨的教育方针，促使青岛日侨子弟的思想、精神受制于日本国，也使青岛日侨子弟教育活动在国家政策的指导下逐一展开。《满铁附属地小学校儿童训练要目》的主要精神是：

第一，深刻领会我国崇高的国体渊源，致力于培养国民道德；

第二，锻炼身心，培养刚健的气质；

第三，了解帝国所处的地位，培养随土而安的思想，生活朴素、勤苦不懈；

第四，同胞之间团结友爱，共同努力，发扬国威；

第五，维护日本国民的品格，赢得外人的信赖。[1]

1916 年 10 月，日本大隈内阁倒台，日军元帅寺内正毅组阁后废除了教育调查会，并于 1917 年 9 月设立了一个直属内阁总理大臣领导的临时教育委员会，进一步发展了明治时期确定的国家主义的教育体制，以实现"富国强兵"和"殖产兴业"的目标。为了提升初等教育的质量，1919 年 2 月日本颁布了《修改小学校令》和《小学校令施行规则》，增设了理科课程，并增加了地理和日本历史课程的授课时数，提出培养学生独立自主的学习精神。[2] 日本第一次占领青岛时期，日本政府接连颁行了一系列教育发展与改革的文件，这些规制都在青岛的日侨学校中得以体现。

为确保寓青日侨子弟接受良好的教育，日本占领青岛后首先在日本侨民比较集中的青岛市区和李村规划设立小学校。日本的小学分为"寻常小学校"和"高等小学校"两级，并设于一校的称"寻常高等小学校"。寻常科学制 6 年，高等科为 2 年，按日本《小学校令》的规定，寻常科 6 年为义务教育性质。由于占领青岛直接承接了德国租借地的财政实力，日本占领当局沿袭日本在中国台湾、朝鲜和"满铁"的殖民做法，[3]在青岛的各寻常、高等小学均实施义务教育。1915 年（大正四年）4 月，日本占领当局在佐贺町（今广西路）原德国总督府学校教学楼设立寻常高等小学校，时有学生 449 人；同时在李村设立寻常小学校，招收学生 8 人。[4] 1916 年 7 月 14 日，这两所学校被日本文部省确定为"在外指定学校"，

① 岛田道弥，『满州教育史』，267 页，文教社，昭和十年（1935）。

② 戴本博、单中惠：《外国教育通史》，第 5 卷，第 476 页，山东教育出版社，1993。

③ 吉野秀公，『台湾教育史』，180 页，台湾日日新闻社，昭和四年（1929）。

④ 「青岛概要」，『山东案内』，112 页，日华社，昭和十一年（1936）。

享受"恩准法待遇"。

需要指出的是,日本"在外指定学校"制度是 1905 年为鼓励日本人在国外开办日本人学校、输出日本教育建立的学校教育制度。这种辅以《教育敕语》和"皇道精神"、灌输殖民统治思想意识的"内地延长主义",旨在培养能够在海外发展的第二代移民。日本在青岛的一系列教育活动,充分围绕日本政府的海外教育战略意图,与其国家的发展战略是一脉相承的。事实上,日本占领当局竭力发展日侨子女的基础教育。1917 年(大正六年)4 月,日本占领当局耗资约 29 万日元,在花笑町(今武定路)29 号正式成立"青岛日本第一寻常高等小学校"。新校舍占地 17726 坪(约合 58584 平方米),其学区范围东至今德平路,西到武定路,北抵包头路。由是,青岛日本普通小学校一分为二,迁入新校舍的编列为第一小学;分出寻常科 449 名学生在 1915 年曾假德国总督府学校教学楼成立的学校,定名为"青岛日本第二寻常小学校"。至 1921 年 5 月,日本第一寻常高等小学学生增至 1179 名,第二寻常小学学生增至 945 名。①

1914 年日德青岛战争后,日本不仅占据了德胶澳租借地,而且接管了德国在青岛和山东的一切权益,包括德国投资的淄川、坊子、金岭镇等山东矿区。随着大量日本人迁入青岛及山东各地,日本在青岛的第一寻常高等小学校"分别教场于四方、台东镇、沧口等处"②,还在胶济铁路沿线设立分校。据载,1918 年(大正七年)10 月 9 日,青岛第一寻常高等小学校四方分教场开校。③各分教场及学生人数见表 3-1。

据统计,至 1921 年 5 月,日本在青岛的第一、第二、李村寻常/高等小学校及台东镇、四方、高密、坊子、青州、张店、淄川煤矿、博山 8 处分教场共有 87 个教学班,在校学生达 2640 名。④ 其中,坊子、张店、淄川煤矿和博山分教场均设有寻常和高等两级。日本在 1914—1922 年第一次占领青岛时期,基本普及了日侨子女的初等教育。

此外,日本在青岛的学前教育也得以初建。1915 年(大正四年)4 月,日本真宗本派本愿寺"开教师"中原宗定举办私立青岛幼稚园,招收幼儿 64 名。⑤ 园址先假万年町(今江苏路)青岛第二寻常小学校分教场,后移至舞鹤町(今太平路),经费主要靠入园保育费和募捐所得,日本占领当局给予其免除房租和水电费的优惠。1918 年(大正七年)8 月,日本私立青岛保育会设立,地址在今武定

①③　「青岛概要」,『山东案内』,112、123 页,日华社,昭和十一年(1936)。

②　李贻燕:《调查青岛教育报告书》,载胶澳商埠督办公署民政科学务股编《胶澳商埠教育汇刊·附录》第 116 页,1924。

④　《日人在鲁设学之调查》,载《中国年鉴》第 1920 页,上海商务印书馆,1924。

⑤　青岛守备军民政署,『青岛要览』,115 頁,芦泽印刷所,大正十一年(1922)。

表3-1　青岛(日本)第一寻常高等小学校各分教场比较统计表

分教场名称		四　方分教场	台东镇分教场	高　密分教场	坊　子分教场	青　州分教场	张　店分教场	淄川煤矿分教场	博　山分教场	合计
成立初年情　况	学级数	3	2	2	2	2	3	1	2	—
	学生数	40	27	16	12	12	49	9	14	179
1921年情　况	学级数	3	3	2	6	2	5	5	2	—
	学生数	73	82	32	112	8	82	59	21	469

资料来源:《小学校儿童及学级数(大正十年五月)》,载《山东案内·青岛概要》(日文版)第110—111页,日华社,昭和十一年(1936)。

路,创办人为津下信义。该会称以幼儿保育为目的,设有唱歌、画图等科,经费由会员凑集,时招收幼儿82名。[1]

2.高标准建设的男女中学与日侨小学毕业生的升学需求

青岛日本中学校是日本第一次占领青岛时期投资最多、规模最大的中学。日本占领当局于1917年(大正六年)2月8日即下令筹建日侨男子初级中学,2月16日募集一、二年级共110名学生,于4月4日袭用原德国伊尔蒂斯兵营(日称"旭兵营")为校舍举行始业式。7月4日,该校被日本文部省确定为"在外指定学校",首任校长熊谷正直系日本广岛高等师范学校毕业生。1919年2月日本政府修订《中学校令》后,青岛日本中学校的教学内容按照普通初级中学的规定做了调整,教学科目设修身(或伦理)、日语、汉文(中文)、习字、数学、物理、化学、矿物、历史、地理、第一外国语(英语)、第二外国语(德语或法语)、图画、唱歌、体操等。[2]该校在物理和化学的教学中重视实验和实习,并加强与小学的联系,取消中学入学年龄为12岁以上的限定,但学制依然沿用明治时期的初级中学寻常部5年修业制。

为实现在青岛的长期殖民统治,1920年(大正九年)3月5日,日本占领当局在有明町(今鱼山路,中国海洋大学鱼山校区)原德军汽车库的旧址上,斥资45万日元建造青岛日本中学校新校舍。1921年(大正十年)6月27日新建校舍落成,占地达14890坪。[3]7月,寄宿公寓竣工并投入使用。这座砖木结构的学校建筑由日本设计师三上贞设计,公和兴造厂建筑,有室内暖气设备和完善的水流

---

① 《日人在鲁设学之调查》,载《中国年鉴》第1921页,上海商务印书馆,1924。

② 沈伯庸:《民国初年日占时期青岛各类学校简介》,载《山东教育史志资料》(青岛专辑)1985年第5期。

③ 安藤良夫,「青岛日本中学校校史」,650页,西田书店,1989。

式下水道,理化等科均有实验室、药品室,史地、博物、柔道等科均有特别教室、标本室、实习室等之设。① 日文版《山东案内·青岛概要》不无自豪地称:"外观之宏伟为我国(指日本)中学中极为罕见,各种设备和内容也非常完善。"②1923年5月,女作家石评梅参观青岛日本中学校后,将其感想写进了长篇游记。文中述及:

> 学生上课下课以喇叭为号,精神异常活泼!设备甚完善,在山东采集的动物标本最多,据云此校之设备,比日本国内之中学更完全。物理化学实验室设备亦是完全。武道场——即体育房分两部分,中间一部分为柔道,外边为击剑。柔道之地板有弹性,可避危险,旁有洗澡室、更衣室。图画教室,壁上有各种油画,风景皆有青岛本地风景。露天操场,设备完全,有双杠、单杠、跳高架等。……大礼堂兼音乐教室。③

事实上,青岛日本中学校是日本在华中等教育的据点,其服务范围包括胶济铁路沿线及天津、北京、上海、满洲、汉口的日侨。学校常年经费11万日元,除学费收入外,日本外务省还给予补助。④至1921年,该校共有日籍教职员工28名,学生增至5个学级、11个班、419名。⑤

与青岛日本中学校可相提并论的青岛日本高等女子学校,也是采取先用德租时期旧址、后异地新建的规模化女子学校。1915年5月15日,日本占领当局袭用原德国总督府学校教学楼,为青岛日侨女童设立了一所高等小学校,招收女生230名。1916年(大正五年)4月8日,日本占领当局颁布青岛日本高等女子学校设立规则,15日在有幸町(今朝城路)山东铁路管理部举行入学式,袭用原中德合办青岛特别专门高等学堂校舍,共招收一、二、三年级日侨女生67名。⑥1917年1月9日,日本文部省将其确定为"在外指定学校"。⑦ 校长桐谷岩太郎是日本奈良人,毕业于广岛高等师范学校。

1918年(大正七年),青岛日本高等女子学校建成新校舍,地址在若鹤山(今贮水山)青岛日本神社南侧三笠町(今黄台路,青岛大学医学院校舍)。这座耗资40多万日元的女校新校舍"外表壮观,设备完善,内容充实,校内有宿舍,方便外地学生就学"⑧。新校落成后不久,日本公布了新修订的《高等女子学校令》和

---

① 李贻燕:《调查青岛教育报告书》,载胶澳商埠督办公署民政科学务股编《胶澳商埠教育汇刊·附录》第116页,1924。

②④⑧ 「青岛概要」,『山東案内』,119、119、120页,日華社,昭和十一年(1936)。

③ 石评梅:《图画中的青岛》,载《石评梅大全集》第323页,新世界出版社,2012。

⑤⑥ 《日人在鲁设学之调查》,载《中国年鉴》第1920、1920页,上海商务印书馆,1924。

⑦ 青岛守备军民政署,『青岛ノ教育』,大正七年(1918)。

《高等女子学校令施行规则》,该校遂将修业年限延长为 5 年,与男子中学的修业年限相同,学生入学年龄为 12～17 岁。这所日本女中的课程丰富而严整,有修身(或伦理)、国语(日本语)、汉文(中文)、习字、数学、物理、化学、矿物、第一外国语(英语)、第二外国语(德语)、图画、唱歌、体操及家事、缝纫等,[1]以培养日本女性义勇奉公、温良贞淑、母性爱的特质。据悉,该校常年经费为 8 万日元,除学费收入外,同男中一样,日本外务省还给予补助。[2] 至 1921 年,学校共有日籍教职员 25 名,学生增至 5 个学级、10 个班、318 名(含"补习科"1 个班、10 名学生)。[3] 由于日本当局急需一定数量的日籍翻译及机关职员,该校有 6 批女生被提前结业入职。此外,1920 年日本修订的《高等女子学校令》规定的与男子一样具有升入高一级学校的资格,因青岛的条件所限未能实施。不过,由于受原德国租借地的欧化影响,该校女生制服比日本国内同类女校更早地实现"洋服化"。[4]

二 兼收华人生源的职业教育与中国语学校

为服务于殖民统治的需要,1914—1922 年日本第一次占领青岛时期,对日侨的职业教育也极为重视,以便优先安排日侨子弟在青岛就业,为其安心生活并扎根于此创造条件。其中,尤以吉利平次郎创办的"财团法人青岛学院"最为突出。

吉利平次郎(1868—?),日本鹿儿岛人,曾留学美国,于青岛办学长达近 30 年,在青岛教育和工商界有一些影响力。除了从美国带来民主思想和基督教,吉利平次郎的办学思想也受到中国儒家的熏染。1916 年(大正五年)3 月,吉利平次郎在青岛叶樱町(今馆陶路)8 号举办"私立青岛英学塾",并定三条校训:

一、做克己恭谨之完人;
二、争修和睦,做到和衷共济;
三、勤恳周到,努力谋进取。[5]

由于吉利平次郎的基督教徒身份,他的办学得到青岛基督教青年会的支持。

---

① 沈伯庸:《民国初年日占时期青岛各类学校简介》,载《山东教育史志资料》(青岛专辑)1985 年第 5 期。
② 「青岛概要」,『山东案内』,120 页,日华社,昭和十一年(1936)。
③ 《日人在鲁设学之调查》,载《中国年鉴》第 1920 页,上海商务印书馆,1924。
④ 難波知子,『学校制服の文化史−日本近代における女子生徒服装の変遷−』,266 页,創元社,2012。
⑤ 『我学院の生立成年に達した』,存青岛市档案馆,档号:A009735-00002。

是年4月1日,私立青岛英学塾改称"私立青岛英学院",实为一所中等职业技术教育学校。该校始设本科、高等科、专修科三科:本科3年,授甲种商业学校课程,夜间上课,属夜校性质;高等科1年,授专门(职业)学校课程,设修身、算术、几何、物理、化学、簿记等科;专修科1~2年,设日语、汉语和英语。该校开办当年只招收了本科和专修科3个班,共计88名学生。其中,本科一、二年级80名,日语专修科8名。① 在该校学习的主要是日本的初中、小学毕业生,继续学习汉语并接受职业教育,此外还有供职于日本军队、机关、学校、企业的日本人。学生毕业后多数到日本驻青岛及山东各地的军队、机关、企业任职。据悉,该校从创办伊始就受到日本占领当局的关照,其教师多由青岛守备军司令部的官员兼任,办学经费除收学费和热心教育的日本商人捐助外,大部分由基督教会和青岛基督教青年会补助。②

1917年(大正六年)4月,私立青岛英学院更名为"私立青岛学院",因其得到日本占领当局的认可,有关方面将一处两层大仓库无偿借给学院使用。9月14日,私立青岛学院在院本部成立夜间授课的商业部(甲种商业学校程度),并突破对华人生源的限制,兼收青岛的中国学生。中、日学生在日本海外附属地的"共学制"早在"满铁"初期已经实行,且逐步向其他附属地推行。这种形式上的杂糅,其实是由单纯"内地延长主义教育"逐步转向"现地适应主义教育"为方针的殖民主义教育。日本第一次占领青岛时期职业教育的"日华共学",其教学内容完全不考虑中国学生的存在,况且日本占领当局根本没有设想青岛华人的中等教育需求。

1918年5月,吉利平次郎解除了私立青岛学院同青岛基督教青年会的合作关系,独立经营。③ 1921年(大正十一年)初,私立青岛学院设立商业学校,学制为5年,兼收中国学生。截至1921年5月,该校共有本科、高等科、专修科、商业科在校生558名(表3-2)。④吉利平次郎的办学业绩深得日本官方的重视,日本皇室派员来学校视察,并送点心,以示慰问。

由于日本第一次占领青岛时期控制了青岛的政治、经济、文化等领域,在青日侨所从事的职业涉及青岛经济社会各方面。对于移居的日本人来说,学会"当地语言至关重要",因为一般日本人如果熟悉中国语言的话,"对殖民地的经营会有好处,这在其他国家早有显见的例子"。⑤ 为尽可能更多地培养能永驻青岛

---

①④ 《日人在鲁设学之调查》,载《中国年鉴》第1921、1922页,上海商务印书馆,1924。

② 青岛守备军民政署,『青岛要览』,117页,芦沢印刷所,大正十一年(1922)。

③ 「青岛概要」,『山東案内』,120页,日華社,昭和十一年(1936)。

⑤ [日]伊豆井敬治:《满铁附属地经营沿革全史》(日文版),第380页,满铁总裁室地方部残务整理委员会,1939。

表3-2　1921年私立青岛（日本）学院各科学生统计表

科别与专业	本　　科			高等科	专修科				商业科	合计
	第一学年	第二学年	第三学年		英语	汉语	日语Ⅰ	日语Ⅱ		
学级数	2	2	1	1	1	1	1	1	1	11
学生数	139	99	45	29	29	30	93	19	56	558

资料来源：《日人在鲁设学之调查》，载《中国年鉴》第1922页，上海商务印书馆，1924。

的日本人，并确保日本人在青岛乃至山东的牢固地位，开办中国语学校成为日本占领当局重要的教育施策。

1915年（大正四年）2月，日本青岛占领当局"为日本人子弟学习支那语"设立的中国语学校，招收学生44名。[①] 此后，又分别于1918年（大正七年）4月、10月和1921年（大正十年）5月在坊子、张店、青州开设中国语分校，学制2年，教授简单的北京官话及现代汉文，学生大部分是供职于青岛及山东各地军队、机关、学校、企业里的日本人。至1921年，各中国语学校共有学生7个班、149名，其中青岛中国语学校3个班、100名。[②] 1922年12月中国政府接收青岛后，日本的中国语学校全部停办。

综上，据《日人在鲁设学之调查》记载，1914—1922年日本第一次占领青岛时期，日本"设在青岛市内、胶济铁路沿线各市镇及济南商埠专为教育日人子弟者"总数"达四千四百四十六人数之多"，"其发达状况，盖可想见"。[③] 如果仅算青岛境内的日本学校，日本占领当局1922年出刊的《青岛要览》有统计数字：截至1921年5月，日本在青岛的各级各类学校学生总数由开办时的1400名增加到4207名，其中小学学生2640名、普通中学学生737名、中等职业学校学生558名、中国语学校学生149名、幼稚园学童123名。[④]

第二节　日本军政殖民下的华人学校教育

一　殖民化的初等教育公学堂和日语专门学校

1914年11月日本取代德国占领青岛后，神尾光臣根据在台湾推行殖民地奴化教育的经验，对青岛华人的教育实行先同化后皇民化的殖民政策，改造和适

---

①④　青岛守备军民政署，『青岛要览』，113-114、112-117页，蘆沢印刷所，大正十一年（1922）。
②③　《日人在鲁设学之调查》，载《中国年鉴》第1921、1918页，上海商务印书馆，1924。

度增设以普及日语为重点的公学堂,加强日语教育,以"养成专为日本人服务之人才"①。

1."满铁"殖民经验与改造增设的 37 所公学堂

"公学堂"是日本在中国占领区推行殖民主义奴化教育的产物,这一名称最初见于 1905 年日俄战争后日本侵占下的中国东北地区。1906 年 3 月,日本"关东州"民政署在颁布的《关东州公学堂规则》中规定:"公学堂以向中国人子弟讲授日语、进行德育,并传授日常生活需要的知识和技能为办学宗旨。"②日本通过对中国占领区的儿童开办公学堂,进行殖民主义奴化教育,为日后的长期殖民统治培养人才。1914 年 3 月,日本公布的《南满铁道株式会社公学堂规则》对公学堂的办学宗旨表述为:"注重学生身体的健康成长,施之以德育,授之以实学,并使之学好日语。"③所谓"德育",就是加强"亲日"教育,因此公学堂对中国学生的日语教育给予了特别的强调和重视。同时,日本在国内广招教员,许以各种优惠条件,为其实现长期的殖民统治服务。显然,"满铁"公学堂的教育实践被青岛占领当局效仿。

首先,接管德国租借地时期全部 26 所蒙养学堂,将其更名为"公学堂"。日本占领青岛伊始,即将 26 所蒙养学堂予以接管、更名,并根据所在区域分属青岛、李村两个民政署。划为青岛民政署的有青岛、台东镇、薛家岛、施沟、瓦屋庄、濠北头、南屯、辛岛、高家村(原阴岛),共 9 所公学堂;划为李村民政署的有李村、沧口、苏家下河(原下河)、朱家洼、浮山后、赵哥庄、上八(原上流)、于哥庄、登窑、埠落、法海寺、姜哥庄、侯家庄、宋哥庄、九水(原九水庵)、灰牛石、香里,共 17 所公学堂。1915 年 3 月,日本青岛占领当局命令这 26 所公学堂全部开学,时有职教员 51 名、学生 687 名。④ 其中,青岛民政署所辖 9 校、311 名学生,李村民政署所辖 17 校、376 名学生。规模最大的是坐落在大鲍岛的青岛公学堂,有职教员 4 名、学生 65 名;规模最小的是赵哥庄公学堂,只有 2 名职教员、10 名学生。李村民政署所辖学校数量多,但规模普遍偏小。划为青岛民政署的薛家岛、施沟、瓦屋庄、濠北头、南屯、辛岛 6 所公学堂地处海西,共有职教员 13 名、学生 277 名,⑤几占青岛民政署公学堂学生总数的 90%。九水公学堂系德租蒙养学堂改

①　《日人在鲁设学之调查》,载《中国年鉴》第 1918 页,上海商务印书馆,1924。

②　《关东州公学堂规则》,载《辽宁教育史志资料》第 2 集(下)第 955 页,辽宁大学出版社,1990。

③　《南满铁道株式会社公学堂规则》,载[日]满铁地方部地方课编《南满洲铁道株式会社经营教育设施要览》(日文版)第 82 页,南满洲铁道株式会社,1917。

④　根据《教育华人之学校·公学堂》计算,载《中国年鉴》第 1922—1923 页,上海商务印书馆,1924。

⑤　黄岛区教育史志编写小组:《青岛市黄岛区教育记事长编》(内部资料),第 5 页,1988。

制,有 3 间教室和 500 平方米的操场,校长周伦山是前蒙养学堂的校长,1917 年由李联清接任。①

其次,在华人住宅较稠密的区域,因陋就简增设 11 所公学堂。为了显示对青岛占领区的怀柔政策,日本占领当局自 1916 年 3 月至 1919 年 3 月相继在水牛村、云南路、唐家沟、夏庄、张村、仙家寨、东黄埠村、湛山村、大麦岛村、辛家庄、浮山所②增设公学堂(表 3-3)。

表 3-3　日本第一次占领青岛时期增设公学堂一览表

公学堂名称	成立时间	校　址	1922 年学生数(人)	职教员数(人)
现化庵公学堂	1916 年 3 月	水牛村	86	3
台西镇公学堂	1916 年 9 月	云南路	218	13
双山公学堂	1917 年 8 月	唐家沟	49	2
育英公学堂	1918 年 6 月	夏庄	55	2
常在公学堂	1918 年 8 月	张村	95	2
养正公学堂	1918 年 8 月	仙家寨	63	2
明德公学堂	1918 年 8 月	东黄埠村	77	3
湛山公学堂	1919 年 3 月	湛山村	58	2
大麦岛公学堂	1919 年 3 月	大麦岛村	66	4
辛家庄公学堂	1919 年 3 月	辛家庄	52	2
浮山所公学堂	1919 年 3 月	浮山所	102	5
合　计	—	11 所	921	40

资料来源:根据《日人在鲁设学之调查》整理,载《中国年鉴》第 1922—1923 页,上海商务印书馆,1924。

据载,台西镇公学堂初设于租用的民房中,后设计在 1917—1922 年台西镇通(今云南路)、明石町(今汶上路)、高雄町(今西藏路)与榛名町(今濮县路)一块矩形的合围区域。③ 现化庵公学堂设于崂山北宅水牛村,有可做教室的房间 12 间,有职教员 4 名、学生 112 名。④ 双山公学堂成立时,有 4 间教室和 1 间办公室。1918 年 8 月,张村常在公学堂成立,有草坯房 4 间、瓦房 6 间和 5 名职教员,48 名学生来自郑张村、文张村、孙家下庄、张家下庄、枯桃、牟家村等。⑤ 1919

---

① 《西九水村志》(内部发行),第 249 页,2014。
② 根据《日人在鲁设学之调查》整理,载《中国年鉴》第 1922—1923 页,上海商务印书馆,1924。
③ 《台西镇:一种日常化的青岛平民生活》,第 222 页,山东画报出版社,2010。
④ 《东陈村村志》(内部发行),第 203 页,2015。
⑤ 《郑张村志》(内部发行),第 131 页,2009。

年3月,日本占领当局增设了湛山、大麦岛、辛家庄、浮山所4所公学堂后,未再新建以华人子弟为对象的初等教育学校。据载,大麦岛公学堂成立时,有职教员3人、学生110名,[1]生源主要是大麦岛、王家麦岛、徐家麦岛三个村的儿童。由于教学设施不足,该校的一年级学生在借用的王家麦岛王氏祠堂上课,二、三年级学生则在朱氏家庙上课。[2] 据零星的史料记载,辛家庄公学堂有6间教室和4间办公杂用室,浮山所公学堂有12间教室和5间办公杂用室。[3] 截至1922年5月,青岛37所公学堂共有教学班125个、学生3356名、职教员135名。[4] 比之青岛全市二十八九万人口,提供基础教育的日式公学堂根本不能满足华人学龄儿童的就学需要,充其量不过重复着"满铁"时期的窘况:日本人只是"漠然地在城市的街道和附近的少数学校,对少数孩子实行特别简单的教育而已"[5]。

再次,建立以普及日语教育为主导的殖民化华人初等教育制度。日本占领当局在青岛开设的公学堂,学制为5年,并参照"满铁"附属地公学堂模式规定了所谓"仕民易俗"的教育宗旨,课程设修身、中文、日语、地理、历史、算术、理科、体操、图画、手工、农业、商业等,女生增加刺绣。[6] 公学堂的办学经费从守备军财政收入中列支。1917年,青岛守备军司令部调整军政机构,并在李村及胶济铁路沿线的坊子、张店设立民政分署,其人员均由日本内务部直接派任。为加强教育控制,同年10月公布的《青岛守备军民政署事务分掌规程》规定:民政署设秘书科和总务部、警务部、财务部,其总务部下设职掌教育事务的学务系。11月,学务系改称"学事系",设学事员人5人、视学1人、事务官2人。[7] 学事系掌控下的日侨学校和华人公学堂,两种完全不同的教育体系形成了鲜明的对照。日本在公学堂"特别注重日语"[8],唱歌、图画和手工也完全采用日本内容和日本风格,就连算术课的例题也明显地透露出日本文化的气息。同时,学事系在几所规模较大的公学堂内附设实业学校,授农、工等实业教育。例如:台西镇公学堂附设的实业学堂3年毕业,教授科目有修身、实业(农、工、商)、中文、日语、数学,并结合授课进行实习。

① 《大麦岛村志》,第217页,五洲传播出版社,2003。

② 《王家麦岛村志》(内部发行),第237页,2010。

③ 叶春墀:《青岛概要》,第69页,上海商务印书馆,1922。

④ 《日人在鲁设学之调查》,载《中国年鉴》第1923页,上海商务印书馆,1924。

⑤ 《中国人教育——公学堂、普通学堂》,载《辽宁省教育史料》第2集(下)第951页,辽宁大学出版社,1990。

⑥ 青岛守备军民政署,『青岛要览』,119页,芦泽印刷所,大正十一年(1922)。

⑦ 袁荣叟:《胶澳志》卷七《教育志》,第984页,文海出版社,1973。

⑧ 李贻燕:《调查青岛教育报告书》,载胶澳商埠督办公署民政科学务股编《胶澳商埠教育汇刊·附录》第118页,1924。

2.普及并加强日语教育与限制发展职业技术教育

日本占领当局除了在公学堂加大日语授课时数，还"假教育华人子弟为名，设立特殊之学校"，灌输奴化思想，使之丧失民族意识。1917年8月，接替大谷喜久藏出任青岛守备军司令官的军事强人本乡房太郎改组青岛占领区军政机构时，任命日本帝国大学法学博士秋山雅之介任民政署长官。秋山雅之介在青岛的任职一直持续到1922年12月中国政府收回青岛，是日语殖民教育活动的主要策划者与执行人。据载，1918年（大正七年）3月，日本占领当局在青岛设立了日语专门学校，学制为2年，实行夜间授课。建校伊始该校即招收190名青岛华人青年，按其程度分为一年级2个班（共164名）、二年级1个班（26名）。同年4月，日本又在李村、坊子开设了日语学校，分别招收当地华人青年116名、24名；10月还在张店开设日语学校，招收华人学生87名。[①] 1921年5月，日本占领当局又在青州筹设日语学校。值得注意的是，担任日语学校的教师大都是日本民政署的官员，他们对日本政府从精神上征服中国民众的策略心领神会。事实上，日本第一次占领青岛时期的日语专门学校就是日本借助武力推进殖民教育的得力工具。截至1921年5月，青岛及周边地区的日语学校共计5所、10个班、学生354名。[②] 日本占领当局大肆推行日语殖民化，不仅剥夺了青岛广大青少年学习本国语言、文字和掌握现代科学文化知识的权利，而且损害了他们了解民族文化传统和民族历史的权利，导致日占时期青岛民众仅粗通日语、其他知识水平和能力远远低于青岛开埠和德租时期的畸形状态，也因此延误了人才的培养，迟滞了青岛城市现代化的进程。本乡房太郎在青岛任职第二年晋升为日本陆军大将。

可以这样说，1914—1922年日本第一次占领青岛时期的职业教育不仅乏善可陈，而且破坏了德胶澳租借地初步形成的职业教育体系。根据现有史料，除了少数公学堂附设的实业学校和吉利平次郎开办的兼收华人学生的私立青岛学院商业科，日本在青岛的职业教育只有接管德国四方铁路工厂徒工养成所并解雇了技术岗位上的中国人后，于1915年开办的铁路从业员养成所。[③] 此外，日本占领青岛后曾在李村设立"特科师范学校"，主要招收青年塾师及小学肄业生，学制2年，意在培养公学堂师资，"惟办完一期即已停止"。[④] 至于1917年6月举行开场典礼的李村农事试验场，由于中德青岛特别高等专门学校被迫停办，业已丧失了教学实习农场的功能。

---

① 《日人在鲁设学之调查》，载《中国年鉴》第1923页，上海商务印书馆，1924。
② 青岛守备军民政署，『青岛要览』，123页，芦泽印刷所，大正十一年（1922）。
③ 《青岛铁路分局志（1899—1990）》，第470页，中国铁道出版社，1998。
④ 袁荣叟：《胶澳志》卷七《教育志》，第988页，文海出版社，1973。

随着胶济铁路的运营,特别是与贯通冀鲁苏皖四省的津浦铁路的连接,日本更看好济南所处的南北交通要衢的战略地位,便将职业技术教育的重心转向了济南。据载,1916年(大正五年)12月,以往只设"实修科"和"夜学速成科"的日本东文学校,在济南三大马路开设了夜间授课的"山铁速成科",专为铁路"造成应用之编译及杂项人才",学制1年,年经费为21180日元。[①] 1918年(大正七年),日本东文学校又加设中学科、高等科,同时"夜学速成科则仍其旧",实现了职业教育与普通教育二元统一。该校的中学科课程为修身、日语、汉文、英语、地理、历史、数学、理化、博物、法制、经济、商业学、簿记、图画、体操等,专收"华人之高小毕业程度者",学制为4年;高等科课程为伦理、汉文、日文、英文、历史、数学、理化、法制、经济、图画、体操等;此外还设有伦理学、社会学、哲学等选科,专收"华人之具有中学三年级完了程度者",学制3年。据该校1917年10月—1921年3月的统计,共有四期70名"实修科"学生毕业、三期70名"山铁速成科"学生毕业和16名"夜学速成科"学生毕业。[②]日本在济南发展职业教育,无疑为其日后的军事图谋增加了筹码。

二　夹缝中的私立、教会学校与乡村私塾的转型

日本第一次占领青岛时期也是青岛华人教育奋力拼争的时期,以旅寓青岛的江南、广东商人为其子弟创办的小学最为突出。青岛的基督教、天主教教会学校生存异常艰难。散布于乡间的私塾办学势头不减;即墨、胶州、平度等地的教育折射出民国初年中国教育的缩影。

1.私立三江、广东小学校的创办与寓青商家的教育诉求

日本第一次占领时期,一些寓居青岛的客籍人积极筹资,创办了具有同乡会性质的基础教育学校,其中以三江小学校和广东小学校最具代表性。

1917年2月,江、浙、赣、皖四省旅青商人举办"三江旅岛学校"[③],校址在日称芝罘町(今芝罘路)的三江会馆。三江会馆是清末随青岛开埠通商,江南商业资本进入岛城,而建立的以同乡为纽带、以同业为基础的议事馆所,因其主要发起人由江苏、浙江、江西三省(省名均有"江"字)商人组成而得名,安徽因与江苏曾是一个省(江南省)而得以进入其中。这个集多种社会生活与文化内涵于一体的社会团体,经常举办施医、施药、施舍棺木等福利活动,办学自然是三江会馆的现实要求。后因四省之外的寓青商户纷纷送子弟入校,1920年9月更名为

---

①② 《日人在鲁设学之调查》,载《中国年鉴》第1918、1918页,上海商务印书馆,1924。

③ 《为造送私立三江小学校概况的呈》,存青岛市档案馆,档号:B0027-006-00246-0431。

"私立三江小学校"，不限籍贯，其余省份"商人子弟希望入校者亦特别许可"[①]。据悉，三江小学修业年限为高等科 3 年、初等科 4 年；学费标准为高等科每年 16 元、初等科每年 12 元，不足之经费由四省同乡义捐。1921 年 5 月，该校有学生 82 名、职教员 7 名。[②]

广东小学校由寓居青岛的广东民系在广东会馆设立，地址在三江会馆的南侧。其实，早在三江会馆建立前的光绪三十二年（1906），素有"敢为天下先"的粤商、广东香山人古成章抢先在德胶澳租借地芝罘街（Tschifu Str.，今芝罘路），发起创办了广东籍商家聚会议事之处——广东会馆。广东会馆作为粤商的地缘组织，热心解贫济困，帮助客居地社会做了许多善事。1912 年 9 月，孙中山来青岛曾在广东会馆会见青岛商界知名人士，并应邀出席粤东同乡会的宴会。较之三江小学校，广东小学校的规模略小。据 1921 年 5 月统计，广东小学校有学生 50 名、职教员 5 名。[③]

总的来看，日本第一次占领青岛时期出现的三江和广东小学校，是客居青岛的业缘商邦自筹经费、自主创办、自我管理的华人子弟学校。尤其是成立于德租时期的青岛华商商务总会于 1916 年改组为"青岛总商会"，并于 1920 年在今中山路 72 号建造商会机关。由于这个在会 180 个商号、采用董事制的华人组织拥有一定的势力，使得三江和广东小学校得以生存。他们不畏日本的军政殖民统治，特别是其课程"一准内地旧制小学办法"[④]，忠实地体现了民初中国人的办学标准和教育要求。当然，三江和广东小学校毕竟规模有限，从另一方面说明日占时期"华人之国民教育""程度甚为低下"。旅寓青岛的日照人叶春墀在 1922 年 2 月出刊的《青岛概要》中分析原因时称："华人之住民虽多，而家族住青者甚少。有财力者多往内地留学，在青入学校，多为糊口计。"[⑤]

2.日本占领当局的排挤与多有发展的教会小学

据日本 1921 年 5 月出版的《青岛要览》记载，青岛有西方教会所办学校 4 所：一是瑞士-德国同善会所办之礼贤书院；二是美国基督教北长老会所设之明德中学校；三是柏林传教会所设之爱道院，时有学生 133 名；四是天主教弗兰西斯柯修道院所办之女子学校，主要招收欧美学生，施行英国式教育，时有职员 12 名（皆系欧美神职人员）、学生 77 名，并附设幼稚园。[⑥]由于日本占领当局的排挤，青岛的教会学校被严重忽略。

事实上，日占时期青岛的教会小学发展较快，其中比较突出的有基督教信义

————————

　　①④　李贻燕:《调查青岛教育报告书》,载胶澳商埠督办公署民政科学务股编《胶澳商埠教育汇刊·附录》第 118、118 頁,1924。

　　②⑥　「青岛概要」,『山東案内』,126、126-127 頁,日華社,昭和十一年(1936)。

　　③⑤　叶春墀:《青岛概要》,第 68、67 頁,上海商务印书馆,1922。

小学、私立湛山崇德小学、青岛中华基督教尚德小学、私立圣功女子小学。1915年,始建于光绪二十八年(1902)7月的德华小学,在和士谦的领导下发展成为私立信义小学校,地址在清河路40号,共有教室14间,有职教员4名、学生74名,年经费为1100元。① 1918年,私立湛山崇德小学校开办,地址在湛山村,有教室3间,有职教员1名、学生25名。②1918年,刘寿山将青岛中华基督教原北京路会所出售后,在上海路3号重建教会会所,并附设一所小学校。③ 1921年3月,青岛中华基督教尚德小学开办,课程有国语、算术、唱歌、体操,有教室5间、办公杂用室2间,有教师1名、学生19名。④1922年7月,天主教德籍主教维昌禄(Episcopus Georgius Weig)在德县路23号举办私立圣功女子小学,有教室等房间11间,有职教员6名、学生30名,⑤首任校长为曹芳。在胶州,除了瑞典浸信会开办的瑞华学校,1917年天主教方济各会波兰籍修女马明义在北园门里开办了爱德女子学校。⑥ 1920年秋,美国基督教南浸信会牧师崔怡美(Emmett Stephens)举办私立培基小学。1924年信义会牧师鉴及斯也来胶州办学。

日占时期,青岛礼贤书院经历了学校发展史上最艰苦的岁月。1914年8月日德青岛战争开战后,礼贤书院停办,卫礼贤利用校舍举办红十字会,医治受伤人员。受"欧战"的影响,同善会经费中断。1916年,青岛总商会向礼贤中学伸出援手,因"得青岛总商会补助,稍资支持"⑦。1917年当"校款告罄,势将不支"时,商会代表隋石卿"慷然借以私产",共克时难。然而,日本占领当局从中作梗,对隋石卿的借款"防范綦严,每月支领之际,殊费周折"⑧,卫礼贤干脆"停授日文"以示抗议,同时将英语作为第二外语。⑨ 1914年日德青岛战争期间,中德合办的青岛特别高等专门学堂停办,校产被日本山东铁道部占有,卫礼贤"转请中德政府将是年经费分润各校"。直到1918年北京政府才作出拨部分款项接济礼贤书院的批复,青岛礼贤书院"实得四分之一"。⑩正当礼贤书院难以为继之时,1919年,周馥之四子、民族实业家周学熙"捐助常年校款"⑪,礼贤书院遂更名为"青岛礼贤甲种商业学校",学制3年,课程设修身、讲经、中文、英文、德文、算学、理化、博物、历史、地理、天文、图画、体操、唱歌等,此外还附设五年制小学部。此时,周书训辞职,劳乃宣任监督,高天元为校长。高天元,字孟贤,北京人,系清

①②④⑤　胶澳商埠督办公署民政科学务股:《胶澳商埠教育汇刊·统计》,第19、19、19、18页,1924。

③　《青岛上海路小学校志(1920—1986)》(内部资料),第2页,1987。

⑥　《民国增修胶志》卷二十二《学校·民国学校》,载《中国地方志集成·山东府县志辑》第42册第221页,凤凰出版社,2004。

⑦⑧⑩　《本校小史》,载《礼贤中学校廿五周纪念册》第15、15、16页,1925。

⑨　Wilhelm S.*Richard Wilhelm-Der geistige Mittler zwischen China und Europa.*Eugen Diederichs Verlag 1956,S256.

⑪　袁荣叟:《胶澳志》卷七《教育志》,第987页,文海出版社,1973。

末举人。1921 年,德国哲学博士白赫文任同善会代表,主持礼贤校务,卫礼贤离开青岛,供职于德国驻华公使馆。1922 年,苏保志接替白赫文出任同善会代表,学校时有职教员 8 名、学生 71 名。

青岛淑范女子学堂因 1914 年日德交战而停办,张松溪、栾佩卿等教师"征得家长同意,将学校迁往安丘朱家沙窝"办学。1920 年,该校迁址胶县大辛疃,得到美国基督教北长老会的资助,并与其坤英女子中学合并。①

3.乡村私塾的兴办与华人教育的抗争

日本第一次占领青岛时期,在夹缝中生存的乡村私塾虽不断遭受日本占领当局的打压和限制,但仍是广大农村地区农民子弟接受教育的唯一选择。由于1915 年北京政府发布的《特定教育纲要》对私塾采取"奖进主义"并"期于同化于学校"②的政策,日占时期的青岛乡村私塾在抵制殖民当局的不均等教育制度及其同化教育政策,和以语言教育为武器进行抗争方面,积累了宝贵的经验。据统计,青岛共有各类私塾 207 处,在塾学生达 3243 名。学生数与日式公学堂在校学生大致相当。其中,青岛市区有私塾 28 处、塾师 48 名、塾生 474 名;李村地区有私塾 179 处、塾师 184 名、塾生 2769 名。③ 以李村为例,比较有名的私塾如大翁村阎寿昌 1914 年在阎家祠堂开办的宗塾,有塾生 30 名;小水清沟王集聪1914 年在村东祠堂开办的村塾,有塾生 20 名;上王埠曲启贵 1914 年在自家厢房开办的门馆,有塾生 16 名;东李村刘瑞海 1917 年在刘家祠堂开办的学屋,有塾生 20 名;佛耳崖杨作金 1922 年在杨家家庙开办的塾房,有塾生 17 名;④大麦岛塾师于乃栋借用王家麦岛村民王增良家闲屋也开设了私塾。⑤

日占时期乡村私塾的发展具有宗族性特征,尤其是山区和渔村,往往以氏族村塾为主。据悉,1915—1922 年,地处青岛海西的薛家岛地区共有私塾 8 处,包括薛家岛、顾家岛、鱼鸣嘴、董家河、丁家河、鹿角湾、南营、南庄,共有塾生 215名。⑥ 郑张村在东、西两祠堂和后书房自办学馆,由本族塾师授业。⑦ 北依大佛山和温石山、南濒大海的石老人村,1917 年在曲氏祠堂建有村塾,塾师先后有曲

① 韩同文:《花之安尉礼贤与礼贤书院和文德女中》,载《山东文献》第 22 卷第 1 期第 77—78 页,1996 年 6 月。

② 《教育公报》第 9 册,载朱有瓛主编《中国近代学制史料》第 3 辑上册第 49 页,华东师范大学出版社,1990。

③ 李贻燕:《调查青岛教育报告书》,载胶澳商埠督办公署民政科学务股编《胶澳商埠教育汇刊·附录》第 118 页,1924。

④ 《青岛市李沧区教育志(1898—2002)》,第 60—61 页,中国出版社,2005。

⑤ 《王家麦岛村志》(内部发行),第 235 页,2010。

⑥ 黄岛区教育史志编写小组:《青岛市黄岛区教育记事长编》(内部资料),第 5 页,1988。

⑦ 《郑张村志》(内部发行),第 129 页,2009。

景玉、曲瑞莘。① 清末,毛公地村刘姓村民曾在北胡同利用3间民房开办学塾,有6名塾生,其中之一的刘德平于1920年重办私塾。② 1916年,杨家群村民张维贵在家中办起坐馆。1919年,张氏族人"拿出卖掉大伙山的资金"在张氏祠堂开办学塾。③ 这些私塾均为村塾,具有一定的公共性,大都是同姓村民集资借用族堂开办,塾生系同姓子弟。在抵御外侮的岁月,族学村塾对年幼的子弟教育发挥了一定的作用。

一个看似奇怪的现象是,日本第一次占领青岛时期农村私塾多有发展。在崂山登窑、姜哥庄等地虽有日式公学堂,但一些农民不愿让子弟进"鬼子学堂",而情愿送孩子读私塾。④ 石湾的学童大都去一位赵姓先生在曲氏祖庙开办的学屋读书。⑤ 这种抵触自然来自农民与日式公学堂的陌生感与疏离感,农民多为子弟选择私塾。后科举时代的私塾功能发生了很大变化,农民并不指望子女能从政入仕,而以读书识字为满足,包括一般商贾、业主对子弟的文化学习重在识字、作文和珠算,这些皆是私塾的强项,可见私塾盛行是民众教育投资选择的结果。由于乡间私塾实行自治,有些私塾的教育内容颇有时代感和思想性。例如:崂山脚下白沙河畔洼里村的私塾所授第一课是认识孙中山:

> 这是谁?
> 这是孙中山先生。⑥

还有加强中华民族教育的内容:

> 你姓王,我姓康,
> 几百年前都是同祖同爷娘。⑦

也有反抗帝国主义和封建压迫、抵制洋货的教育:

> 压迫一年重一年,外人到处刮金钱。
> 洋货畅通我市场,侵夺权利几千万。⑧

诚然,日占时期青岛乡村私塾的师资参差不齐,既有逊清的禀贡生、秀才,也

---

① 《石老人村志》,下册,第325页,中国国际文化出版社,2008。
② 《毛公地村志》,第138页,黄河出版社,2010。
③ 《杨家群村志》(内部发行),第234页,2005。
④ 《岭西村志》(内部发行),第222页,2014。
⑤ 《石湾村志》,第182页,黄河出版社,2013。
⑥⑦⑧ 《洼里村志》,第222、222、222页,山东省地图出版社,2008。

有民国初年读师范传习所的肄业生，但一般都娴于写算，能开国文、算术、尺牍等科，有的还是维护乡村文化秩序的重要力量。后科举时代的塾师之所以被认可、被接纳，是因其能迁就事实，迎合农民的心理开设课程，故而其适用性优于日式公学堂。塾师的收入仍沿袭村民凑钱、轮流派饭、年节送礼、添置衣物等旧统。崂山王哥庄大桥村的塾师一边做教书先生，一边替佛教圣地大悲阁看管庙产，以维持生计。①

4.半岛乡区公立国民学校与民国初期教育事业的展现

1914—1922年日占青岛时期，正是中国近代教育改革、转型的重要时期。民国政府教育部自1912年9月公布《小学校令》后，"留意儿童身心之发育，培养国民道德之基础，并授以生活所必需之知识技能"②，成为中国普通教育的主旨。1915年1月北京政府发布的《特定教育纲要》，将初等小学分为两类：一类是学制4年实行义务教育的国民学校，其"办理可从简便"；一类为有志升学者设立的预备学校，其"办理须求完备"。③ 及至1922年，由五四新文化运动催生的"壬戌学制"，则为民国初等教育找到了比较科学的定位。从半岛乡区学校教育的发展情况看，基本反映了民初教育的进步趋势。

在即墨，1915年全县共有县立高等小学校1所，乡、村地方出资开办的公立高等小学校1所，县立及公立初等小学校93所。1916年，即墨在青中埠村建立了县立第二高等小学校，1918年起又分别在长直、惜福镇、灵山村、城阳村和鳌山卫增设了第三、四、五、六、七高等小学校。其中，第六高等小学校系城阳村人牛淑宏捐款倡导建立，于1920年6月建成开学。④ 据1916年统计，即墨全县入学儿童共计3319名，占学龄儿童总数的10.6%。⑤ 到1920年，即墨全县高等小学校增加到17所，由初等小学校改制的国民学校达451所，另有女子高等小学校2所，女子国民学校14所。为筹措教育经费，即墨从1914年开始征收附捐，1920年将猪、羊捐用于教育，1921年又将窑捐划为教育经费。⑥1920年即墨全县岁收教育附捐达5365.7元，占全年教育费的34.2%。⑦有资料表明，1919年即墨全县尚有私塾350处。⑧

在胶州，由于1913年初北京政府废府、州，实行道、县制，改1905年升格直

① 《大桥村志》（内部发行），第145页，2015。

② 《1912年9月28日教育部公布小学校令》，载朱有瓛主编《中国近代学制史料》第3辑上册第111页，华东师范大学出版社，1990。

③ 《教育公报》第9册，载朱有瓛主编《中国近代学制史料》第3辑上册第45页，华东师范大学出版社，1990。

④ 《城阳区教育志》编纂委员会：《城阳区教育志》，第9页，黄河出版社，2015。

⑤⑥⑦⑧ 即墨县教育志编写组：《即墨县教育志》（内部发行），第114、3、41、109页，1990。

隶州的胶州为胶县,不再辖有属县,教育规模仅限胶县一地。清光绪二十八年
(1902)建在胶西书院基础上的官立高等小学堂,1913年改为县立第一小学校,
实行高级2年、初级4年的学制。1913年8月,县立女子小学校在州同旧署成
立,时有高级部学生36名、初级部学生117名及职教员7名。1921年,成立于
1916年的胶县乙种农业学校改为县立农科职业学校,时有学生34名、职教员9
名。1922年2月,胶县公立第一小学在前塚子头成立。① 自然,更多的则是散布
在乡村的乡立、村立小学,其办学经费主要靠乡村的公有学田租金和其他公产收
入,县府给予一定的补助。据统计,任职胶县县立、公立小学校的教师有"正教
员"与"助教员"之分,正教员须能担任全部课程的教学,助教员为"辅助正教员
者";教师不敷用时还聘请"代用教员"。

在平度,同样受民国初年建置改制的影响,平度州(散州)改为平度县,只是
地域未变。根据1920年的统计,平度时有县立高等小学校1所、女子高等小学
校1所,还有县立及公立初级小学校594所、女子初等小学校11所,入学儿童共
计9450名。② 平度小学执行的是"四三"分段的7年学制,即初级小学4年、高
级小学3年。初级小学的课程为修身、国文、算术、手工、图画、唱歌、体操7科,
女生加缝纫科;高等小学的课程为修身、国文、算术、历史、地理、理科、手工、图
画、唱歌、体操10科,男生加农业科。③

在莱西(阳),1916年后小学学制统一为7年,前4年为国民学校(初级小学
校),后3年为高等小学校,学生在国民学校4年毕业后可以升入高等小学校或
乙种实业学校。1916年,莱西(阳)将设在义谭店村的两等小学堂改为县立第二
高等小学校④,并将日庄拟办的私立小学改为县立第四高等小学校;1917年又分
别在东理稼庄、万第、夏格庄建立了县立第三、五、六高等小学校;1920年在谭格
庄建立了县立第七高等小学校。据1920年统计,莱西(阳)全县共有高等小学
校7所、国民小学422所、女子国民小学校5所,入学儿童共计9196名,比率
为15.1%。⑤

出现在半岛乡区的"国民学校",是民国政府为实施四年制义务教育而设立
的。这种按程度划分的初等与高等两级小学的做法,不失为分类管理、提高办学
效益的良策。但是,限于民国政府的经济实力和广大农民对教育的重视程度,政

---

① 《民国增修胶志》卷二十二《学校·民国学校》,载《中国地方志集成·山东府县志辑》第42册第
220页,凤凰出版社,2004。

②③ 山东省平度县地方史志编纂委员会:《平度县志》(内部发行),第512、513页,1987。

④ 莱西县教育史志办公室:《莱西教育志(1840—1987)》(内部发行)第54页,1990。原系义谭店村
解氏捐资建设,1916年有初、高等各2个班,学生100余名,教师6名,校舍增至50余间。(第67页)

⑤ 莱西县教育史志办公室:《莱西教育志(1840—1987)》(内部发行)第62页,1990。

府义务教育的方针难以在实践中落实。事实上,1914 年 12 月教育部颁布《整理教育方案》提出的"人民向学为国家第一之生命"①的主张,在国家积贫积弱、军阀混战的历史环境中,难以唤起民众对国民学校的理解,政府也无力使国民学校实现国民道德之培养、国民生活知识之习得的教育宗旨。

第三节 "鲁案"的刺激与岛城教育的新期待

一 明德中学的排日标语与日侨的"鲁案"态度

1914—1922 年日本第一次占领青岛时期,中国正在经历着改变近代历史进程的革命岁月,此间中国诸多重大历史事件都与青岛相关联。在"还我青岛"引动的反帝反封建五四运动中,青岛学界出现了排日宣传、抵制日货等活动。

据 1919 年 5 月 26 日日本青岛守备军民政部的通报和 1919 年 8 月印行的《青岛潮》载,五四运动爆发后,青岛明德中学学生与外地学生团体密切联系,5 月 20 日北京大学给青岛明德中学寄来排日宣传品,明德学生将其张贴在青岛街头。日军遂将该校校长、教员二人、美国传教士二人"拘去审讯",又于 26 日勒令学校停课,对"学校横加摧残,驱逐校长,解散学生,学校停办"②。校长王守清被告知三年内不准回日本在山东占领区内任教,学校被迫迁往潍县与同为美国基督教北长老会所办的文华中学合并,直到 1920 年秋才返回青岛恢复办学。③青岛主权问题是五四运动爆发的导火索,当举国民众奋起抗争、誓死力争青岛主权、掀起涤荡帝国主义和封建旧礼教的浪潮时,青岛却处在日本守备军严密防范的高压之下。据悉,1919 年 5 月 4 日北京沸腾之日,日本在青岛竭力封锁消息,出动大批军人、宪兵、警察,并组织"在乡军人会"武装日侨和浪人,分布在青岛市内各处进行监视、控制,形势十分险恶。时在中国的美国教育家杜威(John Dewey)在接受美国《新共和报》记者采访时,不仅用实例佐证了日军在青岛制造的高压紧张氛围,还揭露日军的严控之手一直伸到济南。其中有这样一个细节:

> 又因排货问题,攻击一中国高等学校,一学生与抗,立拘之去,禁锢在一偏远之处,数日未释。中国官提出抗议,谓其不合法。而日领事声言,出青岛军事当局之意,不负责任。卒能拘捕之学生及其他中国人等,解往青岛受

---

① 《教育公报》第 8 册,载朱有瓛主编《中国近代学制史料》第 3 辑上册第 30—31 页,华东师范大学出版社,1990。
② 《青岛崇德中学校刊·校史纪略》,存青岛市档案馆,档号:A001362-00007/8。
③ 《山东省青岛第十一中学校志(1911—1998)》(内部发行),第 174 页,1998。

鞠。其姿横有如是者。[①]

青岛民众抵制日货的行动确实让日本体会到中国人深重而强烈的民族心理。日占时期，由于日本竭泽而渔式的搜刮政策，青岛港的进出口额大幅度暴涨，对日出口额达到青岛港外贸出口总额的 80%。1919 年五四运动后受抵制日货的影响，进出口贸易额明显下挫。据载，1919 年青岛港的日本火柴进口量骤减了一半还多。[②] 1919 年，青岛港出口额为 23783033 海关两，1920 年则下滑为 16728651 海关两。[③] 日本为此付出了代价。

日本占领青岛伊始，就将青岛视为其独霸中国的桥头堡。1914 年 12 月 3 日，日本外务省将包括军部在内的各种要求综合为五号 21 项秘密条款（即"二十一条"），交驻华公使日置益，令其向中国提出。4 日，日置益离开东京，取道青岛去北京。1915 年 1 月 18 日，日置益偕小幡酉吉、高克亨一向袁世凯当面递交日文"二十一条"，其中关于青岛问题为第一号，核心内容是承认日本继承德国在青岛及山东的一切权益。历经数月交涉，在日本的威胁利诱和中国的外交努力失败后，5 月 9 日袁世凯接受了"二十一条"的大部分要求，是日被全国教育联合会定为"五九国耻日"。自此，全国各地不断出现反日、抵制日货的高潮。

1916 年 3 月，日本为加强侵占青岛的军事力量，将海军第三舰队旗舰调来青岛。6 月 2 日，日军第十、十四、六十三联队共 2000 余官兵抵达青岛。1917 年 3 月，日本 11 艘军舰由佐世保驶抵青岛。此时，为争夺海外殖民权益和世界霸权的第一次世界大战西线战局陷入僵持状态。1917 年 8 月，北京政府对德、奥宣战，用"以工代兵"方式派出以山东农民为主体的 14 万劳工驰援欧洲。截至 1918 年 3 月，共有 50315 名华工从青岛出洋。[④] 1918 年 11 月 11 日第一次世界大战结束，11 月 25 日，山东国货维持会和报界代表上书国会，要求在即将召开的巴黎会议上提出"归还青岛"的议案。

1919 年 1 月 18 日，胜利的协约国集团为解决战争所造成的问题，与战败的同盟国在法国召开"巴黎和会"。21 日，北京政府委派顾维钧、王正廷等五人为全权代表出席会议。美、英、法、意、日等国都怀着各自的争霸野心，试图主导国际政治格局，原本德国在战前攫取中国山东胶州湾的权益成为中日争执的焦点。

---

① 《杜威博士论山东问题》，见张一志编《山东问题汇刊》下卷，载沈云龙主编《近代中国史料丛刊三编》第 16 辑第 284 页，文海出版社，1987。

② 青岛市档案馆：《青岛回归》，第 152 页，中国档案出版社，2002。

③ ［日］南满洲铁道株式会社会社庶务部调查课：《北支那贸易年报（大正六年至昭和四年）》（日文版），东亚印刷株式会社，1923。

④ 青岛市史志办公室：《青岛市志·外事志/侨务志》，第 222 页，新华出版社，1995。

美、英、法肆意将德国在山东的所有权益转让给日本，这一无理决定令中国人民十分愤怒。1919 年 5 月 4 日，北京天安门广场爆发了以青年学生为主体，广大市民、工商人士等各阶层共同参与的爱国运动。1919 年"巴黎和会"使青岛及山东问题成为未决悬案。其实，"欧战"结束后中德双方便开始接触，祛除损碍，议约公平条件。1921 年 5 月，北京政府外交总长颜惠庆与德国政府代表卜尔熙（Herbert von Borch）在北京以对等地位签署了《中德协约》，德国放弃 1898 年 3 月《胶澳租借条约》及"一切关于山东省之文件而获得之一切权利、产业权、特权"，青岛自此不再是德国的租借地。

1921 年 11 月，为重新瓜分远东和太平洋地区的殖民地和势力范围，美国主导召开了"华盛顿会议"。1922 年 2 月，中日两国代表在华盛顿会议上按照英、美的意愿和安排，通过"边缘谈判"的方式签订了《解决山东问题悬案条约》及《附约》。山东问题作为谋求解决的"悬案"，使多年未决的青岛回归中国的问题得以明显化，签约文件还对租界、公产、铁路、矿山等移交问题进行了原则规定。然而，中日双方的签约只是确定了解决"鲁案"的各项原则，而要付诸实施尚待时日。华盛顿会议后，按照条约规定中日两国代表进行善后交涉。此时，青岛日侨对"鲁案"善后谈判制造了种种事端。

当获悉 1922 年 2 月 4 日中日代表在华盛顿会议上签约青岛收回已成定局后，青岛日侨针对即将展开的"鲁案"善后谈判屡次开会密谋对策。2 月 9 日，青岛日侨集会，希望将善后交涉的地点定在青岛，以便于守备军代表和日侨中的"民选委员"出席会议，参加讨论。由青岛日侨组成的"日本市民会"将此决议电传日本政府和日本驻华公使小幡酉吉。[1] 当得知胶济铁路沿线的日军即将撤离的消息后，日本市民会又于 2 月 26 日与青岛守备军司令官等军政要人磋商，以请愿的形式挽留守备军，同时致电日本国会贵族院、众议院和日本政府，以中国军队无法保证日侨安全为借口，要求留下部分日军治安。[2] 青岛日本市民会还将其意愿致电日本国内各大报社，以便形成社会舆论。青岛日侨还对《解决山东问题悬案条约》及《附约》的某些条款横加抨击，公然提出中国收回青岛后须组织"各国人合组之行政委员会，以任征收租赋、经营公共事业等职务"；并自作主张地"规划"中、日、欧美委员的比例应为 5∶5∶2 或者 4∶4∶2，日本人应有优先权；或以青岛港各国进出口贸易额比例为标准，确定委员数目。[3] 4 月 20 日，青岛日侨发起召开"山东日本市民代表会议"，再次要求日本政府在"鲁案"善后谈判中

---

① 《青岛日侨对鲁案之最后运动》，载《晨报》1922 年 2 月 13 日。
② 《青岛日侨厚诬我国》，载《晨报》1922 年 3 月 3 日。
③ 《旅鲁日侨皆怀无理之希望》，载《晨报》1922 年 3 月 7 日。

采取强硬态度,在山东细目协定谈判中寸步不让,努力贯彻青岛日侨的主张,维护既得利益。①

华盛顿会议结束后,"鲁案"善后谈判定在北京,中日双方代表进行了长达 8 个月的交涉。其间,身为日本谈判主要代表的小幡酉吉成为青岛日本市民会、青岛日本商工会议所、青岛纺织同业会等日侨社团的主要请愿对象。② 小幡酉吉在青岛日侨的煽动下于 1922 年 6 月 7 日来到青岛,听取了青岛纺织同业会、盐业组合、水产组合、各土产贸易输出组合等日侨社团的陈情,并视察了港湾事务所、李村水源地、公学堂、农事试验场等处。③ 7 月 14 日,青岛日本市民会委派请愿代表远藤茂雄等人赶赴北京,向小幡酉吉请愿。④ 在没有得到所期望效果的情况下,青岛日侨铃木格三郎等一行到北京"改变陈情态度",对小幡酉吉"采取监视手段",以督促其维护侨民利益。⑤

1922 年 11 月,"鲁案"善后谈判进入尾声。11 月 18 日,青岛日侨再次召开"山东日本市民代表会议"。会上,一些持极端立场的日侨蛮横地指责日本政府谈判代表软弱无力,疾呼日本侨民的"正当主张",并将会议决议和宣言电达日本内阁首相、外务大臣及小幡公使,要求日本代表在善后细目协定最后谈判中尽最大努力维护日侨的利益。⑥ 客观地说,"鲁案"善后谈判总体上没有背离条约精神,尽管谈判所签订的善后细目中有许多差强人意之处,究其根源应归因于当时中国所处的国际环境和政府自身难以掩盖的劣势。例如:学校问题。1922 年 2 月中日在华盛顿会议签署的《解决山东问题悬案条约》,其第七条第二节就提出学校等公产仍归日本所有:

> 胶州德国旧租借地之公产中,有为设立青岛日本领事馆所必需者,归日本政府保留。其为日本居留民团公益所必需,如学校、寺院、墓地等,仍归该团体执管。⑦

这个被称为"青岛日本居留民团"的组织,由日本市民会改组而成,地址在今湖北路。日本居留民团如同"特洛伊木马",埋下了许多难以预料的隐患。仅

---

① 《侨鲁日本在青岛开会示威》,载《晨报》1922 年 5 月 1 日。
② 《青岛日侨注意鲁案》,载《晨报》1922 年 7 月 12 日。
③ 《山东日侨纷纷向小幡陈情》,载《晨报》1922 年 6 月 16 日。
④ 《青岛日侨选代表来京请愿》,载《晨报》1922 年 7 月 15 日。
⑤ 《青岛日侨代表抵京》,载《晨报》1922 年 7 月 17 日。
⑥ 《青岛日侨对鲁案之决议》,载《晨报》1922 年 11 月 23 日。
⑦ 《解决山东问题悬案条约》,载青岛市史志办公室编《青岛市志·外事志/侨务志》第 195 页,新华出版社,1995。

就教育而言,由于日本居留民团负责"执管"学校,以至于出现了"青岛虽已收回,而日教育机关大抵仍旧存在,其势力仍有不可忽视者"①的局面。日本在青岛所办的学校仍为日本文部省的"在外指定学校",并继续享受"恩准法待遇"。北京政府教育部特派员李贻燕不无感慨地指出:"此诚日本人不特以教育为立国之根本,并以教育为殖民武器也。"②

二 日华实业协会"拟筹未成"的商科大学

值得注意的是,日本在第一次占领青岛后期委托日华实业协会筹办而未建成的青岛商科大学之事,是一个颇具深意的教育现象。

日华实业协会系创立于1920年(大正九年)6月的一个自称"以日中亲善为目的",致力于"在中国推进文化及社会事业发展的日中亲善团体",会长是曾任明治时期大藏大臣的"日本企业之父"涩泽荣一。此前的1918年(大正七年)3月,日本众议院摆出主宰中国的架势,通过了对中国实施教育侵略的《中国人教育设施建议案》,提出在中国内地设置日本人经营的高等学校,在中国内地普及日本语。③ 日本对华教育政策进一步朝"现地适应主义"的殖民化转向。日本决意在青岛开办以华人为招生对象的商科大学,既有对抗青岛日益高涨的反日情绪,通过高等学校传播亲日教育的需要,也有同欧美教育竞争和较量的目的,因为据传美国欲在青岛沧口选址建造大学。④ 事实上,自1919年4月美国教育家杜威开始在中国为期两年多的"中国之行",给中国知识界带来了盛极一时的美国实用主义教育思想。在华期间,杜威两次访问山东,并在谈及青岛时指责日本。他说:

> 在青岛,在与工业区分开的居住区中,给人留下印象的与其说是日本,不如说是德国。……在远东,没有哪一个城市像这个城市建设得一样规整悦目。⑤

---

① 《日人在鲁设学之调查》,载《中国年鉴》第1917页,上海商务印书馆,1924。

② 李贻燕:《调查青岛教育报告书》,载胶澳商埠督办公署民政科学务股编《胶澳商埠教育汇刊·附录》第116页,1924。

③ 王鸿宾、向南、孙孝恩:《东北教育通史》,第513页,辽宁教育出版社,1992。

④ [日]山本一生:《私立青岛大学的创办——以其与日华实业协会关于青岛商科大学筹办计划之间的关系为中心》,杨柳译,载修斌主编《海大日本研究》第2辑第153页,中国海洋大学出版社,2012。

⑤ [美]杜威:《再访山东》,载《杜威全集·中期著作(1899—1924)》第13卷第122—123页,华东师范大学出版社,2012。

接着,杜威用具体事例对日本在青岛的军政统治提出了尖锐批评,最后他对德国和日本两种不同的殖民方式总结道:

> 我认为,把所有这些事实放在一起都抵不上另一个事实,即德国人的占领似乎只不过是一系列必须尽可能好好对待的外国侵略中的一个偶然事件,而日本人的统治则是一个笼罩着的巨大威胁,即他们随时可能完成吞并。①

杜威对德国"租借"青岛的观点有其不言自明的片面性,但他对日本的侵略图谋可谓一语中的。1921 年春,日本驻华公使小幡酉吉在日本东京东亚同文会发表的演说中对青岛及山东的战略地位进行了分析:青岛距日本门司只有 270英里,为日本赴中国之最捷径。日本欲图中国,"宁放弃满蒙及西伯利亚,决不可放弃青岛及山东"。小幡酉吉一再强调:"对华政策以借文化宣传为第一步,效果必巨。"②显然,日本欲与美国在青岛大学的建设上一争高低。为了抢占先机,日本将未来商科大学的校址选定在德胶澳租借地时期修建的俾斯麦兵营,即日称"万年兵营";委托日华实业协会出面办理,则考虑"较之官方直接经营更能赢得中国人的欢心"③。

日华实业协会于 1921 年 2 月 3 日同日本青岛守备军陆军经理部签订了租用万年兵营的合同;4 月 7 日又与青岛民政署长秋山雅之介签订协议,租下了万年兵营附近一块公有土地。④ 关于教学用房、学生宿舍、办公室及职员寝室的所需物件,日华实业协会要求将民政署保管的器具酌情予以分配,并提出接收德租时期与学校教育相关的必要设施。经过一番周密策划,1921 年 6 月 2 日,《青岛大学建设意见》正式出笼,青岛守备军司令部将其分呈日本文部省、外务省及内阁拓殖局。⑤

《青岛大学建设意见》提出:所建大学将是日本人经营对华文化事业中最权威的机构,因此应稳固基础并谋求在华更大的发展空间。至于学校发展的路径,涩泽荣一从压缩经费的角度提议,先从商科开始,分本科、预科及中等程度的附

---

① ［美］杜威:《再访山东》,载《杜威全集·中期著作（1899—1924）》第 13 卷第 123 页,华东师范大学出版社,2012。

② 青岛市档案馆、青岛市史志办公室:《青岛大事记史料 1891—1987》（内部发行）,第 39 页,1989。

③ ［日］山本一生:《私立青岛大学的创办——以其与日华实业协会关于青岛商科大学筹办计划之间的关系为中心》,杨柳译,载修斌主编《海大日本研究》第 2 辑第 153 页,中国海洋大学出版社,2012。

④ 『山東懸案解決交涉一件/細目協定關係/公有財產（保有財產、学校、病院）』,第 3 卷,JACAR:REF.C03025228900。

⑤ 「青島大学設立に関する意見」,『大正十年/日記/自六月至八月』,JACAR:REF.C03025228900。

属学校三个部分,创办费由日华实业协会承担。鉴于开支巨大,希望能获得日本政府的支持。为此,1922年2月日本成立筹备事务局,3月1日在北京日本语学校开始招生。到5月22日,中国各省份共有1086人报名,其中完成入学手续的436人。① 截至6月8日,报名人数达到1328人,其中468人完成了入学手续。② 报名人数大大超过了计划招生数。

日本筹划青岛商科大学之时,中日双方已在美国华盛顿签订了《解决山东问题悬案条约》及《附约》,日本拟定的青岛商科大学校址业已纳入交还中国的公产范围,日本如想使用必须得到中方的许可。显然,商科大学成为"鲁案"善后交涉的重要内容之一。为此,日本外务大臣内田康哉指示日方代表小幡酉吉,为确保9月青岛商科大学如期开学,谈判时可将大学问题与其他问题"割裂"开来进行。

1922年7月24日,小幡酉吉在中日谈判代表第八次会议上援引涩泽荣一在日华实业协会一次会议上提议的"为了纪念归还青岛的文化事业"③,向中方谈判代表王正廷提出,希望中方将万年兵营及原防备司令官舍无偿让渡给日方用作青岛商科大学校址,如中方同意,日方将承诺放弃中方支付日方维护这些财产的费用。王正廷深知日本的用心。8月22日,王正廷在只有中日两国外交官出席的宴会上主动谈及青岛商科大学,表示为纪念归还青岛建设一所大学很有意义。不过,他希望这所大学能有一个完备的计划,第一阶段不能仅限于商科,而应同时开设医科、农科、林科,这是青岛回归后最需要的;第二个阶段再进一步增设工科、理科、法科;最后建成一所包括文化、美术、音乐等科系在内的专业齐全的综合大学。王正廷进一步表示:中国愿意与日本合作,准备出资200万元到400万元。王正廷询问小幡酉吉:日本能否援例美国,对日"庚款"用于教育事业,并拨出一定数额支持青岛开办大学? 按照《辛丑条约》,日本分得"庚款"7.73%的份额,远高于美国的比例,但日本始终未作出退还中国的计划。直到1923年日本才决定"庚款"预算须经国会批准,由大藏省保管,交外务省所辖的对华文化事业局经办。小幡酉吉被问得张口结舌,只能搪塞道:将"庚款"用于支持青岛办大学,恐难实现。谈判形成胶着状态,计划9月开学已无可能。焦急万分的涩泽荣一分别于7月31日和11月3日两次电督小幡酉吉,务必抓紧推进。

---

① 「青島商科大学学生応募統計表/五月二十二日現在」,『山東懸案解決交渉一件/細目協定関係/公有財産(保有財産、学校、病院)』、第3卷,JACAR:REF.C03025228900。

② 「青島商科大学学生応募統計表/大正十一年六月八日現在」,『山東占領地処分一件/別冊細目協定関係/公有財産問題参考資料』、第3卷,JACAR:REF.C03025228900。

③ 「日華実業協会第二回総会議事速記録」,『渋沢栄一伝記資料』、第55卷190頁,竜門社,1964。

11 月 6 日,"鲁案"中日联合会举行第二十六次会议,小幡酉吉再次重申设立青岛商科大学对中日双方具有互利共赢的意义。王正廷当即表示:日本守备军事先未经中国允许就擅自将万年兵营拨给日华实业协会做商科大学校址,违背了华盛顿会议解决山东问题条约的基本精神,何况中国政府对于在青岛建立大学早有一个"彻底的腹稿"。这个"彻底的腹稿"即同年 7 月 5 日中华教育改进社第一次年会通过的由陶行知起草的《提倡创办青岛大学案》:

> 山东为我国文化发源之地,在学术上占重要之位置。自"山东问题"发生,青岛尤为全球视线所集。今值筹办鲁案善后之际,百端待理,需才孔亟。为发展我国固有文化计,为沟通东西文化计,尤不能不设立永久性高等学术机关,以谋改进,而扬国光。……设法造成筹办青岛大学之舆论,俾得早日成立,以为培植高等人材之地。①

出席此次会议的蔡元培在开会词中也提出:"最近教育思潮的促进,山东也有特别关系。……现在山东的问题,虽然解决了一段,青岛还没有完全归回……五四运动实在还没有完成。我们在山东开会,一定有许多新受的激刺,可以传播到教育界去,加一番促进。"②陶行知提出的创办青岛大学议案,确有借"鲁案"为青岛建设大学造势的用意;蔡元培因中华教育改进社年会在济南召开,希望通过"鲁案"善后谈判为山东教育办一件实事。显然,在青岛创办大学,不只是"鲁案"善后交涉的外交事宜,而且成为中日文化教育的角逐。因此,中方明确通知日方:"万年町兵营及原防备司令官舍,因中国拟留作自办青岛大学之用,不能提供青岛商科大学使用。"③此前,日本为此所做的种种谋划终因万年兵营"由中方控制"而落空。④

为了达到早日收回青岛的目的,中方作出适度让步,王正廷在 11 月 7 日举行的第二十七次会议上承诺,"允对于青岛商科大学,另谋适当解决之法"⑤,把旭兵营作为青岛商科大学的校址。旭兵营是德租时期建造的伊尔蒂斯兵营,比万年兵营规模小,德军撤退时留下了讲桌、铁床、衣柜等物件,能够容纳 600 余

---

① 《创办青岛大学案》,载《陶行知全集》第 1 卷第 477 页,四川教育出版社,1991。
② 高平叔:《蔡元培年谱长编》,中册,第 533 页,人民教育出版社,1996。
③ 《公文第 36 号》,载青岛市档案馆、青岛市政协文史资料委员会编《中国收回青岛档案史料汇编》下册第 90 页,青岛出版社,2012。
④ 「日華実業協会報告(自大正十一年六月至大正十二年五月)第三回総会及評論員会における報告」,『渋沢栄一伝記資料』、第 55 卷 199 页,竜門社,1964。
⑤ 《鲁案中日联合委员会会议录(第一部)》,载沈云龙主编《近代中国史料丛刊三编》第 31 辑第 399 页,文海出版社,1987。

人，举办商科大学绰绰有余。日方踟蹰许久但无法拒绝，只得表示"以旭兵营代万年兵营一节可表同意"，狡猾的小幡酉吉又提出，"旭兵营房产包括兵营暨现在这兵营地皮以及附属宿舍在内"①。为确保谈判不破裂，弱国外交体制下的中方代表最终同意，在决议案中写上"旭兵营之房屋及用地无偿租与商科大学使用"②。这一决定载入1922年12月1日中日代表签订的《山东悬案细目协定》附件第五项"公产"的第四条第一款中。

1922年12月中国政府收回青岛主权之前，日华实业协会开始在旭兵营筹建青岛商科大学，由今田实任筹备主任，聘请东京高等师范学校教授川村直广为校长。然而，由于日方在"鲁案"谈判中未能实现预期目标，及涩泽荣一精打细算的"算盘"之术，青岛商科大学"筹备年余，迄无具体办法"③。鉴于青岛愈演愈烈的排日运动，横滨正金银行主张放弃"对支文化设施"的经营。1923年9月，日本关东地区发生7.9级强烈地震，损失惨重，日本只顾不断从青岛进口麦麸及其他农产品，无暇顾及筹办中的青岛商科大学，最终导致这所大学流产。

日本所传美国在青岛沧口筹建大学的消息，始终难辨真伪。1921年，一位人称"绝奎氏"④的美国人创办了一所名为"青岛亚美利加亚卡德米"的美国学堂，地址在今莱阳路，主要招收欧美各国在青岛的侨商子女。学生以美国人最多，俄国人次之，年龄最小的只有6岁，最大的20岁。学校主要教授中小学的基础学科和各国语言，重视体育，上午上课，下午以体育活动为主。学校管理带有家庭色彩，日常办学经费完全来源于学费收入，学生膳宿费每年约需800元。⑤1921年5月有学生48名、职教员9名。⑥该校于1926年停办。

---

① ② 《鲁案善后月报特刊》，载沈云龙主编《近代中国史料丛刊三编》第31辑第509页，文海出版社，1987。

③ 袁荣叟：《胶澳志》卷七《教育志》，第986页，文海出版社，1973。

④ 据1924年《胶澳商埠外国人学校校长姓名表》，美国学校校长名约克。（青岛市档案馆、中国海洋大学中国社会史研究所：《胶澳商埠档案史料选编》五，第174页，青岛出版社，2018。）

⑤ 李贻燕：《调查青岛教育报告书》，载胶澳商埠督办公署民政科学务股编《胶澳商埠教育汇刊·附录》第118页，1924。

⑥「青岛概要」，『山東案内』，128頁，日華社，昭和十一年（1936）。

第四章　北洋政府时期

（1922 年 12 月—1929 年 4 月）

1921—1922 年华盛顿会议为解决"鲁案"奠定了客观条件。1922 年 11 月 18 日,北洋政府决定将青岛辟为商埠,直属中央政府管辖。12 月 10 日,中日两国代表在青岛举行行政交接仪式,中国政府对青岛恢复行使主权。北洋政府时期的青岛,为肃清"始沦于德,继亡于日"的殖民统治影响,解决"青岛教育尚处在幼稚时代"的问题,着力"改良扩充"。[①] 与北洋教育近代化转型过程不同,复杂的政治环境和多元化的文化背景使青岛的教育带有明显的后殖民化倾向。借助"壬戌学制"的推行,青岛公立小学在取缔私塾的制度下不断增量扩容,中学教育国有化出现转机,平民和通俗性社会教育异军突起,教师在职培训持续推进,铁路员工子弟中小学联通,国人公私立教育的兴办减少了外国教会学校的份额。尤其是私立青岛大学的高调开局,为青岛高等教育的发展争取到校舍资源。适逢大革命时期,国共两党以"青沪惨案"掀起的反帝爱国运动锻炼了青岛学界。但是,由于军阀混战,时局不宁,"勃然发动"的青岛教育遭遇人事迭变、经费短缺、教育经验不足、学校骤办骤停等困境。日侨学校在居青日本势力的支持下,其办学条件与中国学校形成鲜明对比。

第一节　"壬戌学制"与青岛回归后的教育

一　军阀混战的政局与强求统一的学校制度

1922 年 12 月青岛回归中国政府后,即开始了中国人管理教育的时代。在

[①] 李贻燕:《调查青岛教育报告书》,载胶澳商埠督署民政科学务股编《胶澳商埠教育汇刊·附录》第 120 页,1924。

胶澳商埠公署四处两课的组织系统中，政务处下设学务科，学务科为近代青岛第一个由中国人行使管理权的教育行政机关。

据史料记载，1922年12月始设的学务科，其职能是掌管"教育及学术事项"和"官立私立学校、病院之监督、维持事项"。[①] 学务科最初兼有管理医院的职能，设科长1名、科员3名、视学员1名、办事员2名、书记员2名，12月20日徐昌言(字虞臣)任学务科科长。1923年5月，胶澳商埠公署督办熊炳琦为压缩经费开支改组行政机关，将政务处改成政务课，学务科降格改为学务股，负责教育、学术事项，管理官立和私立学校，医院改由新设立的卫生股管理。徐昌言由学务科科长改为学务股股长，另有股员2名、办事员2名、视学员2名、书记员2名。在7月27日公署印发的《办事通则》中，学务股的职责被厘定为"掌本埠学校教育及视察事项"[②]。1923年11月27日，徐昌言卸任，赵同源(字星南)接任学务股股长。不过，赵同源在学务股任上只待了半年。

1924年4月高恩洪接任胶澳商埠督办后，改政务课为民政科，学务股是其下设的四个股之一，其职能为"关于教育、学术事项，及私立学校、图书馆等之监督、维持事项"[③]，袁荣叟任股长。袁荣叟(1881—1975)，字道冲，浙江桐庐人，民国初年任教育部参议，后任山东省教育司长。5月1日，袁荣叟升任秘书长，乔曾佑(字信孙)充任学务股股长。5月22日，李贻燕接任学务股股长。李贻燕(1890—?)，字翼廷，福建闽侯人，曾任国立北平高等师范学校图书馆主任，1923年初奉教育部派遣赴青岛调查教育，由此与青岛结缘。1924年10月第二次直奉战争爆发，高恩洪败北，陆军第五师师长王翰章代理督办，11月驻青渤海舰队司令温树德自封督办。此时的青岛，政局极端混乱，民怨沸腾，教育事业深受其害。

1925年7月，张宗昌督鲁，擅自将胶澳商埠督办公署改为胶澳商埠局，隶属山东省政府管辖，委赵琪任胶澳商埠局总办。10月，胶澳商埠局撤学务股，改设教育局。10月27日，胶澳商埠教育局组织大纲呈准，局长"由省署委任，管理全埠一切教育行政"，下设科长2名、科员3名、视学员1名、办事员2名、书记员3名，李贻燕任局长。1927年4月南京国民政府成立，中国的政局发生巨变。1928年12月国民政府完成"形式统一"，1929年4月15日，青岛接收委员陈中

① 《胶澳商埠公署暂行服务规则草案》，载《胶澳商埠现行法令汇纂·官制》第7页，存青岛市档案馆，档号：A000486-00021(1926)。

② 《胶澳商埠局办事通则》，载《胶澳商埠现行法令汇纂·官规》第128页，存青岛市档案馆，档号：A000486-00083(1926)。

③ 《胶澳商埠督办公署暂行编制规则草案(1924年5月1日)》，载青岛市档案馆编《胶澳商埠档案史料选编》(一)第43页，青岛出版社，2013。

孚与胶澳商埠局总办赵琪"正式接收青岛行政各机关"。在国民政府的任命名单上,教育局局长为邓傅。[1]

总括北洋政府时期的青岛,由于军阀争权夺利,连年混战,教育事业乏善可陈。不过,青岛回归中国政府管辖伊始恰逢"壬戌学制"颁行,这给遭受了 25 年德、日殖民统治的青岛带来了希望。"壬戌学制"作为近代中国教育改革的学制系统,是一次自下而上的改革。在由以往模仿日本向师法美国的全面转变及中央无力推广、依赖地方军阀和教育进步人士的推进而形成的各地巨大差异下,青岛的教育具有独特的时代性、地域性、不平衡性等特征。

1.课程校历的统一与教学视导建章立制的强化

为了肃清德、日殖民主义的影响,青岛回归伊始便依据"壬戌学制"统一了全市中小学校的课程和校历,尤其课程变化很大。小学课程取消了日占时期的"修身",改"国文"为"国语"(包括语言、读文、作文、写字),改"体操"为"体育","手工"改为"公用艺术","图画"改为"形象艺术";增加公民、卫生课,后又将初小的卫生、历史、公民、地理合为社会科,自然、园艺统整为自然科,共 7 类、15 门课程。中学的课程一律采用选科制和学分制。初中的必修计 6 科、12 门课程,其中社会科有公民、历史、地理,言文科有国语、外国语,算学科有算学,自然科有自然,艺术科有图画、手工、音乐,体育科有卫生、体育。高中采用美国综合中学制,分普通科和职业科。普通科分文、理两类,职业科则分为农、工、商、师范等门类,适应了近现代城市工商业对中等专业技术人才的需要。全市中小学校执行寒假 20 天(自春节前 10 日起至春节后 10 日止)、暑假 32 天(自 7 月 16 日至 8 月 15 日)的统一规定。

为了指导、监督学校教育教学工作,公署特别加强教学视导,不仅有专门的视学员编制,而且规定了每学期 60 天的视导期限,其视导内容包括教育法令的施行、学务计划的进展、学龄儿童的就学、学校设备的配置、课程教授及学业成绩、学风训练及操行成绩、卫生体育及学生健康、职教员的服务状况等,共计 14 项。视学员的旅费"先由本署预支应用,俟查学完毕时实报实销"[2]。视学员职权的明晰,为民国时期青岛教学视察和教育督导工作奠定了基础。

此外,青岛教育行政机关颁布了一系列基础性教育规制,主要有《胶澳商埠各小学校暂行改良办法》(1923 年 1 月 13 日)、《取缔私塾暂行办法》(1923 年 6 月 23 日)、《私立小学立案标准》(1923 年 8 月 25 日)、《公立小学校职教员任用

---

① 《青岛政权昨日交接　市长决定陈中孚　重要职员均发表》,载《申报》1929 年 4 月 16 日。

② 《胶澳商埠督办公署视学员服务暂行规则》,载《胶澳商埠现行法令汇纂·官规》第 213—214 页,存青岛市档案馆,档号:A000486-B112(1926)。

标准暂行规程》(1924年1月25日核准,1925年4月28日修正)、《各学区学童服务规程》(1924年6月4日)、《私立小学校给予补助费暂行规则》(1924年6月24日)、《公立小学校校长及教员俸给年功加俸褒奖及惩戒规程》(1924年7月24日),还有《胶澳商埠公立通俗图书馆章程》(1925年9月24日)、《公立通俗教育讲演所简章》(1925年9月24日)等。其中特别提及的是学童的服务规程,规定:每学区设学童2~4名,由各村庄村长、首事等联合公举"负有乡望、热心学务之绅民",呈请公署核准委任。学童受公署指挥办理学区内的如下事务:

(1)学校招生事项;
(2)督促就学事项;
(3)调查学龄儿童事项;
(4)学校及其他事业之设备及监同建筑事项;
(5)劝办或筹办私立学校及改良私塾事项;
(6)视学员查学或本署派查学务委员咨询及嘱托事项;
(7)筹备社会教育事项;
(8)各村庄其他关于学务调查及筹办事项。[①]

同时,还规定公立学校每校设校董1~2人,"受本公署指挥,处理公立学校招收学生及调查一切,并得辅助学童襄办前条所列各项事务"[②]。学童和校董的设立,将政府对学校的管控从教育视学员的单一维度扩展到社会乡绅层面。

2.跌宕起伏的教育经费与私立中小学校的政府补助

1922年中国政府收回青岛时,年教育经常费和临时费为68702元,1923年就达到123732元,增长了44.48%。此后,除了1926年为负增长,1922—1928年均增长比率为12.82%。不过,通过表4-1可见,经费增幅忽高忽低,缺乏稳定

表4-1 1922—1928年胶澳商埠公署/局教育经费投入表

年 度	1922	1923	1924	1925	1926	1927	1928	总计
教育经常费(元)	64302	106633	118992	123166	118370	125488	144451	801402
教育临时费(元)	4400	17099	21447	22711	25300	26100	30100	147157
合计(元)	68702	123732	140439	145877	143670	151588	174551	948559
增幅(%)	—	44.48	11.90	3.72	-1.54	5.22	13.16	12.82

资料来源:根据胶澳商埠历年教育经常费和临时费预算表计算,载袁荣叟著《胶澳志》卷七《教育志》第1017、1022页,文海出版社,1973。

---

①② 《胶澳商埠各学区学童服务规程》,载《胶澳商埠现行法令汇纂·教育》第494—495页,存青岛市档案馆,档号:A000486-B112(1926)。

性,没有政策和法规保障,临时费占经费总额的 15.5%,全凭行政长官的意志行事。况且,年均 13.55 万元的教育投入总量距离李贻燕提出的年 20 万元①预算额,尚有较大差距。事实如此,军阀混战是国家动荡之源,教育事业势必沦为无米之炊。自 1923 年起,青岛各界人士不断通过市民会议、请愿、罢市等方式,呼吁公署实行地方自治,委任责任之人,实施财政审查,增加教育经费。1923 年 9 月,学务股长徐昌言在出席青岛市民公会发表的演讲中提出教育、实业"皆当谋切当之发展"②时,引起一片掌声。1925 年 2 月 10 日,青岛国民会议促进会发布宣言,明确提出"增高教育经费,并保障其基金独立。特种税收,如各国退还庚子赔款、卷烟特税等应定为普及义务教育、平民补习教育、优待小学教员之用"③等诉求。

值得肯定的是,从高恩洪执政时期起,胶澳商埠公署对私立小学校实行补助费制度,每年对符合一定条件的私立小学校按成绩分为五等,给予高级小学校 60~130 元、初级小学校 40~120 元不等的补助。当然,在制度执行过程中,补助额度时有变化。例如:1924 年 9 月起对私立育英小学每月按 25 元的标准补助,1925 年 1 月又增加了 20 元,1924—1928 年补助育英小学的经费共达 2700 元。对青岛基督教青年会设立的模范小学,1924 年 1 月起每月按 200 元的标准补助,自 1927 年 3 月每月减少了 50 元。④ 1924 年 4 月,教育局给予私立解家庄小学每月 20 元的补助,1925 年该校改公办后则实行公用经费制。对私立信义小学的补助从 1925 年 11 月起每月为 25 元;对私立挪庄小学的补助自 1926 年 1 月起每月为 16.67 元。⑤对 1922 年 9 月设立的天主教私立圣功女子小学的补助是从 1928 年 9 月开始的,每月补助 50 元。⑥据悉,除基督教尚德小学外,三江、明德、培基、新民、华新、常本等私立小学均得办学补助费。

二　国人治理体制与多方面发展的各类教育

青岛教育在 1922 年回归中国政府管辖后,即迈入了国人治理的轨道,各项教育事业实现了质的变化,为 1929 年南京国民政府接管奠定了基础。

1.改良日式公学堂与公办小学增量扩容

---

①　李贻燕:《调查青岛教育报告书》,载胶澳商埠督署民政科学务股编《胶澳商埠教育汇刊·附录》第 120 页,1924。

②　《保产声中之青岛市民公会》,载《申报》1923 年 9 月 23 日。

③　《青岛国民会议促成会宣言》,载《民国日报》民国十四年(1925)2 月 10 日。

④⑤⑥　《胶澳商埠历年教育经常费预算表》,载袁荣叟编纂《胶澳志》中册卷七《教育志》第 18、18、18 页,青岛出版社,2011。

中国政府接收青岛后，胶澳商埠督办公署对 37 所日式公学堂予以接收、改制，按照《学校系统改革案》定为六年制公立小学校。其中，初级小学学制为 4 年，高级小学学制为 2 年；有高级生的小学为两级小学校，无高级生的为初级小学校。全市共有公立两级小学校 7 所、初级小学校 30 所，学生计 277 个班、2942 名（其中女生 140 个班、343 名）。德租时期成立于 1912 年 6 月的大鲍岛蒙养学堂，经日占时期的青岛公学堂，定名为"胶澳商埠公立两级小学校"，成为青岛小学教育的第一校，1924 年 5 月 20 日委崔肇祺为校长，8 月 5 日改谭家骏为校长。至 1924 年，青岛共有公立两级、台东镇、台西镇、李村、浮山后、张村、浮山所、九水、姜哥庄、埠落、灰牛石、法海寺和薛家岛 13 所两级小学校。

受传统教育根深蒂固的影响，北洋政府时期的青岛仍有大量的私塾存在。据相关史料记载，1925 年，塾师宋玉珍在河南庄宋家祠堂开设的私塾持续到 1930 年，有塾生 30 名。李宏臣等在张家祠堂开办的私塾学堂始于 1926 年，有塾生 20 名。1928 年，吕求显在苏家村开办了"苏家村书房"，有塾生 17 名，塾师除了每月 35 元的薪金，"学生管饭三天一轮"①。据悉，海西区有 17 处私塾。② 鉴于国民教育与地方民众有"切身的利害关系"，1924 年 2 月胶澳公署颁布《取缔私塾暂行办法》五则，规定"公立小学校十里以内之私塾有碍学务发达者，应劝导取消，将学生并入学校"，"大村庄或附近数村庄之私塾，其学童之数足以成立学校时，应令合并为私立某小学校"，"不能成立学校之私塾，应令一律按照小学校课程教授"，"不得仍用旧时教法"，"私塾合并改为私立学校，其经费如设立私塾法，由学生家长担任"。③ 同年 6 月，胶澳公署划定青岛、李村、浮山所、沙子口、乌衣巷、仙家寨、海西、阴岛共 8 个学区。从 1924 年 6 月 26 日筹设公立韩哥庄小学（9 月 22 日开学）起，到 1928 年，又相继成立了大埠东、杨家庄、解家庄、枣园、段家埠、阴岛、石老人、午山、北龙口、后韩家、上葛场、水灵山岛、西大洋村等 14 所公立小学，其中韩哥庄、段家埠和阴岛为两级小学。通过表 4-2 可以看到，至 1928 年，青岛公立小学共有 52 所④，在校学生达 6311 名（其中女生 1035 名），年经常费为 100391 元，生均 15.91 元，这个水平不及同期日侨小学的 1/4。

---

① 《1840—1941 年李沧区部分村庄私塾一览表》，载《青岛市李沧区教育志（1898—2002）》第 61 页，中国出版社，2005。

② 黄岛区教育史志编写小组：《青岛市黄岛区教育记事长编》（内部资料），第 7 页，1988。

③ 《胶澳商埠督办公署布告第五十号》，载《胶澳商埠教育汇刊·法令》第 11 页，存青岛市档案馆，档号：A000815-V11（1924）。

④ 北洋政府时期青岛公办小学数量可能更多一些。例如：1928 年 12 月在海西区成立的公立烟台前初级小学校（1 个班、1 名职教员）不在统计之列。另有资料表明，仙家寨区和阴岛区 1928 年公立小学校增至 12 所，其中初级小学校 7 所。（《城阳区教育志》编纂委员会：《城阳区教育志》，第 101 页，黄河出版社，2015。）

表4-2 1928年胶澳商埠公立小学情况统计表

区序	区名	学校名称	建校时间	教职员数(人)	学生数(人)			年经常费(元)
					计	男	女	
第一区	青岛区(4所)	公立青岛两级小学校	1915	21	586	394	192	11136
		公立女子两级小学校	1924	10	178	—	178	6000
		公立台西镇两级小学校	1916	23	627	411	216	10479
		公立台东镇两级小学校	1902	12	333	232	101	6471
第二区	李村区(14所)	公立李村两级小学校	1907	10	235	202	33	5142
		公立双山初级小学校	1917	4	87	87	—	1476
		公立沧口初级小学校	1913	4	115	89	26	1911
		公立枣园初级小学校	1926	4	99	99	—	1476
		公立侯家庄初级小学校	1912	5	198	198	—	1827
		公立下河初级小学校	1913	3	129	121	8	1137
		公立上流初级小学校	1914	3	95	95	—	1125
		公立张村两级小学校	1918	8	266	266	—	3183
		公立韩哥庄两级小学校	1924	3	159	159	—	1875
		公立浮山后初级小学校	1907	4	106	83	23	1476
		公立大埠东初级小学校	1925	3	100	100	—	1089
		公立朱家洼初级小学校	1908	6	115	98	17	1935
		公立石老人初级小学校	1927	2	62	60	2	738
		公立午山初级小学校	1927	2	74	66	8	387
第三区	浮山所区(4所)	公立湛山初级小学校	1919	2	60	53	7	834
		公立浮山所两级小学校	1919	6	86	86	—	1620
		公立辛家庄初级小学校	1919	2	38	38	—	822
		公立大麦岛初级小学校	1919	4	104	101	3	1476
第四区	沙子口区(5所)	公立九水两级小学校	1904	5	130	129	1	2274
		公立于哥庄初级小学校	1915	3	107	107	—	1476
		公立段家埠两级小学校	1926	3	173	134	39	1791
		公立姜哥庄两级小学校	1912	3	129	101	28	1851
		公立登窑初级小学校	1908	4	122	103	19	1500
第五区	乌衣巷区(9所)	公立现化庵初级小学校	1916	4	103	102	1	1125
		公立北龙口初级小学校	1927	1	36	36	—	387
		公立埠落两级小学校	1912	5	135	105	30	1872
		公立上葛场初级小学校	1928	2	不详	不详	不详	738
		公立周哥庄初级小学校	1925	3	96	96	—	1089
		公立香里初级小学校	1914	2	83	53	30	1161
		公立杨家村初级小学校	1925	2	61	61	—	726
		公立灰牛石两级小学校	1908	5	154	103	51	1857
		公立解家庄初级小学校	1925	2	47	46	1	1149

（续表）

区序	区名	学校名称	建校时间	教职员数（人）	学生数（人）			年经常费（元）
					计	男	女	
第六区	仙家寨区（6所）	公立宋哥庄初级小学校	1907	3	91	91	—	1125
		公立仙家寨初级小学校	1918	2	65	63	2	750
		公立赵哥庄初级小学校	1910	3	65	65	—	1101
		公立法海寺两级小学校	1903	5	122	122	—	1862
		公立黄埠初级小学校	1918	4	67	67	—	1572
		公立下庄初级小学校	1918	3	84	84	—	738
第七区	海西区（7所）	公立薛家岛两级小学校	1907	5	89	89	—	2031
		公立施沟初级小学校	1912	2	94	94	—	762
		公立濠北头初级小学校	1913	2	56	39	17	726
		公立辛岛初级小学校	1915	1	35	35	—	411
		公立南屯初级小学校	1912	2	60	60	—	714
		公立瓦屋庄初级小学校	1915	4	49	48	1	1440
		公立水灵山岛初级小学校	1928	1	不详	不详	不详	519
第八区	阴岛区（3所）	公立阴岛两级小学校	1926	3	44	44	—	1500
		公立后韩家初级小学校	1927	2	62	62	—	1089
		公立西大洋村初级小学校	1928	5	100	99	1	1440
合　计				238	6311	5276	1035	100391

　　资料来源:根据胶澳商埠小学区划表、经常费预算表、学校概况表等整理,载袁荣叟编纂《胶澳志》中册卷七《教育志》第8—34页,青岛出版社,2011。

　　有知情者总结北洋教育以官办学堂为"模范","倡率"绅民自办乡村公立小学的经验和教训时指出,青岛公立小学"完全是行政区地方公款筹办。此外,私立小学虽然尚有几处,然而各乡区就地筹款办学的很少"①,足见民众办学的热情不高。况且,由于时局不宁,学生时有增减、迁徙,"终期毕业之数与初期成班之数相差甚远"②。

　　2.中国人开办的普通中学实现从无到有的历史性突破

　　青岛华人普通中学教育的破冰之举,是1923年4月25日私立青岛中学校的成立,校址初在莱阳路26号,后迁大学路(今中国海洋大学鱼山校区)。该校由青岛富商刘子山全额出资举办,包括存入东莱银行的10万元股票基金、莱阳路房舍连同附属地产、开办费1万元、年经常费1500元。刘子山(1877—1948),

---

　　① 《袁荣叟在青岛夏期小学教育讲习会上的演讲》,载青岛市档案馆、中国海洋大学中国社会史研究所编《胶澳商埠档案史料选编》(五)第210页,青岛出版社,2018。
　　② 袁荣叟:《胶澳志》,中册卷七《教育志》,第50页,青岛出版社,2011。

字紫珊,山东掖县人,童年读过私塾,14 岁独自到青岛谋生,经营建材、烟土、运输、进出口等业。1918 年,刘子山投资在青岛创办东莱银行,成为旧青岛"四大家族"之首。刘子山出于自身经历,深知知识改变命运,便热心捐赠巨款兴学助教。私立青岛中学教学楼于 1923 年 10 月竣工,10 月 21 日举行开校典礼,刘子山聘孙广钦(字子敬)为校长。1923 年 12 月 22 日,私立青岛中学"咨部立案"①,1924 年、1925 年在校生各 72 名。据史料记载,1923 年"曾拟创设青岛省立中学",并预算经费 27760 元。②

私立青岛中学开办的当年夏天,青岛国、共两党组织根据各自的斗争纲领,在各界名流、教师及下层职员中活动。一些同盟会元老为"培植革命青年",联络社会力量,积极筹建学校。11 月 1 日,丁惟汾等租用原德国莫尔提克兵营(今登州路 7 号)为校舍,设立筹备处,其创办者还有王乐平、范予遂、陈名豫、刘次箫、于范庭、陈鸾书、于恩波、隋即吉、高秉坊、王承堡等,陈名豫被推为校长。1924 年 3 月 8 日,这所以"私立胶澳中学"为名的学校开学,5 月 27 日"呈准咨部立案"③。10 月,因校舍遭遇"海军强索",该校迁址旭兵营,分胶澳商埠公立职业学校之一部"借充校舍",设初中一、二年级各 1 个班,有学生 139 名、职教员 19 名。该校常年经费除了募集基金,胶澳公署每月补助 600 元,山东省官厅每年补助 1000 元,④由此开始了草创期的艰苦历程。

私立胶澳中学的创办为青岛国、共两党组织提供了合作的机缘,教员中有中共青岛组织派遣的人员。1925 年 2 月,王尽美到私立胶澳中学宣传国民会议运动。⑤ 1926 年 9 月,私立胶澳中学因"经费不继",呈准胶澳商埠局,更名"公立胶澳中学校",王敬模任校长。该校由此成为青岛最早的公立中学,一些经五四新文化洗礼的年轻教师前来任教,为青岛的中等教育注入了新生力量。1927 年"四一二"后,公立胶澳中学完全成为"纯粹(国)民党学校"。1928 年 6 月,公立胶澳中学校第一届初中学生毕业,共计 30 名。这是青岛自 1922 年回归中国政府管辖以来第一批从公立学校毕业的中学生,也是青岛摆脱德、日殖民统治后较低教育投入维系下的业绩。

3.中国人举办的华人女子学校从小学到中学的发展

　①③ 《胶澳商埠教育年表》,载《胶澳商埠教育汇刊·附录》第 8、8 页,存青岛市档案馆,档号:A000815-V11(1924)。

　② 青岛市档案馆、中国海洋大学中国社会史研究所:《胶澳商埠档案史料选编》(五),第 113 页,青岛出版社,2018。

　④ 袁荣叟:《胶澳志》,中册卷七《教育志》,第 4 页,青岛出版社,2011。

　⑤ 陈文其:《王尽美的青岛宣传召开国民会议的意义》,载山东省济南师范学校编《王尽美遗著与研究文集》第 146 页,中共党史出版社,2009。

作为近现代青岛华人女子教育的重要事件是国办女子学校的创建。起因基于青岛"市内各小学男女合校，教学诸有未便"，1923年初，胶澳公署决定在原德胶澳总督府学校址建校，核年经常费为6000元、临时费3000元。① 1924年3月11日，委任连索兰卿为校长。连索兰卿(1879—?)，山东蓬莱人，登州会文馆毕业，曾在济南和天津从事教育工作。1924年5月20日，公立女子两级小学校正式开学。高恩洪莅临开校式，高调提出"女学为教育之本源，小学亦教育之初基"，要求该校"顺应现时教育潮流，养成本埠女学良好之风气，而一洗我国女界智识薄弱之议"。② 青岛国办女子普通教育自建校始就呈现出规模大、投入多、关注度高的特征，时有4个年级、146名学生，至年底增至5个年级、171名学生，有职教员10名。应当说，该校的开办为城市女童提供了更多的入学机会。此前(1922年)胶澳公署学务股统计，男、女生之比为7.6∶1。1924年9月，公立女子两级小学校添设幼稚园，入园幼儿28名。由于学生年级增高，1925年10月，公立女子两级小学校附设初中1个班(今青岛第二中学前身)，有学生25名；1926年又增设1个班。1927年8月，该校附设的初中部独立成校，名为"胶澳商埠公立女子中学校"，因无校舍租赁观海二路25号一处民房，校长由国文教员李岫华担任。1928年7月，公立女子中学校由观海二路迁至湖南路14号，学生增至3个班、67名，职教员12名，吴淑娴任校长，常年经费为1万元。

在公立女子两级小学附设初中班之前，1924年9月28日，由刘子山捐资兴办的私立青岛中学女校开学，时有学生20余名、职教员7名。该校与私立青岛中学同一校址，经费由私立青岛中学统一筹办，初由孙广钦兼任校长，后聘吕月塘为校长。

4.胶济铁路管理局为员工子弟创办的中小学校

由于青岛是胶济铁路管理局所在地，迫切需要为铁路员工子弟开设学校。1924年2月，胶济铁路管理局四方小学成立，校址在奉化路，有初级和高级2个班、学生154名，有职教员25名，校长为李星奎。③ 9月，胶济铁路局开办"胶济铁路青岛小学校"，地址在广西路58号(是年底迁湖南路29号)，有学生6个班、175名，有职教员29名，鄪文翰任主任(负责人)。

至1925年夏，两所铁路员工子弟小学已有毕业的学生，胶济铁路管理局职员关锐寿、胡炳宸等人"联名具呈路局"，要求在青岛小学附办初级中学班，以俾

---

① 《胶澳商埠督办公署就创办女子两级学校事给财政局的令(1923年1月10日)》，存青岛市档案馆，档号：B0022-001-0348。

② 《公立女子两级小学校举行开校式·督办训词》，载胶澳商埠督办署民政科学务股编《胶澳商埠教育汇刊·附录》第107页，1924。

③ 《青岛铁路分局志(1899—1990)》，第482页，中国铁道出版社，1998。

高小毕业生得以继续升学。随后,小学部主任郿文翰草拟计划,以该校1925年度预算8360元"节余之数,为添办中学之资,不另请款"。1925年9月,胶济铁路局在胶济铁路青岛小学校附设中学部(1个班),并迁址湖南路13号,时有学生27名、职教员5名,校务主任由小学部主任郿文翰兼任,王象午任教务主任。1926年8月,中学部又添招3个班(其中1个女生班),改为初级中学。1927年3月,因校舍不敷分配,初级中学迁到广西路26号胶济铁路局党部内,时有5个班、125名学生,校务主任改由小学主任张慎修兼任。同年冬,初级中学与小学分立,正式挂牌"胶济铁路中学校",为中国铁路系统第三所铁路中学,许传音任校长。1928年春,铁路中学从广西路移至明水路;同年夏因增设高中班租用浙江路9号房舍,又将沂水路铁路员工宿舍改为学生宿舍,共有10个班、354名学生,有职教员40名。

1929年5月,胶济铁路管理局改制,青岛铁路中学实行独立预算,规定:铁路员工月薪100元以上者,其子女入学需交纳部分学费,非铁路员工子女则定额征缴。1929年青岛铁路中学经费为56965.60元。[1] 胶济铁路在青岛设立的中小学校,开了企业为员工子弟举办普通教育学校之先例,成为城市教育的重要组成部分。不过,企业办学往往使学校缺乏规范的教育要求。青岛铁路中学校舍分在三处,一年之间校长更替多次,学校管理、学生学业均受影响。

5.公办职业学校骤起速停与各类职业培训的兴起

1922年青岛回归后不久,胶澳商埠督办公署因日本筹建的商科大学"举办无期",遂以前日本第二小学校舍与其占用的旭兵营"暂为交换"[2],"建设职业学校"[3]。此校即"胶澳商埠公立职业学校",1923年7月筹备建校,开办费为1.5万元,常年经费为2.3万元,设农、工、商三科,这是中国政府接收青岛后举办的第一所公立职业学校。因筹备匆忙,1923年9月该校仅招甲种商科2个班、学生143名,时有职教员16名,王在密任校长。王在密(1875—1953),名静一,山东诸城人,北京中国公学毕业,曾任《大公报》《济南日报》主笔、山东省立一中国文教员。1923年12月22日,胶澳商埠公立职业学校"咨部立案",后又招初级班2个班、补习班1个班,计有150余名学生,年经常费1923年为23704元,1924和1925年均为16680元。[4] 1924年5月17日,李自励接任校长。1925年8月,该

---

① 《青岛铁路分局志(1899—1990)》,第489页,中国铁道出版社,1998。

② 袁荣叟:《胶澳志》,中册卷七《教育志》,第4页,青岛出版社,2011。

③ 「青岛大学设立计画に关する件」,『文化设施及状况调查关系杂件/施设计画关系』,第1卷,JA-CAR:REF.C03025228900。

④ 《胶澳商埠历年教育经常费预算表》,载袁荣叟编纂《胶澳志》中册卷七《教育志》第13页,青岛出版社,2011。

校因故停办。

北洋政府时期,青岛开设了各种职业技术教育与培训。1923 年 9 月 10 日,胶澳公署农林事务所所长凌道扬在九水庵林场筹款建立了林内义务小学。校舍占地 3.15 亩,建房舍 19 间,有教员 3 名、职员 5 名,招收 7~17 岁学生 59 名;1924 年又添招新生 1 个班,年经常费为 665 元。该校除对学生进行普通教育外,还专门开设林业课程,一年级实行春季始业,二、三年级秋季始业,各年级每周授课时间分别为 18、20、24 课时。学生除学习外,还参加劳动。随着生源不断扩大和年级的增高,凌道扬计划以李村试验场为基础,筹建一所边学习、边实习的职业中学,开设农艺、园艺、畜牧三个专业。1929 年,凌道扬致函国民政府教育部,对青岛的林政事业、植树造林、树木种类、试验条件等详加陈述,要求教育部在青岛设置林业专门学校。[①] 他还在农矿部林政会议上与高秉坊、康瀚联合提出了"拟划青岛林区为国有模范林区,并在该区内设立森林专门学校"的提案。1924 年,胶澳商埠警察厅还设立警官传习所,署长以下各级警务人员"更番传调来所教练"4 个月。[②]

另外,1923 年 10 月 23 日,青岛基督教青年会呈报举办女子职业学校,校长为张琴啸,招收学生 40 余名,学习刺绣、缝纫等。该校于 1925 年因"经费不济"而停办。1928 年,基督教青年会又开办"陋巷义学",设英文打字班,有学生 100 余人。1923 年 7 月,胶澳公署为"增进妇女必需常识",举办女子职业讲演会,学员包括本市各公立学校的女教员、高级小学年龄较大的女生、具有初级小学学历的社会妇女,培训内容有女子教育、家庭经济及簿记、女性卫生学、儿童心理学、家庭卫生、家庭应用工业化学大意,实际报名参训者有 40 余人。[③]

另据史料,1923 年 12 月,为纪念华侨在"欧战"期间的贡献,北洋政府决定在胶济铁路沿线设立一所职业学校,遣中华职教社黄炎培等到青岛勘视。12 月 14 日,黄炎培乘坐火车沿胶济铁路到达青岛,撰写了《胶济路设立职业学校之建议》,提出"将全路工役加以更番训练"和"就适当地点,自行特设一职业学校"的意见。[④] 黄炎培的建议无疑是解决胶济铁路职业教育的良策,只是没有引起政府和铁路当局的关注。

6.定型为讲习所的师范教育模式与持续推进的教师在职培训

---

① 《批凌道扬呈请将林业专门学校设在青岛已转咨教育部酌办文》,载《农矿公报》1929 年第 15 期。

② 《呈请设立警官传习所更番传习以增学识指令》,存青岛市档案馆,档号:A0017-001-00069。

③ 《夏期妇女教育演讲会纪事》,载胶澳商埠督署民政科学务股编《胶澳商埠教育汇刊·纪事》第 7~8 页,1924。

④ 黄炎培:《胶济路设立职业学校之建议》,载成思危主编《黄炎培职业教育思想文萃》第 354 页,红旗出版社,2006。

青岛地区的师范教育,历经民国初年的单级教员养成所、小学教员讲习所、副/正科师范讲习所等体制的不断调试,至 20 世纪 20 年代基本定型。即墨县立副科(一年制)师范讲习所于 1923 年改为正科(三年制)师范讲习所,招收学生 2个班,每班 26 名。① 1915 年 5 月开办的胶县师范讲习所,于 1920 年一度停办,1927 年重行开办。② 在平度,1920 年正科师范讲习所改为男子师范讲习所,1930年又将女子高等小学改为女子师范讲习所。③

由于近代青岛历经德、日两个殖民时期,直到 1922 年青岛回归后国人始办师范教育。鉴于清末民初李村有租西南渠村学田予农民耕种所获收益用于办学的传统,1923 年夏,胶澳公署与即墨县协议,此项地租作为双方公有,每年收入平均各得半数,胶澳公署所得部分为办理师范讲习所基金,不足经费靠捐募。1924 年 5 月,官绅合作的李村师范讲习所成立,招收学生 30 余名,学制 2 年,设国语、数学、音乐、劳作、体育等课程,张鸣銮为董事长,王晓山任所长。时任胶澳公署坐办龚积柄在开学式发表训词时,肯定成立师范讲习所对“胶澳教育发展有密切关系”,并要求师范讲习所须“养成研究之习惯”,“提倡实行的主义”。④ 只是,这种官绅合作的办学模式未能持续多久,1926 年暑期学生毕业后,因经费拮据,李村师范讲习所停办。

收复青岛后,鉴于小学在职教师贯彻“训育方针、教育主旨及教育方法等均不得宜”,胶澳公署利用暑假开办讲习会,对校长、教师开展大规模的集中培训。据史料记载,1923 年 7 月 20 日,首期夏期小学教育讲习会举行,邀请国内知名教育专家讲授小学教育管理、各科普通常识等,以提高小学师资水平。据悉,督办熊炳琦接连出席了开幕式和闭幕式,并两次发表训词。其开幕式训词中有这样的话:

> 教员为启迪后进之要素,乃地方兴废之所关。凡为小学教职员者,责任之重,学以化民,礼明教泽,蒙以养正……青岛当接收之初,正吾人更新之际,不急图教育之改进,其何以树独立之先声? ……小学教育为一种最高尚、最纯洁之精神事业,权利轻而义务重,非备有充足的知识、超逸的志趣、恳挚的热诚,断不能胜任此重任。

---

① 即墨县教育志编写组:《即墨县教育志》(内部发行),第 163 页,1990。
② 《民国增修胶志》卷二十二《学校·民国学校》,载《中国地方志集成·山东府县志辑》第 42 册第220 页,凤凰出版社,2004。
③ 山东省平度县地方史志编纂委员会:《平度县志》(内部发行),第 524 页,1987。
④ 《私立师范讲习所开学训词》,载《胶澳商埠教育汇刊·附录》第 105—106 页,存青岛市档案馆,档号:A000815-V11(1924)。

本督办犹有一言相告:教育宗旨,首重规律。规律之念,源斯责任之心重。凡修养与践履上,有一不纳于轨物者,即为玷损教员之质格。教授与训练并重,将使青年学子养成高尚、优美之人格,非陶冶其品行、矫正其习惯、消纳诸规范之中。①

自此,这一面向青岛小学在职教师具有补救性业务提高的做法一直持续到1928年暑假。1924年7月21日—8月27日举办的第二期胶澳商埠夏期小学教育讲习会,公署坐办萧永熙代表督办高恩洪在开幕式上发表了长篇训词。据悉,胶澳全境公立小学教员及部分私立小学职教员共80余人参加。此期讲习会共计6类、26门课程,计148个小时,以提高小学教员"必需学识"②。

在贯通教师职前和职后教育的同时,胶澳公署于1924年2月16日颁布《公立小学校职教员任用标准暂行规程》,明文规定充任公立小学校长和教员的条件。值得注意的是,小学校长由公署"遴委";教员由校长"函聘",须呈公署核定备案。

7.异军突起的平民教育与弥补学校教育不足的通俗教育

北洋政府时期的青岛,早在1922年回归之前,一些热心教育的知识精英自发地组织起被称为"胶澳华人教育之先声"的胶澳商埠教育会,有会员100余人,并经山东省教育厅"转部立案"。首任会长为孙广钦,副会长为胡毓嵩;1925年改选,刘铨法为会长,胡毓嵩连任副会长。这一来自民间社会的自发力量是民众启蒙运动浪潮的产物,对带动青岛的社会教育不无裨益。

20世纪20年代,青岛的社会教育主要表现为平民教育和通俗教育两个方面。

事实上,青岛的平民教育最初由基督教青年会发起,以1924年春创办平民教育促进会、筹设十余处"平民读书处"为标志。1924年8月,胶澳公署将民间组织官办化,设立平民教育委员会,以"本埠应识字之人民无不识字为宗旨"③,由公署秘书长袁荣叟任委员长。平民教育委员会在青岛7所市区小学设立了平民学校,共招收男、女学员521名。平民学校只设识字一门课程,以商务印书馆的《平民千字课本》为教材,每晚上课1小时,每期学习4个月。平民学校的教员

---

① 《胶澳商埠夏期小学教育讲习会开幕·督办训词》,载胶澳商埠督署民政科学务股编《胶澳商埠教育汇刊·附录》第102—103页,1924。

② 《夏期小学教育讲习会纪事》,载青岛市档案馆、中国海洋大学中国社会史研究所编《胶澳商埠档案史料选编》(五)第216页,青岛出版社,2018。

③ 《胶澳商埠平民教育委员会简章》,载《胶澳商埠教育汇刊·法令》第19页,存青岛市档案馆,档号:A000815-V11(1924)。

多为兼职,由公署酌量津贴;学员免费入学,毕业经考试合格者,获识字平民文凭。这一扫除平民文盲的做法深得社会赞誉,永裕盐业公司捐助 2000 元为经费。9 月 15 日,平民教育委员会又在 30 多所乡区小学设立平民学校,共招生 3000 余人。可惜,第二期平民学校"办理将竣,适以时局不宁,因而停顿"①。至 1928 年,青岛共有基督教青年会平民教育协进会、万国体育会平民教育部等多处民间团体办理的读书组织。这一旨在改造民众的平民教育,暗含着政府改造旧有国民性、塑造"新国民"的用意,也为知识分子走向大众提供了条件。

通俗教育,是民初针对民智低下、民德浇薄的实际开展的旨在规范民众文化生活、养成国民资格的教育普及活动,以组建通俗讲演所、图书馆等社会教育机构为标志。1924 年 6 月,胶澳公署颁布《胶澳商埠公立通俗教育讲演所规程》,"实行本埠市内通俗演讲及乡区巡回演讲,以启导国民,改良社会为宗旨"②。8 月 20 日,公立通俗教育讲演所成立,地址在莒县路,常年经费为 3300 元,曲春芳任所长。胶澳公署还筹设公立通俗图书馆,购置图书 1000 余元,常年经费为 2200 余元,崔肇祺任馆长。通俗讲演素材主要由官方提供,讲员根据实际情况对内容进行再加工,或增加受众熟悉的事例,或将措辞进一步通俗化。1925 年秋,胶澳商埠公立通俗教育讲演所与图书馆合并,常年经费减为 2020 元。通俗教育的推行弥补了学校教育不足,虽未达到最初设想的成效,但仍在一定程度上对底层民众起到了思想启蒙、普及现代社会文化知识、改良社会风气等作用。

三　仍具实力的日侨学校及外国教会学校

北洋政府时期,盘踞青岛的日侨学校和基督教、天主教所办的教会学校仍具相当的办学实力,是胶澳商埠督办公署教育统计一个不可忽略的方面,并与青岛的国人办学形成了对照。

1.深得日本居留民团等势力支持的日侨学校

由于"鲁案"的解决是在美、英等帝国主义列强直接插手下进行的,这给青岛制造了不少历史遗留问题,也为日本进一步侵略中国带来了可乘之机。1922 年中国收回青岛主权后,在青的日本中学校、高等女子学校、第一寻常高等小学、第二寻常小学等日侨学校由日本居留民团管理。青岛的日侨学校教育不仅未受日军撤退的影响,反而在日本居留民团的具体管理和寓青日本势力的支持下,仍

---

① 袁荣叟:《胶澳志》,中册卷七《教育志》,第 6 页,青岛出版社,2011。
② 《胶澳商埠公立通俗图书馆附设通俗教育演讲所简章》,载《胶澳商埠教育汇刊·法令》第 17 页,存青岛市档案馆,档号:A000815-V11(1924)。

处于发展态势。统计资料表明，1928 年青岛日本中学校在校生为 422 名，青岛日本高等女子学校在校生为 368 名，均为 5 个满额学级，年经常费分别为 115500 元、90290 元，生均 260.49 元（其中女校生均 245.35 元）。① 青岛日本第一寻常高等小学校和第二寻常小学校在校生分别为 1076 名、267 名，在 6 个满额学级之上又增加了中学一、二年级，实际是用"带帽"的方式分担了日本中学校和高等女子学校的生源压力。这两所小学的年经常费分别为 72003 元、23956 元，生均 71.45 元。②

随着日本纺织业对青岛的强力渗入，日本在沧口开设了钟渊、长崎、富士等纺织会社，居四方和沧口的日侨激增。为解决日籍职员子弟的入学问题，1923 年 4 月，日本居留民团将 1915 年设立的李村普通（初级）小学校迁至沧口大马路（今四流中路）成立"沧口日本寻常高等小学校"③，1928 年该校在校生为 157 名，年经常费为 20454 元。1918 年 10 月设立的青岛第一寻常高等小学校四方分教场，于 1923 年 9 月 30 日单独立校，定名为"四方日本寻常高等小学校"④，1928 年在校生 123 名，年经常费为 19485 元。⑤ 这两所学校均系日本"在外指定学校"，享受"恩准法待遇"。由吉利平次郎设立的私立青岛学院 1922 年后仍实行"日华共学主义"，1928 年 3 月获日本文部大臣和外务大臣联合签批的"在外指定学校"待遇。是年，其商业学校在校生为 124 名，其中有中国学生 42 名；其实业学校在校生为 115 名，其中有中国学生 45 名。⑥ 1924 年 9 月，日本在青岛病院设立了青岛医学校，学制 4 年，招收中国学生。1925 年，该校由财团法人同仁会接管，1927 年 3 月改称"同仁会青岛医学校"。青岛医学校 1930 年 10 月停办，历时 7 年共招收三届 39 名学生，毕业 28 名。⑦

青岛日本居留民团对日侨学校的管理，忠实地执行了日本帝国的战略意图，在日本国家教育体制的框架下，日侨学校的规模、办学条件、课程设置都体现出近代教育的一般特征，同时又充斥着日本军国主义教育的气息。

2.外国教会学校渐显的更有效率、更基督化、更中国化倾向

北洋政府时期的青岛，外国教会学校仍较活跃。当然，相对青岛迅速发展的 52 所公立小学和公立、私立中学的创建，以及铁路中小学和育英、挪庄、解家庄

---

① 《胶澳商埠日本学校学生年级人数及经费表》，载《中国方志丛书·华北地方》第 62 号《胶澳志》卷七《教育志》第 1070—1073 页，成文出版社，1968。

②⑤ 《胶澳商埠日本学校学生年级人数及经费表》，载袁荣叟著《胶澳志》卷七《教育志》第 1072、1072—1073 页，文海出版社，1973。

③④ 「青岛概要」，『山東案内』，122、123 页，日華社，昭和十一年（1936）。

⑥ 《胶澳商埠日本学校学生年级人数及经费表》，载袁荣叟编纂《胶澳志》中册卷七《教育志》第 45 页，青岛出版社，2011。

⑦ ［日］小野得一朗：《同仁会三十年史》（日文版），第 154 页，东京同仁会，昭和七年（1932）。

等中国人创办的私立学校来说,其所占的份额明显下降了。美国教育考察团曾提醒西方教会在中国办的教会学校,"在性质上彻底地基督化,在气氛上彻底地中国化,把效率提高到一个新的高度"①。1922 年由中国知识界众多派别发起的非基督教运动,对教会学校产生了一定的冲击,更有效率、更基督化、更中国化成为青岛教会学校的主流倾向。

20 世纪 20 年代的青岛,美国基督教北长老会的势力很大。由于教会奉行在办学方面"最好的政策是与中国政府合作"的方针,青岛教会学校均得到当局的经费补助。1920 年迁址胶县与美国北长老会坤英女中合并的淑范女校,1924 年 9 月迁回青岛,以 2 万元廉价购得济阳路 7 号官产,定名"青岛市私立文德女子中学校",徐蕴辉任校长。胶澳公署自该校迁回当月起即给予每月 100 元的经费补助,1925 年 2 月起每月增加 50 元。1926 年,文德女中增设高级普通科,成为完全中学;1927 年又增建 6 间教室,建筑面积达 7158.32 平方米,全校时有职教员 30 余名、学生 200 余名。胶澳商埠局从 1927 年 7 月起每月又增加了 50 元补助费;1928 年 9 月再次增拨 50 元,达到年 3000 元的补助水平。② 据载,文德女中还附设高级女子小学,1926 年有学生 40 名。③ 1920 年复返青岛的美国基督教北长老会所办的明德中学,因学生在 1923 年春胶澳商埠运动会上与美国学校学生殴斗,调停无效,致使学校再次停办。④ 1925 年 1 月,美国基督教北长老会在原明德中学校址重建学校,更名为"私立胶东中学校",招生不再限于教会子弟,然 1928 年因学潮该校又行停办。美国基督教南浸信会牧师崔怡美 1920 年在胶县开办的私立培基小学,于 1924 年迁至青岛观海一路址。

值得注意的是,青岛礼贤书院在北洋政府时期发生了很大的变化。1923 年,礼贤甲种商业学校更名"胶澳商埠礼贤中学校",添办高中部,并改秋季始业。德方校监苏保志与校长高天元意见相左,致使 100 余名学生"被逐"失学。⑤ 后经山东省官厅出面干预,礼贤学案平息,高天元辞职,刘铨法接任校长。刘铨法(1889—1957),号衡三,山东文登人,早年就读于青岛礼贤书院,1914 年考入

---

① *The Christian Education in china. The Report of the China Educational Commission of* 1921–1922. New York 1922, P.12-15.

② 《胶澳商埠历年教育经常费预算表》,载袁荣叟编纂《胶澳志》中册卷七《教育志》第 18 页,青岛出版社,2011。

③ 《胶澳商埠公私立各校自十五年起至十六年止每年学生年级班次男女人数表之三》,载袁荣叟编纂《胶澳志》中册卷七《教育志》第 41 页,青岛出版社,2011。

④ 《胶澳商埠警察厅第二警署就明德学校与美国学校冲突事给厅长的呈(1923 年 6 月 7 日)》,存青岛市档案馆,档号:A0017-002-00013。

⑤ 《山东省长公署就礼贤中学学生失学开办新校事给胶澳商埠督办公署的令(1923 年 4 月 27 日)》,存青岛市档案馆,档号:B0022-001-00348。

青岛特别高等专门学堂预科班；日本攻占青岛后因学堂停办，随校并入上海同济医工学堂，入读土木工程科；毕业后任山东中兴煤矿公司工程师，1922年随"鲁案"接收委员会返回青岛，1923年出任礼贤中学校长，成为民国青岛任职一所中学时间最长的校长，且始终不取薪酬。礼贤中学起初"借同善医院及淑范女学诸房舍租款以充经费"，胶澳商埠局自1927年11月起每月补助经费100元，1928年7月起增加200元。1924年7月11日，青岛礼贤书院创始人卫礼贤"由京来校，旋归国"，学校举行恭送仪式。卫礼贤自此告别生活了近20年的青岛。

在基督教中国化运动中，1921年中华基督教会设立的尚德小学于1926年1月呈准立案。1923年4月，名为"胶澳中国青年会附属模范小学校"在湖南路设立，有学生114名、职教员14名。是年，另一所私立模范小学在宝山路成立。1923年9月，私立乐育小学校在天津路48号开办，有学生45名、职教员6名。1924年6月，尚德第四小学在大麦岛设立，有职员兼教员1人、学生20名。①

由于美国鲁东信义会接管柏林差会的权益，信义会的办学有了长足发展。1925年，德籍牧师马维利（Willy Matzat）在华人刘德清的协助下，在即墨萃英书院基础上创办了萃英初级中学，又在青岛市区日本神社旁设立了萃英小学校。1926年，美籍教士宋伯琼与华人王杰臣将1923年由青岛迁至即墨城东考院的爱道院女校，改建为私立坤德女子中学。1929年，青岛信义女子中学迁往即墨，与坤德女中合并为鲁东女子初级中学。1923年，清河路基督教信义小学更名为"私立信义两级小学校"，蒲铭三任校长。②

北洋政府时期的青岛，天主教会的学校也有变化。德国天主教斯泰尔修会1900年开办的明德小学于1925年更名为"私立明德两级小学校"，并于1926年呈准立案，周国屏接替德国教士魏若望（Weig Johann Evangelista）出任校长，时有学生159名和教员7名、职员4名。1924年，天主教圣方济各会所办弗兰西斯柯女子学校有学生80余名、教员12名，教员皆由修女担任。其课程除了英语、数学、历史、地理、德语，特别注重家事教育，"其教学方法一准英国，授普通教育。以陶冶品性，养成适应他日社会各阶级之妇人为宗旨"。私立圣功女子小学于1925年在胶澳商埠局立案，1927年增至6个班、75名学生。③

总之，北洋政府时期青岛教会学校的发展变化，一定程度上反映出近代青岛教育自主的历史迹象。

---

① 《胶澳商埠公立私立各学校最近概况表》，载《胶澳商埠教育汇刊·统计》第18—19页，存青岛市档案馆，档号：A000815-V11（1924）。

② 徐存礼：《东镇信义小学简史》，载《基督教鲁东信义会五十年》第104—105页，1948。

③ 《胶澳商埠公私立各校自十五年起至十六年止每年学生年级班次男女人数表之三》，载袁荣叟编纂《胶澳志》中册卷七《教育志》第42页，青岛出版社，2011。

第二节　国土重光与私立青岛大学的短暂办学

一　高恩洪与私立青岛大学的官商投资体制

北洋军阀统治时期,青岛最具历史意义的教育事件是青岛回归之际创办的私立青岛大学。

据称,1922 年青岛回归伊始,参与"鲁案"谈判的胶澳公署高等顾问陈干便向督办熊炳琦提议创办青岛大学。可是,由于校舍和资金问题,熊炳琦迟迟不肯决断。1923 年初,教育部派李贻燕来青岛调查教育,这位中央部员在呈报的《调查青岛教育报告书》中深刻阐述了在青岛创建大学的充分必要性,并提出了建设性意见:

> (青岛)山明水秀,诚理想的文化都会之唯一候补地。地方教育经费预算之应增加,小学教育、社会教育、职业教育之宜改良增设,固不待言。即中央政府应于青岛设一国立大学,不特可为收回青岛之一大纪念。而齐鲁于中国历史上为圣人邦,阐扬文化,昌明教育,亦国家应负之责任也。
>
> 青岛为天然文化中心点,德国前此办理大学,其发达成绩即可预知。应予此地设立大学一所,以便各省子弟入学。离政治中心较远,学者可得安心讲学;而学子亦可得安心求学。俾斯麦兵营若能拨充,甚为适宜;若从新建筑,则湛山临海一带山麓平地亦觉宽旷。[①]

基于青岛优越的地理区位优势,李贻燕认为,作为北方著名的港口城市,青岛地处胶济铁路东端,又是海运要塞,山东境内和华东、华北、华南都是生源地,德租时期的青岛特别高等专门学堂已将青岛辟为"天然文化中心点"。李贻燕的"青岛为天然文化中心点"的定位渐成学界的共识。1923 年 6 月,怀揣在山东办学梦想的康有为来到青岛,在陈干的引荐下会晤了熊炳琦。熊炳琦让康有为租住建于 1899 年的德国提督楼,康有为动了在青岛定居的念头,"青岛此屋之佳,吾生所未有"。谈及在青岛办大学,陈干动员康有为放弃康已拟好的在孔子故里创办曲阜大学、将青岛作为"预科候选地"的章程,建议在青岛开办大学更适宜。经过一番勘查,康有为认定德租时期的俾斯麦兵营作校址最适宜。他盘

[①]　李贻燕:《调查青岛教育报告书》,载胶澳商埠督署民政科学务股编《胶澳商埠教育汇刊·附录》第 120、122 页,1924。

算："加以有大学办,吾欲在青岛办之,以有现成大学舍也。"①然而,俾斯麦兵营时被担负督理军务善后事宜的北洋陆军第五师占据,康有为自量无力让军队腾挪,熊炳琦更不愿动此心思。失望之下,康有为带着青岛的未成凤愿,于1926年"在上海愚园路,设天游学院"。1924年3月,熊炳琦去职,继任督办高恩洪将在青岛办大学变为现实。

高恩洪(1875—1943),字定安,山东蓬莱人,出身农民,早年就读上海电气测量学校,留学英国津普大学;回国后任清政府驻英使馆翻译,辛亥革命后在邮传部、交通部、铁路局、电报局任职;1922年6月升为交通部总长,并短期兼代教育部总长。这是高恩洪第一次登上仕途高峰,他被蔡元培、胡适、李大钊、梁漱溟等持"好政府主义"论者视为"很肯做事的人"。高恩洪就任胶澳商埠督办,是其官宦生涯的第二次高峰。高恩洪深知,抚恤德租日占25年留下的满目疮痍,最大的关切是输入新知,佐育人才。私立青岛中学校长孙广钦和对教育充满热情的富绅刘子山等人建言,在已有私立青岛中学、女中和公立职业学校的基础上,举办一所中国人自己管理的大学。高恩洪欣然同意。

鉴于既有的办学基础条件和20万元基本金,高恩洪积极联络当地富商巨贾、社会名流和热心教育人士组成大学董事会。据日本外务省的一份日文档案透露,高恩洪在1924年5月22日的宴会上宣布设立青岛大学的决定,并规划了商业、机械、林业、路矿、航政、文化六科的综合大学蓝图。②5月29日,高恩洪在公署举行青岛大学董事会发起成立会,校董事会由高恩洪、邵恒浚、宋传典、傅炳昭、张德纯、刘子山、王子雍、宋雨亭、于耀西、孙丙炎、孙广钦11人组成。校董事会还推举王西园、王芸卿等29名青岛知名人士列名董事;为了扩大影响,特聘梁启超、蔡元培、张伯苓、黄炎培、颜惠庆、顾维钧、罗家伦等24人为名誉董事,名誉董事中包括各国驻青岛总领事,其中有日本驻青总领事堀内谦介。校董事会确定"以教授高深学问,培养硕学闳才,应国家之需要"为办学宗旨,由孙广钦任筹备主任,邵恒浚、孙丙炎为副主任。

日本外务省的档案显示,正式确定"私立青岛大学"的名称是1924年6月。③高恩洪将青岛的这所大学定为"私立",其主要目的是不想让这所处于政党与军人争权时期的大学染上太多的政治色彩,当然也有民办大学体制灵活、拥有办学自主权等因素。考虑到青岛工商业发展的需要,借鉴德胶澳租借地时期

---

① 康有为:《与梁随觉书》,载《康有为全集》第11卷第256页,中国人民大学出版社,2007。

② 「青岛总领事堀内谦介,外务大臣男爵松井庆四郎並び芳沢在支那公使設立青岛大学計画について」,『文化設施及状況調査関係雑件/施設計画関係』、第1巻,JACAR:REF.C03025228900。

③ 「中華民国十三年十月/私立青岛大学概況」,『満支人本邦視察旅行関係雑件』、第6巻,JACAR:REF.B05015732900。

青岛特别高等专门学堂的经验,校董事会突出实用学科,先设工、商两科,学制为4年。为了争取生源,6月21日即在《中国青岛报》刊登招生广告,声言"本大学系绅商协力创办,基础稳固……先招预科二级,分商工两科,凡旧制中学毕业者皆得与试,每年150元"。

私立青岛大学创办过程中,校舍和经费是两个难题,高恩洪均一一予以化解。

关于校舍问题。中日"鲁案"善后谈判时,中方以伊尔蒂斯(日称"旭兵营")让给日方筹办青岛商科大学,而将俾斯麦(日称"万年兵营")预留中方自办大学。然而,1922年12月随青岛回归中国政府管辖进驻青岛市区的北洋陆军第五师的一个旅在俾斯麦兵营据守,政、军两方互不相让。为使私立青岛大学有一个良好的办学场所,高恩洪找到了把持北洋军权的直鲁豫三省巡阅使吴佩孚。吴与高同为山东蓬莱乡党,又是北洋同僚,高出任胶澳督办得益于吴的保举。高恩洪以"商埠不应驻兵"为由,请命将驻军迁出青岛,腾让兵营用于地方办学。吴佩孚出身秀才,素以儒将自负,且至性至情,他一锤定音,命令青岛驻军撤出所占的兵营。① 9月15日,北京政府下达"第八七〇号公函",准将青岛俾斯麦兵营"拨给本校永作校址"②。

关于经费问题。私立青岛大学的董事会制决定了"经济独立"的办学原则,为此高恩洪确定学校日常经费除了胶澳公署每月拨款1万元,还动员胶济铁路局每月赞助6000元,主要依赖社会筹款。该校开设的商科最受岛城商界欢迎,青岛总商会积极赞助协款。1924年5月美国议会第二次通过退还"庚款"余额案的消息传来,隋石卿、宋雨亭等商会领导人在1924年6月19日召开的常务董事会上提出:向美国驻华公使舒尔曼(Jacob Gould Schurman)说项,声言"在青岛设大学,无异在此建一华府会议之纪念品,而永久表彰贵国在国际上之荣誉",请求拨"庚款"给予私立青岛大学以财力支持。③ 据悉,舒尔曼公使与美国洛克菲勒财团的代表曾到青岛进行过实地考察。④

与此同时,私立青岛大学校董事会还希望得到日本方面的财力支持。1924年8月,孙广钦凭借留日的人脉资源,亲往东京面见日本外务省参事官太田为

---

① 《吴佩孚批准使用兵营办大学》,载《山东大学校史资料》(内部发行)第1期第68页,1981年10月。

② 《准青岛兵营拨作校址案》,存山东省档案馆,卷号:J101-01-21。

③ 王宜昌:《青岛总商会曾争取庚子赔款兴办青岛大学》,载中国民主建国会青岛市委员会、青岛市工商业联合会、工商史料工作委员会编《青岛工商史料》(内部发行)第4辑第178页,1989。

④ [日]山本一生:《私立青岛大学的创办——以其与日华实业协会关于青岛商科大学筹办计划之间的关系为中心》,杨柳译,载修斌主编《海大日本研究》第2辑第162页,中国海洋大学出版社,2012。

吉,请求日方提供经费补助。① 日本为防止私立青岛大学接受美国"庚款"而成为"纯美式大学",曾再三磋商,但最终给孙广钦的回话是:日本的"庚款"用途业已确定,故不能从中支出,经费事宜可与驻青总领事堀内谦介商谈。尽管校董事会百般设法,但未能得到美国的"庚款"支持和日方的经费补助。无奈之下,高恩洪带头捐洋1万元,刘子山捐了2万元,另外又筹集了些许款项,作为私立青岛大学的开办费用。

　　1924年8月11日—13日,私立青岛大学在北京、南京、济南和青岛四地同时招生,录取工科、商科新生各40名。这些学生来自山东、江苏、湖南、广东等15个省份,其中就有罗荣桓、彭明晶、张沈川等一批具有先进思想的青年。除了在国内招收学生,私立青岛大学还招收了来自南洋和朝鲜的9名留学生(其中有朝鲜贵族子弟帕尔客等)。② 1924年10月颁行的《私立青岛大学暂行大纲》凡9章15条,对办学宗旨、学科设置、入学资格、学位授予、常设机构、校董会及训育、图书等专门委员会的组成及其主要职责均做了明确规定。在8月21日校董事会上,高恩洪被推为校长,孙广钦为校务主任,1923年被教育部派来青岛调查教育的李贻燕受聘教务主任。9月20日,私立青岛大学正式开学上课,10月25日补行开学典礼,高恩洪以校长身份发表了训词:

　　　　本埠地绾南北,舟车四达,山水幽雅,气候中和,于此设立大学,发展文化,最为相宜。即以全国大学区域论,北方之京津,西北之西安,东北之沈阳,西部之成都,中部之武汉,东南之沪宁,西南之东陆,南部之广州、厦门,官立、私立均有大学之设。本埠为东南要区,沿海重镇,自然亦可成一大学区域,既可承继礼仪之邦荣誉之历史,又可为国土重光之纪念。鄙人到此以来,即以设立大学为当务之急,但当时苦无相当地点。适值陆军撤防,腾出此广大之校舍。若弃而不用,未免可惜。是以联合同志,积极进行。筹备以来,煞费苦心。而今日幸告成立,欣慰之心,莫可言喻。但是,目下尚在草创时代,经营缔造尚须有相当之时日。校内一切校务,固由本校校董等负责办理,而诸生多半来自远方,自有远道而来之目的。既入本校,则与本校校运之荣枯、校誉之隆替,有极密切之关系及重大之责任。此点诸生应当注意及之。此外,尚有一事不得不为诸生郑重告诫者。近年以来,内地各省学风之坏、学生人格之堕落,毋庸讳言。加以新文化之运动,新学说之繁兴,少年识力未定,往往抉择未精。弃其精华,取其糟粕,而根本精神之诚朴,自治、自

---

　　① 「青岛大学経営費補助方についての同校準備主任来状」,『文化設施及状況調查関係雑件/施設計画関係』,第1卷,JACAR:REF.C03025228900。

　　② 刘维汉:《私立青岛大学回忆片段》,载《山东大学校史资料》(内部发行)第2期第49页,1982年3月。

尊、博爱、互助,尊师长、重秩序、尚信义、耐劳苦诸美德,几乎异星净尽。此外,荒废学业、逾越轨途者不可胜述。本校为新创之学校,诸生为新来之学生,一切当以实事求是、日新又新为前提,一洗各地不良之陋习,蔚成本校特有良好之校风,为全国青年之模范,为将来国家有用之长才是则。鄙人愿与教职员及来学诸生共勉之。①

高恩洪的开学讲话,不脱北洋军阀时期政府官员的训话腔调,并夹杂着抨击五四新文化运动的措辞,但"实事求是""良好之校风""全国青年之模范""国家有用之长才"等词句乃不乏进步意义。应当说,高恩洪抢抓了青岛高等教育的发展机遇,创造条件在青岛办起了完全靠中国人的力量创办的大学,改写了以往青岛依赖外国人举办高等学府的历史。

二 现代民营高校董事会制的草创与困厄

私立青岛大学作为中国人在青岛、山东创办的第一所具有现代意义的民营高校,其校董事会制度既有行政管理的优势,也有难以克服的发展短板。这在私立青岛大学的后期办学中表现得尤为明显。

私立青岛大学开学上课不久,便因第二次直奉战争遭遇了办学危机。1924年 9 月—10 月,吴佩孚与张作霖为争夺北京政权再次发起战争。11 月 3 日,奉军进逼天津,吴佩孚登舰南逃,战争以直系失败而告结束。北洋政权落入奉系军阀手中后,新任胶澳商埠代理督办王翰章逮捕了高恩洪。高恩洪的下野,致使私立青岛大学一时风雨飘摇。

首先,经费拮据使私立青岛大学陷入困境。1924 年 12 月 24 日,私立青岛大学校董事会致函公署,吁请依照"第一一三六号公署函"按月拨款,"俾资维持而利进行"。然而,公署仅给了 500 元。面对公署一再拖欠补助费,校董事会先后于 1925 年 2 月 17 日和 28 日、3 月 3 日、4 月 18 日多次呈文催款。1925 年 1月—5 月的补助费"以后拨付了",而 6 月—11 月的补助费一直拖至 11 月底仍无答复,致使学校全凭借贷度日。11 月 27 日,私立青岛大学校董事会致函质问:他校已发至 7 月份,"独使该校向隅,未免有欠公允"。在校董事会再三恳乞下,公署于 12 月才予以补发。② 应当说,就读私立青岛大学的学生十分体谅校方的办学困难,1928 年 10 月《青大旬刊》发表的一篇学生撰文,让人看到受教育者与

---

① 《青岛大学开课·督办训词》,载胶澳商埠督署民政科学务股编《胶澳商埠教育汇刊·附录》第107—108 页,1924。

② 《私立青岛大学请拨补助费的函批》,存青岛市档案馆,档号:B0029-001-02090。

办学者休戚与共的真实一幕：

> 诚然我们不敢给青大吹牛，说他办得怎样完善。但在这经费十分难窘中，办校者就是很有名的教育家也是无可如何。巧妇难做无米之炊，没钱哪有办好的学校？回头看看，河北国立大学现在还不能开学，山大也是遥遥无期。我们还能在此按部就班地上课，不是万幸吗？①

其次，新任地方官对教育淡漠，校董事会的能量受到严峻考验。1925 年 4 月，张宗昌督鲁，11 月温树德任胶澳商埠督办。温树德对教育缺乏热情，欲将私立青岛大学校舍复为兵营。迫于舆论的压力，温树德未敢贸然驻兵，但部分空闲房舍被军队强行"借用"。1925 年 5 月，北京政府任命朱庆澜（字子桥）为胶澳督办，朱自知没有兵权，坚辞不就。1925 年 7 月，张宗昌将胶澳商埠督办公署改为商埠局总办公署，并置于山东省政府的管辖之下，私立青岛大学苦苦挣扎在北洋军阀残暴的统治中。高恩洪离职后，校董事会决定由孙广钦暂代校务。1924 年 11 月 21 日，校董事会公议校董、山东省议长宋传典为校长。②

宋传典（1875—1930），字徽五，山东青州人，是近代山东成功的民族实业家。在被推为校长后，宋传典成为带薪校董。然而，由于宋传典忙于生意，竟"久假不归，半年未曾到校"，却在社会上以私立青岛大学校长的名义活动。对此，校董事会于 1925 年 7 月 15 日发布批评通报，指出如再"逾越范围，不经本大学校董会正式依法公选，而滥充校长者，本大学校董、委员等决议以正当法律手段限制之"③。由是可见私立青岛大学创办伊始所确定的校董事会制度的优势，所有受聘人员必须无一例外地受校董事会的制约。7 月 31 日，私立青岛大学选定于耀西、赵瑞泉为正、副董事长。宋传典公选校长后承诺：秉承前任校长的办学方针，"弁其端，倘荷高明，辱赐教正，校之幸国之光也"④。

宋传典继任校长后，学校得以维持，经费宽裕时"月支"达 4000 元。⑤ 1925 年 9 月，私立青岛大学增设了土木工程科、采矿工程科、机械科三个学科⑥，经费支出更多。⑦ 1926 年秋，私立青岛大学又开设了铁路管理科，招收学生 20 名；

---

① 《四年来之青大体育概观》，载《青大旬刊》第 16 期，1928 年 10 月。
② 《关于宋传典任校长的公函》，存青岛市档案馆，档号：B0038-001-00341-0054。
③ 《私立青岛大学校董会公函乙字第十号》，存青岛市档案馆，档号：B0038-001-00015。
④ 《私立青岛大学创办始末》，http://qdsq.qingdao.gov.cn/n，2011 年 10 月 11 日。
⑤ 袁荣叟：《胶澳志》卷七《教育志》，第 986 页，文海出版社，1973。
⑥ 刘增人、王焕良：《青岛高等教育史》，现代卷，第 61 页，人民出版社，2008。
⑦ 《关于发私立青岛大学领一九二五年度补助费的呈、公函》，存青岛市档案馆，档号：B0029-001-02587。

1927年还附设了中学班；到1928年，全校在校生达到155名。私立青岛大学比较重视课程和教材建设，注重适应并服务于青岛经济社会发展的需要。例如：工、商两科所开的课程除了专业课，国文、数学、英/日语为必修课，另有法律学、逻辑学、世界史等选修课，教材大部为教师自编。①

私立青岛大学的受聘教师大都在30~40岁之间，建校初期共有教职员22名，且形成了有留学背景的"海归派"与出身本国学府的"本土派"各有侧重的格局。其中，留学美国的有10人，留学日本的有1人，还有毕业于齐鲁大学的3人。② 教师中有祖籍广东宝安（今深圳）的凌道扬、凌达扬兄弟，分别任教逻辑学和英文。凌道扬毕业于美国耶鲁大学林学院，时任胶澳农林事务所所长，是中国近代林业科学的先驱者之一。其弟凌达扬留学美国耶鲁大学和哈佛大学，研究欧洲史及文学，曾长期担任《青岛时报》的主编。工科教师严宏桂（字仲絜）于北京大学毕业，留学于美国康奈尔大学，获工科硕士学位。数学教师傅觉先留学于美国科罗拉多大学。化学教师李荟裳（字琴轩）毕业于北京大学，任交通大学教授；另一位化学教师蔡志远毕业于美国哥伦比亚大学化工系。商科教师刘乃宇（字宜风）留学于美国伊利诺伊大学，是厦门大学教授；另一位商科教师温万庆留学于美国耶鲁大学。教授日语的闵星荧毕业于东京帝国大学，是郁达夫留日时的同学；英文教师程璟曾任国立北京师范大学教授。国文教师隋星源毕业于北京大学，曾任山东法政专门学校教员。还有一位来自美国、取中文名字的英语会话女教师滕美丽，先后就读于美国阿海阿奥尔大学和爱阿瓦潘恩大学。女音乐教师胡陈丽娟曾是上海中西女塾的教员。③ 私立青岛大学延聘名师的做法有意无意地成为民国时期青岛高等教育的成规。当然，校董事会对行为不端、有辱师道教职工的处分也十分严厉。据载，留美哈佛大学的地矿教师高崇德（字宗山）因"伪造校董会印文在外招摇"，被检举后，校董事会"当即公决除名"。④

根据校董事会关于学校常设机构精干的原则，校长一人总览全校行政，下设校务主任、教务主任、事务主任各一人，协助校长管理校务。宋传典掌校期间，林济青被聘为校务主任。林济青（1886—1960），又名林则衣，山东莱阳人，出生于基督教家庭，1906年潍县广文学堂毕业，就读北京汇文大学，后赴美国哥伦比亚大学留学，归国后任陕西高等学堂英文教习；辛亥革命爆发时，组织教会医院救

① 山东大学校史编写组：《山东大学校史（1901—1966）》，第19—20页，山东大学出版社，1986。

② 「青岛大学の近况に関する件」，『文化設施及状况調查関係雑件/施設計画関係』，第1卷，JACAR：REF.C03025228900。

③ 「中華民国十三年十月/私立青岛大学概况」，外務省記録，『満支人本邦視察旅行関係雑件/施設計画関係』，第6卷，JACAR：REF.B05015732900。

④ 《关于高宗山伪造校董会印文在外招摇即除名的函》，存青岛市档案馆，档号：B0032-001-00559。

治起义士兵，1912 年作为有功之臣被派往美国留学，获里海大学矿学硕士学位；1922 年作为"鲁案"接收委员会实业处技术员来到青岛。由此，林济青与青岛高等教育深深结缘。

实际上，宋传典、林济青及教务主任李贻燕、事务主任姜泽民等在前期《私立青岛大学暂行大纲》的基础上，进一步完善了学生入学、转学、请假、学业成绩考查、奖惩及宿舍、教室、图书室、自习室管理等一系列规章制度，成立了教员会、职员会等组织机构，并制定了相应章程。据史料记载，私立青岛大学的行政人员原有 16 人，1928 年减为 11 人。教师的待遇较同类学校偏低，校长月薪为 350 元，校务主任、教务主任和学有专长的教授为 200~300 元，一般教员为 100~200 元，职员为 30~80 元。① 学校经费主要用于教师的薪俸，基本无力添置教学设备，这为学校的发展埋下了隐患。

据私立青岛大学第一批学生陈是斋回忆，学校对爱国主义教育极为重视，组织大学生参观驻泊青岛的海军主力军舰，并到来访的日本军舰"比睿丸"参观，由通晓日语的朝鲜同学即席翻译解说，对比两国军事装备的差异。尽管校方严格控制学生参与政治活动，但私立青岛大学很快形成了以罗荣桓为首的学生自治会，秘密开展革命活动。1925 年"五卅惨案"发生后，私立青岛大学学生"安能缄默"。为"共血其耻"，他们编印《血滴》杂志，成立惨案后援团和话剧社，排演话剧《五卅血》《可怜闺月里》《投笔从戎》等进行义演。学生话剧团还排演了名剧《茶花女》，募捐部的同学分赴各银行、商铺劝捐。② 《茶花女》在青岛新舞台连续义演两场，所得收入全部用于支持青岛革命斗争。据悉，为躲避军警追究，学生们晚上都躲在公园睡觉。有学生事后回忆称："嗣后风潮平息，校变继作，同学则专志课业，从此埋头读书，闭户潜修之生活。一片火赤爱国热血自是潜伏，实则读书亦即爱国也。"③

据史料记载，私立青岛大学十分重视学术气氛的营造。学校先后成立了交通经济学会、工程研究会、雅音社、国术团等社团组织。其中，交通经济学会"以养成专门人才唤起国人对于交通事业之注意，及促进我们交通事业之发展为宗旨"④，是青岛历史上第一个专门研究城乡交通结构的学术组织。罗荣桓与同学张沈川等集资筹办起颇具时代特点的"三民实业社"，生产纱布、药棉、墨水、肥皂等日用化工品，支援市民抵制日货。1928 年，私立青岛大学学生组织进步文艺团体"迢迢社"，寓意长久如夜"迢迢恨迢迢"，还编辑、出版文艺半月刊，内容

① 栾开政：《山东高等教育发展史（1840—2000）》，第 53 页，山东教育出版社，2003。
② 《青大学生组织新剧团》，载《益世报》1925 年 6 月 23 日。
③ 《青大四周纪念感言》，载《青大旬刊》第 16 期，1928 年 10 月。
④ 《青大交通经济学会章程》，载《青大旬刊》第 31 期，1929 年 5 月。

涉及政治、思想、学术等领域,宣传革命文学和新文化运动。

1928 年 4 月初,蒋介石为巩固其在国民党的统治地位,再次誓师北伐。4 月 29 日,在青岛登陆的日军第六师团主力沿胶济铁路赶赴济南,而受到内外逼迫的山东省督办张宗昌却于 30 日弃城北逃德州。面对开进山东的北伐军,宋传典怕自己长期依附北洋军阀不能见容于国民党,便逃往天津。归顺到国民党门下的山东省政府以"附逆"之罪下令通缉宋传典,并没收其益都、济南两地 60 万元资产。宋传典一走,加之动荡的时局,私立青岛大学全赖商人捐助维系运转。1929 年 1 月 18 日,校董事会致函胶澳商埠局公署,要求拨给经费。4 月,南京国民政府接管青岛。次月,私立青岛大学的经费完全断绝。面对师生散去大半,学校准备清理资产,在校学生无论入学多久,均按大学结业处理。

1929 年 5 月,私立青岛大学学生上请愿书,要求政府重视青岛大学,在谈及青岛的读书生活时称:"青岛山水环抱,风雅宜人,和风拂拂,夏日无威,温气熏蒸,冬日可爱,此处清秀之区,读书最宜。"[1]学生的请愿无形中为青岛大学的重建提供了民意基础。据悉,私立青岛大学解体不久即成立校友会。抗战胜利后,1946 年 5 月私立青大校友会还组织同学在莱芜路 9 号登记聚会[2],缅怀那段难忘的青岛岁月。

第三节 大革命时期青岛学界的爱国运动

一 邓恩铭等共产党人在学界的革命活动

北洋政府统治青岛时期,正值国内轰轰烈烈的大革命时期。此间,在青岛活动的中共早期领导人王尽美、邓恩铭、李慰农、关向应等都对青岛的学生运动给予重视和指导,其中以邓恩铭在青岛学界的时间最长、影响最深。实际上,邓恩铭是 20 世纪 20 年代青岛学生运动的发起者和领头人。

邓恩铭(1901—1931),又名黄仲云,贵州荔波人,1917 年走出水族山寨,投奔在山东任县官的堂叔黄泽沛,由亲友资助进入济南省立第一中学读书。在五四爱国运动的影响下,邓恩铭积极参加反帝反封建斗争,接受了马克思主义,并结识省立第一师范学生王尽美。王尽美(1898—1925),字灼斋,山东诸城人,出身佃农家庭,较早萌发民主主义思想与救国救民的志向。1918 年,王尽美考入山东省立第一师范学校,受 1919 年五四运动的影响,积极联络同学参加集会、游

---

① 《本校学生会上书市政府请愿书》,载《青大旬刊》第 29 期,1929 年 5 月。
② 《私立青岛大学暨中学部校友公鉴》,载《民言报》1946 年 5 月 1 日。

行。1921年7月，王尽美、邓恩铭代表山东的共产主义小组赴上海出席中国共产党第一次全国代表大会。他们在为民族解放大计思考、探索、奋斗的过程中，逐步从一名进步青年知识分子成长为马克思主义者。1922年1月，他们赴莫斯科参加了共产国际召开的远东各国共产党和民族革命团体第一次代表大会，受到列宁的接见。4月，邓恩铭从苏联回国。此时，由于其堂叔黄泽沛署胶县知事，得此便利，邓恩铭时常往来于济南、胶县之间，为他了解青岛、进而在青岛开展革命活动创造了条件。

1923年4月，邓恩铭受中共济南地方支部委派，赴青岛筹建党、团组织，发展革命力量。此前，中共早期党员王象午、王复元因职业关系相继到青岛，但"疲于职务，无暇作党的活动"①。来到青岛后，邓恩铭暂居原省立一中的教师、时任胶澳商埠公立职业学校校长王在密处。经王在密的引荐，邓恩铭谋得《胶澳日报》副刊编辑一职；后来得胶澳公署学务股科员鲁琛（字佛民）的介绍，任教台东镇小学。② 为了与上级通信联络方便，邓恩铭在进步青年教员丁祝华任教的基督教青年会附设模范小学设立了通信联络点，还借助公立胶澳职业学校与私立胶澳中学共用一处校舍的便利条件，联络进步学生开谈话会，为建团做思想、组织准备。1923年10月19日，邓恩铭在致团中央执行委员会书记刘仁静的信中称："此地学生们好像一幅白纸，着上什么色就是什么色。我现在正努力着色呢，看将来成个什么色？"③不日，邓恩铭再致刘仁静信时说："此间已得同志十余人，想在最近期内把地方组织成立。"11月18日，在团中央特派员王振翼和中共济南地委书记王尽美的主持下，中国社会主义青年团青岛支部成立，邓恩铭任支部书记。团支部共发展10名团员，其中许兴业、郝骏夫、李松舟、李翠之、姜秩东、傅健生、李树伯、张肃甫8人都是胶澳商埠公立职业学校的在校学生。从此，青岛有了以马克思主义为主要倾向的青年政治组织，中国社会主义青年团的英文缩写"S.Y."成为青岛青年怦然心动的符号。

1924年10月26日，中国社会主义青年团青岛地方执行委员会建立，共有团员20人，设4个支部，其中教员延伯真、职校学生梁德元分别担任第二、四支部书记。至12月，由于发展了不少新团员（共有33人），团青岛地委调整为5个支

① 邓恩铭：《关于青岛情形及今后工作意见致仲澥信（1923年9月20日）》，载《邓恩铭文集》第31页，人民出版社，2013。

② 《青岛地方团员调查表》，载中共青岛市委党史资料征委会办公室、青岛市总工会工运史办公室编《青岛党史资料》（内部发行）第2辑第43页，1985。

③ 邓恩铭：《关于青岛拟成立地方团组织及工运等情况致仁静信（1923年10月19日）》，载《邓恩铭文集》第38页，人民出版社，2013。

部。① 1925年2月,根据中共四大的党章规定,中共青岛组改建为中共青岛支部,邓恩铭任书记。3月,青岛团员大会召开,根据团三大的决议,青岛团组织改称"中国共产主义青年团青岛地方执行委员会",邓恩铭在会上做了政治形势报告。事实上,到1925年初春,青岛党、团组织已发展壮大为领导岛城学界开展革命运动的政治核心。

1925年五卅运动前,邓恩铭等在青岛的革命活动主要集中在学界,以介绍和传播革命理论、进行思想发动为主要形式。

1.传阅《中国青年》《向导》等革命书刊与坚持不懈的思想武装

邓恩铭对青岛历经德、日殖民统治造成的民众麻木的现实有着清醒的认识,这在学校和青年学生身上尤为突出。他在几次致团中央领导同志的信中说:"青地学校太少,且均受过奴隶教育。"②青岛地区"自始至终依然是我一人在各方面跑"③。更为困难的是,青岛的舆论界在帝国主义和封建军阀的统治下,"没有一家报馆敢说硬话,传单他们当然不给转载了"④。

面对青岛政治颓废、民情消沉的局面,根据中共早期马克思主义大众化的理论自觉,以新思想、新观念熏陶、鼓动青年一代的革命经验,邓恩铭通过进步报刊向青年学生输入先进的思想。翻阅邓恩铭在青岛的信函可以看到,他多次向团中央索要杂志,积极探索组织传播机制的形成。例如:1923年10月11日邓恩铭在致邓中夏的信中,要求"刊物试寄各十份"⑤。10月19日他再次致信邓中夏索要《先驱》《中国青年》等杂志:"《中国青年》请(寄)五十份来,《先驱》有十份即可,《青年工人》则先寄五十份来。"⑥邓恩铭还在10月19日致刘仁静的信中提出:索要"团刊十份,《中国青年》五十份,《青年工人》一百份"⑦。为保障组织内信息传递的畅通与安全,这些书刊从上海书店和上海民智、泰东书店寄来,汇集到邓恩铭设在青岛基督教青年会附设模范小学的通信联络点。为增强思想政治教育的广泛性和组织文化的生成性,团青岛地委规定:每个同志"都需要负责介绍刊物给非同志看"⑧。1924年1月,邓恩铭委托《胶澳日报》社、启新书店和青岛书店代销,进一步扩大了进步刊物的影响。在设立书刊代销处的同时,邓恩铭等人还着手开办图书馆,书的来源以励新学会的存书、王尽美与邓恩铭及其他同人藏书为基础,"借书给各同志看",以解决进步青年"因经济困难买不起书"这

①　中共青岛市委党史研究室:《中共青岛地方史大事记(1921—1949)》,第43页,中共党史出版社,2006。

②④⑥　中共青岛市委党史研究室:《邓恩铭烈士专集》(内部发行)第337、304、306页,2006。

③⑤⑦　《中国共产党先驱领袖文库·邓恩铭文集》,第68、36、39页,人民出版社,2013。

⑧　《团青岛地委关于宣传工作情况的报告》,载中共青岛市委党史资料征委会办公室、青岛市总工会工运史办公室编《青岛党史资料》(内部发行)第2辑第51页,1985。

一实际问题。① 1925 年上半年，青岛党组织创办《红旗》报，邓恩铭曾是该报的编辑人。无疑，团刊、党刊的传阅，引起了青岛进步知识分子对马克思主义学说的兴趣，为青年学生于苦闷中走上新的出路，进而为国家、民族寻找摆脱愚昧、穷困的光明之路指明了方向。

2.广泛结识学生、组织进步团体与反帝爱国力量的壮大

由于五卅运动前中共领导的青年团组织主要以青年知识分子为发展对象，且青岛深受德、日殖民主义影响群众运动"极难"开展，"非有确实把握，不敢轻举妄动"，②邓恩铭在青岛最先接触的主要是来自胶澳公立职业学校的学生。他借助学生的校际交往，很快便与私立胶澳中学、礼贤中学、文德女中的进步学生及部分小学青年教师建立了联系。据知情者回忆，一些要求进步的学生"都愿意和他接近"③，邓恩铭等首先在青岛学生中赢得了威望。有感于青岛青年"素无联系，更无甚团体"，而"祸国的军阀、腐败的官僚、无耻的政客，万不能希冀他们出来作救国运动"，④在邓恩铭的支持和指导下，1924 年 12 月，团青岛地委在职业学校、胶澳中学、礼贤中学、西镇小学发起成立"新学生社"，参加学生数十人，由职校学生梁德元出任委员长。1925 年 1 月 4 日，青岛新学生社发表宣言，其中谓：

> 我们的宗旨是：一、联络感情；二、研究学术；三、改造社会。
> 我们的口号是：打倒国内军阀！打倒国际帝国主义！⑤

新学生社作为团的外围组织，促进了青岛学生运动力量的壮大。在团青岛地委的鼓动下，"青岛少年学会"也于 1925 年初成立，其成员是小学生，因为他们大都是"无产阶级的子弟"，为造"将来的势力起见，故联络之"。⑥ 1925 年 2 月 10 日，新学生社、少年学会还加入由胶澳教职员联合会领衔，女界联合会、女权运动大联盟、反帝国主义大联盟、非基督教大联盟等社团共同组成的"青岛国民会议促进会"。该会发布宣言，提出"增高教育经费，并保障其基金独立。特

---

① 《团青岛地委关于宣传工作情况的报告》，载中共青岛市委党史资料征委会办公室、青岛市总工会工运史办公室编《青岛党史资料》(内部发行)第 2 辑第 51 页，1985。

② 中共青岛市委党史研究室：《邓恩铭烈士专集》(内部发行)，第 359 页，2006。

③ 中共青岛市委党史资料征委会办公室、青岛市档案馆：《青岛党史资料》(内部发行)，第 1 辑，第 81 页，1987。

④⑤ 《青岛新学生社成立宣言》，载中共青岛市委党史资料征委会办公室、青岛市总工会工运史办公室编《青岛党史资料》(内部发行)第 2 辑第 37、37—38 页，1985。

⑥ 《梁子修关于团青岛地委学生运动情形致季英信》，载中共青岛市委党史研究室编《邓恩铭烈士专集》(内部发行)第 369 页，2006。

种税收,如各国退还庚子赔款、卷烟特税等应定为普及义务教育、平民补习教育、优待小学教员之用"①的主张。

为了唤起民众,邓恩铭利用胶澳公署设立的平民教育委员会,"着手全青岛市的平民教育运动",创办补习学校。1924 年 5 月 13 日,邓恩铭在致邓中夏的信中说:"我们现在很有把握成立几个补习学校。"②无疑,分设在基督教青年会平民教育协进会、万国体育会平民教育部等民间团体读书处,均与青岛党、团组织的积极联络不无关系。1925 年 3 月 18 日,团青岛地委在四方举行巴黎公社诞生 54 周年纪念会,讲解巴黎公社的历史意义和经验教训,到会近 400 名青年学生深受教育。1925 年 12 月,胶澳中学的团员面向社会发起成立"青年励进会",还筹备成立"三民主义学会"。

3.主动同国民党人合作与革命统一阵线的形成

1908 年陈干因震旦公学被查封被迫离开青岛后,青岛的革命党人由于忽视民众的力量,基本处于组织涣散、工作无力的状态。中国政府接收青岛,青岛的革命党人才重整旗鼓,开展活动。1923 年初,国民党山东负责人丁惟汾及王乐平来青创建了国民党外围组织——平民会青岛分会。1923 年邓恩铭来到青岛后,发现丁惟汾、王乐平等正在积极筹建胶澳中学。尽管"'民'不与我合作,凡事把我们除外",但邓恩铭主动接触他们;尤其是通过 1922 年一道赴莫斯科参加远东各国共产党和民族革命团体第一次代表大会的王乐平,积极在胶澳中学培育革命力量。1923 年 12 月,邓恩铭在致刘仁静的信中说:"胶澳中学已确定明春招生,我向乐平介绍同志充教员,他已应允。"③

由于反对日本帝国主义和北洋军阀共同敌人的需要,国、共两党革命家在青岛这一产业工人密集的城市搭建起奋斗的舞台。在王尽美、邓恩铭的努力下,1925 年 1 月青岛国民会议促成会成立,邓恩铭与鲁佛民、林礼周、任子中、蔡自声、延伯真、刘次箫、李开良等 15 人当选执行委员。国、共两党第一次成功合作的实践,共同推动着青岛革命斗争进入第一次高潮。1924 年下半年,邓恩铭联络国民党青岛市党部负责人鲁佛民筹资,从上海书店、上海民智书店购进《向导》《中国青年》《唯物史观解说》《共产主义初步》《三民主义》《建国方略》等书刊,通过青岛最大的书店——中华书局代为销售。1925 年 2 月,在鲁佛民的协助下,邓恩铭邀请淄川小学教师、共产党员赵豫璋来到青岛,任教四方三育小学,

---

①　《青岛国民会议促进会宣言》,载《民国日报》1925 年 2 月 10 日。

②　中共青岛市委党史资料征委会办公室、青岛市档案馆:《青岛党史资料》(内部发行),第 1 辑,第 49 页,1987。

③　《邓恩铭关于与派关系办书店等事致仁静信》,载中共青岛市委党史研究室编《王尽美烈士专集》(内部发行)第 302 页,2005。

该校成为中共组织的重要活动地点。

1925 年 4 月 10 日，中共青岛支部与胶澳中学的国民党人，联络各团体，联合举行青岛市民追悼孙中山逝世大会，"各校学生皆到会场"①，新学生社在会上散发了传单。11 日，《中国青岛报》发表《青岛新学生社为孙中山先生逝世敬告青岛青年学生》一文，大声疾呼：

> 亲爱的全国被压迫的青年同学们，尤起[其]是青岛的青年同学们，中山先生对于我们多么有望、多么推重。在我们应如何起来奋斗，把救国的担子担在我们的肩上，使这半殖民地的中国转危为安，方不负先生之望。岂好日日只知读死书，寻私自之快乐，推国事于不顾呢？②

文章最后喊出了"打倒帝国主意[义]！推翻军阀！""中山先生虽死，而他的主义与精神不绝！""全中国被压迫的青年学生团结一致奋斗万岁！"的口号。青岛国、共两党的合作，对青岛革命高潮的到来起到了推动和加速的作用。邓恩铭在国共合作一系列公开半公开的大会和集会中，积极争取上层人物参加，如新闻界青岛《公民报》主笔胡信之、学界的小学校长鄮文翰及济众医院院长李子坡等人，从而壮大了统一战线的阵营。

二　1925 年青岛惨案及后期的学生运动

经历了 1923—1924 年中共介入青岛学生运动并成为主导力量，1925 年初，在中共青岛地方组织的指导下，领导工人运动的工会宣告成立。由此，声势浩大的学生运动与波澜壮阔的工人运动结合在一起。

1925 年 4 月 19 日，因青岛日商大康纱厂厂主未能接受工会提出的包括承认工会为工人之正式代表、增加工资、取消押薪制、工伤工资照发、延长吃饭时间、不得打骂工人、保护女工及童工等要求，5000 名工人举行了罢工。在邓恩铭的领导下，到 4 月底形成了青岛第一次同盟大罢工，罢工工人达到 1.8 万人。后在青岛商会和日本领事馆的调停下，劳资双方签订复工协议，工人提出的主要条件基本得到满足。工人复工后，日本厂主却开除了 51 名罢工骨干分子，并向胶澳公署施压，要求取缔工会。5 月 4 日，邓恩铭在泰山路 13 号住所被日本厂主勾

---

① 《团青岛地委关于学运情况的报告》，载中共青岛市委党史资料征委会办公室、青岛市总工会工运史办公室编《青岛党史资料》(内部发行)第 2 辑第 47 页，1985。
② 《青岛新学生社为孙中山先生逝世敬告青岛青年学生》，载中共青岛市委党史资料征委会办公室、青岛市总工会工运史办公室编《青岛党史资料》(内部发行)第 2 辑第 212 页，1985。

结青岛警察局以鼓动工潮首领之名拘捕,11 日被驱逐出青岛。邓恩铭被捕后,中共山东地委派李慰农来青岛领导党的工作。李慰农(1895—1925),原名李尔珍,安徽巢湖人,1922 年旅法勤工俭学时加入中国共产党。1925 年 5 月李慰农甫一到青岛,就面临极其严峻的斗争形势。5 月 25 日,大康、内外棉等几大纱厂工人举行第二次同盟大罢工。日本政府立即向北洋政府发出照会,同时日本军舰开进胶州湾。5 月 29 日凌晨,山东省督办张宗昌指使胶澳督办温树德,出动军警 2000 余人,对罢工工人进行血腥镇压,当场打死工人 8 人,重伤 10 余人,轻伤无数,逮捕 75 人,制造了震惊全国的"青岛惨案"。

　　"青岛惨案"事发当晚,私立青岛大学学生自治会召开全体学生大会,宣布罢课,声援青岛工人的罢工斗争。[①] 次日,英国巡捕在上海射杀示威学生与工人,酿成举世震惊的"五卅惨案"。"青沪惨案"成为引发全国反帝斗争的导火索,青岛各界民众在国共合作、共产党人直接领导下,掀起了五卅民族主义运动的浪潮。6 月初,邓恩铭秘密潜回青岛,与李慰农一起组织胶济铁路总工会沪青后援会,领导青岛的五卅反帝运动。

　　事实上,声援"青沪惨案"的生力军是青岛学界,尤以在校学生最主动、最积极,折射出知识分子早期的政治自觉。

　　1925 年 6 月 8 日,青岛学界成立"沪案后援会"。午后,各校"学生代表齐集青岛大学开会",宣布 9 日"一律罢课",以"全体罢课的行动,促引国人醒悟"。[②] 私立青岛大学特意印发了《罢课特刊》,私立青岛中学、胶澳中学及礼贤、文德中学学生编印了罢课宣言。鉴于"遍于全国"的五卅爱国运动,6 月 9 日午后,青岛各校教职员在私立青岛大学礼堂召开会议,宣布成立"胶澳商埠各校教职员沪案后援会","到会一百余人,公推青大主任林济青主席"。会议认为,青岛学生"对于此种表示爱国之行动,先未曾有",于情于理"难对于学生不加许可",决意"冀合官厅、学生一致对外"。[③] 青岛教职员支持和保护学生的态度,无形中激励了青岛学生的爱国行动,也成为青岛反帝爱国运动的有机组成部分。

　　6 月 11 日,青岛学界举行了声势浩大的游行示威活动。据报载,"青大、职业、青中、胶东、礼贤、文德、圣功、模范、女职以及各两级小学等"[④]共计 20 余所学校、5000 余名学生臂缠黑布,手持白旗,上书"援助沪潮""誓死力争""唤醒同

---

　　① 中共青岛市委党史研究室:《中共青岛地方史大事记(1921—1949)》,第 59 页,中共党史出版社,2006。

　　② 《五卅运动在青岛(节录)》,载青岛市总工会、青岛市档案馆编《青岛工运史料(1921—1927)》(内部发行)第 201 页,1985。

　　③ 《青岛学界援沪之激昂》,载《平民日报》1925 年 6 月 12 日。

　　④ 《青岛数千学生游行大运动》,载《益世报》1925 年 6 月 11 日。

胞""抵制日货"等标语,高呼"打倒帝国主义!""收回租界!""惩办凶手!""释放被捕工人!"等口号,并通电段祺瑞政府向英、日两国政府提出抗议。"凡所过处,行人驻足,交通断绝,来往车辆,一概停止。"①6月13日,青岛各校学生组成讲演团,"或十人一组,或五人一组……在市街往来演讲……听讲者,人如云集",讲演词中"最恳切的语言"有"中国学生,以青岛学生为最死;而中国工商同胞,以青岛工商为尤死"等句。②

6月16日,青岛学界及各团体齐集齐燕会馆召开市民雪耻大会,参加大会的学校有"青大、青中、职业学校、礼贤中学、西镇小学、明德中学、圣功女学、三江小学、公立女子小学、胶澳中学、公立小学、东镇小学、尚德小学、挪庄小学、文德女子中学、女子职业学校、模范小学等十七学校"③。午后示威大游行的队伍由"学生大队领先",有"六七千人",至"午后三时许……结束"。④ 6月17日,青岛学生联合会、胶济铁路总工会、青岛总商会、市民自治促进会、市农会等36个团体代表在礼贤中学礼堂开会,成立"青岛各界后援联合会",青岛观象台宋国模、职校学生李莘分别当选正、副会长,学生许兴业当选纠察团团长,⑤会议还通过了"抵制英日货"决议。6月18日晚,青岛50名学生搭乘夜车到沧口等处,"分头募捐,援助沪案"。

6月30日是"五卅惨案"周月。是日上午10时,青岛各界40余个团体、3万余人在齐燕会馆举行青沪汉粤死难同胞追悼会,声讨帝国主义的罪行。会议由学界代表鄞文翰主持,《公民报》主笔胡信之宣读祭文,女子职业学校学生唱起了追悼歌。会后,各群众团体举行了请愿游行,游行队伍"小学在先,各团体随后"⑥。即日青岛各商家均歇业一天,并下半旗志哀。围绕"五卅惨案",青岛以学生为先行者的声援活动引起全国学界的关注,北京大学和清华大学两校派代表专程来到青岛,"调查四方工潮惨案情形"⑦。7月11日,胶济铁路总工会、青岛学生联合会和教员联谊会发起成立青岛市各界外交促进会,青岛观象台宋国模、公立职业学校学生李莘被推选为正、副委员长。

7月23日,四方日商大康纱厂12岁李姓童工惨遭日本监工痛打重伤,在中

---

① 《青岛人士援助沪案之热烈》,载《申报》1925年6月16日。

② 《青岛学生之讲演》,载《平民日报》1925年6月15日。

③ 《青岛之市民大会》,载《申报》1925年6月20日。

④ 《五卅运动在青岛(节录)》,载青岛市总工会、青岛市档案馆《青岛工运史料(1921—1927)》(内部发行)第202页,1985。

⑤ 李莘:《"五卅"运动与胶澳商埠公立职业学校》,载青岛市政协文史资料委员会编《青岛文史撷英》文教卫体卷第141页,新华出版社,2001。

⑥ 《各界援助五卅惨案》,载《民国日报》1925年7月4日。

⑦ 《青岛市民拟开追悼会》,载《新闻报》1925年6月30日。

共青岛地方支部的领导下,几个纱厂近 4000 工人发起第三次同盟大罢工。张宗昌在济南获悉后,于 25 日匆忙赶到青岛。26 日晨,反动军警开赴四方工厂区,包围大康、内外棉、隆兴三纱厂及工人宿舍,大肆搜捕,两日内共捕去国、共两党党员及工人、学生、各界爱国人士数十人。7 月 26 日夜,李慰农在小鲍岛布置应变工作返回四方村市委机关时,不幸被捕。与此同时,反动军阀封闭青岛《公民报》,逮捕主笔胡信之,通缉邓恩铭、傅书堂、郭恒祥等 60 余人。29 日,李慰农和胡信之在团岛被枪杀。8 月 19 日,王尽美因长期忘我工作和艰苦生活罹患肺结核不治,在青岛逝世。11 月 7 日,中共山东地委被破获,邓恩铭等 8 人被捕。同时,山东各地的工会和爱国团体遭查封解散,青岛乃至山东学生、工人运动及民众革命斗争落入低潮。

五卅运动这场由外来侵略势力野蛮剥削和残酷压榨引发的反帝爱国运动,其深刻意义在于极大地锻炼了爱国青年学生,同时也推动了国内、国际反帝运动的深入开展。客观地说,青岛学界由于对责任与使命的自我体认,一直走在运动的前列,其中罗荣桓、彭明晶、张沈川等先进知识青年由此走上了寻求真理的革命之路,由在校学生转变成坚不可摧的反帝先锋。外国有研究者认为,由于青岛的华商团体以经济利益为先,"排英亲日"和"排英排日"两派互不统一,全市性罢市未见实现。① 实际上,青岛工人阶级的革命觉悟是随着运动的广泛深入开展、工会组织的崛起而发展的,由青岛工人发起的三次同盟大罢工,一次获胜,两次受挫,以其英勇的斗争精神与巨大的代价成为中国现代革命史和工人运动史上重大的政治事件。1925 年 10 月,中共山东省委在一份报告中明确指出:青岛在罢工"策略上有种种幼稚的错误"②。

在日益严重的白色恐怖之下,1925 年 11 月,关向应受团中央委派,化名郑勤来到青岛。关向应(1902—1946),辽宁大连人,1922 年进入东北《泰东日报》社,开始了解俄国十月革命的情况,接受马列主义思想;1924 年赴苏联莫斯科东方劳动者共产主义大学学习,1925 年 1 月加入中国共产党,五卅运动后回国。关向应来到青岛后,以青岛育英小学等地为基点,积极开展革命工作。12 月,关向应在致团中央汇报青岛团组织的一封书信中提及,青岛共有 4 个团支部、团员34 名(其中学生 7 名),新加入 22 名,开除 8 名。③ 为了扩大进步青年的力量,团

① (日本)横滨正金银行调查课:《五卅事件与排货运动》,载青岛市总工会、青岛市档案馆编《青岛工运史料(1921—1927)》(内部发行)第 204 页,1985。

② 《山东报告议决案(节录)》,载中共青岛市委党史资料征委会办公室、青岛市总工会工运史办公室编《青岛党史资料》(内部发行)第 2 辑第 74 页,1985。

③ 《关向应致曾延的三封信》,载中共青岛市委党史资料征委会办公室、青岛市总工会工运史办公室编《青岛党史资料》(内部发行)第 2 辑第 76 页,1985。

青岛地委在确定 1926 年的组织工作计划时,要求胶澳中学团支部"当注意本机关的发展,同时更当向其他学校去活动,使各学校都有我们的组织",但在发展国民党人控制学校的"知识分子时,当特别慎重"。[1]

1926 年 2 月,因工贼告密,青岛党、团组织遭到破坏,6 人被捕,关向应被通缉。1926 年 3 月,共青团青岛地委在一份工作总结报告中认识到"此地工作最大缺点是未能做到在行动上训练同志的工作",各处"无有力分子负责",致使"主观力量确已落在工作之后,并相差太远"。[2]原先拥有 5 名团员的胶澳中学团支部,在 1926 年初开除了 2 名团员,由于寒假 2 名团员辍学,"学生同志太少",结果"只能成立临时支部"。私立青岛大学的青年学生也未能始终发挥先锋作用,他们一方面畏于反动当局的武力镇压,另一方面"顾忌"学校的安危,生怕"若起风潮,恐被官厅解散"。[3]

经历了 1926 年 2 月的变故,3 月 21 日,共青团青岛地委再次"改组",关向应当选书记;4 月又发展了 27 名团员,团员数量增加到 83 人。为"力免五卅前小团体的研究性质",团青岛地委决定"联络小学教员"开展"农运"工作,并酝酿在李村师范传习所"发展组织"。[4] 事实上,五卅运动前后全国共青团组织普遍存在过分追求团员人数的倾向,一些地方的团支部有名无实,团员缺乏有效的训练,这为共青团的"布尔什维克化"带来了巨大压力。

鉴于形势险恶,1926 年青岛共青团的活动处于秘密状态。团青岛地委纪念五一的活动只是在"树林中开的会,到会者共七人";纪念五四的会议则未能"召集非同学开会"。关向应等印发的一份宣言传单,除胶澳中学和青岛医学院由"同志分散外",分发私立青岛大学、胶济铁路中学及礼贤、胶东中学的传单"皆由信封寄去"。[5] 1926 年 6 月,罗荣桓从私立青岛大学预科结业。不久,关向应也调离青岛赴济南工作。此后,青岛党、团组织的重心转向农运工作。

---

①②③ 中共青岛市委党史资料征委会办公室、青岛市总工会工运史办公室:《青岛党史资料》(内部发行),第 2 辑,第 78、96、99 页,1985。

④ 《团青岛地委关于地委改组及农运工作情况报告》,载中共青岛市委党史资料征委会办公室、青岛市总工会工运史办公室编《青岛党史资料》(内部发行)第 2 辑第 89—90 页,1985。

⑤ 《团青岛地委关于纪念"五一"等活动情况的报告》,载中共青岛市委党史资料征委会办公室、青岛市总工会工运史办公室编《青岛党史资料》(内部发行)第 2 辑第 104 页,1985。

第五章　南京国民政府前期

（1929 年 4 月—1937 年 12 月）

1927 年南京国民政府成立后，在蒋介石统一军政、实施训政、建立独裁统治的背景下，青岛教育围绕塑造"党国之民"，达到训政理念所预期的效果，建立了集权统一的教育行政管理规制。小学教育从整顿私塾做起，发展成为义务教育"二部制"模式；公办中等教育迅速壮大，办学规模明显超过了外国教会的私立中学；以工厂劳工学校为特征的青岛职业技术教育闻名国内外；民众教育逐步规模化，积累了丰富的社会教育经验；国立青岛/山东大学的成立提升了城市教育的品质；教育视导与督学制度强化了行政当局的监督机制。但是，在国民党"党化"方针规制下的教育训导，大大影响了"儿童本位"课程与教学体系的建立，也在很大程度上削减了市长沈鸿烈和教育局长雷法章在民国青岛教育史上的伟业。客观地说，至 1937 年 12 月沈鸿烈实施"焦土抗战"撤离青岛之前，青岛教育伴随着城市行进的脚步，在挣脱德、日殖民主义和北洋政府统治残余，发展教育事业的进程中，取得了值得肯定的业绩，在青岛教育发展史乃至南京国民政府前期中国城市教育史上具有一定的地位。南京政府教育部专员郭有守在《视察青岛市教育报告》中曾给出一个概括性的评价："教育经费岁有增加，各项教育事业发展尚速。"[①]

第一节　趋于定型的教育行政体制及经费划拨机制

一　雷法章与集权统一的教育管理制度

在 1931 年 12 月沈鸿烈就任青岛市长前，青岛市教育行政机构经历了特别

---

① 郭有守:《视察青岛市教育报告》，第 1 页，教育部训令第 3531 号，1934。

市教育局、社会局第三科、市教育局等体制性更变。1932 年 2 月雷法章就任青岛市教育局局长后，渐次完善的教育行政机构为青岛教育事业的发展提供了规范、有序、高效的组织保障。

1929 年 4 月 16 日，南京国民政府接收青岛，改"胶澳商埠局"为"青岛接收专员公署"。20 日，国民政府确定青岛市为特别市，隶行政院直辖，率部接管青岛的宪兵司令吴思豫就任国民党青岛特别市党部指导委员兼青岛特别市代市长，邓傅任教育局局长。吴思豫的行政权柄仅握了两个月，6 月 28 日马福祥被任命为青岛特别市市长，但因军务迟至 11 月 11 日才到任视事。此间，8 月 2 日赵正平任教育局代理局长。赵正平（1877—1945），字厚生，江苏宝山（今属上海）人，早年留学日本，加入同盟会，辛亥革命后历任临时政府兵站总监部参谋长、江苏省都督府参谋长；1918 年任暨南公学校长，1928 年任北平特别市社会局局长。1929 年 8 月 6 日青岛特别市政府会议通过的教育局暂行组织细则规定：教育局设立三科"分掌各项事务"，其中第一科掌理总务，下设文书、会计、出纳、审计、庶务五股；第二科掌理学校教育，下设教育行政、学校教育设计二股；第三科掌理社会教育，下设计划设施、指导监督二股；另设编辑与督学职务，编辑专任教育期刊编辑及宣传工作，督学承局长之命视察并指导全市教育。[①] 这是南京国民政府时期第一个关于青岛教育行政工作的组织机构职能规定。为"谋教育行政便利起见"，胶澳商埠时期设立的学校校董改为学务委员会，并规定：乡区学务委员由特别市教育局延聘乡区公安分局局长（或巡长或办事员）充任，村学务委员由各村庄"遴选地方公正人士充任"[②]。

1930 年 3 月 10 日马福祥离任，葛敬恩就职。在葛"以廉洁刻苦、严整规律、自动奋发三要点训勉僚属"及其整治下，青岛特别市教育局归并于社会局，成为社会局第三科，赵正平辞职，杨津生"兼代"[③]。不过，这一撤局销名的行动不及 4 个月，当年 7 月复改为教育局，由政府参事韩安（字竹坪）任教育局局长。复改后的教育局内设两个科及督学室，行政职能几被弱化。1930 年 9 月 4 日，胡若愚任青岛特别市市长。9 月 15 日，青岛特别市政府改为青岛市政府，胡若愚改任青岛市市长。9 月 24 日，徐崇钦任青岛市教育局局长，26 日到任视事。[④] 徐崇

---

① 《青岛特别市市政府教育局暂行组织细则》，载《青岛教育》第 1 期，1929 年 9 月 20 日。

② 《工作概况》，载《青岛教育》1931 年 1 月。1931 年 1 月 17 日，《青岛市教育局任用乡区学务委员简章》呈奉市政府核准，以第三一七号指令公布实施。

③ 《关于教育局代理局长赵正平辞职遗缺派杨津生兼代的训令（1930 年 3 月 14 日）》，存青岛市档案馆，档号：B0027-004-00049-0018。

④ 《关于汇报青岛市教育局局长徐崇钦到局视事日期并检送履历的函》，存青岛市档案馆，档号：B0027-006-09000-0108。

钦(1878—1957),字敬侯,江苏昆山人,早年留学美国,获耶鲁大学经济学硕士学位;1902 年回国先后任教上海南洋公学、唐山交通大学、京师大学堂、译学馆,1916 年任北京大学预科学长。为加强教育行政管理,1931 年 1 月经第七十二次市政会议通过的《青岛市教育局暂行组织细则》发布,规定教育局设局长一名,设两科一处(督学处):第一科职掌文书、总务、特殊教育、社会教育等事务;第二科职掌学校教育事务。5 月 1 日,青岛市政府以第三一五四号指令核准青岛市教育局办事细则,凡 5 章 17 条。总的来看,1929—1931 年青岛教育行政制度是北洋政府向南京政府体制转轨的过渡阶段,具有搜罗、规整、奠基的性质。由于行政主官更换较频,机构几度改组,人员额设无多,行政效能极为有限。比较几任教育局长的业绩可以看到,邓傅虽然意识到"教育行政为市政之最要部分",因此"一切设施皆须有组织、系统、方法",①但有时连局务会议也不主持;赵正平比较勤政,但也有"政权行使之不能健全有以致之"②的现象;徐崇钦的管理也较松散,除每星期五举行一次"常会"和必要的临时会议,一般事项直接由主管科室"签请核办"。③

　　1931 年 12 月 16 日胡若愚离任,率舰南下的东北海军副总司令沈鸿烈被任命为青岛市代理市长,次年 1 月正式就任市长。沈鸿烈(1882—1969),字成章,湖北天门人,1900 年中秀才,遂执教于府学;1904 年入武备学堂,后参加湖北新军,1905 年春公费赴日本海军兵校学习,同年加入同盟会;1911 年回国,参与创建东北海军,官至东北海军副总司令。沈鸿烈主政青岛,"持政教合一之主张,即以为教育万能,非政治为其后盾,不能推进;政治虽收效于一时,但非教育为之培养,不能完成其功用。是二者不可分离,合之则能相得而益彰也"④。1932 年 1 月 21 日,徐崇钦辞职,2 月 20 日雷法章接任教育局局长职。⑤ 雷法章(1903—1988),湖北汉川人,因家清寒幼年失学,读武昌教会学校,受洗为基督教徒;1923 年受聘安徽芜湖圣雅各布高中英文教员,次年北上天津,因长期服务于南开中学,深得张伯苓之器重。沈鸿烈闻雷法章贤能,遂延揽至青岛,并委以市教育行政主官。自此至 1937 年底,雷法章始终怀着对张伯苓和沈鸿烈的感恩之心,悉力以赴,绩效斐然。雷法章讲求行政上的"整齐划一"和教育内外"打成一片",办事雷厉风行,管理严格精致,成就了他本人与民国前期青岛教育的共同荣光。

　　①　邓傅:《发刊词》,载《教育局半月刊》第 1 期,1929 年 6 月。

　　②　吴秉衡:《青岛教育的过程》,载《青岛教育》第 1 期,1929 年 9 月。

　　③　《工作概况》,载《青岛教育》第 3—4 页,1931 年 1 月。

　　④　《沈(鸿烈)市长在图书馆博物馆年会联合演辞——青岛市政建设概况》,载《青岛教育》第 4 卷第 4 期,1936 年 10 月。

　　⑤　《关于局长雷法章就职日期的公函》,存青岛市档案馆,档号:B0031-001-00093-0206。

1.整齐划一与保证教育事业方针、目标、办法的一致性

针对民国青岛教育事业发展的实际，雷法章强调"整齐划一的精神"，并提出这"是团结力量的表现，是一切事业改进的基础。没有这种精神，则不足以言统制，不足以言合作"①。为此，他一方面"划一组织系统"，由教育局制定各级学校组织纲要，各校均按划一标准组织教学、训导事务；另一方面"划一表册规章"，改变各行其是的弊端。

自1932年起，雷法章建立了教育局年度行政计划制度，从量的增加和质的改进两个方面提出具体的工作要求。1933年5月，雷法章恢复了《青岛教育》月刊，利用这个公开发行的刊物，主要刊登公牍文件、法规制度、局长训话、工作报告、活动综述、校历纪事等公文。例如：刊登在《青岛教育》第一卷第六期的《民国二十二年教育行政计划》，足足占了29个页码。为使年度行政计划落到实处，雷法章又于1933年实行每周工作书面报告制度。例如：1934年1月《第二一〇次纪念周教育局重要工作报告》分学校教育和社会教育两个部分，学校教育部分又有召开第十次乡区小学校长会议、筹设二部制小学、私立振华小学核准立案、接管李村等水源地工人子弟小学、令发修正中学生毕业会考规程及会考委员会规程、令行各校催送本学期内应行呈报表件、改良冬季煤炭购买办法、调查市私立各级学校学生年龄、验收乡区新建校舍和视察学校之统计10项内容。1933年，雷法章为全市城乡小学制定了统一的《小学校日志》和《小学校教室日志》，1934年规定全市小学教员实行"级任制"，每班编制比例为高级小学1.5人、初级小学1.25人。

雷法章的精致体现在每一个管理环节的准确到位。1935年"华北事变"前后，为应对国难，青岛市教育局自1935年度第二学期起在中学各校普遍成立"励进会"，为纠正部分师生存在的"隔阂之弊"，雷法章提出由"师生共同组织参加活动"，将学校各种活动"悉数纳于该会范围内"。"一二·九"运动后，教育局决定自1936年起"施行全市统一之计划"，包括进行程序、活动种类、考查方法等"悉由本局规定"。②

当然，雷法章的"整齐划一"并非无原则的强调一律，而具有合理、适宜的弹性。例如：中小学校历的编制则在统一中考虑到中学与小学、市区学校与乡区学校、民国公历纪年与农村春节习俗等因素。以1936—1937学年度的校历（表5-1）为例：第一学期，青岛市区小学自1936年9月3日始至1937年2月19日止，共计169天，小学生在校时间比中学生的165天多了4天；第二学期，中学校

---

① 雷法章：《青岛市教育的特质》，载《青岛教育》第3卷第8期，1936年2月。
② 《青岛市教育局二十五年度行政计划》，载《青岛教育》第4卷第1期，1936年7月。

表 5-1　1936—1937 学年度青岛市中小学校历

日　期	星期	内　容
1936 年 9 月 3 日	星期四	市区小学暑假终了,举行始业式,开始上课
1936 年 9 月 7 日	星期一	中学校暑假终了,举行始业式,开始上课
1937 年 1 月 1 日	星期五	中小学年假开始
1937 年 1 月 3 日	星期日	中小学年假终了
1937 年 1 月 4 日	星期一	中小学开始上课
1937 年 2 月 6 日(腊月二十五日)	星期六	中小学寒假开始
1937 年 2 月 19 日(正月初九)	星期五	中学及市区小学寒假终了
1937 年 2 月 20 日(正月初十)	星期六	中学及市区小学举行始业式,开始上课
1937 年 2 月 26 日(正月十六日)	星期五	乡区小学寒假终了
1937 年 2 月 27 日(正月十七日)	星期六	乡区小学举行始业式,开始上课
1937 年 4 月 16 日	星期五	中学及市区小学春假开始
1937 年 4 月 25 日	星期日	中学及市区小学春假终了
1937 年 4 月 26 日	星期一	中学及市区小学开始上课
1937 年 7 月 15 日	星期四	中学暑假开始
1937 年 7 月 18 日	星期日	市区小学暑假开始

附注	1.本市中小学寒假自 2 月 6 日开始,含乡区小学一律举放; 2.乡区小学不放春假,已提前并入寒假(2 月 6 日—26 日)之内; 3.乡区小学不放暑假,得于春、秋两季行间隔之秋假和麦假。其假期规定:秋假 25 天,麦假 15 天,起讫日期由教育局就各区农业状况临时确定,通饬施行。

资料来源:《青岛市二十五年中小学校历》,载《青岛教育》第 4 卷第 1 期,1936 年 7 月。

历自 1937 年 2 月 20 日起至 7 月 15 日止,共计 156 天,比市区小学的 160 天少了 4 天。可见,南京政府前期青岛中学生的上课时数明显少于小学生。另外,乡区小学不放暑假的规定,明显受旧时私塾的传统影响,40 天的秋假和麦假,与市区小学的上课时数相差无几。

2.打成一片与消除学校隔阂、弥合社会家庭的裂隙

为求得教育行政工作"治臻上理",行政官员能"因应得宜",雷法章自 1932 年起建立了全市中小学校长会议制度,每两个月举行一次会议,分中学、市区小学和乡区小学三个组别,便于"宣布各种重要行政方案,讨论学校具体问题,报告各种改进要点"①,共同集议,统一步调,共策施行。例如:1934 年 1 月 18 日雷法

①《改进学校行政事项》,载《青岛教育概览》第 21 页,1934。

章召开第十次中学校长会议，就抽查中学生学科成绩、各校教学研究会的组织、每月学校报告、校长视察教学制度等四项议案形成决议，由"本局令行各校遵办"①。又如，1935年10月7日下午雷法章在民众教育馆主持召开的第十七次乡区小学校长会议，"对于本年度办学方针、推进义（务）教（育）职责与民众教育实施各点，指示详尽。此外讨论要案一件，规定各区视导讲演日期，至六时始告散会"②。

为形成教育合力，密切教育机构与社会组织的关系，雷法章要求"所有一切学校行政，使村民充分明了，庶几能推行尽力，不致有所隔阂"③。1931—1933年，青岛市教育局在编职员27人④，1934年增为41人，但"实际局内仅有35人"，数人派赴乡区办事处"常川驻处，视导乡区教学"⑤。雷法章在扩大教育局职能的同时，也拓展了教育的范围和功能。他说：

> 至于教育之范围颇广，现在且举几种重要的来说：
>
> （一）健康教育——使人民注重卫生，讲究体育，锻炼身体以增加体力，增进自卫的能力。
>
> （二）科学教育——讲授科学方法，破除迷信，启发新的知识，改良生产，防除灾害，以增进人民生产的能力。
>
> （三）公民教育——是教人民讲道德，守纪律，有组织，能团结，能爱群，爱国家，以维持民族的生存。
>
> 以上三种，健康教育是教人民强健，科学教育是教人民富足，公民教育是教人民为公。这些是教育的伟大功效，能就人民的"贫""弱""私"，将中国贫苦、愚弱、自私的国民，来改造成为富强、有知识的国民，以复兴民族，复兴中国，挽救目前的国难。⑥

雷法章认为，村镇长、学委"都是推进乡村教育的中坚分子"，如果村民对学校的管理要求"有误会之处"，村镇长和学委"须站在学校一方面"，"向村民解释，使不致发生不良印象"⑦。1936年4月28日，教育部政务次长段锡朋抵青视察，雷法章前往旅社谒见，并陪同视察太平路小学、市立女中、市立中学、体育场等设施，段锡朋对"青岛教育设施及学校办理方针与成绩，颇表赞许"。

---

① 《青岛市教育局第二一四次纪念周报告》，载《青岛教育》第1卷第9期，1934年2月。
② 《青岛市政府第二九六次纪念周本局重要工作报告》，载《青岛教育》第3卷第6期，1935年12月。
③⑥⑦ 《雷（法章）局长对于四沧区村镇长训练班之训话》，载《青岛教育》第4卷第4期，1936年10月。
④ 郭有守：《视察青岛市教育报告》，第3页，教育部训令第3531号，1934。
⑤ 雷法章：《〈青岛教育概览〉总说明》，载《青岛教育概览》第4页，1934。

二 从30万元的"假定标准"到相当比例的教育投入

教育经费是教育事业赖以生存和发展的基本物质条件,制约着教育的建设规模和发展走向。南京政府前期青岛教育的发展进步,很大程度上得益于经费的支撑,青岛市教育局自称"胥未受经济之阻力"①。1934年,教育局在向社会公众提交的一份概要性文件中声称:教育经费"使用时能按政府整个教育计划分配,绝无畸重畸轻之弊,且能按月拨发,尚无拖欠情形"②。

1.沈鸿烈的教育热心与逐年增长的教育经费

1929年,南京国民政府接管青岛的当年,便"以最近数年来青岛教育事业的过去种种做教训,参着合于现代需要的种种做蓝本",编制了一个30万元的"假定标准"。不过,这个"尚不足青岛全市一年总收入的十分之一"的教育预算数字,经市政会议议决缩减为271917元,尽管如此,也比北洋政府最后预算年(1928年)的教育经费增长了10万元,增幅超过35%。其中,小学教育费预算149201元,比1928年增长22469元;中学教育费预算33360元,增长13000元;"略有增加"的对私立学校的补助费预算为12080元。教育行政费开支占16.28%,为44256元。南京国民政府接管伊始就呈现出一个"绝对公开的"、且"缺点是非常多的"教育预算案。③ 此后,由于"市政当局注重教育事业之发展,故经费预算年有增加"④。详见表5-2。用沈鸿烈的话说,从任职青岛时的年40余万元到1935年近80万元,"本年度(1936年)将及百万元"⑤。

表5-2 1929—1937年青岛市教育费总支出一览表

单位:元

年 份	1929	1930	1931	1932	1933	1934	1935	1936	1937
青岛市统计数字	271917	434854	471840	563562	744463	785547	773208	979699	未统计
教育部概算数字	—	365096	415794	507395	699837	712886	不详	不详	不详

资料来源:青岛市统计数字来自1934年《〈青岛教育概览〉总说明》和《青岛市政要览·教育》(1937年6月)。教育部的数字详见《民国十九年至二十三年各省市教育经费概况》,载《中华民国史档案资料汇编》第5辑第1编教育(一)第116—117页,凤凰出版社,2010。

① 《二十二年教育工作纪要》,载《青岛教育》第1卷第8期,1934年1月。

②④ 雷法章:《〈青岛教育概览〉总说明》,载《青岛教育概览》第3页,1934。

③ 钟俊:《编制十八年度青岛教育费预算案之要旨》,载《青岛教育》第1期,1929年9月。

⑤ 《沈(鸿烈)市长在图书馆博物馆年会联合演辞——青岛市政建设概况》,载《青岛教育》第4卷第4期,1936年10月。

据资料显示,1930 年和 1931 年青岛教育经费均有不同程度的增长,1930 年仅公办中小学的经常费和临时费就达 315504 元。[①] 1933 年全市教育经费概算数为 699837 元,实际支出 744463 元。1934 年全市教育经常费支出 637826 元,临时费支出 37411 元,此外追加建筑校舍补助费及其他各种临时费 110310 元。根据雷法章的计算,1934 年比 1931 年增长了 63.62%。[②] 1936 年夏,沈鸿烈在青岛召开的一次全国性会议上谈及教育经费投入时表述了一个教育经费占财政支出 1/3 的概数:

> 以本市收入五百六十余万元而论,除去海军协饷及警饷而外,所剩行政费不过三百万,而教育经费已占三分之一。此可知本市注重教育之情形也。[③]

沈鸿烈的"三分之一"说,与是年 5 月国民政府立法院通过的《中华民国宪法草案》(也称"五五宪草")要求省区及县市教育经费占预算总额的 30% 十分吻合。不过,雷法章对 1935 年的教育经费投入与全市财政总量的比例另有算法:"按全市收入不过五百五十余万元,教育经费为八十万元,约占七分之一。换一句话说,就是市政上花七块钱,内中的一块钱是用在教育上。"[④]显然,教育局长与市长打的不是同一个算盘。值得注意的是,不论沈"三分之一"的说法,还是雷"七分之一"的算法,青岛市政当局办教育舍得投入是显而易见的。当然,青岛教育经费虽逐年增长,但也存在额度不均衡、比例失调等问题。1934 年教育部专员郭有守视察青岛时发现,政府投入教育的最大问题是教育经费未能独立,其理由是"教育经费随市库之盈绌为转移,事业基础究易动摇耳"[⑤]。教育经费独立是"教育独立"思潮的产物,1929 年山东曾计划以全省漕米收入 221.5 万元作为教育基金实行经费独立,但仅靠"漕米收入断难敷用",山东"事实上并未独立"。[⑥] 青岛的教育投入确实应如郭有守所言,"设法保障其独立,其各项支配成数,亦应遵部令详加确定"。

---

① 《青岛全市市立中小学校十九年度经费预算暨增加经常费预算比较统计表》,载《青岛教育》1931 年 1 月。

② 雷法章:《〈青岛教育概览〉总说明》,载《青岛教育概览》第 3—4 页,1934。

③ 《沈(鸿烈)市长在图书馆博物馆年会联合演辞——青岛市政建设概况》,载《青岛教育》第 4 卷第 4 期,1936 年 10 月。

④ 《雷(法章)局长对于四沧区村镇长训练班之训话》,载《青岛教育》第 4 卷第 4 期,1936 年 10 月。

⑤ 郭有守:《视察青岛市教育报告》,第 5 页,教育部训令第 3531 号,1934。

⑥ 《教育部关于各省市教育经费独立状况的调查报告》,载《中华民国史档案资料汇编》第 5 辑第 1 编教育(一)第 111 页,凤凰出版社,2010。

2.利用区位优势与争取中央政府专项资金

青岛在利用"院辖市"的特殊地位争取南京政府的教育专项拨款方面,做了大量的工作。1935年6月,雷法章在向国民政府报送的呈文中有明确的数量分析:青岛全市城乡失学儿童共计46138名,以减少1/4为通行的普及标准,通过短期小学、改办二部制等办法可容纳12250名学生,经费投入需98940元。雷法章陈述道:

> 此项经费为最低需要数目,无可再减。惟本市因各种事业之举办,市库极感支绌,在二十四年预算内,关于义务教育经费再三宽筹,望能列入四万八千二百二十元,尚不敷五万零七百二十元。伏思推行义务教育为复兴民族之基本要图,并蒙钧部指定为本局二十四年重要工作之一,自应切实奉行,以仰副中央兴学育才之盛意,此项不敷之款,拟恳钧部逾格补助,俾得依照计划推行,实所嘱望。①

雷法章不仅言之凿凿,而且遣主管义务教育的科长许筱山径往南京财政部"面陈"。查教育部1935—1937年全国义务教育经费分配情况,1935年给予青岛的拨款为4.2万元(含"庚款"1万元),地方自筹5.3万元,使当年青岛用于义务教育的经费达到9.5万元。1936年,根据教育部提出的新要求,青岛计划"增加地方义(务)教(育)经费十三万元",另"呈请教育部补助半数",②最终中央政府拨款上升为7万元,1937年则达11万元。③ 这个数字虽不及南京和上海两市,但明显高于天津和北平的拨款数量,且相当于山东全省的1/3。由此可见青岛市政当局争取中央财政支持的力度之大。

3.动员捐资兴学与区分不同区域宽筹教育经费

南京政府接管青岛伊始,青岛市政当局即印发捐资兴学褒奖条例;1930年又颁布补充办法,对"用个人名义或用私人团体名义"捐资"500元以内捐助兴学者",按其额度分别给予登报表扬、授等级奖状等褒奖,若捐助动产或不动产的"准折合国币计算"。④ 青岛为推行义务教育,重点解决农村学龄儿童的入学问题,采取乡区"就地募集"、市政府"酌予发给补助费"的政策。市政府起先规定"此项补助费不得超过全部建筑费四分之一",后又调整为"补助四分之一或二

---

①　雷法章:《民国二十四年度义务教育实施办法及强迫入学办法呈》,载《中华民国史档案资料汇编》第5辑第1编教育(一)第662页,凤凰出版社,2010。

②　《青岛市教育局二十五年度行政计划》,载《青岛教育》第4卷第1期,1936年7月。

③　《教育部民国廿四年至廿六年义教经费支配表》,载《中华民国史档案资料汇编》第5辑第1编教育(一)第611页,凤凰出版社,2010。

④　《青岛市捐资兴学褒奖条例补充办法》,载《青岛教育》第122页,1931年1月。

分之一",拨款办法是"俟工程报竣,由教育、工务两局会同验收,再由教育局呈请市府核发"。① 从 1932—1934 年青岛城乡学校建筑资金投入情况(表 5-3)分析,市财政对李村、沧口、九水区的补助平均为 25.37%,而偏远的海岛地区(阴岛、薛家岛)则达到 47.11%,几乎接近一半。

表 5-3　1932—1934 年青岛市新(扩、改)建校舍资金投入统计表

项目 年份	合计		市区		李村区		沧口区		九水区		阴岛区		薛家岛区	
	全部 工程款 (元)	其中 市政府 补助费 (元)	全部 工程款 (元)	其中 市政府 补助费 (元)	全部 工程款 (元)	其中 市政府 补助费 (元)	全部 工程款 (元)	其中 市政府 补助费 (元)	全部 工程款 (元)	其中 市政府 补助费 (元)	全部 工程款 (元)	其中 市政府 补助费 (元)	全部 工程款 (元)	其中 市政府 补助费 (元)
1932	107952	77541	78266	72266	7138	1150	10263	2575	7335	700	4950	850	—	—
1933	189788	109059	85187	75187	37695	9422	12351	3814	23316	5851	16852	8081	14387	6704
1934	231109	70996	—	—	49961	14662	89218	23565	49901	11754	24429	12215	17600	8800
总计	528849	257596	163453	147453	94794	25234	111832	29954	80552	18305	46231	21146	31987	15504
政府占 比(%)	—	48.71	—	90.21	—	26.62	—	26.78	—	22.72	—	45.74	—	48.47

资料来源:根据民国二十一、二十二、二十三年《年度市乡区建筑校舍统计表》整理,载《青岛教育概况》第 25、29、35页,1934。

乡区建校筹款则普遍实行"按亩摊派"的办法,由村长"将亩数、户名及其家庭经济状况,造具清册,呈由教育局转呈市政府核准,再行办理"。② 由此可见,"按亩摊派"使得殷实家庭承担的数额大大超过了贫寒人家。仅 1932—1934 年这三年,来自乡民募集的建校资金就高达 271253 元,占全部工程款的 51.29%。

4.降低学生收费标准与设置公费、免费生

南京政府接管伊始,即对入读公立学校的中小学生实行不同额度的学费征收政策。1929 年 11 月颁布的《青岛市市立中小学校征收学费暂行规程》规定:每生每学期的"学费额数"分别是初小 5 角、高小 1 元、初中 3 元、高中 5 元。③ 1931 年 2 月此《规程》备案时,"删去初小五角"④。也就是说,青岛自 1931 年起实行初小免费教育。对高小和中学的学费征收,如果"贫苦学生无力交纳学费者"可以"免除其学费全部或一部",具体由"校长酌量情形,呈请教育局"办理。

———————

① 《校舍建筑事宜》,载《青岛教育概览》第 12 页,1934。
② 《青岛市乡区小学校建筑校舍简则》,载《青岛教育概览》第 49 页,1934。
③ 《关于公布青岛市市立中小学校征收学费暂行规程转知教育局的训令》,存青岛市档案馆,档号:B0027-006-00038-0081。
④ 《关于公布青岛市市立中小学校征收学费暂行规程等八种准予备案的指令》,存青岛市档案馆,档号:B0027-006-00031-0016。

学费的用途为"专充市立各校建筑校舍,扩充设备,增高职教员待遇"。①

　　1931 年,青岛制定私立学校收费标准,限制私立中小学校任意增高学费额度,规定:私立小学校征收学费须遵照教育部暂行条例,私立中学至多不得超过市立中学校征收学费规程规定标准(初中 3 元、高中 5 元)的 3 倍。由于青岛有"市库"补助私立学校办学经费的政策,这一规定颇得各私立中学董事会和学生家长的认可。沈鸿烈主政后,"拟有酌收学费计划"。1934 年教育部专员郭有守在《视察青岛市教育报告》中提出:此法在中学"尚属可行",但对于小学、师范学校、职业学校及"各级学校女生",则应"以继续豁免为是"。② 对此,青岛市政当局认为,虽然 1932 年 12 月国民政府《小学法》提出了"小学不收学费"的基本原则,但也有"得视地方情形酌量征收"的规定。由于沈鸿烈不断加大政府的教育支出,因此对青岛的学生收费政策采取变通的办法,即"纳费规定甚低,自小学至中学均不收学费",市区小学每生每学期交纳杂费 5 角,用"以补助学生团体活动之消耗";乡区小学则"完全免费";中学"略收实验费、宿杂费、讲义费等"。③这个额度比《小学法》规定的公立初级小学"至多不得逾一元"、高小二元的标准要低得多。通过有关资料可见,青岛市立中学、市立女中和李村中学每生每学期交纳的费用在 7 元至 13 元之间,礼贤、崇德、文德、圣功等私立中学每生每学期须交纳 20 元至 33 元不等的费用,详见表 5-4。

　　1936 年,青岛加大生活贫困学生的救济力度,在中学设立"公费及免费学额",奖助家境清贫、资禀颖异、成绩优良的学生。据统计资料显示,青岛市 7 所市立、私立中学 2734 名学生中有 50 名学生获得"公费生"资格,另有 195 名"免费生",④两项占比为 8.96%。应当说,以贫寒学生为资助取向的制度设计某种程度上彰显出教育民主化理念,学生资助项目的设置、资助规则的制定体现出政府在制度建设方面的主导作用。

　　5.撙节开支与提高教育经费使用效率

　　值得注意的是,为撙节浮滥,剔除中饱,以"树廉洁之风",青岛设立专门组织管理教育经费,公开以杜瞻徇。1929 年,青岛市立女子中学首开先例,成立经济稽核委员会。教育局即将该校经济稽核简则发至各中小学校,"通饬遵照,参酌校内实情,刻日组织稽核委员会,议具简则,呈候核定";惟职员不满两人的初级小学校可"准其暂免",但也要每月"将收支对照表详细开列",并"揭示校内,

---

　　①　《青岛市市立中小学征收学费暂行规程》,载《青岛教育》第 104 页,1931 年 1 月。

　　②　郭有守:《视察青岛市教育报告》,第 1 页,教育部训令第 3531 号,1934。

　　③　《学生征费事项》,载《青岛教育概览》第 39—40 页,1934。

　　④　《青岛市政府纪念周本局重要工作报告(民国二十五年十一月三十日)》,载《青岛教育》第 4 卷第 8 期,1937 年 2 月。

表 5-4　1934 年青岛市市立、私立中学收费情况一览表

校 名	级别	学费	实验费	体育费	图书费	预价费	杂费	讲义费	课业用品费	学生会费	美工费	沐浴费	整洁费	制服费	合 计
青岛市立中学	高级	—	生物、物理 2 元 应用材料 3 元	1	—	—	—	—	3	0.5	—	—	—	6	12.50 13.50
	初级		物理、化学 1 元 职业材料 4 元	1	—	—	—	—	3	0.5	—	—	—	6	11.50 14.50
青岛市立女子中学	高级		3	1		1			2						7
	初级		3	1		1			2						7
青岛李村中学	高级		—	1	0.5	1	0.5				1.5	0.5	1	5	11
	初级		—	1	0.5	1	0.5				1.5	0.5	1	5	11
私立礼贤中学	高级	普通科 20 元 工科 15 元	—	1		—		1						6	28 23
	初级	15		1				1						6	23
私立崇德中学	初级	12		1	0.5		2							5	20.50
私立文德女子中学	高级	15	—	1	0.5	1	3							—	20.50
	初级	15		1	0.5	1	3							—	20.50
私立圣功女子中学	高级	20	1	2	2		—								25
	初级	20	1	2	2		—								25

资料来源:根据青岛市立、私立《中等学校每生每学期收费一览表》整理,载《青岛教育概览》第 40—41 页,1934。

以昭核实"。[①] 1930 年 1 月,经市政会议通过的《教育基金委员会规程》施行,规定教育基金委员会经管市立学校征收之学费、市民对教育事业之捐款、接受教育局委托管理之其他款项。教育基金委员会经管之款项除了一部分划作教育基金不得动支,其余可以对修建校舍、扩充校内设备、促进教育能力之设施酌量予以补助。

为节省经费,青岛市教育局要求学校精打细算,乡区小学校舍建筑除了房架木料和房顶材料有明确规定,"墙脚可就地采用大块乱石,墙身全部用红砖或杂用土坯均可"[②]。虽然教学设施"尚多简陋",但必须分别"缓急","力谋充实",

① 《工作概况》,载《青岛教育》第 23 页,1931 年 1 月。
② 《青岛市乡区小学校建筑校舍简则》,载《青岛教育概览》第 49 页,1934。

注重"经济与活用二原则",按需购置教学设备。用雷法章的话说:

> (一)各项购置,力求撙节核实。换言之,即以一定之经费,希望能添备多量之器具,故宜摒绝虚浮,力求实用,如能自制简单科学仪器以自给,尤有意义。

> (二)善于利用设备。盖一校设备,虽力求充实,终属有限。为教师者,须善于领导学生,充分利用,即一书一物,必计划使多数学生使用,如能利用自然环境以施训练,则更为合法也。[①]

以1934年为例,青岛乡区小学共新建校舍571间,建筑费总额为21.05万元,其中政府补助6.82万元。是年,全市用于添置设备款项3万余元,其中中学2万余元、小学1万余元。从款项用途看,普通校具用款约占20%,其余80%的款项用于添置图书、理化仪器及职业课程、劳作、体育器械等设备。当然,这笔款项是有限的。

客观地说,南京政府前期的青岛,由于沈鸿烈重视教育,不断增加经费投入,力图达到民国"五五宪草"的目标,无论数额确定、筹措制度,还是管理使用、监督体制,都是可圈可点的。但是,由于时局艰危,国库亏空,经济凋敝,加之青岛所担负的巨额军费开支,用于民生事业的开支难免捉襟见肘,民国时期青岛的教育投入表现出多重的不彻底性。

第二节　基于普及初等义务教育的二部制小学

一　从偏重示范性小学到谋初等义务教育普及

南京国民政府接管青岛后,即将原胶澳公立小学全部收归,改称"市立"。无论市区还是乡区的市立小学,均分初级和完全小学两类。初级小学也称"初小",只有小学一至四年级,完全小学则是包括4年初小和2年高小完整接受初等教育的学校。

值得注意的是,青岛市政当局改革小学教育,突出质量立教。胶澳商埠公立两级小学改为青岛特别市市立小学后,又更名为"青岛市立北平路小学校";胶澳商埠公立女子两级小学改为青岛特别市市立女子小学后,又更名为"青岛市立江苏路小学校"。以小学所在路名命名校名,成为民国青岛乃至中华人民共和国

---

① 雷法章:《〈青岛教育概览〉总说明》,载《青岛教育概览》第6—7页,1934。

成立后青岛小学设置的惯例。当然，这样做为创办实验性学校埋下了伏笔。1930 年 9 月，青岛市政当局利用兰山路 2 号官产筹建市立实验小学校，分高、中、低三个小学级部和幼稚部，开办费为 4000 元，年经常费定额为 7000 元，周沈葆德任校长。① 1933 年，青岛还计划在交通便利、人口稠密的富庶乡区"筹设乡村实验小学"，以期"能负改进乡村教学之使命"。②

青岛创办实验小学，有迎合世界小学教育"儿童本位"新趋势的积极意义，建校之初就"遴选深有教育研究暨素有经验"之教师，实行单、复式教学兼采，并赋予自编和使用部分教材的权利。1933 年，青岛市教育局又进一步提出：实验小学"负研究中心之使命，所有新式教学方法应由该校分期实验，报告结果，以供本市教育界之参考"③。在突出实验小学示范作用的同时，青岛市政当局斥资建设了几所高规格的市区小学。1929 年 11 月，顺兴路小学建校，附设幼稚园及广饶路分校。1932 年 7 月，黄台路小学校开学，地址在黄台路 5 号④，招收一至五年级 10 个班，有学生 601 名，还附设幼稚园。8 月，朝城路小学校开办，马三纲任校长，招收学生 7 个班。⑤ 1933 年 9 月，投资 4.1 万元建设太平路小学校，高绍廉任校长，招收学生 10 个班，附设幼稚园，并于第一公园设分校，1934 年共有 12 个教学班、学生 498 名。⑥ 1934 年 1 月，由乡区小学校长组成的参观团在对太平路小学参观后，写下了这样的感言：

> 该校前面沧海，后临马路，既便于儿童通学，又适于学校卫生，环境堪称优美。校舍系民国二十二年新建，规模宏大，坚固华丽，市内各小学校舍，当推此为巨擘。内中教室、教员室、杂用室，均极适用。室内设备，亦尽美尽善。……全校学生六级，各班人数异常充实，各教师均能认真教授，学生精神大致活泼，校舍内外亦颇清洁。⑦

1934 年教育部专员郭有守在视察青岛市中小学后，给出了"该市中小学校舍，均颇坚实美观"的综合性评价，同时也提出了校址须适中、建筑形式须相宜、教室容量"有扩充学额之标准"等问题。⑧

---

① 《工作概况》，载《青岛教育》第 16 页，1931 年 1 月。1933 年 12 月董树敏任校长，月薪 90 元，时有 7 个教学班、273 名学生和 17 名教职员，全年经常费为 12066 元。
②③ 《民国二十二年教育行政计划》，载《青岛教育》第 1 卷第 6 期，1933 年 11 月。
④ 《青岛丹东路小学校志》（内部资料），第 1 页，1987 年 10 月。
⑤ 《青岛市市立小学校概况一览表》，载《青岛教育》第 1 卷第 9 期，1934 年 2 月。
⑥ 根据《小学部概况表·市立小学》整理，载《青岛教育概览》第 5 页，1934。
⑦ 《乡区小学参观团参观市内各小学报告》，载《青岛教育》第 1 卷第 9 期，1934 年 2 月。
⑧ 郭有守：《视察青岛市教育报告》，第 1 页，教育部训令第 3531 号，1934。

　　事实上,20 世纪 30 年代最初几年,青岛小学教育存在着重质轻量的倾向,其窘况刺激了市政当局:一是青岛生均公用经费在教育部公布的四个"院辖市"中排在末位。1930 年青岛小学在校生共计 17558 名,教职员 649 名,学校资产总额为 925389 元,经费支出 284432 元,生均 16.20 元。是年,南京小学生均经费为 22.29 元,上海为 25.21 元,北平高达 28.71 元。① 青岛仅为南京的 73%、上海的 64%、北平的 56%,差距显著。二是青岛适龄儿童入学率不甚理想。据 1931 年调查,青岛全市适龄儿童共有 47672 名,其中入学 19465 名,失学者高达 28207 名,②入学率为 40.83%,略高于全国 36.53%的平均水平。三是青岛有意抬高了小学入学的门槛。1933 年教育局在颁行的市立、私立小学招生简则中明确提出招收学生必须"经考试及格者方得录取"。高级小学入学的"考试之项目"为国文、算术、常识,还要进行口试、智力测验、体格检查;初级小学一年级入学新生"单独采用口试或笔试";乡区小学一年级新生入学的考试办法"得斟酌办理"。③从这个简则后附的《各科考试标准与办法》看,一年级新生入学的口试包括履历、认识数字,笔试则包括认字、默字、一位数加减法等。

　　鉴于南京政府普及国民教育、关注失学儿童就学的大政方针,1933 年 12 月,青岛市教育局在训令中明确提出:"盖吾国失学儿童甚众,自非力谋普及,使儿童多入学之机会,则民智无从提高,教育效率无由增进",必须突出"量的扩充",并将"量之增加,先于质的改进"。④ 1934 年暑期,教育局将市立实验小学及李村实验小学改为普通小学。1935 年 4 月儿童节期间,沈鸿烈在一次公开演讲中动情地说:"那些平民住所、杂院及其他各处贫苦的小同胞,整天要捡些草,捡煤渣,哪有向上的可能,这是政府应该设法救济的。"他明确提出在青岛"普及儿童义务教育",并"预定三年以内"使未入学儿童"均令入学,以达到普及义务教育的目的"。⑤ 据史料记载,1934 年冬宋美龄莅临青岛期间,曾"至平民住所及贵州路小学参观",因该校学生"多系贫苦儿童,为奖励其热心向学起见,特奖洋五百元"。⑥

---

　　① 《各省市初等教育各项总数一览表》,载《中华民国史档案资料汇编》第 5 辑第 1 编教育(一)第 562—563 页,凤凰出版社,2010。是年,全国平均 8.17 元,山东平均 5.18 元。

　　② 《学校教育·扩充义务教育事项》,载《青岛教育概览》第 1 页,1934。

　　③ 《青岛市教育局市私立小学校招生暂行简则》,载《青岛教育》第 1 卷第 2 期,1933 年 5 月。

　　④ 《二十二年教育工作纪要》,载《青岛教育》第 1 卷第 8 期,1934 年 1 月。

　　⑤ 《沈(鸿烈)市长对儿童节纪念大会训词》,载《青岛教育》第 2 卷第 11、12 合期,1935 年 6 月。

　　⑥ 《第二六四次纪念周本局重要工作报告(民国廿四年二月廿五日)》,载《青岛教育》第 2 卷第 9、10 合期,1935 年 5 月。据悉,为分发宋美龄的 500 元奖金,青岛市政府交教育局"妥为分配"。对勤学成绩优良的学生,男生各奖一套制服,女生各奖一件蓝布衫;其他勤学的学生则奖面盆、毛巾、肥皂等国货。学生得奖后"均欢喜异常"。

客观地说,青岛市政当局普及义务教育的决心和力度远在一般城市之上。1935年,青岛市根据国民政府《实施义务教育暂行办法大纲》及实施细则制定的《青岛市二十四年度普及义务教育计划》,将国民政府提出的一年制加长为两年①,提前五年完成第一期目标。1935年9月14日,青岛市义务教育委员会成立大会在兰山路市礼堂举行,全市市区、乡区各办事处主任及本市教育专家20余人参加,沈鸿烈到会训话。② 11月30日,教育局召开义务教育委员会第二次会议,中心议题是如何充实学额。按《青岛市实施义务教育强迫入学办法》,凡经市公安局催促应入学之儿童,在3日内必须到校上课,违者由办事处处以1元以上5元以下罚款。学龄儿童中途无故退学或缺席连续2周以上,经办事处催促而不入学者,对家长处以1元以上5元以下罚款。根据雷法章的统计,1935年青岛市儿童入学率达65.44%③,比全国34.16%的平均入学率几乎高出一倍。不过,青岛学生在学年龄跨度过大,有的小学生甚至超过十九岁(表5-5)。

表5-5 1935年青岛市小学生年龄人数统计表

年龄(岁)	4	5	6	7	8	9	10	11	12
人数(人)	30	93	514	2486	5202	5863	5991	5085	4590
占比(%)	0.08	0.24	1.3	6.5	13.6	15.3	15.6	13.3	12.0
年龄(岁)	13	14	15	16	17	18	19	20	合计
人数(人)	3306	2591	1605	726	216	59	11	3	38371
占比(%)	8.6	6.8	4.2	1.9	0.6	0.15	0.02	0.008	100

资料来源:根据《青岛市市私立小学校二十四年度学生年龄人数统计表》整理,载《青岛教育》第4卷第6期,1936年11月。

值得注意的是,青岛一面扩充学额,一面坚持严格的入学考试。据统计资料,1936年青岛全市小学报名入学者为11440人,投考10653人,原定录取9524人,实际录取8405人。按投考人数计算,小学入学率为78.90%;如按报名人数计算,则为73.47%。1936年,青岛共有小学139所,在校学生为43925名,教职员为1185名,小学教育岁出经费为558286元。④ 1936年,雷法章在一次面向社

① 《青岛市义务教育之展望》,载《青岛教育》第3卷第1期,1935年7月。
② 《第二九二次市政府纪念周本局重要工作报告(民国二十四年九月三十日)》,载《青岛教育》第3卷第5期,1935年11月。
③ 雷法章:《暑校举办经过》,载《青岛教育》第4卷第2、3合期,1936年8月。
④ 《民国二十五学年度全国初等教育概况》,载《中华民国史档案资料汇编》第5辑第1编教育(一)第562—563页,凤凰出版社,2010。

会人士的公开演讲中称:

> 青岛有小学生四万五千人,差不多一百个学龄儿童中有七十人入学,这
> 个比例恐怕在国内要算第一位了。南京连私塾的学生计算在内,或许有此
> 比例。①

除此之外,应当提及的是南京政府前期青岛城市的学前教育。由于学前教育被划入社会教育的范畴,担负学龄前教育的幼稚园未得到应有的发展。雷法章的着力点是呼吁社会各界"本幼吾幼以及人之幼之精神",对儿童事业"有深切之认识,有热烈之情绪,有合作之热忱","合群力群策","无论一切贫富儿童,均能享受社会优待","使全市儿童均被慈祥之爱护"。②

鉴于1932年国民政府《小学法》提出"小学得附设幼稚园"之规定,学前教育无形中被置于从属的地位。而在小学附设幼稚园"最感缺乏者,厥为幼稚(园)教师",大都"为教授低级部功课者"。③合格师资的匮乏,成为制约青岛幼儿园发展的关键因素。1934年,教育部专员郭有守在《视察青岛市教育报告》中特别建议:"市立女子中学应附设幼稚师范班,养成市区幼儿园之师资。"④1935年11月,青岛市劳工教育委员会在四方设立劳工托儿所,免费招收附近工厂3~6岁的工人子女24名,"与以教养以健全的生活"⑤。据统计,1936年青岛共有幼稚园9所,在园幼儿为475名。⑥

1936年8月在青岛召开的全国第二届慈幼领袖会议,给青岛发展学前教育带来了机遇。因大会主席孔祥熙未到会,副主席、北平香山慈幼院院长熊希龄成为实际主办人。他特邀沈鸿烈主持闭幕会,并在会后参观了青岛的教育设施。熊希龄赞赏沈鸿烈"建设非常努力,成绩良好,实为全国罕见",并决定"原拟在上海推动幼稚教育"改在青岛,打算"在青岛试办托儿所婴儿园"。⑦1937年5月,熊希龄抵达青岛,"筹商青岛市与香山慈幼院合办婴儿园事宜"。经熊希龄和青岛方面共同研讨论证,"终于订出了一个具体实施的方案"⑧。6月底,熊希

---

① 《雷(法章)局长对小港区闾邻长讲习会训词》,载《青岛教育》第4卷第9期,1937年3月。

② 《雷(法章)局长青岛市第四届儿童节特刊发刊词》,载《青岛教育》第2卷第11、12合期,1935年6月。

③ 蔡蕴之:《为青市师范教育进一解》,载《青岛教育》第1卷第3期,1933年6月。

④ 郭有守:《视察青岛市教育报告》,第24页,教育部训令第3531号,1934。

⑤ 《劳工托儿所》,载《青岛市劳工教育概况》第50页,1936年6月。

⑥ 《民国二十五年度青岛市小学校职教员、学生情况统计表》,载《山东教育史志资料》(青岛专辑)1985年第5期。

⑦ 熊希龄:《在香山慈幼院全体教职工会上的演说词》,载周秋光编《熊希龄集》(下)第2191页,湖南出版社,1996。

⑧ 周秋光:《熊希龄传》,第534页,百花文艺出版社,2006。

龄偕夫人毛彦文到青岛租赁了福山支路 12 号,着手实施与青岛的合作。不料,七七事变爆发,青岛形势恶化,熊希龄在青岛发展慈幼教育的企划未然而终。

二　以救济失学儿童为目的的城市新式小学

1935 年青岛实施义务教育伊始,便以救济失学儿童为目的,追求对城市学校教育制度变革的影响。

1.抑制私塾与确立新式小学在初等教育的主导地位

鉴于私塾设备简陋、教法陈腐、贻误儿童等弊端,青岛市政当局发展初等教育的基本政策是创办新式小学,以取代私塾。1929 年 10 月,青岛特别市时期便拟订整理私塾及取缔简则,经市政会议议决颁令施行,并饬令公安局所辖分局协助执行。同时,仿照现代小学教育的标准,对改良私塾的师资、课程、教材等作出相应规定。受现代教育与城市交互关系的作用,尤其是一批新式小学的快速建立,私塾教育式微。1932 年,青岛市教育局又立新规,对已成立之私塾"以勒令解散为原则",如因周边"不能即时成立学校"或"不影响学校学额"的改良私塾,"须举行登记手续,饬令呈请备案",可以续存。改良私塾之塾师,经教育局"检定试验合格者"可以留用或改用。同时规定,改良私塾一律采用"新学"教材,党义、国语、常识(含公民、社会、自然、卫生等科)、算术(珠算及笔算)为必修课,美术、音乐、体育为随意课,课程、教室、设备均按学校要求设置,并接受教育局派员"指导其教法并考查其成绩"。[①] 如此严苛条件下保留的私塾,与私立小学相差无几。

当中国许多城市的私塾只是感到教育转型的阵痛时,青岛私塾则在 1934 年前后迅速走向衰落乃至消亡。教育部的统计资料表明,在南京、上海、北平、天津、青岛等几个"院辖市"中,青岛的私塾数量最少,几乎到了可以忽略不计的程度(表 5-6)。据统计,1935 年青岛私塾处数只占"院辖市"的 2.38%,塾生数则仅占 1.22%。当时的山东正处在新旧教育体制激烈冲突的时期,计有 3588 处私塾,塾生多达 40211 名。[②] 1936 年,当全国的塾生占是年儿童入学总数 6.76% 时,青岛的塾生仅有不足万分之二的占比。值得注意的是,1935 年 7 月山东区划调整,将崂山东半部及土寨河、聚仙河(惜福镇河)以南村庄由即墨县划归青岛市管辖,青岛新增 49841 人,其中学龄儿童增加了 7600 人。在"未设有学校之

---

① 《青岛市教育局整理私塾及取缔简则》,载《青岛教育》第 2 卷第 2 期,1934 年 8 月。
② 《民国二十四学年度至二十五学年度全国私塾概况表》,载《中华民国史档案资料汇编》第 5 辑第 1 编教育(一)第 684 页,凤凰出版社,2010。

表5-6　1935、1936年青岛等"院辖市"私塾情况统计比较表

院辖市名称	1935年					1936年		
	私塾数(处)	塾生数(人)	塾师数(人)	全年收费数(元)	生均费用(元)	塾生数(人)	小学入学人数(人)	塾生占比(%)
青岛	40	491	41	6680	13.60	820	43925	1.833
南京	557	14645	580	78933	5.39	8103	59162	12.046
上海	235	5669	239	30428	5.37	11335	188177	5.681
北平	481	10527	491	48430	4.60	5724	50194	10.236
天津	368	8967	386	48650	5.43	5992	70852	7.798
合计	1681	40299	1737	213121	5.29	31974	412310	7.197

资料来源:根据《民国二十四学年度至二十五学年度全国私塾概况表》整理,载《中华民国史档案资料汇编》第5辑第1编教育(一)第684—685页,凤凰出版社,2010。

村庄,尚有一部分学龄儿童未行调查"[1]的前提下,从1935年491名塾生猛增到1936年820名的现象,就容易理解了。青岛私塾数量少,生均收费高,几乎是南京、上海、天津的2.5倍,差不多是北平的3倍。追求实惠的青岛百姓不会为子女的教育多花冤枉钱。20世纪30年代青岛私塾教育走向末路,既受民国私塾变迁、传统教育结构消解趋势的影响,又与青岛新式小学的迅速发展密切相关,这其中又当然离不开沈鸿烈、雷法章的积极作为,政府力量是新式小学取代私塾的动力源泉。从私塾的消亡到小学的普及,青岛较好地实现了民国基础教育事业的新陈代谢。

事实上,南京国民政府前期的青岛,私立小学的发展十分有限。比较有影响的民办小学是:1929年4月开办的私立振华小学,计有6个教学班、109名学生,教职员3名,刘育民任校长。1930年3月的私立中华小学校,有学生178名、教职员8名,张凤文任校长。1934年,实业家丛良弼在青岛红卍字会创办了私立第一平民小学。[2] 1935年,私立青光小学在莱芜一路34号成立。资料显示,1931年青岛市公办小学资产总值为740889元,私立小学为502711元;到1934年,青岛市公办小学的资产总值提高到1298596元,而私立小学下降为341901元,[3]私立小学仅相当于公办小学的1/4。青岛市工务局为解决职工子弟的入学

① 《青岛市教育局二十五年度行政计划》,载《青岛教育》第4卷第1期,1936年7月。
② 《社会教育机关调查表》,存中国第二历史档案馆,卷号:2021-262。
③ 《青岛市市立小学校历年物质建设概况统计比较表》,载《青岛教育》第3卷第9期,1936年3月。

问题,在李村、白沙河水源地各设了一所工人子弟小学,1933 年教育局将这两所学校接收,归"本局直接管理,以一事权"①。相关资料表明,1934 年青岛市共有私立小学 13 所、70 个教学班、2680 名学生和 106 名教职员,年教育经费计为50191 元,②私立小学在校生仅占全市小学生总数的 9.23%。1935 年初因发现阴岛晓阳庄村及后韩家两所私立小学未经备案就招生上课,教育局即予勒令解散处置。③

2.设校增班与短期小学、半日学校和"二部制"教育

青岛失学儿童众多,市政当局意识到"考其原因,半由儿童家庭贫苦无力入学,半由各校学额有限不克容收"。为此,1930 年 11 月青岛市新增四方、郑疃、下王埠、臧家等 4 所市立初级小学校;④1931 年 3 月又增市立吴家村小学,并在西吴家村和错埠岭建分校。1931 年,针对全市儿童入学率仅为 40.83%(入学儿童 19465 人,失学者 28207 人)而市内各小学均不能容纳报名新生的实际,根据教育部《繁盛都市推广小学教育办法》,青岛市政当局提出"收用官荒或收买民地作为建设小学之用",校舍如不敷用可"商借"公所、庙宇、宗祠。为此,1931 年5 月,青岛市政当局将台西镇成武路救济院、甘肃路警察宿舍、冠县路青年会、商河路区党部等空闲房产改成校舍。

当然,青岛市政当局在市区普及义务教育最用力的是试办半日学校,举办短期小学,实行"二部制"教育。

半日学校系专为救济城市贫苦失学儿童设立的教育机构。1930 年,青岛市政当局决定"先在本市各公安分局内"附设一所半日学校,每所 2 个班,每班学生"以四十人为限",每日授课 3 小时,课程同初级小学,"学生各项费用均免收,课业用品并由学校发给"⑤,1 年毕业。1932 年 3 月,青岛市政当局在湛山路专为"汇泉球场为外人拾球之儿童五十人"设立了半日学校;同年 9 月又借用四川路永裕盐厂职工补习学校和私立挪庄小学校舍,各设一所规模为 6 个班的半日学校。1934 年,青岛市区的半日学校增加到 9 所,共有 13 个班、在学学生 520 余人。⑥

为解决城市贫民区域儿童的就学问题,1934 年 3 月,青岛市政当局投资5450 元建设市立贵州路小学,为半日学校性质(含短期小学),其中招收半日学

---

① 《第二一〇次纪念周教育局重要工作报告》,载《青岛教育》第 1 卷第 8 期,1934 年 1 月。教育局并饬令沧口办事处派员前往指导。

② 《青岛市私立小学校二十三年度各校概况统计表》,载《青岛教育》第 3 卷第 4 期,1935 年 10 月。

③ 《第二六八次纪念周本局重要工作报告》,载《青岛教育》第 2 卷第 9、10 合期,1935 年 5 月。

④⑤ 《工作概况》,载《青岛教育》第 19、47 页,1931 年 1 月。

⑥ 郭有守:《视察青岛市教育报告》,第 26 页,教育部训令第 3531 号,1934。

校班 8 个班、学生 400 名,短期小学班 4 个班、学生 200 名,该校于 3 月 10 日开学上课。[①] 半日学校的经费按班酌情发给,设 1 个班的每月 30 元,2 个班的每月 50元,3 个班的每月 70 元,4 个班的每月 90 元。担任半日学校授课的教员,有的是警察、巡官、书记员,有的是教育局遴选师范学校的毕业生。当然,这种应急性的教育设施注定了师资的窘况。1933 年 12 月 30 日,教育局发现在隋俊臣任校长的台东镇半日学校,由于教师窦延辉缺席,致使 39 名学生(男生 29 名、女生 10名)不得不自习。教育局当即发布训令,全文如下:

> 青岛市教育局训令(第三号)　民国二十二年十二月三十日
> 　　令台东镇半日学校校长隋俊臣
> 　　为令该校长督察教员不得任意缺课以重教育由
> 　　据视察报告,该校教员时有缺课情事,殊属非是。须知儿童教育关系国家社会,至为重大。该教员等既已担任教职,身为人师自应勤慎从公,以免贻误。如因重要事故不能到校,亦需请人代理,不得任意缺课。合行令仰该校长随时认真督察,如再有缺课教员,应即呈报来局,以凭核办。切切! 此令。[②]

1933 年,青岛市政当局在增校添班、充实学额之外,根据教育部除设备较完全小学保留全日制、初级小学尽量改二部制的训令,决定"在学龄儿童众多之区域,将原设小学之班次递年酌量改设二部制班次"[③],实现"利用有限之资金,招收加倍之学生"的目标。这种从初级小学第一学年起步、实行春季始业、修业 4年的免收学费(学生制服和书籍费按实价征收)的教育,首先于 1934 年 3 月在开办的绥远路、小村庄两所二部制小学校施行。[④] 教育局规定:二部制一律采用上、下午半日二部法,每班人数不得少于 40 名,同时教育局专门组建"二部教育实施研究会",在课程设置、校舍分配、教学管理、设备使用等方面"拟具改进办法"。1935 年,教育局在小学一年级增加了 142 个二部制教学班,1936 年计划再增加 142 个二部制教学班。[⑤]

由于察觉半日学校与二部制教育"相类似,且二部制小学便于儿童之训练"[⑥],1934 年,教育局改贵州路、四川路两所半日学校为二部制小学校;"为管理

---

① 《第二一九次纪念周教育局重要工作报告》,载《青岛教育》第 1 卷第 10 期,1934 年 3 月。
② 《青岛市教育局训令(第三号)》,载《青岛教育》第 1 卷第 9 期,1934 年 2 月。
③ 《青岛市市立小学校设立二部制级简则》,载《青岛教育》第 1 卷第 7 期,1933 年 12 月。
④ 《教育行政述要》,载《青岛市第三届学校成绩展览会纪念册》第 2 页,1934。
⑤ 《青岛市教育局二十五年度行政计划》,载《青岛教育》第 4 卷第 1 期,1936 年 7 月。
⑥ 《学校教育·试办二部制小学》,载《青岛教育概览》第 9 页,1934。

便利,增加效率",并改四川路二部制小学校(2 个班)为贵州路二部制小学之分校。① 教育局饬令各校积极充实学额,并择朱家洼、登窑、沧口、四方等学校试办二部制教育。由于不断增校添班,1934 年青岛城乡入学儿童达 29027 名,比1933 学年度净增 4123 名,增了 16.56%。基于青岛完全和初级小学校舍普遍存在"不甚宽舒"的现实问题,教育局曾设想全市小学"一律采用半日二部制,以利管理"。②

鉴于义务教育"距普及之期尚云远遥",为"先筹补救之策",青岛市教育局于 1933 年开设短期小学,实施短期义务教育。③ 短期小学最初作为社会教育的范畴,全部免费,附设于市立小学内,其课程为习字、珠算、音乐等,政府为每班每月提供经费 12 元,上课时间为下午 4:00—6:00,修业期限为 2 年。据 1934 年教育部专员郭有守的调查,青岛时有短期小学班 43 个,且"儿童前往报名者非常踊跃"④。短期小学班的教职员由所在学校的教职员兼任,课程有课本习字(带注音的描红)、珠算、音乐等。1935 年,教育局开设了嘉祥路短期小学、临淄路短期小学、平定路短期小学。从这种两年制短期小学毕业的学生,可视自身情况,或升入三年级(全日制),或辍学务工、务农。

事实上,至 1935 年 11 月教育部检发短期小学实验办法的训令,青岛已在城市人口密集、失学儿童众多的地方广泛采取了半日、短期、二部制和在小学实行复式编制教育,1936 年在二部制教学班受业的学生多达 11836 名。⑤ 这种简易化、短期化、多样化、弹性化的教育置措,既有加速新式学校本土化的一面,也制约和削弱了学校教育应有的科学化和规范化属性。

三 谋求城乡一体化的农村初等义务教育

由于意识到义务教育的重点和难点都在农村,青岛市政当局借助农村教育制度变革最剧烈的时期,不仅延续了近代以来以促进农村人口素质提升实现国家整体现代化的思路,而且积累了在特殊历史时期促进农村学校普及的经验。1935 年 5 月,奉派华北视察的教育部督学钟道赞(芷修)对青岛城乡教育一体化

① 《第二四七次纪念周教育局重要工作报告》,载《青岛教育》第 2 卷第 3 期,1934 年 9 月。

② 《二十三年一、二、三月教育行政计划》,载《青岛教育》第 1 卷第 10 期,1934 年 3 月。是年第二季度计划则提出"惟衡以现时本市经济状况,似不易于扩充,拟就可能范围,略为增设"。

③ 《民国二十二年教育行政计划》,载《青岛教育》第 1 卷第 6 期,1933 年 11 月。

④ 郭有守:《视察青岛市教育报告》,第 26 页,教育部训令第 3531 号,1934。

⑤ 《民国二十五年度青岛市小学校职教员、学生情况统计表》,载《山东教育史志资料》(青岛专辑)1985 年第 5 期。

给予积极评价:"市乡区不分界限,同时一般进展,同样速度发展。"①

1.改革乡村管理体制与委任地方学务委员

青岛乡村义务教育目标的设定与农村长期积习的观念和制度的矛盾十分突出。教育局规定:非市立乡区小学,设4个教学班及以上的为独立学校,设校长1名;只有1~3个教学班的为分校,其中2个班及以上之分校,设主任教员1名,负管理责。初级小学达5个及以上教学班的,视情况可设高级班;有4个及以上高级班的,增设只担任某一学科教学任务的科任教员1名。普通教员均实行级任制。从1930年12月编列的青岛83所小学名录看,其中42所设有分校,共计75处,有的小学甚至设有3处或4处分校。例如:市立法海寺小学设有安乐沟、马家台、南园3处分校;市立枣园小学设有十梅庵、楼山后、南岭3处分校;市立韩哥庄小学设有中韩哥庄、东韩哥庄、河东、杨家群4处分校;市立黑涧村初级小学也设有崔家沟、罗圈涧、南峨石、云头崮4处分校。② 加设分校是因陋就简解决学龄儿童入学的应急之策,对扩招生源不无裨益,其中的一些分校延续下来,有的因形成规模而发展成为独立建制的小学。1931年4月,乡区小学分校改为独立小学的有双山小学之东吴家村分校、仙家寨初级小学之南渠分校、河西小学之大水清沟分校、侯家庄小学之东李村分校、九水小学之松山后分校、宋哥庄小学之女姑山分校、张村小学之枯桃分校、现化庵小学之沟崖村分校。1933年青岛教育经常费分配数额及比例为:乡区小学229077元,占比41.07%;市区小学96440元,占比17.37%。

1935年,根据新的行政区划,青岛版图增加了崂东、夏庄两个新区,全市调查的学龄儿童计有63880人,较1934年纯增7600人,增幅高达12%,还不包括对"未设有学校之村庄"学龄儿童的调查。③ 显然,行政管理体制必须有助于凸显教育工作的中心地位。1929年,青岛市取消胶澳商埠时期的学校校董,改设学务委员会。虽然一些乡村不乏热心学务绅董,也有自动建筑校舍之举,但乡村"比比皆是"的是"借用民房和祠堂"做校舍的学校。这些租借的校舍大都"房宇狭小,光线不足,不但有碍观瞻,抑且妨害学生卫生,殊与新教育之设施不符"。④ 沈鸿烈为建立"政教合一"的教育体系,于1935年9月借助行政区划在全市5个市区和8个乡区各设立"其行政组织等于一小市政府"的办事处,办事处主任由市政府指派;每个办事处下设3~5个"社教中心区",由一个规模较大小学的校长任主任,直接对教育局负责;同时每个办事处设建设委员会,由一个规模较大

---

① 《钟部督学芷修先生演讲词》,载《青岛教育》第2卷第11、12合期,1935年6月。

② 《青岛全市教育机关名称分类编列一览表》,载《青岛教育》第131—138页,1931年1月。

③ 《青岛市教育局二十五年度行政计划》,载《青岛教育》第4卷第1期,1936年7月。

④ 《工作概况》,载《青岛教育》第20页,1931年1月。

小学的校长任会长，各村"学务委员、警长等为委员，协助办事处推行一切庶政"。① 由是，乡区学务委员由教育局延聘乡区公安分局长担任，分区学务委员由教育局委任公安分驻所巡官或办事员充任，村学务委员则由各乡区小学校长遴选热心教育的村民充任。这样，政府行政职能得以转换，学校建设成为各级组织的中心任务。表5-7基本反映了南京政府前期青岛小学教育的概貌。

2.组织建筑校舍委员会与充实乡村小学仪器设备

雷法章意识到，普及教育所需的校舍、设备等费用若分摊在"老百姓力量上，恐怕负担不起，自然应由政府另筹大宗经费"，还"应由地方大家担负"。② 鉴于

表5-7　1936年青岛市小学校校况统计表

项目		市　立			私　立			胶济铁路局所辖			总计
		市区	乡区	合计	市区	乡区	合计	市区	乡区	合计	
学校数（所）	完全小学	9	61	70	11	1	12	1	1	2	84
	初级小学	4	38	42	1	—	1	—			43
	合　计	13	99	112	12	1	13	1	1	2	127
教学班数（个）	高级班	29	97	126	19	2	21	6	4	10	157
	初级 普通班	84	414	498	45	4	49	11	8	19	566
	初级 二部制班	29	119	148	2		2	—			150
	初级 合　计	113	533	646	47	4	51	11	8	19	716
	附设幼稚园班	7	—	7				1	1	2	9
	合　计	149	630	779	66	6	72	18	13	31	882
学生数（人）	高级班	1173	2777	3950	546	54	609	191	183	374	4924
	初级 普通班	3758	16121	19879	1641	170	1811	388	487	875	22565
	初级 二部制班	2389	9303	11692	144		144	—			11836
	初级 合　计	6147	25424	31571	1785	170	1955	388	487	875	34401
	附设幼稚园班	385	—	385				41	49	90	475
	合　计	7705	28201	35906	2331	224	2555	620	719	1339	39800
职教员数（人）		209	739	948	93	9	102	32	22	54	1104
全年经费支出（元）		112636	322285	434921	43844	6340	50184	27732	13938	41670	526775

资料来源：《青岛全市小学校校况统计总表》整理，载《青岛教育》第4卷第1期，1936年7月。

---

① 《沈（鸿烈）市长在图书馆博物馆年会联合演辞——青岛市政建设概况》，载《青岛教育》第4卷第4期，1936年10月。

② 《雷（法章）局长对于四沧区村镇长训练班之训话》，载《青岛教育》第4卷第4期，1936年10月。

农村学校始终从属于民众的个人本位取向,对周围社会环境存在较高依赖、制度化程度较低的现实,自 1932 年起,青岛乡区小学由市统一规划,督促乡区办事处联络地方人士"筹划兴建"。基于"本市乡区小学,其校舍或借用祠庙,或租用民屋,湫隘嚣尘,不适于教学"的实际,1933 年青岛市新添中小学校校舍 40 余处,工程费共计 24.92 万元,其中乡区学校占 53%。① 市财政共投入 33872 元补助乡区小学,具体分配是:李村区 9422 元,沧口区 3814 元,九水区 5851 元,薛家岛区6704 元,阴岛区 8081 元。

为加大乡村学校统筹建设的力度,青岛市教育局于 1934 年颁布的《乡区小学校建筑校舍简则》规定:各乡区应由相关各方组织建筑校舍委员会,负责小学校舍建设,委员会组成人员包括学务委员、区村长及首事、地方行政机关职员、乡望素孚和校长,并规定新建小学校舍应能收容 40~50 名学生,同时规范了乡区小学建筑标准图。② 据统计,1932—1934 学年度青岛市政当局共筹措(政府拨款和村镇自筹)528849 元,建成新校舍(含分校)93 处,全市 85% 的村庄设有学校或分校。1936 年冬,雷法章在一次面向社会人士的公开演讲中称:建校"费用由政府补助一部分,其余都是人民捐助的。可见,乡区人民对于公益事业热心去做"。他进一步说:

> 各位去游览一下,看见红瓦白墙的房子,都是近年来新建筑校舍。……近年来校舍贫瘠地方,越盖越好,大家争先恐后,李村盖了,张村也盖。外人到乡间去参观,多表示佩服。去年美国经济考察团来青,团长福伯斯先生曾说过:像这样的乡区,即在美国亦不多见。③

在增建校舍的同时,青岛市政当局也比较重视仪器设备的添设。1934 年 3月,教育局在季度行政工作计划中提出"拟订乡区小学设备最低限度标准"的设想:

> 查本市乡区各小学设备,极为简陋,尤以教学设备中之图书、仪器、标本、风琴、体育器械等更□缺乏,于教学训练及教员进修,深感困难。过去虽积极筹划添置,但为数不多;而各校中感觉不完备者,仍不在少数。兹为统筹兼顾起见,拟规定一乡区小学最低限度设备标准。凡不及标准者,设法督促学校当局,会同地方人士筹款添置,公家酌予补助;其已够标准者,则公家

① 《二十二年教育工作纪要》,载《青岛教育》第 1 卷第 8 期,1934 年 1 月。
② 《青岛市乡区小学校建筑校舍简则》,载《青岛教育》第 2 卷第 7、8 合期,1935 年 2 月。
③ 《雷(法章)局长对小港区闾邻长讲习会训词》,载《青岛教育》第 4 卷第 9 期,1937 年 3 月。

毋庸补助。务期达到标准,使各校重要教学设备,不至于相差过远,藉以整齐学生程度,提高教学效率。①

1936年7月教育部颁布的《修正小学规程》明确提出:小学校经常费开支的五项内容及比例为教职员俸金可占70%,图书、仪器、运动设备、卫生费占15%,实验材料、水电、薪炭消耗费占9%,旅行保险等特别费占3%,预备费占3%。青岛市教育局承认,由于青岛连续数年为发展义务教育不断增校扩容,而"学校设备尚未能充分增加,以应需要,尤以乡区各校颇欠完备"②。虽然岁有增益,但相较于学校校舍建筑,教学设备"不免失之简陋",主要是图书、仪器、标本、模型、挂图匮乏。

3.实行缺额劝令入学制度与推进女童教育

为解决乡区农民"每多忽视子弟教育"的问题,青岛市政当局将"咸足定数,充实学额"作为乡区学校校长任职绩效"重要之考成"。1933年,教育局提出足额编班的规定,要求各校"就可能容纳之范围,尽量招足学生,俾各年级、各班均无缺额",乡区小学如班额不满30人的实行"并班教授,以免浪费"。③鉴于乡区小学每班学额"未能足额者,仍不在少数"的现实,1933年12月青岛市教育局发布训令重申:乡区市立和私立各小学校"即应切实设法劝导村民子弟入学"④。开学前,乡区学校校长"应调查附近村庄之学童,为充实设校学额之根据",倘若"中途发现学额不足,则责成校长按册劝导,继之以强迫办法,务期达到充实程度"。⑤1934年,教育局颁布实施《乡区小学充实学额暂行办法》,规定:各乡区办事处应于每学年开学后一周内"派全体职员分赴本区"调查各小学学生人数,如有缺额,应"先择其年龄较大、家境较(富)裕者"劝令入学;倘劝说无效,对其家长处以"一元以上十元以下之罚金";如儿童能随后入学,"有校长之证明者",即可撤回罚金。⑥

女童入学比例低始终是个棘手的问题。青岛市教育局意识到,"惟因乡民对于男女之观念,难免有所偏重,故对于强迫女子入学,定有相当困难","故在强

---

① 《四、五、六3个月行政工作计划》,载《青岛教育》第1卷第10期,1934年3月。另据有关资料统计,1934年青岛市区小学仪器设备费支出11223元,乡区小学2280元。(《青岛市第三届学校成绩展览会纪念册》,第16页,1934。)

② 《青岛市教育局二十五年度行政计划》,载《青岛教育》第4卷第1期,1936年7月。

③ 《民国二十二年教育行政计划》,载《青岛教育》第1卷第6期,1933年11月。

④ 《青岛市教育局训令(第七三四号)》,载《青岛教育》第1卷第8期,1934年1月。

⑤ 《学校教育·充实学额办法》,载《青岛教育概览》第8页,1934。

⑥ 《青岛市教育局乡区小学充实学额暂行办法》,载《青岛教育概览》第47页,1934。

迫之先,应予以相当之劝导与提倡"。① 教育局要求学校通过开会恳谈、入户访问等办法"多方宣传,以期共喻",极尽倡导之责。1936 年青岛共有小学在校生43925 名,其中女生 15202 名,比例为 34.61%。② 从总体上看,虽然青岛农村学校由于政府干预、受进步阶层意志和各种利益诉求的驱动迅速转型,但农村女童就学的速度十分缓慢。事实上,青岛教育的现代化在 20 世纪前半叶迟迟未能完成,始终带有新旧杂陈的过渡性特征,其中初等教育入学者性别二元不对称是一个非常重要的原因。

实际上,20 世纪 30 年代青岛农村义务教育的推进往往受制于南京政府经费支持的多寡。1936 年,雷法章在四方、沧口两镇及四沧区 29 个村庄村镇长的训练班上披露:1935 年青岛积极"扩充义务教育",小学发展迅猛,增加 1.2 万名学生,全市小学在校生总数达到 4.1 万名。为此,国民政府特别补助青岛"义(务)教(育)经费"4.2 万元。③ 1936 年 6 月,青岛市政当局向南京政府提交了一个 27.57 万元的义务教育经费预算数,其中期望得到中央 13.78 万元的经费补助。9 月,教育部电告青岛的是一个失望的数字——"补助青市经费共计七万元"。青岛因实际拨款"较原有预算相差甚巨",按原定计划实施义务教育"殊感困难",故"不得不另筹切实办法"。④

事实如此,社会变迁是农村学校教育制度变化的主要动力。民国青岛农村学校教育制度既受到来自国家层面的导向,又受制于当地社会政治、经济、文化客观现实和利益结构的作用。

第三节　市立与教会学校并峙的中等教育结构

一　政府举办的市立中等学校及其管理

由于沈鸿烈发展教育事业注重区分轻重缓急,即"先普及义(务)教(育),次发展中等教育、职业教育"⑤,总体来看,南京国民政府前期青岛中学教育的发展

---

① 《青岛市教育局二十五年度行政计划》,载《青岛教育》第 4 卷第 1 期,1936 年 7 月。

② 《民国二十五学年度全国初等教育概况》,载《中华民国史档案资料汇编》第 5 辑第 1 编教育(一)第 562—563 页,凤凰出版社,2010。

③ 《雷(法章)局长对于四沧区村镇长训练班之训话》,载《青岛教育》第 4 卷第 4 期,1936 年 10 月。

④ 《青岛市政府纪念周本局重要工作报告(民国二十五年十月五日)》,载《青岛教育》第 4 卷第 6 期,1936 年 11 月。

⑤ 《沈(鸿烈)市长在图书馆博物馆年会联合演辞——青岛市政建设概况》,载《青岛教育》第 4 卷第 4 期,1936 年 10 月。

水平不及小学的局面,与1930年教育部评价全国中学教育所说的"惟较之小学校教育进步差逊"基本吻合。只是1934年教育部专员郭有守在《视察青岛市教育报告》中指出的"该市公私立中学之整顿及改组"应遵照部令"切实办理",[①]则不无批评之意。

客观地说,20世纪30年代青岛公办中学较好地体现了沈鸿烈的"质量并重"[②]原则。南京政府接管青岛后的第一届(1929年学年度)中学毕业生共有161名(男生98名、女生63名)。其中,毕业于市立初中学校的有59名,另有私立初中毕业生97名、私立高中毕业生5名,而市立中学却没有1名高中毕业生。表5-8的资料统计表明,1930—1932年青岛各市立、私立中学高中毕业生共计

表5-8　1930—1932年青岛市高中毕业生升学状况统计表

单位:人

升入大学 青岛各 高中学校	山东 大学 (青岛)	齐鲁 大学 (济南)	山东 医科 专门学校 (济南)	北京 大学 (北平)	清华 大学 (北平)	北平 朝阳 大学 (北平)	同济 大学 (上海)	合　计
市立中学	10	1	4	1	1	4	2	23
市立女子中学	3	1	1	3	—	2	1	11
私立礼贤中学	5	2	1	—	1	—	1	10
私立文德女子中学	2	6	4					12
总　　计	20	10	10	4	2	6	4	56

资料来源:《青岛市市私立中等学校十九年至廿一年三年度高中毕业生升学状况统计表》,载《青岛教育》第2卷第1期,1934年7月。

179人[③],其中56人升入大学,升学率为31.28%。雷法章曾撰文阐述对于中等教育的认识:

> 尝感中等教育为国家教育之主干,无论升学就业均先经此阶段,故专家学者必先由此培植其始基,社会生产分子、干部服务人才,必须由此而养成,倘中等教育而不健全,则国家建设文化前途,均受重大影响。[④]

① 郭有守:《视察青岛市教育报告》,第1页,教育部训令第3531号,1934。
② 《沈(鸿烈)市长在图书馆博物馆年会联合演辞——青岛市政建设概况》,载《青岛教育》第4卷第4期,1936年10月。
③ 《青岛市市私立中小学校近三年度各级毕业生人数统计比较表》,载《青岛教育》第2卷第6期,1934年12月。
④ 雷法章:《市立中学十周年纪念词》,载《青岛市立中学十周纪念特刊》第1页,1936。

雷法章将中学教育归纳为三个注重之点,即品格思想之陶冶、知识技能之实用和体魄精神之锻炼,并围绕民族思想、生产技能、体格锻炼的教育目标,不断强化中学管理,最突出的是对中学教职员的管理。

民国青岛对中学校长实行两级管理制。1930年,青岛特别市颁文提出市立中学校长的任命"由教育局遴选合格人员,呈请市政府委任"。其任期分为四个阶段,即试用期(1年)、续用期(2年)、再任期(4年)和无定期,每一阶段"均须经教育局严格考察,认为服务勤恳,成绩优良,有统计可考者",始得"继续次一阶段"的任期。同时也制约教育局在中学校长"未满每一阶段任期期间""不得任意撤换",但若校长犯有明令禁止的过失必须撤换的,应由"市督学或主管机关派员查明属实",并"呈请市政府撤免"。[①] 青岛中学校长的薪俸按学校层级、班次之多寡、事务之繁简及学历经验分为7个等级,高级中学校长月薪最高200元(一级),最低140元(七级);初中校长的月薪也是10元级差,为160~100元。校长晋级的条件是学校进步、成绩优良、有统计可考的数据,并经督学报告证明。

青岛对中学教员的管理也十分严格。首先,中学教员须有规定的学历。一般而言,高中教员须有学位或国内外高等师范学校的毕业文凭;初中教员要求具备任教高中的资格,或持有高等师范专修科的毕业文凭,对持有旧制师范或后期师范学校毕业文凭者则须有一年初中任教的经历且"著有成绩"。不过,对学有专长的可以破格录用,但其人事决定权归教育局。如在"国学或艺术上富有研究"的专才,经教育局审查合格,可以任教高中;如"对某种技术科学确有专长"并经教育局审查合格者,不受初中教员学历的限制。民国青岛的中学教员一律实行聘任制,即"由校选聘"呈报教育局"审查核准",以一学年为一期(自8月1日起至次年7月31日止),但新聘教员和兼课教员以一学期为一期。中学教员一旦接受聘书"不得中途解约",如有"特别事故不能继续任教者,均需于一月前通知解约",但有"违反党义"或"不称职情事",[②]经查明属实,虽在聘约未满期内,也得中途解聘。高中专任教员每周任课时数以小时计。中学教员的待遇"除应由学校供给住宿外",其月薪标准分为高、中、初级三个级别:高级为第一级,中级含第二和第三级,初级为第四级和第五级。高中教员第一级的月薪定额为140元,之后按10元一个级差定额,第五级为100元;初中教员第一级的月薪为100元,之后按10元一个级差依次递减,第五级为60元。不过,中学职员的待遇比教员低得多,高中学校的教务、训育、事务主任月薪最高80元,比最低的初级

---

① 《青岛市市立中等学校校长任免及待遇暂行规定》,载《青岛教育》第110—111页,1931年1月。

② 《青岛市市立中等学校教职员任用及待遇暂行规定》,载《青岛教育》第112—115页,1931年1月。

教员还少 20 元,而初中职员最多只有 60 元。

翻检青岛教育史可以发现,南京政府前期的青岛,公办市立中等学校仅有市立中学、市立女中和李村中学三所。

青岛市立中学经过国共合作时期的初创,在国、共两党正式决裂和武装对立中转为公立,1929 年 3 月挂"青岛特别市市立中学校"校牌,校长王敬模离任,由刘尚一暂代校务,旋任命张鸿藻为校长。6 月,该校初中第二届 16 名学生毕业,9 月增设高中一年级普通科及师范科各 1 个班,兼收男、女生。1930 年 3 月,张鸿藻辞校长职,任命张瑞骘为校长;7 月,初中第三届 33 名学生毕业;9 月,随青岛特别市改称青岛市而更名为"青岛市立中学校",继续招收高、初中普通科及师范科。是年,该校共有学生 328 名、教职员 35 名,并附设一所小学,计有学生30 余人,以"供高中师范科学生实习"①。到 1931 年 7 月,青岛市立中学校初中第四届 28 人毕业,学校因班级、人数增多,原有校舍不敷分配,遂呈请市政府将驻扎在原德国伊尔蒂斯兵营一部的保卫团撤出,全部划归市立中学使用。至此,学校将新划入兵营"略事修葺,称第一院,原有校舍改称第二院",全校面积总计240 余亩。9 月,市政府核准《青岛市市立中等学校校长任免及待遇暂行规程》,凡 10 条。1932 年 7 月,张瑞骘辞职,谭书麟任校长,学校停招女生。次年 1 月,谭书麟辞职,董志学任校长,享一级高中校长待遇,月薪 200 元。② 董志学(1896—?),字励吾,山东蓬莱人,金陵大学毕业,留学美国西北大学,获社会学硕士学位,历任安徽省督学、皖南中学校长。青岛市立中学自 1929 年 3 月南京政府接管,到 1933 年 2 月董志学任职,在不到四年的时间接连更换了六任校长。董志学办学,追求"单轨制",是年 9 月随学校调整将师范科"归并入李村中学",附设的小学并入太平路小学校。为致力于发展普通科中学,董志学不断招聘专业师资,浓厚人才聚集氛围。不过,这一举措不被教育部专员郭有守看好,而对学校教师状况提出了两点意见:一是"教员多着西服,似有易于使学生沾染城市奢侈习气之可能";二是"教员应注意选择优良者充任,使学生程度得以提高"。③

青岛市立女子中学也经历了不寻常的发展变化。这所始建于 1925 年、脱胎于胶澳女子两级小学、由中学班发展而来的女子中学,历经 1929 年秋青岛特别市立女子初级中学的更名,1930 年第三次迁校,迁至莱阳路 26 号(今太平路 2号)原刘子善捐赠的私立青岛中学旧址。迁校后学校增设高中班,更名为"青岛市立女子中学校",吴惠波任校长。1931 年 3 月夏景陶接任校长,12 月杨桢任校

① 《校史》,载《青岛市立中学十周纪念特刊》第 1 页,1936。
② 《青岛市私立中等学校概况一览表》,载《青岛教育》第 1 卷第 9 期,1934 年 2 月。
③ 郭有守:《视察青岛市教育报告》,第 40 页,教育部训令第 3531 号,1934。

长;1932年8月韩仁接任校长。① 因原有校舍不敷应用,学校遂提出建设教学楼计划。这项投资4.69万元的建筑项目自1933年秋开工,1934年3月落成,包括教学楼、礼堂及30余间宿舍。② 时有教职员26名和高中学生69名、初中学生176名。当年初中毕业学生33名、高中毕业学生(首届)11名。1935年12月,诚冠怡任校长。诚冠怡(1891—?),北平人,毕业于北京协和女子大学,后赴英国研究教育,1923年将莎士比亚著名喜剧《陶冶奇方》(即《驯悍记》)译成汉语,在中国文学翻译领域颇有知名度。诚冠怡辗转青岛出任市立女中校长,强化了为培养高贵气质的女性实行单性别教育的女校价值,进一步夯实了民国青岛男、女中学两套教育体系并立的格局。应当说,青岛设置独立女子学校深受五四运动中关于妇女解放运动、追求女子教育权的影响,但在肯定女子学校优越性的同时,也要看到男女分校的负面问题。青岛曾有人撰文批评称:否认男女同校,无异于"否认男女同社会"③。

当然,南京政府前期青岛中学建设的得意之笔是1930年7月启动建设的市立李村中学。其实,在李村兴建中学源于当地老百姓的就学意愿。因为青岛的几所市立、私立中学均坐落在市区"于乡不宜",在李村设立中学"容纳乡区高小毕业生"而免偏枯,"俾子弟有升学之机"便成为官民的共同心结。据有关资料记载:

> 迭据乡区小学校长及各区长、村长(校长多为乡人或兼区长、村长)来局接洽公务,恒有表示公家如果设立李村中学,只须在李村指拨公地一块,所需建筑校舍及置办设备等项临时费,即可就地筹措等语。……本局以此项临时费原为乡区民众所乐捐,又为各学校历年办理之成案,当即组织一市立李村中学筹备委员会,拟具组织大纲,呈经市政府核准施行,即于七月间委任本局科长谭际时、督学王敬模,第六公安分局局长陈宝琳,李村小学校长巩金章等十一人为该会筹备委员,又委任杨乃宣、崔汉章、石玉铭等二十一人为该会劝募委员。所有李村中学一切筹募款项、购置设备等事宜,统由该会委员筹划,呈准本局办理。该会当即于七月十日开成立大会,讨论一切进行事宜。④

① 《青岛市私立中等学校概况一览表》,载《青岛教育》第1卷第9期,1934年2月。校长韩仁月薪200元(1933)。
② 《二十三年一、二、三月教育行政计划》,载《青岛教育》第1卷第10期,1934年3月。
③ 戴冠峰:《十年来之中等教育》,载《青岛市立中学十周纪念特刊》第7页,1936。
④ 《工作概况》,载《青岛教育》第14—15页,1931年1月。

但是，当教育局将 7000 元常年经费"附入编制十九年度全市教育预算案内，呈奉市政府核准"时发现，"惟李村无相当官产可资拨充校址之用，须新建筑校舍"。① 知情的当地乡民陈克烂等联名上呈市政府，要求"指拨李村西农林事务所所辖地为兴建校舍之用"，后又协商李村苗圃内的试验用地"可资收回拨用"。于是，张显勃等 16 名村民联名上呈市政府，"请以指拨该地为宜"。然而，好事多磨，教育局与农林事务所迭经往返函商，但"尚未拨妥，校舍兴建遥遥无期"。② 据史料记载：

> 惟学年开始，业经数月，学生嗷嗷升学之心至盛，似不宜因校舍关系而迟于成立。③

有鉴于此，教育局于 1930 年 10 月 4 日决定将筹备市立李村中学开学提上日程④，委谭建之为校长，11 月 5 日即"考录正取生 80 名、副取生 15 名"。同时，借用李村小学、李村普济分院、国民党区党部的房屋为校舍，于 11 月 14 日正式开学上课。李村中学是有动议、无校舍、借用他处公产硬性开办的市立学校。这一先开学、后建校的特殊境遇，注定其校舍建设一波三折。

1931 年，在青岛市政府拨款及当地工商团体筹款资助下，于李村农园西南划给 14.21 亩土地破土建校。可惜，动工后因款项不足，建筑计划未能全部完成而辍工。1932 年 8 月赵枚任校长⑤后，多方奔走。是年底，青岛市政当局决定由"市库"拨 1.45 万元，地方"按地亩筹收"4500 元，加之即墨同乡会捐助的 6000 元，兴建校舍。⑥ 几经努力，终建成两座四合院式平房校舍。当年招收初中一、二年级学生，同时附设招收小学毕业生、修业 4 年的乡村师范班和修业 1 年的速成师范班。翌年又增设招收初中毕业生、修业 3 年的师范科。李村中学创办伊始即实行混合普通、职业和师范多科并列的体制，这为李村中学后来的分化和职业化埋下了伏笔。

归类于公办属性的胶济铁路青岛中学，在历经草创初期屡屡变更校址后，于 1931 年 9 月迁四方(今杭州路 5 号址)，建筑面积为 1188 平方米。1932 年秋，因宋还吾辞职，胶济铁路管理委员会委员崔士杰兼任校长。崔士杰(1888—1970)，字景三，山东淄博人，早年留学日本，武昌起义后回国参加蓬莱、黄县革命军；1912 年返日本东京帝国大学深造，获博士学位；1922 年参与接收青岛及胶济

---

① ② ③ 《工作概况》，载《青岛教育》第 14、15、15 页，1931 年 1 月。

④ 《第五次局务会议记录》，载《青岛教育》第 139 页，1931 年 1 月。

⑤ 《青岛市私立中等学校概况一览表》，载《青岛教育》第 1 卷第 9 期，1934 年 2 月。赵枚月薪 160 元(1933)。

⑥ 《二十三年一、二、三月教育行政计划》，载《青岛教育》第 1 卷第 10 期，1934 年 3 月。

铁路主权的中日谈判,是 1928 年调处"济南惨案"的中国军队代表。崔士杰任职青岛铁路中学校长期间,每月将 300 元薪俸全部资助贫困学生。1933 年 2 月,青岛铁中的女生被分配到青岛圣功、文德等女中。[1] 据 1935 年春季统计,青岛铁中有 14 个教学班(其中高中 6 个班)、574 名学生(其中高中生 228 名),47 名教职员,年经费为 74430 元。[2]

总的来看,南京政府前期的青岛中学教育发展缓慢,虽中学生源逐年增多,但仍供不应求。据 1936 年统计,是年报考中学人数多达 1715 名,原定录取 650名,因投考人数过多,便采取增加班次、破格录取的办法,实际招生 751 名,其中青岛小学应届毕业生为 434 名。[3] 这个数字反映了一个值得关注的问题:超过 42%的初中入学生是外地生源,中学秉持的质量意识并不在意是否满足了青岛当地学生的需求。据统计,1937 年七七事变前,青岛初中入学率为 43.79%。事实如此,由于青岛在城市化进程中吸纳了大量外埠人口,表 5-9 比较准确地反

表 5-9　1935 年青岛市中学生籍贯人数统计表

籍贯	山东	青岛	浙江	江苏	河北	广东	安徽	湖北	辽宁	湖南	江西	福建
人数	1414	240	142	124	119	69	54	54	42	29	28	28
占比(%)	58.6	9.9	5.9	5.1	4.9	2.9	2.2	2.2	1.7	1.2	1.2	1.2
籍贯	北平	上海	河南	四川	贵州	南京	吉林	广西	黑龙江	云南	—	合计
人数	16	15	12	10	5	5	3	2	1	1		2413
占比(%)	0.7	0.6	0.5	0.4	0.2	0.2	0.1	0.08	0.04	0.04	—	100

资料来源:根据《青岛市市私立中等学校二十四年度学生籍贯统计表》整理,载《青岛教育》第 4 卷第 1 期,1936 年 7 月。

映出民国青岛中学生籍贯的多样性,这从一个侧面凸显了移民对青岛教育的巨大影响,旅寓文化实为青岛城市的基本特征。

二　平稳中趋于式微的外国教会中学

20 世纪 30 年代青岛中学教育最本质的变化是,外国教会举办的中学失去了往日的辉煌,在总体平稳的状态中渐显式微的趋势(表 5-10)。据有关资料显

①　《山东省青岛第六十六中学志》(内部发行),第 6 页,2015。
②　《青岛全市中等学校校况统计总表》,载《青岛教育》第 4 卷第 1 期,1936 年 7 月。
③　《青岛市政府纪念周本局重要工作报告(民国二十五年十二月二十八日)》,载《青岛教育》第 4 卷第 8 期,1937 年 2 月。

示，1931 年青岛公办中等学校全部资产总值为 236471 元，私立中学为 355329
元，公办中学只占 1/3 的份额。公办中学反超私立中学出现在 1933 年，到 1934
年公办中学提高到 552910 元，而私立中学则为 511500 元。[①] 公办中学比私立中
学高出 8% 的资产总值。

表 5-10　20 世纪 30 年代青岛市中等学校校况分类统计表

立别	校名	校长		教学班数(个)			学生数(人)			职教员数(人)	年经费(元)
		姓名	任职时间	初级	高级	合计	初级	高级	合计		
市立	市立中学校	董志学	1933 年 1 月	6	4	10	245	147	392	43	58762
	市立女子中学校	诚冠怡	1935 年 12 月	6	3	9	262	116	378	33	45295
	市立李村师范学校	沈藻翔	1935 年 9 月	5	4	9	197	166	363	39	47568
	市立初级农业职业学校	周亚青	1936 年 9 月	3	—	3	100	—	100	22	15270
	合计			20	11	31	801	429	1233	137	166895
私立	私立礼贤中学校	刘铨法	1923 年 3 月	10	7	17	394	163	557	39	40170
	私立崇德初级中学校	王文坦	1932 年 6 月	8	—	8	310	—	310	23	18002
	私立文德女子中学校	高梓	1933 年 2 月	5	3	8	195	51	246	28	19132
	私立圣功女子中学校	周铭洗	1933 年 8 月	3	3	6	118	49	167	20	28800
	合计			26	13	39	1017	263	1280	110	116104
其他	胶济铁路青岛中学	崔士杰	1932 年 9 月	8	6	14	346	228	574	47	74430
	总计			54	30	84	2164	920	3087	294	357429

　　资料来源：根据《教育统计》《青岛市市私立中等学校二十四年度概况统计表》等资料整理，载《青岛教育》第 4 卷第 1 期，1936 年 7 月。

　　青岛的私立中学，如礼贤、崇德和文德女中越过北洋政府时期艰难的办学历程，在南京政府接管青岛后逐步进入稳健的发展期。礼贤中学于 1929 年"复呈"教育部立案，1931 年开设了高级工程科，1935 年"添设德文科，煞费经营"[②]，还在初中增设初级制图科。据史料记载，礼贤中学曾于 1930 年 10 月提出升格请求，"设师范及土木工程两科，并拟由高中分科作为预科，毕业后升入专科"[③]。但这一提案未能获得教育部的批准，1931 年 7 月，徐崇钦以"全体职员纯系义务

---

　　① 《青岛市市私立中等学校历年物质建设概况统计比较表》，载《青岛教育》第 3 卷第 9 期，1936 年 3 月。

　　② 《刘铨法致王献唐(1935 年 8 月 24 日)》，载《王献唐师友书札》(上)第 714—715 页，青岛出版社，2009。

　　③ 《私立礼贤专科学校筹备标准》，存青岛市档案馆，档号：B0027-004-00258-0065。

职,难资负责"、校章条款与部规"不合"为由,予以否决。①

1929 年 7 月,美国基督教北长老会胶东区会决议停办的明德中学恢复办学,于 8 月成立校董事会,定校名为"青岛私立崇德初级中学校",设初中一、二年级各 1 个班和 1 个预备班,复聘王守清任校长,9 月 18 日开学上课。1931 年 12 月,教育部准青岛崇德中学立案。青岛市政府自 1932 年 1 月起,每月给予 50 元补助以示鼓励;至秋季学生增至 5 个班、200 余名,市政府批准自 12 月起每月补助 200 元。1932 年 6 月,校长王守清逝世,教务主任王文坦继任校长。② 王文坦(1906—2001),字履平,山东滋阳(今属兖州)人,先后就读于齐鲁大学和燕京大学,曾任威海卫育华中学校长,1930 年 8 月任教青岛崇德中学。王文坦任职校长期间,崇德中学声名远扬。1933 年崇德中学创办校刊时,沈鸿烈题写刊名,为校刊题词的国内教育界知名人士有蔡元培、蒋梦麟、梅贻琦、张伯苓等。

1934 年 2 月,崇德中学校因学生增多急需增筑校舍,建筑费估价 1 万元以上。适德国人陶克理愿任半数,"但以华方亦能募集半数为条件",校董事会决议募捐。市长沈鸿烈闻讯"慷助千元之为之倡"③,此举获得各方热心人士响应,捐款共计 1.5 万余元。是年 7 月,以此款在阳信路校园增建一座二层楼;又以各方之捐款,用市政府在观象山的一块公地新建一座三层楼房(后为青岛观象二路小学校舍)。12 月 28 日,崇德中学举行新教学楼落成典礼。1935 年,崇德中学共有 8 个教学班、310 名学生和 23 名教职员,年经费为 18002 元。④

青岛文德女子中学经过 1927 年扩建后,学校发展很快。但是,1930 年 6 月因开除对教员发难的学生而造成矛盾,致使学生数量大减。1933 年 2 月,高梓任校长。高梓(1902—1997),字仰乔,安徽贵池人,1920 年留学美国威斯康星大学,回国后任上海女师教授、北平女子文理学院体育系主任;1932 年 8 月任国立山东大学教授,后任青岛文德女中校长,1933 年 10 月出任第五届全国运动会裁判委员会主席。⑤ 高梓于 1934 年应聘中央大学离开青岛,继任校长为谭书麟。谭书麟(1903—?),又名谭天凯,青岛人,曾获美国斯坦福大学教育硕士和哲学博士学位,是国立青岛大学教授兼乡村教育系主任。谭书麟任校长期间,聘请"左联"作家孟超来校任教,国立山东大学的"海鸥剧社"还到文德女中辅导戏剧活动。1935 年"一二·九"运动爆发后,宋兹心等女生纷纷响应,形成很大的学潮。1936 年 7 月,焦墨筠任校长。焦墨筠(1896—?),即墨人,曾留学美国泊玛

---

① 《关于核备礼贤中学修正立案表册的训令》,存青岛市档案馆,档号:B0027-004-00258-0084。
② 《青岛市私立中等学校概况一览表》,载《青岛教育》第 1 卷第 9 期,1934 年 2 月。
③ 《青岛崇德中学校刊·校史纪略》,存青岛市档案馆,档号:A001362-00007/8。
④ 《青岛市市私立中等学校二十四年度概况统计表》,载《青岛教育》第 4 卷第 1 期,1936 年 7 月。
⑤ 刘思祥:《高梓传略》,载《江淮文史》2001 年第 2 期。

拿大学。

比之曲折坎坷的文德女中,成立于1931年9月的私立青岛圣功女子中学系美国威斯康星州天主教圣方济各会所创,其"物质设备之优良,为青市各校之冠"①。是年7月,青岛市教育局曾考察建设中的私立圣功女子中学校,与学校创建人德籍主教维昌禄、修女尤斯特拉(Nun Jostra)磋商开办事宜。9月14日,圣功女中举行开学典礼,并定是日为学校成立纪念日。圣功女中始为初级中学,有教职员11名(其中美籍4名)、学生78名,首任校长是留学美国密歇根大学的林黄倩英。1933年8月,周铭洗接任校长。② 周铭洗(1904—1996),湖南湘潭人,早年就读天津女子师范学校,继读北京女子师范大学,后赴美留学获教育学硕士学位,归国后先任教北京大学,1932年受聘国立山东大学外文系讲师。8月,青岛市教育局呈请教育部批准,令圣功女中增设高中普通班,开设音乐科。1934年,著名作家、周铭洗之姐夫许地山为圣功女中写校歌,歌词是:

> 东海浩荡兮,泰山高耸,圣功介其中。
> 后枕山,前面海,景色优越无穷。
> 壮哉,丽哉,我圣功。
> 师生聚首兮,金冶玉攻,敬业尚艺乐融融。
> 敦厚以崇礼,守道能饬躬,学舍飘扬洙泗风。
> 壮哉,丽哉,惟我圣功。
> 技艺充,学艺隆,道德高,情感丰,师也生也意趣同,生也师也神志通。
> 壮哉,丽哉,惟我圣功。
> 技艺充,学业隆,敦厚以崇丽,守道能饬躬,一切光荣属我圣功!③

但是,在教育部专员郭有守看来,青岛圣功女中比"学风俭朴"的市立女中,不仅"天主教教姑主持校务教课,宗教色彩浓厚",而且"贵族习气宜加防止"。他在观察圣功女中的音乐课后写下了"音乐仍用简谱,殊陈旧"的批语。④1934年秋,圣功女子中学提出按完全中学予以立案,教育局指定专员审查其材料。直至1935年2月,教育局才"按部章审核,复经派员视察",转呈教育部"请准予备案矣"。⑤ 瑞典基督教浸信会在胶县举办的瑞华小学初中部,于1929年定名为"胶县私立瑞华中学",实行男女合校,学制3年,1932年12月经山东省教育厅呈部

①④ 郭有守:《视察青岛市教育报告》,第41—42、42页,教育部训令第3531号,1934。
② 《青岛市私立中等学校概况一览表》,载《青岛教育》第1卷第9期,1934年2月。
③ 《青岛私立圣功女子中学校刊》,第18页,1935。校歌作曲为休斯顿(Houston F C)。
⑤ 《第二六四次纪念周本局重要工作报告》,载《青岛教育》第2卷第9、10合期,1935年5月。

核准备案。显然,外国教会势力捍卫自身传统领地的欲望始终未退,但又必须接受国民政府的认可而妥协。

此外应当肯定地说,南京政府前期的青岛,日侨教育势力锐减。据1935年出刊的《青岛概要》记载,日本中学校有教职员29名、学生395名,除了接收侨居青岛的日籍学生,还"接收胶济铁路沿线各地及济南、天津、北京、上海、满洲、汉口等内地学生",年经费约为11万元,1931—1936年秀岛寅次郎任校长。日本高等女子学校有教职员28名、学生377名,年经费8万元左右。日本青岛学院的商业学校和实业夜校均取得日本在外指定学校资格,享受"恩准法待遇",其中商业学校有学生111名(含中国学生19名)。日本第一寻常高等小学校有教员34名、学生1325名;第二寻常小学有在校生354名;沧口小学有在校生202名;四方小学有在校生177名。日本真宗本派设立的私立青岛幼稚园有幼儿40名,青岛保育会幼稚园有幼儿30名,这两所幼稚园均享受日本居留民团的补助经费。另外,日本居青教育社团青岛日本教育会1932年有会员291名。

值得注意的是,济南东文学校于1935年2月迁至青岛,改名"私立东文书院",地址在热河路59号,开办人为韩鹏九、王文峰、李仲刚等,李仲刚任校长。该校设初、高级中学部和夜学部,课程有讲授日语读本、会话及翻译等,招收学生100余名。青岛市教育局派员实地调查后,认为该校"教学设备尚属完全,各教员资历亦属相符",但鉴于两名日籍教员"既不谙中国言语,且教授方法亦多未合",当即饬令该校"将所有一切课目完全改用中国人自教,并饬觅具铺保","俟办有成绩后,再准登记"。①

南京政府前期的青岛,为方便美侨入学,美国驻青岛领事馆在湖南路开办了青岛美国学校(The Tsingtao American School),校董事包括美商滋美满(Zimmerman H T)、美国基督教信义会代表安斯帕奇(Anspach P P)、北长老会代表库恩拉特(Kunrat R G)。该校用英语教学,使用美国教材,1930年有8个教学班,另有一处幼儿园,其办学至1937年七七事变前始终没有间断。②

还要补充的是,20世纪30年代的青岛出现了数所以教授英文为主业的私立非学历教育机构。1930年,青岛市仅私立外国语补习学校就有十余处,其他未经查明的私立补习学校当不在少数。为此,教育局制定《青岛市管理私立职业补习学校暂行规程》,责令其登记备案。例如:1930年费县路20号的"文会学社",举办人杨超平来自大连基督教青年会。1934年10月,林天民在禹城路52

① 《第二七六次纪念周本局重要工作报告》,载《青岛教育》第2卷第11、12合期,1935年6月。
② 《青岛美国学校关于召开董事会、聘请教师、学校工作报告的来往信件》,存青岛市档案馆,档号:B0060-003-0004。

号开设了"功倍学校"，教授英文。1936年3月，林闽生在芝罘路50号开设"新生英文学社"。1937年5月，李希禹在济宁路38号开设"志成英文学社"。① 作为开埠城市，青岛的外国语教育自有需求，来自民间的社会性外国语教育往往能弥补学校教育的短板。

第四节　闻名遐迩的劳工教育与有限的中学职业科

一　以增进工人知识技能为目的的职工学校

由于青岛工业发达，劳工人数占全市居民总数的13%，青岛市政当局将面向职业工人的劳工教育作为重要的行政事项。据史料记载，最初的劳工教育始于市政府所属机关的工役补习学校，其目的仅限于"俾使工役均能识字、读书，增高服务效能"②。1930年3月，青岛特别市教育局拟订工役补习学校通则，呈奉特别市政府核准，以政府指令公布施行。

其实，南京政府接管青岛伊始，一些工厂主为协调劳资关系、增进工人生产技能，自发地组织起具有劳工教育性质的职工补习学校。1929年9月，华新纱厂首开先例，委技师兼工务长史镜清任校长，"从此工人工作余暇得有求知、修养之机会"。华新纱厂职工补习学校属于"义务性质，不收学费"，凡男女职工"均得入校上课"，由厂方"供给书籍、文具"。③ 学校初为高、初两级班，修业期限均为6个月，初招工人学员182名，每月经常费400元；后因高级班学员"升学心切，特添设特级，修业期限定为两年"。④ 华新纱厂的首创为青岛普及劳工教育带来了星火燎原般的影响。

鉴于青岛为通商口岸，码头、铁路运输工人尤多，此类"苦力工人多未受教育"，为增进职工受教育机会，"使各工厂工人均能识字、读书起见"，1930年3月24日，政府参事韩安、陆铨向特别市政府提交议案，建议组织职工夜校。这个议案经市政府第三十五次市政会议通过，责成特别市教育局拟订工厂职工补习学校实施办法，规定：凡设于青岛之中外工厂均须设立职工补习学校，人数低于50人的工厂，应与其他工厂联合成立职工补习学校。职工补习学校分初、高两级，初级课程为国语、党义、珠算、常识、技艺5科；高级课程为国语、党义、技艺、工会

---

① 《各省市县补习学校概况调查表》，存中国第二历史档案馆，卷号：2021-262。

② 《青岛特别市政府及所属各机关工役补习学校通则》，载《青岛教育》第125页，1931年1月。

③ 《华新纱厂职工补习学校简章》，载《青岛教育》第1卷第9期，1934年2月。

④ 《华新纱厂职工补习学校设施概况》，载《青岛教育》第1卷第9期，1934年2月。1931年，特级班改为一年制和二年制两种形式：特级一年制有2个班，二年制有1个班。

法、合作法 5 科。① 这个不乏刚性的工厂职工补习学校办法收到立竿见影的成效,是年青岛有 5 家工厂设立了职工补习学校,有学员 974 名。

为加强职工学校管理,统管全市职工教育,1930 年 3 月,由教育局、社会局及职业教育专家各方代表组成的"青岛市职工教育委员会"成立。委员均为名誉职,若中途辞职,应由"原机关改派或改聘";如请假,得由"原机关派人代表,但须通知本会"。② 这个南京政府接管青岛后的第一个职工教育组织,创办伊始即明确了工作职能:

> 一、关于推行各项职工教育法规所载事项;
>
> 二、关于职工教育课程及教材之编订、改进事项;
>
> 三、关于职工教育之调查、统计事项;
>
> 四、关于各工厂职工学校之视察、指导事项;
>
> 五、关于各工厂职工学校之劝导设立及奖励事项;
>
> 六、关于其他职工教育事项。③

第六条兜底事项试图囊括职工教育所有未尽规定。1931 年 6 月,市职工教育委员会在华新纱厂、永裕盐厂、铃木丝厂、公大纱厂(钟渊纱厂)、宝来纱厂、富士纱厂、隆兴纱厂、内外纱厂、大康纱厂 9 家工厂成立职工教育委员会分会及职工学校,共招收 31 个班、1678 名工人学员,有兼职职教员 28 名。1931 年 10 月,教育局拟订《青岛市工厂职工补习学校实施办法》,以市政府训令公布实施。

1932 年 8 月,青岛市政当局分别在四方和沧口各设一所市立职工补习学校。④ 市立四方职工补习学校地址在隆兴路,市立沧口职工补习学校则借用民房开办,设识字班、公民班各 1 个,职业补习班 3 个,在籍学员有 144 名,实行晨、晚教学。是年,根据教育部颁布的《劳工教育实施办法大纲》,茂昌蛋厂、胶澳电气公司、新生制机厂、山东烟草公司、胶澳新大轮机厂 5 家工厂设立职工补习学校,全市共有职工补习学校 15 所、学员 2159 名。及至 1933 年 10 月,冀鲁制针厂、和顺绒厂、双蚨面粉厂、恒兴面粉公司、贯华冻粉厂、福字胶皮厂、明华火柴厂、鲁东火柴厂、兴业火柴厂、信昌火柴厂、华盛火柴厂、振业火柴公司、华北火柴公司、中国颜料厂、新兴制杆厂等纷纷成立职工学校,全市职工补习学校达到 30 所,共有 59 个班、工人学员 2454 名(其中男性为 2187 名),毕业 950 名(均为男性)。据史料记载,华新纱厂职工补习学校在青岛职工教育中最具代表性。这所

---

① 《青岛特别市工厂职工补习学校实施办法》,载《青岛教育》,1931 年 1 月。

②③ 《青岛市职工教育委员会简则》,载《青岛教育》第 128、128 页,1931 年 1 月。

④ 《劳工学校》,载《青岛市劳工教育概览》第 48 页,1936 年 6 月。

成立于 1929 年 9 月的纱厂职工补习学校坚持数年，招生规模不断扩大（表 5-11），到 1933 年下学期招收工人学员达到 707 名。历经多年的办学实践，华新纱厂职工学校形成了由识字班、公民训练班、职业补习班、纺织专修班预科和本科

表 5-11　1929—1933 年青岛华新纱厂职工补习学校情况统计表

时间 项目	1929 年 下学期	1930 年		1931 年		1932 年		1933 年	
		上学期	下学期	上学期	下学期	上学期	下学期	上学期	下学期
开班数（个）	4	4	6	6	7	7	7	8	9
学员数（人）	182	204	318	232	419	337	390	614	707

资料来源：根据《华新纱厂职工补习学校设施概况》整理，载《青岛教育》第 1 卷第 9 期，1934 年 2 月。

五个层级的劳工教育体系，其课程除了国语国音、公民道德、党义、算术等公共课，还有技艺、工业常识、合作法、工会法、地方自治等必修科。纺织专修班预科设有代数、几何图、理化大要、英文，本科课程则近似于中等纺织专业学校，有棉纺织学、机械学、纺织原理、织物分解、机械制图、工厂管理法、力织机、应用机械、漂染、织物整理、电气工学等。[①] 1934 年 3 月，青岛华新纱厂职工补习学校因办学成绩优良，经教育局会同社会局考核，呈经青岛市政府转咨国民政府实业部、教育部，依据《劳工教育实施办法大纲》之规定，奖给该厂"兴学惠工"匾额一方，以昭激劝。[②]

　　当然，由于南京政府经济萧条、产业亏累及管理体制等因素的影响，造成民营企业发展空间狭窄、工厂停工减产现象严重，工厂主对自行举办的职工学校往往无心无力，由此导致一些规模小、劳资关系紧张、工人不稳定的民营小厂的职工学校时办时停。1933 年因棉纱价格跌落，致使全国纱厂亏多盈少、部分工厂停工，这种窘况一直持续到 1935 年。企业不景气必然带来职工学校的生存危机。据史料记载，1935 年初青岛市职工学校由原有的 31 所、学员 3000 余名，锐减至 11 所、33 个班、学员 1444 名。[③] 3 月 19 日，青岛市教育局会同社会局召集已将职工学校停办及应设立职工学校的 20 家工厂开会，最后议决：已停办者限 10 日内一律恢复；未设立者由各工厂与职工教育委员会接洽，从速设立。[④] 4 月，教育局会同社会局派员"至各厂督催"。经查，福字胶皮工厂、兴业火柴厂职工学校均已复校；公共汽车公司"亦设立售票员训练班，并声明俟该班结束后，另

① 《华新纱厂职工补习学校简章》，载《青岛教育》第 1 卷第 9 期，1934 年 2 月。
② 《第二一九次纪念周教育局重要工作报告》，载《青岛教育》第 1 卷第 10 期，1934 年 3 月。
③ 《第二七二次纪念周本局重要工作报告》，载《青岛教育》第 2 卷第 11、12 合期，1935 年 6 月。
④ 《第二六八次纪念周教育局重要工作报告》，载《青岛教育》第 2 卷第 9、10 合期，1935 年 5 月。

成立正式职工学校";山东烟草公司、和顺染织厂"已将教室重新粉刷,并制备新桌凳"。督催结果,全市"添加职工学校十所"。① 9月,教育局又"饬令兴华工厂等十三厂"设立职工学校,同时派李士魁、茅宗俊二委员到停办多日的新大纶袜厂"令饬"其恢复职工学校。② 1936年,由于国民政府法币政策、通货贬值的刺激,工业生产开始上升,职工学校才重新步入正轨。

此外,青岛城市商业类和妇女补习学校也纷纷兴办起来。

1933年12月,市立北平路、台东镇、台西镇3所商业补习学校第三期学员结业,第四期筹备招生。由于第三期"毕业人数不多",青岛市教育局召集3所商业补习学校校长开会,进一步研究招生办法,"除张贴广告",并须"亲往各商家劝导",对毕业考试成绩列前三名学员"由三校联名函请各工厂、银行、公司、商店尽先聘用,以资提倡"。③ 1934年12月,教育局将原第二区公所设立的商业补习学校收归市办,定名为"青岛市立常州路商业补习学校"。该校原招收东方市场商店学徒40余人,授以商业知识。该校办学半年后,于1935年迁址太平路自来水厂一处官产内,更名为"青岛市立太平路商业学校"。④ 1936年7月,四方路和台西镇商业补习学校第七期开学,两校分别招生38名、35名。

1933年12月,市立济宁路妇女补习学校第三期学生结业;1934年9月,市立禹城路妇女补习学校第四期、市立北平路妇女补习学校第三期学员毕业,随后又分别举办第五期、第四期。⑤ 妇女补习学校的课程以劳动职业为本,教授的技能为刺绣、缝纫、编物等。为了"引起社会人士之注意",教育局将妇女补习学校的出品送交民众教育馆陈列,"任人购买",各校将"所得款项"部分用来"添购原料",部分发给学员"藉资奖励"。⑥ 1936年,因学员增多,原校舍不敷适用,常州路商业补习学校迁至兰山路小学校,改为"兰山路商业补习学校";禹城路妇女补习学校迁至云南路,改为"云南路妇女补习学校";朝阳路妇女补习学校迁至邱县路,改为"邱县路妇女补习学校"。

在教育局与社会局的通力合作下,1935年8月,青岛职工教育委员会改称"劳工教育委员会",成员有11人(包括教育局4人、社会局4人、两局会聘3人),办公地点在教育局,由教育局和社会局各出一名书记驻会。劳工教育委员会下设总务股、指导股、调查股、研究股、劳工教学研究会,其劳工教学研究会为

---

① ⑥ 《一年来之青岛教育》,载《青岛教育》第3卷第1期,1935年7月。

② 《第二九二次市政府纪念周本局重要工作报告(民国二十四年九月三十日)》,载《青岛教育》第3卷第5期,1935年11月。

③ 《第二〇七次纪念周教育局重要工作报告》,载《青岛教育》第1卷第7期,1933年12月。

④ 《第二七六次纪念周本局重要工作报告》,载《青岛教育》第2卷第11、12合期,1935年6月。

⑤ 《第二四七次纪念周教育局重要工作报告》,载《青岛教育》第2卷第3期,1934年9月。

全市"劳工学校教职员研讨教导问题之中心组织"①。8 月 28 日,四方职工补习学校扩建为青岛市劳工教育馆,委茅宗俊为馆长。为便于事权集中,劳工教育馆内设劳工学校、劳工图书室、卫生展览室、劳工俱乐部、劳工壁报、劳工娱乐室、劳工健身场、劳工托儿所,举办劳工调查、劳工演讲会、劳工访问等活动。其劳工学校设初级班(单式编制)2 个、中高级班(复式编制)2 个、辅导班(单级编制)1 个,学员有 148 名。

青岛将职工教育改称"劳工教育"、职工补习学校改称"劳工学校",旨在"提高工人知识、增加生产效能","且本市工厂林立,劳资阶级意识逐渐明显,非把劳工教育纳入三民主义正规,不足以弥争斗之风,两收互助之益"。劳工学校归劳工教育委员会管理,学员学习 4 个月为一期,经费由办学工厂负担。劳工教育委员会规定:各工厂工人一律入学,不得借故规避。1935 年,利生铁厂、德顺炉铁厂、同泰橡胶厂 3 所工厂新设立劳工学校。至年底,青岛共有华新纱厂、茂昌蛋厂、永裕盐厂、利生铁工厂、冀鲁制针厂、胶澳电气公司、福字胶皮厂等 10 所劳工学校,计有 29 个班、1166 名学员。②

1935 年,南京政府实业部、教育部确定青岛为全国劳工教育实验区之一。为此,1936 年青岛市加大工作力量,组建劳工教育实验区指导委员会,统一协调全市劳工教育,除了将以往劳工教育事业划归实验区,并"根据部章,审查地方需要,增设其他劳工教育事业"③。1937 年 2 月,《国际劳工通讯》第四卷刊登《青岛创办劳工学校》的消息:

> (青岛市)为增进劳工知识,改良其工作技能,使与工厂方面协力合作,尽力生产,并于无形中养成工人正确思想,不存阶级观念,安分工作起见,特会同组织劳工教育委员会,推动劳工教育,办理劳工学校,经费 9678 元,各校修业期限定为 3 年。④

青岛市政当局试图通过举办劳工教育协调劳资关系,并"运用教育之力量,指导改进工人之生活"⑤,这在阶级严重对立的南京国民政府前期只能是一种尴尬的粉饰。一些历史遗存资料表明,教育和社会两局付出了难能可贵的努力,其课程纲要、训育办法和教育设备具有很高的专业性。但是,阶级斗争、经济恐慌、

---

① 《劳工学校教学研究会》,载《青岛市劳工教育概况》第 56 页,1936 年 6 月。
② 《视察报告》,载《青岛市劳工教育概况》第 59 页,1936 年 6 月。
③ 《青岛市教育局二十五年度行政计划》,载《青岛教育》第 4 卷第 1 期,1936 年 7 月。
④ 《青岛创办劳工学校》,载中共青岛市委党史资料征委会办公室、青岛市总工会工运史研究室编《青岛党史资料》(内部发行)第 6 辑第 634 页,1991。
⑤ 《劳工教育馆》,载《青岛市劳工教育概况》第 53 页,1936 年 6 月。

产业衰落的现实,无法让贫困、饥饿的工人安心求学,青岛职工学校颓废局面无法挽救,虽"迭令恢复",但其元气丧失殆尽。事实上,青岛职工补习学校1934年以后再未达到1933年的30校、2454名学员①的水平。

二 职业补习学校与普通中学附设职业科

南京政府前期的青岛,职业学校发展不利。1934年,教育部专员郭有守在《视察青岛市教育报告》中给出了"该市尚无职业学校之设置"的结论,并指出青岛"公私立各中学除设师范科与建筑工程科各一校外,余均为普通科中学",且经费使用"尚无精确之统计"。②

实际上,20世纪30年代青岛的职业教育是从管理私立职业补习学校、职业传习所入手,主要针对附设在部分市立和私立小学的职业补习学校。这些兼具职业和社会教育双重职能的机构,最初赁借北平路、台东镇、台西镇等规模较大的小学校舍,以商业类居多,校长和教员均为专任。后来,一些小学又附设了妇女职业补习学校,课程为国语、刺绣、编织、缝纫、造花、家禽学、家事等。为规范私立职业补习学校的办学行为,1930年5月,青岛特别市教育局拟订管理规程,并经市政会议修正议决,以特别市政府指令公布实施,规定:私立职业补习学校的修业期限"应在三个月以上",授课时间"每周至少须有八小时,其中职业课程应占半数以上"。③

其实,青岛市政当局对发展职业教育的必要性有着深刻的认识。郭有守在《视察青岛市教育报告》中专门载入青岛市教育局的报告摘要:

> 该市为通商大埠,海陆交通均为便利。将来市面繁荣,商业必臻发达。惟现在各店商人,大都未受有相当之训练,故开办高初等商业学校,颇为切要。又市区范围,乡村占百分之七十强,乡民农产以薯、麦、花生、水果四项为大宗,占农产品百分之九十强;农村副业,以渔业为最,占全(部)副业收入百分之五十四强。若能利用科学方法,改良农作及渔业技能,以提高生产数量,或组织渔业公司以经营水产之利,则为亟要之图。再者,该市工业繁兴,如四方、沧口之纱厂,胶济铁路之四方机厂,海军工厂,及各种机械之制造与工业之设施,在在需要技术人才以资管理。高初级工业学校之设立,亦

---

① 《历年学校、学生数统计表》,载《青岛市劳工教育概况》第67页,1936年6月。
② 郭有守:《视察青岛市教育报告》,第16—17页,教育部训令第3531号,1934。
③ 《青岛市管理私立职业补习学校暂行规程》,载《青岛教育》第109页,1931年1月。

有必要焉。①

1931 年 4 月,教育部颁行第五三六号训令,限制设立普通中学,扩充职业学校数量和规模,并明确提出"自二十年度起,各普通中学应一律添设职业科目或附设职业科"。是年 9 月,青岛市教育局拟订《青岛市市立职业补习学校暂行规程》,提出职业补习学校为实施补充生产教育之场所,对已从业者补充其现有职业应具备的知识技能,对志愿从业者授以职业知识技能,入学年龄为 12 周岁以上。授课可采学期制或学科制,时数依地方情形和职业性质而定。

及至 1932 年国民政府公布《职业教育法》,青岛各市立、私立中学均根据学校办学经验、人力和设备条件开设三年制职业科班次,从而"免普通中学畸形之发展"②。例如:青岛市立中学 1929 年加设师范科后,1934 年又添设了高中应用化学和初中职业科;礼贤中学 1931 年秋增设了高级工程科,开设房屋、工程学、测量学、设计绘图等课程;李村中学开设了作物学、土壤学、肥料学、园艺学、农村经济等课程;市立女中和私立文德女中开设了藤工、编织、雕塑、商业簿记等职业类课程。1934 年 9 月,私立崇德中学校附设商业科,招收学生 1 个班。③ 第二年,崇德中学进一步扩充商业科,并登报刊发招生广告。④ 1933 年,教育局在经费预算中为各校职业科提供 8000 余元设备费,用以实施职业科实习,并规定各校职业科目"一半时间授课,一半时间实习",使学生在工作中"体会所习理论,以获得真切之知识与有用之经验"。⑤ 为适应全面抗战的需要,军事看护成为女子中学的必修课程,1936 年教育局决定,除在市立女中继续增设家事训练课,凡招收女生的中等学校,需"另辟看护实习室,将学生分为若干组",并"拟举办战地救护实习工作",与"男子中学野外演习,联合举行"。⑥

1933 年,青岛市教育局还提出在乡村小学增设职业课程。鉴于农村小学毕业生多数在家务农的现实,拟将"农业课程为乡区小学之重要职业训练",并要求"设备农具,开辟农园,以供实习耕种之用"。⑦同时,还结合临海地区的生产特点,在阴岛、薛家岛、灵山岛区的小学"增设渔业课程,添聘渔业教员",轮流赴各校授课"教以简易渔捞、养殖、罐制方法",此法还可以"使村民对于新式渔捞方

---

① 郭有守:《视察青岛市教育报告》,第 17—18 页,教育部训令第 3531 号,1934。

② 《青岛市教育局呈(第七一一号)》,载《青岛教育》第 1 卷第 9 期,1934 年 2 月。

③ 《青岛市私立崇德中学附设普通商业科实施情形》,载《青岛教育》第 2 卷第 3 期,1934 年 9 月。

④ 《青岛崇德中学扩充商科续招新生广告》,载《青岛时报》1935 年 9 月 13 日。

⑤⑦ 《民国二十二年教育行政计划》,载《青岛教育》第 1 卷第 6 期,1933 年 11 月。

⑥ 《青岛市教育局二十五年度行政计划》,载《青岛教育》第 4 卷第 1 期,1936 年 7 月。

法……提倡,设法改良"。① 1935年10月,雷法章召开乡区小学农场设备会议,"为提倡农业教育及灌输农事常识起见,特选择乡区中心小学附设农场"②,并制发《青岛市乡区小学添设简易农场办法纲要》,面积以1~1.5亩为宜,如租用农地,教育局每年提供租金12~15元。青岛在乡区小学设置农场,主要"供学生实习,使有种植技能及农事常识",同时兼有"农事推广,以改良附近之农作物"等作用。③

为推动职业技术教育,青岛市教育局于1934年1月即在编辑发行的《青岛教育》期刊上全文刊发了教育部制发的《各省市设置中等农工学校实施办法》,青岛各中学加设的职业科(班),则按高中、初中学段区分为不同的教学目标。④例如:青岛市立中学自1934年9月招收高、初中职业科各1个班,每班40名学生,学制为3年。其高中职业科是应用化学科,学习制皂、制革等工艺,目的"使学生就已学之学科中,应用于实验与制造,以养成专门之技能,贡献于社会";其初中职业科学习金、木、藤、化学等工艺及商业常识等,目的"使学生养成其普通实际技能,以为谋生之准备"。⑤ 除了按普通科交纳各项费用,职业科还需交纳材料费:高中3元,初中4元。1934年8月,教育局委派市立中学校长董志学赴沪、杭等地考察职业教育20多天,"借镜颇多"⑥。是年,市立中学全校共有10个教学班,在校学生有405名,其中只有2个职教班、80名学生,占比不足1/5。值得注意的是,青岛不因职业教育比例小而迁就非法举办的职业学校。1935年,教育局发现东镇华阳支路60号设有一家未经审批的职业教育速成学校,因其"设备简陋,办理不合","除派督学前往劝导停办外,并函请公安局饬警取缔,以重职业教育"。⑦

对青岛职业教育形成推力的是中华职业教育社第十五届社员大会暨全国职业教育讨论会第十三届年会在青岛的召开。1935年7月19日—21日,中国职教界领袖黄炎培、江恒源、欧元怀、刘湛恩等及全国各地300多名代表齐聚青岛,现场研讨中国职业教育发展大势。会议期间,各地代表参观了沧口小学校和华新纱厂、果林苗圃、植棉厂、养鸡场、合作社等学校、工厂和农业设施。20日,大

---

① 《民国二十二年教育行政计划》,载《青岛教育》第1卷第6期,1933年11月。

② 《青岛市政府第三〇〇次纪念周本局重要工作报告》,载《青岛教育》第3卷第7期,1936年1月。

③ 《青岛市乡区小学添设简易农场办法纲要》,载《青岛教育》第3卷第1期,1935年7月。

④ 1935年5月,教育部督学钟道赞视察青岛的职业教育,其报告要点刊载《教育部公报》第7卷第31,32合刊。(江铭:《中国教育督导史》,第225页,人民教育出版社,2003。)

⑤ 《青岛市市立中学校附设职业科概况》,载《青岛教育》第2卷第2期,1934年8月。

⑥ 《一年来之青岛教育》,载《青岛教育》第3卷第1期,1935年7月。

⑦ 《第二八八次市政府纪念周本局重要工作报告(民国二十四年九月二日)》,载《青岛教育》第3卷第5期,1935年11月。

会通过了五项实施准则，以代替大会宣言：

（一）职业学校教育、职业补习教育、职业指导三事，主张同时并重，根据当前情况，尽先推广职业补习教育。

（二）已成立之职业学校，须加紧充实内容，宽筹毕业生的出路；拟筹设之职业学校，务宜详察社会需要，慎重进行。

（三）农村教育，主张在整个农村改进计划之下，切实施行；农村小学须注重生产教育；关于普及农事教导、训练农业技术，主张随时随地设立短期培训班或讲习会。

（四）对女子提倡重视家政教育。

（五）培养国民情绪，增进青年服务道德，在进行职业教育时，即须特别注意。[①]

借助中华职业教育社第十五届社员大会的东风，结合教育部专员郭有守提出的青岛职业教育"递增必一面缩减普通班次，一面增加师范及职业学校"，"职业教育经费始能达到部定之标准"，[②]1934—1937年四年间，青岛职业学校经费由2.82万元增加到7.76万元（表5-12）。1935年投入职业学校的经费，其中2.2万元用于初等农业学校和农业、水产2个班，1万元用于商业学校高、初级班，1.2万元用于完全小学设立的职业补习学校开支。尤其值得注意的是，1937年投入普通中学和师范学校的经费稳定在1936年的水平，其增量全部用于职业学校，仅比普通学校少1.5个百分点。

表5-12　1934—1937年青岛中等教育经费分配表

年份\项目	合计		普通中学		师范学校		职业学校	
	经费（元）	增长（%）	经费（元）	增长（%）	经费（元）	增长（%）	经费（元）	增长（%）
1934	166096	—	94314	56.78	43582	26.24	28200	16.98
1935	190196	14.51	87314	45.91	46682	24.54	56200	29.55
1936	196296	3.21	81514	41.53	46182	23.53	68600	34.95
1937	205296	4.58	81514	39.71	46182	22.50	77600	37.80
总计	757884	7.43	344656	45.48	182628	24.10	230600	30.43

资料来源：根据民国二十三、二十四、二十五、二十六年度青岛市《中等教育经费分配》整理，载郭有守《视察青岛市教育报告》第20—23页，1934。

---

① 赵维东、张思凯：《1840—1994年山东职业教育大事记》，第62页，中国商业出版社，1995。
② 郭有守：《视察青岛市教育报告》，第16—17页，教育部训令第3531号，1934。

20世纪30年代青岛职业教育最重要的实践是1936年10月青岛市立初级农业职业学校的创建。作为继市立中学、市立女中、市立李村师范学校之后的第四所市立中学,初级农业职业学校的开办填补了民国青岛职业学校独立建制的空白。该校当年即招收学生100名,有教职员22名,年经费为15270元,周亚青任校长。不过,因校舍系旧房改造,接收后尚需时日修缮,该校师生不得不暂借李村小学的两间教室"先行开学上课"。① 必须指出的是,青岛市政当局举办专门性的农业职业学校,曾经历了在李村中学加设初级农业科的实践过程。1934年,教育局"为推进农业教育,培植初级农业人才",指定李村中学招收1个班、50名学生"训练园艺",除了借用青岛农林事务所李村分所的农场,还在李村中学门前购置了4亩6分地作为实习基地。② 1937年2月,雷法章在小港区闾邻长讲习会上饶有兴趣地介绍青岛中学生生产能力时说:

> 现在多数学校都添设职业科。如市立中学应用化学科,国货公司代卖的肥皂就有他们的出品,确实很好。礼贤中学有土木工程科,该校大礼堂的桌椅就是他们自己做的。李村农业学校的学生能耕地,种蔬菜,种果树,养牲畜。女学生则教以缝衣烹饪。这都是以前的学生不会做的事。③

此外,根据1934年教育部专员郭有守提出的今后"应将一部分改为职业学校或师范学校"的意见,青岛市教育局在1934年初拟定并"呈经核准在案"的实施办法中,初步提出将青岛礼贤中学改为工业学校的动议。

> 改私立礼贤中学为工业学校　该校目下每年由市库补助已达一万零二百元。自明年度起,拟令先改为高级工业学校,就该校现有之设备加以扩充,使(之)成为一(所)高级职业学校,自属轻而易举。以后逐年扩充,其所需费用如有必要,得由政府酌予补助。至二十五年度时,再令该校增设初级工业学校,办理简易机械科,招收小学毕业生,予以各项机械管理、制造及修理技能之训练。④

1931年,刘铨法兼任青岛市工务局技士,1933年任青岛土木技师公会的常务委员,礼贤中学办职业教育确有优势。但是,事实上改普通中学为职业学校的

---

① 《青岛市政府纪念周本局重要工作报告(民国二十五年十月五日)》,载《青岛教育》第4卷第6期,1936年11月。
② 《青岛市立李村中学初级农科计划纲要》,载《青岛教育》第2卷第5期,1934年11月。
③ 《雷(法章)局长对小港区闾邻长讲习会训词》,载《青岛教育》第4卷第9期,1937年3月。
④ 《青岛市实施职业教育计划草案》,载《青岛教育》第1卷第9期,1934年2月。

阻力很大。有论者撰文指出的"近年来提倡生产教育,限制私立中学,有勒令改为职业教育者"[1],可能影射的就是此事。1936 年,青岛的职业教育经费向"改为初级工业学校"的礼贤中学初中部,投入了 3000 元开办补助费和 2400 元经常费。[2] 不过,办惯了普通教育并热衷于升格专科的礼贤中学并不承认初中的改制,其 1935 年 10 月的《青岛私立礼贤中学校同学录》用的是"初中制图科"的名称,共招收 37 名学生。[3] 至 1937 年 5 月,这个被青岛当局给予发展职业教育巨大希望的职教科,只剩 18 名学生。必须承认,青岛市教育行政机关为普通中学改职业学校的"改办手续,至为殷繁"而为难,尤其犯愁于"增加设备,宽筹经费,物色师资,另编课程"等。[4] 刘铨法曾以"校务纷繁"所兼"技士职务势难兼顾",提请辞技士职。[5] 可见,20 世纪 30 年代青岛的职业教育的发展既缺乏政府的决心,又缺少办学主体的自觉。1936 年青岛市教育局在呈报教育部的报告中检讨道:全市职业教育经费"约占中等教育经费 27％弱,现正力谋增进,期合部令比额"[6]。

　　有论者在概述南京政府前期青岛的职业教育时,还总结了两点经验教训。一是混淆了职业教育与生产教育的界限。1929 年国内形成的"生产教育"主张,虽以中华职业教育社为力,但引来众多质疑。严格地说,生产教育不同于生活教育、劳作教育、民生教育和职业教育。生产教育旨在"打破文雅主义的教育思想","含有全部教育的意味",绝不"只限于实物的畜养、种植、制作的生产",那种"只限于生产知(识)(技)能养成的生产教育,是太偏于狭隘了"。凡是"增进人生各种生活需要的利益"和"关于生活需要范围以内的一切事物的增进,都是生产"。可见,生产教育是"与生产有关联的劳作习惯、知略行使、方策采用,以及道德观念之训练"。[7] 照这样定义,偏重于技能技术的职业教育,显然不能等同于生产教育。二是舆论界鼓噪的"毕业即失业"带来的焦虑与恐慌。南京政府前期由于经济不景气,严峻的就业形势让各级学校的毕业学生看不到出路和希望。将这个严重的社会问题归罪于教育,尤其责难职业教育发展不充分,未免有失公允。有论者提出:中等职业技术教育的问题"不在于如何扩充设学",而

---

① 戴冠峰:《十年来之中等教育》,载《青岛市立中学十周纪念特刊》第 5 页,1936。

② 《二十五年度中等教育经费支配》,载郭有守《视察青岛市教育报告》第 22 页,1934。

③ 《初中制图科第一年级学生一览表》,载《青岛私立礼贤中学同学录》第 27—28 页,1935 年 10 月。

④ 《四、五、六 3 个月行政工作计划》,载《青岛教育》第 1 卷第 10 期,1934 年 3 月。

⑤ 《关于申请辞职专心办学的呈文》,存青岛市档案馆,档号:B0031-001-00004-0121。

⑥ 《青岛市市政府纪念周本局重要工作(三月廿三日)》,载《青岛教育》第 3 卷第 11 期,1936 年 5 月。

⑦ 赵淦:《生产教育的研究》,载《青岛教育》第 2 卷第 1 期,1934 年 7 月。

在于"如何适应社会之需要",使学生"养成耐劳之品行",毕业后进入社会"能与一般农、工、商做同一之生活",否则"职业学校虽日事扩充,亦无补生产事业"。[①]

需要特别说明的是,南京国民政府前期的青岛将残疾人特殊教育归为具有职业教育性质的社会教育。1931年9月,青岛私立盲童工艺学校正式成立,地址在登州路40号,招有男盲生17名、女盲生11名,有教职员6名,校长是盲人孟守信。课程有国语、算术、常识等,使用的是手抄盲文课本。由于办学经费匮乏,1932年11月青岛市政府将其"收归市办",定名为"青岛市立盲童学校",盲人杨纯任校长。杨纯(1898—?),广东潮安人,上海盲校师范科毕业,曾任新加坡华侨盲人院主任。鉴于盲童学校"规模尚小",1933年教育局决定对其"课程、设备加以改进",并计划"于必要时举办其他特殊学校"。[②] 1934年9月,该校增设音乐工艺等技术学科,更名为"青岛市立盲童工艺学校"。因学校改组,所有女生一律遣送回原籍,仅留下18名男生。1934年10月,教育局饬令学校再招8~9名盲生。[③] 至年底,在校男女盲生共28名,有教员2名、纺织技师1名。课程除了国语、常识、珠算、党义、英文、音乐,增设劳作课(手工纺织裹腿、扎腿带及粗棉布)、藤器编制,使用的盲文课本是以南京语音为基础的拼音盲文。1936年7月,市立盲童工艺学校借兰山路市礼堂举行第一期毕业生成绩展览会。"惟该项特殊教育,本市一般市民不知其如何重要,故该校为使本市市民注意起见",陈列自1932年开办以来盲童的藤工作品,同时举行音乐、唱歌、游戏等项表演。[④] 青岛为探索残障儿童的教育,努力将学校与社会教育连接起来,并突出职业技术教育之属性,这对受教育的残疾人走向社会自食其力无疑是一种助力。

第五节 师范教育、师资培训及教师管理制度

一 中等师范教育从发轫到渐次形成体系

南京国民政府接管青岛后,由于小学生源激增、师资严重不足,因此发展师范教育成为市政当局推进教育事业的重大问题。自20世纪20年代中后期以来,支撑青岛城乡小学的师资主要源于日占时期李村特科师范学校、胶澳私立师范讲习所、旧制中学和山东省/县立师范学校(讲习所)的各类毕业生。鉴于师

---

① 戴冠峰:《十年来之中等教育》,载《青岛市立中学十周纪念特刊》第8页,1936。
② 《民国二十二年教育行政计划》,载《青岛教育》第1卷第6期,1933年11月。
③ 《第三四八次纪念周本局重要工作报告》,载《青岛教育》第2卷第6期,1934年12月。
④ 《青岛市市政府纪念周本局重要工作报告(民国二十五年七月二十三日)》,载《青岛教育》第4卷第4期,1936年10月。

范毕业生"不敷分配,人才缺乏",而来自各地的教师存在着"楚才晋用,与乡区之方言习惯不无扞格,效率无多"等问题,青岛市政当局"为根本计,不能不从造就本市师范生入手"。①

本着这一师范教育设立之初衷,1929 年 9 月,青岛市政当局在市立中学增设师范科 1 个班,计有 50 名学生,招收对象为初中毕业生及资格不足的小学教员,学制为 3 年,拟开办费 488 元,年经常费为 6024 元。由于 3 年时间"为期较久,缓不济急",当局遂决定:修业预定年限至一半时,先行派往乡区小学服务,再招第二期;待第二期修业至一半时又派往乡区服务,再将第一期调回"补修未克之业,至修满原定年限"。如是相互更替,既解决了师资燃眉之急,又可在 6 年内得 100 名师资。1930 年 9 月继续招收师范科,并附设小学校 1 所,计有学生 30 余名,供高中师范科学生实习。当然,在普通中学加设师范科也存在弊端,主要是设施混淆、目的分歧,致使普通中学无从发展,师范教育流于空泛。市立中学在实践中体会最深的是所设师范科"与普通科有混同之弊",不利于对师范生实行"特殊训练"。②

随着国内兴起的"师范教育下乡"运动,青岛为了给普及义务教育准备师资,1932 年秋李村初级中学增设了"乡村师范科"和"速成师范科"。及至是年12 月《师范教育法》及次年《师范教育规程》颁布,青岛作为"直隶于行政院之市",具有市立呈行政院备案的特权,青岛师范教育遂得以加速发展。1933 年 9 月,青岛市立中学附设的师范科归并李村中学,李村中学遂增设"后期师范科" 1 个班。随后,青岛又进一步计划将李村中学"现有之乡村师范班改为后期师范(科),施之以四年师范教育之训练",同时将李村中学"现有之速成师范科延长修业期限,改为简易师范科毕业"。③

应当说,中国乡村师范教育的肇始阶段即为设在乡区、开办师范班,这给青岛李村学校带来了转型发展的机遇。由于乡村师范教育机构尤须注重乡村生活之陶冶,故其组织精神、课程编制较普通中学更具特殊性;而乡村学校教师作为一个特殊的群体,既是现代教育在乡村中国发展的工具,也是其产物。乡村教师因兼习新式农事而生成的农民性取向,便有了非同一般的桑梓之情、职业情操、道德守望和家国情怀。李村中学乡村师范教育的迅速崛起,成为 20 世纪 30 年代青岛师范教育的一大亮点。

鉴于小学教师职业特点,女子的"性格态度皆较男子为优",1934 年春青岛

---

① 《工作概况》,载《青岛教育》第 18 页,1931 年 1 月。
② 戴冠峰:《十年来之中等教育》,载《青岛市立中学十周纪念特刊》第 8 页,1936。
③ 《民国二十二年教育行政计划》,载《青岛教育》第 1 卷第 6 期,1933 年 11 月。

市教育局即提出办理女子师范教育,在青岛李村中学"增设女子师范班"①。这个师范班后来称作"女子简易乡村师范科",与原师范科实行合校分班制,不仅直接培养了女性教师,而且间接地发展了女子教育,同时为男女就业提供了均等的机会。通过表5-13可见,南京政府前期的青岛,小学教师中的女性已占1/3。

表5-13　1933年青岛市立、私立小学教师性别学历比较表

立别 / 性别 \ 毕业院校	合计		师范大学		师范本科		初级师范		师范讲习所		普通大学		高级中学		专科院校		其他	
	男	女	男	女	男	女	男	女	男	女	男	女	男	女	男	女	男	女
市立小学	493	153	1	—	205	59	32	6	76	10	17	2	125	66	20	8	17	2
私立小学	100	44	—	1	27	12	1				17	2	34	17	12	3	7	4
总　计	593	197	1	1	232	71	33	6	78	11	34	4	159	83	32	11	24	6

资料来源:根据青岛市市立、私立小学校《职教员出身统计表》整理,载《青岛教育》第4卷第9期,1937年3月。

1935年3月,李村中学高级师范科第一届学生将于夏季毕业,教育局指定河西、下王埠两所小学为其实习学校。②

　　民国时期青岛的师范教育,从1929年市立中学附设师范科到1935年李村中学高级师范科首届学生毕业,历经六年发展,设置独立师范学校的舆论迭起。其实,早在1933年青岛学界就有人呼吁:"盖青市小学教育,无论就目前需要计,为将来发展计,皆有独办一相当规模之师范学校的必要。"③1933年11月教育部专员郭有守在青岛视察期间提出"市立李村中学改办之乡村师范,与初级中学混合编制,查与部章不合,其普通中学各班应停止招生,分年结束"④的要求,为青岛建设独立的师范教育体系形成推力。1935年、1936年教育部《乡村师范学校课程标准》及《简易乡村师范学校课程标准》的出台,不仅使乡村师范得以独立设置,取得学制和法令上的地位,而且南京国民政府也将乡村师范纳入师范教育体制,成为正规教育体系中的一个重要组成部分。顺应师范教育的发展趋势和对乡村师范教育规范化、制度化管理的需要,1936年秋青岛市立李村中学更名为"青岛市立李村师范学校",成为培养师资的中等专门学校。根据历史遗存资料,1935年李村中学师范生共有21人参加青岛市中学毕业会考,其中合格毕业

①　《四、五、六3个月行政工作计划》,载《青岛教育》第1卷第10期,1934年3月。
②　《第二六八次纪念周本局重要工作报告》,载《青岛教育》第2卷第9、10合期,1935年5月。
③　蔡蕴之:《为青市师范教育进一解》,载《青岛教育》第1卷第3期,1933年6月。
④　郭有守:《视察青岛市教育报告》,第24页,教育部训令第3531号,1934。

12 人,毕业合格率为 57.1%,另有一、二科不及格"准予暂行服务者"7 人,留级 2 人。① 及至 1936 年毕业会考,李村师范学校的成绩大大提高,参试学生为 35 人, "全部科目及格准予毕业者"为 34 人;简易师范科参试学生为 45 人,合格毕业者 为 43 人。

为密切师范教育与小学校的联系,1936 年青岛市教育局委托李村师范学校 "办理小学教育问题通讯",专题研究初等学校教学中的实际问题。事实上,学 校行政人员因受时间、能力、条件等因素制约,对推进义务教育、教育行政、设备 性能、教学效问题,往往仅"就事实情形予以处理,殊难再做进一步解答",而涉 及课程编制、教材选择、训育管理等"有待探讨研究者殊多",在事实与学理上 "需要相当之指导"。各校纷纷向李村师范学校"提供研讨问题,请求解答"。这 样,一方面可以"指导各小学应付困难",另一方面可以使在校师范学生"明了乡 村教育实际之问题,以增进其职业之见识"。事实上,李村师范学校当仁不让地 成为 20 世纪 30 年代青岛独立建制的小学师资孵化的"摇篮"。至 1937 年七七 事变前,该校共有 174 名师范生毕业,其中"简师"45 名、"速成班"33 名。②

与南京政府乡村师范定制和体系建构相反的是,20 世纪 30 年代青岛周边 各县的师范教育皆遭严重摧残。即墨师范讲习所于 1932 年 2 月并入即墨县立 初级中学,原师范讲习所第三级 45 名学生成为县立初级中学附设的"简师部", 另设师范"速成科"1 个班、46 名学生;1935 年,即墨县立初级中学以办职业教育 的名义设立了一年制简易师范科。③ 平度的男、女师范讲习所于 1934 年并入平 度中学,为该校的师范部。④ 1930 年,莱西(阳)县立师范讲习所及附设在女子小 学的女子师范讲习班并入莱阳县立初级中学,成为该校的附设师范班。⑤ 相形 之下,青岛李村师范学校的设置得益于"院辖市"的办学呈批权,这一难得的历 史机遇促使青岛乡村师范教育破茧而出。由是,农村教育的普及得以促进,又为 30 年代青岛乡村建设运动培育了人才。

二　中小学教师在职培训与小学教师暑期学校

南京政府前期的青岛,为解决教师教育滞后的问题,创造性地赓续了北洋政 府时期利用暑假进行的小学教师在职培训。1930 年国立青岛大学举办的暑期

① 雷法章:《毕业会考经过》,载《青岛教育》第 3 卷第 2、3 合期,1935 年 9 月。
② 《第二次中国教育年鉴》,第 7 编,第 1008 页,文海出版社,1986。
③ 即墨县教育志编写组:《即墨县教育志》(内部发行),第 163 页,1990。
④ 山东省平度县地方史志编纂委员会:《平度县志》(内部发行),第 524 页,1987。
⑤ 莱西县教育史志办公室:《莱西教育志(1840—1987)》(内部发行)第 75 页,1990。

演讲班和 1932—1936 年青岛市政当局连续举办的暑期学校,既回应了青岛小学教师业务培训的诉求,又推动了民国青岛教师在职培训的持续发展。

1930 年,筹备中的国立青岛大学面向山东各地举办的中小学教师暑期演讲班,揭开了 20 世纪 30 年代青岛教师在职培训的帷幕。是年 4 月,以山东省教育厅厅长何思源为首的国立青岛大学筹备委员会,指定杜光埙、宋春舫、周钟岐、沈履、杨振声五人组成山东省中小学教师培训机构,利用暑假开办"暑期学校"①,具体由在青的筹备委员杜光埙负责。此间,第二次全国教育会议正在南京召开,会议通过的《筹设各级各种师资训练机关计划》明确提出:各地应开办暑期学校和假期讲习会等机构,由所在地国立大学举办的暑期学校,每年应开办一所,且不收学费。出席会议的代表有时任清华大学教务长兼文学院院长杨振声,后来被任命为国立青岛大学校长,他于 6 月 23 日在赴青岛的途中,决意利用青大校舍"先办暑期讲演班"②。于是,4 月酝酿的山东省中小学教师培训活动便以"暑期讲演班"的形式确定下来。为此,何思源专程到青与杨振声就培训工作的若干事宜进行磋商。据《申报》记者披露,演讲班预定 7 月 15 日开课,所聘主讲人均为南京、北平、上海、武昌等地的知名学者。③ 何思源指令山东省教育厅拟定具体计划。这个面向山东全省"专供中小学教职员暑假补习之需"的讲演班,自 7 月 15 日起至 8 月 13 日止,实际收取报名费 5 角、学费 2 元、宿费杂费 3 元,膳食自理(青大食堂可以代办),学员"按规程听讲终了者"由国立青岛大学发给"暑期讲演班证书"。④

国立青岛大学在开学前承办的山东省中小学教师暑期讲演班,既借助青大资源落实第二次全国教育会议提出的加强中小学在职教师培训的要求,又为新成立的青岛高等学府争取了人气,只是杨振声用"暑期讲演班"代替了"暑期学校"。接下来,青岛市教育局作为《筹设各级各种师资训练机关计划》的主办方,分别于 1932 年、1934 年和 1936 年举办了小学教师暑期学校。在此期间,因1933 年第十七届华北运动会在青岛举行占用校舍做运动员宿舍、1935 年全国铁路展览会在青岛举行需用房舍而耽搁。这样,至七七事变前,青岛共举办了三届小学教师暑期学校。这种以增进小学教师"教学能力及对各种实际问题之研究",培养"推进社会教育之能力,锻炼奋发有为之精神"⑤为宗旨的暑期学校,其学员分调训和申请两类。调训学员按服务成绩抽调受训,每期 300 名。申请参

---

① 《青大筹备暑期学校》,载《申报》1930 年 4 月 12 日。

② 《青大校长杨振声到青》,载《申报》1930 年 6 月 24 日。

③ 《青大校长杨振声到青　青大暑期讲演班筹备就绪》,载《申报》1930 年 6 月 28 日。

④ 《教育消息》,载《山东教育行政周报》第 96 期,1930 年 6 月 28 日。

⑤ 雷法章:《暑校举办经过》,载《青岛教育》第 4 卷第 2、3 合期,1936 年 8 月。

训的学员分两种：一是现任私立小学教师自愿受训者；二是应届高中毕业生志愿担任小学教师者。

根据史料记载，1932 年青岛市举办的首期小学教师暑期学校，借用的是市立中学的校舍。为确保参训者"利用暑期休假做有系统之讲习"，暑期学校中午供给学员膳食。暑期学校结业须考试，及格的学员发给结业证书，成绩前十名者由市长颁发奖品，教育局酌量予以升调。考试成绩如有一科或两科不及格的，转为代用教员或令其下期暑期学校再行训练；如有三科及以上不及格的，则"令饬停职，以示甄别"。

1934 年第二期暑期学校自 8 月 1 日起至 9 月 1 日止，历时整整一个月，青岛城乡约 300 名小学教师参加了学习。此期暑期学校规定"不供给膳费，以期节省经费"。经考试，全部合格准予毕业的参训学员共计 249 名，另有一科或两科不及格者 43 名。① 教育部专员郭有守在《视察青岛市教育报告》中对小学教师暑期学校给予"具有成绩，殊堪嘉尚"的赞扬。② 是年 12 月，雷法章于青岛回归 12 周年之际在一份面向公众的《青岛教育概览》前言里，就师资建设问题写下了这样的话：

> 本市拟竭全力注重师资之修养，务使在职教师，均能感觉自身责任之重大，而日日孜孜矻矻以求进步。同时，复觉所任事业之神圣，认为教学乃终身事业，而具最大之信心与热忱，如此乃能不避清苦，淡忘名利，终其身为青年之培植，对国家做最大之贡献。③

1936 年 7 月 18 日—8 月 23 日青岛市教育局举办的第三期小学教师暑期学校，规模最大，影响颇巨。其参训学员以"抽调市乡区现任小学教员中资历较差者"为主，计 300 名；另有志愿担任小学教师的"申请"学员 12 名，共计 312 名。据悉，参训学员年龄最大的为 46 岁，最小的 20 岁，女学员有 38 名（年龄最大的为 35 岁，最小的 17 岁）。学员全部住校，"一切管理，完全采取军训方式"。为了提高培训进修的质量，市长沈鸿烈分别在开学式和结业式上训话。教育局长雷法章亲自出任暑期学校校长，下设教务、训导、事务三部。教务主任由教育局督学奚均初担任，训导主任由青岛市国民军训委员兼市政府专员董沐曾担任，市童子军团务委员朱星樵任事务主任。进修的课程分必修和选修两类，除了"各科教材之研究"，"社会教育推进之方法"也有所涉猎。出于抗战的需要，还特别增

---

① 《一年来之青岛教育》，载《青岛教育》第 3 卷第 1 期，1935 年 7 月。
② 郭有守：《视察青岛市教育报告》，第 39 页，教育部训令第 3531 号，1934。
③ 雷法章：《〈青岛教育概览〉总说明》，载《青岛教育概览》第 7 页，1934。

设了"国难期间教育之特殊训练"等内容。①

　　为了提高培训质量,暑期学校既有严格的教育计划,又有任教讲师的预定教学进度,且全部印制公开,以便监督执行。以"唱游教材及教学法"为例(见表5-14),任教讲师邓余鸿有着丰富的音乐教学实践经验,并自编教学讲义和小学歌曲教材,在岛城教育和音乐界享有较高的知名度,是难得的教师专业培训人才。通观他的学程安排,从音的定义、音乐的性质到音符、节拍、音阶、音程,是一个小学唱游教师必备的教学常识,练习的曲目由低年级递进到高年级,兼顾唱歌与表演、乐理与实践教学,尤其是五线谱与简谱的转换,符合中国小学音乐非专科教师的实际。

表 5-14　青岛市第三届小学教师暑期学校教学预定进度表

学程	唱游教材及教学法		讲师	姓名	邓余鸿	性别	男	年龄	27	籍贯	山东广饶
时数	20	类别	必修(女)		学历	广文中学毕业,音乐专修3年			现任职		青岛私立崇德中学音乐教师
教学目的	(1)认识五线谱;(2)小学唱游教材的选择与应用;(3)研究小学音乐教学法及音乐教学的实际问题;(4)歌曲表演的方法										
学程内容	摘　要	(1)普通乐理;(2)唱歌教材及表演唱教材;(3)教学法									
	教科书	自编讲义:(1)普通乐理纲要;(2)唱歌教材(60个小学歌曲)									
	参考书	(1)各种乐理教本;(2)唱歌教本30余种;(3)唱游教本6种									
教学方法	(1)理论多用演讲与讨论;(2)唱歌用五线谱视唱并简单表演练习										
教学分配	第1周	(1)表演的大意与目的;(2)音的定义(《乐理纲要》第1章);(3)音乐的性质(《乐理纲要》第2章)									
	第2周	(1)练习并表演低年级唱歌教材;(2)谱表(《乐理纲要》第3章)、音符及休止符(《乐理纲要》第4章);(3)实际问题讨论(表演的方法)									
	第3周	(1)练习中年级唱歌教材;(2)拍子(《乐理纲要》第5章)、音阶(《乐理纲要》第6章);(3)问题讨论(唱歌教学法)									
	第4周	(1)练习高年级唱歌教材;(2)音程(《乐理纲要》第7章)、记号与标记(《乐理纲要》第8章);(2)问题讨论(音乐教师修养的方法)									
	第5周	(1)练习已学过的歌曲;(2)弹琴由五线谱译简谱的方法;(3)考试									
备考											

资料来源:《青岛市第三届小学教师暑期学校专号·各科教材进度概况》,载《青岛教育》第 4 卷第 7 期,1936 年 12 月。

　　暑期学校的参训学员必须执行严格的作息时间,具体是:早晨5:30起床整理内务,6:00点名,6:10升旗、早操,6:50—7:20内务检查,7:30自习;上午8:00—12:00上课;下午1:00—3:00休息或诊断(患病学员),3:00—6:00上课;晚上7:30—9:30自习,10:00就寝。一日三餐闻"会食"号集体列队进入餐厅,8

---

① 《青岛市教育局二十五年度行政计划》,载《青岛教育》第 4 卷第 1 期,1936 年 7 月。

人一桌，每餐"以 20 分钟为限"。餐厅的桌位、教室的座位和寝室的床位一律按报到注册的编号排列，不得紊乱。每周六下午举行活动(社会调查、参观展览、学术演讲、时事研究、课外运动、海浴练习)，周日学员可请假外出。考虑到女学员的家庭生活实际，每周六下午课毕后允许女学员回家过夜，但须到训导部领取《外宿证》，且在周日下午 6 点前返回暑期学校，并将《外宿证》交还训导部女生管理员。为办好暑期学校，原计划"由公家补贴伙食，全部预算需款 6000 余元"①，而实际膳食、住宿、讲义、医药及各项杂费实际花费为 7280.93 元。② 超支的部分皆由教育局据实呈报，由"市政府核发"，人均实际费用达到 23 元。③

无疑，1936 年青岛市第三期小学教师暑期学校的收获和效益相当可观，并产生了一定的社会影响。据悉，教育部国民教育司司长顾树森、国立中央大学教育学院院长艾伟为青岛小学教师暑期学校予以指导。根据暑期学校记事，8 月 13 日南京市市长马超俊来青岛，特意莅临正在授课的青岛小学教师暑期学校。来访的国民党政要、政府高官还有国民政府主计长陈蔼士、鲁豫监察委员方觉慧、黄河水利委员会副委员长孔祥榕。1936 年暑假在青岛召开的中华图书馆协会第三次年会和中国博物馆协会第一届年会的代表叶恭绰、袁同礼、李石曾、万斯年、沈兼士、朱光潜、塞先艾、王献唐等，于 7 月 22 日参观了正在举办的青岛小学教师暑期学校。上海、广东来青岛的游泳集训队及日本青岛中学的教员也前来学校参观。

据实而论，青岛 1932—1936 年小学教师暑期学校代表了民国时期青岛小学教师在职培训的最高水平，尤其是在抗战形势日趋紧张的历史时期，青岛市政当局投入专款用于教师培训，教育行政机关投入一个多月的时间精心策划、周密组织 300 多名教师的业务进修，其科目的系统性、内容的可选择性、培训形式的多样化及切合抗战需求的军事化组织和训练，都是难能可贵的。

相比之下，对于中学教师的在职培训，青岛市教育局则完全根据教育部委托国内大学代训的办法，于 1934 年、1935 年"令饬各校必须遣派教员，分往各大学补习"。鉴于"参加人数，不甚踊跃"，1936 年教育局建立鼓励中学教员进修办法，不仅规定"每校教员每年参加暑期学校人数之比额"，而且决定"受训教员"有优先获聘各级导师、优先考绩增薪等待遇。④然而，民国青岛中学教师在职培训没有值得炫耀的业绩。虽然原因很多，但青岛市教育行政机关与驻青高校在教师培训方面缺乏沟通与合作，是一个不能不说的问题。虽然 1934 年教育部专

---

①④ 《青岛市教育局二十五年度行政计划》，载《青岛教育》第 4 卷第 1 期，1936 年 7 月。

② 《事务概况·关于费用方面》，载《青岛教育》第 4 卷第 2、3 合期，1936 年 8 月。

③ 雷法章：《暑校举办经过》，载《青岛教育》第 4 卷第 2、3 合期，1936 年 8 月。

员郭有守曾提出"此后应设法就近与山东大学合作办理"①的意见,但民国时期
青岛小学教师培训一直是教育行政机关唱"独角戏",高校很少参与。这一弊端
不仅一定程度上制约了中小学校教师的专业发展,而且造成日后青岛高等教育
与基础教育的脱节,以至于形成壁垒和鸿沟。

三　以统制办法建立的中小学教师管理制度

青岛市政当局之所以下气力增进教师的专业能力,是基于青岛中小学教师
实际状况的检讨。由于1922年后青岛的学校教育发展过快,一再放宽了教师的
任职条件,致使一些不具备教学能力的人员混入教师队伍。对此,青岛市政当局
不断强化小学教师管理,并采取了"统制办法"②。

1.严格教师检定与健全登记审查制度

改进师资,不外乎培养、训练与甄审。较之培养和训练师资,甄审属改进师
资的消极方式,青岛市政当局也有成型的规制。1929年11月,青岛特别市教育
局拟订《小学教员登记暂行规程》,并经市政会议核准以特别市政府令公布实
施,规定具有以下资格者方可登记:

(1)师范学校本科及后期师范、高中师范科毕业者;

(2)旧制中学或高级中学毕业,曾有小学教员经验者;

(3)曾受各地小学教员检定委员会检定, 得有许可状未满有效期间
者;

(4)乡村师范、县立师范讲习所及师范简易科二年以上毕业者;

(5)具有第二项同等学力,曾充小学教员一年以上者。③

应当说,从塾师阶层的消失到学校教师的兴起,青岛较好地实现了民国教师
职业在近现代社会的新陈代谢。1930年12月以政府指令公布实施的小学校教
员任用规程,更加严格地规定了小学教师的聘任条件、聘期、俸给、奖惩等,并规
定每周"授课时数以1350分钟为标准"④。与此同时颁行的小学校长任用规程
规定:青岛市立小学校长"由市教育局长委任",但完全小学校长的任免"应呈报

---

① 郭有守:《视察青岛市教育报告》,第39页,教育部训令第3531号,1934。

② 《第二六四次纪念周本局重要工作报告》,载《青岛教育》第2卷第9、10合期,1935年5月。

③ 《青岛特别市小学教员登记暂行规程》,载《青岛教育》1929年第3期。

④ 《青岛市市立小学校教员任用规程》,载《青岛教育》第117页,1931年1月。

市政府备案"。① 1932 年，青岛市集中进行了一次小学教师登记审查，在对 1008 名小学教师历时 7 个月的核议后，核定合格教员 698 名，比例为 69.25%。这次检定登记的有效期为 3 年，并规定今后新聘教师须"详细审核其资历，视察其服务能力，以定去留"。1936 年暑假，青岛市举办了第二次大规模小学教员鉴定，"以资整顿师资"②。

必须承认，南京政府初期青岛小学教师队伍缺乏稳定性，1933 年以来每年"更调教员"在 200~300 名。为此，1936 年 11 月教育局进一步严格小学教师进退制度。退职教师必须预先书面报告退职原因，教育局进行核查，"实有退职之相当理由，方准其退职"。为补教师缺额，青岛市实行待聘教员制度：凡具备小学教员资历、欲在本市小学服务者，须"经本局认可后，准予声请登记"，得为"待聘教员"；学校如有退职教员，可在"已经登记之待聘教员中，遣派相当人选，给予介绍书，前往该校接洽"。经此改进，1936 年秋假前派遣教师减少到 187 名，且学历层次明确提升，师范毕业生达到 70%。循此办法，教育局将年更调小学教员数量控制在 150 人之内。③

1935 年 10 月，为整饬中等学校师资，青岛市教育局召开中学（含师范）教员检定委员会成立大会，指派和聘请 10 人为检定委员，议决了教学科目、学校等级、资历证件审查等各项要案。经对 231 名教员检定结果，高中合格教员计有 89 名，初中为 72 名，不合格者 5 名，令其"补证件复审者"32 名，"送督学室加考语再检定者"18 名，不予检定者 10 名，"自请撤回证书不受检定者"5 名。④ 由此可见青岛中学教师任职情况之复杂。教育局除了在青岛各报纸刊发通告"揭晓公布，俾使周知"，还按照"每学期开始前举行"一次"无试验检定"的规定，于 1936 年 7 月—8 月间再次对中学教员进行检定。⑤

2.突出责任意识与实行教员考绩奖惩

为强化教师的服务观念和能力，1933 年 5 月，青岛市教育局制发面向全市公立、私立小学教职员的《服务简则》，规定教师"以专任为原则，不得兼任校外其他职务"，在职"职教员均须轮流值日、监护学生"；教师至迟应于开学前三日到校，放假离校则"应俟职务完毕之后"，但若学校有特别事务时"得将到校、离

① 《青岛市市立小学校校长任用规程》，载《青岛教育》第 115 页，1931 年 1 月。

②⑤ 《青岛市教育局二十五年度行政计划》，载《青岛教育》第 4 卷第 1 期，1936 年 7 月。

③ 《青岛市政府纪念周本局重要工作报告（民国二十五年十一月三十日）》，载《青岛教育》第 4 卷第 8 期，1937 年 2 月。

④ 《青岛市政府第三〇四次纪念周本局重要工作报告（民国廿四年十二月廿三日）》，载《青岛教育》第 3 卷第 8 期，1936 年 2 月。

校日期变更之";校长和职员则没有假期,"放假期间,校长及职员应常川住校"。① 服务制度的推行,既能反映教师阶层对城市化进程的理解和应对,又有助于提高教师的职业意识,消除雇佣思想。同时,教育局还制发了小学教师《考成简则》,对教师的考核分平日、学期两种形式,其考成内容涵盖六个方面:

(一)办学能力;
(二)办事能力;
(三)教学能力;
(四)学识;
(五)操行;
(六)社会服务。②

应当说,将办事能力与社会服务作为青岛教师的考成项目,有其深刻的针对性,尤其是乡村教师。一个显而易见的事实是,民国学校教育基本失去了往日旧学教育的社会整合机制,且教学内容有疏离乡村社会实际的倾向。生活在青岛乡村的小学教师承受着西潮、新潮的冲击,在新旧继替的多重压力下传播新知识,无疑会与自由散漫的乡村社会产生抵牾,面对由之而来的冷遇与拒斥,一些小学教师难免出现自我放逐的现象。1934年,教育部专员郭有守在《视察青岛市教育报告》中曾明确提出:小学教师"宜聘用明了地方情形,能运用国语,且对于地方教育富有热忱者充任"③。显然,更好地为人师表,充满热情地献身于教育事业,是民国时期青岛教师的基本要求。为强化师表、师仪,1934年教育局规定:青岛市各级学校教职员一律穿着制服,男教职员夏白色,冬藏青色;女教职员着旗袍,夏浅蓝色,冬深蓝色。④

随着教育质量要求的不断提高,青岛市教育局更注重教师日常工作的考核,1936年又进一步规定:学生作业应由教师逐日订正发还,使学生有所进益。鉴于不少小学教师对批改学生作业"不能深切注意",以至于出现"或稽延不改,或潦草了事",造成"学生损失殊甚"等问题,教育局决定"随时抽调某校学生作业之一部或全部,予详细考查",此项工作作为"教员考绩标准之辅助"。⑤ 由于教师考核内容的具体化,教师"充分明了自己的任务,努力职责不为功"⑥。

---

① 《青岛市市私立小学校教职员服务简则》,载《青岛教育》第1卷第2期,1933年5月。
② 《青岛市市立小学校教职员考成简则》,载《青岛教育》第1卷第2期,1933年5月。
③ 郭有守:《视察青岛市教育报告》,第34页,教育部训令第3531号,1934。
④ 《第二四七次纪念周教育局重要工作报告》,载《青岛教育》第2卷第3期,1934年9月。
⑤ 《青岛市教育局二十五年度行政计划》,载《青岛教育》第4卷第1期,1936年7月。
⑥ 张家凤:《编辑室谈话》,载《青岛教育》第4卷第7期,1936年12月。

3.稳定教师俸给与完善待遇政策

总体来看,南京政府前期的青岛,教师(尤其是小学教师)收入稳定,但俸给水平并不高。1930 年 1 月,青岛特别市市政会议议决的小学教职员俸给年功加俸规程规定:市立小学校长月俸分为 5 级 19 档,市区自 25 元至 70 元,乡区自 20元至 65 元;教员月俸分为 12 级,自 22 元至 55 元。年功加俸校长自 40 元至 200元,每 40 元一级;教员自 20 元至 120 元,每 20 元一级。① 1930 年 6 月,青岛市政当局又颁布了中等学校教职员任用及待遇规程。为体现对女教师孕育、产褥期的照顾,1930 年 4 月颁布的中小学校女教职员产期待遇办法,规定任职期内的女教职员"临产得于产前、后给假两个月仍支原薪"的待遇,由所在学校校长"据情呈请追加预算"。② 1931 年 1 月,青岛市政当局为全市市立小学教职员普遍增薪一级。这次普调薪资涉及市立小学 82 名校长和 245 名教师,共计 10110 元。1931 年教育部统计的全国 11 个省市小学教师月薪,青岛小学教师的工资水平明显高于南京和北平两市。③

通过资料分析表明,南京政府前期青岛小学教师工资水平呈市立完全小学高于初级小学、市立初级小学高于私立小学的态势,但月薪收入相差不大。以1935 年统计为例:青岛城乡 63 所市立完全小学 644 名教师平均月薪为 29.65 元,同期任教市立初级小学的 138 名教师平均月薪为 28.90 元,而 13 所私立小学105 名教师的平均月薪为 28.50 元。④ 值得注意的是,青岛小学教师的薪金并非逐年增长,而是有涨有落(详见表 5-15),尽管幅度不大。有知情者分析,导致月薪涨落"大约是因为人数差异的关系"⑤。可见,工作量是影响小学教师薪金的主因。

青岛市政当局比较注意对教师的怀柔政策。1929 年为"优良教员的成绩奖进"和"工作久远年老教员退职后的养老金"一事,施以"小小酬报",预算 5420元。⑥ 沈鸿烈对教师管理既有严肃苛刻的一面,也有关怀体恤的一面。他曾在一次公开讲话中批评社会尊师重教氛围的淡化,说"我国从前的风俗习惯,对师长异常尊重,现则多视教师如劳工,毫无亲敬之意"⑦。根据历史遗存,1933 年 5

---

① 《青岛市市立小学校职教员俸给年功加俸并奖惩规程》,载《青岛教育》第 104—106 页,1931 年 1月。

② 《青岛市市立中小学校女教职员产期待遇暂行办法》,载《青岛教育》第 127 页,1931 年 1 月。

③ 《教育部二十年度全国初教概况》,载《申报》1935 年 11 月 3 日。

④ 根据青岛市立完全小学、初级小学、私立小学《职教员月薪分配统计比较表》计算,载《青岛教育》第 4 卷第 6 期,1936 年 11 月。

⑤ 李振声:《青岛市小学职教员待遇之现状》,载《青岛教育》第 4 卷第 6 期,1936 年 11 月。

⑥ 钟俊:《编制十八年度青岛教育费预算案之要旨》,载《青岛教育》第 1 期,1929 年 9 月。

⑦ 《沈(鸿烈)市长对儿童节纪念大会训词》,载《青岛教育》第 2 卷第 11、12 合期,1935 年 6 月。

表 5-15　1933—1935 年青岛市小学教师平均月薪统计比较表

单位:元

学校类型		1933 年度		1934 年度		1935 年度	
		春季	秋季	春季	秋季	春季	秋季
市立	完全小学	29.35	29.95	29.95	29.50	29.65	未统计
	初级小学	28.20	28.20	28.05	28.85	28.90	未统计
私立小学		27.85	27.85	29.25	29.20	28.50	未统计

　　资料来源:根据青岛市市立完全小学、初级小学、私立小学《职教员月薪分配统计比较表》计算,载《青岛教育》第 4 卷第 6 期,1936 年 11 月。

月 6 日,沈鸿烈利用掌控军事设备的权力,调拨军舰邀请全市中小学教师乘坐舰艇至崂山游览,学校因此休假一天。1934 年 12 月,青岛市政当局借庆祝青岛接收 12 周年之际,"酬劳"全市服务 3 年以上现任中小学教职员 450 余人。为了招待好参加联欢活动的乡区教师,市政府派出 10 辆汽车按不同的线路集中迎接;教育局则指令居前海一线的太平路小学、江苏路小学、朝城路小学、兰山路小学腾出校舍作为临时寄宿舍。这次联欢活动从 12 月 30 日持续到 1935 年 1 月 2 日,内容包括颁发纪念章、招待宴会、参观游览、观看京剧,沈鸿烈为每位教师赠送了纪念品,并"鼓励其努力职务"。[①]

第六节　规模化的社会教育及乡村建设运动

一　以促进成年文盲识字为目的的民众学校

　　1929 年南京国民政府接管青岛伊始就提出"青岛教育要恢复固有的本能,施行基本工作,唤起民众"[②]的要求,并出于扫除成人文盲、推行识字运动的直接目的,于 1929 年 11 月制发了《青岛市识字运动宣传委员会规程》,自此"渐次扩充",基本形成了"以民众学校为主体,旁及各种补习教育、通俗教育及民众体育等"[③]的社会教育体系。1929 年,青岛社会教育费达到 20600 元,比北洋政府时期增长了 18580 元,幅度接近 10 倍。[④] 至 1933 年,青岛城乡用于社会教育的经

---

① 《办理本市接收纪念招待中小学教职员纪要》,载《青岛教育》第 2 卷第 7、8 合期,1935 年 2 月。

② 赵正平:《青岛教育的过程》,载《青岛教育》第 1 期,1929 年 9 月。

③ 《〈青岛教育概览〉总说明》,载《青岛教育概览》第 2 页,1934。

④ 钟俊:《编制十八年度青岛教育费预算案之要旨》,载《青岛教育》第 1 期,1929 年 9 月。

费占教育总支出的比例由 4%增加到 11%以上。① 九一八事变后,为适应国难救亡运动,1933 年青岛市自觉"非选择需要,分别缓急,鲜克有济",确定了五项民众教育目标:

(一)爱国观念　注重讲授国耻教材、国家现状及国际形势,使明了目前环境、国民职责,以唤起爱国意识,同时尤注重积极方法(如提倡国货、不合作及热心援助义举等事项);

(二)公民道德　注重国民之组织、团结能力及负责任、守公约、热心公益、牺牲个人等美德,并注重地方自治之宣传与推进;

(三)识字能力　注重指导不识字之民众,能认识日常应用之字,以此为施教之基本;

(四)科学常识　注重启迪民众了解各种自然现象、卫生知识及简单机械知识,以破除迷信,提倡卫生,并改造思想,泯除各种愚陋举动;

(五)生活技能　注重增设各种职业训练,俾失业民众能学习简单技能,以解决生活问题。②

1935 年春,沈鸿烈在青岛一次公开会议上提出"因为时局危迫,民众是现在国家的主人翁,其教育是不可再缓的"③的明确要求。事实上,南京政府前期青岛的社会教育是一个庞大的系统,涉及普通教育、职业教育、特殊教育、成人教育等领域。青岛市教育局在工作报告中称:社会教育"以言种类,则有民众学校、半日学校、短期小学班、职业补习学校、职工补习学校、女子补习学校、盲童学校、公共体育场、民众教育馆、民众阅报牌、民众问字处等"④。从青岛社会教育的实际运作看,又可分成学校式、社会式、家庭式三种形式。学校式以开办民众补习学校为主,社会式利用民众教育馆进行,家庭式则通过中学生和小学高年级学生在自家和邻居中开展。

1929 年 8 月,青岛市政当局根据教育部公布的民众学校办法大纲,"为救济失学民众,使识字读书并授以党义及普通常识、职业常识起见,设立民众学校若干所,隶属于青岛特别市教育局"⑤。随着民众学校的不断发展,特别是 1931 年华北局势的恶化,青岛民众学校的办学宗旨进一步明确"为救济失学民众,使能

---

① ④　《二十二年教育工作纪要》,载《青岛教育》第 1 卷第 8 期,1934 年 1 月。

②　《民国二十二年教育行政计划》,载《青岛教育》第 1 卷第 6 期,1933 年 11 月。

③　《沈(鸿烈)市长对儿童节纪念大会训词》,载《青岛教育》第 2 卷第 11、12 合期,1935 年 6 月。

⑤　《民众学校办法大纲》,载《青岛教育》1929 年第 3 期。

识字、读书,并授以生计,组织自卫各种知识"①。

作为传授简易知识的学校式教育,第一期称为"民众补习学校",借用市立小学校舍共开办了17所,教职员均由各小学教师兼任,招收的学生为年龄在15～50岁的无文化者,不分性别,每日晚6点以后上课2小时,星期日酌量授课,学期5个月。授课按其程度分甲、乙两级:甲级为略识字者,课程为党义、国语(识字、写字、写信)、算术(珠算、笔算、记账)、音乐、体育等;乙级为不识字者,课程增加常识。学生所用书籍、石板、算盘等用品皆由政府无偿提供。办学经费由教育局按校下发,每月12元,其中用于教师的兼课津贴每月为5元。这项面向大众的补救性教育活动很快就得到社会团体的拥护,"自行办理"的私立民众学校有14所。这样,青岛市首期民众补习学校共计31所、34个班,招收学生1431名(包括私立民众学校学生569名),毕业994名(包括私立民众学校学生375名),毕业率接近70%。②

1930年5月,青岛市第二期民众学校开学。自本期始,民众补习学校改称"民众学校",修业期限改为4个月,每年举办两期。第二期市立民众学校设置32所,实际开课19所,有教职员52名,招收24个班、1202名学生。3所私立民众学校分别设于四方、宋哥庄、河西小学大水清沟分校等市立小学校内,有教职员4名,招收4个班、137名学生。③ 课程和课时在第一期探索的基础上有了明确的比例划分:识字(含注音符号、习字、书信)占54.17%,党义(三民主义、民权、初步地方自治)占6.67%,算术(珠算、笔算、记账)占22.5%,常识(自然、史地、公民常识)占13.23%,音乐占3.33%。④

第1～4期民众学校分市立和私立两类,自1932年第五期起分市区和乡区两类。青岛市政当局在市区指定市立和私立小学承担,另外在部分有条件的办事处设立专门民众学校;在乡区附设于各小学1个班。第五期民众学校共有28所(市区11所、乡区17所),教职员67名,招生1140名。为兼顾入学者的生活实际,民众学校上课时间分日间、晚间两类,日间班定在午后4:00—6:00,晚间班为7:00—9:00。无职业者入日间班,有职业者入晚间班。⑤ 民众学校校长"由所在地小学校长兼任",教师则由"所在地小学教员兼任或由各校校长聘任"。⑥市政府对办学"成绩优异者"每期发给补助费12～20元。⑦

---

① ⑥ 《青岛市市立民众学校暂行规程》,载《青岛教育概览》第61、61页,1934。
② 《青岛全市民众补习学校第一期概况统计表》,载《青岛教育》1931年第1期。
③ 《青岛全市民众补习学校第二期概况统计表》,载《青岛教育》1931年第1期。
④ 《工作概况》,载《青岛教育》第36—37页,1931年1月。
⑤ 《青岛市强迫民众入学办法》,载《青岛教育》第2卷第3期,1934年9月。
⑦ 郭有守:《视察青岛市教育报告》,第25页,教育部训令第3531号,1934。

自 1934 年 10 月第十期民众学校起,青岛市政当局进一步"确定民教方针",经费改为按班核拨,每班每月 12 元。教师分兼任和专任,兼任教师每日上课 2 小时,发月薪 10 元;专任教师每日上课 4 小时,发月薪 20 元。1936 年进一步确定民众学校经费"每年编列预算,由市库支拨"①,分经常费和临时费两类。是年,民众学校经常费按每期每班 70 元的标准核拨,其中 40 元为教职员津贴、12 元为军训教官津贴,办公费 8 元、冬季取暖煤炭费 6 元、视导员视察费 4 元。对于规模较大的民众学校酌设的专任教师,其薪给由教育局另行支给。临时费每期每班 30 元,主要用来购置读本(每册 4 元)、算盘(每个 5.7 元)、石板(每个 3.6 元),支付教室照明及设备费 4 元,章则表册薄件印刷费 5 角,另外为军训购置大刀 12.2 元。上述器具继续用于续办学校的,临时费酌量减之。可见,民众学校的经常费多用于教务人员的额外收入,公用经费占比很少,尤其是教具、学具列为临时费开支,难以形成固定资产。

1934 年,青岛市政当局提出三年内扫除全市文盲,"普及民众利用学校之师资设备实施民教",并确定"民众教育以民众学校为中心",②为此颁行了《青岛市市立民众学校暂行规程》《青岛市强迫民众入学办法》《民众学校留生办法》《青岛市学生推广民众教育办法》等法规,民众教育更趋规整,民众学校课程设置更趋完善(详见表 5-16)。

表 5-16　1934 年青岛民众学校各科教学时数分配表

时　　间	千字课	常识	珠算	写信	记账	习字	每周授课时数
第一月　第 1~4 周	5	2	2	1	1	1	12
第二月　第 5~8 周	5	2	2	1	1	1	12
第三月　第 9~12 周	5	2	2	1	1	1	12
第四月　第 13~17 周	5	2	2	1	1	1	12
统　计　时　数	85	34	34	17	17	17	204
百　分　比(%)	41.67	16.67	16.67	8.33	8.33	8.33	100
说　　明	1.每晚授课 2 小时(自 7 时起至 9 时止); 2.每小时授课 50 分钟,中间休息 10 分钟。						

资料来源:《青岛市市立民众学校各科教学时数分配表(民国二十三年三月十日)》,载《青岛教育》第 1 卷第 10 期,1934 年 3 月。

---

①　《青岛市二十五年度失学民众补习学校教育实施计划》,载《青岛教育》第 4 卷第 9 期,1937 年 3 月。

②　《沈(鸿烈)市长在图书馆博物馆年会联合演辞——青岛市政建设概况》,载《青岛教育》第 4 卷第 4 期,1936 年 10 月。

　　南京政府前期青岛民众学校的经验和教训可以综括为以下几个方面:

　　其一,强化置措,实行强迫入学制。青岛市政当局颁布实施《青岛市强迫民众入学办法》,明文规定:16~40 岁的失学民众,凡距离学校较近、年龄较小的"应先强迫入学",其距离较远、年龄较大的"依次入学";一户如有两人以上不识字的,"应先使其半数入学,余依次入学"。对未入学者,经"派出所劝告后两周内仍不入学,及入学后无正当理由自动退学"的,由办事处会同公安局"处其本人或家长一元以上、十元以下之罚金,处罚后仍限令入学"。① 民众学校上课期间,校长在"第一节及第二节上班中间,均应亲到各班查明到班人数"。如有缺席三日以上者,须将考勤报告表交派出所;派出所"须派警转送该缺席学生或其家长,饬其即行回校,并加以警告"。② 民众学校的学生以工人居多,针对"学生动不动便会不按日到校,或者在未到毕业期而中途辍学",教育局采取处罚措施。1935 年春,因陵县路民众学校学生缺课甚多,教育局联络公安局、办事处将缺课学生"开具姓名及详细住址",予以处罚,以儆效尤。1936 年,因民众学校入学学生改为 16~25 岁的成人文盲,其强迫入学办法演变为"消极留生工作",主要由学校教师"亲往剀切劝导与督促",经三次劝导仍"顽固不化"的,由民众学校开列名单"交派出所,勒令上学",若"违则照章处罚,或通知其工作机关,停止其工作"。③

　　其二,改进民众学校教育内容和形式。为提高民众学校教育质量,1935 年 2 月 19 日—25 日每晚 7:00—9:30,青岛市政当局假太平路小学为 101 名民众学校教员举办讲习会,由市长沈鸿烈、教育局长雷法章及有关机关负责官员进行讲演。④ 1935 年 5 月 20 日晚 7 时,雷法章召集台西镇、贵州路、挪庄、成武路各民众学校 1300 名男女学生训话,之后由台西镇民众学校学生演出自编短剧《上了不识字的当》。⑤ 1936 年 7 月,雷法章在市政府报告工作时,提出改编民众学校课本事宜。这套由教育局编写的新课本共分 4 册,每册设 20 课,每课课文有 14~60 个字,其中生字 6~10 个,难度适中,便于失学民众掌握。同时,教育局还采取国语、常识、算术、唱歌混合编制的方法,这样"可使识字与公民常识的关系打成一片,切合各科教材相互联络的原则"。1935 年"华北事变"后,为唤起普通民众的民族意识,1936 年青岛各民众学校每日第一节课安排 3~5 分钟"精神谈

　　① 《青岛市强迫民众入学办法》,载《青岛教育概览》第 65 页,1934。

　　② 《民众学校留生办法》,载《青岛教育》第 2 卷第 6 期,1934 年 12 月。

　　③ 《青岛市二十五年度失学民众补习学校教育实施计划》,载《青岛教育》第 4 卷第 9 期,1937 年 3 月。

　　④ 《第二六四次纪念周本局重要工作报告》,载《青岛教育》第 2 卷第 9、10 合期,1935 年 5 月。

　　⑤ 《第二六八次纪念周本局重要工作报告》,载《青岛教育》第 2 卷第 9、10 合期,1935 年 5 月。

话"，每周第一节课全校集合举行"总理纪念周"活动，每周六第三节全校集合举行"周会"。① 为应对国难，1936 年民众学校增设"特种体育训练"项目，市区分区域每周 3 次，每次 2 节，"其分量与识字课等"；乡区除了每日夜间上课 2 小时，白天实施特种体育训练 2 个半小时。② 教育局还规定：各民众学校应于每周课外增加讲演 1 小时，由教育局编订讲演材料，内容为国事、国际新闻、国耻、卫生、公民、家事、育儿及其他各种日用常识。

其三，千方百计提高民众教育吸引力。实践表明，留住生源宜采积极的工作方法。为此，教育局规定：民众学校校长和教师"教学时应注意学生兴趣，其教法应避免注入式，多用启发、问答式"，并将"教材活用起来"，引证"日常生活之事项"。对民众学校出勤率高的学生实行奖励，两个星期不缺席的发给一张教育电影入场券；一个月不缺席的由教育局"传令嘉奖"。③ 1935 年 1 月底第十期民众学校结业时，经考试共有 2930 人及格，青岛市政当局"为引起全市民众对于民众教育之注意，并奖励热心向学之民众"，于 2 月 24 日—28 日分别在沧口和市区举行大规模毕业典礼，每校成绩前三名的学生均发给奖品。为留住生源，民众学校每月召开一次娱乐会，用名人故事、笑林等"借以联络感情，增添娱乐"。沈鸿烈、雷法章多次亲临民众学校组织的娱乐会、同乐会。例如：1934 年元旦青岛民众教育馆举办由短期小学班、民众学校等 1700 多人参加的同乐会，沈鸿烈"参加指导并训话"，还向在同乐会表演国术、书词的人员"各赏洋一元，以示奖励"。④ 又如，1936 年 4 月 11 日晚 7 时台东镇民校同乐会假东镇商业舞台为会场，沈鸿烈和雷法章到会训话，沈鸿烈向参加同乐会表演的 23 个节目共计 118 人各发给糖果一包。⑤

虽经数年连续举办了 15 期民众学校，但青岛民众受教育程度仍不乐观。据 1936 年 5 月的人口调查，全市 16～45 岁成人文盲共计 157266 人，其中市区为 67264 人，占比 45%，可见扫除成人文盲的任务并不比乡村弱。雷法章在一次小港区闾邻长的会上坦言："民众学校的学生，今天来了，明天又不来，警察不能每天跟着他。"⑥ 事实如此，南京政府前期青岛民众学校无论数量还是质量，都不可估计过高。

值得注意的是，青岛市政当局比较重视蜗居贫民窟社会最下层弱势群体的教育。为提供识字方便，1931 年 8 月青岛市各学校、机关、团体及商店、工厂普

①② 《青岛市教育局二十五年度行政计划》，载《青岛教育》第 4 卷第 1 期，1936 年 7 月。

③ 《民众学校留生办法》，载《青岛教育概览》第 66 页，1934。

④ 《青岛市教育局第二一四次纪念周报告》，载《青岛教育》第 1 卷第 9 期，1934 年 2 月。

⑤ 《青岛市第十三期民众学校实施经过》，载《青岛教育》第 4 卷第 6 期，1936 年 11 月。

⑥ 《雷（法章）局长对小港区闾邻长讲习会训词》，载《青岛教育》第 4 卷第 9 期，1937 年 3 月。

遍设立民众问字处,以"解决民众不识字之痛苦及文字上疑义",并为不识字民众代笔。9月11日,教育局拟订《青岛市私立民众学校立案暂行规程》《青岛市市立民众学校暂行规程》和《青岛市市立民众学校职教员任免暂行规程》,呈奉市政府核准,以市政府第六九〇八号指令公布实施。1934年8月—10月,教育局在市区上下马虎窝、脏土沟、挪庄、台东镇等地设立露天学校,派教员每日轮流教给在上述各处蜗居的人力车夫、洋车夫、拾煤核、捡破烂及其他下层民众识字,并"做通俗讲演,借以提高其知识"①。

青岛市政当局为妓女开设的女子补习学校,促其从良的举措值得写下一笔。将妓女纳入社会教育范围,始于20世纪30年代初青岛市政当局在平康勾栏附近设立的女子补习学校。第一所朝阳路女子补习学校设于平康一里附近,为初等学校。因其"开办以来,成绩尚佳",1933年青岛市教育局在"平康四里附近增设一所,以资普及"。② 至1934年3月,朝阳路和云南路两校业已开办3期,教育局遂在朝阳路女子补习学校开办初、高级各1个班,云南路设初级1个班。1934年9月,教育局在平康五里设立黄岛路女子补习学校,委钟秀芳为校长,教给妓女基本的文化知识和家政技能,半日授课,半年毕业。③ 至1936年,除了朝阳路、云南路最早开办的女子补习学校,青岛市面向妓女的教育尚有两所女子补习学校及其两处分校。第一女子补习学校设于四方路平康东里,其第一分校在黄岛路平康五里,第二分校在东镇平康六里;成立于邱县路平康二里的第二女子补习学校,其第一分校在冠县路平康三里,第二分校在河北路昇平里;此外还有莘县路、东海楼等编入民众学校系列的女子补习班。

鉴于妓女入学与公安局例行检查妇科疾病的时间冲突,为强化教育管理措施,1935年教育局主动与公安局会商,"将检查疾病时间改订,以免妨碍妓女上课"④。1935年10月,因发现云南路女子补习学校各生"与原定数额相差悬殊",教育局即派员前往整顿,迫使11名班主承诺"将已报名各生送往学校,如人数犹未充足,即再将不识字之妓女一律入学,以重教育"。⑤ 1936年,教育局实施强制性妓女分期入学制度,根据妓女调查名册,严令妓女必须入补习学校修业,"如有班主阻碍或妓女私自逃学者,即严予惩罚"。⑥ 教育部专员郭有守在

① 《一年来之青岛教育》,载《青岛教育》第3卷第1期,1935年7月。
② 《民国二十二年教育行政计划》,载《青岛教育》第1卷第6期,1933年11月。
③ 《第二四七次纪念周教育局重要工作报告》,载《青岛教育》第2卷第3期,1934年9月。
④ 《青岛市教育局民国二十四年度行政计划(续)》,载《青岛教育》第3卷第5期,1935年11月。
⑤ 《青岛市政府第二九六次纪念周本局重要工作报告(民国二十四年十月二十八日)》,载《青岛教育》第3卷第6期,1935年12月。
⑥ 《青岛市教育局二十五年度行政计划》,载《青岛教育》第4卷第1期,1936年7月。

《视察青岛市教育报告》中充分肯定"该市女子补习学校，办理尚见努力，成绩并有可观"，同时认为"所设科目偏重学识方面，而职业训练甚少"。① 为此，1936年青岛妓女补习学校增加了歌舞技艺训练，以"改变其下贱生活，逐渐脱离苦海"②，至1937年共毕业167名。设立女子补习学校的初衷是使妓女学有知识技能，自谋正当生涯，但妓女问题实为社会问题，解决非易。1936年，教育局在行政计划中进一步提出："拟集合有关系各方面人士，共同研究妓女出路方法，以资救济。"③

二　引导市民适应社会生活的民众教育馆

民众教育馆作为社会式民众教育机构，以启迪民智、改良社会风俗为主旨。在青岛特别市时期，1929年10月即拟订了《民众教育馆规程》，并经市政会议议决以特别市政府令公布实施。1930年10月，青岛市教育局于朝城路7号设立了民众教育馆。

民众教育馆初设科学、演讲、图书、体育和游艺五部。科学部备有各种科学仪器标本，供市民参观；讲演分馆内、馆外和化妆讲演三类，化妆演讲于每星期日在馆内进行；图书部大多为通俗读物，每日上午8时至夜晚9时为阅览时间；体育部设有简易体育场，内设篮球场、网球场及运动器械，每日早6时至晚7时开放；游艺部备有乒乓球、围棋、象棋，并与青岛"和声社"合作组建"国剧研究社"，每月公演1~2次，票价一律定为3角，其收入除了抵充开销，均交教育局，用以添置民众教育馆器物。1934年3月，青岛市进一步改组民众教育馆，将体育和游艺两部合并为"康乐部"，另设总务部，并厘定了工作纲要。1936年，民众教育馆"扩充为三部，并增加职员"，还变更工作时间，增加晚上开放时间。同时，为改良民众业余消遣，倡导市民正当娱乐，1936年在劈柴院设立"民众茶社"，备以报纸、图书、弈棋、乐器等，"以开通民智"。④

基于增强民众教育馆的服务功能，"借助于电力"使"各项教育宣传普遍"，1933年6月，青岛市政当局投资7000元创办了青岛第一家官办无线广播电台，呼号为XTGM，频率930千赫和900千赫，波长为340米和333米，发射功率为100瓦。⑤ 由于意识到"广播无线电台为宣传之利器，应用于社会教育效率尤为大"，至1933年底已在李村、沧口、九水、阴岛、薛家岛各乡区普遍安装收音机，

---

① 郭有守：《视察青岛市教育报告》，第33页，教育部训令第3531号，1934。
②③④ 《青岛市教育局二十五年度行政计划》，载《青岛教育》第4卷第1期，1936年7月。
⑤ 《二十二年教育工作纪要》，载《青岛教育》第1卷第8期，1934年1月。据载，这部无线广播电台还为1933年7月在青岛举行的第十七届华北运动会传播比赛消息。

1934 年春在各乡区"开始放送",全天播音 9 个小时。[①] 据悉,广播电台于每天下午 7:00—7:40 为特约讲演时间,专题讲演气象科学常识、农林常识、工商及渔业常识等内容。[②] 1934 年 10 月,青岛民众教育馆重新修订广播电台每日放送表,节目内容有民众教育、科学常识、农林知识、法律浅识、工商行情、渔业讯息、工业品类、社会新闻等;节目形式有讲演、报告、戏曲、音乐等。这些节目均由民众教育馆讲演部编辑提供,每 4 周轮回 1 次,每日晚 7 时放送。民众教育馆还通过设于各乡区办事处的收音机,宣讲适于民众接受的学术知识。例如:1934 年 10 月 9 日演讲《森林附近居民应尽的责任》;1935 年 3 月 12 日演讲《造林与民生》;1934 年 12 月 18 日演讲《养鸡防疫须知》。为普及民的夏季卫生常识,民众教育馆于 1934 年 7 月 29 日晚举行了一场《唤起民众,注意卫生》的化装演讲,到会观众 800 余人。演讲者表演"苍""蚊""臭"之装束,还化装描述虎烈拉(cholera)痢疾的危害及预防办法。当时有媒体称:演讲效果极好,"化装精备骇怪,颇易警人"[③]。

书报阅览是青岛民众教育馆传播文化科学知识的重要途径,主要采取设立民众阅报牌、设置流动书库、开辟图书阅览室等方式。

出于增进民众知识、"养成民众阅报习惯"和"普遍民众阅报机会"之目的,1929 年 11 月,青岛市政当局在"市内及乡区交通地点"共设立民众阅报牌 94 处(其中乡区 70 处),每处张贴报纸一种或数种,由就近的市立或私立学校"负责张贴"。[④] 所贴报纸除教育局"按月购订外,余均函请本市及上海、天津各大报馆捐赠"[⑤]。据悉,这些报纸计有 100 余种/份,足见民国时期青岛新闻报业之盛。1935 年 12 月,雷法章在市政府第三○四次纪念周会议报告教育局工作时,提出筹设学校对民众开放的阅报牌事宜,称:"崂西、夏庄两区新设立小学十七处,本局为养成该处民众阅报习惯及增进其知识,经令饬各校设立民众阅报牌一处,所需报纸由本局向各报馆订寄,现已造具预算,呈府拨款。"[⑥]20 世纪二三十年代,作为社会教育面向大众传播的一种公共平台,民众阅报牌就出现在青岛街头,这为社会大众提供了读报的机会和便利。

流动书库特别适应于乡区的需要。1930 年 3 月,青岛市政当局为谋乡区小

① 《四、五、六 3 个月行政工作计划》,载《青岛教育》第 1 卷第 10 期,1934 年 3 月。

② 《教育馆无线电广播常识》,载《青岛时报》1934 年 10 月 6 日。

③ 《民众教育馆举办化妆演讲》,载《青岛时报》1934 年 7 月 31 日。

④ 《青岛市教育局民众阅报牌简则》,载《青岛教育》第 120 页,1931 年 1 月。

⑤ 《工作概况》,载《青岛教育》第 47 页,1931 年 1 月。

⑥ 《青岛市政府第三○四次纪念周本局重要工作报告》,载《青岛教育》第 3 卷第 8 期,1936 年 2 月。

学教师、学生和一般乡民"普遍读书"，"爰有乡区小学校流动书库之设"。其办法是：划定 12 个流动区，"每区设书库一只"，内储各种科学教科书、杂志、儿童读物等，"按区流动，一年轮流普遍，另换新书"①。教育局于 1934 年 3 月编印了流动书库图书目录，其第一库计有 29 种 35 册，包括党义、教育、文学、自然科学、社会科学等六个类别；尤以自然科学和社会科学的书籍种类最多，计 18 种，其中有《作物学》《有机化学概要》《蔬菜园艺》《农业概论》《人类进化论》《经济学》《平民政治的基本原理》《植物学大辞典》等②。第八库的自然科学和社会科学的书籍种类占比达 69%，其中有《科学之价值》《气象学》《中等家禽学》《中等农业昆虫学》《新中华几何学教本》《学生卫生宝鉴》《社会调查方法》《中国商业史》等③。因阴岛、薛家岛远处海西，书库往返搬运不便，自 1934 年起教育局指令民众教育馆将阴岛和薛家岛单独划为书库流动区，每地设两个书库。

据 1936 年统计，青岛民众教育馆共有各类中文图书 1.5 万余册、报纸 14 种、教育刊物 21 种。为了发挥这些藏书的作用，1935 年 7 月，教育局修改民众教育馆阅览室原定上午 8：00—12：00、下午 2：00—5：00 的开馆时间，以"时届夏日，天气已长，晚间阅书者甚多"为由，特饬各民众教育馆将图书部阅览时间"延长至晚九时"④。1936 年再次调整民众教育馆开放时间，"减少上午工作时间，晚间须照常工作"⑤。

青岛民众教育馆还设有科学仪器陈列室，有动物与植物标本，刚体力学、气体静力学、光学、音学、静电学、动电学、磁学等仪器，还有化学实验器具、无机化学药品、有机化学药品等，供民众参观学习。1935 年秋，青岛市政当局提出"于市内筹设大规模之图书馆一所"的计划，还提出筹设博物馆"经本府核定，将馆址指定"，但终"因开办、经常各费无着，以致不克成立"⑥。

鉴于青岛是中国放映电影最早的城市，教育电影成为青岛民众教育"简便易行"且"最大效"的"活的表现"手段。民众教育馆自 1934 年 10 月"利用教育（科教）电影，辅助学校教育之普及，及启发一般民众知识起见，特拟具推广民众教育电影计划"⑦，分别从南京金陵大学和中国教育电影协会订购电影放映机，并租借了一批教育电影拷贝，积极推广民众教育电影。1934 年，教育局拟定《教育电

---

① 《工作概况》，载《青岛教育》第 33 页，1931 年 1 月。

② 《流动书库图书目录（第一库）》，载《青岛教育》第 1 卷第 11 期，1934 年 4 月。

③ 《流动书库图书目录（续）》，载《青岛教育》第 1 卷第 12 期，1934 年 5 月。

④ 《第二八一次纪念周本局重要工作报告》，载《青岛教育》第 3 卷第 1 期，1935 年 7 月。

⑤ 《青岛市教育局二十五年度行政计划》，载《青岛教育》第 4 卷第 1 期，1936 年 7 月。

⑥ 《青岛市教育局民国二十四年度行政计划（续）》，载《青岛教育》第 3 卷第 5 期，1935 年 11 月。

⑦ 《青岛市政府行政纪要（民国二十三年）》，存青岛市档案馆，档号：A000471。

影选用及推行办法》,规定选用的影片须"由浅入深、由普及常识而至科学知识之片",每 2 周换片 1 次,每次放映 4 部(3 部教育片加 1 部滑稽片)。选映滑稽片有延揽观众的目的,但须"以不伤大雅为宜"。电影放映地点分别为民众教育馆、山东戏院、东镇市场戏院和李村中学,票价 5 分(铜圆 5 大枚)。① 教育片的上映,给民众带来耳目一新的知识视野,从而达到了通过放映科教电影推广民众文化教育的目的。

由于建在朝城路的青岛市立民众教育馆"实不足供民众之需",1933 年 12 月,青岛市政当局在阴岛萧家村成立简易民众教育馆,内设图书、演讲、游艺等部,并备有各种书报。② 1934 年 10 月,青岛市政当局又增设沧口简易民众教育馆,内设图书、讲演、游艺部,并配有无线电收音机。为使沧口区域"一切通俗教育事务,均由该馆办理"③,1936 年又将沧口简易民众教育馆与沧口小学合并,更名为"沧口社会教育中心办事处"。1936 年,教育局还联络社会局在四方设立"劳工教育馆"。④ 据史料记载,青岛周边各县也建有民众教育馆。1929 年 2 月,即墨县在文庙前院成立县立民众教育馆,有图书数千册及演讲、教学、戏剧等用具。⑤ 1930 年,平度县的通俗图书馆、讲演所、阅报社合并组成民众教育馆,内设图书、讲演、推广部,组织农民识字学文化。⑥

民国时期的民众教育馆,作为由政府建立并主导实施社会教育的"综合机关",在对基层民众进行现代化改造中发挥了积极的作用。当然,由于政治环境、国民素质、教育馆运行机制的缺陷等因素,青岛民众教育馆最终在政府的高度集权中破产。

三　以社会教育中心区为推力的乡村庶政改革

民国时期是农村教育制度变革最为剧烈的时期,不仅延续了近代以来以促进农村人口素质提升来实现国家整体现代化的思路,而且积累了在特殊历史时期促进农村教育普及与革新的经验,20 世纪 30 年代青岛社会教育中心区的推行,为乡村建设运动开辟了新路。

山东作为 20 世纪 30 年代中国乡村建设的典型,1931 年 6 月即诞生了山东

① 《教育电影选用及推行办法》,载《青岛教育》第 2 卷第 6 期,1934 年 12 月。
② 《青岛市教育局第二一四次纪念周报告》,载《青岛教育》第 1 卷第 9 期,1934 年 2 月。
③ 《一年来之青岛教育》,载《青岛教育》第 3 卷第 1 期,1935 年 7 月。
④ 《青岛市教育局二十五年度行政计划》,载《青岛教育》第 4 卷第 1 期,1936 年 7 月。
⑤ 《青岛市县区立暨私立民众教育馆概况调查表》,存中国第二历史档案馆,卷号:2021-262。
⑥ 山东省平度县地方史志编纂委员会:《平度县志》(内部发行),第 526 页,1987。

省乡村建设研究院,著名乡农改革家梁漱溟以省政府高级政治顾问身份担任研究部主任,旋任院长。1933 年 7 月,国民党政府于山东邹平实验区召开全国乡村工作讨论会,在全国推广"乡建院"乡农教育经验。梁漱溟因其兄梁焕鼐任职胶济铁路局,多次来青探亲,便与青岛的农村教育结缘。1932 年 6 月,梁漱溟带领山东乡村建设研究院第一届乡村服务人员训练部 300 名师生赴青岛考察教育、经济等情况。① 沈鸿烈在青岛民众教育馆接待了来青的考察团师生,事后专门派人去邹平学习乡村建设经验。1933 年 8 月,中国经济学社第十届年会在青岛召开,梁漱溟在年会开会式上做了《解决中国经济问题之特殊困难》的发言,并赴李村乡村建设模范村考察。

与梁漱溟齐名的另一位农村教育改革家晏阳初,也对青岛的乡村建设颇有兴趣。1935 年 9 月,晏阳初率领河北定县乡村建设研究院莅临青岛参观访问,教育局在市礼堂召集市立、私立中小学全体教职员 800 多人,请晏阳初演讲乡村教育问题。② 1936 年 5 月,河北定县平民教育促进会一行 10 人由训练委员殷子周带领,再次来青岛参观访问。③

实际上,青岛的乡村建设积极吸纳了梁漱溟和晏阳初的经验,却有别于知识分子面对民族沦亡的威胁应答的路径。身为军政官员的沈鸿烈与梁漱溟"以教统政"、纳政治于教育的立足点不同,沈是从变革农村庶政入手,将农村教育作为青岛城乡整体发展的组成部分。1932 年,青岛共有农(渔)民 39386 户,计 21.2 万人,占青岛总人口的一半;每户年均收入 67.64 元,年均支出 47.7 元,按每户平均 5 人计,则每人年均收入 13 元,支出 9 元,而当时青岛市区学徒工的月收入为 8~15 元。④ 可见青岛城乡之间存在一定的差异,这种差异在教育上表现得尤为突出。为了消弭差异,沈鸿烈提出"施政方针,以注重教育为首要"⑤,为此必须"以政治力量推进教育,以教育活动辅助政治",赋予乡村学校教职员一定的民政权限。沈鸿烈主张:"中心小学校长既为民众教师,同时又兼村治之领袖,以教育与政治方法,合而建设自治,故其基础既坚固,而推行也便利。"⑥其办法是:由"乡区小学校长领导村民办理各项社(会)教(育),以民(众)学(校)为基础,由

---

① 姜茂森:《梁漱溟与青岛江苏路 28 号》,载《半岛都市报》2007 年 8 月 4 日。
② 《第二九二次市政府纪念周本局重要工作报告(民国二十四年九月三十日)》,载《青岛教育》第 3 卷第 5 期,1935 年 11 月。
③ 《青岛市政府纪念周本局重要工作报告(民国廿五年五月十八日)》,载《青岛教育》第 4 卷第 1 期,1936 年 7 月。
④ 屠绍桢:《青岛的合作》,载《青岛工商季刊》第 2 卷第 2 号,1934。
⑤⑥ 《沈(鸿烈)市长在图书馆博物馆年会联合演辞——青岛市政建设概况》,载《青岛教育》第 4 卷第 4 期,1936 年 10 月。

识字教育推及于公民训练、自卫训练,使一村一乡民众均受有相当教育"①。为
使这一改造农村庶政的计划得以实施,1933年青岛市政当局将全市城乡划为31
个社会教育中心区(市区4个、乡区27个),指定市区的上下马虎窝和乡区的九
水沟崖村作为社教实验区,并聘请无锡民众教育学院吴瑞锋来青出任实验区干
事长。② 其中,九水沟崖村社教实验区的设计思路是:

> 九水区沟崖村一带全系农村,居民勤朴耐劳,以农为业颇见富庶,村中
> 士绅热心公益,薄有公产,足够实验区办公处及实验民众学校之用。决择该
> 村为中心村,以周围五里以内之十余村,为实验区之范围。
>
> 该实验区设主任一人,总辖一切事宜,并兼任实验民众学校校长之职
> 务;设助理员二人,商承主任办理区务,兼任实验区民众学校教员之职务;另
> 设工友一人,司传达、扫除、油印等职务。
>
> 本实验区主任月薪为六十元,助理员各三十五元,工友月工资十二元。
> 每月办公费三十二元。合计比月一七四元,比年二零八八元。③

在实验区的基础上,沈鸿烈进一步对农村社教中心区提出要求:

> 一切乡村建设工作,须以教育为中心,方能树立永久基础,否则难免人
> 亡政息之感。故第一步由官治,第二步即须民治。必须先训练民众,组织民
> 众,使民众具有相当程度,方可由被动而达于自动。此项工作,必须由教育
> 着手,社教中心区即负此种使命。由乡区小学校长领导村民办理各项社教,
> 以民校为基础,由识字教育,推及于公民训练、自卫训练,使一村一乡民众均
> 受有相当教育,方可完成自治基础。④

1936年10月,青岛市教育局颁发农村社教中心区讲演大纲,要求"灌输乡
区民众各种常识,及改善生活,以养成自治能力",特令"各社教中心区组织讲演
队,轮流向各区民众讲演"。各区由区主任担任讲演队正队长,分区主任担任副
队长,并选各小学教职员担任讲演员。每区选择适中讲演地点4处,每处每月讲
演1次,每区之中心小学每月须举行一次规模较大的讲演及同乐会,教育局为每
区发给1架留声机,并配12张唱片,以便讲演时携带。

事实上,青岛乡村建设运动中最值得称道的是以"教生"力量推进的乡村家

---

①④　《沈(鸿烈)市长在图书馆博物馆年会联合演辞——青岛市政建设概况》,载《青岛教育》第4卷
第4期,1936年10月。

②　《市政府第三三九次纪念周本局工作报告》,载《青岛教育》第2卷第1期,1934年7月。

③　郭有守:《视察青岛市教育报告》,第30页,教育部训令第3531号,1934。

庭式民众教育。青岛市政当局为扩大农民教育的范围,1934年10月制发了《青岛市学生推广民众教育办法》12条。这个由在校学生担任主角的办法规定:凡本市各市立、私立中学学生及市区高年级小学生均须担负义务性的民众教育工作,即做"教生"。要求是:中学生每人每星期至少须教2个不识字的百姓,小学生则教1个,对象为学生家属、家庭佣人、邻居。① "教生"使用的教材除了教育局编印的《国语》外,还有"随时指导、启迪"民众和对民众"日常生活习惯"有益的材料。作为民众学校的补充,这种由"教生"在民间开展的面向居家民众的教育也按4个月为一期,其"始业及卒业与市立民众学校相同"。凡有"教生"担任教学工作的学校,校长要指定教职员"协助学生管理一切",每两个月分区举行一次谈话会,以考察这种家庭式民众教育的成绩。对担任民众教育"成绩优良,工作努力"的"教生",由教育局"发给奖状,以资鼓励";对于"工作怠惰,毫无成绩"的,教育局则"予以儆戒"。②

1935年3月,青岛市政当局首先在乡区宋哥庄小学试点以"教生"为主导的民众教育推广办法,其口号是"教学生教人,教学生教人去教人",重点是指导"教生"如何应对、解决农民教育的困难和问题,以"坚强其意志,养成其自信力"。③ 根据史料记载,宋哥庄小学共组织"教生"94名,为稳妥起见,暂定徐家宋哥庄、刘家宋哥庄、石家宋哥庄和双埠4村为活动区域,并由全校14名教职员组成辅导委员会,便于协调行动。教职员的辅导既要随时为"教生"提供必要的帮助,还能对"教生"的某些失当之处及时予以指正。实践表明,"教生"开展的居家农民的教育活动,较之一般民众学校的优越性表现在:由于"教生"所教对象不是亲属便是邻居,师生关系熟络,交流无隔阂;又因教学场所自由,"教生"无处不可到,无人不可教,且教学进度之速迟可视学习者的能力为转移,教学效果好;"教生"教人的同时,也使自己的学业得到巩固和提升。宋哥庄小学的"教生"经验不乏典型性和启示性。

1935年夏,青岛市教育局进一步提出"教生"访问农民家庭的要求,规定"教生"于授课完毕"须至学生家庭访问二小时,凡学生家庭生活状况、清洁、卫生、以及人口多少、每日收入、失学人数等,均须做详细之调查。遇有应饬改良者,随时加以指导。一次不听者,须再做两次、三次之指导,必俟该家庭完全接受指导而后已"。为给"教生"提供方便,及时检查"教生"的工作情况,教育局"饬各区指导员随同'教生'出发访问",并于"第二日之早晨"对"教生"所记之记事册

---

① ② 《青岛市学生推广民众教育办法》,载《青岛教育概览》第74、75页,1934。

③ 《青岛市市立宋哥庄小学实施教生推广民众教育报告》,载《青岛教育》第3卷第6期,1935年12月。

"详加核阅,以昭郑重"。① 1935 年,九水沟崖小学拟定的"教生"推广农民教育办法,具有一定的代表性。办法提出:学生成立"教生"总团,设正、副团长各一人,由五、六年级学生充任。每村设"教生"分团,由居住各村的学生组成,"教生"的任务是:

> (一)第一步以普及个人家庭之教育为原则,若该生家属均已受过相当教育,经考核属实者,则招收邻居不识字民众;
> (二)不识字民众年龄以六岁以上、四十岁以下为限,不分性别;
> (三)开始读书前,须将不识字民众之姓名、年龄、籍贯、性别、住址等造具名册,送由总团长,转送学校;
> (四)学校接到上项名册后,应即报教育局备案;
> (五)每人每学期至少须招教不识字民众二人;
> (六)教学时限定为五个月,教学完了应举行测验,并将测验结果,呈报教育局备案。②

根据乡村农民的生活和生产实际,"教生"实施授课的时间只能是早晨到校前、午饭后、下午散学后和晚间,但每日不应少于 1 小时。"教生"使用的教材分两种:针对 6～12 岁的民众使用教育局发的《国民识字册》,按照字义深浅、笔画繁简,"教生"每日须抄写 10 个进行教授;对 12～40 岁的民众,则用教育局发放的民众学校《国语》课本。

民国时期青岛的"教生"类似于陶行知即知即传的"小先生",但其影响力远不及陶行知。在师资奇缺、经费匮乏、谋生与教育难以兼顾的情况下,"教生"对民众扫盲、文化知识的延绵推广起到了奇特的效果。但是,"教生"毕竟不是师范科班毕业,因教学不得法而影响教学效果的现象比较普遍。1936 年夏,沈鸿烈在视察由"教生"主导"一人主持教学,两人辅助,三人合作"的民众学校中发现,"教生"上课时"把学生叫到黑板前去教,同时辅导的教生又不知尽职,因此其余的学生均呆坐在那里,无所事事"。③ 其实,青岛"教生"在乡村建设运动中的窘况,有其历史的必然性。青岛农村"在夕阳流水一刻不如一刻、一天不如一

① 《第二八八次市政府纪念周本局重要工作报告(民国二十四年九月二日)》,载《青岛教育》第 3 卷第 5 期,1935 年 11 月。
② 《青岛市市立沟崖小学校实施教生推广民众教育办法大纲》,载《青岛教育》第 3 卷第 6 期,1935 年 12 月。
③ 《青岛市第三届青年暑期服务团工作纪要》,载《青岛教育》第 4 卷第 9 期,1937 年 3 月。

天衰落下去"①的现实面前,试图靠教育的力量推进农村社会进步,而非如北平等城市由"党部帮助市社会局负责筹设"社会教育,夸大了教育行政机关及学校教育的功能。来青考察的教育部专员郭有守曾提议"青市推广民教似可仿照"与当地"党部联合进行,以增加其工作力量"。②

青岛的乡村庶政改革,伴随着教育改革而启动,又因教育与社会诸多不契合因素而受挫,其实效不宜高估。实际上,民国的乡村建设运动与学校教育始终处于无法解决的悖论之中。学校教育系统通过吸纳、隔离和筛选,将农村知识群体以升学和就业的方式导向城市,致使城乡一体的传统文化出现难以弥合的裂痕,乡村社会陷入全面危机。这一系列互为因果的负面影响,不但使刚刚由新学教育开启的乡村现代化之门立即关闭,而且从根本上抑制了中国农村的发展。

第七节 "党化"体制下的训导与社会实践教育

一 强势政治制导的学校训育和儿童节活动

南京国民政府前期的青岛,以三民主义为核心的"党化"教育及其制导下的学校训育是中小学校工作的重要部分。

翻检史料可以发现,20世纪30年代青岛学校的训导制度始于规范的日常行为习惯养成教育。1933年,青岛市教育局制发了全市中小学校训育方案,其中对小学的训育目标要求是整洁、守纪律、有礼貌、重信约、勤工作、喜运动、习劳役、尽职责、爱朴素、不诳语,规定各校设训导处和训育主任,执行一切训育事宜。鉴于部分学校出现的"将训育职务徒委之少数职员","效率无有提高"的问题,教育局提出"各校教员一律兼负训育责任,以期随时训诲,以身作则,养成学生优良之品行"。③ 为收训育之效,教育局颁行小学生奖惩规则,其"酌予惩罚"的十种过错是:

    （一）不守校规者；
    （二）服务不尽责任者；
    （三）破坏公共秩序者；
    （四）对师长无礼貌者；

---

① 梁大同:《青岛市薛家岛区中心小学的设计》,载《青岛教育》第2卷第1期,1934年7月。
② 郭有守:《视察青岛市教育报告》,第32—33页,教育部训令3531号,1934。
③ 《民国二十二年教育行政计划》,载《青岛教育》第1卷第6期,1933年11月。

（五）故意损坏公物者；

（六）不服从训诫者；

（七）引诱他人做不良行为者；

（八）有不良嗜好者；

（九）有不正当行为者；

（十）其他相当于上列之临时事件。①

对犯错学生惩罚的种类则包括口头警告、记过并通知家长、停学、其他临时规定惩罚四种形式。随着国民党训政政策的步步深入，一党专政的政治体制得以强化，以政治权力为目的而形成的对教育主导权的掌控，必然造成在各级学校强势推行"党化"教育的倾向。例如：对青岛市立中学"殷切垂注"的沈鸿烈，为学校亲定"忠恕"校训，校长董志学将之"奉为圭臬"，校风"颇趋奋励模厚之途"。② 1935 年 11 月，青岛市立中学"为收训教合一之效"，实行级训导制度，在高、初中各年级设立级任导师，主持级部训育事宜，以此"辅助学校行政"。教育局即"指令备案"③，积极宣传推广。

在"党化"制导下的学校训育，出现了政治权力越界控制的课程和教材。1929 年，青岛市各市立和私立学校按照国民政府规定增设"党义"课。是年 11 月，青岛市成立(国民党)党义教师检定委员会，对党义教师和训育主任进行鉴定，合格者仅有十余名；1930 年 11 月又检定一次，合格者为 68 名。④ 为使党义课程达到"即知即行，即做即学"，教育局强调：教材必须适合训育目标，必须"本身有实行之可能"，"注重能训练学生实做"，"以期训育与教学合为一致"。⑤ 特别值得关注的是，国民党"党化"教育政策不仅体现在党义课程的增设上，也体现在校园生活方面，尤其是通过设置意识形态色彩深厚的纪念日，举行仪式政治活动，使校园生活中"党化"的影子越来越长。表 5-17 是 1936—1937 学年度青岛市政当局规定的中小学仪式政治活动，其中放假的纪念日有 1 月 1 日民国成立日、3 月 12 日孙中山忌日、3 月 19 日先烈纪念日、10 月 10 日"国庆日"、11 月 12 日孙中山生日，以及将错就错的 8 月 27 日孔子诞辰日；不放假须举行纪念式或参加市党部活动的多达 15 项，其中与孙中山有关的就有 6 月 16 日广州蒙难、

---

① 《青岛市市私立小学校学生奖惩规则》，载《青岛教育》第 1 卷第 2 期，1933 年 5 月。

② 董志学：《青岛市立中学十周纪念特刊·弁言》，载《青岛市立中学十周纪念特刊》第 1 页，1936。

③ 《青岛市政府第三〇〇次纪念周本局重要工作报告(民国廿四年十一月廿五日)》，载《青岛教育》第 3 卷第 7 期，1936 年 1 月。

④ 《工作概况》，载《青岛教育》第 22 页，1931 年 1 月。

⑤ 《民国二十二年教育行政计划》，载《青岛教育》第 1 卷第 6 期，1933 年 11 月。

表 5-17 1936—1937 学年度青岛市中小学仪式政治活动一览表

时 间	星期	仪式政治项目	活动形式规定
1936 年 8 月 20 日	星期四	先烈廖仲恺纪念日	不放假,派代表参加本地高级党部纪念会
1936 年 8 月 27 日	星期四	孔子诞辰纪念日	放假一天
1936 年 9 月 20 日	星期一	先烈朱执信殉国纪念日	不放假,派代表参加本地高级党部纪念会
1936 年 10 月 10 日	星期六	国庆纪念日	放假一天,集会庆祝
1936 年 10 月 11 日	星期日	总理伦敦蒙难纪念日	不放假,派代表参加本地高级党部纪念会
1936 年 10 月 31 日	星期六	先烈黄克强逝世纪念日	不放假,派代表参加本地高级党部纪念会
1936 年 11 月 12 日	星期四	总理诞辰纪念日	放假一天,集会庆祝
1936 年 12 月 5 日	星期六	肇和兵舰举义纪念日	不放假,派代表参加本地高级党部纪念会
1936 年 12 月 10 日	星期四	青岛接收纪念日	集会纪念
1936 年 12 月 25 日	星期五	云南起义纪念日	不放假,派代表参加本地高级党部纪念会
1937 年 1 月 1 日	星期五	中华民国成立纪念日	放假,集会庆祝,年假开始
1937 年 3 月 12 日	星期五	总理逝世纪念日	放假一天,集会纪念
1937 年 3 月 18 日	星期四	北平民众革命纪念日	不放假,派代表参加本地高级党部纪念会
1937 年 3 月 19 日	星期五	革命先烈纪念日	放假一天,举行纪念会
1937 年 4 月 4 日	星期日	儿童节	不放假,各小学举行纪念式
1937 年 4 月 12 日	星期一	清党纪念日	不放假,派代表参加本地高级党部纪念会
1937 年 5 月 5 日	星期三	革命政府纪念日	不放假,派代表参加本地高级党部纪念会
1937 年 5 月 9 日	星期日	国耻纪念日	不放假,举行纪念式
1937 年 5 月 18 日	星期二	先烈陈英士殉国纪念日	不放假,派代表参加本地高级党部纪念会
1937 年 6 月 3 日	星期四	禁烟纪念日	不放假,举行纪念式
1937 年 6 月 16 日	星期三	总理广州蒙难纪念日	不放假,派代表参加本地高级党部纪念会
1937 年 7 月 9 日	星期五	国民革命军誓师纪念日	不放假,集会庆祝

资料来源:根据《青岛市二十五年中小学校历》整理,载《青岛教育》第 4 卷第 1 期,1936 年 7 月。

10 月 11 日英国伦敦蒙难纪念日。类似的象征性和符号化的纪念活动还涉及陈士英、廖仲恺、朱执信、黄克强等"先烈"。最难理解的是,竟然将 4 月 12 日的"清党"作为纪念日编入全市中小学的校历。[①] 据大量的史料记载,南京政府前期的青岛,各中小学校集会都要遵循规定性的程式,唱"党歌",向孙中山遗像行

---

① 将 4 月 12 日"清党"作为纪念日,早在 1935 年《青岛市二十四年度小学校历(修正案)》中列入,详见《青岛教育》第 3 卷第 7 期,1936 年 1 月。

三鞠躬礼,恭呼"国父(总理)遗嘱"。国民党的仪式政治可谓无所不用其极。

不可否认,南京国民政府前期青岛中小学的"党化"教育并未取得预期效果。究其缘由,不外乎:一是党义教育内容空洞,严重脱离生活现实;二是"党化"教育形式枯燥,灌输的痕迹太重;三是遭到各界人士的不断抵制,学生不愿接受。这些因素都注定"党化"教育是一种事与愿违的政策尝试。

事实依然是,在"党化"政治主导下的儿童节与"儿童年"活动,留下了许多可检思的问题。

应当说,对于民国4月4日的儿童节,青岛市政当局能从儿童福利的角度出发,并赋予其积极的社会意义。雷法章明确提出:"在我国今日国难严重期间,我们一切虽可牺牲,但我们决不能牺牲儿童,我们一切救亡图存事业,虽在紧迫进行,但我们决不能忽略儿童事业。"[1]1934年为庆祝儿童节,教育局于3月24日下午在召开的第十一次市区小学校长会议上就研究确定了"纪念儿童节办法",包括4月4日的游行路线、餐点分发标准,并会商"开放水族馆、观象台,任儿童游览",还"商定"各电影院"尽量放映富有教育意义及足以增儿童知识之影片,票价一律一角,以示优待"。[2]

1935年,为扩大儿童节在社会上的影响,青岛市政当局提出的口号是"促进社会人士认识儿童在国家的地位,与实施儿童本位教育"[3],决定于4月4日在汇泉体育场举行儿童节纪念大会。为制造声势,会场正门及场内悬挂中华民国国旗,并"做松坊以资点缀",到会的全市各小学校学生达8200余人,还有中学生和市民观众共计2万人,可谓盛况空前。据当时的材料记载,上午10时许为行开幕礼,"集合全体儿童于司令台前……行礼如仪"。适国民政府常委兼军事委员会常委李烈钧在青,他应邀出席大会,并即席发表了热情洋溢的致词:

> 同胞诸君,少英雄诸君:
>
> 鄙人到青岛有十余日了,初到的时候,颇有荆棘铜驼之虞,及近数日来,调查游览,则大不然。……今日是儿童大会,应算是少英雄大会,这种大会之重要,尚何待言,但此大会之基本精神,吾人应当明白,加以研究。各少英雄均有特长,这种特长,一是亲爱的精神,二是活泼的天机,三是冒险的精神。[4]

---

① 《雷(法章)局长青岛市第四届儿童节特刊发刊词》,载《青岛教育》第2卷第11、12合期,1935年6月。

② 《第二一九次纪念周教育局重要工作报告》,载《青岛教育》第1卷第10期,1934年3月。

③ 《办理儿童节纪念大会记》,载《青岛教育》第2卷第11、12合期,1935年6月。

④ 《李(烈钧)委员致词》,载《青岛教育》第2卷第11、12合期,1935年6月。

李烈钧几次以"少英雄"称呼青岛的儿童，自有师长对后辈的欣赏之情，也不乏即席生发的感想。沈鸿烈随后发表了训话，并向儿童代表赠送了《资治通鉴》及《科学大纲》各一部。中午，沈鸿烈以市长身份"分赠到会儿童每人点心一包，即在场席地聚餐"。对市长的餐点，学生必然要答谢。学生代表在大会发言中说："我们几千个儿童，在一片嫩绿草地上聚餐，吃着沈市长赐给我们的面包和糖果，又香，又甜，是多么快乐呢！"①其中的"赐给"一词可能比面包和糖果本身的意味更深。

较儿童节的政治色彩更浓烈的是1935—1936年的"儿童年"活动。

由南京国民政府的主导和各界对于民族复兴的诉求，1935年8月—1936年7月的"儿童年"活动被赋予了强烈的政党意志和国难色彩。青岛市政当局拟定了活动大纲，包括举行"儿童年"大会、儿童检阅，举办儿童玩具、读物、图书展览会，以及儿童演说竞赛、婴儿健康比赛等。1935年10月9日，青岛市成立"儿童年"实施委员会，通过了委员会组织简则，之后即在教育局常川办公。雷法章意识到青岛市民囿于传统观念，许多老百姓"只知有自己之儿童，不知爱他人之儿童，只知有姑息之怜爱，不知有正当之教养，于他人儿童则不关心，或则重男轻女，或则虐孤欺幼，致使多数儿童不能受公共之爱护"②。为使社会及民众对儿童事业产生良好信仰与兴趣，在第二次委员会会议上，增聘青岛工商大亨和社会名流宋雨亭、周志俊、刘竞西、吕美荪、张美立五人为委员。③作为"儿童年"的重要内容，1936年4月4日—6日，青岛市儿童玩具读物图书展览会在兰山路市礼堂举行，展览会陈列各小学校自制的儿童玩具、教具及自行刊印的儿童读物、儿童自由画总计达5000余件。据史料记载，在为期3天的展览会期间，青岛各学校及社会各界参观人数达2.1万余人，"极形热闹，结果尚属圆满"④。经评选，台东镇小学等15校获得甲等，沟崖小学等38校列乙等。由于组织得力、展品丰富、质量上乘，在1936年5月于上海举行的全国儿童绘画展览会上，青岛市立中学、台东镇小学等16所中小学获得优胜奖，得奖学生有5人获超等、8人获优等、21人获良等，青岛市获冀察政务委员会主席宋哲元赠送的大银鼎。

当然，青岛"儿童年"的主要活动是1936年4月4日的纪念大会，到会者计2万余众。除了小学生，"并令每生邀约校外七岁以上儿童一人，由其家长一人

---

① 《代表致答词》，载《青岛教育》第2卷第11、12合期，1935年6月。

② 雷法章：《儿童年实施委员会工作报告特辑·弁言》，载《青岛教育》第4卷第8期，1937年2月。

③ 《青岛市政府第三○四次纪念周本局重要工作报告（民国二十四年十二月廿三日）》，载《青岛教育》第3卷第8期，1936年2月。

④ 《青岛市市政府纪念周本局重要工作报告》，载《青岛教育》第3卷第12期，1936年6月。

陪伴到会","受检阅及参加团体赛之儿童,由市长发给餐点"。① 值得注意的是 4 月 4 日下午在市政府举行的"儿童叩谒市长仪式"②。叩谒者,拜见也,市长与儿童依旧是官与民的尊卑地位,特别是将封建臣民政治依附关系错误地延伸到儿童,与"儿童年"谋求儿童幸福,呼吁保护、救济儿童的宗旨相悖,更有害于儿童事业的健康发展。沈鸿烈主政时期的青岛,儿童的生活方式出现了在传统中趋新并超越的特点,这是城市转型与儿童事业现代化彼此互动的结果,但青岛当局未能站在时代的高度真正确立儿童的中心地位,儿童主体处于失声状态、沦为成人世界附庸的现象未能从根本上彻底解决,也未真正凸显五四时期"儿童的发现"之内涵。

二 深受时代影响的军事训练与社会服务活动

1931 年九一八事变后,青岛市政当局根据国民政府《学生义勇军教育纲要》《学生义勇军训练办法》和《高中以上学校加紧军事训练方案》,为根除教育单一、片面、不充分的发展偏向,将学校教育与军事训练和社会服务活动结合起来。雷法章明确提出青岛教育"不是造就一班不识世故与社会隔绝的书呆子,而是要养成一班适合国家需要的公民"③,并进一步阐释道:"今日青年所志者何? 即努力强健体魄,充实能力,培养德性,准备以个人整个力量贡献于国家,此为最要之一志愿。"④

1.加强童子军组织建设与强化学校军事训练

应当说,南京政府前期青岛学校的军事训练始于组建童子军和军事会操。童子军,这一起源于 20 世纪初由英国人贝登堡创办的以"非军事化"为发展原则的儿童组织,从民国初年传入中国,到南京政府前期得以普及。青岛市政当局基于童子军组织"在锻炼儿童身体与养成有组织之团体生活,俾能做三民主义革命之继承者,关系至为重要",于 1929 年在市立中学及北平路、台东镇、台西镇 3 所小学首设童子军;1930 年 8 月根据《中国童子军团组织条例》于李村、韩哥庄、大麦岛、大埠东 4 所小学各设童子军一个团;之后,朱家洼、段家埠两校"先后呈请添设",至 1930 年 11 月正式成立童子军团组织。⑤ 上述 10 所学校的童子军团代表了民国时期青岛中小学童子军组织的最初面貌。为在女生中"谋普及起

---

① 《青岛市儿童节庆祝大会详记》,载《青岛教育》第 3 卷第 11 期,1936 年 5 月。
② 《青岛市市政府纪念周本局重要工作报告》,载《青岛教育》第 3 卷第 12 期,1936 年 6 月。
③ 雷法章:《青岛市教育的特质》,载《青岛教育》第 3 卷第 8 期,1936 年 2 月。
④ 雷法章:《市立中学十周年纪念词》,载《青岛市立中学十周纪念特刊》第 2 页,1936。
⑤ 《工作概况》,载《青岛教育》第 21 页,1931 年 1 月。

见"，青岛市政当局于 1935 年春"令饬"市立、私立女子中学"筹设初中部童子军团"。① 面向女生的童子军制度自此开始。

20 世纪 30 年代，青岛市多次举办学校军事会操与检阅，仅 1935 年就举行了三次。是年 1 月在汇泉体育场举行的军事会操，有 1500 余名学生参加。5 月 2 日，青岛市举行中学生军训大检阅，1800 余名学生参加，女子中学和市区各小学约 5000 人到场观摩。据悉，参加检阅活动的操演学生"精神饱满，动作敏捷"，参观学生"制服整齐，严守秩序"。适在青岛的国民政府军事委员会北平分会委员长何应钦，应邀到会检阅并训话。② 5 月 6 日，国民党中央童子军总会主任秘书邓悌抵青校阅童子军操练，为此青岛市举行了规模化的中小学校童子军校阅，共有 13 个童子军团、900 余人进行了分列式、进行式及各项表演，总的评价是"操练尚属纯熟，精神亦均焕发"③。

1936 年 8 月适逢第十一届奥运会在德国柏林举行，青岛大麦岛北荒草庵驻有德侨组织之少年营，该营为庆祝奥运会，通过驻青领事馆函请青岛派童子军参加庆祝。教育局"令饬"市立中学和市立女中各选派优等童子军队员 10 名赴德侨少年营地，共同举行比赛和表演。④ 1936 年 10 月，青岛市为参加全国童子军作品展览会，选送 12 所学校 100 余件作品，同时还选派男童子军 12 人、女童子军 8 人去南京参加全国童子军第二次大检阅。民国时期的童子军有其独特的教育价值，在爱国救亡运动、社会服务活动中产生了积极的影响。青岛作为童子军的地方组织机构，经历了从无到有、从不完善到相对完善的过程，与国内童子军事业发达的上海、北平、江苏、浙江、安徽等省市相比也不逊色，实乃青岛民国教育史值得点墨的一笔。当然，由于童子军自始至终存在的"童"与"军"的悖论，以及政府的过度干预和强力管制，致使青岛的童子军被严重"党化"和"三民主义化"，成为政治教化的工具，大大削弱了童子军中国化建设及在儿童事业中的积极作用。

在学校军事教育和训练方面，青岛积累了先进经验。特别是 1931 年九一八事变后，青岛对学校军事训练格外重视，1933 年实施军事训练的计有 7 所中学、56 所小学，有军事教官 41 名。1934 年 2 月，教育局进一步规定各市立、私立小学凡年满 12 周岁者"一律参加军训"⑤。为此，青岛市政当局为学校配备了一定

---

① 《一年来之青岛教育》，载《青岛教育》第 3 卷第 1 期，1935 年 7 月。
②③ 《第二七六次纪念周本局重要工作报告》，载《青岛教育》第 2 卷第 11、12 合期，1935 年 6 月。
④ 《青岛市政府纪念周本局重要工作报告（民国二十五年八月十日）》，载《青岛教育》第 4 卷第 4 期，1936 年 10 月。
⑤ 《关于规定学生满足年龄限制一律参加军训的训令（1934 年 2 月 28 日）》，存青岛市档案馆，档号：B0027-004-00094-0029。

数量的军事教官和教员。据悉,青岛各中学的军事教官"直辖于派遣机关,由各校商请教育局聘任",不少学校的军事教官"在学校之地位亦渐提高,得参与学校重要会议,如校务会议等"。① 及至1935年教育部通令全国中等学校实行军事管理,青岛业已形成组织化、规范化的军事教育体系。青岛的小学按人数分班,每班设正、副班长各一人,由军事教员商训导主任"就该班学生中品学兼优者选任"。1934年3月,教育局在周工作报告中记载向各小学发放军训用木刀和木枪,并将"各校应领刀棍数目及轮流使用法,详为列表"②。中学则按高、初中学级人数分组,并合组成班,每3个班组成1个分队,每分队设队长1人,由军事教官充任。1934年,教育部专员郭有守在《视察青岛市教育报告》中对青岛市立中学学生平日军事化给予肯定:"就服装容仪之整肃观之,甚可喜焉。"③

应当指出的是,南京政府前期青岛学校的军事教育确有应对国难的救亡性质,但也有整肃学风、防止学潮之意。据知情者撰文所称,青岛市政当局针对中学生表现出的"上不接天,下不着地之痛苦",所采取的措施是"党部解散学生会,继之军事训练"。青岛市立中学自1932年起全体学生住校,实施军事训练,请海军教导团委派保定军校毕业的教官张翁汉实行军事教育管理。每早以军号为信号起床,盥洗后以钟声为信号在大院操场接受军训。1933年,教育局在行政计划中明确提出对青岛中学生开展的军事训练"并非教授技术",而是"以期借军训之精神,锻炼学生生活"。④

1936年10月10日,青岛市政当局在汇泉体育场举行"双十节"纪念大会,市长沈鸿烈到会训话,全市市立、私立中小学校万余名学生和各界观众2万余人出席,驻青国民党海军学校学生、海军陆战队二大队官兵亦来参观。1936年12月12日"西安事变"发生后,舆论哗然,莫衷一是。雷法章针对青岛出现的"消息分歧,众心不安"的问题,于12月17日下午召集全市公立和私立中小学校长训话,表明"教育界同人应持之态度",沈鸿烈即时"莅会加以说明"。由于市长和教育局长的鲜明态度,与会校长"全体表决,本市市私立各中小学校联名,发通电至国民政府"⑤。青岛市政当局这样做既能稳定局势,安抚众心,又是一次不失时机的时事政策教育。1937年七七事变爆发后,青岛各类学校许多学生满怀抗日救国强烈意志报名参军,走上抗敌前线。例如:青岛市立中学的骆春霆、霍

---

① 戴冠峰:《十年来之中等教育》,载《青岛市立中学十周纪念特刊》第6页,1936。

② 《第二一九次纪念周教育局重要工作报告》,载《青岛教育》第1卷第10期,1934年3月。

③ 郭有守:《视察青岛市教育报告》,第40页,教育部训令第3531号,1934。

④ 《民国二十二年教育行政计划》,载《青岛教育》第1卷第6期,1933年11月。

⑤ 《青岛市政府纪念周本局重要工作报告(民国二十五年十二月二十八日)》,载《青岛教育》第4卷第8期,1937年2月。

树文、吴其轺、官召盛、胡乃武、邢天桂、臧锡兰、武梅之、郑述之、李宝珠等"不下二十余人"①纷纷考入军事院校。青岛铁中第四级毕业生、空军少尉飞行员彭仁忭在 1937 年"八一三"对日淞沪之战中壮烈牺牲。②

2.开展暑期服务团、服劳役活动与启发学生认识社会

1932 年,青岛市教育局制定《青岛市私立小学社会视察实施方案》《青岛市私立小学劳动训练实施方案》和《青岛市私立小学职业训练实施方案》,目的在于"使学校教育与社会联络,以达到教育社会化","培养(学生)勤俭耐劳之美德,养成坚忍卓绝之精神","灌输儿童职业上必要之知识,培养儿童工作之技能"。针对社会上的一些人批评学生社会活动多"旷废学生正课"的说法,雷法章明确指出:"教育即是教学生如何在社会上做人,智识教学远在其次,生活训练实居首要。"③。教育之所以有功效,就在于"能救人民的'贫''弱''私',将中国贫苦愚弱自私的国民,来改造成为富强有组织的国民,以复兴民族、复兴中国,挽救目前的国难"④。

利用暑假组织青年服务团深入社会,是 20 世纪 30 年代青岛中学生社会实践活动的一大创举,目的在于"训练社会服务精神,藉以认识中国社会目前(外患内忧)情形及一般下级民众日常生活状况,俾使学校课业与社会服务能力并重,铲除中国数千年懦弱书生养尊处优、不认识社会之恶习。同时引起举国民众改变生活,养成公民习惯,保守秩序,各尽国民义务,以达自给、自卫、爱国、爱群之目的"⑤,沈鸿烈还将其赋予了"政治与教育打成一片,养成服务社会能力"⑥的作用。这一活动的初次尝试是 1934 年 7 月 30 日—8 月 27 日由教育局组织的青年暑期服务团,市立中学、市立女中和私立礼贤、崇德、文德共计 5 所中学、440 名学生报名参加。服务内容包括户口调查、职业调查、整理劝导公共卫生及公共安宁、识字运动等。由于初次创办,组织者缺乏经验,学校督促不利,报名参加服务团的 440 名学生坚持到底的只有 258 名,占比不足 60%。⑦沈鸿烈在总结致辞中指出两个问题,一是"行政效能未能充分发挥",二是"学生不算整齐",因此"结果未能尽如人之期望"。⑧

1935 年 7 月 11 日—8 月 25 日,青岛市 30 所中小学校组成暑期服务团,有

---

① 据 1936 年毕业生霍树文 2004 年写给青岛第一中学 80 周年校庆的信函。(《图说一中(1924—2014)》,第 49 页,中国书籍出版社,2014。)

② 《山东省青岛第六十六中学志》(内部发行),第 9 页,2015。

③ 雷法章:《青岛市教育的特质》,载《青岛教育》第 3 卷第 8 期,1936 年 2 月。

④ 《雷(法章)局长对于四沧区村镇长训练班之训话》,载《青岛教育》第 4 卷第 4 期,1936 年 10 月。

⑤⑦ 《青岛市第一届青年暑期服务团工作纪详》,载《青岛教育》第 2 卷第 5 期,1934 年 11 月。

⑥⑧ 《沈(鸿烈)市长训话》,载《青岛教育》第 2 卷第 5 期,1934 年 11 月。

552名教师、3426名学生参加。雷法章又联络办事处集中全市男子初中及女子初、高中学生715名,分成175个小队,深入社会开展民众教育及家庭访问活动。在为期6个周的暑假中,各校学生举办民众学校125班,教授民众学生4349名,活动结束时还为水灾筹赈会募集废物8万余件。

1936年7月13日—8月23日第三次青年暑期服务团活动,是青岛民国时期最有影响的社会实践。是年7月1日,教育局在修正公布的《青岛市青年暑期服务团本市学生服务办法大纲》中提出,暑期服务旨在"使学生认识社会情形,并养成服务能力及勤劳习惯"①,为此组建市青年暑期服务团指导委员会,主席由教育局长雷法章担任,委员包括教育局第一、二、三科科长,东镇、西镇、大港、小港、海滨等各区办事处主任,市公安第一至五分局局长,还有青岛市立、私立各中学校长和民众教育馆馆长,"总司全部指导管理工作"。全市中学生按市区(东镇、西镇、大港、小港、海滨)和乡区(李村、四沧、崂东、崂西、夏庄、浮山)住区划分服务团。服务内容是办理民众学校、推广家庭式民众教育、进行户口统计(由女子中学担任)共三项,并有15项《服务须知》:

(一)须认清假期服务,为使青年获得下列各项实际训练:

(1)认识社会情形;

(2)养成服务能力;

(3)体验工作兴趣;

(4)增进自立精神。

(二)须认清假期为学生变换环境、实地工作的时期,非为休闲生活时期。

(三)青年应本"先知觉后知"的精神,办理民众教育。

(四)青年应具最大之信心与毅力,办理民众教育。

(五)青年应认定,办民众学校是为个人练习服务社会之准备。

(六)对《办法大纲》规定的各事项,应切实遵守。

(七)对指导委员会各职员之指导,须绝对听从。

(八)无论为团员或队员,须切实尽个人责任。

(九)各队员须互助合作,各团队动作须协调。

(十)按时到班,按时休息。

(十一)教学方法须多加研究,遇有困难得请求师长或指导员指示,不得畏难灰心。

---

① 《青岛市青年暑期服务团本市学生服务办法大纲》,载《青岛教育》第4卷第9期,1937年3月。

(十二)访问谈话须先准备资料,调查表格务须切实填写。

(十三)工作务求切实,事事须有意义。

(十四)事前须有计划,事后须加检讨,临事不得草率。

(十五)态度须和蔼,言动须端详,精神须振作,服装应整洁。①

通过这 15 项《服务须知》不难看出,第三届青年暑期服务团是将课堂从学校迁移到社会,有着显而易见的教育目的。为加强制度管理,教育局于 1936 年 7 月修正公布了《青岛市青年暑期服务团奖惩暂行办法》,规定"凡应参加服务学生而不参加者,或参加后未经请假而不出席者,按学校重要功课一门不及格论罚,以示警戒"②。由于动员在先、组织周密,并辅之以严明的奖惩置措,参与服务活动的学生十分踊跃。据统计,全市共有 7 所市立、私立中等学校 736 名学生参加。整个服务活动期间,应出席而始终未出席者仅有 15 人,缺席 1/3 以上者有 6 人,缺席 1/2 以上者 4 人,出勤率接近 98%。③ 此外,青岛市政当局还将参加青年服务团的范围扩大到假期返里的学生和在本市求学的外埠学生,均须利用暑期时间"参加地方教育或公益团体服务",通过民众学校、个别识字教学、举办通俗演讲等形式"学习服务社会经验,增进个人自修能力"④,服务时间为 5 个周(往返路程所需时间除外)。同时,为使小学生暑假期间练习社会服务的能力,是年 7 月还组织全市小学生开展灭蝇运动,凡小学五年级学生"一律均须参加",每周举行 3 次,以 4 个周为限。

客观地说,作为政府有目的、有计划、组织的中学生社会实践活动,20 世纪 30 年代的青年暑期服务团是青岛市政当局依靠强有力的行政手段主动作为、强力推进的教育成果。由于动议甚高、组织严密、执行有力,产生了巨大的社会影响,特别是 1936 年 5359 名学生参加的暑期民众学校,成为检验青年暑期服务团的标尺。经统计,民校学生全勤者(始终未缺席)有 3534 名,另有 1124 人请假、701 人退学,巩固率超过 80%。在最后的考核中,与考的 4324 名民校学生,其中 3982 人及格,不及格有 342 人,及格率达到 92.09%。⑤事实表明,政府的积极作为是解决中国教育乃至社会问题的关键所在。

为了培养学生"生活注重整齐严肃,刻苦耐劳"的精神,1936 年春假期间,青岛市政当局组织开展了一次颇有社会影响的中学师生服劳役活动。为此,教育局根据市长沈鸿烈的指令,于是年 3 月拟订了《青岛市学校师生服劳役办法大

---

①⑤ 《青岛市第三届青年暑期服务团工作纪要》,载《青岛教育》第 4 卷第 9 期,1937 年 3 月。

② 《青岛市青年暑期服务团奖惩暂行办法》,载《青岛教育》第 4 卷第 9 期,1937 年 3 月。

③ 《各校服务学生应惩人数统计表》,载《青岛教育》第 4 卷第 9 期,1937 年 3 月。

④ 《青岛市青年暑期服务团外埠学生服务办法大纲》,载《青岛教育》第 4 卷第 9 期,1937 年 3 月。

纲》,决定于4月14日—18日春假实施。沈鸿烈指示工务局与农林事务所予以协作,公安局则"派警到场维持秩序,禁止闲人围观"。据史料记载,全市共有7所中学男女师生2500余人参加了劳役活动。其中,市立中学、李村中学和礼贤、崇德私立中学4校1615名男生参加;市立女中和文德、圣功3校776名女生参加;还有男教职员149名、女教职员43名同时参加。市长沈鸿烈于14日上午在汇泉体育场召集全体人员"训话",据悉"说者语重心长,听者极为动容","实得市长勉励之力为多"。[1]

坦白地说,这是一次颇具强度的重体力劳役,尤其是男生,任务是筑路、平地、开山、造运动场等工程(见表5-18)。例如:市立中学的劳役项目是将湛山

表5-18 1936年春假青岛男子中学生服劳役成绩表

	服劳役人数	劳役地点	劳役种类	难易系数	运土距离(米)	数量(立方米)	工作量(系数、距离、土方之积)	单人工作量(人数除以工作量)
市立中学	430	湛山大路北侧	拓宽路基	1.20	80	1200	114200	265
李村中学	390	李村中学本校	筑运动场	1.10	130	700	100100	257
礼贤中学	604	西镇菠菜地	筑运动场	1.00	80	1834	146720	243
崇德中学	340	观象山	筑运动场	1.40	70	730	66430	210

资料来源:《青岛市男子中学学生春假服劳役成绩表》,载《青岛教育》第3卷第12期,1936年6月。

大路北侧马路加宽,按照6天的工作量分段划定。女生的劳役为捉虫、糊纸袋、种植等,体力消耗也很大。例如:市立女中的工作内容是在青岛山捕捉害虫,在中山公园二号、三号果园种植生篱,以个人为单位,划出每人的工作区。男女教职员"与学生同时工作,以资表率"。劳役时间每日8个小时,上午8:00—12:00,下午1:30—5:30,中间每隔2个小时休息30分钟。劳役期间,除了工务局与农林事务所派员"担任技术指导及监督","本市公务人员亦同时参加各组工作"。据称,"六日来成绩颇佳,学生工作极感兴趣,精神饱满,请假缺席者仅十数人"[2]。

在南京国民政府时期,征工服役"为国民应尽之天职",青岛市政当局将政府公务员的劳役进一步扩大到学校师生,其蕴含的"为社会尽责、为国家尽忠、聊尽国民一分子义务"的深意显而易见。参加劳役的师生不论是否情愿,他们的在场性及其劳动付出,对社会公众的影响都明白无疑。青岛市政当局并不在意学

---

① 《青岛各中学师生春假服劳役纪实》,载《青岛教育》第3卷第12期,1936年6月。
② 《青岛市市政府纪念周本局重要工作报告》,载《青岛教育》第3卷第12期,1936年6月。

校师生服劳役所创造的经济价值,而是注重政府号令的感召力和民众行动的倾向性。不过,由于南京国民政府政权的自利性,其政府主导的学生社会实践的教育性便大打折扣了。

第八节 标榜"儿童本位"的课程与教学管理

一 上行下效的课程设置与个性化的教学研究

南京国民政府前期的青岛,由于广泛接受新教育思想,观念上比较认同"儿童本位"的主张,行动上比较关注学生的个体差异和不同的学习需求,在中小学课程设置、教材选择和教学研究方面均有一些富有成效的探索。

1.主动契合课程标准与重视教科书的选用

20 世纪 30 年代的中国是中小学课程变革最动荡的时期,及至 1937 年七七事变前,南京政府教育部先后于 1929 年、1932 年和 1936 年三次修订中学课程。青岛市教育局的应对措施是,"必须时时接触世界的教育新潮,必须追逐本国的教育进步,必须考虑本市的教育实况","意志、政策所在,尤必须唱和共鸣,一致努力"。① 1931 年 9 月,教育局取消春季始业,统一改为秋季始业。

1934 年,青岛市教育局为实施新课程标准,组建了教科书选用委员会,教材的选用权归该委员会,且教材一经选定"各校一律采用,以齐学程"②。鉴于"课程标准虽一",但"教材内容难免有详略、深浅不同之处",特别是近年来"尚有优美之教科书出版者颇多,而原采用之课本,亦有不甚适用者",而一般任课教师又存在"偏重、疏忽之弊",1935 年教育局规定:各学校务必在每学期开学两周内将"学期课程纲要及教学预计进度表,呈局审定"。③ 不过,青岛小学课程偏重数学学科、轻视自然学科的倾向受到教育部专员郭有守的批评,郭有守对青岛修改的小学课程时数"算术一科由每周 60 分钟改为 120 分钟"和"常识一科每周由 300分钟改为 180 分钟"④深表不满。

1936 年,教育部按照文理分科的思路,重新编制了中等学校的课程,并减少了教学时数。1936 年 11 月,青岛市教育局印发教育部颁布的修正高级中学、初级中学、小学教学科目及各学期每周各科教学时数表,做以下规定:高中开设公

---

① 赵正平:《发刊词》,载《青岛教育》第 1 期,1929 年 9 月。

② 《青岛市教育局二十五年度行政计划》,载《青岛教育》第 4 卷第 1 期,1936 年 7 月。

③ 《一年来之青岛教育》,载《青岛教育》第 3 卷第 1 期,1935 年 7 月。

④ 郭有守:《视察青岛市教育报告》,第 33 页,教育部训令第 3531 号,1934。

民、体育、军训、国文、伦理、英语、算学、生物学、化学、物理、本国历史、外国历史、本国地理、外国地理、图画、音乐课程,每周教学总时数为 30 课时;初中开设公民、体育与童子军、国语、英语、算学、自然(生理卫生、植物、动物、化学、物理)、历史、地理、劳作、图画、音乐课程,每周教学总时数为 31 课时;小学开设公民训练(每周 60 分钟)、国语(每周 420 分钟)、常识(社会、自然,每周 300 分钟)、算术(一至四年级分别为 60 分钟、150 分钟、180 分钟、210 分钟,五、六年级各 180 分钟)、工作(劳作、美术,一、二年级 150 分钟,三、四年级 180 分钟,五、六年级劳作 90 分钟、美术 60 分钟)、唱游(体育、音乐,一、二年级 180 分钟,三年级体育 120 分钟、音乐 90 分钟,四年级体育 150 分钟、音乐 90 分钟,五、六年级体育 180 分钟、音乐 60 分钟)课程。青岛在执行教育部各科教学时数时,没有接受郭有守的意见,仍旧将小学一年级算术由每周 60 分钟增加到 120 分钟,常识由每周 300 分钟改为 180 分钟,并规定小学课程时间的支配"以 30 分钟一节为原则,视课程的性质,得分别延长到 45 分或 60 分"[①]。当然,对于 1936 年颁布新修订的课程标准,一些教师也有反对之声,认为"偏重课本以内的教育,缺乏课本以外的教育","偏重被动的学习,缺乏自动的研究",教师提醒当局"教育不等于读书,更不等于读课本"。[②]

1936 年 3 月,根据国民政府实施"国难教育"的统一规定,青岛市教育局因没有适宜的教材可选用,便召集各市立、私立中学"国文、史地、数理化、体育、音乐、劳作、卫生等科教员",以"增进学生民族意识及生产技能"为目的,讨论编订"特种补充教材",由"本局核定,期于春假后实施"。[③]鉴于学生"几于不肯习字,以致书法日趋低劣",为矫正此弊,1936 年教育局自编中小学习字教材纲要,"令各校切实指导习字",并举办各种习字比赛会、展览会、表演会,以资提倡。1936 年,教育局规定各女子中学一律添设家事课,初、高中均自一年级始,三年级止,每月各 3 节。

20 世纪 30 年代青岛中小学教学改革存在着新旧对立的两极事件。

新的事件是,根据 1935 年教育部为推进文字改革公布的第一批 324 个简体字,青岛市教育局将推行简体字作为周工作重要日程,立即"遵命转饬市私立中小学一体遵照,共同偿用"[④]。1936 年 5 月,为促进注音汉字推行办法,教育局发

---

①③　《青岛市市政府纪念周本局重要工作(三月廿三日)》,载《青岛教育》第 3 卷第 11 期,1936 年 5 月。

②　李文熙:《对于教育部颁修正中学各科教学时数之意见》,载《青岛教育》第 4 卷第 1 期,1936 年 7 月。

④　《青岛市政府第二九六次纪念周本局重要工作报告》,载《青岛教育》第 3 卷第 6 期,1935 年 12 月。

布第二五九号训令,令市立小学自7月1日起"审查之新编小学校及民众学校用教科图书,务须遵照办法办理外,再转饬所属各小学各民众学校及境内印刷商店,届时务须遵照前发促进注音汉字推行办法办理为要"。这套经国民政府会议确定的"国语注音符号第一式"在青岛各小学及民众学校中得以贯彻。

旧的事件是,鉴于"吾国古代圣贤遗教,每不能深切注意,广为阐扬",1936年9月教育局根据市长沈鸿烈的提议,动用行政手段改进中学国文课程计划,并饬令颁行:

> 青岛市教育局训令(第五八四号) 中华民国二十五年十月十九日
> 　　为令发青岛市中等学校国文科加授孔孟学说教材办法仰遵照办理由
> 　　令市、私立各中学校
> 　　案奉
> 　　市长谕以现行中学国文科课程,多着重于文学之形式训练,而忽于德性与思想之培植。应另选孔孟中心学说之教材,纳入国文教学之内,使青年学生对于进德、修业,知所砥砺,饬即拟具体实施办法呈核。[1]

在中学国文课程中加大中华传统文化的比重无可厚非,用儒家经典砥砺青年学生"进德"与"修业"未尝不可,但出于与五四新文化对立的目的,在缺乏思想认同的条件下提振孔孟之道,非明智之举。辛亥革命的爆发及国民政府的成立,实际上废除了儒学作为国家政治之指导思想,青岛市教育行政机关承市长意志以行政命令推行"孔孟中心学说之教材",恐难令青年学生所接受。

2.组建各级教学研究会与开展课堂教学评议

为了激发一线教师教学热情,增进课堂教学实效,南京政府前期的青岛教育行政机关和各级学校均有不同时期、不同形式的教学研究机构。1929年11月,青岛特别市教育局为指导学校实施教育部各种课程标准,组织全市课程研究会,制定简章,规定"各校并得设分会",若"学校职教员人数较少者,得联合附近学校组织之"。课程研究会"分幼稚、小学、中学"各学段,并"依据课程科目分为若干组",还规定"各分会每两星期开会一次"。[2] 根据史料记载,全市课程研究会曾于1929年11月、1930年4月和6月举行了三次大会,大会形成的研究成果均"函达各分会知照",同时要求各分会"每次开会研究所得,应函达本会发交各组审查,再行提出研究"。这种上下贯通、总分结合、相互协作的研究方式,不失为贯彻课程标准、提高教学质量的良策。

---

① 《青岛市教育局训令(第五八四号)》,载《青岛教育》第4卷第6期,1936年11月。
② 《青岛市各校课程研究会简章》,载《青岛教育》第123页,1931年1月。

1931 年,青岛市教育研究委员会组织规程发布,凡 15 条,规定:该委员会以"研究青岛教育问题建议改进方策及讨论实施方案"为宗旨,设当然委员、专任委员、聘请委员,并以教育局局长为委员长。委员会的职能是:研究义务教育之普及与改进计划、社会教育之设施与改进计划、中小学教育之设施与改进计划,调查各地教育状况,编制统计报告,编辑关于国耻及培植民族意识补充教材,举行全市中小学智力及教育测验,厘订各种标准测验,建议本市教育应行兴革事项。各中小学亦分别组织教育研究会,农村小学组织分区教育研究会,并订有简则。据悉,李村、沧口、九水、薛家岛、阴岛 5 区教育研究会共有会员 488 名。

鉴于青岛"教务研究发展较晚,尚少观摩研究之机会",教育局于 1932 年成立教学研究会,以改进教师的教学方法、增进专业修养为宗旨,分为分部研究会、分科研究会、教学批评会、读书研究会四种形式,每周举行一次活动。[①] 1935 年春,教育局令各中学组织教学研究会,由各校校长任主席,训导、教务两处主任及各科教员"一律参加"[②]。1935 年 5 月,教育局组织全市教学研究会,由督学及其他主管人员负责组织活动。

这些不同时期林林总总的教育教学研究组织究竟发挥了怎样的作用,需要大量的历史资料证实。通过 1935 年《青岛教育》第四卷刊登的一些小学课堂教学评议实录,或许能够洞悉一二。从 1935 年 12 月 21 日,青岛市立黄台路小学教师何凤文在四年级乙班执教的国语读本第二十五课《至死不悟》的教案、课后自评,以及谭纫佩、刘光寰、王世昌、赵增麟、郝志春、王立惠、史文昭七名教师的评课和主席总结中,能够发现学校教学研究活动真实的一面。以王立惠的课堂评议为例:

王立惠先生批评:

(一)参观此次国语教学,见到学生堂下预习极熟,又检查生字、难句多能做到,非指导者平素教导有方,焉能有此成绩。

(二)指导者教态自然,言语和蔼,能引起学生活泼的精神。

(三)学生在板上择录生字、难词,教者预先写出 1、2、3、4 等数字,教学生依次写在板上,真是眉目清楚,有条有理,定可养成学生做事整齐不乱的习惯。

(四)学生读"孤",念成"狐",教者当时在板上向大家订正,并说"孤""狐"是偏旁不同的,一个是"孑",一个是"犭"。我认为这是教授国语极应

---

① 《教学研究会简则》,载《青岛教育》第 1 卷第 2 期,1933 年 5 月。
② 《第二六八次纪念周本局重要工作报告》,载《青岛教育》第 2 卷第 9、10 合期,1935 年 5 月。

该注意的地方,乘此机会给学生说明,学生一定对于这两个字印象颇深,以后万不会忘的。

(五)板书题目,以写在右边,较写在中间合宜。

(六)学生板上注释生字、难句,似应在学生注完后再为讲解,否则秩序少乱,学生注意力不能集中;再者板上注释各生,绝不会听到教者的讲解。

(七)教者对于时间颇为小心,但手中常拿手表,眼也常看,似有扰儿童注意力。[①]

由此不难看出,执教教师何凤文的课堂没有千篇一律、古板的教学方式,更不见程式化的教学法,而是灵动、性情、充满生命力的课堂。王立惠的课堂评议由点到面,细致入微,言简意赅,富有建设性。又如,1936年2月25日小学"自然"科高级第二册第八课《森林的益处》的评议,在五位教师发言后,主席的总结可以体察出教学研究活动的真实效果。

主席总评:

综观各位先生批评,多为"讨论问题"及"写笔记"等事,意见多甚详实,足资我们参考者约有数端:(一)讨论问题时应使多数学生注意,并有参加讨论机会。(二)问题应叫学生自己提出,或加以暗示共同提出。(三)问题讨论宜详确。

关于问题(一),实有讨论价值。因为一面讨论,一面抄写,程度较低儿童怕要只顾笔记,失去发表意见机会;但如叫儿童自行提出问题,因初次实行这种教法,又怕耗时过多。我想,如能经过一个练习时间,并能由实验、观察里去引导学生发生疑问,提出问题。因为谁都知道,自然科首重观察和实验,亦惟有根据观察、实验发出的问题,才能有讨论兴味。此次观察、实验,因时间关系,指导者已于课外行之,想对于此次提出之问题,已有约略指示。至于(二)是否应由儿童自行提出问题,那是儿童的程度问题了,无论如何,总以发自儿童自动较为圆满。关于(三),问题是否讨论详细。此次讨论各问题,学生只简单答出一句话,即将问题解决,似嫌简略。劣生恐未能知其所以然,流于抄黑板之弊。我以为,讨论无妨详细,最后结论则宜简括。

此外,关于指导者教学方式,极宜提出。因为根据此次教学过程方案及实施,指导者是想利用最新的方法,由"自学辅导式"跳入"问题讨论式"的,这一点自然是应和我们的最新教学目标。惟初次实施,问题甚多,指导非易,然此绝不能使实验者却步,应当本着自己研究心得、诸位同仁之批评,悉

---

① 《国语科教学批评录》,载《青岛教育》第4卷第2、3合期,1936年8月。

心实验,铲除困难,完成我们最后的教学目标。

最后,有一件事情应向诸位先生声明:即上学期因为取其简明划一,便于研究,故每次"指导者自陈"均极简括。惟此,指导者意见失掉发表机会,殊为憾事。自本学期起,指导者可将必须声明的要点及意见,公诸各组员,与批评意见彼此辉映,瑕瑜互见,想与研究讨论上,尤多裨益也。①

主席的总评是在听取了几位评课教师的意见后,基于同仁共同关心的问题,以问题为导向,既总括了大家的讨论,又阐述了自己的观点,立意甚高,持论有据,很有见地和说服力。对执教教师大胆使用新的教学方法,主席肯定有加,支持创新,鼓励鞭策。最后,主席还对今后教学批评提出了具体的改进意见。尤其是加大执教教师课后"自陈"的分量,有助于提高教师的自觉意识和反思能力,而不是即席随意、单纯客套了事。可见,课堂需要敬畏,教学力戒封闭,这样的教学研讨自有其内在的价值。

不能不说,20 世纪 30 年代青岛中小学教学研究组织及其课堂教学研究活动是一笔丰富的历史遗产,值得挖掘和借镜。

二　严格的毕业会考制度及优良生奖进

南京国民政府前期的青岛,出于提高教育质量和在全社会形成重视教育的目的,建立并严格实行中学毕业会考制度。从厘定章则、考试命题到选聘主试委员、监场委员和阅卷委员,呈请市政府派员巡考,可谓"关防严密","毫无失检,使考试大典,臻于完善"。②

根据史料记载,青岛市教育局举办的首届毕业会考是 1933 年 6 月—7 月奉教育部令进行的中小学毕业统一考试。其中,高中会考的科目是国文、算学、外国语、历史、地理、物理、化学、生物、公民,共 9 科;初中为国文、算学、外国语、历史、地理、自然、公民,共 7 科;小学是国语、算术、自然、社会,共 4 科。会考分初试和复试两个阶段进行。中学初试于 6 月 15 日—17 日举行,复试日期为 6 月 29 日,复试考场集中在市立女子中学。全市参加会考计有 5 所高中、83 名学生,及格毕业者 66 名;初中 8 校、参试学生 382 名,及格毕业者 279 名。小学毕业会考的初试时间定在 6 月 19 日,7 月 1 日复试,复试考场市区小学集中在北平路小学,乡区则集中于李村小学。全市城乡参试小学校共 45 所、学生 876 名,及格毕

---

① 《各科教学批评录》,载《青岛教育》第 4 卷第 2、3 合期,1936 年 8 月。
② 雷法章:《毕业会考经过》,载《青岛教育》第 4 卷第 2、3 合期,1936 年 8 月。

业者有 801 名。① 高中 79.52%、初中 73.04%、小学 91.44% 的毕业率，初次显示了青岛基础教育的质量。

1934 年 6 月 21 日—23 日，青岛市举办第二届高、初中学生毕业会考，参加会考全部科目及格者计高中 50 名、初中 242 名。小学奉教育部令免除毕业会考。1935 年 6 月 11 日—14 日，青岛市教育局举办中学生、师范学生毕业会考，全市共有与试高中 5 校、139 名（毕业生 145 名，应试率为 95.86%），初中 8 校、364 名（毕业生 385 名，应试率为 94.55%），师范学校 21 名。为提高会考质量，规范学生试卷誊写，教育局特制定《高初中会考各科试卷誊写方法》，具体要求是：

> 甲、通则
> (1) 各科试题之数目字，均须依照题纸上数目之写法缮写，不得更改；
> (2) 各科试卷均须从第一页第一行写起，不得退后缮写。
> 乙、红格纸试卷誊写方法
> (1) 作文题目降低二格缮写；
> (2) 作文每段开始降低一格，其余一律顶格缮写；
> (3) 问题及数目及题文顶格写起（指抄题）；
> (4) 答案在顶格处写一"答"字继续缮写答案，第二行以下一律降低一格。
> 丙、蓝格试卷誊写方法
> (1) 一律两面誊写；
> (2) 卷左不得作一直线，以留空隙；
> (3) 每题数目字与题文接连缮写（指抄题）；
> (4) 答案行须写一"答"字。②

考虑到考生集中会考，以免学生返校就餐，教育局决定每天中午"由本局发给各生午餐干粮一包"。经过严格的监场、阅卷、成绩核算，并"遵照部令，不发榜示"，1935 年青岛高中合格毕业者有 126 名，毕业率为 90.6%（礼贤中学最高为 100%，圣功女中最低为 66.7%）；初中合格毕业者有 303 名，毕业率为 83.2%（青岛铁中最高为 95.6%，文德女中最低为 66.7%）；师范学校合格毕业者有 12 名，毕业率为 57.1%。之后，高中有 35 名学生补考，成绩及格者 32 名；初中有 75 名学生补考，成绩及格者 61 名。为不及格学生提供补考机会，促使其合格毕业，

---

① 雷法章：《会考经过》，载《青岛教育》第 1 卷第 4、5 合期，1933 年 9 月。
② 《高初中会考各科试卷誊写方法》，载《青岛教育》第 3 卷第 2、3 合期，1935 年 9 月。

体现了儿童本位的思想观念。此外,青岛市教育局还代办外埠委托补考学生20名,及格者有17名。在8月1日会考总结会上,雷法章还宣布:

> 高中部一、二科不及格准予发给投考升学证明书者十二名,留级一名;初中部一、二科不及格准予发给投考升学证明书者五十四名,留级七名;师范部一、二科不及格准予暂行服务者七名,留级两名。[①]

可见,经补考仍不及格而留级的学生只有10名,仅占全部高、初中和师范学校毕业生的1.91%。8月17日,教育局在民众教育馆举行1935届中学联合毕业典礼,市长沈鸿烈到会训话。

1936年6月23日—24日,青岛市教育局举行中学、师范学校毕业会考,计有高中部考生173名、初中部考生458名、师范部考生35名,简易师范生34名。6月28日(星期日),青岛市教育局在兰山路市礼堂举行全市中学联合毕业典礼,到会有500余人。毕业典礼由教育局长雷法章主持,市长沈鸿烈训话,毕业学生代表致答词。[②] 8月1日,雷法章撰文《毕业会考经过》,总结1936年全市中学毕业成绩如下:高中部6校、173名学生参考,全部科目及格准予毕业者159名;初中部8校、458名学生参考,全部科目及格准予毕业者388名。高中部一或两科不及格,准予发给投考升学证明书者14名;初中部一或两科不及格,准予发给投考升学证明书者62名。高中部补考一科有11人,全部及格;补考两科有5人,其中1人及格。初中部补考一科有38人,其中35人及格;补考两科有4人,其中1人及格。外埠委托代办补考学生6人,其中3人及格、1人不及格、2人未参加补考。教育局长的数据统计不全是冷冰冰的官方文告,而是给受教育者家庭的责任交代。

南京政府前期,青岛对小学毕业生的考核经历了从会考到测验、从毕业统一考试到重视平日学业考绩的过程。1933年,青岛市教育局根据教育部的规定进行了统一的小学毕业会考,之后"复奉令停止举行"。取消小学毕业会考后,教育局于1933年颁行了18条《学生学业考查规则》,明确规定:小学生学业考绩分平日、学月、学期、学年、毕业五种形式,特别是学月考绩"每学期至少须在三次以上",且学月平均成绩"占学期分数的五分之三"。学生考试均以百分制评定成绩,主要科目有一科或两科不及格者"得酌予补考",三科不及格者"留级,继续

---

①　《毕业会考经过》,载《青岛教育》第3卷第2、3合期,1935年9月。

②　《青岛市市政府纪念周本局重要工作报告(民国二十五年七月二十三日)》,载《青岛教育》第4卷第4期,1936年10月。

留级者退学"。①

为提高小学教育质量,1934 年春青岛市教育局又进一步提出采用"测验方式"考查小学毕业"全部学生成绩",并确定国语、算术、社会、自然 4 科"由教育局拟定测验题,派员分区赴各校同时举行,以觇本市小学生之学绩"。这无疑是变相的毕业统考。1935 年 8 月 21 日,雷法章在民众教育馆召集 600 多名小学应届毕业生"训话",并请市立中学、礼贤中学、崇德中学三校校长及教务主任分别报告"招生情况",解读小学升初中的政策办法。② 1936 年,教育局鉴于"三年以来,对于小学各校学生之程度,尚乏明确之考查",决定"自编各科考绩测验",并将此列为"教员考绩标准之参考"。③ 如此,教育局将小学毕业生的成绩与任教教师的考核挂上了钩。为改进小学测验"多沿用旧法"之弊,教育局编印了小学各科成绩测验法概要,以单行本发放各小学,"以期各校注意考绩之改进"。翻检 1933 年以后教育局颁行的一些行政规章可以发现,教育行政机关始终担心小学与中学教学质量的考查脱节。因为这不仅影响学生未来的学业,而且可能使一些不负责任、不称职的小学教师游离于考绩之外。

对学生的学业水平进行考绩,尤其是中学毕业会考制度的建立,在划一各校功课、提高教学质量、督促教师专业发展等方面无疑具有显而易见的积极意义,但其负面影响也不可小觑,在青岛主要表现为校方的压力及其压力之下学生的课业重负。有论者撰文批评称:私立中学为争取更多的政府补助费,市立中学则为争取更好的生源质量,学校之间的"竞争颇烈",于是便"加重钟点",学生"常感时间、精神不够分配,不胜负此繁重"课业。④ 事实上,为应付会考的"记问之学"无助于学生走向社会,且"一考定终身"的弊端徒碍学生健康成长,歪曲了教育的质量观和人才观。

值得注意的是,20 世纪 30 年代与青岛中学毕业会考相伴随的是对成绩优良学生的奖励。为提高学生课业成绩,培植优良学生,1930 年青岛特别市政府时期曾拟订 11 条考查中小学校学生课业成绩及奖进办法,规定:对中小学生课业成绩的考查主要通过对学生进行一科或两科会考、调阅学生平日成绩簿等形式,实行由学校"以班为单位""选送"的办法。被选送会考的学生,乡区的每人由教育局"补助车费四角"。考绩评定设甲(80 分以上)、乙(79~70 分)、丙(69

---

① 《青岛市市私立小学校学生学业考查规则》,载《青岛教育》第 1 卷第 2 期,1933 年 5 月。

② 《第二八八次市政府纪念周本局重要工作报告(民国二十四年九月二日)》,载《青岛教育》第 3 卷第 5 期,1935 年 11 月。

③ 《青岛市教育局二十五年度行政计划》,载《青岛教育》第 4 卷第 1 期,1936 年 7 月。

④ 戴冠峰:《十年来之中等教育》,载《青岛市立中学十周纪念特刊》第 7 页,1936。

~60 分)三个等级,奖给奖章、书籍、学习用品等。① 1930 年 3 月还颁布《青岛市资助贫寒优才生升学规程》和《给予本市肄业国内专门以上学生奖学金规程》。

奖励品学兼优的学生有利于养成优良学风。1933 年,教育局提出在小学生养成"整洁、卫生、刻苦、耐劳之良好习惯"的基础上,中学生"应养成敦品励学、奋发有为之优良学风"。② 为砥砺校风,教育局进一步提出革除消极恶习,从积极方面培养美德。例如:1933 年教育行政计划提出的"四戒"和"四养成":

> (一)力戒浪漫奢靡,养成刻苦耐劳之习惯;
> (二)力戒虚伪涣散,养成精诚团结之意志;
> (三)力戒懦怯敷衍,养成勇敢自励之精神;
> (四)力戒自私自利,养成爱国爱群之观念。③

1933 年 3 月,青岛市教育局呈奉市政府第二五九九号指令核准颁布市立中等学校奖学金规程,提出"为奖励学生敦品励学,并培植优才生起见",对"品行成绩列在甲等者"、学业成绩"平均分在 90 分以上者"、身体强壮"绝无何种不良嗜好者"得给奖学金。奖学金每学期发放一次,每名每期 60 元。具体办法由各校校长、教务主任、训育主任及各科教员各一人组成的审查委员会拟定,获奖学金学生名单须"呈报教育局备案"。④ 1934 年,教育局按照资助贫寒优才生升学规程,发给成绩、品行特别优异的萧植生、贾正岗,每人 60 元;奖给升入高中的牟乃标、薛正华,每人 70 元;奖给升入大学的周澂、蔡荣廷、孙月浦、杜承泽⑤,每人 160 元;按照本市肄业国内专科及以上院校学生奖学金规程,给予毕庶琦奖金 110 元。⑥ 1935 年 2 月教育局又拟定新规,决定自 1936 年始对青岛籍考取全国各国立大学的优秀学生每年奖励 20 名(理科 12 名、文科 8 名),每名每年奖励 150 元,分春、秋两季发给。

除了教育行政机关的奖励,还有来自民间组织的奖赠。1935 年,大陆银行对应届毕业会考前 20 名学生以活期储蓄存折的形式发放奖金。具体是:

> 第一名:高中奖金六十元,初中奖金四十元;

---

① 《青岛市教育局考察中小学校学生课业成绩及奖进办法》,载《青岛教育》第 124 页,1931 年 1 月。

②③ 《民国二十二年教育行政计划》,载《青岛教育》第 1 卷第 6 期,1933 年 11 月。

④ 《青岛市教育局市立中等十校奖学金规程》,载《青岛教育》第 3 卷第 7 期,1936 年 1 月。

⑤ 《关于申请拨给国立清华大学学生杜承泽升学资助金的呈》,存青岛市档案馆,档号:B0027-004-00059-0041。

⑥ 《关于申请发给北平大学工学院学生毕庶琦奖学金的呈》,存青岛市档案馆,档号:B0027-004-00058-0057。

第二、三名:高中奖金三十元,初中奖金二十元;

第四至十名:高中奖金十六元,初中奖金十元;

第十一至二十名:高中奖金十元,初中奖金八元。①

这笔奖金随时可到大陆银行兑现,如"欲存储或再续存,照普通利率加给一厘";如用这笔奖金"全部或一部"到商务印书馆购书,则"照门市实价折扣,以示优待"。②据史料记载,青岛铁中王雅文以高中第一名成绩获大陆银行60元奖金,市立中学张育璐和青岛铁中杨明锟分获第二、三名,各得奖金30元;市立中学尹盛志以初中第一名成绩获大陆银行40元奖金,市立女中刘基芳和市立中学王益诚分获第二、三名而各得奖金20元。③

此外,中国科学化运动协会特意设立奖励青岛理科学生办,对1935年毕业会考数学、物理、化学三科前五名学生分别"赠予奖金或奖品,以资鼓励向学,提倡科学"。④

三 追求质量的学校体育及其竞技比赛

20世纪30年代的青岛,由于体育工作归属于教育局管理,体育及各类体育竞技比赛成为学校教育的重要组成部分,并对社会产生了积极的影响。

1.编订体育课程标准与举办竞技体育运动会

为加强体育工作管理,1931年4月,青岛市教育局成立体育委员会,并经市政府核准,聘派教育局体育主任王成栋等七人为委员。根据教育部1932年10月颁布的小学体育课程标准,青岛市教育局在1933年行政计划中提出"划一小学体育课程",由于体育课教材"须由各校自行选择,亦难免各有差异",教育局会同青岛体育协进会,聘请专家"编订小学体育课程实施标准",并举办讲习会"俾各校教员讲习实验之后,即行遵照施行"。⑤ 1934年10月,由沈鸿烈饬令教育局体育委员会拟定的中小学生体育标准完成,运动项目分田径、球类、游泳、国术等,标准分为及格标准和最高标准两级。⑥

---

① ② 《青岛大陆银行奖赠本市本届中学会考办法》,载《青岛教育》第3卷第2、3合期,1935年9月。

③ 《青岛市第三届中学毕业会考获得大陆银行奖学金学生姓名表》,载《青岛教育》第3卷第2、3合期,1935年9月。

④ 《中国科学化运动协会奖励理科学生办法》,载《青岛教育》第3卷第2、3合期,1935年9月。具体是:高中第一名奖金20元外加《科学的中国》杂志全年刊,初中第一名奖金10元外加《科学的中国》杂志全年刊;第二名及以后名次,只赠送《科学的中国》杂志两年、一年和半年不等的奖品。

⑤ 《民国二十二年教育行政计划》,载《青岛教育》第1卷第6期,1933年11月。

⑥ 《第三四八次纪念周本局重要工作报告》,载《青岛教育》第2卷第6期,1934年12月。

1935 年 6 月,雷法章明确提出:"务使校内一切教学、训导,确能启发儿童个性,培养儿童新机,俾身心两端均由适当健全之发育。"①为此,教育局提出自1935 年起改设小学专任体育教员的计划,并"饬各小学校在可能范围内,将体育教员改为专任,以专责成"②。同时还提出增添学校体育设备的要求:

(一)场地

分球类、田径赛、器械、国术及其他游戏等,所需用之场地,其面积宽度与场所之多寡,须按照学生人数及课程分量,以能适合实施、尽量设备为标准,但每一学生至少须占空地九(平)方公尺。

(二)建筑

凡实施课程所需建筑,如风雨操场、体育馆、游泳池、体格检查室及治疗室等,在经济可能范围内,应尽量设备,以利体育教学之推进。

(三)置备

凡课程内及课外运动所需之器械用具、卫生药品,及其他体育消耗品,均应充分置备。③

1935 年,鉴于青岛第三公园附近中等学校较多,为给学生和市民提供体育活动场所,经与工务局协商,教育局"将第三公园北半部辟为体育场",修筑环形跑道,安设足球门、篮球架及各种体育器材,以便使用。④ 1936 年 10 月,雷法章邀请参加第十一届柏林奥运会归国不久的国立山东大学体育主任宋君复教授,为全市 900 多名中学体育爱好者作学术报告。

鉴于武术运动为中国传统体育项目,因其训练方法较简、设备节省且"无需广大场地,颇合于乡区小学之需要",教育局自 1936 年起加大国术普及面,要求"各校之国术训练,应分别聘请合格人员专任教学,以期普遍推广",并投入经费预算 9000 元。⑤ 1936 年 9 月,教育局与国术馆订立训练办法,将乡区划分为 28个区域,每个区域一般有 3~4 所小学,设国术教员 1 名,其薪酬"按照担任学校之多寡规定",一般在 20~25 元。⑥ 1936 年 9 月 28 日,教育局行文公布了 28 名

---

① 《雷(法章)局长青岛市第四届儿童节特刊发刊词》,载《青岛教育》第 2 卷第 11、12 合期,1935 年6 月。

②③ 《青岛市教育局民国二十四年度行政计划(续)》,载《青岛教育》第 3 卷第 5 期,1935 年 11 月。

④ 《青岛市政府第三〇四次纪念周本局重要工作报告(民国廿四年十二月廿三日)》,载《青岛教育》第 3 卷第 8 期,1936 年 2 月。

⑤ 《青岛市教育局二十五年度行政计划》,载《青岛教育》第 4 卷第 1 期,1936 年 7 月。

⑥ 《青岛市政府纪念周本局重要工作报告(民国二十五年十月五日)》,载《青岛教育》第 4 卷第 6期,1936 年 11 月。

国术教员名单①，并利用 10 月秋假开办为期两周的国术教员培训班，以便"划一教法"并"订定训练办法"。据悉，培训班始业日市长沈鸿烈"莅临训话"。②

20 世纪 30 年代青岛的体育赛事多，竞技体育活动十分风行。1931 年 11 月，教育局拟订《青岛市中小学校联合运动会章程》，呈经市政府核准，以"第八九〇三号指令"公布实施。1933 年 4 月 21 日—23 日，教育局主办了全市中小学生春季运动会，是年 6 月 24 日又举行了全市学生体育总检阅，11 月 26 日至次年 1 月 21 日还举行全市学校体育竞赛。当然，作为 1933 年最重要的体育赛事，是 1933 年 7 月 12 日—14 日主办的第十七届华北运动会。

民国时期的华北运动会覆盖华北、东北、西北三大区域，自 1913 年至 1934 年先后举行了 18 届。青岛市从举办权的争取、体育场的兴建到各项辅助工作的筹划布置，为第十七届华北运动会的顺利进行做了充足的准备。实际莅青参会的有辽、吉、黑、鲁、晋、冀、豫、陕、绥等 9 个省，青岛和北平两个院辖市，以及威海卫特区，共计 12 个省（市、区）、1034 名运动员。青岛体育代表队在田径、球类、游泳等 8 个项目中共获得男子部中级田赛、径赛、男子部田径赛 3 个团体亚军，获得 23 个个人单项冠军，打破 5 项华北运动会纪录。其中，青岛铁中学生彭仁忬获男子 1500 米跑冠军，并破华北运动会纪录。③尤其是游泳比赛，青岛囊括游泳男女高中级的 4 个团体冠军和团体总分冠军，青岛圣功女中学生何文雅、何文静、何文锦三姊妹包揽女子 50 米自由式和 100 米自由式游泳前三名，被誉为"何氏三凤"。华北运动会不仅检阅了青岛学校的体育运动成绩，而且提高了青岛的知名度，使青岛在城市近现代化的道路上向前迈出了坚实一步。

据史料记载，1934—1936 年青岛举办了一系列体育赛事。1934 年 5 月 12 日—14 日，全市中小学生春季运动会举行。1935 年 5 月 11 日—12 日举办的全市春季运动大会，其竞赛项目为田径、国术及团体表演，各体育团体、中小学校参加竞赛者达 930 人，两天各界观众共有 5 万余人。1936 年 3 月 15 日，青岛市第一届乒乓球单打比赛举行，分高、初、女子三个组别。1936 年 8 月，上海、广东学生游泳队抵青，与青岛学生游泳队比赛，青岛男生获得 100 米仰泳和 400 米自由泳冠军，女生获 50 米冠军。1936 年 10 月，为庆祝中华民国成立 25 周年，青岛市于"双十节"举行规模盛大的体育运动大会，有田径赛和国术表演，观众达 2 万余人；11 月，因汇泉球场修筑完竣举行的开幕典礼则是一场国际性的球类比赛，

---

① 《关于委任李文升等二十八人为国术教员的委令（1936 年 9 月 28 日）》，存青岛市档案馆，档号：B0027-006-09198-0001。

② 《青岛市政府纪念周本局重要工作报告（民国二十五年十一月二日）》，载《青岛教育》第 4 卷第 8 期，1937 年 2 月。

③ 《青岛铁路第一中学校志》（内部资料），第 3 页，1990。

计有在青的日侨、俄侨、美国学校、德国学校、中日网球会,及来访的美国海军,种类包括篮球、排球、足球、垒球、网球、橄榄球、曲棍球,"各项比赛均颇精彩,观众亦异常踊跃,约三万人"①。

2.以提高体育成绩、普及体育训练为目的的体育会考

实际上,青岛在中学生毕业会考中增加体育科"系属创举"②。1935 年初,青岛市教育局约请国立山东大学体育教授宋君复等 9 名体育专家"订定体育课程标准"以资考核,规定普通中学和师范学校男女毕业生(有生理缺陷者除外),须在设定的田赛、径赛项目中各选一项,在球类、国术中任选一项,共计三项"所得分数总和之平均分数为成绩",均按"百分法计算之",达到 80 分以上为"甲等",70 分以上不满 80 分者为"乙等",60 分以上不满 70 分者为"丙等",不满 60 分者为"不及格"。③

1935 年 5 月,青岛市教育局在汇泉体育场举办中学生、师范学生体育毕业会考,参加会考者有 548 人(包括高中毕业生 164 人)。之前通过调查,共有 4 名学生因生理缺陷,并经教育局指定医院和医生检查"不克参加体育会考"。总体评价,此次体育会考"除少数欠佳外,大半均颇优良,且有打破本市田径赛纪录成绩",不及格的"高初中共计男生三名,女生三名",还有"因病缺考者三名"。上述 9 名学生于 6 月 14 日补考,其中 5 人及格,4 人未到。④首次中学生体育毕业会考的通过率为 99.27%,既展示了青岛体育教学的成绩,也坚定了学校和教育行政机关继续办好体育会考的信心。

1936 年 6 月 6 日,青岛市市立、私立中等学校学生体育毕业会考在汇泉体育场举行,为此增加体育会考临时费 3000 元。此前,教育局颁布了《青岛市中学、师范学校学生体育毕业会考暂行办法》凡 12 条,并印发体育毕业会考田径、球类、国术评判标准。例如:足球考试,要求男女考生每人须踢 12 码罚球两次,再离 30 码带球前进至 12 码处踢门球一次,以姿势速度准确及动作敏捷为标准。⑤ 国术的要求是,男女考生可在徒手拳和器械拳术中任选一项,达到娴熟、不懈怠、无差错为及格,在姿势、动作、功力、精神上加分。⑥ 田径项目则有精细的计分办法,以高中生为例,详见表 5-19:

---

① 《青岛市政府纪念周本局重要工作报告》,载《青岛教育》第 4 卷第 8 期,1937 年 2 月。

②④ 《一年来之青岛教育》,载《青岛教育》第 3 卷第 1 期,1935 年 7 月。

③ 《青岛市中学、师范学校学生体育毕业会考暂行办法》,载《青岛教育》第 4 卷第 2、3 合期,1936 年 8 月。

⑤ 《青岛市中学、师范体育毕业会考田径及球类规则摘要》,载《青岛教育》第 4 卷第 2、3 合期,1936 年 8 月。

⑥ 《第三届中学、师范体育毕业会考专号》,载《青岛教育》第 4 卷第 2、3 合期,1936 年 8 月。

表 5-19　民国青岛体育毕业会考(高中)田径评判标准

类别	项目	及格标准(60分)		最高标准(100分)		加　分　法（男/女）
		男子	女子	男子	女子	
跑	50 米	—	9 秒	—	7 秒 2	每少 0.1 秒加 2.2 分
	100 米	15 秒	18 秒	11 秒 3	13 秒 8	每少 0.1 秒加 1.08/0.95 分
	200 米	30 秒	36 秒 5	23 秒 6	29 秒 2	每少 0.1 秒加 0.625/0.55 分
	400 米	1 分 10 秒	—	53 秒 4	—	每少 0.1 秒加 0.48 分
	800 米	2 分 45 秒	—	2 分 10 秒 2	—	每少 0.2 秒加 0.23 分
	1500 米	6 分 10 秒	—	4 分 26 秒	—	每少 1 秒加 0.38 分
	高栏	25 秒	—	17 秒 5	—	每少 0.1 秒加 0.53 分
	低栏	38 秒	20秒(80米)	27 秒 1	14 秒 8	每少 0.1 秒加 0.37/0.77 分
跳	跳高	1.30 米	1 米	1.79 米	1.33 米	每多 1 厘米加 0.81/1.2 分
	撑杆跳高	2.40 米	—	4.38 米	—	每多 1 厘米加 0.41 分
	跳远	4.50 米	3.10 米	6.45 米	4.46 米	每多 1 厘米加 0.2/0.294 分
	三级跳远	10 米	—	13.26 米	—	每多 1 厘米加 0.12 分
投	铅球	7.40 米(12磅)	5 米(8磅)	13.18 米	9.35 米	每多 1 厘米加 0.07/0.107 分
	铁饼	21 米	15.50 米	33.45 米	25.54 米	每多 1 厘米加 0.032/0.44 分
	标枪	25 米	16 米	47.26 米	24.20 米	每多 1 厘米加 0.018/0.49 分
	垒球	—	—	28 米	40.72 米	每多 1 厘米加 0.031 分

资料来源:根据《体育毕业会考田径赛评判标准》整理,载《青岛教育》第 4 卷第 2,3 合期,1936 年 8 月。

　　不能不说,1936 年青岛中等学校的体育会考,从项目设定、成绩考量、评判标准的研制到体育会考的组织、统计核算及办理过程,充分体现了行政当局的智慧和专业人士的素养。田径项目的多元丰富性,无疑能为考生提供发挥优势的条件;球类和国术的加入,既能弥补中国足球运动的短板,又能弘扬中华武术的传统。更重要的是,考生的接受程度和表现出的骄人成绩,又从一侧面反映了青岛体育教学的质量。

　　当然,20 世纪 30 年代青岛学校体育显示出的仿效欧美运动的弊端,又是显而易见的。这种规范严格的田径、球类运动易于在城市学校推行,而"乡区学校如若亦步亦趋,恐非所宜",不仅耗费不赀,而且"不合实用"。[①] 1936 年,雷法章进一步思考学校体育工作的目标,认识到,"所谓强健体格者:当包括于体格之正常发育,以及体力之适宜增进,故不仅注意于特种技能之造就,尤须选择适宜运

————————————

　　① 《青岛市教育局二十五年度行政计划》,载《青岛教育》第 4 卷第 1 期,1936 年 7 月。

动,使身体各部有调和之运动,而无畸形之发展。不仅注意于少数选手之培养,尤须使全部学生均有嗜好运动之兴趣,及有规律之运动"。雷法章强调:"尤应使学生明了体育目的,非徒博取锦标,实寓有深长意义,俾知有所奋发。"①青岛市教育局在1936年度的工作计划中提出:值此国难之际,学校体育"尤应注重实用化",小学的体育活动"一方面应与生理卫生相辅而行,一方面应与实用技能联络一体",宜举行爬山、涉水、负重致远、竞争游戏等。

3.旨在培养卫生习惯、改进卫生设施的学校卫生教育

客观地说,青岛学校的卫生教育不像体育那样特点鲜明,只是按卫生科教学目标照本宣科,依府令部规按部就班实施,旨在卫生习惯、卫生知识及对卫生兴趣的养成,"以期由个人的努力,而促成家庭、学校、社会等环境的健康"。据史料记载,乡区小学大都配有卫生清洁工具,市区完全小学则有专用卫生室(小医院)。鉴于"药品配置,需要十分谨慎",原为"训练儿童之医学常识,利用习见的药品诊治普通之病症"则由教师"代办"了。② 在小学生卫生习惯的养成上,青岛市立黄台路小学克服"只管抱住书本教学,既无兴趣"的弊端,设计和应用的卫生调查表(表5-20)颇有代表性。

表5-20 青岛市立黄台路小学学生卫生调查表

年 月 日

调查项目	身体之部									衣服之部						用具之部				综合评定
	耳	目	口	鼻	面	额	头	发	手	领	袖	衣	裤	鞋	袜	手巾	笔砚	刀剪	书籍	
姓 名																				
⋮																				

资料来源:青岛市立黄台路小学教学研究会:《小学各科教学研究报告(二)》,载《青岛教育》第2卷第11、12合期,1935年6月。

1935年夏,借助南京卫生教育组主任张伯钦赴国立山东大学演讲学校卫生之便,青岛市教育局派员邀请张伯钦视察青岛学校卫生教育工作。为此,教育局特意"拟订本市学校卫生实施办法大纲",以期"增儿童之健康"。1935年暑假期间山东省教育厅在济南举办为期两周的学校卫生暑期讲习会,青岛市教育局主

---

① 雷法章:《市立中学十周年纪念词》,载《青岛市立中学十周纪念特刊》第3页,1936年。
② 《小学各科教学研究报告(二)》,载《青岛教育》第2卷第11、12合期,1935年6月。

动函商"当蒙允准",即委派北平路、西镇、江苏路和黄台路小学四校级任教师赴济南受训。① 1936 年,教育局在工作计划中提出"改进小学卫生实施",在市区各小学和乡区社教中心区小学"设法实施"。市区小学的卫生设备用"学校经常费撙节购置",乡区社教中心区小学则每处拨款 100 元设一个诊疗箱,由明了"简单药性之教员,担任学校及本区民众之普通治疗"。②

为提倡公共卫生,根据国民党中央宣传部提出的七大运动之一的"捕蝇运动",1932 年夏青岛市教育局会同社会局开展了一次由市民和学生参加的捕灭蝇类运动,1933 年又"令行各级学校续办一次"。为防疾疫,青岛市教育局"令饬各中小学校、半日学校、职业补习学校、职工补习学校学生,一律种痘,以防瘟疫之发生"③。

四 蔚成风气的艺术教育及校园文艺活动

毋庸置疑,民国青岛学校的艺术教育是城市化进程中最具特征意义的教育,而中小学校校园文艺活动则是 20 世纪 30 年代青岛独有的教育现象。

1.中小学演说竞进会/雄辩会与官方的主流形式

翻检史料不难发现,南京政府前期青岛官方艺术教育的主流形式是"培养学生演说才能、引起演说兴趣"的演说会。为此,1930 年 1 月,青岛特别市教育局专门拟订了中小学生演说竞进会简则,并呈奉特别市政府核准,以政府令公布实施。这项反映政府意图的活动规定:演说题目由教育局"拟就,于开会两星期前通知各校",各中小学校推荐人选参赛,演说语言"以国语为标准",时间"不得超过 15 分钟",演说竞进会的次第"以抽签法定之"。④ 是年 11 月 29 日—30 日,青岛市第一次中小学学生演说竞进会在中山路总商会举行,来自市立中学、市立女中、礼贤、崇德、文德 5 所中学和 15 所小学选送的 40 名选手(每校选送 2 名)参加了演说比赛。演说的题目"按照所学课程及时事,自行撰拟",但须"呈经教育局核准"。结果,中学组王镒、王大珩、王淑传三人分获前三名。⑤ 其中,就读礼贤中学初中的王大珩时年只有 15 岁,他是跟随在青岛观象台工作的父亲王应伟寓居青岛。

① 《第二八八次市政府纪念周本局重要工作报告(民国二十四年九月二日)》,载《青岛教育》第 3 卷第 5 期,1935 年 11 月。

② 《青岛市教育局二十五年度行政计划》,载《青岛教育》第 4 卷第 1 期,1936 年 7 月。

③ 《民国二十二年教育行政计划》,载《青岛教育》第 1 卷第 6 期,1933 年 11 月。

④ 《青岛市教育局学生演说竞进会简则》,载《青岛教育》第 125 页,1931 年 1 月。

⑤ 《工作概况》,载《青岛教育》第 43 页,1931 年 1 月。

　　1931 年后,青岛市中小学生演讲性赛事分别进行。其中,小学一直采用演说竞进会的形式。1933 年 10 月,第五次小学演说竞进会在民众教育馆举办,来自 17 所小学的 34 名学生参加。结果,朝城路小学学生田守真以 92 分的成绩获第一名,团体优胜奖被市立实验小学获得。市长沈鸿烈和教育局长雷法章分别对优胜者授予奖品。① 1934 年 11 月,教育局在民众教育馆又举办了第六次小学生演说竞进会,共有 18 所小学、36 名学生参加,董志学、王文坦和刘铨法三位中学校长担纲评判员,共评出优胜个人 5 名,兰山路小学获得团体奖。② 1935 年 10 月,教育局在市礼堂举办第七次小学演说竞赛会,共有 17 校、34 名学生报名参赛。③ 演说才能包括演讲稿的写作、演讲设计、口语表达技巧、演说中的机变艺术等,既要求运用有声语言体现言辞的表现力和声音的感染力,又强调运用面部表情、手势动作、身体姿态乃至一切可以理解的态势语言,产生一种特殊的艺术魅力。应当意识到,在青岛小学培养学生的演说才能,对于不善言辞且持方言优越感的青岛人无疑是普及国语、提高口头表达能力的重要手段,同时也能窥见民国时期青岛教育行政官员的偏好。

　　较之小学生的演说竞进会,中学生的雄辩会和演讲比赛更有层次的提升。据记载,1933 年 11 月举办的青岛市第二次中学生雄辩会,参赛学校是市立女中与文德女中,每校出席 3 人,辩论的题目是《国防设备应先于实业建设》,由国立山东大学教务长杜光埙和文理学院院长黄际遇担任评判。辩论结果,文德女中获团体优胜奖,市立女中学生刘世纶获个人第一名。④ 青岛中学生演讲比赛于 1934 年 11 月举行,共有 8 所学校、16 名学生代表参赛,前来观摩和助兴的观众达 1000 人,足见中学生演讲比赛的影响力和吸引力。担纲此次比赛的评委是市自治委员会袁荣叟与国立山东大学教授杜光埙、黄际遇,比赛结果共评出最优者 5 人,礼贤中学获得团体奖。⑤1935 年 11 月,教育局再次举办中学生演讲会,讲演内容限于科学教育,黄际遇、蒋丙然、王恒守三人出任评判员,择最优者 4 人,照例由沈鸿烈和雷法章发给奖品。⑥

　　供社会各界考察及各校观摩竞进的中小学生成绩展览会,是丰富青岛校园文化的重要载体。历经 1932 年和 1933 年连续两次全市性中小学成绩展览会

---

① 《第二〇七次纪念周教育局重要工作报告》,载《青岛教育》第 1 卷第 7 期,1933 年 12 月。

②⑤ 《一年来之青岛教育》,载《青岛教育》第 3 卷第 1 期,1935 年 7 月。

③ 《青岛市政府第三〇四次纪念周本局重要工作报告(民国廿四年十二月廿三日)》,载《青岛教育》第 3 卷第 8 期,1936 年 2 月。

④ 《第二一〇次纪念周教育局重要工作报告》,载《青岛教育》第 1 卷第 8 期,1934 年 1 月。

⑥ 《青岛市政府第三〇〇次纪念周本局重要工作报告(民国廿四年十一月廿五日)》,载《青岛教育》第 3 卷第 7 期,1936 年 1 月。

后,为贯彻普及义务教育的方针,1934 年学校成绩展览的内容和形式趋向于普及化。为此,教育局明确提出:此次展览会"不仅重视一二高材生特殊成绩",而且要"注重全校学生普遍作品"和"生产教育作品",要求"种类力求完备,成绩务求真实"。①

值得注意的是,1934 年教育部决定在南京举办全国职业学校及中小学劳作科成绩展览会,青岛的第三届展会自然成为全国参展的预演。为此,教育局从质与量两个方面提出要求,其选送的作品必须保持"学生平时成绩之真相",制作的材料"应采用国货",规定小学初级部每班平均选送 6 件、高级部则为 10 件,中学初级部每班选送 16 件、高级部要求 20 件。② 经过积极筹备,全市 7 所中学、100 余所小学共提供学生劳作品(金工、木工、藤工、竹工等)、生物农艺标本、模型、科学仪器及各类学具 44023 件。为了方便参观,教育局将中学展区设在市立女子中学,小学则设在太平路小学。7 月 8 日—11 日开展 4 天,观众达 3 万人。经过国立山东大学教务长杜光埙和青岛市立中学校长董志学组成的中小学评判委员会裁定,最终确定市立中学、台东镇小学分获中小学成绩最优奖。③ 会展后,为参加 12 月在南京举办的全国展览,教育局从全市参展作品中初选 3412 件"成绩品"备选,涉及全市 7 所中学、14 所市区小学和 37 所乡区小学。11 月,经过审查委员会进一步筛选,共选出中学 1070 件、市区小学 525 件、乡区小学 1008 件,总计 2603 件,由 4 名职员点收、登记、造册送南京。④ 教育局在《本市劳作科成绩品总说明》中称:青岛中小学生劳作科成绩品"足以代表本市各区社会背景及教学适应情况",并可"象征本市自然环境、社会环境及教育实施之情况",在南京全国展会上"尚博各方好评"。⑤

2.中小学师生的文学创作与艺术实践活动

20 世纪 30 年代青岛中小学教师和学生的文学艺术实践活动,与同期国立青岛/山东大学师生的文学创作共同构成了民国青岛文学的繁荣,一定程度上反映了语文教育的成果。

其一,一批卓有影响的中小学教师作家带来了新文学气象。中学如王统照、顾随、陈翔鹤、孟超、汪静之、张友松、章铁民、王度庐等教师,任教期间发表了不少小说、诗歌和散文;秦惠亭、卢叔桓、王玫、王卓、孙霈群、赫保真等教师创作一些有影响的艺术作品。小学教师出现了以青岛市立黄台路小学为中心的众多文

① 《四、五、六 3 个月行政工作计划》,载《青岛教育》第 1 卷第 10 期,1934 年 3 月。
② 《办理全市中小学校劳作科成绩品选送事宜纪详》,载《青岛教育》第 2 卷第 7,8 合期,1935 年 2 月。
③ 《市政府第三三九次纪念周本局工作报告》,载《青岛教育》第 2 卷第 1 期,1934 年 7 月。
④ 《第三四八次纪念周本局重要工作报告》,载《青岛教育》第 2 卷第 6 期,1934 年 12 月。
⑤ 《一年来之青岛教育》,载《青岛教育》第 3 卷第 1 期,1935 年 7 月。

学青年,如王亚平、袁勃、李劫夫、张其南、史可宁、何苞久、刘勋宇、孙亦梅、姚淑珊等。王统照于1927年定居青岛后,先后在青岛铁中和市立中学任教,期间他创作出版的诗集有《这时代》《夜行集》和散文集《青纱帐》,1933年创作了代表作长篇小说《山雨》,之后又发表了短篇小说《海浴之后》《沉船》等。王统照的到来使荒芜的青岛文学园地有了新绿。左翼诗人王亚平以王福全(亦称"王减之")的名字先后任职黄台路小学教务主任、校长,他在青岛建立了中国诗歌会青岛分会,出版了诗集《都市的冬》《海燕的歌》和长诗《十二月的风》,用诗意的语言揭露时弊、感悟社会、关注民生,竖起了左翼诗歌的旗帜。任教青岛圣功女中并在青岛女中兼课的王度庐,则以武侠小说和社会言情小说闻名,他以寓青中学教师作家身份在十余年里相继推出的以《落絮飘香》和《宝剑金钗记》开头的"鹤-铁系列",丰富了民国青岛的文学库藏,形成了通俗文学与纯雅文学同生共荣的文学生态。

其二,围绕教师作家形成了新生代学生文学爱好者群落。由于王统照等人的引领,20世纪30年代的青岛中学生涌现出崔嵬、于黑丁、周浩然、李白凤、黄宗江、李普、许杰、范泉等一批文学新秀。王统照介绍考入礼贤中学的崔嵬,读了一些左翼文学作品后,用"疯子"的笔名发表了《琴影》《光荣》《狗的惨剧》《火车中》《水》《旧的清算与新的展望》等散文和小说。李白凤在市立中学就学期间发表的诗歌《春天的花朵》、散文《足迹》《血字》、小说《孩子们》和于1937年出版的第一部诗集《凤之歌》,以淡淡的哀愁和极富陌生感的笔触代表了诗歌的另一种风貌。市立中学美术教师秦惠亭写的两部儿童剧《门外的孩子》和《雨中》,在学生黄宗江看来,"意识上可称激进,剧艺上亦属先进。我还想不起在30年代初有什么别的儿童剧"①。黄宗江、朱崇凯、姚心平等同学将这两部戏成功地搬上了舞台,受到观众的好评。据悉,曾有人热情地向市长沈鸿烈推荐黄宗江等学生到两湖会馆为社会演出。②

其三,中小学校园涌现出一些有声有色的文学社团。早在20世纪20年代中后期,任教胶澳中学的顾随等带来了"浅草-沉钟社"将真和美"歌唱给与自己一样寂寞的人们"的风范。顾随在学校创办了文学诗社"青社",并为学生上"例课"。③ 王统照任教青岛铁路中学期间,指导二年级学生郝复俭发起成立"绿萍社",三年级学生臧宣达、谭祖彝、江志馨成立了"涛社"等社团。王统照到市立中学后,集合一些对文学颇有兴趣又喜欢写作的青年,成立了"无名"文学小组,

---

① 黄宗江:《百岁恩师秦惠亭》,载黄宗江著《艺术人生兮》第71页,中华书局,2008。
② 朱崇凯:《朝花夕拾——回忆青岛市中师友》,载《青岛一中校友回忆录》(内部发行)第9页,1999。
③ 顾随:《如此江山·青社第四次例课》,载《顾随全集》第1卷第182页,河北教育出版社,2000。

成员有于黑丁、周浩然等。很快，由青岛各学校文学青少年联合组成的"南风社"宣告成立。于黑丁回忆说："这些活动是为了建立跨学校的文学社团在积极铺垫路基，也是为扩大文学队伍在加紧锻炼力量。"[1]于黑丁的处女作短篇小说《乡情》就是经过王统照的指导和推荐，在1930年叶圣陶主编的《中学生》上发表的。王亚平、袁勃、李劫夫等在黄台路小学组织文艺剧社，编写并演出歌剧《红儿历险记》，暗示红军长征的胜利。

其四，校园期刊和岛城报纸副刊成为学生的文学园地。1929年9月，王统照编辑、出版了青岛文学史上第一个文学刊物《青潮》。为了这尚未汹涌的青潮，王统照给文学青年修改文稿，还以身示范在《青潮》发表了短篇小说《火城》、小品文《一只手》《生活与直观亲知》和两篇汉译外国作品。青岛各中学创办的校刊，如市立中学的《青岛市中校声》、市立女中的《女中校刊》、黄台路小学的《黄小月刊》，也辟专栏发表师生的文学作品。1935年青岛圣功女中编印的校刊，共计88页，其中19个页码是学生的作品。例如：散文有田重灸的《又是樱花盛开时》、陈慧芬的《毁灭》和《紫君来的一封信》、熊淑如的《海滨夜游》、宫永芳的《别离的悲哀》、孙凤竹的《洗衣者言》等，诗歌有隋玉佩的《夏夜》、何文静的《春风》、王复生的《我之学校》、张淑梅的《思乡》、庄秀云的《从军歌》、崔永和的词《清平乐·春归》和《减字木兰花·春午》等。其中，《减字木兰花·春午》堪有李清照之词风：

> 春庭云断，日影婆娑花影乱，杨柳堆烟，杏花时节困人天。
> 拈针懒绣，倚案无言消永昼，半卷珠帘，燕子双飞画阁前。[2]

值得注意的是，1936年青岛市立中学为成立10周年编印的特刊，还在单元连接的空白处见缝插针地刊载学生的习作。例如：第12页后半页刊载的初中学生韩明句的散文《近日的吾国民气》；第17页后半页刊载的高中学生万家佑的诗歌《湛山》；第33页后半页刊载的高职班学生周尊篦的诗歌《崂游杂咏》等。这些出自学生之手的作品插载在校庆特刊上，与教育局长雷法章的《纪念词》、校长董志学的《发刊词》及教师王玫、戴锡樟谱写的《校歌》等编辑在一起，丝毫不见其拙，折射的是传统教育关系向现代化的变革，反映的恰恰是"儿童本位"的思想观念。

青岛社会媒体也服膺"儿童本位"思想，刊载学生作品的报纸副刊犹如雨后春笋。1929年为《青岛时报》编辑《野光》的田仲济，1931年又为《青岛民报》编

---

① 于黑丁：《深切怀念王统照师》，载《青岛一中校友回忆录·续编》（内部发行）第8页，2004。
② 崔永和：《减字木兰花·春午》，载《青岛私立圣功女子中学校刊》第70页，1935。

辑《处女地》文艺周刊,由于总编辑杜宇的支持,《处女地》成为文学青少年发表
习作的园地。《青岛晨报》副刊编辑萧军还邀请市立中学学生黄宗江、李普编辑
少年文艺周刊《黄金时代》,这个专门刊载青岛中学生文学作品的周刊,每期单
印100份作为黄宗江和李普的酬劳。黄宗江以"江子"、李普以"弹舞"做笔名,
每有作品发表,其中有黄宗江的多幕剧本《光明的到来》。后来,黄宗江等又依
附报纸副刊办了一个《酸果》周刊。综合历史遗存,20世纪30年代青岛学生的
文学园地知名度比较高的还有铁路中学郝复俭依附《胶济日报》副刊编辑的《绿
萍》,每周一期;礼贤中学徐国良、丁惟兴为《青岛时报》编辑副刊《晨鸡》,每周一
期;跨校的文学社团"南风社"为《青岛时报》编辑诗专刊《诗》(共出刊20多
期)、童话专刊《蚀》(共出刊3期)、小说专刊《潮》、论文专刊《论》等,还为《青岛
民报》编辑诗歌专刊《南风》。此外,《青岛民报》文学副刊《菲醇》、《工商日报》
副刊《荒浪》、青岛诗歌生活社的《诗歌生活》月刊、青岛海声社的《海声》月刊也
经常刊登青岛学生的作品。

　　20世纪30年代岛城的报纸副刊不仅面向中学生,对小学生的作品也比较
欣赏。据悉,《青岛民报》的《儿童乐园》副刊在创刊伊始,就发表来自小学生的
征稿。例如:1932年9月12日刊登的江苏路小学四年级学生刘素娟的诗歌《努
力歌》,就是一篇很有代表性的稿件:

> 努力,努力,快努力,
> 要把国家整理好,
> 要为人民谋利益,
> 舍生取义有价值。
> 努力,努力,快努力,
> 大刀阔斧去杀敌,
> 饥餐倭奴肉,
> 夜寝倭奴皮,
> 要为中华争志气。①

　　20世纪30年代,青岛地区的民间歌谣创作极为活跃。沧口、李村、崂山等
乡区小学生在教师的组织下,经常深入村庄、地头,开展民间歌谣土调调查、采
集、整理活动。在1933年7月30日和8月6日《青岛民报》的《儿童乐园》副刊
专栏分别刊登了青岛市立沟崖小学生采集的13首当地歌谣土调。这些淳朴、原
汁原味的歌谣土调,保留了青岛乡区农村的方言和口头语汇,既丰富了小学生的

---

① 刘素娟:《努力歌》,载《青岛民报》1932年9月12日。

课外文化生活，又传播了青岛的地方民俗文化。

第九节　督学职能的强化与教育视导的规范化

一　督学机构的加强与视导过程具体化

南京国民政府前期的青岛，由于确立了"改进教育，首重视察、指导"①的原则，教育督学机构得以加强，视导主体、视导客体、视导过程、视导标准、视导方法、视导成效等均有可圈可点之处。

1.督学机构的壮大与视学范围的拓展

南京政府接管青岛后，十分重视视学及其督学机构的设置。在 1930 年 7 月青岛特别市教育局复改的过程中，督学机构得以强化，设督学 1 人、视察员 4 人，此为南京政府前期青岛教育督导机构及职数配置之始。视察员也称"视导员"或"指导员"，职位低于督学。1930 年冬，青岛市政当局决定在教育局内设立专处，"扩充督学室为督学处，添委督学二员"，后又于"督学员额之外，增设一员，仍称督学，月支薪俸 120 元"；另设"督学主任一员，综负全责，月支薪俸 200元"。② 在自称"官不虚设，廪不虚给"的 20 世纪 30 年代初期，青岛教育督学的待遇高于一般政府行政机关的科室长。1931 年 1 月经市政会议通过的教育局行政机构文件明确提出：教育局"设督学处，置督学主任一人，督学三人，秉承局长办理督学事务，司视察全市学校及社会教育之责"③。督学的具体职责是"专管中等学校之视察，间做小学校之巡视"④。

为加强乡区学校的管理，同时也为适应视导工作的需要，1930 年，教育局将青岛市城乡规划为 5 个学区，委派视察员分区视导。具体是：市内各市立、私立共 19 校为第一区，第二区包括阴岛、西大洋等 15 校，四方、沧口、板桥坊等 21 校为第三区，第四区为湛山、浮山所等 21 校，第五区为李村中学、侯家庄等 22 校。视察员每月的时间分配"半月在外，轮视各校"，"半月在局，调制报告"。视察员"在外半月"通常"择一位置"辟一个专室，作为"临时办公、住宿之所"；视察员在各区视察，则"按月轮派，月不同区，区不同人"。督学对视察员的报告稽核后，"分别呈候核夺，采择施行"。⑤1934 年，教育部专员郭有守在《视察青岛市教育报告》中称赞：青岛督导人员"分驻五乡区常川指导，是教育行政组织上之一特

---

① 《民国二十二年教育行政计划》，载《青岛教育》第 1 卷第 6 期，1933 年 11 月。
②④⑤ 《工作概况》，载《青岛教育》第 3，2—3，2—3 页，1931 年 1 月。
③ 《青岛市教育局暂行组织细则》，载《青岛教育》第 96 页，1931 年 1 月。

点也"①。随后,山东省教育厅订定《督学驻区视导办法》,在全省施行青岛的经验做法。

应当说,青岛的督学职能一开始就定位于对学校教育工作的视察、监督和辅导,并坚信学校教育的改进与进步"有赖督学之勤于视察与督促"。1931年根据教育部颁布的《省市督学规程》,青岛市教育局进一步规范常规学校视导,内容包括学校行政、教学概况、训育概况、成绩考查、学生组织、体育概况、卫生概况、经费公开、教学研究等项,同时"负有推行法令、查办案件、勘估工程设备及处理地方学务纠纷等任务"②。

大范围的视学督导也是青岛市教育行政机关的例行工作。例如:1933年寒假前,教育局对65所市区和乡区学校进行了为期一个月的巡查。巡查的市区中小学有市立女中、太平路小学分校、东镇小学、西镇小学、朝城路小学、顺兴路小学、北平路小学、黄台路小学、实验小学,私立学校有新民小学、育英小学、三江小学、文德女中,共13所学校。巡查的乡区学校有李村区的市立沟崖、臧家、下河、张村、朱家洼、大埠东、午山村、浮山所、姜哥庄、吴家村10所小学;沧口区的市立四方、仙家寨、赵哥庄、黄埠、夏庄、西小水、法海寺、丹山、宋哥庄、女姑山、南曲、枣园、板桥坊、阎家山、大水清沟、李村水源地工人子弟小学、白沙河水源地工人子弟小学、私立沧口华新、常本等20所小学;九水区有市立九水、横担村、于哥庄、段家埠、登窑、大河东等11所小学;阴岛区有市立宿流、西大洋、后韩家、萧家、东洋嘴、邵哥庄6所小学;薛家岛区有市立薛家岛、南庄、瓦屋庄、施沟、南屯、濠北头、辛岛、水灵山岛、红石崖、黄岛共10所小学。③

南京国民政府前期的青岛,教育视导的范围不仅包括中小学校,还涵盖职业学校、职工补习学校和民众学校。例如:1933年冬,教育局对四方、沧口两处职工补习学校和冀鲁制针厂职工学校进行视导。通过视导,查得四方补习学校"公民班人数不足",冀鲁制针厂职工学校"教员思想陈旧,无科学知识,因之教授常识时常讲解错误"。④视导后,上述问题立即得以整改。由于确定对民众教育的视察"均由视导员担任前往"的规定,教育局制发了《民众教育视导员的任务》。1934年初,教育局拟定的《民众学校视导要点草案》,规定了六项原则、方法、步骤及注意事项,其中尤其对民众学校教师提出"忠于其业",实现"民众化",对"衣衫褴褛者,切不可存有藐视的态度"。⑤ 1934年冬,教育局将市区民众教育划分为5个责任区,每区派定1名视导员,其分工是:吴振宗视导台西区,李培澍视

①　郭有守:《视察青岛市教育报告》,第5页,教育部训令第3531号,1934。
②　《厉行视导事项》,载《青岛教育概览》第33页,1934。
③④　《第二一〇次纪念周教育局重要工作报告》,载《青岛教育》第1卷第8期,1934年1月。
⑤　《民众学校视导要点草案》,载《青岛教育》第1卷第10期,1934年3月。

导市中心区,荀云书视导大港区,王笃生视导台东区,张贻先视导四沧区。①
1935年12月,鉴于民众学校126个班开学上课已有月余,教育局派员分3组
(每组2人)深入各民众学校视导,规定每组每周视导2次,每次视导6所学校,
视导内容是"考核各校学额是否充实及教员教授方法是否适宜"②。通过表5-
21可以看到青岛视导民众学校的具体要求。

1934年1月,青岛市教育局督学室还应市党部要求,"为提倡童子军训练起
见"对全市15所学校的童子军训练进行了为期一周的视察。③

2.视察内容的具体化与评定标准的清晰性、全面性

南京国民政府接管青岛不久,在《青岛市教育局暂行组织细则》中就明确规
定督学处职掌的八项具体职能:

> (一)关于视查各学校教职员之能力及其教授、训练之成绩与学校行政
> 之是否合法事项;
>
> (二)关于教职员之晋级及实施年功加俸、养老等草拟预算事项;
>
> (三)关于各学校教材内容之审查及设计、改进事项;
>
> (四)关于教材、需要设备之考查,并订拟方案事项;
>
> (五)关于学生成绩之测验及奖进事项;
>
> (六)关于特种教材(如音乐、手工、图画、外国语)、各科目教材之审查
> 事项;
>
> (七)关于社会教育及其他学术团体之视察、指导事项;
>
> (八)关于其他视察、指导事项。④

通过上述职能可以看出,对督导人员的任职要求既注重行政经验,又兼顾专
业能力。为进一步提高督导工作质量,1932年,教育局督学处将学校视察指导
工作具体细化为13项目标及标准,包括学校行政、学校环境、校长能力、学校经
费、学校卫生、教学能率、学生名额、训练状况、学校设备、体育状况、社会服务、民
族意识。⑤ 在实际督导中,督学还结合督导实践总结出一些具体而客观的评点,
如"学校经费"的评析有常年经费、临时经费、办公费、预算数、收入数、支出项

---

① 《第二四八次纪念周本局重要工作报告》,载《青岛教育》第2卷第6期,1934年12月。

② 《青岛市政府第三〇四次纪念周本局重要工作报告(民国廿四年十二月廿三日)》,载《青岛教育》第3卷第8期,1936年2月。

③ 《青岛市教育局第二一四次纪念周报告》,载《青岛教育》第1卷第9期,1934年2月。

④ 《青岛市教育局暂行组织细则》,载《青岛教育》第96页,1931年1月。

⑤ 《青岛市教育局督学处学校视察目标及标准》,载《青岛教育》第2卷第2期,1934年8月。

表 5-21 青岛市民众学校视导情况记录表

项目	视察事项	评　语	备考
设备方面	教室内空气充足,灯光合度否		
	教室内布置适当否		
	教具完备否		
	有应用之图表簿册否		
	桌椅大小合适否		
训练方面	有党化的设施否		
	注意学生自治否		
	注意清洁秩序否		
	举行各种集会否		
	能联络家庭及社会否		
教学方面	能照日课表授课否		
	能活用教本否		
	教材授至规定标准否		
	教师有相当准备否		
	教师言语简明否		
	教师态度和蔼否		
	能引起学生良好动机否		
	讲述能详尽否		
	教授方法变化适宜否		
	发问能普及否		
	指导作业方法适当否		
	能引起学生的学习兴趣否		
学生方面	学生年龄适合否		
	学额招足否		
	有日间读书的学生否		
	有学习兴趣否		
	能准时到校否		
	有中途退学否		
	有团体化精神否		
	能守纪律否		
其他方面	学校地点适宜否		
	协助社会公益事业否		
	社会对于学校评论否		
	参加民众运动否		
总评			
视察人		年　　月　　日记录	

资料来源:《青岛市教育局视察民众学校记载表》,载《青岛教育》第1卷第10期,1934年3月。

别、支付方法、分配标准、公开办法、积聚金、资产等评点。对"学校行政"的评定,不仅包括行政计划、组织状况、校务分掌、教职员学历与待遇,还包括学校会议种类与次数、各种表簿章则的建立与使用及考绩事项;其中"表簿章则"又具体细化为学校规程、各种章则、点名簿、学籍簿、学校概况表、教职员一览表、学级日志、教学设施录、校具清册、学校大事记等。① 事无巨细,均有严格而具体的规定和要求。随着教育视导工作的深入推进,学校督导的内容主次渐明,更加指向教育质量方面。1933年,教育局印发的《督学视察要点》主要集中在学校行政、训育和教学三个方面。其中,中学教学督导的16个要点具有明确的针对性、指导性和专业性,具体是:

(1)能否遵照中学课程标准,切实教学;

(2)校长、教务主任能否每日抽查各级教室教学实况,具有翔实记载;

(3)关于学生课外阅读书籍,有无指导与选择;

(4)对于科学教育,有无提高程度办法;

(5)各科教学,能否引起学生研究兴趣;

(6)关于职业学科,能否充实设备、切实指导、培养学生将来社会生活之技能;

(7)作文练习是否按期实施,随时批改;

(8)各科实验是否逐次报告,认真改订;

(9)各科教学能否不拘泥教本,尽量授以实用教材;

(10)各科课外作业,教员是否认真批阅;

(11)各科教学进度,是否与规定进度相符合;

(12)级组编制,是否以能力为标准;

(13)学生缺席、出席,有无精密之考查与定期之统计及惩奖办法;

(14)教员缺课,能否定时补授;

(15)能否训练学生就地取材,制课业用具;

(16)学生课外活动作业,能否先定计划,按时施行。②

为使督导人员的评点到位,做到"事前妥为支配,避免临时张皇",教育局督学处要求督学绘制"视察区域内学校及社会教育机关所在地图",还设计了各种便于观察、描述、检测、考查的工作量表。其中,客观性强、区分度高的量表有教育背景调查表、教育概况调查表、学校组织概况视察表、教学视察表、各项社会教

---

① 余宪廷:《教育视导实施之我见》,载《青岛教育》第1卷第3期,1933年6月。

② 《青岛市教育局督学视察要点》,载《青岛教育》第1卷第8期,1934年1月。

育视察表。值得注意的是,督学处还明确规定各种量表的使用要求,以突出督导过程的信度与效度。例如:规定在"与校长、教员谈话及周览全校时填写"《学校组织概况视察表》。

3.行政长官亲自视察学务与督导的权威性体现

20 世纪 30 年代,雷厉风行的教育局长雷法章和勤于政事的市长沈鸿烈时常莅临学校,并留有具体指令。1932 年 9 月,沈鸿烈在一次全市公私立中学校校长、教务主任、训育主任和市政府有关部门局、科长出席的校务会议上宣布了教育施政的"三个主义",即管理采严格主义,学科采应用主义,教育取联合主义。① 此为沈鸿烈的教育施政要纲,也是学校的管理准则。1936 年 10 月 21日—25 日,沈鸿烈偕雷法章"为明了开学以来各校实际情形起见,特亲赴各区做学期开始之视察",21 日—22 日视察市区各小学校,23 日视察四沧区和夏庄区,24 日视察李村区和浮山所区,25 日视察崂东区。本次视察主要"注重学额、校舍建筑等事项,皆经市长面谕解决办法"。② 沈鸿烈的视学确有行政长官的个人意志,但也反映出对教育进行监督和指导是当政者管理教育的必要手段,是统治阶级权力意识在教育领域的体现。

教育局长雷法章则经常深入学校进行视察指导。1934 年 1 月 23 日临近期末,雷法章偕局督学曾昭常对湛山、浮山所、辛家庄、大麦岛、山东头、姜哥庄、段家埠、于哥庄、沟崖、横担、上流庄 11 所小学进行视察。临近横担小学时"道路崎岖,校立山岗,车不能前,复步行至该校,俄而下山,赴上流庄小学,视察毕,日已衔山,遂驱车回局,时已七句钟矣"③。一天视察 11 所学校确实走马观花,但由于雷法章谙熟情况、雷厉风行,他的检查和指导总是切中每校的要害。例如:在湛山小学,雷法章对这所新建学校"以大好教室储煤屑"的做法极为不满,又查124 名在册学生实到 108 名,校长张之桢"以天气较寒,致学生常有缺席情事"辩解,雷法章对此"即予以严切之指示"。④在借用祠宇民房上课的浮山所小学,雷法章见正在室外上唱游课的二年级学生多人患有皮肤病,当即指示校长王鉴明"抽暇率领学童前往市立医院诊视,并以学校名义,商请多余药膏,兼治民众"⑤。在大麦岛小学,雷法章通过校长杨润田了解到学校正在筹建校舍,村民以出售石子的方式"集款兴筑,现已有数百元,俟石子再售若干方,春暖当可动工",听罢十分高兴,"旋往查勘校基,前临海滨,左近山麓,距村数百步,拓地辽阔,风景清

① 《沈(鸿烈)市长召集中学校长会议之演辞》,载《青岛教育》第 1 卷第 1 期,1933 年 5 月。
② 《青岛市政府纪念周本局重要工作报告(民国二十五年十月五日)》,载《青岛教育》第 4 卷第 6 期,1936 年 11 月。
③④⑤ 《本局雷(法章)局长一月二十三日考察乡区各校纪要》,载《青岛教育》第 1 卷第 9 期,1934 年 2 月。

幽"。在上流庄小学,校长赵光炘称欲将两处办学点合为一处,并"导往察勘,备述建筑计划。雷法章认为拆除建筑不久之校舍,不大经济,就地指示改造办法,令其会同学委从长计议,再行呈局核夺"①。督学曾昭常将雷法章对每所学校的视察指导一一记录在案。如山东头小学:

> 该校为新建校舍,颇壮观瞻。学生名虽六级,惟编级特殊,一年级分三组,均不满三十人;五年级一班出席人数仅二十六名;二、三两级共一个班,学生出席亦二十八名。视察厕所,秽物满地;教室布置,亦欠整洁。惟办公室稍有可取,表册尚称具备。当经局长分别指正,责令改进。同时有三学委来校,深恐裁并班次,自承学生天寒未来,下期当不止此数也。局长当晓以卫生大意,谓天寒应锻炼学生身体,使其身体活动,血脉周流,绝无感冒之患。嘱令劝导村民,不使子弟无故缺席。旋据该校校长报告,学校东首有民田一形,现已价买,将辟为操场;西首民田亦租得一方,将辟为校园。局长查勘东首操场,前宽后窄,形若三角,颇不雅观,面商学委设法筹款购买毗连之地,辟为方形;西首校园,面令该校校长勤加培植,勿违计划。②

紧接着,1月26日雷法章又对位于小村庄的私立常本小学进行视察,随后去了四方小学,然后沿四流路行至沧口办事处,视察了沧口小学;再往北行至仙家寨,至西小水小学;复向东北行,至法海寺小学。午饭后,雷法章又视察了丹山小学、上王埠小学、李村小学、李村中学、河西小学5所学校,"迨归局,已下午六时矣"③。完成视导后,雷法章迅速撰写了《视察后饬令各校本学期亟应改进办理事项》的报告,根据视导中发现的问题,对各校的管理和教学工作提出了具体的指导意见。

此外,据史料记载,1935年10月雷法章在新学年开学月余后,用一周的时间巡查了市区和乡区60多所中小学校。④

二 视察辅导并重与改进教务的建议性批评

20世纪30年代,青岛的教育督导工作立足于"在在求于教育内容,使有切

---

①② 《本局雷(法章)局长一月二十三日考察乡区各校纪要》,载《青岛教育》第1卷第9期,1934年2月。

③ 《一月二十六日视察乡区各校纪要》,载《青岛教育》第1卷第9期,1934年2月。

④ 《青岛市政府第二九六次纪念周本局重要工作报告(民国二十四年十月二十八日)》,载《青岛教育》第3卷第6期,1935年12月。另,根据青岛圣功女子中学的记录,1932年9月—1935年7月雷法章曾7次视察该校。(《本校大事记》,载《青岛私立圣功女子中学校刊》第78—87页,1935。)

实之进步"①,既注重"视导前"的准备和"督导中"的运作,又重视"视导后"的反馈,在规范视导运行机制、严格督导程序、撰写视察报告、重视结果使用、开展督后演讲等方面积累了丰富的可借鉴经验。

1.坚持视导的针对性、实效性与克服"圆通之批评"

教育视导的"督"与"导",二者相互为依,因应关切,"视察为指导而发,指导因视察而生"②是南京政府前期青岛教育督导的真实写照。为克服缺乏热忱和方法的督导及"旁观与冷漠的态度,仅做圆通之批评"使基层学校和一线教师"徘徊歧途,莫知所措"的弊端,③青岛市教育局提出:学校督导必须以事业改进为目的,按督导的真实情况实施奖励、激发、黜免三类奖惩。奖励的是"忠心职务之教育行政人员与良好教师,使之更求进益";激发的是"办事平庸与程度中等之教师,改良其作业,增加其能力";黜免的是"办事不力人员与滥竽充数教席、不堪进益之教师",当然更多的是"建议之批评"。惟此,方能保障教育督导与教育决策、教育执行共同构成教育行政管理的基本构架。

1930年冬,教育局对湛山、于哥庄、西大洋、濠北头、浮山所、大麦岛、董家埠、大河东、登窑、段家埠、后韩家、南屯、南庄、河西、双山、曲戈庄、阎家山、下王埠、王埠庄、四方、郑疃、施沟、牟家村、北龙口、现化庵、横担村、九水共计27所小学、74名教职员的教育教学情况进行督导评估后,决定对10名表现优良的予以嘉奖(其中含2人"尚堪嘉奖/许"),45人因"经验尚浅未习教法"或"偏重注入殊少启发"或"读注音符号未能规避土音"或"改正作文欠当"等原因被饬改良,6人因"精神颓唐、教学法未善"或"授课有错误"或"遇事敷衍、玩忽教务"等原因被申斥,2人因"学力既浅又不用心准备"被记过,另有2人得记大过处分、7人被撤换。④ 这74名教职员的姓名、所在学校、奖惩等级及原因——刊登在公开发行的《青岛教育》杂志上。这种用公开曝光整肃校风的严厉措施,收到了一定的成效。当然,教育局奖惩的依据来自督学深入学校所做的审慎分析和准确评定。以督学王敬模撰写的市立湛山初级小学校督学报告为例:

> 该校有学生四(个)班,男女各二,分设四处,共有男女学生一百三十五人。现在出席人数:第一教室男生二十二人,第二教室男生二十四人,第三教室女生二十六人,第四教室女生三十一人,共计一百零三人,每班平均二十五人,缺席三十二人,约占总数百分之二四。第一、二教室借用祠堂,偏窄

---

① 《〈青岛教育概览〉总说明》,载《青岛教育概览》第2页,1934。
②③ 余宪廷:《教育视导实施之我见》,载《青岛教育》第1卷第3期,1933年6月。
④ 《青岛市立各小学校应行奖励与应受惩戒之校长教员一览表》,载《青岛教育》第88—93页,民国二十年(1931)。另有2人未做评定。

污秽,不堪使用,且第二教室内有该村耍会用纸船二支,悬挂梁际,尤不雅观。第三、四教室租用民房,离较前者略胜,但第三教室承尘,因秋假前翻修屋顶,落土压塌,尚未修补。该村村民三百余户,十九贫寒,筹款建筑本极困难,且自前任韩校长与该村村民发生极大恶感,新校长到校日浅,成绩未彰,村民对于学校多怀观望,欲其为学校尽力,更未易办到。是以该村校舍,虽有建筑之必要,而情势如此,实莫如之何。为今之计,惟有先整理内部,办出相当成绩,地方观念自然转移。则建筑校舍,或有做到之一日耳。无操场,体操借用场园。

校长张之桢,老成有余,教授亦可。惜做事迟缓,是一大缺点。到校数月,校内情形未见改善。校舍狭小、破旧,清洁问题更须格外留意,而各教室内外之不洁,一如曩昔,而以(第)一、二教室为尤甚。学校表册,如考勤簿等,亦未完全置备。学生平日出勤情况,直无从考查。新添女生班,黑板已做好两日,仍放置教桌上,未曾悬挂。教员辛玉镜,精神颓唐,上班时未能引起学生兴味。视察时,适教授三、四年级算术,令两级学生同时演算,教法亦有未善。

教员张锦英,经验甚浅,教法欠熟练。

教员孙素芳,因病请假,未及视察。

该校校舍,太不适应,拟请责令校长商同村长、首事妥筹办法。学校内部情形不良,尤应严令该校长,力加振刷。教员辛玉镜,应予申斥。教员张锦英,责令改良。①

2.建立视导反馈机制与实施督学演讲制度

青岛市教育局对学校视导发现的问题和提出的改进意见,均要求校长即时召开全校教职员会议进行反馈。这种称作"团体会商"的会议是督学与学校双方的共同商量,不是对督导结论的否定,而是维护教育督导的有效性和一致性。"团体会商"有明确的规定程序:

(一)必须使各职教员明了,此次集会是改进教学之集会,绝对不为规程拘束;

(二)设法使职教员自己提出办事与教学上发生之问题;

(三)所有提出的问题都要公开讨论,并鼓励各职教员交换意见、比较经验;

(四)根据视察所得事实,以问答式陈述建设之意见;

---

① 《本局督学视察报告》,载《青岛教育》第61—62页,1931年1月。

（五）引导职教员对于上述问题式意见，做开诚布公之讨论，并使其拟定正当之解决方法，以为将来共同遵守之目标。①

不仅"团体会商"颇具创意，巡查后的"视导演讲"也是青岛教育督导实践中创新的一项工作机制，对反馈结果、改进工作很有指导作用。1934 年，教育局提出：督学或视导员"随时作视导演讲"，方法是"召集一校或数校之教职员听讲"，视导演讲内容包括各种"训教的具体方法"及"某种训教问题的探讨"，视导学校"优点、缺点的提示"，答复"各教职员之询问"等。②

1934 年，教育局督学室视导员邓毓梅在薛家岛区驻区视导。他在对全区 25 个村庄、7 所小学(其中完全小学 2 所)及其 11 处分校进行了为期半年的全面视察后，于 1934 年 4 月做了一次题为《薛家岛区小学教育过去的检讨与将来的希望》的演讲。这篇讲稿的全文收入《青岛教育》第二卷第一期，其中既有对薛家岛历史、经济、文化、人口的分析，又有对学校办学条件、教学现状、训导和卫生情况的批评，更多的是结合"农村破产的今日"和薛家岛区"农业靠地、渔业靠天"的现实，立足于"以教育的力量，指导他们从知识和技能方面求些出路"，提出的"施教目标"。③

邓毓梅的视导演讲所产生的直接效果是：薛家岛区办事处和区公所立即着手调查(表 5-22)，起草了《青岛市薛家岛区中心小学的设计》。这个地处青岛西南方、以薛姓土著农渔民居住的曲折的半岛，开始有了发展教育的规划。通过统计不难发现，虽是薛姓一族以血缘关系聚集的区域，各学区儿童入学的比率不尽一致，主要是学校布局不够均衡。因此，充分考虑东北和西南两处海峡造成的交通不便、人口密度不同等因素，科学设置学校是解决学生入学问题的关键所在。可见，督导人员通过深入调查生成的有说服力的视导演讲，成为地方建设学校、充实学额、改进教育教学的重要依据。

1935 年后，青岛市教育局将乡区学校的视导演讲安排在麦假和秋假期间，这样更方便乡区学校教职员借假日时间"了解教育办理之情形，及其本校所居之地位，以为改进之根据"④。1935 年 10 月 14 日乡区小学始放秋假，雷法章与督学于 10 月 14、15 日分别在李村中学、黄埠小学和于哥庄小学，召集附近各乡区

---

① 余宪廷：《教育视导实施之我见》，载《青岛教育》第 1 卷第 3 期，1933 年 6 月。

② 《四、五、六 3 个月教育行政计划》，载《青岛教育》第 1 卷第 10 期，1934 年 3 月。

③ 邓毓梅：《薛家岛区小学教育过去的检讨与将来的希望》，载《青岛教育》第 2 卷第 1 期，1934 年 7 月。

④ 《青岛市教育局二十五年度行政计划》，载《青岛教育》第 4 卷第 1 期，1936 年 7 月。

表5-22　1934年青岛薛家岛区学校布局与学生入学情况调查表

学区小学	村与分校	户口数（户）	人口数（人）	学龄儿童数(人) 男　女　合计	入学儿童数(人) 男　女　合计	班数（个）
薛家岛 小学	薛家岛村	572	3924	365　295　660 (学龄儿童占人口比率16.82%)	224　51　275 (入学比率41.66%，其中女童占比17%)	5	7
	北安子	36				—
	南营子分校	79				1
	鹿角湾分校	109				1
濠北头 初级小学	濠北头	81	1808	164　91　255 (学龄儿童占人口比率14.10%)	143　34　177 (入学比率69.41%，其中女童占比37%)	3	5
	濠南头分校	51				1
	濠洼	62				—
	兰东	38				1
	丁家河分校	61				1
辛岛 初级小学	辛岛	187	1629	112　108　220 (学龄儿童占人口比率13.51%)	57　33　90 (入学比率40.91%，其中女童占比31%)	3	3
	显浪	35				—
	大洼	25				
南屯 初级小学	南屯	78	2197	205　57　262 (学龄儿童占人口比率11.93%)	76　13　89 (入学比率33.97%，其中女童占比23%)	2	4
	北屯	128				—
	烟台前分校	201				2
南庄小学	南庄	273	1553	142　121　263 (学龄儿童占人口比率16.93%)	26　89　115 (入学比率43.73%，其中女童占比74%)	5
瓦屋庄 初级小学	瓦屋庄	96	2531	214　202　416 (学龄儿童占人口比率16.44%)	105　46　151 (入学比率36.30%，其中女童占比23%)	2	6
	北庄分校	202				2
	后岔岛	81				
	竹岔岛分校	71				2
施沟 初级小学	刘家岛分校	126	3011	259　189　448 (学龄儿童占人口比率14.88%)	126　28　154 (入学比率34.38%，其中女童占比15%)	1	6
	施沟	83				1
	石岭子分校	54				1
	董家河分校	112				2
	顾家岛分校	85				1
	鱼鸣嘴	83				—
合　　计		3009	16653	1461　1063　2524 (学龄儿童占人口比率15.16%)	757　294　1051 (入学比率41.64%，其中女童占比28%)	36

资料来源:根据《青岛市薛家岛区中心小学的设计》整理,载《青岛教育》第2卷第1期,1934年7月。

小学教职员进行视导演讲,到会 500 多人。① 青岛教育视导演讲一直持续到 1937 年七七事变前。

客观地说,南京国民政府前期青岛的教育视导工作,在机构设置、人员待遇、制度规范、视导实践等方面均形成良好的机制;尤其是率先施行的督学驻区视导办法,不仅保障了学校视导工作的顺利进行,而且促进了教育事业的发展和学校管理质量的提高。当然,由于国民政府对教育的严控措施,受雷法章"整齐划一"行政管理思想的制约,青岛教育视导的刚性有余,柔性不足,"团体会商"流于形式,往往屈从于督导人员居高临下的长官意志和命令主义。此外,督导人员的视学手段过多凭借现场观察,其经验的主观性和局限性在所难免。这些也有损教育视导的科学性和实效性。

第十节 从国立青岛大学到国立山东大学

一 杨振声与国立青岛大学的创办及其解散

经历了 1928 年济南"五三惨案",加之众多历史际会,省立山东大学改称国立山东大学之事仅召开了一次筹委会会议,便"因事实上困难,一切尚待规划"而搁浅。1929 年 6 月,教育部根据南京国民政府行政院第二十六次会议通过的议案,决定将国立山东大学筹委会改为国立青岛大学筹委会,在青岛举办国立大学终成定局。青岛高等教育在历经 1909—1914 年中德合作高等专门学堂、1924—1928 年短暂的私立青岛大学之后,再次迎来一个新的发展阶段。

1929 年 6 月 12 日,教育部接受蔡元培的建议,"函聘"何思源、王近信、赵太侔、彭百川、杜光埙、傅斯年、杨振声、袁家普、蔡元培九人为国立青岛大学筹备委员会委员,并"咨山东省政府查照"。② 6 月 20 日筹委会在济南原省立山东大学召开了第一次会议后,即着手实质性筹建工作,包括"将山东大学取消,所有校产移交国立青岛大学应用"③。7 月 2 日,私立青岛大学第一三七号公函称:"所有一切校产、校舍、帐册、图表暨学生名册、器具、书籍等均已于即日点交于贵会(指国立青岛大学筹委会)。"④至此,私立青岛大学完成了历史使命。7 月 8 日,教育部部长蒋梦麟约蔡元培等九位委员抵青召开第二次筹备会议,决议"暂分文理农

---

① 《青岛市政府第二九六次纪念周本局重要工作报告(民国二十四年十月二十八日)》,载《青岛教育》第 3 卷第 6 期,1935 年 12 月。

② 《教部聘定青大筹备员》,载《申报》1929 年 6 月 13 日。

③ 《教部筹备设青岛大学 委何思源等为筹备委员》,载《大公报》1929 年 6 月 17 日。

④ 李耀臻:《青岛海洋大学大事记》,第 8 页,青岛海洋大学出版社,1999。

工四学院,每年经费五十四万元"①等一系列建校事宜。为便于统一意志,筹委会公推何思源、傅斯年、杨振声、赵太侔、王近信五人为常务委员。7月14日,筹委会在济南召开了第三次会议。10月,教育部增聘陈调元、于恩波、陈名豫为国立青岛大学筹备委员,筹委会委员增至12人,推定杜光埙为驻青代表,负责监理修缮校舍,购置仪器、图书等设备,并在青岛开设补习班,招收合乎投考大学一年级资格的学生,分别补习国文、外语、数理等主要科目。

1930年4月28日,南京国民政府任命杨振声为国立青岛大学校长。杨振声(1890—1956),字金甫,山东蓬莱人,1915年考入北京大学,1919年参加五四天安门游行集会,是当时被捕的32名学生之一;是年考取官费美国留学,先后入读哥伦比亚大学、哈佛大学,获博士学位;1924年学成回国后历任武汉大学、北京大学、燕京大学、中山大学教授,1928年出任清华大学教务长、文学院院长。1930年8月,国立青岛大学完成招生任务,设在青岛、济南、北平的招生处共有360人报考,录取153人,先修班经测试合格者23人升入本科一年级,这176人成为国立青岛大学第一届学生。1930年9月20日,国立青岛大学正式成立,并举行开学典礼。至此,中国现代教育史上又一所国立大学在有"文化边城"之称的青岛诞生了。

实际上,国立青岛大学的院系行政设置,未能执行筹委会第二次会议"暂分文理农工四学院"的决议,而决定先办文学院和理学院。对此,杨振声在校长报告中解释称:"诚以文、理两学院为其他学院之根本。必学理先有根基,而后始能谈及应用(工、农、教育,皆注重应用方面),故先办文理学院,迨两院稍有根底而后乃及其他,诚为不得不然之顺序。"②文学院根据师资和设备条件,分中国文学系、外国文学系、教育学系;理学院分化学系、数学系、物理学系、生物学系。③1931年2月,经校务会议决议,将教育学系扩充为教育学院,与文、理学院并列;5月复决议教育学院成立教育行政系和乡村建设系。这样,国立青岛大学创办之初即确立了三院八系的建制格局,青岛高等教育自此由锐志科学、突出实用走向强化根基、多元综合。

根据院系设置,杨振声效法蔡元培在北大实行的各派"兼容并包"、学术"思想自由"的办学理念,以"为山九仞"的视野荟萃英华,选贤任能,广邀名师硕学赴青任教,其师资阵营显示出中国一流大学的气派。1930年6月,国立青岛大学确定了各职能机构人选,张道藩任教务长,闻一多任文学院院长兼中文系主

---

① 《青岛大学筹备会闭幕　分文理农工四院　定十月一日开学　蔡元培蒋梦麟昨离青返沪》,载《大公报》1929年7月11日。

② 《校长报告》,载《国立青岛大学周刊》第1期,1931年5月4日。

③ 《校史概要》,载《二十年度国立青岛大学一览》第5页,1931。

任,梁实秋任外文系主任兼图书馆馆长,黄际遇任理学院院长兼数学系主任,蒋德寿任物理学系主任,汤腾汉任化学系主任,曾省任生物学系主任。[1] 10月6日,国立青岛大学第一次聘任教职,聘任张道藩、闻一多、黄际遇、汤腾汉、谭葆慎、梁实秋、赵太侔、周钟岐、杜光埙为教授。[2]《国立青岛大学组织规程》规定:所聘教师必经学校聘任委员会考察通过,各院系的教师队伍由教授、讲师和助教三个层次组成,各层次的俸给分别为教授月薪300~500元、讲师150~300元、助教60~150元。教授每周授课时数为9~12个小时,任教满1年后,根据教学实绩续发聘书1~3年,满5年续聘者"得休假一年"[3]的待遇。来青大任教的除了学有专长的硕儒名师,也有学界的一时之彦,不少后起之秀得以提携,沈从文、游国恩、赵少侯、黄淬伯、方令孺、杨筠如、费鉴照、王士瑨、王普、郭贻诚、秦素美、沙凤护、宋鸿哲等一批讲师崭露头角。沈从文应聘国立青岛大学是徐志摩推荐的。在青岛的两年多时间,沈从文"每天只睡三个小时",他后来回忆称是"一生中工作能力最旺盛,文字也比较成熟的时期"。[4]

国立青岛大学重视以质量取胜,纳诸轨物治纷乱以条理,致力于建设整肃庄严之学府。杨振声上任伊始便着手建章立制,要求"一切机关必须纪律化,一切规程使其简而易守,然后大家循序而善行之。则学校事务,化复杂为简单,治纷乱以条理"[5]。国立青岛大学创办不及一年,就陆续制订了学校的组织规程、学则、各院系章程和办事细则、各委员会规程及学生寝室规则等数十种。杨振声强调:各种制度既已建立就必须严格执行,不得通融;一切校政必须按章办事,不能任便;各种课程必须科学组织,不能凌乱。

国立青岛大学为实现造就人才的希望,砥砺学生勤奋学习、刻苦锻炼,如果不在图书馆,那就应当在科学馆或运动场。杨振声以古希腊的"健全的心神在健全的身体里"为倡导,主张全面发展,要求文学院的学生把文学的基础"建筑在深切的了解力与博爱的同情心上",应当走出"象牙之塔",来到"十字街头",去实地观察人的行为、情感、思想与生活。国立青岛大学各项活动分为正式和非正式两种,正式的如各种讨论会、辩论会;非正式的如牛津、剑桥大学的下午茶会,

---

① 张静:《中国海洋大学大事记》,第9页,中国海洋大学出版社,2014。1930年12月,张道藩辞职他就,赵太侔接任教务长,杜光埙任总务长。(第10页)1931年5月,决定黄敬思任教育学院院长兼教育行政系主任,谭书麟任乡村教育系主任。

② 李耀臻:《中国海洋大学大事记》,第11页,中国海洋大学出版社,2004。

③ 《教职员待遇规则》,载《二十年度国立青岛大学一览》第149页,1931。

④ 沈从文:《小忆青岛》,载李扬、郭丽主编《大师的足迹——20世纪上半叶海大校园里的文学名家》第205页,中国海洋大学出版社,2004。

⑤ 杨振声:《努力把学校的根基打坚实(1931年5月4日)》,载《山东大学校史资料》第2期第34页,1982年3月。

每周一次的"总理纪念周"时间定为学术演讲活动,全校师生踊跃参加。1930 年 8 月 12 日—15 日,国立青岛大学承办了中国科学社第十五次年会,蔡元培、翁文灏、李石曾、吴稚晖、杨杏佛、赵元任、丁文江、任鸿隽、竺可桢等著名学者前来参会。紧接着,8 月 22 日—26 日中华农学会第十三届年会假国立青岛大学召开,中国农林学界著名学者许璇、汪希、牟钧德、凌道扬、曾济宽等,及日本农学家菊池秋雄到会并演讲。此外,胡适、章太炎、罗常培、陈寅恪、冯友兰、顾颉刚,及生物学家秉农山、物理学家倪尚达、医学家经利彬等都曾到校讲学或做学术演讲。经过杨振声的苦心经营,短短两三年国立青岛大学蔚然成名,跻身于全国著名高等学府之林。

但是,国立青岛大学从创办之初就陷入了校产、设备、经费来源先天不足的困境。学校所接收的原私立青岛大学的校产,经与青岛市政府商洽,实际为土地 3288 公亩,折合市价约为 120 万元;所得旧有楼房约值 180 万元。[①] 筹委会原定接收的省立山东大学农、矿、法、商、工、医六所专门院校的校产,实际上早"已分拨归山东各机关应用,仅余农专及工专之一部分"[②];至于教学仪器设备,数量极少,且多不适用。更突出的问题表现在,这所名为"国立"的青岛大学,其办学经费主要靠学费收入和地方政府的"协款"。根据计划,每年由山东省政府协助 36 万元、青岛市政府协助 3.6 万元、胶济铁路局协助 1.2 万元,学费收入 2 万元,"其余不足之数,编制预算,请由政府在中央教育经费项下拨给"。[③]经费情况详见表 5-23,山东省政府的"协款"有增有减;青岛市政府的"协款"只在 1930 年

表 5-23　1930—1935 年国立青岛/山东大学经费收入表

单位:元

项目＼年度	1930	1931	1932	1933	1934	1935
中央拨款	—	—	15000	—	89909.50	168702
山东省政府协款	275000	360000	360000	390000	346000	242000
青岛市政府协款	36000	36000	33000	9000	—	—
胶济铁路局协款	12000	12000	—	—	—	—
青大筹委会移交经费	89103	—	1903.03	—	—	—
青大学杂费收入	13485.21	27412.29	19128.66	24588.20	23776.66	18727.07
建筑借款	—	—	—	—	60000	—
上年度经费剩余款	—	173733.33	168560.05	98095.80	55729.57	38335.69
合计	424588.21	609145.62	597591.74	521684.00	575415.73	467764.76

资料来源:根据刘本钊《山大六年来经费收入表》整理,载《国立山东大学年刊》,1936。

①②③　刘本钊:《山大六年来之财政概况》,存青岛市档案馆,档号:A001364-0004/6。

和 1931 年悉数拨付到位，1932 年开始缩减，1934 年后停止协助；胶济铁路局的"协款"则只支付到 1931 年；而来自中央财政的款项在 1930 年、1931 年、1933 年分文未拨。

尽管如此，国立青岛大学撙节开支，勤俭办学，大量置办图书和教学设施。杨振声提出："我们经常费能多省一文，即设备上能多增加一点，也便是学校的基础上多放一块基石。"①据统计，国立青岛大学 1930 年经费总支出为 249854.88 元，其中教职员俸给为 58735 元，用于基础建筑费为 25225.19 元，购置图书和仪器费为 33144.9 元，实验用费为 1823.5 元；1931 年经费总支出为 440585.57 元，其中教职员俸给为 111310 元，投入建筑设施 98578.36 元、图书和仪器 77934.02 元、实验费 5539.15 元。②通过表 5-24 可见，1930 年、1931 年分给教职员的个人收入仅占年度经费总支出的 1/4。尽管青岛高校教职员的个人收入不菲，但占比却不高。

表 5-24　1930—1935 年国立青岛/山东大学财政支出情况表

项目\年度	教职员俸给		建筑营造费		图书、仪器设备及实验费（元）					年总支出（元）
	金额（元）	占比（%）	金额（元）	占比（%）	图书费	仪器用品费	实验用费	小计	占比（%）	
1930	58735	23.51	25225.19	10.10	21202.66	11942.24	1823.50	34968.40	14.00	249854.88
1931	111310	25.26	98578.36	22.37	44178.72	33755.30	5539.15	83473.17	18.95	440585.57
1932	108960	21.81	130163.81	26.06	40235.80	49636.24	11888.82	101760.86	20.38	499495.94
1933	148190	31.80	10342.43	2.22	47508.63	82515.59	18566.06	148590.28	31.89	465954.43
1934	174760	32.54	55254.06	10.29	35700.27	71632.35	9962.96	117295.58	21.84	537080.40
1935	204245	38.34	73479.81	13.79	24557.46	43791.01	9692.85	78041.32	14.65	532782.90
合计	806200	29.58	393043.66	14.42	213383.54	293272.73	57473.34	564129.61	20.70	2725754.12

资料来源：根据刘本钊《山大六年来之财政概况》整理，载《国立山东大学年刊》，1936。

杨振声十分重视学校图书馆藏和实验室建设。他提出：学校"基础的基础在图书"，而"实验室之在大学，与图书馆同其重要"；"近代科学不由实验入手，尤之农夫不操耒耜而云能耕，木匠不亲绳墨而云能量，同是一样的荒唐"。③当年曾出任国立青岛大学筹备委员、后任总务长的杜光埙回忆说："图书方面，关于莎士比亚书籍收藏之完整，西洋定期刊物如英国之 Contemporary Review, Fortnighty, Nineteenth Century, 美国之 Current History, Foreign Africa 之外购整套杂志，在其

---

①③　《校长报告》，载《国立青岛大学周刊》第 1 期，1931 年 5 月 4 日。

②　刘本钊：《山大六年来之财政概况》，存青岛市档案馆，档号：A001364-0004/6。

他大学也是不多得的。"① 由于青岛多山，而青大校园又多为山地和沟谷，在"填沟不易，凿山尤难"的情况下，1931 年 8 月学校成立建筑委员会，投资 6000 元动工修建操场，还设置了两处篮球场和一处排球场。几经努力，教学设施展现出良好之雏形。

国立青岛大学尤重教育质量。杨振声赴任国立青岛大学校长时，好友傅斯年曾赠言：只要能带出两三个学生走上学问的正路，便不虚此行。② 为此，杨振声致力于学风建设，对入学资格、考试成绩毫不姑息苟且，形成了极高的淘汰率。1930 年 11 月，学校在甄别考试中发现被录取的学生中有 21 人使用假文凭报考，便宣布勒令离校。由于一些学生对学校的决定强烈不满，12 月 4 日国立青岛大学发生了一场全校性反甄别罢课活动。杨振声召开校务会议，决定将用假文凭报考的 13 名学生开除学籍，另有自动退学者 8 名。同时，对"主动学潮者 17 名，均开除学籍，限晚 5 时离校"③。此次被除名学生多达 38 人。

1931 年九一八事变爆发后，青岛的大学校园失去了往日的平静。10 月 1 日晚，国立青岛大学一些学生发起成立"反日救国会"，选出李桂生等 15 人为执行委员。④ 在之后召开的临时执行委员会会议上，决议立即致电南京国民政府和北平的张学良，并通告全国，呼吁停止内战，"集中实力，一致对外"。随着东北地区日趋紧张的战争形势，11 月，国立青岛大学东北籍学生李云东等 13 人请求离校投军。杨振声在 11 月 25 日主持召开的校务会议上决定，准予这些学生"休学一年"，但休学期满后"须缴验从军证明文件，方准续学"。⑤ 11 月 30 日，学校"反日救国会"召开大会，潜伏在学校的中共地下组织"因势利导，发起成立赴南京请愿团"⑥。令校方始料未及的是，12 月 2 日由 179 名国立青岛大学学生组成的请愿团"抢上火车出发了"⑦。面对复杂多变的局面，杨振声进退两难，遂致电教育部长李书华引咎辞职。电文如下：

南京教育部李部长钧鉴：

本校学生 179 人为抗日事，签名赴京请愿，屡经劝导，俱无效果。临行

---

① 杜光埙：《忆国立山东大学》，载《山东文史集粹》(修订本)下册第 376—377 页，中国文史出版社，1998。

② 季培刚：《杨振声年谱》，上册，第 200 页，学苑出版社，2015。

③ 《青大学潮平息》，载《申报》1930 年 12 月 7 日。

④ 《校闻·本校反日救国会成立》，载《国立青岛大学周刊》第 23 期，1931 年 10 月 5 日。

⑤ 《第三十四次校务会议记录》，载《国立青岛大学周刊》第 31 期，1931 年 11 月 30 日。

⑥ 李耀臻：《中国海洋大学大事记》，第 14 页，中国海洋大学出版社，2004。

⑦ 李林、王林：《青岛大学两年三次罢课斗争》，载共青团青岛市委青运史办公室、中共青岛市委党史资料征委会办公室编《青岛党史资料》(内部发行)第 7 辑第 231 页，1991。

时联名请假,未经准假,即行离校,已于本月 2 日出发,当经电达。此举揆之部令校章,皆难认许。惟其行动系激于爱国之热忱,加以惩处,则青年爱国锐气,有挫折之虞;不加惩处,则学校风纪不严,无维系之法。振声忝长斯校,处置无方,惟有恳请准予辞职,以重职责而肃纲纪,实为德便。

国立青岛大学校长杨振声叩　质　印①

教育部随即复电挽留,辞职未准。12 月 17 日,国立青岛大学召开校务会议,以"反日救国会"组织赴南京请愿团不遵守校纪为由,决定给该会常务委员杨冀心等五人记过一次的处分,其余人不予追究。

1932 年春,国立青岛大学根据教育部的指示,做了一些新的决定,其中最引关注的是《学则》的修改,规定:学生全年学程有三门不及格或必修学程两门不及格者令其退学。当教务长赵太侔宣布这一规定时,学生大哗,认为这是学校"用考试压学生,整进步学生,以此迫使学生服从学校的规定"②。中共地下党青岛市委指示青大党组织,用反对"学分淘汰制"发起新的斗争,一场更大规模的罢课运动正在酝酿之中。恰在此时,出于国立青岛大学发展的需求,杨振声于1932 年 4 月赴南京请求拨发积欠的经费,但没有任何结果。因南京政府不解决经费,杨振声"异常灰心,乃于本月(5 月)五日由津电呈教部辞职"③,随后去了北平。5 月 9 日,教育部复电慰留。11 日,杨再电请辞。此间,青大召开校务会议,请求杨振声撤销辞呈,并决定暂由校务会议维持校务,由理学院院长黄际遇为校务会议临时主席。④ 26 日,教育部电告国立青岛大学经费一事正与财政部商洽,有望解决。杨振声因经费有着落,表示"勉暂维持"。6 月 4 日杨振声由北平返回青岛在校务会议报告请领经费及辞职经过时表示,在南京政府经费未解决之前辞意仍未打消。⑤

弥漫在国立青岛大学上空的紧张气氛,至 6 月中旬演变成不可遏制的学潮。6 月 16 日,在一些进步学生的组织下,国立青岛大学非常学生自治会宣告成立,自治会提出取消学分淘汰制等数项要求。22 日,因自治会提出的要求遭到校方拒绝,全校学生罢课。校务会议遂决议推迟考试,自 23 日起提前放暑假,待秋季开学后再行补考,并决定开除钟朗华等九名带头罢课的非常学生自治会常委。

---

①　季培刚:《杨振声年谱》,上册,第 300—301 页,学苑出版社,2015。

②　李克明:《我在山大期间所发生的学生运动》,载共青团青岛市委青运史办公室、中共青岛市委党史资料征委会办公室编《青岛党史资料》(内部发行)第 7 辑第 247 页,1991。

③　《校闻·杨校长电部辞职》,载《国立青岛大学周刊》第 55 期,1932 年 5 月 16 日。

④　张静:《中国海洋大学大事记》,第 13 页,中国海洋大学出版社,2014。

⑤　《青大校长杨振声仍未打消辞意》,载《青岛民报》1932 年 6 月 11 日。

结果,校方张贴的开除布告更加激怒了罢课中的学生。24 日上午,200 多名学生来到杨振声的住所请愿,要求校长收回开除学生的"成命",杨振声却不予让步。27 日,校方"以学生态度强硬,实难挽回僵局",发出布告"准学生二百零一人自请休学"。① 杨振声面对学潮毫无办法,即日赴南京辞职。据《申报》报道,青大学生发表宣言,"否认校长杨振声,并驱逐教务长赵畸、图书馆长梁实秋,赵梁及其他教职员均离校"②。

一时间,国立青岛大学无人负责,校务停顿。此时,南京政府正在严厉镇压工潮和学潮运动,7 月 1 日下令解散了闹学潮的国立中央大学。杨振声赴南京报告青大学潮情况并引咎自请处分后,南京政府行政院迅即决定将国立青岛大学解散、改组。据悉,"青大奉令解散后",青岛市政府派遣保安队进校"暂维秩序";而滞留南京的杨振声"虽经行政院慰留,但仍拟请院处分"③。3 日,教育部奉行政院令,决定对国立青岛大学实施"整理"。5 日,山东省政府根据行政院指示召开政务会议,决议国立青岛大学改组方案。10 日,教育部电聘蒋梦麟、丁惟汾、朱经农、傅斯年、赵太侔、何思源、王芳亭、王向荣、张鸿烈九人为国立青岛大学整理委员会委员。整理委员会以"甄别"为名,除了维持原开除 9 名学生的决定,又开除所谓"不及格者"66 人。当时在校生 230 人,被开除者几占 1/3。④

国立青岛大学自 1929 年 6 月组建筹备委员会,至 1932 年 7 月整理委员会成立,作为青岛高等教育的名称仅存续三年,令人扼腕叹息。致使国立青岛大学解散的原因是多方面的,风起云涌的学潮、与省府之"隔阂"、南京政府拖欠经费自是主要因素;但校长杨振声以处罚为手段的"纪律化"管理,激化了学校"管治"与学生"自治"的矛盾,造成校方与学生的信任危机,也是重要原因。事实上,价值决定理念,理念决定制度,杨振声"二年心力,付之乌有"的教训,成为民国青岛教育史上最令人沮丧的遗憾。

二 赵太侔与易名国立山东大学后的发展

1932 年 9 月 2 日,国民政府行政院会议议决,将国立青岛大学更名为"国立山东大学",并准杨振声校长辞职,任命赵太侔为国立山东大学校长。⑤ 赵太侔

---

① 《青大学生请求休学 学校布告准许 校长赴京辞职》,载《大公报》1932 年 6 月 28 日。

② 《青大学生反对杨振声》,载《申报》1932 年 6 月 30 日。

③ 《青大遵令解散 教部拟组甄别委员》,载《申报》1932 年 7 月 4 日。

④ 《国立山东大学二五年刊》,存山东省档案馆,卷号:V12-A1364,民国廿五年(1936)。

⑤ 《转行政院关于国立青岛大学更名国立山东大学原校长杨振声免职任命赵畸为校长的公函》,存青岛市档案馆,档号:B0032-001-00421-0024。

将实际形成的国立青岛/山东大学的"杨-赵体系"延续下来,并开创出山东大学发展史上的第一个黄金时期。

赵太侔(1889—1968),名赵畸,字太侔,后以字行,山东益都(今青州)人,早年加入同盟会,1914年考取北京大学英文系,受五四新思想的影响考取美国公费留学,攻读西洋文学和戏剧;1925年学成回国应聘北京艺术专门学校教授,宁汉合流后出任南京军事委员会政治训练部秘书长,1928年返回山东任国立山东大学筹备委员,并出任山东省立第一中学校长兼省立实验剧院院长;1929年被聘为国立青岛大学筹委会委员,随即开始了青岛的教育生涯,继张道藩之后出任国立青岛大学教务长。赵太侔长国立山东大学后,"遵循仿效"杨振声的治校成规,于"国难益亟,学校亦迭遭艰阻"之际,"竭其绵薄,勉力揩拄"。① 赵太侔做事不爱声张,主张实干,他说:

> 虽然本校在社会上有时得不到一般的了解,而在学术界却已有了很深的认识。
> 我们不能太注重宣传,也不能太向各方面应酬。其实这并无碍,只要我们内部工作能够积极努力。②

1.调整院系机构设置与营造教学场馆

赵太侔上任伊始,便将国立青岛大学时期的文、理两学院合并为文理学院。此举深得蔡元培的赞赏。蔡元培在国立山东大学建校四周年纪念会上的演讲中称赞道:"山大还有几点特色,是其他各大学少有的……第一,文学院与理学院合并为文理学院……自然可以使文科的学生不致忽略了理科的东西,理科的学生也不致忽略了文科的课程。所以,山大合并来办是非常好的。"③

国立青岛大学时期的教育学院早在1932年7月被整理委员会决定停办,学生大部转入国立中央大学教育学院,少数转入本校中文系。1932年秋,国立山东大学增设工学院,下设土木工程学系和机械工程学系。1934年7月,国立山东大学在济南设立农学院,下设研究部和推广部,暂不招收本科生。研究部从事山东地方主要农产品的改良,以国内大学农科毕业生充任;推广部以向民间传播研究成果为宗旨,并附设农业传习所,专门招收农家子弟,实习改良农作物。④国立山东大学的院系设置至此固定下来。

---

① 赵太侔:《〈国立山东大学年刊〉叙》,载《国立山东大学年刊》,1936。

② 《赵(太侔)校长在本校四周年纪念会上的讲话》,载《国立山东大学周刊》第85期,1934年9月24日。

③ 《国立山东大学成立四年纪念会上的演讲稿》,载《国立山东大学周刊》第85期,1934年9月24日。

④ 山东大学校史编写组:《山东大学校史(1901—1966)》,第39页,山东大学出版社,1986。

与此同时,国立山东大学积极筹款兴建各种教学场馆。1932 年国立青岛大学时期开工建设的科学馆于 1933 年 4 月竣工,建成面积达 3800 平方米,南京国民政府派山东省教育厅厅长何思源代表教育部出席揭幕典礼并致词。之后,国立山东大学使用银行存款,申请教育部给予补助,又陆续兴建了体育馆、工学馆和水力试验室。到 1935 年,国立山东大学的建筑经费累计达到 26.92 万元,占设备用费的40.5%。① 这些教学场馆的营造,基本解决了教学用房及实验室紧张的状况,同时显示出国立山东大学偏重于理工学科的发展趋向。

2.继续增聘学者名师与逐年增多的慕名学子

赵太侔赓续了杨振声延揽名师的教授治学传统。1932 年 10 月,杜光埙受聘教务长;1933 年 10 月赵少侯、傅鹰、曾省被选为校务会议教授代表,是年聘任教授 31 名。② 原国立青岛大学理学院院长黄际遇被聘为文理学院院长,生物学系主任曾省被聘为农学院院长,赵铭新主持工学院院务兼土木工程学系主任,周承佑任机械工程学系主任。1933 年 1 月,张煦接替闻一多出任中文系主任;1934 年 10 月,洪深接替梁实秋出任外文系主任。在赵太侔任校长期间,文科有张煦、闻宥、姜忠奎、丁山、老舍、胡鸣盛、游国恩、彭仲铎、萧涤非、洪深、李茂祥、赵少侯、陈逵、孙大雨、水天同、朱传霖、王国华、周学普等人;理科有黄际遇、李达、陈传璋、杨善基、李蕃、王恒守、任之恭、李珩、王淦昌、何增禄、汤腾汉、傅鹰、陈之霖、王祖荫、王文中、曾省、刘咸、林绍文、童第周、秦素美、曾呈奎等人;工科有赵铭新、唐凤图、吴柳生、余立基、萧津、耿承、周承佑、张闻骏、金绍章、李良训等人;体育部则有郝更生、高梓、宋君复等高层次人才。此外,还有欧美籍教员戴丽琳(Taylor L)、葛其婉(Grzywacz M)、费尔(Pfeil K)、石坦因(Stein G)、伊格尔(Igel M)等。国立山东大学师资阵容呈现出名流咸集、学者作家相得益彰的良好局面,到 1934 年共有教授 51 人、讲师 47 人、助教 38 人。③

值得注意的是,国立山东大学直接从毕业学生中选拔优秀人才充任师资。例如:物理学系的许振儒、金有巽、杨幼泉,化学系的王葆华、勾福长、郭质良,生物学系的高哲生、阎有训、何均、庄孝僡均留校当助教。物理学系讲师王普、郭贻诚任教期间分别考入德国柏林大学、美国加州理工学院,攻读博士学位。国立青岛大学时期开始的大学与中学兼职交流的做法进一步得以发展。青岛礼贤中学孙方锡、苏保志自 1931 年 9 月起出任兼职讲师;青岛铁路中学数学教师刘书琴被邀请到国立山东大学举办学术讲座,他最终成为中国几何函数论专家和数学

① 根据国立山东大学《1932—1935 年经费支出与设备用费情况表》计算,载刘增人、王焕良主编《青岛高等教育史》现代卷第 153 页,人民出版社,2008。

② 张静:《中国海洋大学大事记》,第 16 页,中国海洋大学出版社,2014。

③ 刘增人、王焕良:《青岛高等教育史》,现代卷,第 170 页,人民出版社,2008。

教育的杰出人才。同时,一些大学教师被推荐到青岛中学担任教职。例如:国立青岛大学教授兼乡村教育系主任谭书麟曾被聘为青岛市立中学、青岛文德女中的校长;国立山东大学外文系讲师周铭洗出任青岛圣功女子中学校长,体育教授高梓也有任职青岛文德女子中学校长的经历。大学教育与中小学基础教育人才交流未有藩篱之束缚,实在是民国青岛教育值得总结的经验。

强大的师资阵营,必然引起学子趋之若鹜,1933—1936年国立山东大学投考录取率基本保持在15%左右(详见表5-25)。1934年,国立山东大学招生地除了青岛、济南、北平三地外,又增添了南京招生点。1933年共有822人投考,

表5-25 国立青岛/山东大学历年学生情况表

年　　　度		1930	1931	1932	1933	1934	1935	1936	合计
在校生合计		176	264	218	314	319	352	411	—
文理学院	中国文学系	37	48	48	81	67	52	64	397
	外国文学系	44	53	32	43	35	42	49	298
	合计	81	101	80	124	102	94	113	695
	数学系	16	28	46	31	25	23	29	379
	物理学系	26	32		27	31	25	40	
	化学系	16	31	36	45	43	45	40	258
	生物学系	6	14	24	32	32	51	49	208
	合计	64	105	106	135	131	144	160	845
教育学院	教育行政系	31	47						78
	乡村教育系	—	11						11
	合计	31	58						89
工学院	土木工程系	—		17	35	49	66	74	241
	机械工程系			15	20	37	48	64	184
	合计			32	55	86	114	138	425
本年度投考人数		360	412	697	822	864	1026	1786	5967
本年度录取新生		153	180	99	185	176	195	196	1184
录取比率(%)		42.50	43.69	14.20	22.51	20.37	19.01	10.97	19.84
本年度毕业学生		—	—	—	53	87	53		193

资料来源:根据《各院系历年学生人数统计表》和《1930—1936年投考人数与录取人数比较表》整理,载《山东大学校史(1901—1966)》第49—50页,山东大学出版社,1986。

录取 185 人,录取率为 22.51%;到 1936 年,招生投考 1786 人,录取 196 人,录取率仅为 10.97%。国立山东大学 1936 年在校生达到 462 名,其中正式生 411 名、旁听生 51 名。据有关资料分析,462 名在校生中理学院占 181 名(男生 148 名、女生 33 名),工学院占 141 名(男生 134 名、女生 7 名),均超过 140 名学生的文学院,由此证实国立山东大学理工学科的优势。这 462 名在校生其隶籍达 24 个省(区),其中山东籍学生 150 名①,占比不到 1/3,可见青岛已成为各地学子重要的高校求学选择地。

3.丰富的课程文化与不断提高的教学质量、学术水平

通过大量的历史遗存发现,国立山东大学时期的教学与学术活动基本实现了国立青岛大学创办之初确定的办学宗旨,即"以提高民族文化、研究高深学术、养成健全品格及专门人才"②。国立山东大学实行学年学分制,各科课程均按学分计算,课程分为必修与选修两类,学生依据各系学程自行选课,开学两周内可以改选、加选及退选,但本系必修课程不得退选。课程(特别是一些基础课)主要由教授担任,课程设置的严格性和教授授课的高质量,促使学生勤奋攻读,刻苦上进,形成了浓郁的学习风气。机械工程学系所开设的课程门数和修习学分是国立山东大学最多的(详见表 5-26)。1934 年学校建成了热力工程实验室和机械实习工厂,包括铁工实习工厂、木工实验厂和翻砂厂,从而保证了工科学生理论付诸实践的条件。

1933 年,经教育部批准,国立山东大学化学系附设药学专科,汤腾汉从此将化学教育与药学专业结合起来。后来,汤腾汉会同几个教授和学生筹集资金在天津成立了化学制药公司。1933 年秋入读山大化学系、一年后又转清华大学的何炳棣回忆说:"当时汤腾汉的定性分析实验课,从工序到难度都超过清华,傅鹰的普通化学课也比清华的普通化学高明得多。"③在教师的带动下,不少学生写出了具有相当水平的文章。例如:国立山东大学生物学系 1933 年出刊的第一期《科学丛刊》共有 19 篇论文,其中学生论文就占 4 篇。

国立山东大学的学绩试验,在国立青岛大学的基础上做了一些更改,要求更加严格规范。考试分为临时试验、学期试验和毕业试验,规定"凡未经请假而不与学期试验之学程,以不及格论,不给学分"④。学生除了参加毕业试验,还要提交毕业论文,并经毕业试验委员会审查通过才准毕业,必要时还须口试。⑤ 1934

① 《山大年刊》,存青岛市档案馆,档号:A001364-00004。
② 《国立青岛大学组织规程》,载《国立青岛大学一览》第 7 页,1931。
③ 何炳棣:《读史阅世六十年》,载《二十一世纪》2005 年 4 月号。
④ 《国立山东大学学则》,载《国立山东大学一览》第 17 页,1933。
⑤ 山东大学百年史编委会:《山东大学百年史(1901—2001)》,第 90 页,山东大学出版社,2001。

表 5-26 1935 年国立山东大学机械工程学系必修课程表

共同必修			必 修 本 系						必 修 他 系		
课程名称	年级	学分	课程名称	年级	学分	课程名称	年级	学分	课程名称	年级	学分
国文	一	4	锻工实习	一	1	会计学	三	3	工程制图	一	2
一年英文	一	12	铸工实习	一	1	暑假工厂实习	三	—	一年级德文	二	8
微积分(B)	一	8	应用力学	二	5	热力工程(二)	四	3	平面测量	二	6
普通物理(A)	一	10	金工初步	二	1	热力工程实验	四	1	投影几何	二	2
普通物理实验	一	2	机件学	二	3	汽轮机	四	3	材料力学	二	5
普通化学	一	6	机件制图	二	1	原动力厂设计	四	1	水力学	二	3
普通定性分析	一	2	机械制图(一)	二	1	工厂设计	四	4	二年级德文	三	8
微分方程(乙)	二	3	机械制图(二)	二	1	工业管理	四	3	工程材料	三	3
社会科学	二	6	木工实习	二	1	成本会计学	四	3			
			热机学	二	2	机车学	四	3			
			热力工程(一)	三	6	机车设计	四	3			
			簿记学	三	3	内燃机	四	3			
			热力工程实验	三	1	暖房及通风	四	3			
			机械设计原理	三	8	冷气工程	四	2			
			机械设计绘图	三	2	电机工程实验	四	1			
			电机工程	三	6	专门报告	四	1			
			金工实习	三	4	论文	四	2			
			应用机构学	三	2						
小 计		53	小 计		49	小 计		38	小 计		37
总 计		183									

资料来源:山东大学校史编写组:《山东大学校史(1901—1966)》,第87页,山东大学出版社,1986。

年6月,国立山东大学首届53名学生毕业,而其基数应为1930年入校的179名学子。据悉,第一届毕业典礼于6月23日举行,教育部长王世杰发来贺电,适在青的国民党中央常委陈立夫、山东省教育厅长何思源到会,青岛市长沈鸿烈授毕业证书,并代山东省主席韩复榘奖给毕业生前九名每人一个皮包、一支自来水笔和一只金手表。[1]臧克家系53名毕业生之一,在大学期间已发表了60多首诗

---

[1] 《本校举行第一届毕业典礼》,载《国立山东大学周刊》第80期,1934年6月25日。

歌，完成了《烙印》和《罪恶的黑手》两部诗集。为体现严进严出的高毕业质量，1935 年国立山东大学聘请了北平研究院副院长李书华、中山大学文学院长刘凌霄、北京大学化学系主任曾昭抡、浙江大学物理学系主任郑衍芬、山东省教育厅长何思源等专家组成毕业试验委员会，对 87 名应届毕业生进行考试和论文答辩，结果 81 名学生获准毕业。至 1937 年办学 7 年毕业的四届 617 名学生，只有260 人获得毕业证书。①

国立山东大学的校园文学艺术活动十分活跃。一些学生组织起各种学术、文艺团体，有的还出版刊物，其中影响较大的文学社团有"励学社"和"刁斗"文艺社。"励学社"于 1934 年 1 月创办《励学》半年刊，前后共出 7 期，不仅引起国内学术界的重视，还蜚声海外，连美国华盛顿国会图书馆也订购该刊。② 1934 年元旦由中文系三年级学生创办的不定期文艺刊物《刁斗》，共出 2 卷 6 期，得到梁实秋、老舍、赵少侯等教授的稿件支持。此外，还有一些学术、文艺团体与报社协作，出版专刊随报发行。例如："素丝社"出版的《素丝》周刊随《山东日报》发行，"征程"文艺社出版的《社会与文学》周刊随《青岛晨报》发行，"潮音"文艺出版社的《潮音文艺》周刊随济南《民国日报》发行，"文刊"编辑社出版的《文刊》周刊、"新文学会"出版的《新地》周刊及"大众科学社"出版的《大众科学》周刊随《青岛民报》发行。③ 这些周刊的出版，对促进青岛乃至山东文学艺术的发展以及在普及科学常识方面发挥了积极的作用。

1935 年暑假，由国立山东大学老舍、洪深、赵少侯、吴伯箫参与，集合王统照、孟超、臧克家、王余杞、王亚平、杜宇、李同愈、刘西蒙共 12 人，依托《青岛民报》出刊的文艺副刊《避暑录话》是青岛文坛的一件盛事。从 7 月 14 日创刊号面世，到 9 月 15 日终刊，这个囊括了学者、小说家、戏剧家、诗人等梦幻般的作家群体，共发表散文、诗歌、游记、故事、杂文、戏评、翻译作品、自传体小说 66 篇。这份文艺周刊在两个月的时间内，仅以 10 期的发行规模就产生了全国性的影响，堪称奇迹。④

还值得提及的是，国立青岛大学时期中共地下党员王弢、俞启威（黄敬）等人组织成立的中国左翼戏剧家联盟青岛分盟小组和"海鸥剧社"颇具名气。1932 年秋，"海鸥剧社"在学校大礼堂演出了田汉反映抗日救亡题材的剧作《暴风雨中的七个女性》，后来又相继演出了《一致》《乱钟》《S·O·S》《婴儿的杀害》等话剧，被"左联"机关刊物《文艺新闻》誉为"预报了暴风雨的海鸥"。1932

①　张洪生：《民国时期山东蒋统区高等教育概况》，载《山东教育史志资料》1985 年第 3 期。
②　栾开政：《山东高等教育发展史（1840—2000）》，第 83 页，山东教育出版社，2003。
③　山东大学校史编写组：《山东大学校史（1901—1966）》，第 88 页，山东大学出版社，1986。
④　刘增人、王焕良：《青岛高等教育史》，现代卷，第 174 页，人民出版社，2008。

年底和 1933 年初,"海鸥剧社"将话剧《放下你的鞭子》改编为街头广场剧《饥饿线上》,并用方言到广大农村进行演出,取得了良好的社会效果。1935 年,在洪深支持下成立的"话剧社"和"戏剧团",排演了世界名剧《寄生草》和《玩偶之家》,不仅活跃了校园文艺生活,还轰动了青岛剧坛。事实上,20 世纪 30 年代的国立青岛/山东大学,借助青岛远离战争和政治中心、地理边缘性这一独特的都市文化空间,形成了一个涵容学院空间、教育、都市和艺术的文化场域。当然,这也从另一面折射出青岛高等艺术教育发展乏力,青岛未能像北平、上海那样创办专科层次的音乐、美术学校(院),不能不说是一大缺憾。

然而,日益深重的民族危机没有让国立山东大学成为世外桃源。1935 年 12 月北平爆发的"一二·九"学生爱国运动传到青岛后,12 月 18 日,国立山东大学召开全校各班代表大会,推选陈延熙、李声簧、王广义、熊德邵、韩福珍等 21 人组成山东大学抗日救国执行委员会,其中王广义(王路宾)和陈延熙是中共地下党员。抗日救国执行委员会通电全国,呼吁慰问北平同学,并表示"愿以最大决心,誓为后盾"①。同日,国民政府行政院致电青岛市长沈鸿烈,密令其防止学生骚动。② 山大学生抗日救国会走上街头,开展宣传,并向青岛礼贤中学、铁中、女中等校活动,青岛形成了以国立山东大学爱国学生为骨干包括广大中学生和进步教师在内的抗日救亡联合战线。

1936 年 2 月 10 日是元宵节,青岛市政当局借此时机举行青岛大港三号码头落成典礼。国立山东大学爱国学生闻讯后冲进会场,宣传"一二·九"运动,抨击国民政府对日不抵抗政策。青岛市政当局急忙派军警镇压,逮捕了李声簧、王广义等 6 人。在各界舆论压力下,次日 6 名学生被释放。2 月 29 日,赵太侔在校务会议上作出了将 6 名救国会骨干学生勒令退学并限时离校的决议。这一决定引起了广大学生的极大愤怒,结果校长办公室被封锁,电话总机被切断,学生们喊出了"驱逐赵畸"的口号,3 月 2 日全校罢课。③ 面对难以控制的学潮,南京国民政府和青岛市当局不断对山大校方施压。8 日晨,青岛 500 多名警察包围国立山东大学第四校舍,破门砸窗入室,拘捕了沙霞英、王广义等 32 名学生。④ 赵太侔一面致函青岛市警察局要求释放被捕学生,一面主持召开校务会议,以"鼓动风潮,破坏校纪"为由令程恒诗、廷荣楙、朱缵高、沙霞英、武希龄、汪昭武、吴绪、刘一志、刘荣汉、严曙明、顾欲然、党士英、赵如辰 13 名学生退学,同时宣布解

① 《决议要案多件　并通电全国呼吁　慰问北平同学》,载《青岛民报》1935 年 12 月 19 日。

② 《行政院致电沈市长　密令防止学生请愿游行》,载共青团青岛市委青运史办公室、中共青岛市委党史资料征委会办公室编《青岛党史资料》(内部发行) 第 7 辑第 127 页,1991。

③ 《山东大学又起风潮　因开除学生引起　昨日该校停止上课》,载《工商新报》1936 年 3 月 3 日。

④ 《山东大学学潮　女生沙霞英等廿余人被捕》,载《新闻报》1936 年 3 月 9 日。

散学生救国会等团体。国立山东大学的罢课斗争坚持了十余天,大多数教授的态度力求和缓,避免冲突升级。在教育部特派督学孙国封的调停下,赵太侔不得已于3月13日主持召开校务会议,决定将原勒令退学的学生从宽处理,暂准留校察看。[①]

声势浩大的学潮迫使赵太侔无法立足,加之来自山东省、青岛市政府消减"协款"、无理干预国立山东大学人事调整的种种压力,赵太侔采取了当年杨振声的做法,不得不向教育部递交辞呈。赵太侔在离校前召开校务会议,推举张煦、陈之霖和张闻骏为校务委员会常务委员,临时主持校务。[②] 6月27日,教育部颁训令,赵太侔辞职照准,暂由校务会常务委员代理校务。

总的来说,学生运动是中国现代历史特定条件下的产物,反映了时代发展的潮流。尤其是九一八事变后,随着日本侵华步骤和力度的加剧,中日民族矛盾取代国内阶级矛盾上升为社会主要矛盾,青年学生一次又一次在民族危机的紧要关头挺身而出,成为推动民族抗日的重要力量。然而,赵太侔和杨振声一样,完全忽视了学生运动对挽救民族危亡的巨大作用,而简单施行了1927年国民党全面"清党"以来收紧、限制学生运动的政策,最终成为学潮的牺牲品。其实,从赵太侔抑或杨振声身上,折射出南京国民政府对学生运动控制的失败。究其原因,一方面源于国民党内外政策的失利、学生运动政策的僵化性、对学生运动意义和价值的错误判断;另一方面在于社会各界对学生运动的广泛支援,特别是中国共产党对学生运动的有效组织和引导。

三 代理校长林济青与国立山东大学内迁

1936年7月9日,教育部令山东省政府委员林济青为国立山东大学代理校长。[③] 这样,从杨振声起到赵太侔之后,南京国民政府前期的青岛高校引来了第三位掌门人,然却是代理校长职。

其实,林济青并非青岛高等教育的陌生人。他曾是私立青岛大学宋传典长校期间的校务主任,还在1929年7月14日国立青岛大学筹委会第三次会议上被确定为事务主任。[④] 1935年8月国立山东大学聘请的毕业试验委员,林济青与李书华、刘凌霄、曾昭抡、郑衍芬、何思源等同为评委。与杨振声和赵太侔远离政界不同,林济青与国民政府不少要员有着较好的私人关系。南京国民政府接

① 张静:《中国海洋大学大事记》,第19页,中国海洋大学出版社,2014。
② 山东大学百年史编委会:《山东大学百年史(1901—2001)》,第108页,山东大学出版社,2001。
③ 《关于代理校长林济青到校任职的公函》,存青岛市档案馆,档号:B0032-001-00344-0037。
④ 《青岛大学积极筹备》,载《大公报》1929年7月22日。

管山东后,林济青名列八名省政府委员之一,与何思源同为教育界同仁。可见,林济青就任国立山东大学代理校长并非鸠占鹊巢,抑或滥竽充数。只是时人评价林济青有官僚政客习性,这可能导致林济青始终"代理"校长,而未能进入民国国立大学的校长序列。

1936 年 8 月,国立山东大学招收新生 196 人,毕业生 53 人。[①] 凭着对青岛高校的了解和以往齐鲁大学的任职经验,针对赵太侔离任后国立山东大学名师云散的现实,林济青从各地延聘教授、讲师,并增聘副教授席,共计 30 多人,延续了杨振声和赵太侔的名家治学之道。新聘教职包括中文系的施畸、栾调甫、黄孝纾、郝昺衡、郭本道、颜实甫、敖士英、台静农、吴廷璆,外文系的凌达扬、叶石荪、饶余威、张国桢、钱端义、吕宝东、王苏冰心(美籍),数学系的周绍濂、马纯德、孙泽瀛、章用,物理学系的方光圻、潘祖武、吴敬寰,化学系的刘遵宪、何心洙、许植方,生物学系的刘发煊、汤独新,土木工程学系的张倬甫、王师羲、余雅松、王志超、赵乐山、吴潮、丁观海,机械工程学系的汪公旭、史久荣、杨寿百、叶芳哲、蒋君武等;加之继续留任的姜忠奎、闻宥、丁山、胡鸣盛、李茂祥、水天同、周学普、葛其婉(德籍)、陈传璋、宋鸿哲、李先正、李蕃、李珩、费尔(德籍)、王祖荫、王文中、石坦因(德籍)、童第周、林绍文、秦素美、曾呈奎、伊格尔(德籍)等,教师阵容还算齐整。1936 年 10 月 6 日,国立山东大学校务会议选举闻宥、童第周、史久荣为校务会议教授代表。[②]

据史料记载,林济青上任伊始便与青岛市教育局长雷法章,承办了 1936 年7 月 20 日—24 日假国立山东大学召开的中华图书馆协会第三次年会和中华博物馆协会第一次年会。到会的全国各地正式代表多达 192 人,包括叶恭绰、李石曾、袁同礼、沈兼士、马衡、朱光潜、蹇先艾、王献唐等名流,美国图书馆专家、密歇根大学图书馆主任毕寿普(Bishop W W)和耶鲁大学图书馆主任凯欧(Keogh A)应邀到会。据悉,此次年会共通过 58 项议案,包括图书馆统一图书分类法、拟定儿童读物分类法及政府出版物分类标准、审定图书馆学名词术语、编制全国图书馆联合目录推广馆际互借、图书馆经费与职员人数的比例等。[③] 1936 年 10 月,林济青应邀出席青岛"双十节"纪念大会并发表演说,对知识与体质的关系进行了阐述:

> 一个国家的强弱,全视乎国民的知识及国民的体力。
> 知识是从学问与经验二者来的。有了学问和经验,就能产生方法,克服

---

① ② 李耀臻:《中国海洋大学大事记》,第 26、26—27 页,中国海洋大学出版社,2004。
③ 梁桂英:《中华图书馆协会年会述略》,载《图书馆理论与实践》2013 年第 9 期。

困难,解决问题,得到最后的胜利。所以,国民的知识是很重要的。

体力为个人事业成功的根本,也是一个民族健全强大的基础。一个人如果没有强健的体力,则纵有坚强的意志、热烈的愿望、高深的学问,均不能实现。一个民族,也是一样。

我国人民身体素极孱弱,从前为外人讥为"东亚病夫",这是很可耻的。近年来虽已进步不少,但和欧美人比较,相差还是很多。我们要解除国难,收复失地,一定先要把自己的身体锻炼好。①

1937年2月,教育部批准国立山东大学机械工程系添设机电组,学校的科系建设得到进一步加强。是年4月,国立山东大学召开第一届师生代表大会,相继出台了《国立山东大学免费公费学额规则》《学生生活指导委员会章程》等规章制度。当然,林济青任上最值得赞许的功绩是1936年11月商建的国立山东大学化学馆于1937年2月申发执照、7月落成并交付使用。② 这座面积约2400平方米、地上两层附带地下室的化学教学、实验专用楼房,成为山大重要的教学建筑物。是年8月,中国化学会第五届年会在国立山东大学举行,会议成立了由曾昭抡、吴蕴初、吴承洛、郑贞文、范旭东、韩组康、陈裕光、王琎、马杰、戴安邦、吴宪共11人组成的理事会。参加讨论会的45名化学专家有感于九一八事变,纷纷表示:国家和民族处于危难关头,爱国的化学工作者应为抗日救国贡献一份力量。国立山东大学化学馆的建成和中国化学会青岛年会的召开,极大地促进了山大的教学与科研事业。原毕业于山大化学系并留校任助教的勾福长,于1937年3月以《制造骨胶之研究》一文荣获严特约纪念工业化学征文奖第一名。③ 同年,化学系助教郭质良以《中国化学工程》等论文荣获中华文化教育基金委员会本届特种科学奖金500元。1937年夏,国立山东大学共毕业67名学生(男生61名、女生6名),其中文学院32名、理学院16名、工学院19名。④ 为此,山大成立了由林济青和各系主任组成的毕业生职业指导委员会。

1937年7月7日卢沟桥的枪声,并未使林济青意识到形势的严峻性。7月14日,国立山东大学在《正报》刊发招生广告,定于8月2日—6日报名,8月10日在青岛、南京、济南、北平四地举行入学考试。根据国民政府8月27日《总动

① 《国庆纪念运动大会暨汇泉球场开幕详记》,载《青岛教育》第4卷第6期,1936年11月。
② 张静:《中国海洋大学大事记》,第21页,中国海洋大学出版社,2014。
③ 《化学系助教勾福长君荣获严特约纪念工业化学征文本届奖金第一名》,载《国立山东大学周刊》第184期,1937年3月22日。
④ 《历届毕业生人数统计表》,载山东大学校史编写组编《山东大学校史(1901—1966)》第52页,山东大学出版社,1986。

员时督导教育工作办法纲领》提出的"力持镇静,以就地维持课务为原则",9月
10日国立山东大学又在《正报》头版头条刊发通告,定于9月23日开学。① 然
而,战争断送了林济青在青岛刚刚开启的事业。事实上,8月青岛发生"八一四"
事件后,日军已步步紧逼。8月22日,青岛市长沈鸿烈命令中小学校一律停课。
之后,全市市立、私立中小学校相继停办。9月7日,青岛市教育局裁撤,归并社
会局内,原教育局长雷法章任社会局代理局长。② 迫于日军对中国东南沿海城
市狂轰滥炸并"有意识地以大学等文化教育设施为破坏目标"③,以及国内大多
数高校纷纷迁移后方的形势,10月7日国立山东大学决定择地内迁。应当说,
以避难方式作出迁徙之计,是为谋保存以应对仓卒时局的无奈之举。国立山东
大学在随之发布的第七十一号通告中要求,在迁移未妥以前,"为安全起见,校中
学生准先自动离校,或借读他校,候迁校竣事后,随时前往复校"。10月9日,林
济青决定国立山东大学自即日起停课。

在此期间,由于中共五十一军地下工委的支持,国立山东大学抗日救亡运动
再次掀起高潮。1936年考入国立山东大学的共青团员李欣联络山大、铁中、文
德女中等进步学生组织起青岛救亡同学会,并与北平的"中华民族解放先锋队"
("民先")取得联系。1937年4月,国立山东大学在救亡同学会的基础上成立
"民先"抗日山大队部,推举吴绪任队长。④ 七七事变前后,由于中共青岛党组织
尚未恢复,以国立山东大学为中心的"民先"青岛地方组织自觉担负起发动民
众、开展抗日救亡的重任。⑤ 8月,李欣、吴绪等赴北平参加全国"民先"代表大会
回青后,组成话剧团,专演广场剧《放下你的鞭子》,还配合接待平津流亡学生。
9月,李欣与中共五十一军地下工委取得联系,转为共产党员,组建起国立山东
大学党支部,并发展成为青岛特支。⑥ 在中共华北局发出的"脱下长衫参加游击
队"的号召下,以国立山东大学"民先"队员为骨干的崂山抗日游击队第四中队
成立,并在毕家村小学设立队部。1937年10月,李欣等被派往高密发动成立抗
日武装。不久,崂山抗日游击队转移到诸城,与高密的抗日武装力量汇合,坚持
敌后斗争。事实上,国立山东大学"民先"组织为青岛和胶东地区的抗战事业书
写了光辉的一页。

---

① 《青岛国立山东大学开学通告》,存青岛市档案馆,档号:D000363-00054-0025。
② 《转发市政府关于派雷法章代理社会局局长的训令》,存青岛市档案馆,档号:B0038-001-00822
-0129。
③ [日]石岛纪之:《中国抗日战争史》,郑玉纯译,第61页,吉林教育出版社,1990。
④ 李欣:《七七事变前后青岛山东大学的抗日救亡运动》,载《山东大学报》2005年7月21日。
⑤ 李永玲、李俊、李草晖:《20世纪30年代青岛学生运动》,第93页,青岛出版社,2009。
⑥ 山东大学校史编写组:《山东大学校史(1901—1966)》,第106页,山东大学出版社,1986。

1937年8月青岛各学校停办后，国立山东大学将所有仪器、图书、标本、文卷等办公用品分别装箱，共计1000余件。当教育部下达将国立山东大学迁移西安的指令后，第一批先行运至济南的246箱仪器由李韵涛组织转送西安，旋又转运万县(宜昌)。① 由于校址未定，其余的装箱仪器存放在青岛，至9月下旬"始行南运"，由吴敬寰驻南京负责办理运输事宜。第二批837箱运至浦口时"欲进不能，欲退无路"，结果因南京失陷"遂均沦入敌手"，全部丢失。11月，国立山东大学内迁请准，改西安为安庆，择定安徽大学菱湖公园为校舍。② 12月5日，流离失所的国立山东大学在安徽大学校址开学。不料，因前方战事吃紧，安徽大学也要奉令内迁，席不暇暖的山大师生只得转移武昌，后经月余周折迁至四川万县。于是，第三批16箱仪器运至汉口后转运万县。客观地说，国立山东大学与国内众多高校迅捷而庞大的战时大转移，彰显了中国教育者刚毅坚卓的精神品质，摧毁了日本帝国主义毁灭中国教育的图谋，使中华民族的传统文化不致因日军入侵而中辍。

在青岛坚守的沈鸿烈于1937年12月18日起执行"焦土抗战"政策，下令炸毁日商在青岛的各大纱厂。27日，新任国民革命军第三集团军副总司令的沈鸿烈率领其所统海军陆战队及其他军政人员9000余人撤离青岛，转战诸城、沂水一带。1938年1月日军占领青岛后，将国立山东大学校舍作为海军司令部，"除占用家具外，其余图书、仪器、家具等物，尽行焚毁"。③

1938年2月，由青岛辗转迁至万县天生城的国立山东大学共有文、理、工三院师生200余人。2月14日，林济青抵达万县，主持复课。23日，教育部根据国民政府行政院2月18日训令，"将国立山东大学暂行停办"。3月15日，教育部令国立山东大学"一切校务至今日结束，经费领取至今日止"④；学生大部分转入国立中央大学，个别转入其他大学；图书、仪器、机械分别暂交国立中央图书馆、中央大学、中央工业职业学校保管使用，并派教育部秘书黄龙先接收校产。6月，教育部令免除林济青的国立山东大学代理校长职务。至此，饱受战争和迁徙之苦的国立山东大学告一段落。

———————————

① 栾开政：《山东高等教育发展史(1840—2000)》，第132页，山东教育出版社，2003。
② 王云浦：《本校迁移停办之始末》，载《国立山东大学校刊》(复校纪念专号)第19—20页，1946年12月28日。
③ 山东大学校史编写组：《山东大学校史(1901—1966)》，第38页，山东大学出版社，1986。
④ 张静：《中国海洋大学大事记》，第23页，中国海洋大学出版社，2014。

第六章　日本第二次侵占与全面抗战时期

（1938 年 1 月—1945 年 8 月）

1938 年(日本昭和十三年)1 月 10 日侵华日军在青岛登陆后,随即将这个曾经占领过的城市作为"日华紧密结合"的特殊地区,实施了新一轮法西斯统治。与 1914—1922 年第一次侵占青岛不同的是,日本为了"建立一种确保东亚长久稳定的新秩序"①,在对青岛原有的国民教育事业肆意破坏后,用拼凑的"伪化"傀儡政权,在施教的各个方面毫不掩饰地贯穿奴化属性,给青岛教育套上了殖民主义统治的精神枷锁。为使青岛沦陷区彻底殖民地化,日伪当局强制"恢复"市乡区小学,接管男、女中学,为教师开设讲习班"洗脑",强迫学生接受日本语教育,培植卖国、亲日分子,试图"从根子上一扫抗日教育、三民主义的党化教育以及共产主义教育"②。日本侵占当局还不择手段地拉拢、胁迫和摧残在青第三国欧美教会学校,制造了青岛中外教育关系史上最黑暗的一幕。然而,自日本侵占青岛之始,抗日烽火便呈燎原之势。与之相应的是,青岛沦陷区爱国师生的反奴化教育斗争此起彼伏,中共抗日民主根据地在极其艰苦的条件下开展抗日教育,国民党在青岛战区和敌后也通过举办中小学校保存教育学脉。抗战教育构成了青岛教育史的重要组成部分。

第一节　服务于"建设东亚新秩序"的教育施策

一　从"维持会"到"特别市"的教育伪化体制

1938 年 1 月 17 日,日本侵占当局玩弄"以华治华"的政治诱降伎俩,以"维

---

① Gordon M Berger. *Three-Dimensional Empire*: *Japanese Attitudes and the New Order in Asia*, 1937-1945. *Japan Interpreter*, 12: 3-4, 1979.

② 『華北ニ於ケル思想戦指導要綱付属書』,アジア歴史資料センター,2-3 頁。

持青岛及附近治安"为名,炮制出傀儡政权"青岛市治安维持会",行使行政机构的职能,曾任胶澳商埠局督办的赵琪任会长。依据以王克敏为首的傀儡政府"中华民国临时政府"在各省、市设地方一级教育行政管理机关的指令,自诩"以复兴教育为先务"的日伪青岛维持会于1月29日"在会内设立教育筹备处"①,委任陈命凡为主任。

陈命凡(1894—?),字季超,山东蓬莱人,曾任青岛特别市教育局长、国立青岛大学校务秘书、青岛市义务教育委员会委员、九水乡区办事处主任。陈命凡任职的教育筹备处,随着1938年3月23日日伪维持会社会、警察两部的设立,改为社会部下的教育科,这是日本自1922年12月交还青岛后借全面侵华战争在青岛设立的管控教育事业的正式机构。教育科暂行组织规则规定:设科长一人(陈命凡任教育科长),设一、二、三股及督学室,各股股长均为中国人,但督学室主任由日本人担任,中国人任次席,督学室由此成为日本操纵、监督伪教育行政部门的重要机关。1938年4月,华北日军最高指挥官与王克敏达成所谓"政府顾问协议",向各地伪政权派遣政治、经济、文化顾问,52岁的日本长崎人宇野祐四郎成为青岛维持会社会部的教育"顾问"。10月21日,日伪维持会新"聘"教育顾问、38岁的日本千叶人饭田晁三"到差"②,宇野祐四郎改任督学室主任。这样,日本人完全把控了青岛教育的决策、监督大权。

1938年10月中日战争进入相持阶段后,日本华北方面军于11月提出"思想对思想"地进行所谓"思想战",1940年3月制定的《华北地区思想战指导纲要》及其附属书明确提出:"灭绝共产诸势力,显扬新民精神,以建设王道社会。"③11月,日伪青岛维持会社会部长姚作宾在一次全市中小学教职员会上赤裸裸地声称:

> 中国有今日之现象,其原因虽不止一端,而教育方针之不良,实为最大原因之一。现在东亚大势既已确定,中国环境更趋明朗,则改革教育,实属刻不容缓之事,较之改革其他政治经济等事,尤为重要。④

为将青岛教育彻底沦为贯彻日本意志的工具,1938年11月2日,一个由"中日两国教育名流各五人为学务委员"的学务委员会成立。这个标榜"集思广益""以备咨询"的组织,实际是日本在青岛教育的代言机构。日方委员主要是

---

① 《青岛治安维持会期内教育行政纪要(续)》,载《青岛教育周刊》第2卷第9期,1939年3月8日。
② 《本市教育消息(1938年10月17日—23日)》,载《青岛教育周刊》第1卷第20期,1938年10月24日。
③ 「華北二於ケル思想戦指導要綱」,アジア歴史資料センター。
④ 《姚(作宾)部长训词》,载《青岛教育周刊》第1卷第23期,1938年11月14日。

日本居留民团成员,其中有参事会会长村地卓尔、参事会议长平冈小太郎、学务主任安藤荣治郎、学校咨问委员长田边郁太郎等。村地卓尔在学务委员会成立会的答词中声称:"欲求中日亲善及东亚和平,必须先从改革教育着手,方能达到此目的。青岛教育,虽经当局之努力,已有显著之成绩,但需改进之处仍不在少数……更应向中日两国亲善之前途迈进。"[①]

　　1939 年 1 月 10 日是日本侵占青岛一周年之日,在侵青日军的一手操纵下,"青岛特别市公署"成立,以替代原先的临时性机构——治安维持会,原治安维持会会长赵琪改任市长。这个傀儡政权共设总务、警察、社会、财政、教育、卫生、建设、海务八个局,陈命凡任教育局局长,原"顾问"饭田晁三改任教育局副局长。1 月 12 日,日伪教育局即"着手内部组织"。根据教育局组织规则,内设庶务科、学务科、社会教育科、督学室。科内设若干股,具体是:庶务科下设庶务、人事、调查三股;学务科下设初等教育、中等教育、特殊教育三股;社会教育科下设教化、体育、图书三股。(1939 年 9 月裁撤学务科之特殊教育股,"所遗事务"归并社会教育科之教化股办理。)局内职员分科员、办事员、雇员和日本"教育指导官",共计 75 名,其中日本人 17 名,且重要职位皆由日本人执掌(详见表 6-1)。其中特别提出的是,仍由日本人掌控的督学室其职能得以进一步强化,一些权限超越了一般教学管理的范畴:

　　　　(1)关于学校教职员之指导及监督事项;

　　　　(2)关于教材之审查及改善事项;

　　　　(3)关于教职员之成绩考查事项;

　　　　(4)关于学生成绩之考查事项;

　　　　(5)关于日语之奖励及普及事项;

　　　　(6)关于其他教育之改善、振兴事项。[②]

　　日本侵占当局对青岛教育的操控和监督,最直接而全面的置措是派驻日籍"教育指导官"常川监视。这些"教育指导官"多数是来自日本各地的中小学教员,大都经过日本"兴亚院指导支那派遣教员炼成班"是特殊训练,派赴中国后又经兴亚院华北连络部主办的"北支派遣教员现地训练班"培训,派驻青岛直接受督学室主任宇野祐四郎的领导。根据史料记载,第一批日本"教育指导官"灵

---

① 《青岛治安维持会学务委员会成立纪要》,载《青岛教育周刊》第 1 卷第 22 期,1938 年 11 月 7 日。
② 《青岛特别市公署各局组织规则(四续)》,载《青岛教育周刊》第 2 卷第 40 期,1939 年 10 月 11 日。

表6-1　1939年日伪青岛特别市教育局主要职员表

职　务		姓　名	字号	性别	年龄	籍　贯	青岛住址
局　长		陈命凡	季超	男	46	中国山东蓬莱	金口二路17号
副局长		饭田晁三		男	39	日本千叶	贵州路49号
庶务科	科　长	邹树槐	麓泉	男	40	中国山东蓬莱	浙江路青年会别墅
	庶务股股长	张星文	蔚亭	男	42	中国山东蓬莱	邹县路21号
	人事股股长	俞伯明	以字行	男	33	中国浙江绍兴	浙江路青年会别墅
	调查股股长	大久保清		男	45	日本福冈	江苏路53号"喜乐庄"
	雇　员	中村不二根		女	25	日本福冈	黄台路5号
学务科	科　长	伊里布	赞周	男	43	中国北京	金口三路9号
	初等教育股股长	周蜀江		男	52	中国山东安丘	寿张路91号
	中等/特殊教育股股长	王北奇	以字行	男	28	中国河北赵县	浙江路青年会别墅
社会教育科	科　长	李柏林		男	42	中国四川成都	龙江路19号
	教化/图书股股长	高谛缘		男	30	中国哈尔滨	观海一路10号
	体育股股长	孙持中		男	26	中国青岛	无棣四路8号
督学室	主　任	宇野祐四郎		男	53	日本长崎	阳信路19号
	次　席	张贻先	醒环	男	44	中国山东蓬莱	张店路6号
	指导员	李少勋	华轩	男	44	中国山东历城	郓城北路甲2号
	嘱　托	冈田瓢	子诚	男	66	日本长野	观象一路13号
	日本"教育指导官"	灵田寿雄		男	47	日本静冈	泰山路123号
		木村兵三		男	46	日本秋田	牟平路8号
		古川原		男	30	日本东京	广西路11号
		山本英		女	44	日本山口	吉林路29号
		金山克成		男	42	日本岛根	威海路34号
		沟口千守		男	40	日本长崎	苏州路14号
		西村孝子	稻洋	男	47	日本大分	江苏路53号
		松冈昌义		男	27	日本熊本	金口一路1号
		前原鹤三郎		男	35	日本群马	广西路11号
		志贺敏夫		男	27	日本东京	广西路11号"增田方"
		野岛正		男	32	日本鹿儿岛	黄台路31号
		森川熊藏		男	30	日本三重	披县路10号
		野际信雄		男	35	日本鸟取	黄台路41号

资料来源：《青岛特别市教育局职员录》，存青岛市教育史志档案室，卷号：教育行政（二）Aa-2-7。

田寿雄、木村兵三、古川原、金山克成、沟口千守一行五人于1938年12月15日
"到差"，他们立即分赴江苏路小学、北京路小学、黄台路小学、台西镇小学、台东
镇小学5所规模最大的小学"指导"。12月28日，日本侵占当局提名志贺敏夫
和山本英分任男、女中学"指导"。1939年1月1日，日本"教育指导官"前原鹤

三郎"到差";1月9日,日本"教育指导官"森川熊藏到江苏路小学"指导",替换下灵田寿雄。6月22日,日本"教育指导官"西村孝子、野际雄信"到差",分赴四方、沧口小学。① 1940年6月以后,日本进一步增大"教育指导官"的派遣数量。② 据统计,日本派驻青岛的"教育指导官"共计27名。这些日本人握有实权,"指导"监督学校事务,执行日本的奴化教育政策,监视师生思想言行,打击破坏学校中的抗日活动。除此之外,日本侵占当局在伪教育局特别设立的"调查股"实际是一个特务组织,股长大久保清,日本福井人,时年45岁,曾任职日本外务省政务次官室,系日本"陆军特务机关"特别委任。

　　1939年6月,日本侵占当局为实施所谓"大都市计划",大举进入农村腹地,将即墨县和胶县划入青岛特别市辖治,分别改称"即墨区""胶州区",全市总面积增至8579平方千米,人口增至180余万人。③ 1940年1月由日本"梅机关"撮合的汪精卫与王克敏、梁鸿志及蒙疆代表的"青岛会谈",将中国深度置于日本"分而治之"的阴谋体系中。3月30日,汪伪国民政府在南京"还都",青岛隶属于王克敏"临时政府"蜕变的"华北政务委员会"管辖。是日,日伪青岛当局"通令"全市各级学校"派学生"参加"国民政府还都及华北政委会成立纪念会",利用各种手段把学生推向亲日卖国的深渊。

　　学界一般认为,1940年12月侵华日军"关于大持久战第一期战略指导"政策提出的"务必实现使中国方面的思想统一于东亚联盟,击破抗战思想,驱逐共产思想",实际是日本侵略者扶持的傀儡政权颁行奴化教育政策的指导方针。其实,在"兴亚""协同""共存共荣"等幌子的欺骗和麻醉下,日伪青岛当局早在1939年就提出了"为根绝抗日教育及彻底使其明了新教育之方针"④。从1940年起,尤其经过1941年3月以后连续五次"治安强化"运动,青岛完全陷入了侵青日军、汪伪政权和特务组织"三位一体"的殖民统治体制中。

　　1941年5月日本制定的《对华长期战争策略纲要》,进一步强化了制造中国内部分裂、发挥投降派傀儡政权作用的主张,一些亲日、媚日的伪教育行政官员依次粉墨登场。据史料记载,1942年7月"青岛特别市公署"进行机构改革,陈命凡调任财政局长,海务局长尹援一改任教育局长。⑤ 1943年,随着汪伪政权正

---

① 《本市教育消息(1939年6月21日—27日)》,载《青岛教育周刊》第2卷第25期,1939年6月28日。

② 谷川原,「青岛特别市の日本語教育」,『日本語』,第1卷第3号37页,1941年6月。

③ 青岛市史志办公室:《青岛市志·沿革区划志》,第12页,新华出版社,2000。

④ 《教育局二十八年度事业计划》,载《青岛教育周刊》第2卷第15期,1939年4月19日。

⑤ 《关于尹援一、吕振文、陈命凡调任并予交接的呈文》,存青岛市档案馆,档号:B0033-001-00791-0003。

式对英美宣战，日本实施所谓的"对华新政策"，"青岛特别市公署"改称"青岛特别市政府"，姚作宾为青岛特别市市长。由日本人担任的教育局副局长改称"辅佐官"，并增设了 3 名日籍"专员"，佐藤政吉、石川忠三郎先后任"辅佐官"。日籍职员形式上退居幕后，但仍操纵实权。1944 年 5 月 2 日，伊里布代理"青岛特别市政府"教育局局长。这些嘴脸不能仅从史料意义去理解，因为这很能让人想起日军精英官僚、陆军大佐堀场一雄的一句话：1922 年将青岛交给中国其实就意味着重建东亚、日华合作的开端。①

事实上，日本侵占当局无心发展青岛的华人教育，经费投入有限，由于通货膨胀，物价昂贵，实际用于事业发展的"公费"寥寥无几。根据史料记载，1939 年4 月 8 日，日伪教育局提交并"经市公署核定"的 1939 年度青岛市"教育复兴费"概算为 10 万元。② 据日伪的统计数字，1939 年青岛共有市立、私立中学 6 所，每月教育经费和对私立中学的补助费为 9138 元；投入市区 21 所小学（其中私立11 所）的经常费和补助费共计 24546 元，而每月投入 58 所乡区小学的经费仅有20377.5 元。③ 根据日伪教育局的工作报告，1940 年的"经费预算数目与上年度同"，因此"本年度扩充各级学校班次所需经费均未列入"。④ 由此可见，日伪当局给青岛教育的是一个寒酸、短缺、拮据且充满欺骗的财政数字，这些数字的背后是赤裸裸的奴化教育图谋。

二 "酌量需要情形"次第恢复授课的各类学校

事实如此，日本侵占当局首先对青岛原有的教育大加破坏与摧残，然后以"治安肃正"的方针"训练青少年，恢复学校教育"，构建其殖民主义教育体系。与此同时，效忠日本的汪伪政权作出规定：学校之恢复从小学着手，次及中学。1938 年，日伪青岛维持会决定"酌量需要情形"⑤，恢复战时关闭的部分华人学校，并规定中小学学制"暂按照中学三三、小学四二之旧制办理"，中学"以男女分校为原则"。⑥

1.先市区后乡区政策与战时关闭小学的陆续开学

---

① ［日］堀场一雄：《支那事变战争指导史》，王培岚等译，第 357 页，世界知识出版社，2017。

② 《本市教育消息(1939 年 4 月 5 日—11 日)》，载《青岛教育周刊》第 2 卷第 14 期，1939 年 4 月 12 日。

③ 《青岛特别市乡区各级学校校况统计表》，载《青岛特别市公署行政年鉴·教育(民国二十八年度)》，1940。

④ 《青岛特别市教育概况报告(胶即两区除外)》，存中国第二历史档案馆，卷号：2021-595。

⑤ 《教育工作报告(1938 年 3 月 18 日—4 月底)》，载《青岛教育周刊》第 1 卷第 2 期，1938 年 6 月 20 日。

⑥ 《青岛治安维持会总务部教育科通知书》，载《青岛教育周刊》第 1 卷第 2 期，1938 年 6 月 20 日。

　　1937年七七事变后,青岛市区和乡区学校完全停顿,日伪当局给予的评价是"员生星散,校舍尘封,惨淡情况,不堪回溯"①。1938年3月1日,日伪青岛维持会"饬令"恢复市区江苏路、北京路、黄台路、台东镇和台西镇5所小学校②,其校名前均须冠以"会立"二字,开办费一律定为150元;11日又"恢复"了乡区的上流、张家下庄、朱家洼、韩哥庄、午山、沟崖、侯家庄、枯桃、山东头、浮山后、女姑山、沙沟、姜哥庄、于哥庄、段家埠、登瀛、小村庄、大麦岛、薛家岛、北庄、黄岛、宿流、九水、孙家村、王哥庄、上葛场计26所小学校③;3月16日—5月1日又相继"恢复"乡区的臧家、赵哥庄、大河东、四方、枣园、吴家村、曲哥庄、黄埠、香里、板桥坊、浮山所、南庄、辛家庄、灵山岛计14所小学校。

　　由于是强行恢复开学,许多学校因"偷盗破坏,荡然无存"④,不得不由学生自带桌凳上课。由于学生所带桌凳高矮不一,伪教育科在3月30日召开的市区校长会议上规定:"学生自带之坐凳如果太高",则将"凳腿截去一段,以重卫生"。自1938年4月起,开学授课的学校开办费"各增加50元",并实行按班计发的办法,即8个班以内的每班12元,8个班以上的每增1个班,"原定八元改为十元,俟呈准后实行"⑤。至5月,青岛城乡恢复上课的"会立"小学共有46校、258个班、9979名学生和249名教职员。其中,市区小学有5校、75个班、3650名学生和126名教职员。这个被陈命凡称作"好容易恢复"⑥的数字,仅相当于七七事变前青岛小学总数的1/4。

　　1938年6月后,为粉饰侵略、收揽人心、推动教育专制,日伪实施了第二批次学校"恢复"计划。据史料记载,1938年6月1日湛山小学"开学授课",委张培远任校长⑦。6月20日,大水清沟小学及其2处分校开班上课,校长为朱明生,时有教职员6名、学生150余名⑧。7月6日,西大洋小学开学,并附设东大洋和晓阳2处分校,共有学生6个班、184名,代理校长为高奉琪⑨。7月,原为港

---

　　① 《青岛治安维持会学务委员会成立纪要(续)》,载《青岛教育周刊》第1卷第23期,1938年11月14日。

　　② 《治安维持会委定五小学校长　先行开班五校已开始招生　陈命凡视察各校筹备情况　新教科书本月十日可到青》,载《青岛新民报》1938年3月3日。

　　③ 《乡区廿七校校长均已委定》,载《青岛新民报》1938年3月23日。

　　④ 陈命凡:《现时教育概况》,载《青岛教育周刊》第1卷第23期,1938年11月14日。

　　⑤ 《第七次市区小学校长会议记录》,载《青岛教育周刊》第1卷第3期,1938年6月27日。

　　⑥ 1939年6月,陈命凡在一次面向公众的讲话中声称:"本市教育当去年被党军摧毁以后,现在好容易恢复,大概讲来,应该改革之点尚多。"(《陈(命凡)科长报告》,载《青岛教育周刊》第1卷第2期,1938年6月20日。)

　　⑦ 《湛山小学校开学授课》,载《青岛教育周刊》第1卷第2期,1938年6月20日。

　　⑧ 《大水清沟小学开学经过》,载《青岛教育周刊》第1卷第3期,1938年6月27日。

　　⑨ 《西大洋小学开学上课》,载《青岛教育周刊》第1卷第9期,1938年8月8日。

务局职工子弟就学设立的顺兴路小学之广饶路分校,由于日军控制的青岛港务部函请"准予恢复",遂改为台东镇小学分校。这种超出原有办学标准的现象还出现在桓台路88号开办的私立承德小学,因其"基金困难,无力经营",自12月23日改为黄台路小学之桓台路分校。① 9月,大水清沟小学之东盐滩村分校改为独立小学,并在阎家山村设分校,共有学生4个班、151名学生(其中阎家山分校1个班、46名学生)和4名教职员。② 9月16日,濠北头小学开学上课,共有3个班、120名学生和3名教员,代理校长为赵芳浦。③ 10月1日,日伪当局又"筹备恢复"丹山小学和河西小学;11月11日阴岛北部之萧家村小学开学上课,11月12日恢复双山小学,11月15日李村小学得以恢复。12月,日伪当局又陆续恢复乡区王埠庄、双埠、南岛、仙家寨小学。

复校中的许多现象对日伪的教育施策无异于讽刺和揭露。例如:1938年上半年开学的北京路小学,因"校舍狭窄"仅容纳19个班、800余名学生,新学期开学前"要求入学者络绎不绝";9月16日,北京路小学校在广州路中段一所民房"添建板壁"设立分校,共招收14个班、750名学生,并"呈准委派教员廿一名"。④ 台西镇小学也因周边"失学儿童颇有向隅之叹",而启用汶水路2号原挪庄小学旧址建立分校,招收学生188名。⑤ 青岛沧口地区人烟稠密,其沧口小学校原校舍"建筑宏大,设备周全,为青市冠",并附设达翁村、晓翁村、西流村分校,共有学生30个班、1700余人,但七七事变后"一切设备尽行损失,门窗亦破毁不堪",1938年6月曾计划"恢复",并委派校长筹备、修缮,拟于7月开学。不料复被日军"借用",只得在沧口大马路租用民房"勉强敷用"。9月20日,沧口小学校在这座临时校舍开学,达翁村、晓翁村、西流村分校亦于"九十两月,先后次第开课",总计招生14个班,其中本校学生352名、各分校学生154名,共有教职员17名。⑥ 日军侵青以来一直占用的址在台东六路的台东镇小学及顺兴路分校,于1939年7月14日"腾出",鉴于该校校舍"亟须修建、整顿,以资应用",日伪教育局会同建设局"详加勘估,所有油漆门窗、粉刷墙皮、修补院墙"等各项"工料费共需八千元有奇"。⑦ 台东镇小学于9月在原址恢复开学,因报名新生过多,不得不增添二部制2个班、普通班1个班。另一所被日军强占的沧口小学

① 《黄台路小学接办桓台路分校经过》,载《青岛教育周刊》第2卷第1期,1939年1月11日。
② 《东盐滩村分校改为独立小学经过》,载《青岛教育周刊》第1卷第16期,1938年9月26日。
③ 《濠北头小学开学经过》,载《青岛教育周刊》第1卷第21期,1938年10月31日。
④ 《北京路小学筹设广州路分校经过》,载《青岛教育周刊》第1卷第17期,1938年10月3日。
⑤ 《台西镇小学挪庄分校成立经过》,载《青岛教育周刊》第1卷第17期,1938年10月3日。
⑥ 《沧口小学校开学经过》,载《青岛教育周刊》第1卷第20期,1938年10月24日。
⑦ 《教育工作报告(民国二十八年八月份)》,载《青岛教育周刊》第2卷第35期,1939年9月6日。

迟至1940年2月才交"青岛特别市公署",但因校舍损毁严重,修复用款达到1.25万元。1939年10月,台西镇小学因改建校舍,一、二年级学生"均不能在教室上课",日伪教育局以"顾及学生课业"为幌子,饬令学校实行"露天教学",并"加重课外作业"。①

事实如此,日伪当局"恢复"的华人子弟学校完全是限量供给的消极作为。据史料记载,1938年11月,日伪维持会在批复南屯村长薛安瑃呈请恢复南屯小学及其烟台前分校的报告时,仅"准予先将南屯小学恢复",其"烟台前村分校仰俟该校恢复后,再由该校长酌量情形,呈候核办"。② 当地村长一次性恢复南屯小学及其所属烟台前分校的要求,竟被无理由地断然否决。此类刁难例证实在不胜枚举。同样令人啧啧不满的是,一些恢复开学上课的学校又无法满足学生的求学欲望。在1938年8月日伪维持会举办的第二次教职员"讲谈会"上,江苏路小学训育主任徐傅子坦陈:

> 就江苏路小学而言,学生日渐增多……新生报名的不能说是拥挤,可是很多。学校方面,只以校舍少不能容纳,不得已而谢绝,但报名的家长,总以婉言再三要求。这种情形,未免难以为情。……家境贫寒的学生,往往因书籍制服的费用不赀而辍学。③

截至1938年10月,根据日伪维持会的统计口径,"恢复"的市区会立小学有5所,有105个班、5650名学生、174名教职员;"恢复"乡区会立小学45所,有225个班、8006名学生、271名教职员;加上6所私立小学、29个班、785名学生,青岛市在校小学生共达39391名(详见表6-2)。这样,青岛"恢复"开学的小学校总数相当于七七事变前的43.74%,学生数仅为战前的36.57%。用陈命凡的话说,"值残破之余,在当时已煞费经营矣"。1938年青岛中小学教育经费每月为28816元。④

此外,1939年4月5日,址在湖南路的胶济铁路局青岛铁路小学得以恢复,更名为"青岛扶轮小学校",招收学生9个班,兼收非铁路员工子弟,委任高密铁路小学校长郭业耜为校长。⑤ 6月22日,四方扶轮小学"恢复"并举行开学典礼。1934年慈善组织青岛红卍字会设立的私立第一平民小学,1938年在成武路租用

---

① 《教育工作报告(民国二十八年十月份)》,载《青岛教育周刊》第2卷第44期,1939年11月8日。
② 《青岛治安维持会批(第四八〇〇号)》,载《青岛教育周刊》第1卷第23期,1938年11月14日。
③ 《第二次教育同仁讲谈会言论汇纪(三续)》,载《青岛教育周刊》第1卷第13期,1938年9月5日。
④ 《陈(命凡)科长报告现时青岛教育概况》,载《青岛教育周刊》第1卷第23期,1938年11月14日。
⑤ 《胶济铁路青岛扶轮小学校开办》,载《青岛教育周刊》第2卷第14期,1939年4月12日。

表6-2 七七事变前后青岛市中小学学校学生数统计表

项目 时间	公、私立中学		市 区 小 学				乡 区 小 学		合 计	
	学校数 （所）	学生数 （人）	公办小学 数（所）	学生数 （人）	私立小学 数（所）	学生数 （人）	学校数 （所）	学生数 （人）	学校数 （所）	学生数 （人）
七七 事变前	9	3087	13	7710	14	2779	101	29002	137	42578
1938年 10月底	5	1022	5	5650	6	785	45	8006	61	15463

资料来源：《陈（命凡）科长报告现时青岛教育概况》，载《青岛教育周刊》第1卷第23期，1938年11月14日。

15间民房办学，有教职员4人、学生67人，由慈善款开支，年经费为2344元。[①] 1944年红卍字会设慈济院，该校更名为"青岛红卍字会慈济院附属第一小学"。据载，1941年9月青岛红卍字会还办有一所慈济女子小学校。此外，1940年9月，钟许桂琴曾呈文提请在沧口松柏路新兴里设立慈育小学，聘请青岛圣功女中教员刘芳兰为名誉校长。[②]

翻遍青岛教育史乘，罕有日伪当局新建学校的记载。1941年11月，青岛特别市公署教育局"为收容市内失学儿童起见"，举办市立兴亚路小学校，址在西山路7号，暂招学生6个班，桌椅购置费8200元，胡学勤任校长。[③]

在相继"恢复"一批市区和乡区小学的同时，日伪当局着手全面取缔私塾。1938年5月，日伪维持会教育科下令私塾因"不授现代知识，不合时宜"而予以取缔。1939年1月日伪特别市公署成立后，曾在是月31日第一次乡区小学校长会议上就私塾问题形成决议，即"凡已有学校之村庄，概不准设立私塾，由局会同警察局布告周知"。但是，一纸布告难以限制乡村私塾的存在。鉴于乡区"治安尚未完全恢复"，1939年3月1日又改为允许在"距乡区学校五里以外设立私塾"，而"五里以内绝对不准设立私塾"。[④] 据1940年9月日伪教育局奉伪华北政务委员会教育总署的私塾调查情况，青岛全市约有私塾30处、塾生870名、塾师32名。[⑤] 据1941年1月9日一则《青岛新民报》消息得知，青岛私塾数量分别

① 《北京、天津、青岛三特别市社会教育机关调查表》，存中国第二历史档案馆，卷号：2021-262。
② 《请为在沧口设立慈育小学的呈》，存青岛市档案馆，档号：B0027-004-00044-0021。
③ 《青岛特别市教育局三十年七、八、九月份工作报告》，存中国第二历史档案馆，卷号：2021-595。
④ 《第二次市区乡区小学校长会议记录》，载《青岛教育周刊》第2卷第9期，1939年3月8日。
⑤ 《青岛特别市公署二十九年十月份工作报告·教育》，1940。

为市南区32处、市北区19处、海西区33处、台东区27处、四沧区62处、李村区27处、胶州区74处、即墨区31处,共计305处。① 这个数字可能未包括沙子口、仙家寨、下河等区域的私塾。例如:沙子口地区的姜哥庄就有6处私塾,其中江嵋先的"书本堂"、王维周的"环海居"、车修五的"文林馆"、曲春明的"慎德居"②的塾生均在18人左右,且名号雅致、颇具规模。私塾数量未减反增的现象真实地反映了日伪当局"酌量需要情形"恢复的部分小学校,难以满足青岛学龄儿童(尤其是乡区儿童)接受教育的诉求。1942年,日伪教育局在工作报告中承认,因"市、私立小学校不能容纳多数未就学儿童,以致本市仍有相当数量之私塾存在",教育局不得不将其"优良者作为许可备案之代用小学或补习班"使用。③

2.强制性"恢复"男女中学与奴化归附教育的推行

南京国民政府前期成立的原青岛市立中学和青岛市立女子中学,因其校舍被日军盘踞,至1938年6月"均未开办"。日伪维持会当局深怕"莘莘学子正在青年,学殖久荒徘徊歧途,一经诱惑堕落堪虞",便采取"变通办理",将始终未恢复办学的"朝城路、贵州路两小学校舍加以修理,暂时应用"。两所中学分别冠以"会立"二字,"青岛市会立中学校"使用贵州路小学校舍,"青岛市会立女子中学校"使用朝城路小学校舍。

日伪当局对这两所中学的"恢复"极为重视,决定于1938年7月1日—31日同时进行报名登记,又于8月29日—30日进行入学考试。结果,投考会立中学共计291人,投考女中148人,两校实际录取学生402名(其中女中录取134名)。9月6日两校即开学上课。12月16日和19日,两校分别"补行开学典礼",日本驻青岛总领事大鹰正次郎分别到场"致辞"。他在女中看到"现在设备尚不完备",但要求学校"现在只好再忍耐一点",并希望学生"努力用功,毕业后做主妇,做良母"。④ 日伪当局对两校校长的人选极为重视。因"一时实乏相当人选",最终"奉维持会令"委任伪教育科长陈命凡"兼代"男中校长职务,女中校长则由江苏路小学校长连索兰卿"升任"。1939年2月,陈命凡辞去青岛特别市市立中学校代理校长职务,由石祖培接替。1940年5月石祖培辞职,王筱房任校长,1944年刘亦琏任校长。1943年8月女中校长连索兰卿退职⑤后,丁秀菱接

---

① 《青岛特别市教育局三十年一、二、三各月份工作报告》,存中国第二历史档案馆,卷号:2021-595。

② 《青岛特别市沙子口区私塾调查表》,存青岛市档案馆,档号:B0027-004-00041-0012。

③ 《青岛特别市教育局教育行政设施状况(民国三十一年度)》,存中国第二历史档案馆,卷号:2021-595。

④ 《大鹰(正次郎)总领事致辞》,载《青岛教育周刊》第2卷第2期,1939年1月18日。

⑤ 《关于准发给市立女中校长连索兰卿退职金十六个月薪额的指令》,存青岛市档案馆,档号:A0020-001-00378。连索兰卿月薪为240元,共发退职金3840元。

任校长，1944 年 8 月林瑚任校长。①

为达到长期奴役中华民族、"同化"中国人的目的，1939 年 3 月日伪教育局通令：自 4 月 1 日起中学教员应兼负训育责任，下课后应当轮流值日，管理学生；遇有校外集体活动，也要负责照料。1939 年 7 月，日伪教育局针对女子中学"现行《学则》尚有应加修正之点"，颁布训令。② 经"修正"的女子中学《学则》进一步提出：办学方针根据"青岛特别市教育局颁布之教育实施方针，以培养女子应有之道德、智识、技能为宗旨"③。然而，鼓吹中日"同文同种"、驱使中国人民尤其是青年"协力大东亚战争"的日伪当局，对发展青岛高等教育则十分吝啬，强制性恢复的两所中学挡住了毕业生进学的路径。1940 年，日伪教育局在总结报告中不得不承认，"高中学生每年毕业者约 400 人，志愿升学者极多，但以出省升学所费不赀，不得已只有中途辍学"④。

此间，胶济铁路青岛中学被解体，校舍沦为日军兵营。1939 年 4 月，济南铁路学院青岛分教场成立，并于 1940 年 10 月移至原铁中校址，日本人松山信辅、中村幸一郎、恒见清一郎、西山喜三郎分任主事。这所为日本培养铁路技术人员的教育机构于 1943 年 4 月更名为"济南铁路局青岛铁路学院"，由梁景琭任院长，日本人吉谷仁士任副院长、岸上三郎任教学长、杉崎民作任庶务长。11 月，梁景琭调离，吉谷仁士任院长，日本人完全掌控了管理权。该院设电信科、专科、特定科；自 1943 年秋季设普通科，内分运输、机务、工务三科。普通科招收初中毕业生及同等学历者入学，修业年限原定一年半，后改为一年；电信科招收高小毕业生，学制一年；专科、特定科由胶济铁路各段、站保送现职职工入学，专科修业 3 个月，特定科修业 1~4 个月不等。⑤ 这种体制显然不是为青岛、山东学生的求学设计的，完全是为日伪强化胶济线的军事占领和经济掠夺的战略需要。

3.恢复特殊教育、女子补习学校与零星备案的私立学校

据史料记载，1939 年 1 月，面向视障残疾人的盲童特殊教育学校以"青岛特别市市立盲童工艺学校"的名义重新开办，主办人仍为盲人校长杨纯，另有 1 名教师、2 名职员、2 名技师，招收学生 30 名，年经费为 6492 元。学校实行工学并重，分教务和工艺两部，包括工场工作室、材料室、陈列室、音乐室，还有寝室、浴室等生活设施。⑥

---

① 《山东省青岛第二中学建校 90 周年》，第 24 页，2015。

② 《青岛特别市教育局训令（第三〇二号）》，载《青岛教育周刊》第 2 卷第 28 期，1939 年 7 月 19 日。

③ 《青岛特别市市立女子中学校学则》，载《青岛教育周刊》第 2 卷第 28 期，1939 年 7 月 19 日。

④ 《青岛特别市教育概况报告（胶即两区除外）》，存中国第二历史档案馆，卷号：2021-595。

⑤ 《青岛铁路第一中学校志》（内部资料），第 24—25 页，1990。

⑥ 《北京、天津、青岛三特别市社会教育机关调查表》，存中国第二历史档案馆，卷号：2021-262。

南京国民政府前期对妓女的教育,七七事变后在日伪的操纵下也得以延续。1938年7月,日伪当局首先在四方路平康东里成立"第一女子补习学校",并在黄岛路平康五里设立分校,主办人为曹佩兰,另有教员3名,其中有日语教员1名,有学生92名,年经费为3348元,课程有修身、国语、算术、珠算、常识、音乐、图画、缝纫和日语。① 通过历史文献遗存可见,所谓的"女子补习学校",只是在"东里划出房屋一大间",又用平康五里的"房屋一大间为教室",并有"准备室一间",其"桌凳、讲台、黑板尚属整齐"。1938年7月重开的"第二女子补习学校"在邱县路平康二里,同时在冠县路平康三里设立分校,主办人为黄台路小学教员聂桂荣,有学生70名,年经费1164元"由教育局拨发"。② 毕业于长崎高等学校的日本人福田良子出任这两所学校的"指导官",与校长的月薪同为50元。日伪当局对青岛妓女的教育实有不可告人之目的。

民国时期,由于学校教育普及滞后,社会教育一直发挥着重要作用。日本侵占青岛后,将国民政府时期的民众教育体系毁坏殆尽,直到1940年1月才委任李方琮任青岛图书馆长兼水族馆长。1939年2月,日伪当局曾试图恢复1937年12月停办的青岛民众教育馆,但由于"新民会"插手,原民众教育馆址改作日本控制的广播电台。所谓"新民会",是侵华日军在华北沦陷区培植的集教化、经济、反共等为一体的政治机构。早在1938年2月"新民会"即向青岛派出联络员,于1939年5月成立"新民会都市指挥部青岛支部",并露骨地声称"与政府表里一体"。据史料记载,青岛"新民会"设有教育馆,该馆面积约450平方米,共计18间房舍,内有宣传部、阅览部、博物部、图书部,经费每月100元由"新民会"拨给。该馆每周除了周一闭馆休假,每日上、下午共开放5个小时,③配合侵青日军的军事占领,竭力实施政治奴役、思想毒化及文化渗透。

1939年6月,一个名为"新民学院同学会青岛分会"的团体成立,日本陆军中将佐藤三郎特意赴青参加成立典礼。青岛分会成立后,"以养成能体会新民精神、显现友邦提携而身当新中国建设基础之官吏为目的",仿照北京设立新民学院的办法,开办"新民塾",并于是年7月28日举行第一届学员毕业典礼。④1940年4月,"新民会都市指挥部青岛支部"改称"新民会青岛特别市总会"。1942年2月,这个"新民会"派驻青岛的组织又进行了改组,其办事机构为总会事务部,分别管理总务与收发、宣传与情报、社会团体的教育与训练,以及面粉、

① 青岛特别市教育局:《青岛特别市补习学校概况调查表汇编》,存中国第二历史档案馆,卷号:2021-262。

②③ 《北京、天津、青岛三特别市社会教育机关调查表》,存中国第二历史档案馆,卷号:2021-262。

④ 《本市教育消息(1939年7月26日—8月1日)》,载《青岛教育周刊》第2卷第30期,1939年8月2日。

煤炭、石油、火柴、砂糖等物资的统一配给。这些置措更深刻地适应了侵青日军实施的所谓"彻底的教化，以确保治安的需要"。

日伪当局曾在1939年度青岛教育事业计划中提出"设立实业补习学校及劳工学校"①，但多停留在纸面文字上，有限的办学可能只有赵士英任校长的青岛私立尚实女子职业学校。此间，私人举办的社会教育机构多有复学备案的记载。例如：1927年9月青岛基督教青年会举办的夜校，于1938年更名为"夜学社"，由青年会总干事、美籍牧师德位思（Llewellyn James Davies）任校长。这所"夜学社"开设一年制国文和日文科、二年制英文科，授课时间为下午和晚间各2个小时。根据1940年6月统计，"夜学社"有教职员8名、学生96名，年经费为2400元，主要来自学费收入。② 1932年5月张文山在江苏路租房开办的"文山美术学社"于七七事变后买下无棣三路45号得以延续下来。"文山美术学社"其实是一所实施个别教学的塾馆，单纯教授绘画，招收16~20岁的男、女青年，每人每日研习3个小时，其修业期限为半年期的速成班和三年制的长期班，学费为每月3元。据1940年6月统计，时有学生7名，此前已有132名学生毕业。③

又如，1930年杨超平在费县路开设的"辅助升学及深造青年"的文会学社，1939年以"青岛特别市文会学社"的名义继续办学，招收学生85名，修业3年，科目有日文、英文和代数，办学经费依靠学费收入和社会捐助。④1934年10月林天民举办的"功倍学校"，于1938年恢复办学，校址依旧是在禹城路52号租借的3间民房，至1940年5月共开办了三期，每期招收学生20名，办学经费完全依赖学费收入。⑤此外，还有几家小规模的英文培训机构。例如：1936年3月林闽生开办的"新生英文学社"也得以续办，修业2年，招收学生20名，教授英文文法和会话。⑥1937年5月开办的"志成英文学社"靠学费收入至1940年5月办了六期，上课时间为晚上6:00~9:00，年经费为152元。⑦此外，1939年4月，毕业于烟台实益学馆的杨心熙在大成路8号租用3间民房开办起"英文补习夜校"，施行的依旧是美国基督教长老会的课程模式，教授英文会话、文法和作文，修业3年，时有学生28名。⑧

根据1940年5月日伪教育局统计，青岛全市共有各类补习学校15所，其中市立女子补习学校2所、日语补习学校5所、英语补习学校3所；共有教职员73名（其中日本人18名）、学生1954名（其中女生373名）；已毕业学生1422名（其中女生177名），年经费为43331元。这些数字对总结侵青日军的教育"业绩"多有讽刺意味。

---

① 《教育局二十八年度事业计划》，载《青岛教育周刊》第2卷第14期，1939年4月12日。
②③④⑤⑥⑦⑧ 《各省、市、县补习学校概况调查表》，存中国第二历史档案馆，卷号：2021-262。

三　在即墨和胶州占领区炮制农村殖民教育体系

1939年6月日伪将即墨县和胶县划属青岛后,围绕建立所谓"拥有自主独立性的地方政权"①,在其炮制的傀儡机构"乡政处""办事处"和"行政办事处"的一系列演变中,教育事业均受到严重摧残。

1.渐成傀儡政权附庸的农村教育机构与苦不堪言的教师生活

侵华日军于1938年1月10日占领青岛后,又于1月17日、27日相继占领即墨县和胶县,并拼凑伪傀儡政权。即墨县和胶县属日本划分的山东四道之一鲁东道,张子安为伪即墨县"知事",伪教育科科长是初毓堂;伪胶县"知事"系高尚文,张誉廷任伪教育科科长。1939年6月即墨、胶县伪县公署成立,旋即炮制出县—区—乡镇—村四级行政管理体制,利用地方旧有的封建势力,实行严酷的保甲制,维持殖民统治秩序。12月,即墨和胶县伪县公署分别改称"即墨区乡政处"和"胶州区乡政处",张子安和高尚文改任"处长",副处长为日本人,却主宰行政实权。"乡政处"下设庶务、行政、财务、警察四科,教育科居行政科之下,降格为教育股。这种体制在1940年3月"即墨区办事处"和"胶州区办事处"取代之前的"乡政处"时没有改变,在1942年8月改称"即墨区行政办事处"和"胶州区行政办事处"时也没有改变。变化来自1942年6月"兴亚院"《青岛特别市地方设定要纲和母市计划设定要纲》的区划调整,随着9月新辟"崂山行政办事处"的建立,胶州湾北岸东自白沙河中心以西、西自大沽河中心以东划归"即墨区行政办事处"管辖。1943年2月,即墨、胶州和崂山"行政办事处"的庶务、行政、财务、警察四科改为以序数命名,教育股被置于第二科之下;1945年增设第五科,教育管理由第二科移至第五科。教育的卑微地位如同其他文化领域一样,日本的注意力主要集中在所谓"大东亚战争"上。正如美国历史学家费正清所言:日本"从未打算在中国……承担直接的行政管理责任"②。

在日伪的统治下,即墨、胶州沦陷区教师的生活待遇低下且不稳定,加以水旱灾频仍、兵灾匪患不断,乡村教师的生活难以为继。1939年11月,日伪青岛特别市教育局致函乡区行政筹备事务局,提请酌量提高农村教员薪酬标准:

> 案据胶县县立薛家庙小学校长王仲言等呈,为月入薪金不敷自赡,呼请
> 酌情将原薪分别增加用示体恤等情一案,复据胶县知事高尚文据情转呈前

① 臼井勝美、稻葉正夫,『现代史资料9/中日战争2』,29页,东京みすず书房,1973。

② ［美］费正清、［美］费维恺:《剑桥中华民国史(1912—1949年)》,刘敬坤等译,下卷,第550页,中国社会科学出版社,1994。

情到局。据此，查该县教师待遇原低于本市，际兹百物昂贵，该员等薪给过低，自有急谋提高之必要。按本市乡区教员薪给之规定：高级系四十元，初级系三十五元。[①]

事实上，即墨、胶州等农村沦陷区教师的薪酬收入并非"不敷自赡"所能敷衍的。不过，出自伪教育局官方文献中的"百物昂贵"和教师"薪给过低"的措辞，倒是道出了几分真情实况。

2.破坏农村学校原有体系与畸变蜕化的教育分类管理

在日本侵略军的操控下，日伪即墨、胶州当局对原县域教育体系破坏殆尽，依据在华北的政治、军事、经济图谋，实施乡村地方伪化管理体制。日伪将原县立小学全部接管，并将"县立"二字改为"市立"二字；原先由乡镇地方出资举办的小学，则定名为"公立"，日伪给予适当补助；此外系个人、社会团体、教会举办的私立学校。这样，在日军羽翼下的即墨和胶州，其学校被强行区分为市立、公立、私立三类，有着悠久教育传统的农村学校由此脱离了正常的历史轨道，出现了畸变与蜕化。

即墨和胶州被日伪控制的"市立"小学，大都集中在城镇或有日伪军据点的集镇。以即墨为例，日伪最初接办的9所"市立"小学分别为考院街、城阳镇、蓝村镇、鳌山卫、马戈庄、流亭镇、河南、东关、西关小学。[②] 及至1944年增加到16所，其中一些是将原乡镇的"公立"小学改为"市立"。例如：1943年6月设立的"青岛特别市市立即墨区金口镇小学"即由金口公立小学改建而成；9月设立的"青岛特别市市立即墨区段村小学"则是段村公立小学改建的。事实上，由于日伪提供的教育经费有限，即墨和胶州的"市立"小学为数不多，其办学主体是由乡镇地方出资举办的"公立"小学。据1941年统计，即墨的144所学校中，有公立小学132所；胶州有各类学校121所，其中公立101所。[③] 日伪政权为加强控制，往往以"设备简陋""学生人数偏少""教师不称职"等借口，取消公立小学的津贴，甚至"饬令"其停办。据史料记载，1940—1942年，即墨的栲家庄、黄家庄、溏沱村、河南村、京口村、东城阳等25所公立小学被撤销。[④]

如果日伪的统计资料属实，那么即墨和胶州沦陷区的教育状况实属悲剧。据1941年1月日伪教育局的调查统计，即墨144所中小学校（其中中学2所）共有学生7167名（其中女生681名）、教职员236名，每月教育经常费及补助费为

---

① 《青岛特别市教育局公函（第一三五号）》，载《青岛教育周刊》第2卷第47期，1939年11月29日。

②④ 即墨县教育志编写组：《即墨县教育志》（内部发行），第115、119页，1990。

③ 孙新兴：《青岛沦陷时期的教育概况》，载《山东教育史志资料》（青岛专辑）1985年第5期。

4145元;胶州121所学校,共有学生5600名(其中女生941名)、教职员230名,月教育经常费及补助费为5601元。通过表6-3可见,及至1944年,即墨和胶州占青岛全市学校总数的75%、生源的40%,而教育经费投入只占青岛教育总支出的1/3。即墨和胶州女童入学的状况甚忧,仅为在校生的15.85%,青岛全市女童入学的平均比率为33.25%。事实如此,战争与民族压迫导致大量的乡村女童失学。

3."以战养战"政策与战略经济残害下的乡村教育

与青岛市区学校不同的是,深受日伪蹂躏的即墨和胶州学校更深刻地感受到侵青日军政治上"以华制华"和经济上"以战养战"政策的侵害。伴随在农村的"清乡"、筑壕建堡、摊派壮丁、实施"声名狼藉的'三光'扫荡战"①,农村地区出现了农作物品种退化、收成递减等严重问题。日本为满足其极度膨胀的侵略掠夺欲望,在农村强制推行所谓的"合作社运动",大肆加征赋税,垄断经济命脉,严重地破坏了农村生产力。与此同时,大量的战略物资和日用生活品(如牛肉、食盐、煤炭、棉花、矿石、花生等)源源不断地流向日本本土,其中掠夺最为严重的是出自中国本土的"二黑二白"(煤炭、矿石、棉花、食盐)。一份来自青岛港的统计数字显示:1939年从青岛运往日本的牛肉为4949吨,占全年牛肉外运总量5529吨的89.51%;运往日本的煤炭为520281吨,占比66.04%;食盐为111379吨,占比61.14%;棉花为3372吨,占比50.74%。② 据悉,1939年青岛对日本的贸易总额为11015.1万元,占青岛港的62.2%,③是美国的8.59倍。连甘心附逆的青岛傀儡政府在其"财政提案"中也深为忧虑地提出:

> 三年之间(1939—1941年)商民负担比较党政府时代,约增四倍,不可谓不巨矣。若再增捐加税,民力能否胜任姑且不问,然当行之亦不宜操之过急。譬诸牛马平时载千斤者加载一倍,力已不胜;若徒然加至万斤,非踣则毙矣。④

日本将青岛作为华北的重要门户,对即墨、胶州等沦陷区施加的是野蛮而持久的法西斯统治,带给乡村的是深重的灾难。据1941年10月日本满铁经济调查所对胶州第三区三官庙村的调查,不论"耕种规模较大的上层农家",还是地

① ［美］费正清、［美］费维恺:《剑桥中华民国史(1912—1949年)》,刘敬坤等译,下卷,第677页,中国社会科学出版社,1994。
② 根据《港湾能力调查表(昭和十六年)》计算,转引自胡汶本等编著《帝国主义与青岛港》第136页,山东人民出版社,1983。
③ 松崎雄二郎,『青岛の现势』,37页,青岛日本商工会议所,昭和十五年(1940)。
④ 转引自胡汶本等编著《帝国主义与青岛港》,第142—143页,山东人民出版社,1983。

表 6-3　1944 年上学期青岛市市区、乡区各类中小学校概况表

项目			学校数（个）	班数（个）	学生数（人）			教职员数（人）	经费支出（元）
					男生	女生	合计		
小学	市区	市立	25	432	14936	8971	23907	658	424499
		私立	3	36	1934	691	2625	55	62250
		小计	28	468	16870	9662	26532	713	486749
	崂山区	市立	57	311	9308	2076	11384	378	206420
	即墨区	市立	17	150	4629	1615	6244	183	109000
		公立	73	152	5596	233	5829	203	179280
		小计	90	302	10225	1848	12073	386	190180
	胶州区	市立	17	104	3151	754	3905	142	78320
		公立	145	232	6842	947	7789	298	70036
		私立	8	30	846	422	1286	38	25002
		小计	170	366	10839	2123	12962	478	173358
	合　计		345	1447	47242	15709	62951	1955	1056707
中学	市区	市立	6	79	1810	1746	3556	176	459799
		私立	2	27	1317	—	1317	68	181914
		小计	8	106	3127	1746	4873	244	641713
	即墨区	市立	1(初中)	8	226	69	295	18	11880
	胶州区	市立	1(初中)	5	199	—	199	13	12990
		私立	1	3	—	63	63	5	4800
		小计	2	8	199	63	262	18	17790
	合　计		11	122	3552	1878	5430	280	671383
总　计			356	1569	50794	17587	68381	2235	1728090

资料来源:根据孙新兴《青岛沦陷时期的教育概况》整理,载《山东教育史志资料》(青岛专辑)1985 年第 5 期。其中,小学统计数字内包括初级小学 226 所、学生 12545 名、完全小学 119 所、学生 50424 名。

薄贫困的"下层农家",日军占领后,小麦的单产量普遍降低,这"在下层农家尤为明显"。[①] 土地的剥夺与流失,致使广大农民不仅继续遭受中国封建社会长期形成的宗法、宗族关系的束缚,又横遭日本法西斯殖民统治的压迫。受其影响,沦陷区即墨和胶州的学校教育大大落后于战前的水平。据史料记载,迟至 1940 年 3 月,日伪乡政局才提请恢复胶州因七七事变一直"停顿"的初级中学,此事经"青岛特别市公署"令由教育局核议具复,方于 4 月 16 日开学。9 月,日伪当

---

① 南满州铁道株式会社北支经济调查所,『小麦の生産、消費、販売とその事変前後の変動-山东省高密县、青岛市膠县农村调查を中心として-』,51—52 頁,昭和十七年(1942)。

局以即墨文庙旧址为校舍成立"青岛特别市市立即墨区初级中学",始录新生37名,后续招28名,编2个班上课,张天晓任校长,实权由日籍副校长横尾甲一操控,"青岛特别市公署"教育局奉"华北政务委员会"教育总署令准予备案。胶州区初级中学则迟至1941年4月在考院旧址恢复,时有教职员11名、学生101名,王少岑任校长。①

此外,实行"政会一体"的"新民会"无孔不入地嵌入即墨和胶州乡村。1939年8月,日伪青岛特别市教育局在胶州成立民众教育馆,内设阅览部、博物部、宣传部、图书部,其职责之一便是与新民会"一同作宣传工作"②,农村的社会教育机构成为日伪强征粮款、扩增战勤的工具。1940年3月"新民会"与解散的日军"宣抚班"合并,即墨金口日军"宣抚班"崛一勇调任胶州"顾问"。随着战局的发展,日本加紧对沦陷区粮食配给和消费的调整,以"确保粮食对策的紧迫性"。

其实,日本早在1936年9月于青岛江苏路19号设立了华北产业科学研究所,七七事变后迁往北京。1938年5月,侵青日军将李村农事试验场及李村师范学校设立为"华北产业科学研究所青岛支场",由日本人野原正任场长。为了在农业科研领域贯彻日本的大陆政策,日伪还在即墨城阳镇设立棉花"原种圃",并招收学员进行农业技术培训。③ 这个集农业科研、教学于一体的农畜林业研究开发机构,实际是日本在沦陷区控制粮食、棉花生产与流通,实行经济封锁的战争工具。1940年4月日伪青岛当局决定:由日本东洋拓殖株式会社在胶州城以东建设胶州农场,规划面积1.8万亩,为此成立"胶州东滩垦务联络委员会"。1945年4月,日伪教育局还鼓动青岛各校学生到"兴业路"联合农场、台西镇联合农场、海泊桥联合农场开荒耕作,为日本所谓的"大东亚共荣圈"卖力。

四　太平洋战争前后的第三国教会学校

据实而论,1938—1945年日本第二次侵占青岛期间,私立中学尤其是第三国举办的教会中学是青岛中等教育的重要支柱,但日本对这些欧美教会一直持敌视、严控、排斥的立场。

鉴于青岛的第三国教会学校其巨大的社会影响力、妨碍日本实施"以日溶华"的政策,日本占领当局实行宗教统治,削弱欧美教会的势力。早在日军侵占青岛之初,1938年4月日伪当局即发布通告,规定"凡外国人所办之学校,宜切

---

① 《青岛特别市市立胶州区初级中学校校况表》,存青岛市档案馆,档号:B0027-004-00028-0227。
② 《青岛特别市胶州区立民众教育馆概况调查表》,存中国第二历史档案馆,卷号:2021-262。
③ 王士花:《日伪统治时期的华北农村》,第57页,社会科学文献出版社,2008。

实监督指导，务使其遵循新政府之教育方针"①，但惮于这些教会学校背后的欧美国家背景，仍维系着表面上的和平。同样，在青岛沦陷区的欧美教会学校为生存计，避免磨擦，大都对日方做出了一定的妥协和让步。除了被迫重新立案、接受日方更改的学校课程、编订教科书及强行推行日语教育等，教会学校不得不服从日伪当局的"教育指导权"，不敢涉及任何形式的反日教育，还需依令参加各项文化、体育活动，包括各类"兴亚"相关主题的运动周、演讲会及地方沦陷的"庆祝纪念"活动等。

据史料记载，最先开学复课的是德国天主教开设的圣功女中、小学和明德小学，日伪当局自 1938 年 4 月起每月给予圣功、明德小学 50 元补助。② 1938 年 6 月，日伪维持会批准圣功女中校长陈蕙君提交的第一学期总结报告及第二学期"课程进行办法"。是年 11 月，姚作宾、陈命凡等视察明德小学时感到，该校"对于教学训练均极认真，成绩较其他私立小学为优"，但校长彭玉麟提出教职员薪俸偏低，月薪只有 25~35 元，然"现时百物昂贵，殊不足以维持生活"。为拉拢明德小学并"示鼓励起见"，日伪当局决定自 11 月起，在原每月 50 元补助费的基础上"加给该校补助费五十元"，作为"津贴全体教职员之用"。③

青岛欧美基督教会学校的复课落在天主教会之后。1938 年 4 月 15 日，处于彷徨之中的中华基督教尚德小学由王宣忱重组的校董事会决定"立案复校"，招收 6 个班、154 名学生（其中女生 54 名），有教职员 6 名。该校拒绝设日语课，不接受日伪的经济补助费，办学所亏由教会筹划补助。④ 青岛基督教青年会 1928 年创办的私立职业学校，于 1938 年 5 月以"陋巷义学"的形式得以"备案"，校方强调"纯系补习班性质"，所招学生为 10~16 岁的"失学贫儿"，主办人仍是美籍牧师德位思，有教职员 9 名、学生 100 名。该校开设 6 个英文班、2 个日语班，还有 1 个算学班、2 个打字班。⑤

1938 年 8 月，日伪维持会批准私立青岛崇德中学校长王文坦提交的复行开学案，称"自去年秋季停顿后，学生星散，今春亦未得开学"，饬令其"自即日起举行旧生登记，新生报名"，并"在本校观象山第二院开办附属小学及幼儿园"。⑥ 同日，日伪还批准私立青岛文德女子中学校长焦墨筠提交的复校备案。9 月 10

① 《青岛治安维持会总务部教育科通知书》，载《青岛教育周刊》第 1 卷第 2 期，1938 年 6 月 20 日。

② 《青岛治安维持会市乡区小学校（1938）四月份实支经费一览表》，载《青岛教育周刊》第 1 卷第 2 期，1938 年 6 月 20 日。

③ 《青岛治安维持会训令（第六一四九号）》，载《青岛教育周刊》第 1 卷第 27 期，1938 年 12 月 12 日。

④ 《青岛上海路小学校志（1920—1986）》（内部资料），第 11—12 页，1987。

⑤ 《北京、天津、青岛三特别市社会教育机关调查表》，存中国第二历史档案馆，卷号：2021-262。

⑥ 《青岛治安维持会指令（第三〇六一号）》，载《青岛教育周刊》第 1 卷第 10 期，1938 年 8 月 15 日。

日,崇德和文德两校同时开学复课。1939年9月,崇德中学增设高中班,其附属崇德小学更名为"私立青岛培德小学校"。1940年王文坦辞职,解敬业继任;1941年初吴梅山任校长。1939年11月,基督教私立青岛培基小学校长汤启声"呈请开学",经日伪教育局"派员详查,并指示应行遵办事项,指令准予备案"。①

然而,随着战局的发展和国际形势的变化,青岛第三国教会学校的境遇也随之发生改变。1941年12月8日日本偷袭珍珠港,发动太平洋战争,失去外交庇护和治外法权保护的教会学校境况每况愈下,尤其是英美系教会学校几遭灭顶之灾。12月9日,侵青日军将圣功、文德、崇德中学及圣功、培德、培基小学共6所教会中小学校全部查封,学校中的英、美籍人员后被日军押往集中营。之后,日伪当局发布开学条件九款,伪教育局遵照伪华北政务委员会教育总署训令,改组上述各校董事会。青岛崇德中学为"维持开学",校董事会不得不吸收3名日籍董事,并聘灵田寿雄为副校长、森田一枝任日语教员。1942年,日本占领下的朝鲜人林薰"独助"办学经费,学校时有中学部10个班、568名学生和29名教职员,另有小学部314名学生、10名教职员。② 1943年,日伪当局成立"私立学校维持委员会",由教育局"从旁监督",迫使第三国(尤其是英国和美国)举办的私立学校"彻底改组,完全脱离英美文化之流弊"③。由于战时师生经济状况的恶化和教会补给经费的中断,很多教会学校不得不缩减规模。1944年8月28日,日伪当局将美、英教会在青岛设立的6所学校全部收归"市办"。其中,圣功、文德女子中学分别改为市立第二、第三女子中学,崇德中学改为市立第二中学,圣功小学改为市立第二女中附属小学,培基小学改为市立济宁路小学,培德小学改为市立观象路小学。原市立中学编列为市立第一中学,原市立女子中学编列为市立第一女子中学,唯一未被编列的是礼贤中学。

1944年6月,一向热衷于升格的刘铨法再次提出改礼贤中学为土木工程专科学校,并成立由"市政委员"李德顺、德国驻青总领事曹肯、同善会代表苏保志、黎义德(Walter Rieder)等15人组成的校董事会,仍由刘铨法任校长、孙方锡任教务主任。礼贤土木工程专科学校学制为5年(前期3年、后期2年),招收初中毕业生,原礼贤中学作为附设。④ 这一办学请求经"青岛市特别市"教育局局长伊里布转呈"华北政务委员会"教育总署督办文元模,后经王克敏签批,迟至

---

①　《教育工作报告(民国二十八年十一月份)》,载《青岛教育周刊》第2卷第48期,1939年12月6日。

②　《青岛特别市私立崇德中学校董事会三十年度第二学期报告书》,存青岛市档案馆,档案号:A003026-00003。

③　《青岛特别市教育局教育行政报告书(民国三十二年六月)》,存中国第二历史档案馆,卷号:2021-595。

④　《为请筹设土木工程专科学校的呈》,存青岛市档案馆,档案号:B0027-006-02629-0360。

1945 年 6 月 22 日才得到"准予开办"①的批文。

青岛第三国教会学校遭受厄运的还有基督教信义会在青岛举办的高级护士学校和女子神学院。1932 年 7 月美籍牧师在城阳路 5 号开办的信义会医院附设高级护士学校，于 1941 年被日军封闭，学员溃散。1932 年 9 月信义会鲁东总会在济宁路 32 号举办的信义女子神学院，于 1941 年被日军接管。1942 年，美国信义会在青岛的房地产一并被日军占有，教务活动转由德国传教士维持。

在日伪控制的即墨和胶州两区，教会学校的处境极为困厄。

在即墨，美国鲁东信义会 1925 年在萃英书院旧址举办的私立萃英初级中学，1931 年秋曾与 1926 年建立的私立坤德女子初级中学（1929 年更名为"私立鲁东女子初级中学"）合并为"即墨县私立信义初级中学"，1937 年因七七事变停办。1938 年，信义会在即墨城南胡家村开办私立信义初中补习班，并附设小学。校长由美籍牧师谷慕灵（Cooper L G）兼任，教务由原任校长石荣光负责，另有教职员 10 名、学生 167 名（其中女生 59 名）。课程为国文、算术、英文、地理、历史、理化、卫生、宗教，上课时间分 3 个时段共 9 个小时：上午 9:00—午后 1:00，下午 3:00—6:00，晚上 7:30—9:30。② 学校经费主要依靠美国差会，学生就学须交纳学费，自入学至毕业一次性交纳 60 元。1941 年春夏之交，日军借口学校藏有电台和抗日游击队潜伏，进行轰炸，投下的 6 颗炸弹有 2 颗落在校院，致使在场的 6 名学生被炸伤，两座教学楼受损。太平洋战争爆发后，12 月 8 日驻即日军宪兵队封锁了信义初中补习班及其附属小学，校长谷慕灵和美籍教员被送往潍县集中营，学校被迫解散。为集中实施奴化教育，日伪举办的市立即墨区初中将信义初中的 181 名学生收编，同时有 9 名教师被录用。③ 1942 年 2 月，日军强行占据市立即墨区初级中学校舍，师生被迫迁到城南胡家村原信义中学校址。1943 年 6 月，日军特强与市立即墨区初级中学交换驻址，迫使即墨初中又迁回文庙旧址。此时的原即墨私立信义中学校舍变成了日本侵略军暴殄天物、虐害中国人民的魔窟。

比之美国基督教信义会在即墨的办学，基督教浸信会在胶州的瑞华学校因瑞典的中立国地位，其办学呈现出另一种境遇。④ 迫于七七事变，胶州瑞华中学停课。1938 年，任桂香将胶州和高密妇女短期圣经班合并，利用瑞华中学校舍开办了三年制圣经学院。1939 年春，校长王华亭因"鉴青年歧路之危"，在瑞典

---

① 《关于对青岛特别市私立礼贤土木工程专科学校校董会准立案并准予开办学校的咨》，存青岛市档案馆，档号：A0020-001-00274-0233。

② 《各省、市、县补习学校概况调查表》，存中国第二历史档案馆，卷号：2021-262。

③ 即墨县教育志编写组：《即墨县教育志》（内部发行），第 137 页，1990。

④ 陈静：《他者与自我——瑞典浸信会传教士在华战争处境探析》，载《基督教学术》2016 年第 1 期。

籍教会牧师的掩护下,以"圣经学院补习班"的名义,暗中串联瑞华师生秘密复课。① 王华亭(1900—1987),又名王逢荣,胶州王台人,1912年入读瑞华学校;1915年被推荐入齐鲁大学,获理科硕士学位,又赴燕京大学读研究生,毕业后返回胶州瑞华中学任理化教员,1930年接替任汝霖出任校长。王华亭为与日伪周旋,采用"暗渡陈仓"的办法,先将瑞华中学大门关闭,另于僻巷"捎门里"开一便门"以避通衢招目",又"改体育场为农田",②顶住日伪的刁难侵扰艰苦办学。

据悉,瑞华中学所用的教材均系七七事变前的课本,1943年部分采用新出版的教科书。此间,该校没有开设修身、日语等课程,也没有悬挂日本国旗。学校经费开办时由瑞典浸信会提供,战前每年为7000克朗,学生每人交学费10元。第二次世界大战爆发后邮路不通,瑞典浸信会的汇款不能保证,无奈学校只得向学生收取粮食充学费,一般每生每学期交纳学费谷子1斗、杂费谷子10斤,以维持教职员的最低生活。由于战争阴霾和社会恐慌,借乡村民众安全庇护所之需,浸信会大量发展教徒,以胶州为中枢,向四周扩展,成为抗战时期胶、诸、高地区最具影响力的基督教会。瑞华中学在坚守自身立场的同时,也在努力变通因应,以寻求生存和发展的空间。为了避免日军的骚扰,瑞华中学为每个学生制作了学生证,以保学生的尊严不受侵犯。1940年,瑞典浸信会在胶州、诸城、高密地区共有40所学校,有学生1542名、教员有60名。1940年,瑞华中学有15名毕业生,1943年秋入学55名新生③,到1946年有46人毕业,是胶州瑞华学校最多的一届毕业生。

五　"圣战"教育体制下的日侨学校

一个无法忽略的问题是,1938—1945年青岛的日侨学校较1914—1922年日本第一次侵占青岛时期有了相当的发展。

1938年1月日本侵占青岛后,大量日本侨民以"胜利者"的姿态涌入青岛。据统计,1939年青岛外侨为8325户,其中日侨7123户;到1943年,日侨激增至12813户、计40918人。④ 日本对青岛新一轮的移民侵略,不仅给中国人民带来了深重的灾难,也造成了日侨学龄儿童的教育问题。

---

① 高维仪:《我所知道的私立瑞华中学》,载《胶州文史资料》(内部发行)第4辑第95页,1989。

② 《关于私立瑞华中学在敌伪时期办理情形及工作经过》,存山东省档案馆,档号:J101-12-0206-003。

③ 《为呈送本县私立瑞华初级中学三十二届毕业生表册恭请核备由》,存山东省档案馆,档号:J101-12-0206-001。

④ 小岛平八,『山東省と邦人の現勢』,日華社,1944。

　　始建于日本第一次占领时期的青岛日本中学校、高等女子学校，尤其是青岛日本第一、第二和沧口、四方寻常小学校，由于"断难尽量收容"不断增加的日侨学龄子女，1939 年 7 月日本总领事馆函请青岛当局，要求"无偿领租若鹤兵营"新设"第三日本小学"。① 此外，日本留民团还出面要求领租东镇公园西北侧之地"建设青岛第二高等女子学校"，为此"兴亚院"青岛出张所递交了"领租"函。② 日本还在青岛无棣二路、人和路、广东路建有 3 所幼稚园。事实如此，青岛日侨学校业已成为日本链接华北、东北、华东地区日侨的中转站，也是日本海外侨属教育在华北、华东的重要地区。

　　日伪青岛当局对日侨学校重视有加，不仅提供各种优惠待遇，而且每逢日侨学校的重要活动总是躬行前往。据史料记载，1939 年 2 月 14 日，青岛日本中学举行"第 19 次毕业式"，日伪教育局长陈命凡"前往观礼"。3 月 9 日，青岛日本高等女校举行"第 21 回卒业典礼"，陈命凡代表市长赵琪前往致辞，并"赠银盾一座，以资纪念"。③ 1939 年 3 月 18 日，陈命凡代表市长赵琪出席青岛日本第一寻常高等小学"第 24 回卒业典礼"，并委派庶务科长邹树槐参加青岛日本第二寻常高等小学"第 22 回卒业典礼"，同时派学务科长伊里布代表参加四方日本寻常小学"第 15 回卒业典礼"，陈、邹、伊三人"均致祝辞，并各赠银盾一座"。④ 值得注意的是，1941 年前的青岛日侨学校大都依据日本文部省战前的课程标准，且教学秩序井然，时常为中国学校提供范本。1939 年 4 月 17 日，江苏路、黄台路、台东镇 3 所小学校的教职员 140 余人参观日本第一寻常高等小学校。19日，北京路、台西镇 2 所小学校的教职员参观日本第二寻常高等小学校。参观时均由教育局副局长饭田晁三、督学室主任宇野祐四郎及"教育指导官"带领。1939 年 10 月台东镇小学参观四方日本小学，一名六年级学生在观感中写道：

　　　　进了大门，见房屋非常壮丽，院中陈设着奇花异鸟，又有大树数株，高大蔽空，茂盛之极。……操场非常宽广，里面各种玩具及各种体育器具、设备非常完全。⑤

　　这位学生还发现，日本"小学生的作品，最注重写生画和自由画，对于按照画

---

　　① 《关于新设第三日本小学无偿领租若鹤兵营公地的译函》，存青岛市档案馆，档号：B0023-001-00635。

　　② 《关于青岛日本留民团拟请领租东镇公园西北领土地为建设青岛第二高等女子学校地基的函》，存青岛市档案馆，档号：B0023-001-00635。

　　③ 《本市教育消息（1939 年 3 月 8 日—14 日）》，载《青岛教育周刊》第 2 卷第 10 期，1939 年 3 月 15 日。

　　④ 《本市教育消息（1939 年 3 月 15 日—21 日）》，载《青岛教育周刊》第 2 卷第 11 期，1939 年 3 月 22 日。

　　⑤ 王浚：《参观四方日本小学校成绩展览会》，载《青岛教育周刊》第 2 卷第 39 期，1939 年 10 月 4 日。

帖来仿作的情形,可说是绝对没有"①。言外之意,日侨学校的教育理念和教学质量远远高于此时期的青岛华人学校。1939年3月10日,奉日本陆军特务机关之命,日伪青岛教育当局在汇泉体育场举办中日学生联合体育大会,到场观众约4万余人。据悉,参加的学生胸前一律佩戴印有"中日满三国国旗"的徽章,日本高等女子学校学生"一队持五色旗,一队持太阳旗,走成了'中日'二字"。②闭幕式上,由日本居留民团参事会会长村地卓尔致闭会词(由人代读),发给各项比赛优胜者银盾各一枚。

然而,随着战争局势的发展和日本战时教育体制的推进,1941年后的青岛日侨学校更彰显出日本军国主义指导方针。1941年3月日本政府颁布《国民学校令》,青岛的日本"寻常小学"均改为"国民学校"。据日本的档案资料显示,1941年青岛的日本小学有青岛日本中央国民学校、青岛日本第一国民学校、青岛日本第二国民学校、青岛日本第三国民学校、沧口日本国民学校、四方日本国民学校。③上述学校均"以皇国之道为准则,实施基础国民训练",其课程分为国民、数理、体育、艺术四类,第一类"国民课程"包括修身、国语(日本语)、国史(日本历史)、地理等科。体育课程得到了空前的加强,除了校内体育课,每年10月举办秋季运动会及"创立纪念会"。

此间,1917年4月开办的青岛日本中学1938年后进入快速发展期,从1938年365名在册生到1940年增加到646名,1941—1944年每年稳定在700~800名学生(详见表6-4)。更重要的是,该校的办学方针从培养尽忠报国的"皇国国民"及通晓汉语、熟悉中国习俗的第二代移民,转向培养日本侵华战争的后备力量。1943年1月日本政府颁布《中等学校令》,将原中学校、高等女子学校、实业学校统一改为"中等学校",招收国民学校初等科毕业生,修业年限由5年缩短为4年。这种简化学校类型、完全不顾及学生不同的学习需求的做法,在课程设置上体现得更为明显。青岛日本中学开设国民、数理、体练、艺能、实业、外国语六类课程,其中的"体练科"包括体操和武士道,体操有体操、军训、游戏、竞技、卫生,武士道则包括剑术、柔道(男)、刀术(女)。1938年2月,青岛日本中学增加了空中滑翔机课程,并于1942年添置了两架滑翔机,要求三年级以上学生参加滑翔训练。至1945年初,学校仅为战争而生存,课程全部取消,上课就是军

---

① 王浚:《参观四方日本小学校成绩展览会》,载《青岛教育周刊》第2卷第39期,1939年10月4日。

② 《参观建设东亚新秩序中日联合运动大会记》,载《青岛教育周刊》第2卷第10期,1939年3月15日。

③ 《青岛市各日本部队、学校、株式会社、公司、报社等单位人称》,存青岛市档案馆,档号:B0023-001-00235。

表6-4 日本第二次侵占时期青岛日本中学年度学生情况表

年 份	在册学生数（人）	年级（个）	入学新生情况		毕业生情况		教职员数（人）
			届次	新入学数(人)	届次	毕业生数(人)	
1938	365	3	23	(140)	18	24	24
1939	516	3	24	(170)	19	44	25
1940	646	4	25	191	20	73	28
1941	(740)	4	26	224	21	71	31
1942	(800)	4	27	193	22	78	36
1943	(800)	4	28	(180)	23	110	36
1944	(770)	4	29	(190)	24	105	38
1945	(600)	4	30	(200)	25	116	36
		—	—	—	26	119	
					27	92	
1938—1945 年合计			8	(1488)	10	832	—
1917—1945 年总计			30	(3630)	27	1734	—
备 注	括号( )里的数字为非精确的推算数。						

资料来源:安藤良夫,『青岛日本中学校校史』,48 頁,西田書店,1989。

训,每天都进行机器操作要领、手枪入手战斗训练。为急速扩充海军航空兵力量,1943 年 7 月,日军大佐松岛庆三到日本中学招募海军航空兵,挑选 62 名学生入军训练,随时参加战斗。据悉,1941 年 9 月青岛日本中学校友会改名为"青岛日本中学校报国团",成为日本在青军队组织系统的一部分。实际上,战时教育体制使青岛日侨学校成为日本驻军、军用物资储备、后勤劳作基地,学生成为日本侵华战争的后备军,学校的基本教学功能丧失殆尽。1944 年 3 月,池见利夫接替大野清吉出任第七任校长。青岛日本中学校于 1945 年 10 月 31 日闭校。①

此外,青岛还有第三国"俄人防共委员会"主办的俄国学校,1938 年 12 月从江苏路 43 号迁文登路 4 号"宽大洋房"。② 1939 年 9 月 11 日,因七七事变停办的青岛美国学校在湖南路校址复校上课。据悉,龙口路 1 号还有一所德国学校,但具体办学情况不详。

---

① 安藤良夫,『青岛日本中学校校史』,660 頁,西田書店,1989。
② 《本市俄国学校迁移新址 今日举行典礼》,载《青岛新民报》1938 年 12 月 20 日。

第二节　基于"皇国"民族优越观的日本语教育

一　殖民政治高压下的中小学日语教育

日本侵略者出于倨傲、冥顽、狭隘的民族使命心理,为消泯中国人的民族主义精神,七七事变后即把日语作为"亚洲通用语言""亚洲第一语言",赤裸裸地提出普及日语教育。[①] 1939年6月,一份出自日本"兴亚院"文化部第三课的《普及日语方策要领(草案)》提出:日语教育是"先决的""紧急的""恒久的""必需的"事业,强调"兴亚工作的根本"在于以"皇道精神"为核心的教育。[②] 当"教育"被用来为武力侵略服务的时候,日语的普及便成为日本在占领地(国家)的首要政治任务。

1.定为中小学"正科"的日语与普及日语的教育事业计划

侵华日军占领青岛伊始便围绕教育的日本化、殖民地化大做文章,将承载"大和文化精神"的日本语作为中小学校的必修课,实施强迫语言同化教育。根据史料记载,1939年2月,陈命凡在市区中小学校长会议上宣布:凡青岛市区的市立小学校一律开设日语课,由日本"教育指导官"教授,三、四年级每周2节,每节35分钟;五、六年级每周2节,每节45分钟。市立男、女中学自本学期起,日语每周授课时数由3小时改为4小时;特别师范科每周教授12个小时。这个量化的日语教育规定,比日本1942年出版的《新支那年鉴》披露的沦陷区小学三、四年级每周授课2小时,五、六年级3小时,初中3小时,师范学校4小时的记载[③]要多得多。

最初担负日语教育的是来自日本本土的日语教员,即以"教育指导官"身份"指导"中小学校的日本人。1941年秋,日伪青岛教育当局"奉令"将日本文部省铨衡"兴亚院"18名日语教员"分配各校服务"。[④] 这些日语教员"不单纯是日语教师",而是负有"代表日本民族指导大陆民族的重任,不专心于日语教学,而是奔波于政治及事务方面的工作"。[⑤] 浸染了法西斯战争色彩的日语教育,并以强

---

① 佐藤尚子,「汪兆銘傀儡政権下的教育」,『大分大学教育学部研究紀要』,第16卷391頁,1994。

② 駒込武,「日中戦争時期文部省與興亞院的日語教育政策構想」,『東京大学教育学部紀要』,第29卷182頁,1989。

③ 宮房治郎,『新支那年鑑』,第7回797頁,東亞同文会業務部,昭和十七年(1942)。

④《青岛特别市教育局三十年七、八、九各月份工作报告》,存中国第二历史档案馆,卷号:2021-595。

⑤ 大出正篤,「大陸日語教授概況」,『日本語』,第1卷3号25頁,昭和十六年(1941)。

迫的方式推行,无异于民族侵略和压迫政策的武器,其用心必然是削弱汉语乃至取代汉语,最终以日语吞噬汉语。

值得注意的是,伪傀儡政权则热衷于"根绝抗日教育",并以"普及日语"作为卖身投靠的资本。1939年初,日伪青岛教育当局在拟定的年度教育事业计划中强调:

> 彻底强化指导监督事项。为根绝抗日教育及彻底使其明了教育方针并慎重教员之铨衡计,须时常指导监督,细心注意,方可现本局设督学及教育指导官……之必要。

> 施行中日亲善工作及善导思想事项。为建设东亚新秩序,完成中日真正提携,以中日人民互相理解,促进亲善,最为重要。拟于学校教育及社会教育双方实行。……普及日语。①

这个论调恰恰迎合了汪精卫"对国民心理进行根本的改造"的文化宣传基本方针。这在伪宣传部宣传事业司司长杨鸿烈那里解释得更清楚:"教育的目的,是要达到反共和平建国,而所养成的人才,也必须负起反共和平建国的责任。……忠诚谋国,应有切实苦干的精神,则往日浮嚣空泛的学风,不得不为之扫除。"②

日伪沆瀣一气,导致日语同化教育大行其道。事实上,日本侵略者在沦陷区大力推行日语教育,是借助日语内可以培植能指导"大陆民族"的纯正的日本人,外可以教育沦陷区华人学生,进而教化一般民众生活。日本为炫耀所谓"武威"以鼓舞国民士气,欲于1940年操办"皇道纪元二千六百年"纪念活动。日伪青岛教育当局根据"兴亚院"出张所教学局公函,于1939年10月发布"悬赏募集"纪念论文的训令,并"转知各教职员和全体学生"。征文的题目是《皇国日本之应进之道》和《皇国之使命与青年学生》,其目的无非是"强化皇国民之自觉",以"确立兴亚精神",以资"达成皇国之世界史上之使命"。③ 由此可见青岛沦陷区日语同化教育毒害之深。

2.日语讲习会、赴日观光与中国师生的崇日、恐日心理

为使沦陷区学校教职员和学生在汉语影响不断被剥离的过程中逐步接受日本文化,按日本人的思维方式认识问题,通过日语学习推销日本文化,日伪青岛

---

① 《教育局二十八年度事业计划（续）》,载《青岛教育周刊》第2卷第15期,1939年4月19日。

② 杨鸿烈:《国民政府还都后的"文化"政策》,载《中日文化月刊》第1卷第2期,1940。

③ 《募集纪元二千六百年纪念悬赏论文要项》,载《青岛教育周刊》第2卷第41期,1939年10月18日。

当局可谓多策并举,居心叵测。

由于普及日语的师资条件不足,自1940年起,日伪青岛当局用举办中小学教职员日语讲习班的形式,竭力培训华系日语教师。1940年1月,伪教育局在举办中小学教职员日语讲习班的训令中称:"我教育界同仁所负建设新秩序之使命尤为重大,若不研习友邦语言,曷足以资互助而收实效。"训令要求各学校"立即按规定各办法切实奉行,毋得违延"①。这次日语讲习会自1月4日起至4月15日止,共计6所市立及私立中学、12所小学的468名教职员参加,担任讲习班的教员是15名日本"教育指导官"和各校日语教师。据悉,讲习班结业时颁发修业证书,并"择其成绩优良者104名,各给奖状一纸,又颁赏《日语华译大辞典》一册以示鼓励"②。讲习会之后,5月7日日伪青岛教育当局规定:自即日起,各校教职员每周于课余之暇补习日语2小时,由各校常川驻校的日本"教育指导官"讲授。

除此之外,日伪青岛教育当局还用直接点名的方式,饬令学校派教职员参加各种官方或民间组织的日语培训。例如:1941年1月22日,"青岛特别市公署"教育局发布第四十一号训令,令市立黄台路、北京路、江苏路、台西镇、台东镇、四方、吴家村、小村庄、大水清沟、湛山、沧口、板桥坊12所小学和私立圣功、培基、三江、尚德、培德5所小学,派员参加由青岛"兴亚教育会"主办的日语教授法讲习会。

组织青岛教职员和学生赴日本观光,也是日伪当局企图以强势国力诱逼中国师生的主要施策。据史料记载,"青岛特别市公署"教育局于1940年6月组织以日本"教育指导官"木村兵三为团长、督学室次席张贻先为副团长的日本教育视察团一行13人去日本"各地视察一般教育之现实状况",并参加7月18日—22日在东京举行的东亚教育大会。③ 1941年4月,日本媒体《青岛新民报》组织青岛女中学生访日使节团,一行9人由日本"教育指导官"山本英和私立圣功女中教员万蓉领队并监督。离青赴日前,市长赵琪、局长陈命凡接见全体团员并训话。④ 旋即,青岛中国男生访日使节团一行17人离青赴日。青岛师生的日本参观旅行,其组织者的旗号是"贯彻中日亲善"的"教育根本计划",俾资"借镜而期改进",实质是对沦陷区中国教职员和青少年学生的奴化,培植崇日、恐日以至亲日分子,使之屈服于其殖民统治。

---

① 《青岛特别市教育局训令(第八号)》,载《青岛教育半月刊》第1卷第2期,1940。
② 《青岛特别市公署二十九年四月份工作报告·教育》,1940。
③ 《青岛特别市公署二十九年六月份工作报告·教育》,1940。
④ 《青岛特别市教育局三十年四、五、六各月份工作报告》,存中国第二历史档案馆,卷号:2021-595。

3.日语演讲会、学艺会与日语"语学检定"制度

早在 1938 年日本秘密制定的《对支宣传策略纲要》就提出泯灭中国的民族意识，制造奴隶"文化"。为在沦陷区造成"同文同种"学习日语的风气，日伪青岛当局经常举办名目繁多的日语教育活动，如日语雄辩会、发布会、唱歌会、作文比赛、日语作品展览等。

1939 年 7 月 7 日值七七事变两周年，日伪青岛当局决定将 7 月 3 日—10 日定为"兴亚周"。7 月 8 日，日伪教育局与日本"新民会"举办学生雄辩大会，令各市立、私立中学每校选派两名学生围绕所谓"中日亲善，建设大东亚新秩序"的主题讲演，题目有《要建立新兴的中国须要友邦日本的提携》《新东亚之建设乃我们黄种之责任》《要建设东亚新秩序应预先实行中日满亲善合作》等。据悉，日伪官员及青岛各中学教职员、学生 1000 余人参会。①

1940 年，日伪青岛教育当局在一份官方文件中提出：日语"为主要课程，早经通行在案。兹为奖掖小学儿童修习日本语文起见，特厘订奖励日本语实施计划"②。自此，日伪青岛当局每年举行一次"日语学艺会"，由学生上台用日语演讲。1940 年 4 月，"青岛特别市公署"教育局按照伪华北教育总署奖励日本语实施计划，"会商当地特务机关"③，在市礼堂举办全市小学联合日语学艺会。日本青岛市公署最高顾问柴田弥一郎与日本"兴亚院"青岛出张所、市公署日本"辅佐官"及青岛日本各小学校长等日本人担任审查委员，活动经费由日本"兴亚院"青岛出张所出资 500 元，市公署拨发 300 元。据主办者宣称，学艺会"节目计有七十四次之多，无不发音正确，出语流利……复由全体学生用日语合唱《爱国进行曲》"④。

同年 4 月 14 日，"青岛特别市公署"教育局在市立黄台路小学举行市区小学生日语作文命题试验，成绩优良者发给奖品并印刷发表。为"奖励"小学生学习日语，教育局发起募集小学生日语作文活动，要求市区 12 所小学四年级以上每年级选送一名学生参加日语作文命题试验。10 月，日伪教育局印发小学日语作文集，并在序言中声称：

> 普设日语课程外，并举办日语学艺会、日语发表会，奖励日语优良作品。近更创办日语补习学校，藉以普遍灌输，广为宣传。两年以来，各校学生之

---

① 《举行兴亚周间学生雄辩大会》，载《青岛教育周刊》第 2 卷第 27 期，1939 年 7 月 12 日。
② 《青岛特别市教育局呈（第八六号）》，载《青岛教育半月刊》第 1 卷第 7 期，1940。
③ 《青岛特别市公署二十九年四月份工作报告·教育》，1940。
④ 《举办小学校联合日语学艺会》，载《青岛教育半月刊》第 1 卷第 7 期，1940。《爱国进行曲》是宣扬军国主义的日本歌曲。

日语讲习已略具门径,爰择其作品之优秀者辑录成册,印刷多份,分送各界,以广流传。①

日本侵略者为对沦陷区民众实行以普及日语为特征的"国家认同"的建构,还竭力推行"日本语语学检定"制度,利用就职、就业和派送日本留学引诱学生学好日语。日伪青岛当局实行日语考试等级,设特等和一、二、三等诸等级,合格者发给等级证书。日本侵略者对中国学生学日语除了"奖优",更重"罚劣"。常有日本宪兵在街头设卡用日语盘查学生,对能说日语的就放行,对不能说日语的轻则斥喝、重则殴打。用语言使用情况作为体罚学生的依据,日本人可谓登峰造极。

二　官僚化的日语院校与势力的东文书院

为确保日本在东亚大陆的统治地位,日本侵占当局可谓无所不用其极。特别值得注意的是,由日本"兴亚院"地方派遣机关和总领事馆出面主办的日语专门院校,是日本第二次侵占青岛时期的重要教育特征。这种因战争而放大了政治背景并获取"官幕化"的教育体制和机制,在吉利平次郎开办的兼招中国学生的青岛学院专修科格外突出。青岛亲日分子李仲刚开办的东文书院充当了日本文化侵略的爪牙。

1.驻青机关的日语专门院校与强化思想渗透

为普及日本语教育,日本侵占当局在青岛开设了不少日语专门学校,其中最具影响力的是日本"兴亚院"青岛出张所开设的"兴亚学院"和日本驻青岛总领事馆开办的"国际日语学校"。这是日本官方直接操控的思想渗透和文化侵略的教育机构。

据史料记载,"兴亚学院"是日本青岛"兴亚院"教员养成所的冈田清一在濮县路10号原"湖北会馆"旧址举办的日语专门教学机构,因有"兴亚院"做后台,其规模和影响最大。"兴亚院"作为日本政府1938年12月设立的推行所谓"一元化"统制的对华事务派出机构,1939年3月在青岛太平路37号设立的出张所,虽是华北联络部治下的二级单位,但直接听命于日本华北派遣军司令部,首任所长系日本海军大佐柴田弥一郎。1940年8月,日本海军大佐多田武雄继任"兴亚院"青岛出张所所长;1941年8月接任所长职务的是日本海军大佐绪方真记。"兴亚院"青岛出张所作为日本侵占青岛的最高政治机关,其内设的教员养

---

① 《青岛特别市公署二十九年十月份工作报告·教育》,1940。

成所直接插手干预青岛教育事务,对于普及日语极为狂热。据史料记载,由"兴亚院"提供经费的"兴亚学院"开设速成科和本科,速成班修业 6 个月、本科修业期限为 1 年。冈田清一和丁光楣任专职教员,冈田清一月薪 100 元,丁光楣为 35 元;毕业于日本东北帝国大学经济学部的矢野贤太郎、日本青岛中学教员新见常之和东亚医科学院生徒杨碧惠为兼职教员,这三名兼职教员的月薪均为 30 元。①

据史料记载,"兴亚学院"各科授课每天 9 个小时(每周 54 个小时),分两个时段,第一时段为上午 8:00—12:30,第二时段为黄昏及晚上 5:00—9:30。据 1940 年 6 月统计,该院有学生 325 名(其中女生 75 名),年龄在 11~45 岁,此前已有 169 名学生(其中女生 26 名)毕业,这些毕业生继续升学的有 53 人、从商的 50 人、做工的 41 人,还有 7 人从政、18 人无业。②1942 年底,由于日本侵华形势发生变化,"兴亚院"本部宣布撤销,青岛出张所旋即并入日本驻青岛总领事馆,村地卓尔替代"兴亚院"青岛出张所所长绪方真记出任市"公署"顾问。1944 年 5 月,折下吉延就任伪青岛市政府"顾问",村地卓尔退职。随着日本在青新殖民体制的调整,冈田清一的"兴亚学院"最终走入末路。

1939 年 9 月,日本驻青岛总领事馆开办"国际日语学校",地址在无棣二路 4 号,由 59 岁的日本职业军人宫部光利任校长。③宫部光利曾任"满洲国"黄渤海沿岸警备机关日军预备役大佐、营口海边日本警察队队长、辽河水上警察局局长等职,来青岛后与日本驻青总领事大鹰正次郎勾结在一起。随着七七事变日侨撤离青岛,日本总领事馆也于 1937 年 9 月关闭。伴随着 1938 年 1 月青岛再度沦陷,日本总领事馆再次开张。复馆后的总领事馆,内设总务课、政治课、经济课、文化课、侨民课、情报课、企业课及书记官、武官、参事官、调查官等职。依托青岛总领事馆开办的"国际日语学校",规模虽不及"兴亚学院"(详见表 6-5),但历任总领事都竭力扶持。大鹰正次郎离任后,石川任总领事。1941 年 11 月,日本外务省调查部部长高濑真一接任青岛总领事。特别是 1943 年"日本大东亚中国事务局"成立后,"兴亚院"青岛出张所并入日本总领事馆,此时的日本驻青外务机关实际取代了"兴亚院"的职能,成为控制青岛政治、经济、文化的总后台。这在 1944 年 7 月喜多长雄任总领事和日本投降前的武藤贞喜总领事时期尤其如此。

据史料记载,"国际日语学校"由青岛企业株式会社提供经费支持,学校教务由野口贤二、冈崎征夫负责,日文翻译是毕业于日本九州帝国大学的鄂绍程。

---

①②③ 《各省、市、县补习学校概况调查表》,存中国第二历史档案馆,卷号:2021-262。

表6-5 1940年日本驻青机关举办日语学校/院情况表

项目 学校	始办 时间	管理机关	在校学生数			在校学生年龄分布情况				毕业生情况		年经费 (元)
			年级	班数	人数	11-20	21-30	31-40	40岁以上	届数	人数	
兴亚学院	不详	青岛 "兴亚院"	4	9	325	180	125	17	3	4	169	不详
国际 日语学校	1939年 9月	日本驻青 总领事馆	3	3	200	105	90	5	—	2	100	2250
合 计			7	12	525	285	215	22	3	6	269	不详

资料来源:《北京、天津、青岛三特别市社会教育机关调查表》,存中国第二历史档案馆,卷号:2021-262。

"国际日语学校"的学制与"兴亚学院"相同,也是开设6个月的速成科和一年制本科,但授课时间只在晚上7:00—9:10。根据1940年6月统计,"国际日语学校"时有学生200名(其中女生20名),年龄在10~35岁之间。除了青岛企业株式会社拨付3万元开办费和2250元年经常费,"国际日语学校"还收取一定数额的学费,速成科收1.80元,本科收3.60元。[1]

此外,日伪青岛教育当局"为谋中日亲善,适应生活起见",还利用江苏路、黄台路、台东镇小学校舍设立了3所免费日语学校,各招收学生40名、50名、48名,于1940年9月10日同时开课。[2] 这种寄身性的日语学校分高、初两级班,因生源条件受限,暂先招收初级班。初级班修业年限为1年,实行夜间授课,每天2个小时,课程仅有日语、修身,校长由各所在学校校长兼任。另据史料记载,日本侵占当局还在占领区即墨和胶州开设了日语专门学校。1938年4月,即墨日语学校在即墨考院街开办,招收学生197名(其中女生49名)。该校实行免费教育,修业4年,授课时间为下午4:00—5:00,使用南满洲教育会教科书编辑部编印的《速成日本语读本》和满洲日本教育会编印的《初等日本语读本》,校长是小野喜正。[3] 1940年1月,一所以"学院"冠名的即墨日语学院在城隍庙旧址开办,校长为左保田贞一,招收学生56名(全部为男生),修业3个月,全额免费,经费由"新民会"即墨乡区事务局供给。[4]

2. 充斥军国主义风气的青岛学院与归属同仁会的医科学院

作为老资格的日侨教育寡头吉利平次郎,1934年将青岛学院的地盘扩大到

---

① 青岛特别市教育局:《青岛特别市补习学校概况调查表汇编》,存中国第二历史档案馆,卷号:2021-262。

② 《青岛特别市公署二十九年九月份工作报告·教育》,1940。

③④ 《各省、市、县补习学校概况调查表》,存中国第二历史档案馆,卷号:2021-262。

单县路后，随着七七事变日军再次入侵青岛，青岛学院发展为商业学校、实业学校和纮宇女子学校三个分部。① 从 1921 年始兼收中国学生，到 1939 年在校中国学生为 260 名、日本学生 480 名。1938 年 8 月，纮宇女校在馆陶路设校招生。②

青岛学院的科目繁多，且尤重日语。中国学生经预科毕业，可直接升入本科，与日本学生同堂受业。从有限的档案资料来看，吉利平次郎十分重视学校的影响。1939 年 4 月，青岛学院巴结日军少将广濑顺太郎，推其为理事长，3 名军官负责军事训练。1939 年 10 月，青岛学院商业学校运动会开幕式上有一场惊心动魄的"战争实习"。北京路小学一位六年级学生在参观后的文章中写道：

> 双方的枪声不绝于耳，健儿们呼声震天动地。一会儿又有坦克车跑来助战，一会儿又有机关枪对面射来，这时全场参观的人都目瞪神呆，一言不发地坐在那里。待了一会，忽见战场上远远的一缕白烟直向天上冲去，接着又听到"轰"的一声，大炮响了，好似天崩地裂一般，接连着又是好几颗炸弹。在浓浓的烟幕之中，火花四射，铁屑狂飞，同时军号大作，只见那方的军队冲锋而上，肉搏争先，早已杀入浓烟密集的战场中心。③

这种有意渲染的战争恐怖气氛，传达的是青岛学院的军国主义思想观念。事实上，青岛学院经常用"武士道"精神驯化学生，冬天训练学生寒中入水式。1940 年 1 月 1 日，青岛学院的学生集中在栈桥，他们被要求脱掉衣服听日本居留民团负责人的训话，然后列队入海。自 1943 年开始，青岛学院还习剑道、柔道，高班生要接受滑翔机训练，用橡胶弹力绳拉滑翔机起飞，据说毕业前得飞到几十米高方能获得通过。

日本占领时期成立的"东亚医科学院"，可能是青岛沦陷时期唯一的高等学校。1939 年 4 月，侨居青岛的日本商人与日本海军中的实力人物在"兴亚院"青岛出张所的支持下，向日本文部省申请在青岛举办医科大学。据当时的媒体报道，该校设预科和本科，计划招收 40 名日本学生，并兼招 20 名中国学生，报考资格为高级中学毕业者，在青岛、东京、京都等地分别考试。④ 旋即，《青岛新民报》在 4 月 21 日刊发的《东亚医科大学告青岛应试诸君》和 4 月 25 日的《东亚医科大学近日即开课，昨举行考试》的报道，都使用了"东亚医科大学"之名，可见其校名不规范，筹备非常仓促。据悉，日本文部省以"条件不备"为由不予批准。

---

① 米村秀司，『消えた学院-日中共学を実践した「青島学院」の三十年を追う-』，ラグーナ出版，2011。

② 《青岛学院设立纮宇高等女校　教育学女以妇德为主旨》，载《青岛新民报》1938 年 8 月 13 日。

③ 李启亮：《参观商业学校运动会纪事》，载《青岛教育周刊》第 2 卷第 42 期，1939 年 10 月 25 日。

④ 《东亚医科学院开始招生》，载《青岛新民报》1939 年 4 月 16 日。

后经"兴亚院"交涉,表示"不出数年将筑成屹然医学之府,为大陆发展之一大光明台"①,直到11月始获日本文部省批准,这便使第一届学生不得不按报到先后分成甲、乙两班。事实上,该校11月开学时借用了胶州路普济医院房舍"暂在临时校舍授业",12月12日补行开学典礼。12月17日,理事长西山政猪在记者招待会上声称,"俾完成模范的学院",为"新东亚建设由医学、医疗方面贡献意志"。② 1940年5月,该校更名为"同仁会青岛东亚医科学院",这便将1930年10月停办的同仁会青岛医学校的历史接续下来。此前,1936年8月日本同仁会曾在青岛召开了"第一回医学大会"。③ 同仁会青岛东亚医科学院学制5年,前两年在校学基础课程,第三、四年为临床科,第五年在医院临床实习。从1939年4月至1945年6月,学校共招收七届340余名学生。1943年11月,第一届甲班学生毕业,1944年3月乙班学生毕业。1944年8月,学校按日本政府敕令更名为"青岛医学专门学校",学制改为4年。至1945年6月第三届学生毕业,在青岛共毕业三届140多人。1945年8月该校停办时,未毕业的第四、五、六、七届学生回到日本,转入了各地的医专或医科大学就读。④

3.日伪扶植的东文书院与授中日文以融洽两国青年感情的幌子

值得注意的是,1935年由李仲刚等举办的私立东文书院,于1938年3月恢复上课。李仲刚(1890—?),北京人,早年就读满洲法政学院,后留学日本早稻田大学法科,曾在大连满铁教育研究所和朝鲜总领事馆工作,1931—1939年任职青岛日本中学,并在吉利平次郎的青岛学院任教。身为一个典型的亲日分子,李仲刚标榜东文书院以"教授中日言文以融洽两国青年之感情为宗旨"。由于日伪青岛市公署最高"顾问"的"兴亚院"青岛出张所所长柴田弥一郎也是早稻田大学毕业生,东文书院的发起人之一韩鹏九身居伪维持会委员兼建设局局长之位,李仲刚顺利获得胶州路普济医院三栋房屋做校舍,并自4月份起每月得补助经费200元。⑤ 东文书院分昼、夜两部,分别对中国学生教授日语、日本学生教授汉语,称日语为"国语"、汉语为"国文"。李仲刚曾于1937年12月在日本人庄司昌太经营的青岛大安印书局出版了《自修日语读本》一书,该书深得日本语杂志社主任中谷鹿二、日本资深语言学家长谷川春雄的赞赏。1939年2月,东文书院将昼学部改为正式中学,并罗致日伪名流组成校董会,一年两季招生

①《东亚医科学院本月下旬开学开始建筑校舍》,载《青岛新民报》1939年11月6日。
②《东亚医科学院招待记者恳谈》,载《青岛新民报》1939年12月19日。
③ [日]穗坂唯一郎:《同仁会四十年史》(日文版),第193页,东京同仁会,1943。
④ 钱国旗:《青岛大学校史》,第30页,中央文献出版社,2014。
⑤ 详见《青岛治安维持会市乡区小学校四月份实支经费一览表》,载《青岛教育周刊》第1卷第2期,1938年6月20日。

（均为男生），仍分授日、汉语，日伪市公署每月补助经费提高到 400 元；3 月转呈伪华北教育部备案，最终"按照中等学校资格准予立案"[①]。10 月，校董会推伪市公署社会局长姚作宾任董事长，日籍教员有高桥伊藤、原田文雄、河野健夫等，中国教员有袁琢玉、尚子正、陈阔儒、龚吟雪等。

据 1940 年 5 月统计，东文书院时有日语科 6 个班、学生 292 名（其中男生284 名），比中文科多 1 个班，年经常费 22593 元。[②] 1940 年 8 月，由于日本青岛"兴亚院"施加的影响，允为"筹拨相当不动产抵作永久基金，拟每年经费 4500元"，东文书院中学部和夜学部同时迁至大学路 2 号，即"兴亚院"允作"永久基金"的不动产——前清军总兵衙门旧址，其原在胶州路普济医院的校舍交给日本东亚医科学院办学用。是月，市立女子中学校"教育指导官"木村兵三兼任东文书院中学校副校长。[③] 1940 年 9 月，伪华北政务委员会教育总署通知青岛特别市教育局，准予东文书院备案。1941 年 2 月，东文书院中学校呈请添设高中班次，旋"经教育局指令核准"。

东文书院办学注册可谓一路绿灯，李仲刚也甘心附逆。事实上，东文书院的校训、校规基本上因袭了日本军国主义的一套，学生统一着装，一律黄西服黑领带，年级之间等级森严，对长官更是绝对服从。比之吉利平次郎，李仲刚过犹不及。东文书院要求学生每天清晨 7 时到校，即使冬天也要一律穿背心和短裤，列队跑步到栈桥做早操，再跑步回学校上课。冬天"练寒"，下午课后组织学生到栈桥洗海水浴，学生从海水中上岸燃起火堆跑步、唱歌。1943 年秋，李仲刚离开东文书院，去南京汪伪中央政府任职。他离青之前推荐了自己的得意助手袁琢玉任校长。袁琢玉（1909—?），青岛人，毕业于日本早稻田大学，是一个彻头彻尾的亲日分子。

第三节　贯穿教与学过程的殖民奴化属性

一　刺刀下的中小学教师管理与师资培训

1938 年青岛渐次恢复的中小学校，需要足够数量的教师来任教。为此，日伪青岛当局贯彻日本在华北特别是山东建设"巩固的防共亲日满地带"的指示，

---

①　《青岛特别市公署行政年鉴·教育》，第 7 页，1939。
②　青岛特别市教育局：《青岛特别市补习学校概况调查表汇编》，存中国第二历史档案馆，卷号：2021-262。
③　《青岛特别市公署二十九年九月份工作报告·教育》，1940。

360

即"重点在于逐步完成日满华的融合提携为目的的文化工作和经济工作,使他们和帝国的连带关系更加紧密起来"。① 在日本侵略者的刺刀威迫下,青岛中小学教师过着暗无天日的屈辱生活。

1.教师编制偏紧且薪酬过低与极少的教育终身职业者

日伪青岛维持会为"慎重师资起见",在1938年4月全市中小学校长会议上确定:6个教学班规模的小学设教员11人;6个班以上的,每增1个班加教员1人,每增2个班加教员3人。1939年9月,日伪教育当局规定小学教员每周授课时数:级任教员高级600~700分钟,中级700~800分钟,低级800~900分钟;科任教员高级700~800分钟,中级800~900分钟,低级900~1000分钟。② 这个工作量和劳动强度大大超过国民政府时期的限度。

日伪还不断出台严苛的中小学教师人事制度。1939年,日伪青岛当局实行中小学教职员学年委派制。1939年8月1日,日伪教育局对新学期继续录用的教职员"发给委派令,以便继续服务,凡未经加派者,一律以解职论"③。1940年1月日伪青岛当局发布训令,规定自1940年2月1日起,所有市立学校教职员任免进退事项均须"事先呈报市公署核准,由市公署委派";1943年又将私立学校的教职员纳入管理范畴,规定必须"取得教育局同意,再由董事会函聘"④。1943年根据《华北教育施策要纲》,日伪青岛当局对新任小学教员实行所谓"甄别试验",在职教员则要进行"学力调查测验"。⑤

为强化思想钳制,日伪青岛当局改中小学校长聘用为"由教育科委派"。1939年1月日伪青岛特别市成立后,再次申明校长一职"一律由局加委"。同时强调:小学校长"在未满每阶段委任期间,不予更换",但"违背北京临时政府教育宗旨暨本会教育法令规程者"或"违抗命令或禁止事项者"⑥不在此限。1939年9月,日伪教育局通令市立中学和市立女子中学,自本学年起"每班设级任教员一人,由专任教员担任",教导处原有之训育员、教务员一律改称"教导员",教导主任职务仍"由校长兼办,不设专人"。⑦ 以此强化校长的责任。

值得关注的是,日本第二次侵占青岛时期,青岛中小学教职员的薪酬过低,生活极为困难。1938年6月日伪青岛当局制定的教职员薪俸标准为:校长分5

---

① 「指導華北的方針」,外務省編纂『日本外交年表竝主要文書』,下卷362頁,東京原書房,1972。

② 《市立市区中小学校校长临时会议记录》,载《青岛教育周刊》第2卷第36期,1939年9月13日。

③ 《教育计划报告(民国二十八年八月份)》,载《青岛教育周刊》第2卷第35期,1939年9月6日。

④⑤ 《青岛特别市教育局教育行政报告书(民国三十二年六月)》,存中国第二历史档案馆,卷号:2021-595。

⑥ 《会立小学校教职员任免奖惩及待遇暂行规程》,载《青岛教育周刊》第1卷第2期,1938年6月20日。

⑦ 《教育工作报告(民国二十八年九月份)》,载《青岛教育周刊》第2卷第39期,1939年10月4日。

级 19 档,市区月俸在 60~120 元之间,乡区在 40~100 元之间;教员分 7 级,月俸在 30~60 元之间。①年功奖金分 5 等,校长在 40~120 元之间,教员在 20~100 元之间。①日伪当局还借机生事,不仅把月薪发放时间定在每月最后一个星期日,而且逼迫教师当天上午必须参加日伪组织的全体教职员"讲谈会",即便乡区小学教职员也必须本人亲自赶往市内。"上午开会,下午发薪"成为惯例,日伪当局得意地认为如此"既无妨碍学生课程之弊,复可收敬业乐群之效"。②

1938 年 8 月,日伪青岛维持会在会立江苏路小学举办第二次全市小学校教职员"讲谈会"。会上,先由总务部部长姚作宾及日本教育"顾问"宇野祐四郎训话,后由教职员谈体会、表决心。发言的教师无不噤若寒蝉,生怕某句措辞不慎,激怒了日伪当局,但谈及苦难的生活,无不直言不讳。例如:江苏路小学训育主任徐傅子在发言中哭诉道:

> (教职员)每月的薪金增加的还不少……四十元的,五十元的。……可惜市面的商人,不为一般穷教员着想,他们又把物价提高了。在去年春天,面粉每袋三元多钱,大米每斤七八分钱,煤每吨十五六元。今年呢,面粉每袋五块多,大米每斤一角三四分,煤每吨前几天涨到七八十块钱,刻下听说尚卖五十多块呢。……每月的薪金,虽然为数不少,仍旧不敷分配,米钱、面钱、煤钱、房钱、制衣服钱均从此款开支。现在是夏天,已经不够分配,等到冬天,一定更不敷分配了。③

1939 年 3 月,北京路小学教师夏志娴在"讲谈会"的发言中谈及教师读书提高专业能力时,提出"最感困难的,是我们的经济能力,我们每月的薪水不过刚刚够自己的生活费用而已"。她指出:

> 本人的第一个建议,就是希望当局为我们设想,替我们拨出一笔经费来,购买一批能够充实我们的书籍,使我们各校的同仁,都能够有机会去读书,可以随时地来补充自己。④

由此可见,教师的生活苦不堪言。1939 年 7 月日伪青岛当局发布训令,决

---

① 《会立小学校教职员任免奖惩及待遇暂行规程》,载《青岛教育周刊》第 1 卷第 2 期,1938 年 6 月 20 日。

② 《教育工作报告(民国二十七年三月十八日起至四月底止)》,载《青岛教育周刊》第 1 卷第 2 期,1938 年 6 月 20 日。

③ 《第二次教育同仁讲谈会言论汇纪(三续)》,载《青岛教育周刊》第 1 卷第 13 期,1938 年 9 月 5 日。

④ 《第三次市区市立及私立中小学校职教员讲谈会记录(续)》,载《青岛教育周刊》第 2 卷第 11 期,1939 年 3 月 22 日。

定自 7 月起对"市乡区公私立各级学校"教师征收"薪给报酬所得税"。① 这种雪上加霜的做法,更置教师生死于不顾。1940 年,日伪教育局在总结报告中承认:"小学教员待遇太低,而物价日见昂贵,以致人人均有不能维持生活之苦。因之以教育为终身职业者极少。"②1941 年 1 月,日伪青岛当局鉴于"物价腾贵,小学教职员薪俸低微,无法维持生活,会经援照北京、天津成案,请核给津贴,以资补助",自 1 月起每人发给津贴 5 元。③

2."教员再教育"与为教师"洗脑"的连续暑期讲习会/班

由于汪伪教育部以灭绝党化抗日教育、贯彻亲日派思想、普及防共精神、宣传"新民主义"为教育的基本指导方针,因此对现任中小学教职员的教育培训成了重要事项。据当时的报章披露,日伪青岛当局"计划设一小学教员养成所,目的在改换小学教员的脑筋,将来所用教科书均用现时北平新编之亡国奴教科书,以便实行奴隶教育。但至今应考者寥寥,养成所尚未办成"④。

1938 年 4 月,日伪青岛当局发布通告,规定"中小学教职员应从新加以训练,俾得纠正以往错误之观念"。日伪竭力在中小学教师心目中造成以往青岛教育"陷于多年错觉误谬中",必须"从根本上清理",使其"还原于东洋"教育,以"更生"中国教育的心理。⑤ 为此,日伪青岛当局自 1938 年起连续数年实施大规模的中小学教师暑期培训。

1938 年 8 月 11 日—15 日,日伪青岛维持会在市民礼堂举办中小学教职员暑期讲习会,规定"各校职教员全体参加",尤其是下学期"继续留用各员,应由校长负责通知,届时一律出席"。据统计,全市会立、私立中小学校教职员参加者计 399 人。讲习会首日及末日,日伪青岛当局首脑均到场训话。日本总领事大鹰正次郎说:"国民党过去之排日教育,实系一种浅见,而不合于正义之举动。……中日这次战争……实系帮助中国打倒如同洪水猛兽之赤祸。可以说为正义而战,为帮助中国而不顾一切牺牲之圣战。"⑥其措辞极尽歧视、污蔑、诽谤、破坏之能事。陈命凡在致开会词中要求教职员"尤其是对于中日两国国民必须携手向亲善之途迈进,方足以维持东亚和平及世界之和平,这样一种信念,必定要更加深刻,更加巩固"⑦。12 日—15 日,日本教育"顾问"宇野祐四郎、日本青岛第

---

① 《青岛特别市教育局训令(第二九五号)》,载《青岛教育周刊》第 2 卷第 27 期,1939 年 7 月 12 日。
② 《青岛特别市教育概况报告(胶即两区除外)》,存中国第二历史档案馆,卷号:2021-595。
③ 《青岛特别市教育局教育工作报告》,载《青岛教育半月刊》第 2 卷第 2 期,1940 年 1 月 31 日。
④ 《铁蹄下的青岛》,载张俍工编《沦陷区惨状记》第 194 页,中国文史出版社,2016。
⑤ 《特别师范科设立计划案》,载《青岛教育周刊》第 1 卷第 23 期,1938 年 11 月 14 日。
⑥ 《大鹰(正次郎)总领事致辞》,载《青岛教育周刊》第 1 卷第 16 期,1938 年 9 月 26 日。
⑦ 《专载》,载《青岛教育周刊》第 1 卷第 16 期,1938 年 9 月 26 日。

一寻常高等小学校长中村、日本青岛学院院长吉利平次郎、日本海军特务部"宣抚班"班长横田(因事未到,由他人代讲)、北京"新民会"代办柯政和分别作题为《青岛新教育方针》《日本小学校之状况》《中日同学过去及将来》《日本之精神》《新民主义与新民教育问题》等讲演。

为加强思想控制,1939 年 7 月,日伪青岛当局根据伪华北临时政府教育部训令明确申明:"举办此项讲习班之主旨,固为补充学识,健全师资,而尤应注重于精神训练,务使中小学教员能深切认识时局,彻底了解新秩序之涵义,庶可与目前教育行政方针得以吻合。"①8 月 2 日—31 日,第二届青岛市中小学教职员暑期讲习班在江苏路小学校举办,同时选送中学教员 12 人赴北平参加伪华北教育部举办的中学教员讲习班。参加小学教员暑期讲习班的有青岛市区、乡区及即墨、胶州两区共 200 余人,其中 170 人为市区未参加 1938 年举办的春季训练班及夏季讲习班者,其余 30 人由即墨和胶州两区各选送 15 人。讲习会规定:参加讲习的各校教师"膳宿概归自备,由公家酌给津贴",来自乡区的小学教员由讲习班"代筹住所"。② 讲习班的授课内容和时数为:

甲、共同科目:
(1)精神训话,8 小时;
(2)特约讲演,20 小时;
(3)教育讲演,20 小时。
乙、选习科目(分为 4 组):
(1)国语、修身,48 小时;
(2)算术、自然,48 小时;
(3)音乐、体育,48 小时;
(4)图画、手工,48 小时。③

其"精神训话"的主讲人为局长陈命凡、副局长饭田晁三、学务科长伊里布、调查股长大久保清等,特约讲演者多为日伪政权各局要人(其中有 4 个日本人),教育讲演者为青岛日本中学、青岛日本高等女子学校、四方寻常小学的校长及伪教育局中的日本"教育指导官"。

据史料记载,1940 年 8 月 1 日—24 日,日伪青岛当局专门举办小学教员暑

---

① 《青岛特别市教育局呈(第一六八号)》,载《青岛教育周刊》第 2 卷第 29 期,1939 年 7 月 26 日。
② 《青岛特别市教育局小学教员暑期讲习班简章》,载《青岛教育周刊》第 2 卷第 29 期,1939 年 7 月 26 日。据悉,市区参加讲习班的小学教员每人发给津贴 5 元,乡区每人 10 元。
③ 《青岛特别市教育局小学教员暑期讲习班简章》,载《青岛教育周刊》第 2 卷第 29 期,1939 年 7 月 26 日。

期讲习班,市区、乡区共有 150 人参加。同时,日伪青岛当局选送 9 名中学教员并发给川资旅费,于 7 月 28 日赴北平参加伪华北教育总署举办的第二届中学教员暑期讲习班。1941 年 7 月 25 日—8 月 15 日在市立师范学校举办的小学教员暑期讲习班,共有 150 人参加。

此外,1940 年 7 月 8 日—13 日,日伪青岛当局假北京路小学校举办日语唱歌及舞蹈研究,约 60 名小学教员参加。此前,伪教育局成立日语唱歌及舞蹈研究会,以市区 5 所市立小学校音乐唱游教员及爱好音乐者为会员,延请青岛日本第一寻常高等小学训导藤田真雄为讲师、"教育指导官"沟口千守为助手,目的在于"以研究日本唱歌及学生舞蹈为辅助普及日语教育之工具"①。日伪青岛当局不遗余力强化小学教师培训的目的,正如日本华北方面军司令官冈村宁次所言:"小学教师是向农民灌输东亚解放思想的力量中心。"②

3."更生"教育的旗号与为"东亚新秩序"服务的师资养成

日伪青岛当局为在教师人事制度方面"应有刷新之必要",贯彻中小学教师"专以严选主义为原则",③1938 年 10 月决定在"会立中学内附设特别师范科"④。日伪当局在其"教养学生之要旨"申明"以王道精神为一贯之教育宗旨",并达到——

> 使其确认中日满一体不可分离之关系及民族协和之精神;
> 使其确认更生新中国之姿态及振起东洋本来之道义的观念;
> 使其深切认识与友邦日本之关系;
> 使其知悉中国之现状,并特别明了人伦之大道;
> 使其深切认识对于时局及防共之必要,理解党化教育及三民主义教育之弊害。⑤

如此教养旨趣,毫不掩饰地道出了日本侵占当局的战略图谋。10 月,日伪青岛当局分别在青岛、济南及胶济铁路沿线各县广发招生简章,并由伪维持会致函伪山东教育厅,请其在济南代办招生。根据招生简章,计划招收高级中学毕业(或同等学历)2 个班、80 名学生,并允诺"不收学费、杂费,并由学校供给食宿,

---

① 《日语唱歌及舞蹈研究会实施计划》,载《青岛教育半月刊》第 1 卷第 13 期,1940。
② 转引自《反扫荡中敌我在宣传教育战线的尖锐斗争》,载《晋察冀边区教育资料选编》(教育方针政策分册·下)第 21 页,河北教育出版社,1990。
③ 《特别师范科设立计划案》,载《青岛教育周刊》第 1 卷第 23 期,1938 年 11 月 14 日。
④ 《本市教育消息(1938 年 10 月 3 日—9 日)》,载《青岛教育周刊》第 1 卷第 18 期,1938 年 10 月 10 日。
⑤ 《特别师范科暂行规程案》,载《青岛教育周刊》第 1 卷第 23 期,1938 年 11 月 14 日。

发给制服"①。但是，从 11 月 7 日—17 日的报名情况看，"报名投考者不甚踊跃"，原定招生 80 人，经 11 月 20 日—21 日考试，只录取了 28 人，"尚不足一班之数"，只得另从登记教员中选定 12 人"通知入学"。② 12 月 1 日，这个寄生在"青岛市会立中学校"的特别师范科开学上课。

特别师范科共有教职员 3 人，其中教务部长和日语教员均为日本人。其课程及每周教学时数为修身 2 课时、国文 4 课时、教育 10 课时、日语 12 课时、图画 1 课时、音乐 2 课时、体操 3 课时。陈命凡在开学典礼的报告中提出："特别师范生毕业之后……所担任之学科系以日语为主，目的为使中国第二代国民，人人均有学习日语之机会。因其所负之任务与中日两国之亲善关系甚大，故其所受之待遇亦颇优厚。"③特别师范科原定学制一年，实际只上课半年，提前于 1939 年 6 月 24 日毕业。8 月，特别师范科第一届 40 名毕业生被派往市、乡区各小学校任教，主要担任日语教员。1939 年 9 月和 1940 年 10 月，特别师范科前后举行了第二、三期开学典礼，但入学生源寥寥，1940 年仅有学生 21 名。

1941 年春，日伪青岛当局曾计划将一直被日军占据的原市立女子中学校址（太平路）改做独立建制的师范学校，将其中"一小部分借予北京建设总署工程局驻青办事处之用，其大部分作为将来市立师范学校校址"④。这一计划在 1941年 4 月 20 日被《青岛新民报》的一则消息予以证实：市立师范学校着手筹备，地址即为太平路 2 号前市立女子中学校址。25 日，日伪教育局派定灵田寿雄等 9人为筹备委员，自 5 月 6 日起在教育局学务科组织报名，招考新生。5 月 9 日，学务科派员赴即墨和胶州两区宣传招生事宜。6 月 4 日，所筹学校挂牌"青岛特别市市立师范学校"，举行开学仪式，招收简易师范科 1 个班；当年暑假后又续招简易师范科 1 个班、师范本科 1 个班、日语专修科 1 个班，并设有附属小学校，于万通任主任。9 月 2 日，经伪教育局"呈准"，委任阎乐亭为师范学校校长。1944 年1 月，阎乐亭辞校长职，王锦第继任校长。王锦第（1911—?），字少峰，河北南皮人，北京大学哲学系毕业，后赴日本东京帝国大学攻读教育。1945 年 7 月，王锦第以"岛上名流，文坛耆宿，才本卓荦，学尤精纯"之誉被聘为治平月刊社顾问，

---

① 《青岛治安维持会会立中学附设特别师范科招生简章》，载《青岛教育周刊》第 1 卷第 23 期，1938年 11 月 14 日。

② 《特别师范科成立之经过》，载《青岛教育周刊》第 1 卷第 27 期，1938 年 12 月 12 日。

③ 陈命凡：《会立中学补行开学典礼报告词》，载《青岛教育周刊》第 2 卷第 1 期，1939 年 1 月 11 日。

④ 《青岛特别市教育局三十年一、二、三月份工作报告》，存中国第二历史档案馆，卷号：2021－595。

并兼任青岛市政府参议。①

二　课程教材的日本化与教学活动的奴化

出于从根基上泯灭中国人民的抗战意识,培养亲日、媚日的顺民,达到其所谓的"武运长久"之侵略目的,日本侵略者完全控制了沦陷区学校的课程设置和教科书编写。青岛中小学的课程目标基本套用日本模式,课本均由伪华北教育总署编审出版,学生的课外活动充斥着"中日亲善"奴化教育气息。

1.严重日化的课程教科书与向日本型的教育模式过渡

之所以将教育事业视为日本第二次侵占青岛时期受害最严重的领域,是因为侵青日军及其扶植的傀儡政权对青岛中小学校课程、教材和教学活动实施了最彻底的摧残。日伪青岛当局在课程的设置、教科书的编辑的选用上,逐步趋向于东洋式、日本型。

1938年4月23日,伪华北临时政府教育部发布《实施教育方针应行办理事项》称:"自兹以往,当一本东方文化传统与夫亲仁睦邻之指。对于国民观感,宜作正本清源之计;对于国际友善,宜举诚意协调之实。"同时公布的《教育方针实施注意事项》称:"过去国民政府施行之教育,以党化为方针,以排日为手段,以致引起此次事变。此后对于党化排日之教育,亟应严加取缔。""所有各级学校法规,俟改订藏事再行公布。"1938年9月,日伪青岛维持会转发伪华北教育部制订的中小学教学科目及每周教学时数表,小学课程见表6-6。小学每节课以30分钟为原则,视科目性质可分别延长到45或60分钟。另外规定:每周星期六举行"周会",进行"团体训话";每周星期一至星期五进行10分钟"晨会",内容是"分级训话及卫生检查"。② 初中设修身、体育、生理卫生、国文、日语、英语、算学、自然、历史、地理、劳作、图画、音乐,每周上课时间为32小时;高中设修身、体育、国文、日语、英语、算学、生物学、化学、物理、历史、地理、劳作、图画、音乐,每周上课时间一年级为32小时,二、三年级为34小时。自小学三年级始设日语课,每周日语课教学时间为小学三、四年级60分钟,五、六年级90分钟,初中、高中各年级均为3课时。③ 这种课程安排虽基本因袭了民国时期的课程,但国民政府时代的"公民"科被废除,取而代之的是日式"修身"科,特别是日本语课时

---

① 《关于准王锦第为治平月刊顾问并聘该员为本府参议的指令》,存青岛市档案馆,档号:A0020-001-00019。

② 《小学教学科目及每周教学分数表》,载《青岛市教育周刊》第1卷第14期,1938年9月12日。

③ 《青岛治安维持会训令(第三六一五号)》,载《青岛教育周刊》第1卷第14期,1938年9月12日。

表 6-6　1938 年青岛小学教学科目及每周教学分数表

学年 ＼ 科目／分钟	修身	国语（说话、读书、作文、写字）	算术 笔算	算术 珠算	常识	历史	地理	自然	工作	劳作	美术	唱游	体育	音乐	日语	每周总授课分数
第一学年	60	420	60		150				150			180				1020
第二学年	60	450	150		150				150			180				1140
第三学年	60	450	150	60	150					90	60		150	60	60	1290
第四学年	60	450	150	60	150					120	60		150	60	60	1320
第五学年	60	450	150	60		90	90	120		120	60		150	60	90	1500
第六学年	60	450	150	60		90	90	120		120	60		150	60	90	1500

资料来源:《小学教学科目及每周教学分数表》,载《青岛市教育周刊》第 1 卷第 14 期,1938 年 9 月 12 日。

的增加,课程的殖民地性质暴露无遗。

1943 年,日伪青岛教育局根据《华北教育施策要纲》,在初中和小学高年级"修身"科中"加授兴亚读本",并"督励教职员和学生理解时局",强迫教职员和学生"向国府献纳飞机资金",甚至向日军"献纳碎铜废铁",[1]以做武器原料。

与课程设置相适应的是教科书的编撰。1938 年,伪华北临时政府教育部在《实施教育方针应行办理事项》中特别指出:"以前各级学校所用之教科书教材欠妥之处甚多。改正之本现经印就……此后依据新政府之教育方针,由部立编审会另行编纂。"[2]必须意识到,沦陷区中小学校的教科书是一种具有欺骗性、侵略性、组织性和高度垄断性的文化现象。其知识体系与日本殖民者的"宣抚"、奴化糅合在一起,常以隐含着殖民意图的文艺性作品来消弭沦陷区儿童的亡国意识,当然也有一些利用中国传统文艺形式露骨宣传日本侵略的篇什,以及根本不具有知识意义的标语口号。这一完全背离中国教学原则的课程和教材自然引起青岛教师的反感。1939 年 3 月,北京路小学教师夏志娴在"讲谈会"谈及教科书的问题时尖锐地指出:

现在看看小学校的功课,别的不说,只说"国文"一门,真是糟糕。三、

①《青岛特别市教育局教育行政报告书(民国三十二年六月)》,存中国第二历史档案馆,卷号:2021 -595。

②《前临时政府教育部公布之新教育方针实施注意事项(民国二十七年四月第二四五号)》,存中国第二历史档案馆,卷号:2021-599。

四年级的国语课本,完全是一些白话故事;五年级的国语课也没有文言文;六年级的国语课本,只可以找出一、两篇很短小的文言文。在实际上来说,三四年级的小学生,已经很有了解力了,很可以将短篇的古文讲给他们听,然而现在他们得不到一点文言文。①

夏志娴进一步说道:

就说现在的中学生,往往有很多毕业生……甚至连一篇文言文都看不懂。②

对此,连日伪青岛教育当局也不否认。伪教育局初等教育股股长周蜀江坦陈:"年来学生课业多无所成,固由于教不严,学不力,而教材之杂乱、繁重,亦实有以致之。"③

受日式课程和教科书的影响,学生的日常行为(包括礼仪习惯)出现了日本化倾向。1938 年 6 月,陈命凡在题为《今后教育之三大目标》的文章称:"本市教育,业经规定以中国固有之五伦八德为中心,融合日本近代文化为方针。"④而实际上,中国"五伦八德"被边缘化,取而代之的是日本制式,甚至学生上台演讲也必须遵守一套固化的日式规定动作。

2.逼迫中国学生参加日本纪念活动与"兴亚奉公日"奴化教育

日伪青岛当局经常组织中国学生参加日本节庆纪念活动,接受日式文化和歪曲的战争观念。1938 年 11 月 3 日,日伪维持会在日本第一小学操场举行日本军舰旗制定 50 周年"纪念大会",强迫市区中小学教职员和学生"均全体参加"。⑤ 1938 年 7 月 9 日,日军"宣抚班"为增进"中日亲善及鼓励学生演讲起见,特于七七事变一周年之际,倡办中日学生雄辩大会",日军"宣抚"官王文波、伪教育科长陈命凡及各校教职员学生 700 余人到场,据称"词意多以力求中日敦睦、维持东亚和平为主干"。⑥

有理由认为,1939 年秋日伪青岛当局举办的所谓"兴亚奉公日"活动是赤裸裸的奴化教育。1939 年 9 月,陈命凡在市立市区中小学校校长临时会议上宣

---

①②　《第三次市区市立及私立中小学校职教员讲谈会记录(续)》,载《青岛教育周刊》第 2 卷第 11 期,1939 年 3 月 22 日。

③　周蜀江:《论严格教育(续)》,载《青岛教育周刊》第 2 卷第 14 期,1939 年 4 月 12 日。

④　陈命凡:《今后教育之三大目标》,载《青岛教育周刊》第 1 卷第 3 期,1938 年 6 月 27 日。

⑤　《本市教育消息(1938 年 10 月 31 日—11 月 6 日)》,载《青岛教育周刊》第 1 卷第 22 期,1938 年 11 月 7 日。

⑥　《教育工作报告》,载《青岛教育周刊》第 1 卷第 14 期,1938 年 9 月 12 日。

布:自 9 月 1 日起,每月 1 日定为"兴亚奉公日",各校师生应"一体厉行勤俭,勉纾国难"。① 所谓"兴亚奉公日",系日本政府发起的国民精神总动员运动,要求每个国民参拜神社,粗衣粝食,停止一切娱乐活动,太平洋战争爆发后改行"大诏奉戴日"。1939 年 10 月,鉴于"欧战爆发,国际情形严重之际",日伪教育局根据市公署第四七六七号训令印发"兴亚纪念日"实施办法,为"共同防共,巩固东亚新建设",规定各校教职员及学生"应于兴亚纪念日上午上课前 30 分钟集合",在校内"由校长、教职员轮流讲话"。②

为"收肃正风纪,统御精神之效",日伪青岛教育当局自 1940 年 3 月起对各市立中小学校校训实行审查备案。结果,所有学校悬见于校中公见之地的校训均被修改。例如:市立中学校训改为"勤学明德,质朴刚健,诚敬友爱";市立女子中学校训改为"勤朴庄敬";江苏路小学校训改为"勤诚敬爱";台东镇小学校训改为"忠诚敬恕";台西镇小学校训改为"诚敬勤朴";黄台路小学校训改为"勤慎敬爱"。校训"被"修改不仅粗暴地践踏了办学者的立学观念,而且导致青岛市立中小学的教育风格趋于同质化。1940 年 12 月,市立大水清沟小学校歌经日伪教育局"酌予修正",准予演唱,歌词为:

> 右临沧海,左倚山林,形势天成,朝气氤氲。
> 十年树木,百年树人,兴亚众人在新民。
> 启蒙养正,亲仁善邻。
> 愿我同学,努力前进,莫负好光阴。③

1940 年 12 月 15 日,日伪青岛教育当局召集各校音乐教员会商学生演唱《兴亚进行曲》事宜,以便定期举行"发表会"。据悉,是月 24 日在第三公园举行的《兴亚进行曲》"发表会",参加演唱的学生达 2000 之众。1941 年 4 月,日伪青岛教育当局将《青岛特别市各级学校实施训育方针组织及训导管理情形报告书》呈"华北政务委员会"教育总署,规定青岛各级学校"每星期一举行升旗式,由校长训话,领导学生思想趋于正轨","兴亚奉公日及各种纪念日均集会训话,坚固复兴东亚之信念"。④

最无法容忍的是侮辱性的战争祭奠活动。1938 年 11 月 14 日,日本侵占当局举办"(七七)事变后大日本海军战殁将士慰灵祭",迫令全市各中小学校每校

---

① 《市立市区中小学校校长临时会议记录》,载《青岛教育周刊》第 2 卷第 36 期,1939 年 9 月 13 日。
② 《青岛特别市教育局训令(第四七〇号)》,载《青岛教育周刊》第 2 卷第 43 期,1939 年 11 月 1 日。
③ 《青岛特别市教育局指令》,载《青岛教育半月刊》第 1 卷第 24 期,1940。
④ 《青岛特别市各级学校实施训育方针组织及训导管理情形报告书》,载《青岛教育半月刊》第 2 卷第 7 期,1941 年 4 月 15 日。

派 30 名学生参加,陈命凡还在祭奠仪式上"拈香"。1939 年 4 月 7 日,由侵青日军操控的青岛佛教团在日本第一小学运动场举行"战病殁军马慰灵祭",陈命凡前往"与祭",并令市区市立中小学校每校派 30 名学生一同"致祭"。① 1939 年 11 月 14 日,日本海军在日本第一小学举行战殁日军慰灵祭,副局长饭田晁三带领公立各校校长及学生代表参加。不仅如此,"每星期一,日本教育指导官都要求逼迫学生参加'宫城遥拜',即集体朝东方向日本天皇鞠躬致敬。日本教官还定期带学生到日本的'忠魂碑'和'日本神社'去祭拜战死的日本侵略军将士,炫耀日本的'武士道'精神"②。

3.为"补学校教育之不及"与竭力培育的青岛"青少年团"

日本侵占当局对青岛青少年学生民族性和人性的荼毒、扭曲、戕杀,最具奴化性的手段是竭力培育日伪"少年团"和"青年团"。

1938 年 4 月,在日军"宣抚班"的直接操纵下,日伪青岛维持会当局发布通告,规定"童子军应改称少年团,以团体训练、纪律训练及服务精神为实施之目标,废除军队式之联合编制,以各校单独办理为原则"③。日军"宣抚班"系日本在陆军和海军中设置的专门机构,其成员深谙中国民风民俗,大部分为"满洲国"学校毕业的精通日语的中国人,其任务之一是在沦陷区通过讲演、图片展览等,进行奴化教育和欺骗宣传,清除抗日书籍、标语、宣传品和与前国民政府有关的物品、标志,同时暗中搜捕反满抗日分子。

其实,早在伪维持会通告发布前,日军"宣抚班"为"校正前失",抢先于 3 月上旬在台西镇小学成立"少年团",发展团员 95 名;之后又于 4 月上旬在台东镇小学成立"少年团",发展团员 30 名。4 月 26 日,日军"宣抚班"召开会议,策划《团则》,推定机构人员,由陈命凡任总团长,日本领事馆总领事大鹰正次郎与日本陆军特务机关长河野步兵大佐、日本海军特务部长石川大佐、日本教育"顾问"宇野祐四郎、青岛日本中学校长大野清吉、日本青岛学院校长吉利平次郎等担任顾问,其职能是"关于重要事项应协议总团长之咨询"④。1938 年 5 月 15 日,这个名为"青岛中国少年团"的伪学生组织在武定路日本第一寻常高等小学校操场举行成立典礼。为壮声势,"各界来宾及中日各小学学生约 2000 余人"与会,日本领事馆大鹰正次郎委托代理总领事在致辞中声称:

---

① 《本市教育消息(1939 年 4 月 5 日—11 日)》,载《青岛教育周刊》第 2 卷第 14 期,1939 年 4 月 12 日。另,1942 年 10 月 25 日《青岛大新民报》刊载《军马慰灵祭　中日各长官代表致祭》的报道。

② 聂希文:《亲历日寇在文教领域里的罪行》,载青岛市政协文史资料委员会编《青岛文史资料》第 17 辑第 10—11 页,青岛出版社,2008。

③ 《青岛治安维持会总务部教育科通知书》,载《青岛教育周刊》第 1 卷第 2 期,1938 年 6 月 20 日。

④ 《青岛中国少年团团则》,载《青岛教育周刊》第 1 卷第 4 期,1938 年 7 月 4 日。

诸位在事变以前,曾受到极大危险,经极大困难。推原其故,皆因受以前不正确之教育、不正当之指导所致。诸位宝贵的前程,几乎耽误,可谓痛心。现在中日敦睦,实行提携,而中国第二代之国民,责任特别重大。诸位是中国第二代国民的中坚分子,而在场参观的日本第二代国民,亦不在少数。为谋东亚和平,自非中日两国的第二代国民密切携手不可。①

接着,日伪青岛维持会长赵琪在训话中说:"愿追随中外名流之后,竭尽绵薄,使青岛中国少年团成为亲仁善邻、活泼而健全的团体。"②1942年12月,青岛"少年团"又进一步扩充为"青少年团"。其"青年团"共建有8个分团,登记团员共计3964名;"少年团"计有13个分团,团员有4539名。日本侵占当局为"青少年团"赋予了"加紧训练中小学生负担建设大东亚之伟大使命"之宗旨。③据悉,在12月8日授旗仪式后,"青少年团"举行游行,行至青岛的日本机关门前高呼"万岁"。④

无疑,由日军"宣抚班"直接培植并操控的青岛"少年团"和"青年团",是日本侵略者在沦陷区推行的殖民教育的政治工具,具有极大的强制性和欺骗麻醉性。这种在学校课程之外以实施"团体训练"为诱饵有组织、有目的的奴化活动,其实是日本侵略者以"皇道文化"化育人、争夺中国第二代国民的阴谋置措,目的使中国学生改变原来的文化属性、民族意识和国家观念,成为日本皇国的驯服奴隶。

4.大肆开展的祭孔活动与向学生灌输精神毒素

为了更有效地推行殖民教育,日伪在沦陷区大力提倡封建礼教,这种所谓的"中国传统的礼教"是经过殖民主义侵略理论重新解释的教条。日本侵略者在亲日刊物上鼓吹孔子怀有的理想与日本的道德"同流一轨",是中日亲善的精神渊源,因此应当在中国提倡"孔子学说"。为此,1938年2月王克敏下令恢复祭孔,要求各地长官各就所在地致祭。1938年5月,伪华北临时政府教育部在宣示的教育方针中提出:依据东亚民族精神,发扬中国传统的美德,以完成新中国的使命。很显然,这与日本侵略者"宣传教育"的精神是一致的。1939年,伪华北临时政府还颁令规定:祀孔典礼如有失仪者,应交付惩戒。汪伪政府不但恢复孔子诞辰典礼,还明令各报刊登《先师孔子纪念歌》,要求沦陷区人民发扬孔子

---

①② 《青岛中国少年团成立始末(续)》,载《青岛教育周刊》第1卷第3期,1938年6月27日。

③ 《青岛特别市教育局教育行政设施状况(民国三十一年度)》,存中国第二历史档案馆,卷号:2021-595。

④ 《青岛特别市公署教育局第五次治(安)强(化)运动工作第二次报告表》,存中国第二历史档案馆,卷号:2021-595。

"忠恕"之道,善邻友好,公然为日本侵略者张目。

据史料记载,青岛沦陷区大规模的学校祭孔活动始于1939年,分"春丁"和"孔诞"两次。1939年3月20日,日伪青岛教育当局发布训令,定于21日在兰山路礼堂举行"春丁祀孔"活动,要求各中小学校长"均应一体兴祭",规定"衣服以蓝袍、青褂为原则"。① 1941年2月28日,日伪青岛教育当局通令各级学校,由校长率领学生代表参加春季祀孔典礼。据悉,"景仰礼成之后,中学全体、小学四年级以上各生排队前往礼堂敬谨参拜,以示尊崇圣者之致意"②。

孔子诞辰日的祭祀活动往往分层次反复进行。1939年9月17日,青岛市祀孔大典在江苏路小学校礼堂举行,由赵琪主祭。10月9日即夏历八月二十七日孔子诞辰日,日伪教育局将其定为"至圣先师"孔子诞辰纪念日,为此饬令各校按照《圣诞纪念开会秩序单》规定程序,召集师生举行纪念仪式,并合唱《孔子赞歌》"藉表崇报而志景仰"。③ 据悉,市公署日本"辅佐官"中村顺之助、陈命凡分别参加了市立女子中学、市立中学的纪念仪式,并在仪式上演讲"圣迹"。1940年9月28日孔子诞辰日,日伪青岛教育当局通令各校"除遵照国定办法,各在本校开会纪念外,并各派学生二十人代表参加市公署举办之纪念大会"④。

1941年的祭孔活动竟然举办了两次。9月26日,"青岛特别市公署"教育局在市礼堂举行祀孔典礼,由"局长陪祭,市区各校均派代表参加考察;礼成后,中学生全体、小学生四年级以上学生轮流参拜"。10月17日孔子诞辰纪念仪式在市礼堂举行,各校除派20名学生代表参加外,并分别在校内召开纪念会,"讲述先师事略及其学说,以志景仰"。

此外,日伪青岛当局还将祭孔活动延伸,与孔子之文宣王相对应的武成王也被行"祭演礼"。1939年10月18日,日伪教育局参加"秋戊武成王祭演礼",并规定"各校学生亦派代表参加致祭"。实际参加典礼的有陈命凡及教育局股长以上职员,市立、私立中学及市区小学每校由校长带领20名学生,致祭时"依次至坛前参观祭器、祭品"⑤。

这种看似荒诞不经的祭祀活动并非单纯的复古行为,其大行其道的欺骗性在于伪华北教育部将日本的野蛮侵略所造成的"教育停顿,学舍丘墟"归罪于南

---

① 《青岛特别市教育局训令(第一六三号)》,载《青岛教育周刊》第2卷第11期,1939年3月22日。

② 《青岛特别市教育局教育工作报告》,载《青岛教育半月刊》第2卷第4期,1940年2月28日。

③ 《青岛特别市教育呈(第二四六号)》,载《青岛教育周刊》第2卷第40期,1939年10月11日。

④ 《青岛特别市教育局二十九年七、八、九各月份工作报告》,存中国第二历史档案馆,卷号:2021-595。

⑤ 《本市教育消息(1939年10月18日—24日)》,载《青岛教育周刊》第2卷第42期,1939年10月25日。

京国民政府"昌言党化,反复容共,误用青年爱国赤忱"诸端,因而提出把青少年学生的思想纳于"轨[规]范"之中。[①] 日本侵占当局提倡孔孟之道与封建礼教,其根本目的在于打着让沦陷区的百姓知"仁"、懂"礼"、讲"义"的幌子,从思想上"清乡",以达到肃清抗日思想之目的,而中毒受害最深的则是被驱赶前来参拜的学生。

第四节　遍及青岛地区的抗战教育

一　沦陷区师生的抗争与崇德中学的抗日活动

事实上,自1938年1月日本侵略者踏上青岛的第一天起,青岛人民反侵略、反奴役、反压迫的斗争就一直没有停止过。其中,既有来自青岛各级学校师生自发的反奴化抗争,也有如崇德中学进步组织有计划的抗日活动,特别是中共青岛学校组织领导的抗日教育具有反法西斯主义的革命意义。

在日本侵略者刺刀下生存的青岛学校师生,其反奴化教育的抗争往往以自发、隐晦的方式表现出来。例如:复校最晚的青岛礼贤中学,其校服不随日式,而采直领式中山装,平时着中式长衫者居多。教师上课往往借古讽今,赞扬文天祥、史可法、林则徐等大义凛然的民族英雄。在礼贤中学的课程表上,每周有6节自习课,其中的一些课时是上"英文"课。被迫安排的"日语"课属无奈之举,由日伪教育当局派来的一个日籍女教师教授。每到上日语课时,同学们故意搞"恶作剧"不听讲,或者看其他书籍以对抗,更有胆大的学生课间在黑板上画丑化日籍教师的漫画。一天,上课铃响后,黑板未擦,这位日籍女教师看到黑板上的漫画,气得满脸涨红。她气急败坏地在课堂上宣传日本"圣战"、演唱日军"神风特攻队"的歌曲,激起了学生们的强烈不满。一位在场的学生后来回忆时描述道:

> 不知是谁骂了一句"苦力一样"。"苦力"是日本人骂中国人的用词,意为下贱、低等的意思。这位日本女教师听到后,顿时大怒,像发了疯,用日语不知说了些什么,然后气冲冲地走出教室。少顷,教导主任走进教室,训斥了我们一通。可能怕事情闹大,算是给她下台。但并未追问是谁惹的麻烦,

---

训完了事。①

在青岛市立中学,公开和半公开的反奴化斗争是组织爱国音乐活动。值得留意的是,日本第二次侵占青岛时期,青岛中小学界活跃着一支不愿做亡国奴的音美艺术教师队伍,其中代表性的人物有李少勋、赫保真、陈大羽、于希宁、孙沾群、郭士奇等。1939年4月,李少勋发起成立音乐教学研究会,并组建全市联合音乐演奏会,主要成员有市立中学教师赫保真、市立女中教师唐其静及北京路小学卢为经、江苏路小学李德方、黄台路小学王云增、台东镇小学苏祝年、台西镇小学孙凝宗等教师。经过积极筹备,1939年7月1日在兰山路礼堂举办了第一次演奏大会。大会演奏节目36个,演员共计520人,引起各界热烈反响。日伪青岛教育当局看到的是"佥以在此最短期间,能由如此成绩,实非易易,即在申、津各处亦属罕见,足见本市各界人士爱好音乐之一斑矣"②;而其更深沉的意味是,挣扎在日本侵略者奴役下的青岛教师唱出了渴望自由的声音。赫保真还将亨德尔《弥赛亚》中的宗教名曲《哈利路亚》改词为《我爱中华》大合唱,以昂扬激愤的雄壮歌声隐藏着浓浓的爱国情感。③ 市立中学美术教师郭士奇常在《青岛正报》等报刊发表针砭现实的漫画,其中一组名为《教死书》《死教书》和《教书死》的"教书生活三部曲"漫画,击中了日伪青岛当局的要害,据说姚作宾曾下令追查。

在市立中学学生的记忆里,1940年全市运动会上由教师赫保真指挥的大合唱《战歌》可谓出了一口被压抑的闷气。有学生回忆道:

> 在运动会现场,赫保真老师以他那激动有力的手势,指挥着看台上市中师生几百人齐声高唱《战歌》。一回齐唱,一回轮唱,加上军号声、鼓声和校旗的摇动,真有一种地动天摇的宏伟气势。市中的长跑运动员在比赛中也特别来劲,眼看快跑到终点,冠军即将拿到手时,却被一个日本人有意下了绊腿……结果日本人得了冠军。霎那间,赛场大乱,市中学生纷纷从看台跳下。……此时此刻,我们看台上多数市中师生怀着激愤的心情,仍然在赫老师的指挥下继续不断地高唱《战歌》。……在歌声中我们默默地发出誓言,我们永远也不会屈服的,因为我们是中国人。④

较之市立中学教师鼓动下的师生联合反奴化斗争,青岛崇德中学完全由学

---

① 原道谋:《忆建国前礼贤的德育教育》,载《百年树人——青岛九中(礼贤中学)校友回忆录》(内部发行)第86页,2000。

② 《各级学校联合音乐演奏会记略》,载《青岛教育周刊》第2卷第27期,1939年7月12日。

③ 纪福和:《感念师恩尽在不言中》,载《青岛一中校友回忆录》(内部发行)第64页,1999。

④ 王文彬:《忆赫保真老师》,载《青岛一中校友回忆录》(内部发行)第62—63页,1999。

生组织的抗日活动更具进步意义。据史料记载,1939年秋,青岛崇德中学学生徐文洵从解放区来到青岛,不久便在校内秘密发起成立了"大众解放中华抗日先锋纵队"①。这个简称"抗先"的组织很快集合了陈翼(赵宝麟)、于峻笙、聂希文、安茂仁、左毅(孙金昌)、马荫普、王亿祯、乔沛光等十多名学生。"抗先"成立后,学生们通过各种渠道,大量传阅进步书刊和中外进步作家鲁迅、巴金、曹禺、高尔基、普希金、托尔斯泰、屠格涅夫、罗曼·罗兰等人的著作。他们还自编排演现代戏剧《生活暗引》,反映城市贫民遭受剥削压迫的悲惨生活。为编印抗战宣传品,在缺乏印刷设备的情况下,学生们用"洋粉"熬胶冻制版,印制半公开刊物《一周》,在进步学生中传阅。②

由于青岛崇德中学的基督教背景,学校的"圣诗班"在校内很有影响力,音乐课也主要唱教会的"圣诗",这对于日伪统治下思想苦闷的学生来说,忧郁、低沉的宗教歌曲无异于一种麻醉剂。同时,美国传教士富有煽动性和神秘色彩的宗教演讲,使不少学生加入了基督教。为此,"抗先"成员便在一些半公开的场合,把一些富有战斗性色彩的歌曲如《马赛曲》《大路歌》等传唱起来,团结了更多的同学。"抗先"成员大多是一些十八九岁的青年学生,他们是在抗日洪流的推动下,怀着不可遏制的追求真理的热情和理想走到了一起,反映了青岛进步学生力量的凝聚和锻炼的起步。

事实如此,青岛爱国师生反奴化教育的事实性材料不胜枚举。胶东《群众报》刊发一篇文章披露青岛小学生对抗日本电影,其中写道:

> 最近日寇在本市召集全市儿童看日本电影,放映的是中日海战的片子。当演到日本进攻时,全体儿童都表示不高兴,而演到中国军队组织反攻时,马上全场掌声雷动。日寇恼怒至极,竟至开枪制止。由此可见,敌占区同胞的民族意识连稚幼儿童也非常强烈,无不盼望着中国的胜利,可知中华民族是决不会被敌人灭亡的。③

当然,深入在青岛学校的中共地下组织是领导、发动、组织抗日斗争的中流砥柱。

据中共青岛地方党史记载,1939年10月,中共胶东区委组织部派曲华(李继仁)到青岛恢复党的工作。从1938年初中共青岛市委和崂山武装转移诸城

---

① 中共青岛市委党史研究室:《中共青岛地方史大事记(1921—1949)》,第179页,中共党史出版社,2006。

② 《山东省青岛第十一中学校志(1911—1998)》(内部发行),第21—22页,1998。

③ 《青岛儿童爱国热》,载《群众报》1941年12月28日。

后,青岛一直没有建立党的组织。曲华按照党中共关于大量发展党员要"大胆向着各级的工人、雇农,城市中革命的青年学生、知识分子、坚决勇敢的下层官兵开门"的批示精神,先在崂山李辛庄和兰家庄发展党员,开展工作。1940年春节后,曲华在其胞弟青岛崇德中学进步学生方勋(李继伟)的掩护下,进入青岛市区。1940年6月,曲华在崇德中学进步学生中发展方勋、尹华(杨润书)、莫易(宋秉海)、张辽(韩大珉)为党员,建立了党支部,方勋任书记,尹华任组织委员,莫易任宣传委员。这是青岛沦陷后中共胶东区委在青岛市区恢复重建的第一个党组织。① 在日伪统治时期中共青岛市级党组织尚未成立前,青岛崇德中学的党员学生最先聚拢在中国共产党的旗帜下。

随后,曲华、方勋、尹华、莫易、张辽等又在市立中学、市立女中、文德女中等学校、工厂中发展党员。为团结组织青年学生参加抗日救国斗争,1940年秋崇德中学党支部成立了青年抗战先锋团,由张辽任团长,方勋任政委,②利用学校阵地,自觉地担当起反对日本侵略者的重任。

为不断提高进步青年的思想觉悟和理论水平,1940年10月,青岛崇德中学党支部组织进步学生搜集到一批红色书刊。这些被日伪打上标签的"禁书",每一次搜集,学生们都要冒着很大风险。后来,有学生了解到崇德学校后楼的顶棚上密藏着一大批抗战前学校图书馆的"禁书",其中有《社会科学大纲》《唯物辩证法入门》《社会科学教程》等一些抗战时期最适合青年学生阅读的书籍。强烈的求知欲和爱国热情促使他们想方设法要把这些书刊搞到手,并利用起来。经过组织策划,决定由"抗先"成员带头行动。一天深夜,陈翼、徐文洵、王允祯、左毅、聂希文等人摸黑来到教学楼的顶楼,从中挑选了一批"禁书",在左毅的住处暂且存放。不久,这批书刊移至东光路13号文德女中学生杨真(刘文卿)的家中。这个被称作"地下图书馆"在青岛地下党员和进步学生"极度缺乏精神食粮的日伪统治下"③,解决了成长和发展的饥渴。1941年12月,杨真主持创刊了秘密刊物《洪流》,在党员和"抗先"成员中分发传阅,崇德中学学生陈翼、左毅等参加了《洪流》的编辑工作。④ 至1942年底,《洪流》出刊了7期。这些出自先进中学生之手编印的秘密宣传品,实际上得到了中共胶东区委青岛工委的领导和支持,杨真即是青岛工委委员。《洪流》为宣传中共的抗日主张,教育青年学生反

---

① 青岛市档案馆、青岛市史志编纂委员会办公室:《青岛大事记史料(1891—1987)》上(内部发行),第121页,1989。

② 中共青岛市委党史研究室:《中共青岛地方史大事记(1921—1949)》,第184页,中共党史出版社,2006。

③ 谢明钦:《青岛工委成立前后》,载《岛城春秋》第288页,中共党史出版社,1992。

④ 《山东省青岛第十一中学校志(1911—1998)》(内部发行),第23页,1998。

抗日伪奴化教育发挥了积极的导向作用。

1940 年 10 月,原在青岛崇德中学从事革命活动的方勖等人遭校方开除,被迫转入市立中学。后经曲华同意,中共青岛市立中学支部成立,由尹华任书记、张辽任副书记。同时,崇德中学重建党支部,由陈翼任书记,1941 年春周群接任书记。不久,张辽因身份暴露,根据组织安排返回原籍胶县大麻湾,以大麻湾小学校长的名义作掩护,秘密开展抗日斗争。1941 年 5 月,中共青岛市立女中支部成立,杨真之妹梅山(刘文懿)任书记,徐燕、徐建春分任组织、宣传工作。①1941 年 9 月,中共青岛文德女中支部成立,由梅山兼任书记②,除了组织女中学生开展抗日救国活动,还借东镇教堂开办"妇女识字班",传播有关妇女解放的革命思想。

据悉,到 1941 年秋,青岛已发展党员 40 多名。曲华还把一些新党员分批送往解放区,接受教育培训,提高思想觉悟。方勖回忆被派往抗日民主根据地学习锻炼的经历时说:

> 我们是 1941 年春离开学校的,这一批有三个人,莫易、吴光(崇德中学初中学生)和我。我们三个青年满怀革命热情,冲破敌人无数封锁,到达了胶东抗日民主根据地海阳。我们先到胶东抗日军政大学学习,又到胶东党校学习。1942 年以后,我们三人先后分配到不同的岗位战斗和工作。③

日伪统治时期,中共在青岛学校建立的组织主要进行理论武装,隐蔽力量,为赢得反法西斯战争的最后胜利奠定思想和群众基础。据史料记载,1942 年春,中共青岛崇德中学支部书记周群等人在台湛路秘密刻印毛泽东《新民主主义论》,在党员中秘密传阅学习,实现以中共领袖重要著作为主体的红色文献的跨域传播。1943 年 9 月,周群利用暑假返乡的机会,在故乡吉林柳河县组织发动青年秘密成立"抗日民兴团",由青岛崇德中学党支部领导,团结青年"进行反满抗日斗争"④。

实际上,类似的以青岛党员学生为"种子"的抗日活动,在青岛市区此起彼伏,其中的骨干成员多数是过去崇德中学的学生党员。例如:1943 年秋,在崇德中学入党的莫易联络进步人士,于东镇大成路创办职工夜校,参加学习的有颐中烟草公司、火柴厂、纺织厂等 40 多名职工,每周上课二三次,既传授文化知识,又

① 《山东省青岛第二中学解放前的革命斗争》,载《山东教育史志资料》(青岛专辑)1985 年第 5 期。

②④ 中共青岛市委党史研究室:《中共青岛地方史大事记(1921—1949)》,第 189、204 页,中共党史出版社,2006。

③ 方勖:《回忆片段》,载《青岛一中校友回忆录》(内部发行)第 39 页,1999。

讲解革命道理。① 又如,根据1943年7月中共中央山东局发出的《关于开展大城市工作的指示》,为抗战进入反攻阶段做准备,1943年11月,张辽、王文仁(王家骁)在日本青岛学院商业学校中发展进步学生董肇温、黄振远、吴荣森为地下关系,搜集日伪情报,进行抗日宣传活动。②

先进知识青年一旦走上自觉的抗日救国之路,往往表现出非凡的先锋性、坚韧性和策略性,历史必然将他们推向革命斗争的中心舞台。1944年秋,中共胶东区委组织部召开青岛地下党员会议,传达贯彻中共中央的"六五"指示,明确"不占领大城市与交通要道,不能驱逐日寇出中国"的斗争任务。据悉,出席会议的十几名青岛党员中,就有方励、莫易、张辽等原崇德中学的党员骨干分子。会后,他们返回市区,进行武装起义、里应外合迎接抗战胜利的准备工作。12月,中共胶东区委青岛工委调整市区党组织,所成立的三个由青岛工委单线联系的特别支部由张辽、莫易、杨真分任书记。在对敌斗争的实践中,这些学生党员已经成长为青岛反法西斯战争的城市指挥员。

二　大泽山等中共抗日根据地及边区的教育

1938年1月中共中央向山东省委发出"应以发动群众,发展游击战争与建立抗日根据地为中心任务"的指示信后,中共在青岛地区陆续建立和巩固了大泽山、莱阳西北边区、河里套、胶北及即墨西北边区等抗日根据地。这些敌后根据地的教育,以新民主主义教育为中心,强调教育为革命战争服务,坚持抗日教育阵地,瓦解敌伪教育,对日伪政权的统治构成了极大的威胁。

大泽山是胶东西部最高的山脉,呈东西走向,山岚叠嶂,沟壑交错,地理位置十分险要,是进出胶东地区的必经之地。1938年,中共鲁东抗日游击队第八支队进入大泽山,开辟抗日根据地。1939年8月中共平度县委成立后,平度抗日民主政府于1940年9月在大泽山东麓北大田村成立,曾任青岛崇德中学美术教员、中共青岛市委青年委员兼"左联"党团书记的乔天华任参议长,罗竹风为县长。民主政府的设立,标志着中共领导的抗日运动由单纯的武装斗争发展为以政治权力相对抗的历史阶段。平度民主政府设立的教育科,围绕教育是"无产阶级领导的、人民大众的、民族的、科学的、反帝反封建的"根本方针,与日伪1938

① 中共青岛市委党史研究室:《中共青岛地方史大事记(1921—1949)》,第204页,中共党史出版社,2006。

② 吴荣森:《"青商"地工小组革命活动情况》,载《亲历者忆——青岛革命回忆录》(内部发行)第2辑第305页,2004。

年设立的"平度县公署教育科"展开了针锋相对的斗争。不幸的是,1941年4月,平度抗日民主政府教育科长虞山(方郁山)及20余名教师在大泽山区杨家村惨遭日伪军杀害。^① 这起以捕杀教师为主要对象的"杨家惨案",使平北地区的教育蒙受巨大损失。1941年9月,由胶东南海地区专署领导的平北(平度)、平南、平西三县抗日民主政府相继成立教育科,坚持开展抗日教育。平南民主政府在仁兆区设立教育助理员,并划分崖头、高村、仁兆、冷戈庄、鲁家丘5个学区,到1942年底先后建立70所抗战小学。^②

由于大泽山抗日根据地所具有的平(度)、招(远)、莱(阳)、掖(县)根据地中心地带、扼胶东西部咽喉的战略意义,1940年夏秋之交,八路军胶东抗日军政大学支校("胶东抗大")迁至大泽山区,驻大田乡满家、杨家村一带,被誉为胶东地区培训抗日救国人才的"革命熔炉"。胶东区党委先后在根据地内的满家、铁夼寺、所里头、郭家店开办多期抗大训练班,培养地方与军队干部近千名。1942年秋,平度抗日民主政府在大泽山南麓成立"西海中学平度分校",有教职员10人。^③及至1944年秋,平度分校扩建为"南海中学",其招生范围扩展至平南、莱阳、即墨、胶县。为了加强教师队伍建设,1943年南海中学在大田酒馆村设师范部,招生2个班,90余名学生;次年师范部从南海中学析出,开办了"两平(平度、平西)联师"。^④ 1945年2月,南海中学改称"西南海联中",继而又改为"西海中学",并迁至平度蟠桃七里河子。虽然西海中学经常因日伪军"扫荡"而辗转各地,办学条件极为艰苦,但即使转移到山沟里,也边战边学,一直坚持上课,刻苦学习革命理论和文化知识,许多学生从学校里从军参政。

平度抗日民主政府举办的抗日小学,是根据地教育事业的重要组成部分。平度最早设立的抗日小学是1940年秋由原县立第六小学改办的盘石观抗日高级小学,设一至五年级7个班,有学生210名,教师有王文山、高云昌、尹子美等。^⑤ 大多数抗日小学皆具游击属性,无固定校址,无正式教材,很多由教师培养的"小先生"分组传递教学。在平度根据地众多抗日小学中,1941年加入中国共产党的任瑞卿最有影响。任瑞卿(1889—1978),平度北黄同村人,幼年读私塾,20岁在本村私塾任教;辛亥革命后考入平度县立甲级师范讲习所,1914年任初级小学教员,之后长期从事乡村小学教育工作;1940年参加了抗日民主政府举办的第一期教师集训班。集训班结束后,任瑞卿回乡办起了抗战小学,他结合教学积极宣传抗日救国的道理,为抗战培养了大批人才。在抗战极其艰苦的岁

①③　山东省平度县地方史志编纂委员会:《平度县志》(内部发行),第29—30、517页,1987。

②　陈维仪:《平南教育工作回忆》,载《平度文史资料》(内部发行)第10辑第28页,1995。

④　《山东省平度师范学校百年校志(1912—2012)》,第3页,山东美术出版社,2012。

⑤　尹子美:《县立第六高级小学始末》,载《平度文史资料》(内部发行)第10辑第203页,1995。

月里,任瑞卿经常以教师的身份掩护中共干部。[1] 抗日小学将学校教育与抗战斗争紧密结合起来,普遍重视对学生的思想政治教育,拿起红缨枪站岗放哨,拿起课本读书识字,还开展社会宣传,参加反奸反霸、减租减息、拥军优属等活动。平度抗日小学还组织学生传唱抗日歌谣,用民间流传的乡土小调填革命新词,增强了感染力。据抗日小学校长谭振增保存的手抄歌曲,大泽山抗日根据地传唱的革命歌曲多达100多首。例如《儿童团员歌》:

> 据点根,去宣传,指名道姓把话喊:
> 许国栋、王学田,奉劝话儿记心间,
> 欺压人,民心怨,弃邪恶,疾从善,
> 救国救民忠心献,光明黑暗任你选,
> 做了好事记红点,顽抗到底命归天。[2]

一般地说,莱西抗日敌后根据地的教育应当以1940年5月莱阳在北山口村建立的抗日民主政府为起点。1941年,抗日民主政府在河里吴家、大赤格庄、小水岔一带建立起小块根据地,先后办起86所小学,共有学生3195名、教师92名。[3] 截至1942年已有小学98所,其中在北泊村还创办了第一所完全小学,由吕玉彬任校长;到1943年又增设了孙家、东馆、马连庄3所完全小学。莱西根据地的小学教育经费,1943年前主要靠学田产款、学校生产劳动收入及收取学生学费的办法解决。1944年9月后,小学经费由各村自筹,民主政府给予一定的补助费,其标准是:初级小学每班每月10元,每增加1个班增8元;高级小学每班每月12元,每增加1个班增10元。[4]据悉,莱西根据地小学使用的教材是设在邴家的黎明印刷社翻印的胶东行署国防教育委员会编写的"国防课本"。这套国防课本根据高、中、低年级分三组,高年级有国语、算术、历史、地理、自然、政治;中、低年级有国语、算术、常识。国防课本贯彻的是团结抗战的思想,并有建设根据地、反投降等方面的内容。此外,根据地还有用莱西方言编写的反映抗日生活的乡土歌谣:

> 日本鬼儿,喝凉水儿;坐火车,压断腿儿;坐轮船,沉了底儿;去"扫荡",
> 挨枪子儿。
> 小黄狗,你看家,我到南山去埋瓜。我的瓜儿黑又大,鬼子碰上就开

——————————

① 平度县教育局教育志编写组:《任瑞卿传略》,载《山东教育史志资料》(青岛专辑)1985年第5期。

② 《平度民间的"歌"和"谣"》,http://blog.sina.com.cn/shdpd,2009年11月30日。

③④ 莱西县教育史志办公室:《莱西教育志(1840—1987)》(内部发行),第5、95页,1990年。

花。

    日本话，不用学。再过几年，用不着。

    鸡勾勾，天明了。日本鬼，死净了。①

莱西靠近日伪据点和国民党军队经常骚扰的地区，在共产党的领导和根据地军民的支援下，办有一些适合战争环境的地下小学、游击小学。地下小学是一种被形象地比喻为"里红外白"的两面或三面小学。由于日伪经常派敌特来学校骚扰，所以这些学校表面的布置，包括教室里的标语口号都按日伪的规定，从外表看与沦陷区的小学和其他私塾没有两样；教师为应付敌伪，就摆出私塾老先生的架子胡乱教几个字，编一些假话支应一下，但实际上学生书包里备有两种或三种课本，日伪人员来了便拿出伪课本或私塾教材应付，日伪走了就念抗日课本。学校还开展"不上鬼子当、不念鬼子书、不告诉鬼子一句实话、不替鬼子干事、不当鬼子奴隶"的教育运动，用革命的两面政策对付日本侵略者。事实证明：抗日两面小学保证了入学儿童不受奴化教育的毒害，团结和锻炼了一大批爱国教师，同时也扩大了抗日宣传教育的阵地。

在莱西游击小学中，最著名的是 1940 年 7 月民主政府在县境北部大留家（原属莱西）举办的一所招收军、工、烈属子弟的"抗属小学"，并兼收邻近村庄具有初小以上文化程度的男、女青年，共计 70 多人。在日伪军和国民党地方武装的骚扰下，学校实行军事化管理，采取游击教学，学无定所，时常在山沟、树林里上课，有时露宿野外。学生每人都有一个轻便的小背包、一条小凳，一有敌情便迅速转移。学生由民主政府供给口粮和菜金，每人每月 1.5 元，并发给春冬单棉两套服装。该校自开办到 1945 年上半年，共有三批 210 名学生毕业，均由抗日民主政府分配参加革命工作。②

莱西根据地的学校教师须经抗日民主政府的训练和鉴定。1941 年农历正月，民主政府在小吴家村举办了为期半个月的教员培训班，参加者大都是村里推荐的小学教师和有任教志愿的进步青年，结业后分配到各根据地从教。其生活待遇，在 1942 年前由各村与教师本人协商确定，标准不一。1942 年 5 月《胶东行政联合办事处通令》发布后，小学教师实行半供给制，即每月供给粮食 60 斤、柴草 100 斤，还有 32~36 元不等的月薪（校长月薪 40 元）。1943 年 7 月小学教师月薪提高到 45~55 元；10 月则改为完全供给制，每月 100~110 斤粮食（以玉米为标准）和 100 斤柴草；1944 年 4 月粮食供给增为 115~125 斤。自 1944 年 10

---

① 《水集之地的故乡（40）》，http：//blog.sina.com.cn/s/，2010 年 11 月 15 日。

② 莱西县教育史志办公室：《莱西教育志（1840—1987）》（内部发行），第 97 页，1990。

月起,根据《胶东区小学教职员任用服务及奖惩暂行办法》改为年薪制,初级小学教员每年700~1200斤,高级小学教员(含校长)每年800~1300斤,柴草按实际需要由行政村统一供给。①

即墨和胶州由于深陷侵青日军的沦陷区,在毛泽东坚持独立自主游击战方针的指引下,以建立抗日敌后根据地为中心,开展教育活动。

1937年七七事变后,曾就读青岛市立中学并在国立山东大学旁听的周浩然投笔从戎,返回故乡即墨,开展抗日救国活动,经常在集市、街头以至群众家里发表抗日救亡演说。周浩然在灵山小学对教职员的演讲时提出:"我们要即刻武装全民,发动全民抗战,不要等敌人来了才醒悟,不要等敌人杀上来,我们才起来。"②据悉,周浩然在东瓦小学给师生讲演时,边画图,边讲演,当讲到"日本侵略军侵我国土,杀我同胞,大好河山岂能沦入夷狄之手"时,异常激动,跺着脚,呼着口号,手中的粉笔也被掐得粉碎。为了组织抗日力量开展武装斗争,1937年10月,周浩然以强身健体为名,创办了瓦戈庄国术训练所,组织青壮年学习武术。次年1月,他以训练所学员为骨干,成立了抗日义勇军游击队,形成了抗日堡垒。1939年2月,周浩然赴抗日军政干校山东分校学习,7月被中共胶东区委任命为即墨县委组织部长。9月,周浩然在瓦戈庄一带开展群众工作时,遭遇汉奸武装袭击,惨遭杀害,时年只有24岁。③

1942年9月,中共即墨县委根据胶东区党委"依靠游击区,开辟抗日根据地,建立抗日民主政权"的指示,在西北边区堤前村建立了即墨抗日民主政府,并设有教育科④,在政权建设、武装建设的同时发展教育事业。根据史料记载,1943年2月,即墨抗日民主政府在移风店一带设立初级小学20所,于区公所驻地官庄设中心小学1所。随着敌后根据地不断扩大,到1944年,即墨民主政府开办的小学发展到30余所,有教师40余人。⑤ 这些学校全年分三个学期,即春节后至麦假为第一学期,麦假后至秋假为第二学期,秋假后至寒假为第三学期,在农忙时节和寒暑季节都有适当的假期。1943年8月,中共胶东区党委以烟(台)青(岛)公路为界将即墨分为两县,路西地区为即墨县,路东地区为即东县,分别建立抗日民主政权,以教育助理员管理教育。据史料记载,李中杰、侯成林、苗瑞明、于洪津、周坚夫分任即墨县移风、瓦前、灵西、长直、挪城各区教育助理

---

① 莱西县教育史志办公室:《莱西教育志(1840—1987)》(内部发行),第93页,1990。
② 周浩然:《对灵山小学全体教员演讲》,载《青岛抗战回忆》第10页,青岛出版社,2015。
③ 中共青岛市委党史研究室、青岛市周浩然研究会:《周浩然烈士专集》(内部发行),第40页,2015。
④ 《中共即墨地方史》,第1卷(1928—1949),第109页,中共党史出版社,2004。
⑤ 即墨县教育志编写组:《即墨县教育志》(内部发行),第3页,1990。

员;戴荫堤、张立亭、辛庆祥、祝松廷、刘毓初分任即东县店集、金口、雄崖、王村、嵝山各区教育助理员。[①] 1944 年春,即东与即墨县民主政府根据山东省青联《关于纪念"四四"儿童节开展儿童工作的指示》,因地制宜地举办了一些乡村儿童活动。[②] 1944 年 4 月即东县并入即墨县,1945 年 7 月复改即东县。

胶州的抗日根据地主要以 1943 年 11 月在北乡大杜戈庄成立的胶县抗日民主政府为代表。此前,1942 年中共胶东区南海地委在胶县南部山区成立党组织,隶属于南海行署管辖。旋即,由于中共诸边工委和诸胶边办事处成立,胶县抗日民主政府改隶滨北地委和滨北专署所辖。胶县抗日民主政府在其施政方针中提出:恢复学校,选聘教员,对学生进行抗日民主文化教育。[③] 为此,抗日政府在毛家庄、大麻湾、前石龙屯、大店、河荣庄等地建有 7 所小学,在北王珠、马店等镇建有 4 所联村小学。[④] 1944 年 3 月,胶北后屯、北都、丰隆、胶莱、沽河分区委建立后,区级政权相继建立,教育事业随之有了新的发展。

综上所述,中共在青岛抗日敌后根据地及边区的教育活动是艰苦卓绝的。事实上,抗日学校的师生既要冲破日军的疯狂"扫荡",又要抵抗国民党反动派的扰乱,很多时候在两股甚至三股敌对势力犬牙交错的夹缝中生存发展。尽管如此,中共领导的抗日教育活动不但在敌后根据地得以坚持,而且在游击区、近敌区也建立并发展起来,有效地将抗日的内容体现在教育过程中,丰富和发展了解放区的教育经验。但是,由于受战时恶劣环境的影响,除了少数地区制定了统一的教学规程,多数地区始终处于恢复重建和游击状态中,青岛抗日根据地及边区教育存在着教师少、教材缺乏等困难。

三 国民党在鲁东战区和国统区的教育工作

全面抗战时期,国民党政府经过坚持"战时"教育还是"平时"教育的讨论后,确定了"战时须作平时看"的指导思想,制定了一些有利于"国统区"保存教育的应急举措。1938 年 1 月,沈鸿烈取代韩复榘就任山东省政府主席,青岛由"省府兼办",国民政府利用地势和影响,在战区和"国统区"两个层面推进教育事业的保存和发展。

一般情况下,青岛"国统区"的教育工作以 1942 年为界,分为前、后两个阶段。前一阶段,即 1940 年国民党在青岛崂山设有办事处,丁德先、姜可训、赵汝

---

① 即墨县教育志编写组:《即墨县教育志》(内部发行),第 20 页,1990。
② 《山东解放区大事记》,第 180 页,山东人民出版社,1982。
③ 《中共青岛地方史》,第 1 卷(1923—1949),第 270—271 页,中共党史出版社,2003。
④ 《中共胶州地方史》,第 1 卷,第 234—235 页,中共党史出版社,2003。

川先后任处长,其教育工作由教育股负责。1942年春,国民党鲁东行署改编为青岛市政府,沈鸿烈以山东省政府主席的身份兼任青岛市长。不久,沈鸿烈改任国民政府农林部长,但因沈鸿烈"与青市关系之深,仍命兼任市长之职"①。沈鸿烈委任鲁东行署主任、山东省政府委员李先良,以青岛市政府秘书长身份代行市长职权。1943年初,李先良率国民党青岛保安总队挺进崂山,崂山办事处撤销,市政府组织设在山区的华严寺,教育工作由此进入新的阶段。

在李先良领导下,由国民党青岛市政府开办、管理的学校沿用国民政府时期的"市立"名称,及至1944年4月共举办市立小学5所,有学生1554名(其中女生554名);另有当地群众集资举办的"义塾"17处,在塾学生有806名(其中女生156名)。② 在市立小学及义塾任教的教职员均由市政府"给养统筹委员会"发给薪俸,每月菜金40~60元,另有粮食60斤、柴草240斤。据悉,1943年4月蒋介石政府曾补助青岛"国统区"初等教育经费2万元,这笔款项是经沈鸿烈的农林部转汇青岛的。及至1944年底,国民党青岛市政府在"完全控制区域内"共设立市立小学25所,有学生6893名(其中女生2641名)、教职员164名。为适应敌后抗日斗争的需要,国民党青岛市政府还在崂东、崂西、夏庄地区一些环境"较优"的学校举办民众识字班,以《民众识字课本》为教材,开展社会教育。据悉,此类民众识字班在崂东区共举办21个班,有学生2100人;在崂西区先后开办了10个班,有学生350人;在夏庄区开办了15个班,有学生400人。③

由于严酷的抗战形势,及至抗日战争后期,崂山"国统区"才开始发展中学教育。1941年前后始建于莱阳的"抗建小学"随李先良进入崂山后,发展成"抗建中学",校址初在九水,后迁到王哥庄晓望村,学生都是抗属子弟,全部免费入学。④ 1944年秋,市立中学在崂西开学,计有初中1个班、学生50名、教职员7名。1945年4月,李先良遵沈鸿烈"应先开办简易师范"之嘱,成立乡村简易师范学校,招生2个班,计有105名学生(其中女生9名)、教职员10名。⑤ 1945年7月,李先良在致山东省政府主席何思源并转中央组织部长陈立夫的电文中称:"所有市立中学、简易师范以及各小学亦照常上课。"⑥

青岛国民党政府与日伪为争夺教育权的问题,展开了激烈的敌后教育斗争。

---

① 《青岛市政府恢复办公告全市民众书》,载青岛市档案馆编《国民党青岛市抗日游击武装档案史料选编》第11页,青岛出版社,2015。

②③ 《青岛市政府1944—1947年工作报告及教育部审核意见》,存中国第二历史档案馆,卷号:5-748。

④ 《崂山县教育志(初稿)》(内部资料),第114页,1989。

⑤ 《青岛市政府秘书长李先良电陈该市政府工作近况》,存中国第二历史档案馆,卷号:5-748。

⑥ 《李先良就青岛市敌我军事情形事的电》,存青岛市档案馆,档号:B0024-001-00130。

根据国民政府《沦陷区教育实施方案》将鲁苏豫皖区鲁东分区划分为教育指导区并从事秘密战区教育工作的指示，李先良提出在"敌伪控制范围内，积极开展主权教育"。为此，国民党青岛市政府一方面派督导员深入战区及日伪后方，争取日伪开办的乡区小学，1944 年被国民政府"争取，而在市府备案的"学校有 31 所、学生 5825 名（其中女生 953 名）。① 及至 1944 年底，国民党青岛市政府在"敌伪控制区内实施特殊义（务）教（育）"的"义塾"有 36 处，有学生 1535 名（其中女生 246 名）、教师 36 名；另有"伪方所办之小学已为我争取，并受本府指导"的小学 42 所、248 个班、10840 名学生（其中女生 4013 名）。② 另一方面，针对日伪在沦陷区域用煽惑、威胁、利诱等手段推行奴化教育的状况，国民党青岛市政府采取相应对策加以摧毁，同时举办"特教人员"训练班，发动沦陷区教育界知识分子教育民众，宣传民族意识，培养抗战力量。据悉，接受培训的 53 人，"密布于市乡各校，工作情形甚佳"。对一些在"市府备案"的沦陷区教职员，国民党青岛市政府"按月补助给养"。

当然，敌后斗争是极其残酷的。崂山登瀛小学第一期受训人员王伦梅于 1942 年秋被日军宪兵队逮捕。王被捕后遭遇严刑拷打，供出同期受训者数人，结果有 6 人被捕，皆被发往东北服苦役，其他人"闻风逃避"。市区学校受训的宫志豪兄弟被捕后，其余的人"亦皆活动惟谨"。曾任崂山办事处处长的姜可训在总结此类事件时不无痛心地指出："特教人员被捕后，市府既无力营救，又无以抚慰其家属。"③1939 年，崂山青岛抗日保安队还与私立崇德中学校长王文坦暗中联系，与隐藏在明德小学的国民党"中统"人员秘密开展抗日活动。不料，事情暴露，王文坦、谈明华、彭玉麟等被捕判刑，拘押在李村监狱。历时一年多，经青岛抗日保安队派人潜入李村监狱，王文坦等人才获救。1944 年 3 月，日本宪兵队突然闯入青岛部分中学教师的家里进行搜查，结果市立中学校长王筱房、训育主任赵常春和市立女中校长丁秀菱、教务主任潘颖舒及教师唐安之、宋舒若、杨省三、凌德超等十余人被捕。他们被视为"抗日仇伪的危险分子"而遭受毒打，唐安之被日本宪兵装进麻袋投入大海。④ 据赵常春回忆，后来被释放的人都"生了大病"，能"活着出来，真是死里逃生"。⑤

国民党在鲁东战区的教育工作，因政局动荡、区域复杂、心态各异，呈现出不

---

① ③ 《青岛市政府 1944—1947 年工作报告及教育部审核意见》，存中国第二历史档案馆，卷号：5-748。

② 《青岛市政府三十三年度工作摘要报告》，存中国第二历史档案馆，卷号：5-748。

④ 《山东省青岛第二中学解放前的革命斗争》，载《山东教育史志资料》（青岛专辑）1985 年第 5 期。

⑤ 赵常春：《日本宪兵队镇压中学教员纪实》，载青岛市政协文史资料研究委员会编《青岛文史资料》（内部发行）第 5 辑第 111 页，1984。

同的情形。根据1939年9月国民党政府颁布的《县各级组织纲要》之每乡镇设中心小学、每保设国民学校的规定,青岛周边各县基本的做法是:将中心小学及完全小学改为乡镇中心学校,初级小学改为保国民学校。1942年,国民党山东省政府颁布的《山东省各县市设置国民学校及中心学校实施办法》实行后,青岛采取国民学校"以每保设立一校为原则",中心学校"以每乡镇设立一处为原则",设法筹资举办学校。例如:即墨至1945年共有乡镇中心学校17所、保国民学校200所,计有学生20843名、教职员571名。[①] 学校的办学经费以粮代薪,由乡镇公所根据各校应支数额批至各村,学校凭批条到村领取。只是数量不等,粮色不一。

值得注意的是,中等程度的学校教育在平度、莱西的"国统区"都有一定程度的发展。

1938年3月,曾任平度县立中学校长的张金铭在曹县接受了山东省政府主席沈鸿烈的委任,以国民党第十六支队司令兼平度县长的身份重建县政府,设教育科,兴办学务。1940年平度县立中学在古岘朱村复立,张金铭仍任校长。因遭日军"扫荡",该校经若断若续两次复课,后得国民党独立第二十八支队司令阎珂卿的支持,在其所属的辛安村复建平度县立中学,时有教职员27名,由国立山东大学生物学系肄业的侯宾南任校长。[②] 学校设中学部、师范部,学制3年,夏、秋两季招生。平度县立中学于1941年春设立了3处分校,1943年增设高中班。[③] 1945年抗战胜利时,平度县立中学共毕业高中生2个班、初中生14个班、师范生12个班,毕业生近千名。

在莱西,由国民党政府控制的中学有两所:一所是1939年在灵湖小学和黄金庵小学初中补习班基础上建立的莱阳县立初级中学,是年秋招收学生100多人,1941年增设师范部,1944年增设高中1个班,故更名为"莱阳县立中学"。学校还在大野头村、王毕村、徐格庄村开办了3处分校。及至1945年2月停办时,莱阳县立中学共毕业初中7个班、约300名学生,师范部5个班、约250名学生。[④] 另一所是1940年在河马崖村创办的山东省立第十一联合中学,招收乡村师范科和高中科各2个班,1942年又招收初中2个班,校本部迁至崔疃;另外在董家山后村和兴隆村设有2处分校。[⑤]

较之平度和莱西的"国统区"中学教育,即墨的县立中学则乏善可陈,甚至溃不成形。1941年秋,即墨县国民党政府在龙湾头村举办即墨县立初级中学,

---

① 即墨县教育志编写组:《即墨县教育志》(内部发行),第3页,1990。
② 陈安栋:《忆平度县立中学校长侯宾南先生》,载《平度文史资料》(内部发行)第10辑第308页,1995。
③ 山东省平度县地方史志编纂委员会:《平度县志》(内部发行),第517页,1987。
④⑤ 莱西县教育史志办公室:《莱西教育志(1840—1987)》(内部发行),第84、85页,1990。

张仙洲任校长,学生有初中部、师范部各1个班,共90余人。[①] 学生使用的教材大多是刻印的讲义,只有少部分是开明书店出版的课本。1942年春因遭日军"扫荡",张仙洲解散了即墨县中。同年冬,即墨县中在官庄村招考学生,录取初中1个班、三年制师范1个班,于1943年春在栲栳村复学,由国民党即墨县长隋永谞兼任校长。然而,是年9月由于隋永谞部在三都河战役中遭遇重大伤亡,即墨县中再次解散。1944年春,即墨县中又在丰城苏口村复学,招收1个初中班、2个师范班,共计180名学生,张仙洲再任校长。1945年,即墨县中迁到洼里村,同年麦假后再次解散。即墨县立初级中学三办三停,其在松树庄、东皋虞村、王圈等村庄开办的3处分校也时办时散。粗略统计,及至1945年,即墨县立初级中学及其分校和补习班共开办6个初中班、6个师范班,计有学生720名、教职员16名。[②]

国民党在胶州的办学异常曲折而复杂。1938年1月,日军侵占胶城,国民党县长赵丹坡带领县政府人员逃到西南乡朱陈沟村。3月,曾任《青岛时报》编辑的胶州大店村人姜黎川返回家乡,与张渐九、徐名山、谈明华、丁德先、张淑衡、丁守誉、姜澄川、毛嘉兰、黑钦甫等人在胶州、平度、即墨三县边界拉队伍抗战,号称"山东民众抗日救国军游击队"。不久,姜黎川接受国民党山东省政府主席沈鸿烈收编,其番号为国民党山东保安第十四旅,姜黎川在胶州西南建立国民党胶县政府,设立了教育科,还在市美村成立了市美中学。[③] 1939年冬,姜黎川部被改编为山东保安第一旅,1942年3月在其势力范围胶州北乡恢复了部分小学教育。1944年7月,市美中学迁至港头臧,并在港头臧、薛家泊子设立两所附属小学。[④] 据史料记载,1941年5月,山东省立第九联中由诸城迁至胶州市美乡小泊村,时有3个教学班,其中2个初中班、1个师范班。是年12月末,联中因日军"扫荡"而停办。[⑤] 由于胶州抗日形势的复杂化,其国民党政府的教育活动记载杂乱,线索模糊。

国民党在鲁东战区的教育仍坚持"三民主义"教育宗旨,并推行"新县制"下的国民教育政策及区党部、三青团、训导制相结合的政策。据有关史料记载,1942年莱西各中学和乡镇中心小学建立起国民党三青团组织,有的乡镇完全小

---

① 即墨县教育志编写组:《即墨县教育志》(内部发行),第136页,1990。

② 《1941—1948年即墨县立初级中学教职员学生统计表》,载即墨县教育志编写组编《即墨县教育志》(内部发行)第137页,1990。

③ 姜磻溪、张子明:《抗日战争至建国前的胶州教育》,载《胶州文史资料》(内部发行)第11辑第32页,1998。

④ 黄岛区教育史志编写小组:《青岛市黄岛区教育记事长编》(内部资料),第19页,1988。

⑤ 胶南县史志编纂委员会:《胶南县志》,第480页,新华出版社,1991。

学和乡公所设一个区党部,三青团在中学设区队部,下设小队,乡镇中心小学设立分队部,发展对象主要是中学生和完小高年级学生。其做法是"撒灰",即引诱、胁迫青年学生加入三青团,有的(主要是中学)集体登记,成批发展。[①] 应当说,全面抗战初期,国民党对抗战是比较积极的,对共产党的关系也比较好。但是,由于国民党的抗战政策具有勉强、片面、甚至乞求妥协的一面,因此其联共政策隐含着溶共、限共、反共的一面。随着抗日战争进入相持阶段,日本转而实行以政治诱降为主、军事进攻为辅的对华政策后,国民党不断掀起反共浪潮,反共活动必然渗透到学校教育之中。

鲁东的战略地位颇得日本军方的重视。1945 年 8 月 12 日,日军侵华最高司令官冈村宁次在给全体侵华日军官兵的训示称:"尽一切可能将陆、海军兵力向山东东部集结,并以烟台、青岛为根据地,形成半独立占领地区,以等待祖国命运终结。"[②]显然,冈村宁次企图依凭山东半岛作垂死挣扎。不过,8 月 14 日本政府照会美、英、中、苏四国政府,接受《波茨坦公告》,日本对青岛的殖民占领终告结束。

---

① 莱西县教育史志办公室:《莱西教育志(1840—1987)》(内部发行),第 87 页,1990。

② 渠长根:《日本侵华思想理论探源》,第 106 页,新华出版社,2009。

第七章　解放战争及南京国民政府后期

（1945 年 8 月—1949 年 6 月）

　　抗日战争胜利后,青岛作为国民政府的收复区,围绕重建战后教育制度和秩序,凭借受降美军的支持、崂山抗日战区的经验及善后救济总署在青岛设立鲁青分署的便利条件,基本实现了由战时教育模式、奴化教育模式向平时教育模式的转化。青岛小学国民学校制度得以建立,中学教育增校扩容,李村师范学校在复员中迅速发展,特别是复校后的国立山东大学院系齐整,更趋规模化。然而,在中国面临光明还是黑暗、进步还是倒退两种命运、两种前途的抉择关头,由于国民党坚持内战政策,加之政治腐朽、经济崩溃,青岛深陷沉重的社会危机中。对沦陷区师生"甄审"决策的失误与施行不当,致使费筱芝惨案成为战后国共两党在收复区角力的转折点。青岛教育界反饥饿、反内战运动及 1947 年"六二"惨案的发生,导致青岛战后学运从依靠政府争取合法权利引向反专制、争民主的轨道。山大反内迁和来自各类学校的护校斗争,折射出青岛黎明前的晨曦。中共解放区的教育以新民主主义思想为方针,历经分散、隐蔽的发展后,伴随着人民解放军进军青岛的脚步,开始了接管、改造"旧统治阶级的文化教育组织制度"的准备,一个"适合于人民的需要"①的教育事业,即将在青岛诞生。

第一节　战后时局与国民党政府的教育政策

一　复员机制下的教育行政制度与战后治理

　　1945 年 8 月 15 日,日本天皇发表《终战诏书》,宣布无条件投降,饱经日伪沦陷区战争创伤的青岛充满恢复和发展社会事业的渴望。

---

　　① 《青岛市军管会文教部接管方案》,载《青岛党史资料》(内部发行)第 5 辑第 114 页,1989。

是年7月曾在崂山太清宫后悬崖石壁题刻"山海重光"的李先良,根据国民政府的指令,于8月21日在崂山成立由高先芳、李健吾、王文坦等13人组成的青岛市接收委员会。这个近似于政府的组织下设行政、财政、警务、教育、公用、军事、港务、经济、社会等11个组,王文坦负责教育组。李先良于9月13日率部进入青岛市区,17日正式接收青岛行政,由此行使青岛市长的职权。

由于青岛在中国辖域中的特殊地位,南京政府仍将青岛定为行政院院辖市,恢复战前的区划。按照国民政府1943年5月修改的《市组织法》及相关规定,青岛市政府设秘书处、人事处、社会局、教育局等职能部门,王文坦"兼代"青岛市教育局局长。① 10月26日,青岛市教育局局长孟云桥自重庆抵达青岛,11月1日到任视事。孟云桥(1904—1988),原名孟繁倬,山东章丘人,1930年毕业于北京大学,后到英国伦敦大学哲学系深造,又入牛津大学攻读研究生学位;1938年回国后历任重庆国立中央大学、乐山国立武汉大学、重庆中央政治学校、国立政治大学教授。② 这位教授出身的教育局长对未来青岛的教育满怀信心,他在接受记者采访时称:"本人此次奉命主持青岛教育,对国民及社会教育极为重视,务期于最短之可能期间普及国民教育,使全市之学龄儿童皆可入学。"③

抗日战争胜利后,青岛市政当局为医治战争创伤进行教育复员,在国民党地方自治的框架内建立了市、区、保三级教育体制。青岛市教育局根据"组织纲要及职掌业务之分配",设秘书、编审、督学、人事、会计、统计六室及第一、二、三科,统管全市教育事务。为顺应南京国民政府自上而下地推行地方保甲制,教育局动员各乡区普遍设立教育主管人员。其做法是:区设教育助理员一人;保设学务委员,由中心国民学校校长保荐热心教育事务者5~7人组成。据1946年3月完竣的青岛市保甲编组,全市共划分为台东、台西、市南、市北、四沧、李村、崂东、崂西、夏庄、浮山、阴岛、薛家岛12个区(其中台东、台西、市南、市北4区为市区),共编327保、6873甲,教育区保体制试图通过传统的保甲制,推动教育事业实行分级管理。

但是,青岛教育战后复员的难度极大。这首先源于日伪对青岛教育的严重破坏。根据青岛市教育统计,1937七七事变后至1945年8月青岛"光复"前日本给青岛教育事业造成的破坏,计损失建筑物76857.36万元、器具38150.94万元、图书36794.31万元、仪器模型12377.85万元、其他设备2096.49万元,合计损

① 《王文坦先生事略》,载胡健国主编《国史馆现藏民国人物传记史料汇编》第24辑第33页,台湾"国史馆"印行,2001。

② 《关于检送局长孟云桥简历表的便函》,存青岛市档案馆,档号:B0027-001-0075-0001。

③ 青岛市档案馆、青岛市史志编纂委员会办公室:《青岛大事记史料(1891—1987)》上(内部发行),第151页,1989。

失 166276.95 万元。[1] 1946 年，教育部划拨"复员紧急措置费"1 亿元，青岛又利用行政院善后救济总署鲁青分署的便利条件，争取无偿援助。青岛市教育局核定员额 102 名，由于"经费所限"，实有员额 93 名。青岛市教育局战后第一年度，围绕教育复员，并沿袭南京政府前期教育局管理文化、体育事业的惯例，其《施政报告》列举的主要工作有：

　　一、成立青岛市教育设计委员会；

　　二、会同工务局接收暨移交敌伪产业；

　　三、分配教育复员紧急措置费；

　　四、发动市立小学募捐修缮校舍，添置设备；

　　五、饬令原有私立中学董事会之改组；

　　六、办理私立各类补习学校备案；

　　七、举办小学教员临时登记、甄审训练；

　　八、办理小学卫生导师暑期讲习班及青岛市中国童子军教练员训练班；

　　九、设立失业职工补习班；

　　十、整顿校风及改进学校行政；

　　十一、翻印国定教科书；

　　十二、设立电化教育馆及民众剧院；

　　十三、整理市立图书馆，设立博物馆山东产业馆；

　　十四、整理市立体育场，举办"市长杯"篮球赛、乒乓球赛和中美联合运动会；

　　十五、举办儿童节庆祝会、青年节庆祝会。[2]

　　作为教育复员初年的教育计划，这 15 项施政纲要基本是抗战前沈鸿烈时期雷法章任职教育局的行政翻版，当然也有一些创新。特别提及的是，教育局在教育复员伊始将"整顿校风及改进学校行政"作为重要内容，提出了按时上课、清洁整齐、组织纪律、健康活泼、课业提高五项要求，并"严令"各校"随时督导，严加考核"。[3]孟云桥还成立教育设计委员会，其成员包括赵太侔、刘次箫、王文坦、张乐古、乔修梁、郭致文、江雪雯等 20 余名岛城名流。

　　1946 年 2 月，沈鸿烈以国民政府党政考核委员会秘书长的身份对青岛战后复员接收情况进行考察，一定程度上促进了教育治理。据相关史料记载，一向重

---

　　① 青岛市史志办公室：《青岛市志·教育志》，第 42 页，新华出版社，1994。
　　②③ 《青岛市政府教育局施政报告（1945 年 9 月—1946 年 9 月）》，存青岛市教育史志档案室，卷号：Aa-6-6。

视心理建设、重视教育的沈鸿烈在2月13日沿途视察中"不停地叮嘱家长们督促学龄儿童入学,使他们受到充分教育"①。是日正逢李村镇大集,沈鸿烈便在集市广场上召集村民训话,大意是:阔别八年,怀念青岛市同胞甚殷,而今抗战胜利,希望各位同胞再接再厉,共谋建国大业。同时,他勉力大家协助教育复员、普及教育、保护林木、爱护公路等。② 在青期间,沈鸿烈曾于2月16日作出《关于恢复李村师范学校请教育局办理》的批文。离开青岛后,沈鸿烈在3月4日批复青岛同济鼎新会代表提出的"将东平路23号等地拨归平民学校建校舍之用"的议题时,致函李先良:

> 　　青市平民同济鼎新会代表沈会章等谓"东平路二十三号、观城路二十号公地一段原为建筑平民学校之用,青岛沦陷后,该段空地曾被敌人作为家禽市场,去年十月十一日经两次请市政府发还,尚未落实,恳请予以发还,以资建筑而惠学童"之语,查所陈经过确属实情,请查证办理为荷。③

青岛市政府对沈鸿烈的指示逐一落实,3月7日还为办理"沈秘书长为慈幼托儿所请拨校舍及基金",责成教育局将接收的敌属学校暂行拨借给慈幼托儿所,并处理汉奸财产拨充慈幼教育基金。沈鸿烈解决了不少教育难题,令教育界同仁颇为感动。教育局长孟云桥在一次广播讲话中说:青岛教育要"本着沈前市长的谈话……将来不难做到'全国第一'"④。7月,孟云桥在致教育部长朱家骅的信中称:"现青市各中小学皆上轨道,复员工作大致已完。"孟云桥在信末执弟子礼,盛情邀请朱家骅访青,云"青岛风景优美,元气渐苏,望吾师抽暇来此避暑小住,对教育之兴革实际指示,以便遵循。"⑤据史料记载,朱家骅确对青岛教育进行过视察,但那是孟云桥卸任后的1948年6月。青岛教育事业在经历了一个初步恢复的阶段之后,随着国民党在政治、军事上的节节败退,迅速走向末路。

1947年5月,南京国民政府核准修正《青岛市政府组织规程》,市政府及所属机构按新规程加以改组。教育局机关编制被压缩,减缩为87人;特别是督学室,只设督学1人、视导员4人,其规格和员额都有所削弱。同时,事业发展类科室比行政管理类科室少,除了文书股、出纳股、岁计股,还设有会计室、统计室;负责普通教育、职业教育、民众教育的只有小学教育股、中等教育股、社会教育股和民教股,且小学教育股与中等教育股分散在第二、三科,工作衔接不利,难免造成

---

① 刘宗伟:《案卷里的青岛》,第386页,青岛出版社,2016。
② 《沈秘书长视察崂山　对乡区民众致慰问》,载《民言报》1946年2月14日。
③ 《沈鸿烈致李先良》,存青岛市档案馆,档号:B0024-001-00003。
④ 《青岛教育的曙光》,载《建国周刊》创刊号,1946年5月1日。
⑤ 《青岛市教育局局长孟云桥呈教育部函》,存中国第二历史档案馆,J5-749。

脱节。不过,即使这种官僚化的行政格局也未能持久,及至 1947 年底,国民政府已无心、无力发展社会事业。

1948 年 2 月,在内战的硝烟中,青岛被划归国民党第十一绥靖区管辖。绥靖区在划分行政专员指挥区时,将青岛及即墨县划为一区。据悉,蒋介石曾打算"青市政府将以沈鸿烈往主之,绥区司令官允以李弥继任"①,但 4 月 16 日军政统一的绥靖区司令部行政公署成立时,却由绥靖区副司令长官、青岛警备司令丁治磐兼任行政长。5 月 31 日,新任青岛市教育局长隋星源由南京抵达青岛。隋星源(1899—?),字曜西,山东广饶人,毕业于北京大学,历任安徽省教育厅秘书、山东省教育厅督学。政局动荡,官员的位子都坐不稳。7 月 6 日,新任第十一绥靖区司令官刘安祺抵青,李先良于 7 月 21 日被行政院免去了市长职务,遗缺由大连市市长龚学遂接任。舆论界对这位新市长给予厚望,认为"龚氏接任后,当能一本过去建设之热忱,致力于青岛复兴与建设"。龚学遂上任后进一步简化市政机构,裁撤了民政、卫生、地政三个局,好在教育局得以幸免。

时局的发展摧枯拉朽。1948 年 9 月,人民解放军攻克国民党山东省会济南;至年底,除青岛外的山东其他地区均已被中共控制,青岛的国民党政权处于孤立无援的境地。中国历史进入 1949 年,国民党的统治岌岌可危。2 月 9 日,国民政府行政院免去龚学遂的青岛市长职务,由山东省政府主席秦德纯兼任。3 月 9 日,秦德纯抵青;10 日青岛市教育局局长隋星源辞职照准,由山东省政府参议李涤生暂代局务。4 月 4 日,国民党山东省政府秘书长杨展云兼任青岛市教育局局长。② 5 月 11 日国民政府行政院通过任免事项:秦德纯呈请辞去所兼的青岛市长职,由青岛港务局局长孙继丁代理青岛市市长。杨展云未能卸却所兼的青岛市教育局局长之任,只能维持国民党政权在青岛教育的残破局面了。

二 极端拮据的教育经费及学校滥收费现象

南京国民政府后期的青岛,其教育经费受制于政局、军费、物价等因素的影响,明显地表现为前、后两个阶段。

事实上,抗日战争胜利后至 1946 年上半年,由于接收日伪敌产、城市工商业复苏带来的经济效益,青岛市政当局对教育投入有一个短暂的良好开局。1946 年 5 月,青岛市教育局局长孟云桥在一次广播讲话中提出:青岛市的教育要"本着沈前市长的谈话,要把全市总收入的三分之一用在教育上……这是大家最盼

---

① 刘宗伟:《案卷里的青岛》(续篇),第 133 页,青岛出版社,2017。
② 《关于杨展云接任教育局局长的布告》,存青岛市档案馆,档号:B0027-001-00177-0070。

望的"①。据统计,1946年上半年青岛市教育总投入为32837.5万元,其中用于小学国民教育的经费达22275万元,占比超过2/3;中学经费为6978.7万元,占比21.25%;给予私立学校的补助费为1849.3万元,占比5.63%。这三项用于发展基础教育的费用接近总支出的95%,详见表7-1。

表7-1 1946年上半年青岛市教育经费概况表

项目	月份	一月	二月	三月	四月	五月	六月	总 计
市立中学 教育经费	金额(元)	4532830	9721945	9922715	12587607	13018330	20003720	69787147
	比率(%)	18.79	23.48	23.54	18.56	17.25	25.81	21.25
国民学校 (小学)经费	金额(元)	17068272	27561534	28024159	49150302	52314259	48632527	222751053
	比率(%)	70.76	66.57	66.51	72.52	69.36	62.75	67.83
社会教育 经费	金额(元)	914180	1337630	1393830	2179240	2517840	3833330	12176050
	比率(%)	3.79	3.23	3.30	3.21	3.33	4.94	3.71
私立学校 补助费	金额(元)	1406552	2652124	2652124	3394524	3768904	4618892	18493120
	比率(%)	5.83	6.40	6.29	5.00	4.98	5.96	5.63
教师 代课费	金额(元)	198835	123075	139805	279280	499615	413390	1654000
	比率(%)	0.83	0.32	0.36	0.41	0.66	0.54	0.50
临时 社教费	金额(元)				200000	3313800		3513800
	比率(%)				0.30	4.42		1.07
合 计		24120669	41396308	42132633	67790953	75432748	77501859	328375170

资料来源:根据《青岛市教育局所属机关学校经费概况表》整理,载《青岛市政府教育局施政报告(1945年9月—1946年9月)》,1946。

不过,孟云桥提出的照沈鸿烈时期1/3的财政收入用于教育的目标未能实现。据教育局统计,1946年1月—4月青岛"市库"的"自治经费"为776033220元,教育费占比为18.15%。② 1947年青岛教育费达到2405397530元。③ 实际上,战后青岛的财源比较充裕。1945年12月,青岛市货物税局确定的辖区为青岛、胶县、高密、即墨、安丘、诸城和平度7个市县;1946年1月又将青岛啤酒公司、屠宰公司、纸烟厂、火柴厂等划归市政府经营,以"弥补青市经费不足"④。

青岛对照战前算了一笔账:1937年七七事变前,青岛共有小学127所(其中

① 《青岛教育的曙光》,载《建国周刊》创刊号,1946年5月1日。
② 《青岛市教育概况(民国三十五年六月)》,第10页,1946。
③ 教育部:《第二次中国教育年鉴》,第1398页,商务印书馆,1948。
④ 青岛市档案馆、青岛市史志编纂委员会办公室:《青岛大事记史料(1891—1987)》上(内部发行),第160页,1989。

市区小学 25 所);至日伪统治时期,全市公私立小学共计 107 所。① 问题在于日伪摧残下的学校损失惨重,传授知识的殿堂化作瓦砾场。青岛市教育局的报告称:"惟各校校舍或迭经敌军驻用,或屡遭兵火摧毁,以致校舍损失綦重,甚有荡然无存者,故乡区学校,多系借用民房迁就一时。"② 经粗略计算,青岛各类学校经战争摧残"损失甚巨"亟待修理的校舍,预计"材料费及工资需国币一亿元",课桌椅、校具修理费用"需 8400 万元"。如此巨额开支,"市库实无力负担",故"呈请党政接受委员会,准予会同工务局",以孤山窑厂做修理校舍基地,以"敌产和田木厂、滨恒木厂承做各校桌凳"。③

此外,"光复"初始的广大师生尚未摆脱沦陷区阴影,生活亟待救济。1945年 11 月,青岛市教育局提出"借用面粉 1000 袋、杂粮 6 万斤分发困难师生急用"。12 月,青岛文德女中收到的救济粮是 2000 斤地瓜干和 4 袋面粉。④ 教育局还与国民党第十一绥靖区副长官部"交涉,发给棉布 435 匹、棉花 4348 斤","以资救济"市属各校学生。⑤ 对于师范生则提高待遇,自 1947 年 2 月膳食费增加到 4 万元,3 月份又增加到 6 万元,并决定今后按照国立中学公费生主副食费标准办理。⑥

1946 年 7 月,国共和谈破裂导致全面内战爆发,短暂的和平复兴局面转瞬即逝。由于国民党军费开支浩大,造成巨大的财政赤字,中央银行猛增法币的发行量,结果货币贬值、物价飞涨,战后经济丧失了恢复活力的能力,教育支出捉襟见肘。按国民政府普及教育的规定,公办中小学校一律免收学费,可适当收取一定数额的杂费。1946 年秋,青岛市教育局规定市立各学校收费"以资补助计",每生收杂费 3000 元、体育费 1000 元、图书费 2000 元,新生入学要收取"入学保证金"5000 元。⑦ 显然,教育局有意扩大了国民政府规定的"杂费"范围,不仅体育费和图书费涉嫌滥收费,而且交纳的"入学保证金"缺乏收费依据,不免加重了学生家庭的经济负担。滥收费的口子一开,名目繁多的收费项目接踵而至。1947 年 2 月,教育局审定各校 1946 学年度第一学期征收学生费用计算书,其中不仅有水费、卫生费等新设项目,还在市立学校正常入校学生之外增加了 22 个

---

① ② 《青岛市政府教育局施政报告(1945 年 9 月—1946 年 9 月)》,存青岛市教育史志档案室,卷号:Aa-6-6。

③ ⑤ 《青岛市教育局工作简报三十四年十一月一日至三十五年一月十八日》,存中国第二历史档案馆,卷号:5-749。

④ 《关于收到地瓜干两千斤面粉四袋的收条》,存青岛市档案馆,档号:B0038-001-01282-0071。

⑥ 《青岛市政府教育局三十六年一至三月份工作报告》,存中国第二历史档案馆,卷号:5-749。国立中学公费生主副食费标准为:主食米 2 斗 3 升,副食费 2.8 万元。

⑦ 《青岛市政府工作报告》,存中国第二历史档案馆,卷号:5-748。

班的"自费生"。例如:太平路小学"增招"的 2 个班、120 名"自费生",不仅要交纳 2500 元的水杂费、图书费和卫生费,每月还要交纳 3500 元的"自费"。①

应当承认的现实是,动荡的政局和恶性通货膨胀,致使暴涨的物价如脱缰的野马,青岛竟有"物价飞涨,冠于全国"之说。以法币 100 元论,1937 年七七事变前可买两头耕牛,到 1945 年只能买一条鱼;1946 年的购买力为一个鸡蛋,及至 1948 年仅为三粒大米。也就是说,七七事变前的两头耕牛变成了 1948 年的三粒大米。② 物资匮乏,物价飞涨,工商业大量倒闭,青岛的经济濒临崩溃的边缘。为应对物价带来的办学难题,青岛教育当局一面向政府申请追加经费;一面向学生"伸手",将一些负担转嫁给学生家庭。1947 年 5 月,教育局决定,"市立中等学校本学期增收每生杂费 5000 元",市立中心及国民学校"本学期增收每生杂费 2000 元"。③ 及至 9 月新学年开学,教育局再次调整学校收费标准,具体是:市立中学每生全学期杂费 6 万元、体育费 2 万元、图书费 1 万元、预偿费 1 万元、寄宿费 3 万元(不寄宿生免收);市立中心及国民学校每生全学期杂费 2.2 万元、图书费 4000 元、卫生费 2000 元。④ 1948 年 1 月寒假前,教育局竟任由各中小学校按中学 15 万元、小学 7 万元的数额提前征收下学期学费,以此作为教员预借薪津。

考虑到从政府财政争取教育投入的难度,面临学生因交不起费可能大量辍学的困局,1948 年 2 月,青岛市教育局召开校长会议商定收费名目及额度,最终确定:市立中学不分高、初中,本学期每生征收水杂费 35 万元、体育费 5 万元、图书费 5 万元,寄宿生另收寄宿费 18 万元。⑤ 结果"杂费"变成了"水杂费",核定的 35 万元数额比 1946 年 9 月调整的 6 万元足足超出了 5.83 倍,当然这是基于 1947 年物价比 1946 年增长 15 倍的前提。值得注意的是,教育局还规定了 1947 年度第二学期市立和私立小学、幼稚园交费的最高标准(见表 7-2)。

通过表 7-2 可以发现,市立小学按学期交费,私立小学和幼稚园的费用则按月交纳,所定的"最高标准"是对交费数额的控制,其用心可谓良苦。但是,私立超过市立学校 5 倍多的收费所透出的信息是:政府不仅无力承担教育支出,而且对私立教育机构的收费管理也有心无力。更可怕的是,载入《青岛市政府施政报告》的《青岛市市私立小学卅六年度第二学期征收学生费用最高标准表》,竟然堂而皇之地出现了"市立小学自费生"项目。此举使教育滥收费合法化了。1948

---

① 《关于造报自费生情形的呈》,存青岛市档案馆,档号:B0027-006-06970-0001。
② 胡汶本等:《帝国主义与青岛港》,第 193 页,山东人民出版社,1983。
③ 《青岛市教育局三十六年度四至六月份工作报告》,存中国第二历史档案馆,卷号:5-749。
④ 《青岛市政府教育局卅六年度七至九月份工作报告》,存中国第二历史档案馆,卷号:5-749。
⑤ 《青岛市政府施政报告(教育部分)》,存中国第二历史档案馆,卷号:5-749。

表 7-2 1947 学年度第二学期青岛市小学幼稚园收费最高标准表

单位:元

项目 \ 校别	市立小学（全期）	市立幼稚园（全期）	私立小学（每月）	私立幼稚园（每月）	市立小学自费生（每月）
学费	—	—	高级:200000 中级:190000 初级:180000	180000	110000
杂费	120000	120000	—	—	—
图书费	20000	20000	—	—	—
卫生费	10000	10000	—	—	—
点心费	—	20000	—	54000	—
合计	150000	170000	高级:200000 中级:190000 初级:180000	234000	110000

资料来源:《青岛市市私立小学卅六年度第二学期征收学生费用最高标准表(1948 年 2 月)》,载《青岛市政府施政报告(教育部分)》第 18 页,1948。

年,鉴于一些学校擅自将自费生转为公费生,教育局于 7 月 21 日以"市库日益拮据,增班当更困难"为由,发布"不得中途请改公费"的训令。[①]

三 社会资源的整合与初见端倪的电化教育

与南京政府前期的青岛不同的是,抗日战争胜利后青岛接收的日伪敌产中,有一些可资利用的社会教育资源;特别是日伪遗留的电影、戏剧场院和设施成为丰富青岛幻灯、电影、广播等现代教育媒体,推行电化教育的有利条件。

1.接管社会教育机关设施与面向城乡民众服务

抗日战争胜利伊始,青岛市教育局便对日伪时期散布在各区的社会教育机构予以接收。其中,民众教育设施包括太平路 20 号市南民众教育馆,费县路 47 号西镇简易民众教育馆,泰山路 28 号大港简易民众教育馆,奉化路 29 号、23 号、34 号四方简易民众教育馆及劳工补习学校,沧口大马路 80~84 号沧口简易民众教育馆。[②]

---

① 《关于核示市立各小学增设自费班应妥慎筹谋不得中途请改公费的训令》,存青岛市档案馆,档号:B0027-006-06814-0001。

② 《青岛市教育局工作简报三十四年十一月一日至三十五年一月十八日》,存中国第二历史档案馆,卷号:5-749。

经过整顿,1946年1月下旬,青岛市市立沧口民众教育馆成立,分总务、教导、生计、游艺四部,开设阅览室、图书室、游艺室、民众俱乐部,还设有民众学校教室,陈立先任馆长,每月经费为397567元。[①] 青岛市市立大港民众教育馆旋即成立,宋绍曾为馆长,共有职员4人,每月经费358260元,其"大门两旁,大书'人生以服务为目的,社会因教育而光明'"。至1946年底,青岛市共有市南、市北2处甲级民众教育馆,另有大港、沧口、四方、东镇、西镇、李村6处丙级民众教育馆。[②] 民众教育馆成为社会失学者教育救济之场所。据1946年统计,在青岛74.8万人口中,受教育的比例为28.57%,其中女性受教育占比仅为7.67%。详见表7-3。

表7-3　1946年青岛市市民受教育程度调查统计表

单位:人

项目 性别	高等 教育	中等教育		初等教育			未受教育	未详	合计
		高中	初中	高小	初小	私塾			
男性	2905	10006	16542	37442	59992	29396	119689	137348	413320
女性	493	3491	6715	12377	21681	12652	151169	126161	334739
总计	3398	13497	23257	49819	81673	42048	270858	263509	748059

资料来源:根据《市民教育程度调查表(民国三十五年五月)》整理,载《青岛指南》第151页,1947。

此外,青岛市政当局接收的社会教育设施还有图书馆、体育场、山东产业馆。教育局面对百废待举的局面,虽"力思整顿",但由于"经费拮据,员额过少,致工作不克积极展开"。1945年10月15日,青岛市政当局对址在莒县路2号的市立图书馆予以接收,但"书籍遗失泰半",仅有14000册,因藏书"殊不足以应需要",教育局将"购存"市立中学的9806册旧版图书"拨给"市立图书馆,又通过私人及各书店赠阅,几经改善,"较前大见充实"。[③] 是年12月20日,青岛市立图书馆正式复馆,梁铭东任馆长。由赵逢珠任场长、李宏文任指导员的汇泉体育场,其整修费从"紧急置措费"开支1100万元,但其上海路分场由于沦陷时期日伪修建防空设备致使"看台大部坍塌,场地坎坷不平",经市政会议决定,"动支原列社教机关修缮设备费"2700万元,不足之数再从"中央补助本年度工务局建设事业费项下拨补"。[④] 相比之下,山东产业馆因系日本侵占当局"对我经济侵略

---

① 《青岛市政府教育局施政报告(1945年9月—1946年9月)》,存青岛市教育史志档案室,卷号:Aa-6-6。

② 《青岛市政府三十五年度政绩比较表》,存中国第二历史档案馆,卷号:5-749。

③④ 《青岛市政府工作报告》,存中国第二历史档案馆,卷号:5-748。

之重要研究机构",其设备"相当完善",故接收后更名"市立博物馆山东产业部",于1946年4月2日正式开放,由杜承泽任主任。1947年8月国民政府委员陈果夫莅临青岛时,特意参观了产业馆,他提出:此种设施有利于社会教育,能够增进国民常识,值得普遍推广。① 其实,青岛市政当局曾有建筑博物馆的动议,以"市立博物馆山东产业部"冠名取代规划中的博物馆,不乏敷衍之意。此外,筹设的科学馆则因"预定之科学馆址为美军占用,新址勘觅不易",兼以"市库支绌,经费无着"②而泡汤。

2.开办社会教育机构与为失学民众补习文化知识

鉴于复员期间青岛失业青年职工众多,为谋"救济青年职工并充实其知能起见",1946年4月青岛市教育局利用四方奉化路前日本学校旧址,设立失业职工补习班,共招收学员200名。办学经费由善后救济总署鲁青分署拨助开办费90万元,另有中纺公司青岛分公司拨助经常费300万元,学员的膳宿费"概由公家供给"。该班至8月11日结束。③

为了普及教育、扫除文盲,为失学民众补习教育,1946年11月,青岛市政当局决定在各国民学校附设"民教部",分成人班和妇女班两类,按实际文化程度分粗通文字的高级班和文盲初级班,并提供3000万元的经费支持。至1947年11月,共计开办成人、妇女班576个,入学民众达28936人(表7-4)。1946年寒假,青岛市政当局还在各民众教育馆和中学附设"识字教育班",共设成人、妇

表7-4 1946—1947年青岛市国民学校民教部入学人数统计表

期别	开课时间	高级班(个) 成人班 妇女班		初级班(个) 成人班 妇女班		小计	高级生数(人) 成人班 妇女班		初级生数(人) 成人班 妇女班		小计
第一期	1946年11月	—	—	136	90	226	—	—	7046	4685	11731
第二期	1947年4月	19	28	22	49	118	947	1371	1038	2663	6019
第三期	1947年9月	16	20	18	43	97	737	938	792	2006	4473
第四期	1947年11月	15	15	63	42	135	693	697	3036	2287	6713
合　计		50	63	239	224	574	2377	3006	11912	11641	28936

资料来源:根据《青岛市国民学校民教部各期班次人数统计表》整理,载《青岛市教育视察报告》第11页,1947。

① 《府委陈果夫莅青 昨参观产业馆殷嘱善为利用》,载《军民日报》1947年8月24日。
② 《关于造送一九四七年度工作总检讨报告及考绩比较表的呈》,存青岛市档案馆,档号:B0027-006-008875-0001。
③ 《青岛市政府教育局施政报告(1945年9月—1946年9月)》,存青岛市教育史志档案室,卷号:Aa-6-6。

女班24个班。但是,由于地方经费不足,所设款项"多不足灯火开销";教员不能专设,均为国民学校教员兼课,精力不逮,待遇太低,因此民众教育事业"多未能尽量推展"。①

青岛市政当局对日伪设在四方路、邱县路为妓女实施社会教育的学校予以接管,分别冠名市立第一、二女子补习学校,每月经费811500元。四方路第一女子补习学校有学生80名,编3个班,有教职员3名,曹佩兰任校长;邱县路第二女子补习学校有学生96名,编4个班,有教职员4名,聂桂荣任校长。② 此外,市立第一女子补习学校在黄岛路平康五里设立第一分校,在东镇平康六里设立第二分校;市立第二女子补习学校的第一分校设在冠县路平康三里,第二分校设在河北路昇平里。女子补习学校的教职员均"慎选师范毕业、老成干练、富有服务精神之女性充之"。

在残疾人特殊教育方面,1945年9月接管的青岛市立盲童工艺学校,仍由盲人杨纯任校长,共有教职员8名、学生45名。鉴于"内部残破不堪",教育局除了拨给每月经费1152415元,还会同善后救济总署鲁青分署核定补助设备费1337000元、校舍修缮费258000元、行政津贴158100元,另外还有盲生和教职员的营养津贴计7314斤面粉、390080元菜金。③ 同时,教育局还将鲁青分署收容的32名归国盲侨送市盲童工艺学校就读。1946年5月,市立盲童工艺学校在2月份收到鲁青分署200万元材料及设备补助拨款后,自是月起每月补助面粉65袋、行政及生活津贴56.6万元,以3个月为限。10月,盲校提出"按师范生待遇发给学生膳食费"④。

1946年2月成立的青岛私立英华聋哑学校,是战后青岛诞生的一所听障残疾人学校,址在德平路7号,创办人为杜振东、宁秀菊夫妇。杜振东(1913—?),山东掖县人,毕业于北京文治学校。该校实行2年预科、4年初级科、2年高级科的贯通式学制,共有教职员7名、学生45名,实行半工半读。⑤ 据史料记载,这所聋哑学校的文化课设置与普通小学相同,专业课设皮工科(皮箱、皮鞋及其他应用皮件)、缝纫科(西服、制服、便服、孩童服、衬衣等)、针织科(汗衫、毛巾、袜子、手套、毛衣、刺绣)、印刷科(打字)、木工科(家具、儿童玩具)、化学工艺科等。据悉,1948年又有"新生"和"联义"两所私立聋哑学校成立。

---

① 《青岛市教育视察报告》,存青岛市教育史志档案室,卷号:Ma-8-2。
② 《青岛市市立社教学校概况一览表》,载《青岛市教育概况(民国三十五年六月)》第34页,1946。
③ 《青岛市政府教育局三十五年一月至三月工作报告》,存中国第二历史档案馆,卷号:5-749。
④ 《青岛市政府三十五年度政绩比较表》,存中国第二历史档案馆,卷号:5-749。
⑤ 《青岛指南》,第150页,中国市政协会青岛分会,1947。

3.利用日伪影剧院场设备与电化教育的尽力推行

青岛是中国最早放映电影的城市，影剧业比较发达。抗日战争胜利后，青岛接收的日伪时期的影剧院共有 5 处，包括"日人经营之庆胜、远东、惠光三影院，德人经营之明星影院，韩人经营之中国剧院"。其中，"庆胜"和"远东"两家影院由青岛市教育局分别"改建电化教育馆及民众影院"，"明星"交三青团青岛分团部"承租"，"中国剧院"交市党部"承租"，"重光"则实行"招商承租"。此外，据教育局的一份《工作简报》透露，另有日本人经营的"中和与天成剧院两处，亦已接收招商承租"。①

青岛市教育局设立的市立电化教育馆是由 1945 年 11 月 24 日接收的青岛映画剧场改建而成的，地址在李村路 12 号，总面积达 2323 平方米，系日本人三蒲林三建造。抗战胜利后，该剧场改为"庆胜电影院"，馆长为王友智，共有职员12 人。② 应当说，"电化教育"作为一个运用影像技术传递教育信息的概念，始于20 世纪 30 年代后期。南京国民政府前期的青岛，虽有广播、电影等设施，并放映教育电影、定期检查影片，但作为一种新兴的教育辅助工具有意识地开展视听教育，则是抗战胜利以后。按照教育局的计划，还要设置电化教育辅导处和电教工作队，并设立教育广播电台，开展电化教育。但是，由于"经费尚未核定，兼因交通困难，教育影片遽难到青"，电化教育馆遂采取变通的方式，"暂就一般影片、戏剧中选择较有教育意义者映演"。③然而，好景不长。1946 年 9 月，青岛"奉教育部令"将刚开张的电化教育馆关闭，其资产转交国民党中宣部。山东区党部特派员立即通过青岛办事处，于 10 月上旬将其接收。青岛市教育局在综述电化教育馆停办一事时不无惋惜地指出：

> 本市过去几无电教之可言。本局复员后，积极推行，年内尤见发展。惜以电教馆奉令移交，影响工作匪浅。④

青岛市立电化教育馆移交后，教育局调原有人员组织临时电教辅导处，于1947 年 1 月与青岛广播电台协同办理播音教育，每周六黄昏时播 15～25 分钟，分音乐、演讲两个组。就在山穷水尽疑无路之际，一个意外的消息给青岛电化教育带来希望。1947 年 6 月，经教育部函请行政院批准，将 1945 年"招商承租"的重光影院"拨归"青岛市教育局开展电化教育。重光影院原是日本建造的"电气

---

①③ 《青岛市教育局工作简报（民国卅四年十一月—卅五年一月）》，存中国第二历史档案馆，卷号：5-749。

② 《青岛市社教机关一览表》，存青岛市档案馆，档号：B0027-006-08847-0016。

④ 《青岛市政府三十五年度政绩比较表》，存中国第二历史档案馆，卷号：5-749。

馆",地址在市场三路 22 号,虽然面积仅有 960 平方米,但设施完备耐用,1946 年更名为"神州剧院"。教育局立即"重行拟定市立电化教育馆组织规程,编造预算,呈请市政府核办"。① 据悉,重建的市立电化教育馆设总务、电影、播讲三股,每日演映教育电影四场,还酌情对乡区进行巡回放映。值得肯定的是,电化教育的技术得以凸显。教育局在书面报告中总结了这样一句话:"电化教育为近代最有效之教育方法,本局复员后即尽力推行,颇获效益。"②诚然,处于草创阶段的电化教育馆只是通过特殊的教育器材、形态、方式,带来了电化媒体所特有的视听效果,并未明确教育现代化的目标追求。

第二节　城乡小学国民教育的恢复与发展

一　接收恢复城乡小学与国民学校体制的确立

抗日战争胜利伊始,青岛市政当局即着手接收、恢复市区和乡区小学,至 1945 年 11 月共计接收市立小学 101 所。

在市区,青岛市教育局接收、恢复的市立小学共 9 所,分别是北平路、江苏路、台东镇、台西镇、黄台路、绥远路、太平路、顺兴路及由兴亚路小学更名的天门路小学,共计 224 个教学班,有在校生 14860 名、教职员 306 名。其中规模最大的市立小学是台西镇小学,有 54 个班、3708 名学生、71 名教职员。另外,市区有 10 所私立小学登记,分别是崇德、三江、培基、明德、尚德、圣功、育英、信义、红卍字会慈济院小学及抗建学校附属小学,共有 90 个教学班、5250 名学生、132 名教职员。其中规模最大的私立小学是中华基督教尚德小学,有 11 个班、943 名学生、19 名教职员,杨端玺任校长。③

在乡村,"光复"伊始青岛市政当局即按一保设一所国民学校、一乡镇设一所中心国民学校的规划,整顿、筹设乡村国民学校及中心国民学校。然而,这两级乡区国民学校无法满足众多农家子弟的就学需求。到 1945 年 11 月,青岛尚有失学儿童 103950 名,教育局感叹"距普及程度甚远"④。不仅如此,"光复"初期种种不适应问题,使乡区小学普遍存在着完全小学与初级小学、市立小学与国

---

①　《青岛市卅六年度一至六月份教育工作检讨报告》,存中国第二历史档案馆,卷号:5-749。

②　《关于造送一九四七年度四至六月份工作报告的呈(1947 年 8 月 18 日)》,存青岛市档案馆,档号:B0027-006-08872-0001。

③　《青岛上海路小学校志(1920—1986)》(内部资料),第 15 页,1987。

④　《青岛市教育局工作简报三十四年十一月一日至三十五年一月十八日》,存中国第二历史档案馆,卷号:5-749。

表7-5　1945年11月青岛崂西区小学校一览表

校　名	校址	校长	班级数（个）	学生数（人）	教职员数（人）
市立崂西区登瀛乡中心国民学校	登瀛村	段京劭	7	264	8
市立崂西区松山乡中心国民学校	南屯村	曲克楫	9	365	11
市立崂西区沙子口镇中心国民学校	姜哥庄	李春帆	7	288	8
市立崂西区九水乡中心国民学校	南九水	孙庆昌	7	255	10
市立崂西区华阳乡中心国民学校	周哥庄	王宣昭	5	176	6
市立崂西区大崂乡中心国民学校	孙家村	李宗朗	6	242	7
市立大河东小学校	大河东	阎同理	7	193	9
市立董家埠小学校	董家埠	董元茂	6	229	7
市立段家埠小学校	段家埠	段京郁	7	235	8
市立乌衣巷小学校	东乌衣巷	蓝铭九	7	229	8
市立毕家村小学校	毕家村	李修清	6	202	7
市立北龙口初级小学校	北龙口村	许廷福	4	111	5
市立香里初级小学校	香里	李珍修	4	102	5
市立五龙涧初级小学校	五龙涧	李缵修	4	123	5
市立北九水初级小学校	北九水	孙惟一	4	145	5
合　计			90	3159	109

　　资料来源:《青岛市教育局工作简报三十四年十一月一日至三十五年一月十八日》,存中国第二历史档案馆,卷号:5-749。

民学校混杂的现象。崂西区15所学校即为例证(详见表7-5)。为此,青岛市自1946年6月根据教育部国民学校实施纲要,配合"自治组织",将所有市立小学校名均改为"中心国民学校"或"保国民学校",1946年10月专门制发了《青岛市保国民学校筹设办法》。一份出自教育局的报告显示,除了夏庄和薛家岛两区14所学校因"匪患停课"、保甲尚未编成,其他各区均已"改订市立小学名称",计有中心国民学校87所、国民学校6所。[①]

　　然而,划一国民学校名称,并未解决普及教育的难题。更让青岛市政当局始料不及的是,由于人口骤增带来学龄儿童"入学荒"的问题。一段时期以来,学校"均拥挤不堪,每班甚有七八十人者",显然"增校设班已属急不容缓"之事。

---

　　① 《青岛市政府教育局施政报告(1945年9月—1946年9月)》,存青岛市教育史志档案室,卷号:Aa-6-6。

1946年3月,教育局"查市区各小学多有分校之设,对于教学管理,殊感不便,为增强教育效率起见",呈请市政府,将北平路小学分校改为广州路小学,台西镇小学分校改为汶水路小学。① 广州路小学和汶水路小学于是年5月独立建校。不过,一些流失的教育资源很难得以恢复。1946年8月,市南区公所转请市政府要求收回挪庄小学校舍,用以举办保国民学校。市政府责成教育局派员实地勘验,几经反复,最终会同"有关方面洽妥",决定给汶水路小学再扩增2个班,而"挪庄小学权利暂缓收回"。②

其实,复校最棘手的是太平路小学的归还问题。日本侵占时期,太平路小学"被日军占驻"。1945年8月日本投降时,受降美军趁机"借驻",造成"该校未能在原址复校"。教育局只得采取变通的办法,先临时借用江苏路小学校址上课,后转入太平路小学"战前原有之汇泉分校校址上课"。由于学生数量增多,在现有校舍"不敷收容"的情况下,青岛市政当局"迭经与美军洽商,始将该校舍收回"。此间,青岛要塞司令部通过市政府向教育局"转饬",预备在暑假期间借用太平路小学"办公",教育局当即以"借用小学校址因与行政院令不符,碍难照办"而回绝。③1946年9月,太平路小学以"青岛市市立太平路中心国民学校"之名开学上课,使1937年七七事变后中断9年办学的小学校得以赓续,李淑秀任校长。11月,太平路中心国民学校之汇泉分校、李村区朱家洼中心国民学校之石老人分校"均以距离本校较远,且学生过多,对于教授管理极感不便,为加强学校行政效率并便于督饬计",两处分校独立,且另委校长。④9月1日,因"市立女中已迁回莱阳路原校舍,女中借用之朝城路小学校舍自应复原",朝城路小学以中心国民学校名义得以复校,崔纫秋任校长;1948年7月王沅叔任校长。

青岛市教育当局继续如法炮制,以分校独立的办法实施国民学校扩容。1947年2月,教育局经呈奉市政府核准,崂西区乌衣巷中心国民学校所属之晖流分校和九水中心国民学校所属之汉河分校、阴岛区东大洋中心国民学校所属之西大洋分校、四沧区东盐滩中心国民学校所属之阎家山分校和四方中心国民学校所属之湖岛分校、夏庄区丹山中心国民学校所属之小水分校"因距离本校较远,儿童就学不便,或因学区行政划分不一,办事诸感困难,先后呈请独立",分别改晖流、汉河、西大洋、阎家山、湖岛、小水为独立国民学校。⑤ 之后,又有枣园中心国民学校之南岭分校等校独立。此外,青岛为解决"入学荒"还开设小学"二部

---

① 《青岛市政府教育局三十五年一月至三月工作报告》,存中国第二历史档案馆,卷号:5-749。

②③④ 《青岛市政府教育局三十五年七至九月工作报告》,存中国第二历史档案馆,卷号:5-749。

⑤ 《关于造送一九四七年度一至三月份工作报告的呈(1947年6月30日)》,存青岛市档案馆,档号:B0027-006-08871-0001。

制"教学班 80 个。据统计，1947 年春青岛共建保国民学校 18 所，计有 67 个教学班。教育局决定，自 1947 年 5 月起每班每月发给补助费 4 万元。[①] 9 月，教育局在整顿、恢复学校中，采取收归市立的办法，整合了部分教育资源。有文献这样记载此事的经过：

> 查阴岛区战前原有阳村小学及邵哥庄小学于抗战期间停办。兹为恢复以上两所学校起见，将该区原有第十三、十四保联立国民学校及邵哥庄国民学校，扩充班次，改归市立，并分别定名为市立阳村国民学校、市立邵哥庄国民学校。又以浮山区仲家洼一带，人烟稠密，学龄儿童众多，该区现有保校不敷容纳。经规定，将该区原有之十三、十四、十五、二十三保联立国民学校，改为市立，以资发展，并定名为市立南仲家洼国民学校。[②]

实际上，对于南京政府后期的青岛来说，普及国民教育的难题一方面来自乡区的压力，另一方面源于人口骤增的负担。据教育局官方报告，1946 年青岛共有学龄儿童 81608 名，入学 38841 名（参见表 7-6）。由于"鲁省治安尚未恢复，胶东各县难民纷纷来青避难"，至 1947 年青岛学龄儿童增至 99465 名。据教育部统计，青岛 1946—1947 年共有 162 所小学，在校学生为 68488 名，[③]入学率为

表 7-6　1946 年青岛市学龄儿童调查表

单位：人

项目	性别	6 岁	7 岁	8 岁	9 岁	10 岁	11 岁	12 岁	合计
已入学	男	2104	3066	3638	3703	4262	3983	3996	24752
	女	1273	1759	2098	2104	2364	2412	2079	14089
	小计	3377	4825	5736	5807	6626	6395	6075	38841
未入学	男	3408	2860	2447	2159	2268	2591	2529	18262
	女	3994	3694	3241	3233	3363	3534	3446	24505
	小计	7402	6554	5688	5392	5631	6125	5975	42767

资料来源：根据《学龄儿童调查表（民国三十五年五月）》整理，载《青岛指南》第 151 页，1947。

---

① 《青岛市教育局三十六年度四至六月份工作报告》，存中国第二历史档案馆，卷号：5-749。

② 《关于造送一九四七年度七至九月份工作报告的呈（1947 年 11 月 13 日）》，存青岛市档案馆，档号：B0027-006-08873-0001。

③ 《全国国民学校及小学之概况》，载《中华民国史档案资料汇编》第 5 辑第 3 编教育（一）第 646 页，凤凰出版社，2010。

68.86%(全国比率为 40.7%);失学最多的是四沧区,计 13923 人。6 月,教育局经第八十二次市政会议通过,颁发《青岛市学龄儿童及失学民众强迫入学办法》,饬令各区组织强迫入学委员会,各保成立强迫入学委员会分会,负责督促学龄儿童及失学民众入学。

在学校扩容的同时,青岛市政当局设法增加乡区学校的办学经费,尤其是必要的校舍修缮拨款。据史料记载,1947 年 7 月由"市政府总预算第二预备金及新兴事业费项下"拨给"被敌伪完全破坏,亟待修建应用"的学校,计有夏庄区惜福镇中心国民学校修建费 2000 万元、崂东区王哥庄中心国民学校 2000 万元、四沧区阎家山国民学校 2000 万元、夏庄区傅家村中心国民学校 1500 万元、阴岛区萧家村中心国民学校 1500 万元、崂东区华严寺国民学校 2000 万元。[①] 1947 年,青岛市政当局还将教育部划拨的"教育复员费"1 亿元全部投向乡村学校,具体分配是崂东区浦里国民学校 5510.3 万元、浮山区湛山中心国民学校 1899.7 万元、夏庄区双埠中心国民学校 1200 万元和赵哥庄中心国民学校 890 万元、李村区双山中心国民学校 500 万元。[②]

真正具有教育史意义的事件是,1948 年 2 月青岛市教育局参考战前旧制划分的中心国民学校区,为改变一区内国民学校群龙无首、多个中心国民学校纷争的局面,规定:每学区只保留一所中心国民学校,以"辅导该区内各国民学校",其他中心国民学校"概去其中心名称,而称国民学校"。[③]此项政策有规范学校发展的积极意义,但却从制度层面上突出了中心学校的地位,对国民教育形成了潜在的消极影响。

特别值得注意的是,社会团体及私人协助地方政府办学是南京国民政府后期青岛教育的一大特征。为了应对"入学荒",教育部颁布第一四四六号训令,发动社会团体及私人"尽量利用原有房屋场地及设备等附设小学或小学班级,收容区内失学儿童"[④]。青岛市教育局采取的措施是:一方面援引市立国民学校拆分整合的办法,鼓励优质私立中学举办附属小学。例如:1945 年秋美国天主教圣方济各会举办的青岛私立圣功女子小学脱离圣功女中复校,计有 14 个班、770 名学生。由于生源带来的办学机遇,圣功女中相继派生出 3 所附属小学——第一附属小学在人和路,韩隽、高抒泉先后任校长;第二附属小学在德仁路,范景

---

① 《关于造送一九四七年度七至九月份工作报告的呈(1947 年 11 月 13 日)》,存青岛市档案馆,档号:B0027-006-08873-0001。

②③ 《青岛市政府教育局卅六年十至十二月份工作报告》,存中国第二历史档案馆,卷号:5-749。

④ 《都市机关团体及私人家庭协助地方政府救济失学儿童附设小学或小学班级暂行办法》,载青岛市档案馆、山东大学历史文化学院编《青岛商会档案史料选编》社会事务卷第 79 页,青岛出版社,2018。

宗、王志坚先后任校长;成立于 1947 年 12 月的第三附属小学在北山二路 38 号,于永喜任校长。天主教明德小学 1939 年被日军查封停课一年,1940 年 8 月由修士何致中接办复课。1944 年,教务主任张春隆修士接替患病辞职的何致中继任校长;1949 年 1 月修士字焕荣出任校长。

另一方面,基于普及国民教育的目的,教育局调整了私立学校开设的基金标准。1946 年教育局规定:各私立小学"立案时,应备有其租息足敷每年经常费开支之基金",具体标准是开办 4 个教学班的应有基金 10 万元,6 个班为 15 万元。① 1946 年 3 月,青岛湛山寺接管位于大连山西麓的日本西本愿寺后,因倓虚法师感念沈鸿烈对青岛佛教的支持,故用沈鸿烈的字"成章"举办私立成章小学,时有学生 162 名,张希周任校长,4 月 4 日行开学典礼。② 1946 年底,教育局核准董玉泉等呈请举办的私立忠恕小学,于永暖任校长,校址在无棣一路 25 号。③ 据悉,1945 年日本投降后至 1949 年青岛解放前,市区新成立的私立小学还有青村、育幼、育贤、育德、民德、先成、明礼、美真、钦真、复真、培真、培才、慈幼、慈静、惠民、鸢台、正心、岭南、梨园、太平角小学等。④ 教育局对私立小学的经费补助也随物价的上涨有所提高。1947 年 1、2 月份按照原计划每班每月补助 1 万元,3、4 月份增至每班每月 2 万元,5、6 月份增加到 4 万元。

同时,青岛市还涌现出一批大型企业附设的员工子弟小学。1946 年 1 月,中国纺织建设公司接收青岛大康、内外棉、隆兴、上海、公大、宝来、富士、同兴等厂时,就计划为员工子弟举办学校。几经筹备,中纺青岛分公司开办的员工子弟小学校有 9 所,交通部津浦区举办职工子弟小学 2 所,还有 1 所联勤平津被服总厂青岛分厂员工子弟小学(详见表 7-7)。1946 年 10 月,教育部指令青岛市教育局:公立机关附设小学得视为公立性质,受当地主管教育行政机关之监督指导。⑤ 1947 年 9 月,青岛市黄海水产公司附设员工子弟小学成立,范伟杰任校长。是年,中国市政协会青岛分会印行的《青岛指南》认定上述学校"均称完美"。

青岛实业团体举办的员工子弟小学,作为城市国民教育的有效补充,在政府教育投入不足的情况下,依靠实业经济的独特性和机动性,对普及国民教育发挥

---

① 《青岛市政府工作报告》第 16 页,存中国第二历史档案馆,卷号:5-748。

② 《关于举行开学典礼请派员参加的呈》,存青岛市档案馆,档号:B0027-006-08340-0001。

③ 《青岛无棣四路小学校志》(内部资料),第 9 页,1987。私立成章小学与私立忠恕小学两校于 1958 年合并,定名为"青岛无棣四路小学"。

④ 周东明:《抗战胜利至解放的青岛教育》,载《山东教育史志资料》(青岛专辑)1985 年第 5 期。

⑤ 《教育部公报》第 18 卷第 10 期,载中央教育科学研究所编《中国现代教育大事记(1919—1949)》第 579 页,教育科学出版社,1988。

表7-7 1947年青岛市实业团体员工子弟学校一览表

实业单位	校 名	校 址	教学班(个)	学生数(人)	教职员数(人)
中国纺织建设公司青岛分公司	第一员工子弟小学校	武林路1号	7	304	13
	第二员工子弟小学校	嘉禾路1号	4	210	8
	第三员工子弟小学校	兴隆路1号	2	109	5
	第四员工子弟小学校	水清沟	4	173	8
	第五员工子弟小学校	盐滩	4	158	8
	第六员工子弟小学校	沧口	7	347	13
	第七员工子弟小学校	沧口大马路	4	155	8
	第九员工子弟小学校	沧口海阳路	2	137	5
	第十员工子弟小学校	水清沟	2	77	5
	合　计		36	1670	73
交通部津浦区铁路局	第四扶轮小学校	四方	15	909	24
	第五扶轮小学校	广西路	15	981	22
联勤平津总厂	青岛被服厂员工子弟小学校	武定路	4	150	11
	总　计		70	3710	130

资料来源:青岛市史志办公室:《青岛市志·教育志》,第81页,新华出版社,1994。

了积极的作用。其影响力持续到1949年以后,成为20世纪50—90年代青岛教育发展的重要组成部分。

二 以质量为中心的教学规范及小学师资管理制度

虽然南京政府后期青岛小学的管理远不及前期得力,但在因地制宜解决"入学荒"的同时,为进一步规范办学行为做了许多有益的工作,尤其是在教师考核、培训、管理方面所形成的制度性要求十分难得。

1.强化质量意识与严格的课程、教学、作业要求

战后时期,青岛市教育局即制定了规范的小学课程纲要和教学计划。在小学国民教育6年课程中,六年级为第一级,每周授课33节、1380分钟,其中国语、算术每节45分钟,其余科目40分钟;五年级为第二级,四年级为第三级,三年级为第四级,均为1380分钟,第二、三级33节,第四级32节;二年级为第五级,一年级为第六级,均为27节、1095分钟。[①] 这种按分钟编制的周教学时间,具有精

---

① 《青岛指南》,第148页,中国市政协会青岛分会印行,1947。

准、细腻的特点;而层级式的课程排列,凸显了年级知识层次的递进关系,更体现出教与学的科学性特征。与课程、教学相伴的是,各科学生作业有了明确的规定性要求,以避免作业布置的随意性。以青岛私立尚德小学各科作业规定为例:

(1)国语:四、五、六年级做笔记及国语练习;一、二、三年级于笔记及练习之外,并有抄书之工作,讲授之后即抄录一遍,以谋对本课生字之深切认识,并求书写之熟练。

(2)算术:五、六年级于课本练习之外,并加四则补充题;一、二、三、四年级亦添补充算题,以加多练习之机会。

(3)公民:除笔记及练习之外,并做公民行动事历,以为实践公民条例之测验。

(4)常识:各年级于笔记、答题之外,并需抄录课本与补充之常识及时事纪要。

(5)地理:除笔记及答题之外,并需绘制地图,以求对所学有深刻之印象。

(6)历史:于笔记、答题之外,更添加时事讲述,令学生笔记重要事项,以求对时事有深切了解。

(7)自然:注重实物之研究及认真笔记、答题之外,并做观察报告,以为研究之记录。

(8)音乐:参加歌咏团,联系唱歌。

(9)美术:于临摹画贴之外,并有写生练习自由画。

(10)劳作:注重实用,如日常应用物品及玩具制作,并练习各种劳力之动作。[1]

为加强课程与教学研究,1946年4月,青岛市教育会成立,推选出以王文坦为理事长、赵士英和孙方锡为常务理事、周斌汉为常务监事的领导机构,登记会员多达1402名。同时,各校普遍成立教学研究会,探讨改进教学法。1947年3月,教育局在各区公所设立教育助理员,常川驻区,随时指导、监督学校工作。[2]1948年7月,青岛市国民教育研究会成立,各区相继成立了研究分会。[3]

为加强平时教学效能,自1946年起,教育局对全市中小学建立了抽考制度,由教育局指定抽考年级、科目和时间。1946年12月,教育局第一次委派主试人

---

① 《青岛上海路小学校志(1920—1986)》(内部资料),第20—21页,1987。

② 《关于造送一九四七年度一至三月份工作报告的呈(1947年6月30日)》,存青岛市档案馆,档号:B0027-006-08871-0001。

③ 《关于告知青岛市国民教育研究会成立日期的代电(1948年7月15日)》,存青岛市档案馆,档号:B0027-006-00380-0141。

员到学校现场进行抽考,年级为四年级一班,科目为国语和算术。具体是:4日抽考市立江苏路中心国民学校等23校,参试学生有1353名;6日抽考李村区杨家上流中心国民学校等25校,参试学生为523名;10日抽考浮山、四沧、夏庄等区,吴家村中心国民学校等22校,有701名学生参试;13日抽考崂东、崂西区,青山中心国民学校等22校,有434名学生参试。考试结束后,教育局于1947年1月16日召开小学教学问题座谈会,指令各主考人、阅卷委员及各参试小学校长出席。经严格阅卷评分,评出成绩最优的5所学校,分别是段家埠、上葛场、沧口、四方、杨家上流中心国民学校,教育局决定"发给奖状,以资鼓励";对取得前15名的学生,分别给予1.5万~4.5万元的奖金"以示策励"。更重要的是,此次座谈会"对于改善教学问题详细研讨,分别提出意见,记录在卷,并将该次会议记录令发各校参考改进"。①

为克服二部制对教学的负面影响,教育局要求各校变通时间,以"上下午均到校为原则",采取合并班次、错综上课时间、室外教学等办法,加长二部制学生的"在校时间,增加授课时数"。②当然,青岛市政当局对学生健康也较重视。为矫治小学生口腔疾病,1947年3月在黄台路和云南路两所中心国民学校"各设口腔卫生室一处,每处由口腔卫生护士二人,担任检查与矫治"。是月,教育局根据青岛市健康教育委员会的决议,实行小学清洁检查制度,会同卫生局于3月25日—27日检查了23所市区小学。经评定,江苏路、黄台路中心国民学校和私立明德小学名列前三名。③

2.加强小学教师管理与严肃的考核、培训制度

1946年1月,教育部督学李之鸥来青岛视察教育时明确提出:"教员待遇过低,办公费不足,造就优秀学子,须调整师资。"④事实上,青岛市小学教师的编制一直偏紧。教育局在1947年第一季度工作总结中承认,因"地方经费不足",且因"复员学龄儿童骤增",对教育部规定的"学生每两班配有教职员三人"的标准"未能见诸实行"。同时,由于招收了一批"自费生"而增加了29名未纳入市政府财政开支的教师,这些教师的待遇延至1947年2月才得以落实,此外"另增教员38名"。⑤

另外,青岛小学教师的待遇始终不高。1945年11月,青岛市政当局实行"公粮制",规定中小学教员每月每人发给食米1担(合面粉120斤),工役6斗(合面粉67斤)。后来按教员薪级"最低级起薪",平均每人月薪60元;因"物价

---

① ② ③ ⑤ 《关于造送一九四七年度一至三月份工作报告的呈(1947年6月30日)》,存青岛市档案馆,档号:B0027-006-08871-0001。

④ 《教育部李督学视察青市教育 教员待遇过低办公费不足 造就优秀学子须调整师资》,载《平民报》1946年1月20日。

高涨,为安定各小学教员生活计",后加30倍,基本数为4000元;自1946年起改为1.2万元,是年12月又增为14万元。[1] 1947年5月,青岛市政当局为教师配发服装,按每七个人一匹布的定额,共"配发市立各级学校员工白斜纹布二百五十二又七分之二匹",同时给市教育局职员"配发白斜纹布十二又七分之四匹"。[2] 这些福利性开支对稳定教师队伍自有裨益。

青岛市政当局更注意从精神层面加强师资队伍建设。1946年8月27日,教育局在兰山路市礼堂举行抗日战争胜利后首个孔子诞辰纪念日暨教师节大会。全市各机关团体、学校师生代表2000多人到会,据悉,"会场情绪异常热烈,各校教师精神尤为振奋"[3]。无独有偶,1947年8月27日,青岛市各界纪念孔子诞辰暨教师节大会举行。教育局呈请市政府拨发教师慰劳费3000万元,购买日用物品,分发市属公私立各级学校教师,每人慰劳品一份;又遴选中小学校优良教师各30名,"每人发给奖章一枚,以示奖励"。此外,各影剧院于是日优待教师,免费入场,观览影剧。教育局还指示学校"发动各校学生家长自动向教师表示慰劳或致敬,扩大宣传,唤起社会人士尊师重道"。

应当说,青岛市政当局对小学教师的管理严格有序,特别是1947年对全市城乡市立、私立小学建立起校长和教师的考核制度,较好地体现了"提高服务精神,以利校务推进"的目的。此项考核,由教育局派员对校长考核,包括品格、学识、经验、能力、校务处理、信誉和工作效率七个核项,满分为1000分。教师考核则由教育局派督学(或视导员)与校长合议,以教育局的考核为主,校长的权重占30%。教师考核包括品格、学识、教学经验、教学技能和工作效率五个核项,计有52个考核点,满分1000分。教育局规定:校长和教师"如不满各核项最高分数之60%者,以不合格论"[4]。

南京国民政府后期,青岛继续沿袭利用假期实施教师业务培训的做法。1946年7月,教育局呈请市政核准《青岛市卅五年度小学教员假期训练计划》,决定于7月26日—8月25日利用黄台路中心国民学校校舍举办青岛市小学教员暑期讲习班。[5] 此次讲习班共抽调各小学教职员710人(含小学卫生导师135人),讲习课程为"国父遗教、主席言行、专题演讲、精神讲话、国语、常识、算术、

---

① 《青岛市政府三十五年度政绩比较表》,存中国第二历史档案馆,卷号:5-749。
② 《青岛市教育局三十六年度四至六月份工作报告》,存中国第二历史档案馆,卷号:5-749。
③ 《青岛市政府教育局三十五年七至九月工作报告》,存中国第二历史档案馆,卷号:5-749。
④ 《关于报送国民学校校长教员工作考核办法的呈(1947年3月14日)》,存青岛市档案馆,档号:B0027-006-06815-0001。
⑤ 《关于汇报一九四六年度小学教员暑期讲习班开办情况的代电》,存青岛市档案馆,档号:B0027-006-07346-0001。

教育原理、各科教材教法、工作讨论、业务演习、小组讨论及各种康乐活动"①。首次教师培训的经验,使教育局在1947年寒假增加了培训。据悉,1947年1月27日—2月28日教育局举办的小学教员寒假讲习班,共抽调市立和私立小学教员641名,培训及格者605名,教育局对所有及格人员均发给小学教员假期(寒假)讲习班临时及格证,以资存执。

接下来,1947年8月1日—26日举办的青岛市小学教员暑期讲习班,共抽调全市城乡小学校长、教员523名。7月28日—8月23日,教育局会同青岛市童子军理事会合办童子军教练员训练班,共抽调公私立小学教员76名,于黄台路中心国民学校开班。8月1日—30日,教育局还会同卫生局合办小学卫生导师暑期讲习班,共抽调市立和私立小学卫生教师96名,讲习班地点在江苏路中心国民学校。培训班期间,国民政府委员陈果夫正在青岛。8月26日,市长李先良、市党部主任葛覃、教育局长孟云桥陪同陈果夫莅临暑期讲习班,陈果夫饶有兴致地发表了题为《中国教育问题》的演讲。陈果夫坦陈:"现时政治之不健全,其主要原因即在教育行政的溃败。"接着,他阐述了个人的教育观点,主要是教育应讲求实效,注重实践,使学子心得有所施展,切莫泛泛空谈;尤其强调必须尽力发展女子教育,因"盖有良母,始能有良好家庭教育,家庭教育基础正确,初中大学各层教育始能循序前进"。有媒体报道,陈果夫"语语精道,全场掌声雷动,情绪至为热烈"。②

第三节　战后中学格局及形形色色的私立中学

一　公办中学的扩容与中学教育发展规划

比之南京国民政府前期,后期青岛教育发展最突出、最显著的是中等学校教育。这表现在公办、市立中学实现了增校扩容,同时还拟定了与青岛城市相匹配的教育发展规划,对战后中学格局的形成较有裨益。据教育局官方报告称,截至1947年底,包括尚未立案的7所中学和3所职业中学,青岛共有各类(市立、公办、私立)中学23所,计230个教学班,在校学生达12140名。③ 中学教育的发展反映出青岛学校教育的重心开始上移的现象。

抗日战争胜利后,青岛市政当局对沦陷时期中等学校的处理原则是:将"敌

---

① 《青岛市政府工作报告》,存中国第二历史档案馆,卷号:5-748。
② 刘宗伟:《案卷里的青岛》(续篇),第37页,青岛出版社,2017。
③ 《青岛市政府教育局卅六年十至十二月份工作报告》,存中国第二历史档案馆,卷号:5-749。

设中等学校，予以停办"，同时将"伪市立中等学校予以接收"，将"敌伪迫令改组之私立中学恢复原名"。① 根据这一原则，青岛市立中学"自崂山转入市内"，将伪市立第一中学学生"并入市立中学内"；同时将"伪市立第一女子中学"接收，恢复为"市立女子中学"。② 原在崂山设立的市立简易乡村师范学校迁入市内上海路，初由王文坦任校长，继由孙方锡任校长，时有 2 个班、153 名学生、12 名教职员。③ 与此同时，日伪时期的市立第二中学恢复原名——私立崇德中学，市立第二、三女子中学分别恢复原名，即私立圣功女子中学、私立文德女子中学；礼贤土木工程专科学校则自动恢复了原中学校名。

1945 年 9 月，青岛市政当局于大学路前东文书院旧址迁入在崂山成立的抗建中学，定名"私立抗建学校"。据 1945 年 12 月统计，青岛共有各类中学 8 所，计 121 个教学班，在校学生 6477 名（表 7-8）。

表 7-8　1945 年 12 月青岛市中学校一览表

校　　名	校址	校长	班级数（个）	学生数（人）	教职员数（人）	备　注
市立中学	贵州路	王文坦	34	2120	104	
市立女子中学	朝城路	林　瑚	23	1102	41	
市立简易乡村师范学校	上海路	孙方锡	2	153	12	
私立崇德中学	阳信路	赵泰和	15	830	33	
私立礼贤中学	上海路	刘铨法	16	766	31	
私立文德女子中学	济阳路	郑光农	13	635	29	
私立圣功女子中学	德县路	王景秋	13	621	18	
私立抗建学校	大学路	李先良	5	250	16	尚未立案
合　　计			121	6477	284	

资料来源：《青岛市教育局工作简报三十四年十一月一日至三十五年一月十八日》，存中国第二历史档案馆，卷号：5-749。

战后伊始，青岛中等学校的阵容还算整齐。但是，青岛市立中学因原湛山大路校舍被占据，无法复员。1938 年 1 月日本侵占青岛时市立中学校舍即被日军占据，1938 年 9 月恢复办学借用的是贵州路小学校舍。战后，受降美军一度占用湛山大路校舍，美军撤离时，教育局"当令市中校长林冠一率领学生迁入，嗣被

① 《青岛指南》，第 144 页，中国市政协会青岛分会印行，1947。
② 《青岛市政府教育局三十五年一月至三月工作报告》，存中国第二历史档案馆，卷号：5-749。
③ 《青岛市市私立中学校一览表》，存中国第二历史档案馆，卷号：5-749。

青年军强行霸占,将学生逐出,虽经本局多方交涉,终归无效"①。市立中学因原校舍被国民党青年军一〇八师某部占作兵营,教育局自知无力解决,只能调剂教学用房。除了仍借用贵州路小学校舍办理初中部,高中部迁入位于临清路日本铃木医院旧址;同时,将"家境清寒,志愿入师范学校者"2 个初中班"拨归"市立简易乡村师范学校,7 个初中班"拨归"市立沧口初级中学。这样,青岛市立中学仍有 16 个初中班、10 个高中班"分别单独上课"。② 1946 年秋,高中部迁入单县路 46 号。1946 年 7 月,王文坦因当选市参议员辞校长职,林冠一接任校长。1947 年 2 月,周斌汉接替林冠一任校长。周斌汉(1915—1974),湖南长沙人,国立中央大学法学系毕业,曾任国民党中央党部干事、中央大学副教授、青岛市教育局督学室主任。

市立女子中学则很幸运,战后伊始即由朝城路迁回原太平路 2 号址。1946 年 2 月,林瑚辞职,江雪雯任校长。江雪雯(1912—?),山东泰安人,国立北平师范大学外文系毕业,留学德国慕尼黑大学、柏林大学攻读教育学,回国后历任中央政治学校、大夏大学副教授。此外,1945 年 12 月,青岛铁路中学在原校址以"交通部津浦区青岛扶轮中学"之名恢复办学。沦陷时期,该校曾于 1940 年更名为"济南铁路学院青岛分教场"、1943 年更名为"济南铁路局青岛铁路学院"。1946 年 3 月,除了接收原铁路学院及交通中学 203 名学生,又招收 3 个班、169 名新生,4 月 26 日正式开课,王怀中任校长。③ 王怀中(1908—1994),山东诸城人,毕业于燕京大学历史系,后任教私立华北中学、诸城师范学校、山东省立第八联合中学。

青岛抗日战争胜利后,市立中学中从无到有,发展最突出的是青岛市区北部的市立沧口初级中学。在《青岛市政府教育局三十五年一月至三月工作报告》中写有这样的话:

> 本市因中学过少,不足供应实际需要,经呈准增设市立沧口初级中学一处。本学期开始,经本局积极筹备,业经成立,并由市立中学拨在学生七班,正式上课。④

史载,1946 年 1 月青岛市立沧口初级中学在沧口日本小学旧址成立,初任校长为朱子赤,3 月郑光农接充,8 月马永桢任校长。马永桢(1904—?),字翔

---

　　① 《青岛市教育局关于答复参议会提高中等学校学生文化程度增加经费等质询之参政资料》,存青岛市档案馆,档号:B0027-006-09100-0001。
　　②④ 《青岛市政府教育局三十五年一月至三月工作报告》,存中国第二历史档案馆,卷号:5-749。
　　③ 《青岛铁路第一中学校志》(内部资料),第 5—6 页,1990。

宇，山东益都人，北京大学英文系毕业，历任山东省立益都师范学校、青岛圣功女中教员、青岛市教育局编审室主任。是年 9 月，沧口初中又招收 2 个班，全校共有 9 个班、405 名学生。① 沧口初中的建立，既缓解了市立中学的生源压力，又优化了青岛中学格局，远离市区的沧口地区有了普通中等学校。

关于青岛师范学校的恢复问题，教育局曾计划"增设之市立师范学校一处"，但因"地方财政困难"而"迄未实现"。鉴于 1946 年 2 月沈鸿烈视察青岛时对《关于恢复李村师范学校请教育局办理》的批示，教育局"遂改变计划"，将"市立简易乡村师范学校移往李村师范旧址"，改为"市立李村师范学校"，并于 8 月招收三年制师范生 2 个班、学生 100 名，原简易师范改为初中水平的"附设简师部"，计有 5 个班、313 名学生、22 名教职员。教育局的计划是"一俟市库充裕，拟另在市内设立女子师范学校一处，藉以提倡女子教育"，此计划在 1946 年 9 月"已呈准市府并转请教育部备案矣"。② 这一计划比 1947 年 8 月国民政府教育部扩充女子师范教育的决定要早得多。

1946 年 11 月 14 日，青岛市立李村师范学校举行复校典礼，教育局局长孟云桥出席并致辞，是年 8 月接替孙方锡的王桂浑以代理校长职报告复校经历。王桂浑(1915—2016)，山东文登人，早年就读青岛市立中学，后考入国立北平师范大学，七七事变后辗转大后方，曾任贵州毕节中学校长；战后经同学郑光农的引荐，来青岛任沧口中学训导主任，1946 年 12 月任李村师范学校代理校长③，由此成为青岛中等师范教育具有里程碑影响的人物。在教育局另一份贯彻教育部《战后各省市五年师范教育实施方案》的文件中还提出，增设简易幼稚师范特科和音乐、体育、美术、劳作等师资特科的计划。④ 1946 年秋，李村师范学校招收师范生 2 个班、91 名学生和简易师范生 5 个班、270 名学生。

据史料记载，孟云桥组建的教育设计委员会曾将中学分为市内和郊区两个区域。市内中学区以发展完全中学为原则，郊区中学区以发展初级中学为原则，就现有市立中学、市立女子中学和 10 所私立中学"对于各级升学学生，足以容纳"。郊区中学区已有沧口初级中学和扶轮中学，拟再"增设夏庄初级中学"，并建立崂山中学，或协助"抗建中学迁往崂西区南九水镇，改为私立劳山中学"。⑤ 尽管这个中学布局计划未能实现，但却意识到农家子弟接受中等教育的诉求。

---

① 《青岛市沧口区教育志(1898—2002)》，第 124 页，中国出版社，2005。

② 《青岛市政府教育局三十五年七月至九月工作报告》，存中国第二历史档案馆，卷号：5-749。

③ 《关于调派王桂浑代理青岛市立李村师范学校校长的派令(1946 年 12 月 12 日)》，存青岛市档案馆，档号：B0027-001-00343-0027。

④ 《青岛市政府教育局三十五年十至十二月份工作报告》，存中国第二历史档案馆，卷号：5-749。

⑤ 《青岛市中学区划分及调整增设公立中学计划》，存青岛市教育史志档案室，卷号：Aa-6-9。

青岛教育当局对复员中学的管理是严肃认真的,除了划一校务标准、统一教学计划、增进教学效能,还根据教育部颁行的学生学业成绩考查办法严格考核学生成绩。1946 年 7 月,教育局验印核发了战后第一届(1946 年)中学毕业生文凭,计有高中毕业生 353 名、初中毕业生 1039 名。① 1946 年 12 月,教育局举行第一次中学抽考测验,共有 7 所中学的高中二年级和初中一年级 367 名学生参试,最终对成绩最优和最劣的学校分别给予奖惩。② 公众认为强调教育质量的青岛市教育局势必在 1947 年出台更严格的中学考试条例,不意因上海、南京应届毕业生群起反对,教育部不得已下达"中学毕业会考暂缓一年"的指令,青岛市教育局便督饬各校严格举行毕业考试,以期提高学生程度。1947 年,青岛市立中学、市立女中、沧口初中、扶轮中学,私立礼贤中学、崇德中学、文德女中、圣功女中 8 校共有应届高中毕业生 410 名,初中毕业生 948 名。

客观地说,南京国民政府后期,青岛的中学教育比较重视学校卫生和体育工作。1947 年 1 月,教育局公布民国三十五年第二学期终了全市中学生健康检查结果,计有 4721 名学生受检(男生 2942 名、女生 1779 名)。在 4721 名学生中,视力一眼近视者 863 名,双眼近视者 196 名,近视率为 22.43%;听力一耳障碍者40 名,双耳障碍者 17 名;另有沙眼患者 372 名、龋齿患者 272 名、扁桃腺炎 82名、淋巴腺炎 16 名、皮肤病患者 161 名,可见青少年发育期常见病控制较好。10~15 岁年龄段学生平均身高男生为 153.4 厘米,女生为 147.2 厘米;平均体重男生为 43.7 公斤,女生为 37.7 公斤。身高与体重大体均匀。在 1947 年 5 月青岛市春季运动会上,共有 161 个单位参加田径赛、团体表演及国术运动,参加田径赛和国术运动者达 2229 人,团体表演学生达 1795 人,观众超过 20 万。在普及运动的同时,也有上乘的竞技成绩。据悉,青岛私立文德女中 300 米接力赛跑出了 28 秒 4 的优异成绩,不仅打破了 1934 年第十八届华北运动会纪录,还刷新了全国纪录。③ 据悉,1947 年青岛市政府根据参议会的提案,饬令教育局"择定适宜地址,筹设青岛市市立艺体专科学校"④。

南京国民政府后期,青岛中学最令人称道的业绩是有 3 所中学迈入全国前列。1948 年,教育部以"历史悠久、成绩卓著、校舍设备完善、师资优良"为标准,核定全国 39 校为"优良中学",青岛市乃至山东省上榜的是青岛市立中学和青

① 《青岛市政府教育局三十五年七至九月工作报告》,存中国第二历史档案馆,卷号:5-749。
② 《青岛市政府工作报告》,存中国第二历史档案馆,卷号:5-748。
③ 《青岛市立体育场工作报告(1948 年 1 月)》,载《中华民国史档案资料汇编》第 5 辑第 3 编教育(一)第 470 页,凤凰出版社,2010。
④ 《青岛市参议会第四次大会八件有关教育类决议案办理情形》,存青岛市档案馆,档号:B0027-006-00856-0070。

岛市立女子中学校。1948年4月,教育部通令各省市教育厅局选择设备和师资优良的中等师范学校进行实验,以资示范。是年,全国共有5校获评"示范师范学校",其中有青岛市立师范学校。[①]

二 实业团体办学与私立中学的兴建

战后教育复员最突出的问题是"青年失学问题严重",青岛市政当局"力谋增设学校,以资收容",然"限于经费,未能依照计划进行"。[②]"策动"实业团体筹办中学,教育局予以"协助",成为1946年前后青岛发展中等教育的主要置措。同时,教会中学再度复兴,在近代青岛中学教育史上留下了最后一抹夕阳。

1.变更设学计划与改市立为社会团体办学

抗日战争胜利后,有感于中国工业落后之危机,在国民政府"战后工业化"的鼓噪下,青岛市政当局"为培植工业技术人才,以发展本市工业,促进生产为目的",力图举办一所市立工业学校,但"因地方财力支绌",未克推展。

1946年4月,中国全国工业协会派尹致中来青岛设立分会办学,市政府积极"策动",拨给前敌伪四方小学为校址,还函商善后救济总署鲁青分署予以协助。[③]青岛工业分会经执监联系会议决定,成立"青岛私立高级工业职业学校",由岛城教育界知名人士和工商巨子孟云桥、曹沛滋、杨公兆、程义法、栾亦修、范澄川、王新元、尹致中等15人组成校董事会,范澄川任董事长,尹致中任校长。尹致中(1902—1984),山东莱阳人,早年到青岛洋行当童仆,后去日本广岛高级工业学校学习,1928年回国后自行发明连三式自动制针机,创办青岛冀鲁针厂;1937年七七事变后先后在上海、香港、重庆、成都等地发展实业公司。尹致中任校长的私立高级工业职业学校开设机械、纺织、化工三科,1946年招收初中毕业生220名,全部供给膳宿。另外,该校还设有特别科(预科),1年毕业,1948年特别科改为初中部。

但是,这所高调开局的工业学校很快便因经费和校务纠纷而无法维持。特别是1948年秋尹致中离青,部分教职员去职,学校难以为继。校董事会只好联络各大企业主,以认领"干儿子"的办法负担学生的食宿费,勉强维持到1949年春。青岛解放后,该校被人民政府接管,不久与烟台的一所工业学校合并迁至潍

---

① 《教育部公报》第20卷第5期,载中央教育科学研究所编《中国现代教育大事记(1919—1949)》第609页,教育科学出版社,1988。

② 《青岛市政府教育局施政报告(1945年9月—1946年9月)》,存青岛市教育史志档案室,卷号:Aa-6-6。

③ 《青岛市政府工作报告》,存中国第二历史档案馆,卷号:5-748。

县,又迁往济南,并入山东工学院。[①]

战后复员之初,青岛市政当局还谋划了一所市立商业职业学校,也因"地方财政困难",遂改由青岛市商会办成私立,市政府协助拨给临清路35号前日伪商业学校为校址,王文坦任校长。1946年9月,该校共招高级1个班、初级3个班,共有学生198名、教职员38名。[②] 1947年11月,学校经教育部令备案;及至1949年6月前,学生增至501名,有教职员29名。此外,1946年8月还有一所私立青华商业职业学校开办,址在保定路6号,教职员7人,沈冰任校长。

青岛市政当局教育规划中拟建的夏庄中学,限于政府财力不足,1947年秋由"区内募集款项,先设私立,现已开办,命名为振青中学"[③]。据地方史料记载,这所由公办改私立的中学由青岛市商会主席、市参议会议长、青岛夏庄人李代芳发起筹建,校址在仙家寨村,李代芳任校长。至1949年6月前,振青中学共有4个班、178名学生和8名教职员。[④]

因经费及其他原因,计划市立后改私立最终流产的学校是高级水产科职业学校。根据教育部提出的在青岛开办国立高级水产职业学校的规划,1946年秋,教育局提出"因财政困难,已由市政府觅定旧日本小学校址"作为校舍。[⑤] 之后,这所规划中的学校便改由青岛渔业公会筹办。终因经费和校舍问题不克推进,校董事会呈请青岛市政府"设国立高级水产职校,以谋水产事业发展"[⑥]。

2.合作联办补习学校与社会团体举办幼稚园

青岛市教育局为"训练女子职业知能",培养护士及助产士,原拟设市立高级助产科职业学校,并商得善后救济总署鲁青分署"同意协助设立",勘定黄台路原日本女子中学校址。[⑦] 后因种种原因,改与卫生局合作联办,校址设在胶州路市立医院内。1946年12月,教育局批文将其定名为"青岛市市立高级医事职业学校"[⑧],并给予600万元补助费;暂招护士1个班、学生28名,有教职员14名,校长为郭致文。1947年6月改由王鸿智任校长。[⑨]

战后复员伊始由社会团体举办的私立中学有2所。一所是1945年9月由红卍字会青岛分会开办的私立慈济商业职业学校,初名"私立慈济初级普通商业

① 《青岛私立高级工业职业学校的始末》,载《青岛工商史料》(内部发行)第2辑第137页,1987。

②⑥ 《青岛市政府三十五年度成绩比较表》,存中国第二历史档案馆,卷号:5-749。

③ 《青岛市教育视察报告》,存青岛市教育史志档案室,卷号:Ma-8-2。

④ 《城阳区教育志》,第11页,黄河出版社,2015。

⑤⑧ 《青岛市政府教育局三十五年十至十二月份工作报告》,存中国第二历史档案馆,卷号:5-749。

⑦ 《青岛市政府教育局施政报告(1945年9月—1946年9月)》,存青岛市教育史志档案室,卷号:Aa-6-6。

⑨ 《关于核示王鸿智担任高级医事学校校长的指令》,存青岛市档案馆,档号:B0027-001-00311-0007。

科职业学校",学制为初级部 2 年、高级部 3 年,1946 年有 7 个教学班(其中 1 个高级班)、学生 321 名(其中高级班 50 名)、教职员 14 名,丛汝珠任校长。[①] 丛汝珠(1887—?),字翼之,山东昆嵛(今属烟台)人,留学日本早稻田大学,曾任省立山东大学教授。该校初借鱼山路 37 号址,后迁太平路 59 号,到 1949 年有学生441 名、教职员 23 名。另一所是 1946 年 8 月由基督教青年会在浙江路 9 号举办的青岛私立青年初级中学,有 5 个教学班、268 名学生、17 名教职员,赵化程任校长。

战后复员伊始青岛出现了私立补习学校/班"设立颇多"的现象。1945 年 9月—1946 年 9 月,教育局共核准私立补习学校 12 所、补习班 11 处。其中,以始建于 1927 年 9 月的青年会夜校规模最大,该校于 1946 年以"青岛基督教青年会附设补习学校"之名复校,由孙传章任校长。该校设簿记、英语、无线电通讯、汽车驾驶、缝纫等科,另有信贷部,从事黄金、美元交易,共计招收学生 4 个班、198名。[②] 另外还有"暂准试办"的补习班 3 处。1946 年下半年教育局核准备案的除了青岛市市场自治会附设商业补习学校外,尚有民生、慧蓉、俭德、成功、海文 5所打字补习校/班,共有学生 349 名、教职员 27 名。[③] 1947 年又有三青团青岛市团部附设东镇中级补习学校和私立健民、菁华、三民、育英补习学校/班等备案。1948 年,宫滨汀在湖北路 7 号开办了一所私立美术补习学校。

值得注意的是,实施学前教育的幼稚园由于初、中等学校生源暴涨,由南京政府前期附设在小学转变为战后由社会团体兴办园所的格局,1948 年 4 月崔纫秋在朝城路中心国民学校"增添幼稚园一个班",是为数不多的例外。史载,1946 年 7 月,青岛市儿童健康促进会附设幼稚园成立,吴素英任主任。1947 年 5月,青岛市妇女救济会附设幼稚园成立,王沅叔任校长;中国纺织建设公司青岛分公司在嫩江路举办幼稚园,陈锡苓任主任教员。1948 年 2 月,万国道德总会设立大同幼稚园,地址在姜沟路 37 号,由马功臣任主任。南京政府后期的幼稚园数量有限,仅定位于儿童福利项目,尚未纳入教育事业框架之内。

3.外国教会中学再次复苏与在华私立教育体系的占据

世界反法西斯战争胜利后,一些欧美天主教和基督教会从挽回太平洋战争以来的衰势、进而占据在华私立教育体系出发,委派传教士跟随美国舰队以"随军牧师"身份来到青岛,接受被日军占有的教产及所属事业,相继提出复校要求。1946 年 9 月,青岛私立明德中学复校。该校是 1935 年由天主教圣母文学会修士

① 《青岛市市私立中等学校一览表(民国三十五年八月)》,载《青岛市政府教育局施政报告(1945年 9 月—1946 年 9 月)》,1946。
② 《青岛市政府教育局三十五年十至十二月份工作报告》,存中国第二历史档案馆,卷号:5-749。
③ 《青岛市政府工作报告》,存中国第二历史档案馆,卷号:5-748。

彭玉麟借德县路明德小学校舍开办,始设初中 2 个班,后因经费困难而停办。该校复校后招收 2 个班、112 名学生,有教职员 12 名,校长为彭玉麟。彭玉麟(1892—?),河北徐水人,毕业于上义师范学校,历任北平盛新中学、沈阳中法中学、烟台崇正中学校长。1947 年 7 月,明德中学再次招生,学生增至 4 个班、242名,11 月经教育部令备案。① 1948 年 7 月,青岛市政府拨给上海路 58 号乙(馆陶路)前日本实业学校址,明德中学得以形成办学规模(青岛第十中学前身)。1948 年彭玉麟离职,宇焕荣接任校长,1949 年顾景玉任校长。

1946 年秋,美国基督教信义会开办的私立信义高级护士职业学校复校。经历了 1932 年初创于信义会医院,至 1940 年已有 7 届学生毕业,1941 年被日军封闭。复校后,1947 年 7 月校董事会成立,聘宋美恩为校长,改校名为"私立信义高级职业学校"。此间,信义会还改女子神学院为圣经学院,由美籍传教士穆美丽(Moody M E)任院长。与此同时,即墨信义中学于 1946 年 2 月复校开课。② 其校舍"战时虽为敌寇破坏,而设立者全为修葺,现已恢复旧观",共有南北两院37.65 亩,计有楼房 8 座、平房 62 间。由于投考学生较战前增加数倍,为"时势需要发展高级教育起见",1948 年秋增设高级中学,招收学生 2 个班共 80 名。学校经费由美国差会补助 2/3,其余 1/3 来自学生学费收入。③

未能复校的胶州瑞华中学则在青岛解体。1947 年春,鉴于胶州瑞华中学大部分学生前往青岛,校长王华亭将瑞华小学教务委托给祁中堂后,便陪同任汝霖牧师来到青岛。经与德国同善会协商,将武定路 28 号同善会礼堂底楼作为瑞华中学教室,聚集青岛的学生在此坚持办学。1947 年 7 月,瑞华中学第三十三届学生在青岛毕业。④ 1947 年 9 月《青岛时报》曾刊登瑞华中学返胶州办学的消息⑤,但终因时局等原因未果。

青岛礼贤、崇德、圣功、文德四所"老字号"教会中学在战后青岛复杂多变的社会环境中,继续保持办学强势,并进一步形成了办学特色。礼贤土木工程科成为热门专业,报考学生十分踊跃。1945 年 11 月,礼贤校友借助礼贤中学建校 45周年之际,发起成立校友会,并联袂山东建设工程人员训练班学友会,凝聚起专业人才实力。1946 年 4 月,刘铨法假武定路 9 号开办建中建筑师事务所,业务

---

① 《青岛市教育视察报告》,存青岛市教育史志档案室,卷号:Ma-8-2。

② 石华亭:《即墨私立信义中学之沿革》,载《基督教鲁东信义会五十年》第 104 页,1948。

③ 《山东省即墨一中志》,第 4 页,兰州大学出版社,2004。

④ [瑞典]任雪竹:《胶州瑞华中学的故事》,邱芷译,载殷颖颖著《我的镂金岁月》第 211 页,齐鲁电子音像出版社,2010。

⑤ 《胶县中学今日还乡 爱德男女二中亦将迁回 瑞华初中返里准备开课》,载《青岛时报》1947年 9 月 13 日。

范围包括房屋设计、制图、监工、估价、测量等。① 是年 12 月,刘铨法又担任了新慎记营造厂主任技师。至 1949 年 6 月前,礼贤中学土木工程科毕业生达到 400 名。据统计,1947 年青岛共有外国教会举办的普通中学 5 所,计有 59 个教学班(其中高中 23 个班)、在校学生 3126 名(其中高中生 890 名)和教职员 134 名(详见表 7-9),这个数字与同期市立中学相差无几。

表 7-9　1947 年青岛外国教会中学概况表

校　　名	校　长	班数(个)			学生数(人)			教职员数(人)
		高中	初中	合计	高中	初中	合计	
礼贤中学	刘铨法	7	9	16	235	513	748	34
崇德中学	赵泰和	5	10	15	253	565	818	34
圣功女子中学	王景秋	6	7	13	215	543	758	23
文德女子中学	梁传琴(代)	5	8	13	187	495	682	31
明德中学	彭玉麟	—	2	2	—	120	120	12
合　　计		23	36	59	890	2236	3126	134

资料来源:根据《青岛市市私立中等学校概况一览表》整理,载《青岛指南》第 145 页,1947。

青岛市政当局对教会学校的基本政策是备案监管和经费扶持。自 1946 年 10 月起补助费由每班每月 9000 元增加到 2 万元,还一次性拨给礼贤中学补助费 600 万元。② 后因物价上涨,1947 年 3 月每班补助费提高到 4 万元,自 5 月起又增加到 8 万元。显然,政府财政资金的"奖助"是教会学校发展的决定性因素。

三　内战风云下的政治化学校与流亡中学

南京国民政府后期青岛中学类型的多样化,是青岛近代教育史上的一个突出现象。其中,既有依靠特殊的政治背景举办的中等学校,也有因国共内战"流亡"青岛的各类寻求救济的学校。

1.有特殊政治背景的中学与中等教育的特殊现象

南京政府后期的青岛,至少有三所学校格外引人注目。

一是"抗建学校"。据载,抗建学校在国民党青岛市政府崂山抗战时"业经

---

① 《刘铨法建筑师开业申请书》,存青岛市档案馆,档号:B0031-001-00894-0090。

② 《关于拨给礼贤中学附设土木工程科补助费的决议》,存青岛市档案馆,档号:B0024-001-00577-0042。其中,青岛"市库"拨付 400 万元、教育部划拨的职业教育补助费 200 万元。

成立",学生系"抗属及遗族",1945年9月迁入市内改为私立,校址设于大学路"敌设东文书院旧址",另有曹县路酿造合作工厂和胶州路建国大厦两处校产。[①]1946年有中学10个班、525名学生,另外附设小学一所,市长李先良任董事长兼校长,校务由代理校长吕颂华负责。吕颂华(1907—?),山东黄县人,留学日本明治大学,历任牟平县中校长、陆军独立第三纵队副司令等职。1947年9月,该校更名为"青岛市私立劳山中学校";其附属小学独立为青岛市私立劳山小学校,朱乃洪任校长。据地方村志记载,劳山中学于1947年在沙子口设立分校。[②]至1949年6月,沙子口分校共有5个班、200余名学生和10名教职员。

二是"胶澳中学"。胶澳中学作为校名首次出现在青岛是1924年,即青岛市立中学的前身。1946年8月,青岛私立胶澳中学校董事会以"复校"名义成立,由丁惟汾、刘次箫、陈名豫、蔡自声、王子壮、赵太侔等11人组成,丁惟汾任董事长,并网络国民党政要于学忠、秦德纯、李仙洲、王耀武等15人为名誉董事,筹备处设在博兴路60号。据悉,胶澳中学校址初设前日本第三小学址,后改设于武定路前日本第一寻常小学校址,另有实业工厂(沧口营子村)一处。[③]截至1947年底,该校有3个高中班和7个初中班,共有学生590名(其中高中生186名)和教职员31名,李树峻任校长。

三是"中正中学"。1947年10月31日是蒋介石60岁生日,为响应"祝嘏献校"运动,山东省政府主席兼保安司令王耀武于1946年10月在青岛邀各界发起开办青岛私立中正中学,王耀武自任董事长,丁治磐、李先良等17人任董事,校长由国民党第十一绥靖区司令部行政公署秘书长徐人众兼任。但是,面对颓废的财政状况,不论是山东"省府"还是青岛"市库",都无力承担建校费。无奈之下,王耀武及青岛市各界官绅共捐助或代募113289.9万元,捐助或代募铁、盐、面粉、布匹、木材和建筑品等折合时价款计64526.7万元,还"洽购"了数家前日本工厂作为"开发学校经费之源泉"。青岛市政府"指拨"黄台路前日本高等女子学校为中正中学"永久校址校产"[④],因日本投降前把校舍大楼破坏,只得在郭口路设临时校址。1947年3月10日正式开课,高初中合设6个班;11月分高中2个班、初中6个班,计有学生412名(其中女生83名),教职员29名。1948年3月新校舍落成暨建校二周年庆典举行,蒋介石题写了"谨教树人"的贺词,于右任、孙科、王宠惠、何应钦、朱家骅等国民党政要纷纷题词。4月1日,青岛私立

---

① 《青岛市政府教育局施政报告(1945年9月—1946年9月)》,存青岛市教育史志档案室,卷号:Aa-6-6。1946年2月23日,青岛市政府曾下达《拨鱼山路日本学校为抗建中学校址的指令》。

② 《南龙口村志》,第164页,黄河出版社,2010。

③ 《关于为胶澳中学恢复成立拨发校址的指令》,存青岛市档案馆,档号:B0027-004-00402-0291。

④ 徐人众:《中正中学创建纪要》,载《青岛市私立中正中学建校二年大厦落成纪念册》第3页,1948。

中正中学迁黄台路新校舍上课，15日中正中学附设小学部举行开学典礼。

与其说青岛中正中学是南京国民政府后期青岛教育的特殊产物，毋宁说是青岛特殊历史时期的政治产物。作为向蒋介石寿辰的献礼之物，王耀武在《勉诸生书》中感叹建校之艰辛，声称"方今物力维艰"，其"工事之繁重，缔造之不易，余虽不克道其详，但已不难想象得之"。文末，王耀武加重语气称：

> 余忝由一日之长，谬膺疆寄之任，戎马倥偬，治学未遑。然独居深念，将以报国家而利民族，厥以培养人才为先。是以极峰华诞之辰，敬献本校，以代崇呼。区区之意，非以粉饰外观而已，实于诸生有厚望矣。诸生勉乎哉！①

根据王耀武的建校思想，中正中学以"礼义廉耻"为校训，特别注重学生的思想训导，除了每日半小时"集体训练"，还有训导主任及级任导师担任的"个别训练"，每学期每人至少三次。1948年5月，中正中学致函绥靖区要求发给学生军训用步枪子弹300发，1949年4月又进一步提出要1挺捷克式轻机枪、30支中正式步枪和500发子弹。② 据悉，王耀武还计划拟用前青岛日本第一小学校址举办"政法商学院"。

此外，青岛美国学校借助受降美军的权势再次得以发展。1946年8月6日，蒋介石电青岛市政府，指令"美国侨民学校急需恢复"，从敌产中"指拨房屋以充校址"。李先良即将龙口路1号原德国学校校址"改充美国学校"。③ 相比之下，青岛俄国学校的命运实在不济，是年2月15日以"敌产"为由被接收。④

2.联合临时中学的出现与国共内战时期的流亡学校

抗日战争胜利后，中国共产党领导的武装力量逐渐解放了山东大部地区，一些受土地改革政策震慑的地主、富农及国民党地方政府官员纷纷逃至"蒋管区"，寻求政治庇护。据不完全统计，1946年8月青岛的"流亡难民"达10.9万人之多。⑤ 在逃离的人流中，夹杂着大批谋求安定的读书环境以出人头地学生，有些失去家园的学生也纷纷流青入校想继续求学。国民党出于争取人心归附的动机，又恐青年学生被共产党所用，便将其作为"难胞"由青岛收容，择址复学。"流亡学校"的产生本是军事与政治纠缠的恶果，却将教育裹了进去，致使青岛

---

① 《新校舍落成王（耀武）董事长勉诸生书》，载《青岛市私立中正中学建校二年大厦落成纪念册》第1页，1948。

② 《关于发给步枪子弹的公函》，存青岛市档案馆，档号：B0027-004-00161-0012。

③ 《已拨原德国学校校址改充美国学校的公函》，存青岛市档案馆，档号：B0024-001-00721。

④ 《关于赴文登路四号接收俄国学校情形的呈文》，存青岛市档案馆，档号：B0024-001-00606。

⑤ 青岛市档案馆、青岛市史志编纂委员会办公室：《青岛大事记史料（1891—1987）》上（内部发行），第174页，1989。

教育界如一团乱麻,社会各界怨声载道。据史料记载,自1946年先后流入青岛落户的外埠学校有山东省立青岛临时中学、省立青岛临时师范学校、青岛市辖临时中学、鲁东联立临时中学等5处分校,详见表7-10。

表7-10　1949年解放前青岛"流亡学校"概况表

校　名		校　址	学生数 (人)	教职员数 (人)	统计年月
山东省立青岛临时中学		黄台路12号	893	不详	1947
山东省立青岛临时师范学校		观海路	(1000)	不详	1948
青岛市辖临时中学		郭口路	(1700)	78	1949
鲁东联立 临时中学	第一分校莱阳中学	馆陶路8号	1417	66	1946
	第二分校平度中学	人和路21号	415	25	1946
	第三分校日照中学	大连路5号	240	不详	1949
	第四分校高密中学	台东一路	226	15	1949
	第五分校诸城中学	沧口橡胶厂宿舍	45	13	1948

资料来源:青岛市史志办公室:《青岛市志·教育志》,第188页,新华出版社,1994。

此外,青岛还出现了一些同乡会性质的临时中学,以"东镇三校"最出名。1945年秋,胶南黎明中学蓝村分校主任杨文运带领学生四五十人流青,在马哥庄开办初中补习班。1946年11月,孙希朋接任校长后迁址中庸路(今延安二路)53号,申办青岛私立黎明中学。① 及至1947年11月,黎明中学共有5个初中班、340名学生和15名教职员。② 1946年9月,青岛私立立达初级中学在松山路10号成立,王绪兴任校长,生源系胶县同乡,1947年在校学生有7个班、516名(其中女生99名)。③ 另外还有平度人侯宾南任校长的郁文中学。1947年9月,掖县同乡会开办了青岛私立东莱中学,校址在临邑路1号,张之敬任校长,时有学生2个班、120名,教职员13名。此外,还有威海同乡组成的四维中学、烟台同乡会性质的国华中学,以及昌潍中学、黄县县立简易师范学校等。据1947年统计,外埠流青中学共有11所(省立1所、县立7所、私立3所),计125个班、7990名学生(省立822名、县立4809名、私立2359名),有教职员338名。④ 此外,还有一批"难童补习学校"尚未进入官方统计。据悉,1947年2月—4月有8

---

① 《城阳区教育志》,第10页,黄河出版社,2015。
② 《关于报送黎明中学教职员学生统计表的呈》,存青岛市档案馆,档号:B0027-006-08722-0140。
③ 《本市私立中学、商业学校情况接受教会捐助、收支、补助及接受外国津贴各级学校调查表等》,存青岛市档案馆,档号:C0061-002-0151-0005/7。
④ 《在青流亡中学数目表》,载《青岛教育概况》第8页,1947。

所实施初等教育的流青学校被"青岛市难胞管理委员会"掌控,至少有 2360 名学生和 60 名教职员。① 1948 年 1 月,一个名为"青岛市难胞劳动合作社"的组织向教育局呈文,要求在夏津路 2 号社址设立一所附属小学。

据史料记载,教育部举办的济南临时大学补习班,还在青岛设立了分班,地址在胶州路 1 号原日本医专校舍。1946 年 1 月,青岛市教育局为平息反甄审运动的风潮,不得不作出让步,规定凡在教育局登记的"敌伪所办专科以上学校肄业及高级中学、后期师范毕业学生"一律"先入济南临时大学补习班青岛分班补习,俟期满及格后,再照该局规定处理办法办理",补习期为三个月。为提高青岛补习班的吸引力,是年 3 月更名"教育部特设青岛临时大学补习班",共招收学生 992 名。只是该校未能持续,4 月 29 日第一期结业后第二期即告停办。②

事实上,"流亡学生潮"是国民党政策诱惑下的现象。随着国共之间战争的日益白热化,国民党节节败退,流青入校学生在播迁的过程中看到了国民政府的腐败,进而产生了消极抵抗情绪。据史料记载,1946 年 10 月 10 日,流入青岛的鲁东联立临时中学校等 6 校 8000 多名学生因停发救济物资,生路断绝,呼吁各界予以救助。1947 年 2 月 1 日,流入青岛的国华、莱(阳)中、日(照)中等 6 校 7000 余名学生因生活无法维持,联名呼吁救济。③ 据 1947 年 6 月青岛市教育局发布的《三十六年度四至六月份工作报告》称:流入青岛的 8 所中学、约 8000 名学生均"已安置上课",又有阜阳流青之山东临时职业学生 165 名及师范生 10 名"亦收容就学"。1947 年 12 月 5 日,国民党青岛市党部邀各流青中学校长举行座谈会,研讨出路问题。与会人员提出六点建议:

（一）请省府呈行政院,速拨款救济;

（二）请省府重新分配公费生名额;

（三）收缩各县立中学,扩充为省立中学;

（四）在青组织职业学校,收容流亡学生;

（五）发动从军;

（六）请在青岛设干训团,收容训练。④

据有关媒体披露,李先良于 1947 年 12 月赴济南"劳军"之际,曾与王耀武商

---

① 《青岛市难胞管理委员会难童补习学校概况表》,存青岛市档案馆,档号:B0027-006-08831-0026。

② 《临大补习班第二期停办》,载《民言报》1946 年 4 月 24 日。

③ 青岛市教委史志办:《青岛教育大事记(1891—1987)》(内部发行),第 41 页,1994。

④ 青岛市档案馆、青岛市史志编纂委员会办公室:《青岛大事记史料(1891—1987)》上(内部发行),第 201—202 页,1989。

讨外埠流青入校学生的安置问题,但最终没有形成妥善的解决办法。可见,战后青岛教育所呈现出的复苏景象是短暂的、不完全的,因为经费和国共关系的日益紧张,众多战时流亡青年未能得到及时安置,这也意味国民党教育政策上的失败。更重要的是,这些形形色色的流青学校成为社会动荡、内乱的导火线。1947年9月,策应国民党军队大举进攻解放区,流入青岛的日照和诸城"流亡政府"分别组成包括流青入校学生在内的1000余人的还乡团武装还乡。[1]流青学生还成为国民党军队的重要兵源。1947年11月,国防部要求青岛实行紧急征兵政策,分配名额为500名。[2]1948年2月,国民党青年军二〇八师三旅一部由北平调往青岛,招训流亡失学青年。

第四节　国立山东大学的复校与发展

一　逆袭式复校与紧张有序的开学准备

国立山东大学在1938年3月被迫停办,其损失之大、破坏之重、影响之深是无法估量和弥补的。作为一所颇具知名度的国立大学,山大在全面抗战时期失却大师、解散学生后的唯一工作,就是保护校产,等候复校。

据史料记载,1938年11月4日,教育部下令改组国立山东大学校产保管处,并将保管处迁往重庆牛角沱教育部第二办公处。后因日军侵扰,1939年3月经教育部部长陈立夫同意,山大校产保管处迁址重庆江津白沙镇;3月24日,国立山东大学在渝职员王迈栋、李韵涛、曲继皋等抵白沙镇开始办公。因有长江水道可做凭借,1941年12月,李韵涛等前往借用国立山东大学图书、仪器的中央大学、中央工业职业学校、中央图书馆、国立师范学校等单位查看使用、保管情况。据记载,教育部分别于1942年12月和1944年1月拨给国立山东大学校产保管经费共计18655元。[3]

至于国立山东大学复校的呼声,始于1940年3月山大校友会、毕业同学会在四川三台向山东大学校产保管处发出的要求母校复校的信函。[4]但是,鉴于抗日战争吃紧的形势,教育部抑或国民政府均没有心思关心山东大学复校事宜,此事一直到1945年8月日本投降后渐次明朗。促成国立山东大学最终复校源

---

①②　青岛市档案馆、青岛市史志编纂委员会办公室:《青岛大事记史料(1891—1987)》上(内部发行),第195—196、201页,1989。

③　教育部划拨的校产保护经费,1942年为8000元,1944年追加10655元。(详见李耀臻主编《中国海洋大学大事记》第35—36页,中国海洋大学出版社,2004。)

④　张静:《中国海洋大学大事记》,第25页,中国海洋大学出版社,2014。

于三方面因素。

首先源于 1945 年 9 月全国教育善后复员会议的召开。针对高等教育的复员，教育部希望利用国土重光之机，立足于教育文化重心之建立与地理上之平衡发展，对全国的教育资源进行合理配置。1945 年 9 月 14 日，国立山东大学校产保管处向教育部申请接收学校停办时上缴的契据、印信、文册等，以利于保管。9 月 28 日，教育部高教司聘青岛市教育局长孟云桥兼任国立山东大学校产保管委员会委员，就近接收、保管在青岛的山大校产。11 月 6 日，教育部批准孟云桥接收山大校产经费 100 万元；同日，日本人开办的青岛医学专门学校及其附属医院由孟云桥等接收。12 月 10 日，日本青岛医专校长田中朝三移交了所有校产，包括校舍 6 座（平房、楼房各 3 座），另有仓库、地下仓库、兵器库、锅炉房等。孟云桥在 1946 年 6 月 3 日致教育部长朱家骅的信中称：

> 该医专医院及其附带房屋，奉部令接收保管半年，日与卫生署、社会部敌产处理局及市府卫生局"奋斗"，幸赖部长之主持，皆得保持完整。在山大旧校址美军未退出前，暑假招收一年级新生十班左右，在医专校址上课即可。赵校长太侔兄到青后，职当协助，竭力交涉，事在必成。①

孟云桥透露的信息是，全国教育善后复员会议后，朱家骅即指示青岛将接收的日本医专作为国立山东大学复校的一部分，而且准备暑假开办先修班。

其次源于热心校友的奔走呼号及联名代电。抗战胜利后，前国立青岛大学化学系主任、时任国民政府农林部中央林业实验所的汤腾汉以发展教育、不忍母校长期中断之热诚，发动散布在重庆、成都、西安、兰州、桂林等地的国立青岛/山东大学校友成立"国立山东大学校友会复校促进委员会"，敦请杨振声、赵太侔两位前任校长出面，邀约国民政府政要及社会名流联名致电国民政府，请求在青岛迅速恢复国立山东大学建制。② 适逢国民政府参政会议召开，鲁籍参政员纷纷要求尽快复校，一时间形成广泛的复校舆论。③

再次是出于与临沂解放区的山东大学相抗衡之目的。1945 年 8 月 22 日中共山东省政府在日本刚刚投降之际即作出决定，在解放区临沂创办山东大学，选用临沂城东美国基督教长老会的经文书院做校舍，设政治、经济、教育、医药、文艺五个学系。10 月，该校开始招生，以解放区的学生为主，也吸收"国统区"的青

---

① 《青岛市教育局局长孟云桥呈教育部函》，存中国第二历史档案馆，卷号：5-749。
② 栾开政：《山东高等教育发展史（1840—2000）》，第 156 页，山东教育出版社，2003。
③ 牛星垣：《抗战期间校友的复校运动》，载《国立山东大学校刊》（复校纪念专号）第 20 页，1946 年 12 月 28 日。

年学生,一些来自济南、青岛等城市的学生纷纷报考,首期入校学生约有200人。旋即,创办于苏皖边区的华中建设大学400多名师生北上,并入临沂山东大学。争夺青年一代,培养建设人才,同为国共两党的根本大计。为与中共成立的临沂山东大学相较量,国民政府对国立山东大学复校的呼声摆出接受民意的姿态,顺水推舟地同意国立山东大学在青岛复校。

可见,作为早已成为社会重要组成部分的国立山东大学能实现绝处逢生,需要来自多方面的因素,其中政府扮演着至关重要的角色。这样,国立山东大学在历经内迁停办八年之久后,在利益相关者角色再造中于1946年春得以复校。1946年1月25日,教育部令派参事赵太侔为代理校长。1月29日,行政院召开例会,通过赵太侔为国立山东大学校长的任命。① 赵太侔遂聘原国立山东大学总务长、时在岭南大学任教的周钟岐为复校委员会主任。周钟岐随即赴青岛,召集前山大通讯处成员,临时在胶州路日本医专办公,筹划复校事宜。②

1.据理力争收复校舍与撙节开支充实仪器图书

无疑,收回校舍是复校中最急迫、最关键的工作。青岛沦陷后,国立山东大学校舍被侵青日军占据,抗战胜利后又被受降美军做了兵营。周钟岐甫一到青岛即与驻青美军频繁交涉,据理力争,要求归还校舍。为了争取主动,周钟岐策动媒体在青岛的《民言报》上发表"山东大学复校万事就绪,专候美军让出校舍,即可开学上课"的新闻消息。美军迫于公众舆论的压力,又怕受到世界舆论的指责,乃先行交出一部分校舍。1946年6月13日,教育部部长朱家骅就山大急需鱼山路日本中学校舍致电青岛市长李先良:

> 先良吾兄勋鉴:国立山东大学在青筹备复校,诸承协助,惟该校将来所设院系较前增多,原有校舍不敷用,兹闻鱼山路日本中学校址军部将撤出,该处山大需求迫切,兹已呈行政院拟拨,并另饬孟局长先行移交山大,山大复校困难倍增,恳请仍将该校址归山大,以利复校为荷。③

6月赵太侔到青岛后,鉴于山大原校舍非敌产"可以无条件收回",经过多方交涉,至1946年7月,国立山东大学先行接管欧阳路宿舍一处,复校筹备处遂迁入办公。及至9月17日,除了广西路前日本第二小学校舍未腾让、黄台路7号

---

① 《行政院举行例会 任命赵太侔为山大校长》,载《青岛公报》1946年1月30日。4月2日《青岛公报》报道《教部参事赵太侔另有任用免本职》,并援引中央社重庆4月1日《国府命令》:"任命赵太侔为国立山东大学校长。此令。"

② 《关于聘周钟岐为国立山东大学复校筹备主任前山大通讯处自六月一日结束的函》,存青岛市档案馆,档号:B0032-001-00073-0076。

③ 《朱家骅致李先良》,存青岛市档案馆,档号:B0024-001-00130。

被抢占仍在交涉,山大先后接管了鱼山路 5 号,泰山路 4~9 号,武定路 29 号,德平路 5 号、40 号、42 号,绥远路 18 号,大学路 3 号等处校舍,但校园北半部分仍被美军强行占据,无法使用。①

复校时,山大留存在青岛的物资早已荡然无存。赵太侔即在重庆成立办事处,派员赴中央图书馆等处洽商收回图书、仪器。由于交通阻滞,运输困难,至 1946 年 10 月底运回青岛,总计仪器 60 余箱、图书 90 余箱,此即是山大复校唯一的教学设备。1946 年 10 月 22 日,国立山东大学图书馆正式成立,其中有辗转内迁"岿然独存"的外文图书 3398 册、线装书 5166 册。后经请准青岛市敌产处理局,接管德、日文书籍 6674 册,代管中国工程学会日文书籍 5349 册,复购中西文图书 8321 册。时任图书馆主任的孙昌熙感慨地说:"有人说,山大复校工作的困难,难于创办一个新的大学。那么山大图书馆在这种困难中复活,无疑的它是亟待浇灌和栽培的。"②1946 年 10 月,山大曾登报刊发启事,恳望社会各界"出让或捐赠"新旧图书。③

复校经费是国立山东大学筹备复校过程中最困难的问题。复校时,不仅校舍、实验工厂等需要修建,而且一切设备均需重新添置,仅修建、设备两项费用至少需法币 32.7 亿元(折合美金 97.3 万元)。教育部原定拨给山大的修建费仅 7 亿元,后经赵太侔多次致电再三陈述困难,才追加复校经费 1.5 亿元。鉴于经费寥寥,不敷应用,为了保证复校工作顺利进行,赵太侔等除积极向教育部申请和谋求社会赞助外,还一再压缩开支,并发动教职工自己动手建立仪器修造厂,自行试制各种急需的仪器,在经费困难的情况下完成了复校筹备工作。

2.高起点组建师资队伍与严格标准全国招生

国立山东大学复校最值得庆幸的是学科规模空前壮大,凸显出国立综合性大学的实力。1937 年七七事变前,山东大学只有文、理、工 3 个学院 8 个学系。1946 年复校时曾设想 6 个学院 30 个学系、2 所专科学校和 1 所高级职业学校,后从青岛复校的实际出发,"奉准先成立"文、理、工、农、医 5 个学院 14 个学系,并附设大学先修班和高级护士学校。国立山东大学复校后各院系的设置情况是:文学院,分设中国文学系和外国文学系,后又增设历史学系;理学院,分设数学系、物理学系、化学系、动物学系、植物学系、地质矿物学系;工学院,分设机械工程学系、电机工程学系、土木工程学系;农学院,分设农艺学系、园艺学系、水产学系;医学院则不分系。

---

① 《原校舍尚未收回　本来计划难实现》,载《军民日报》1946 年 10 月 26 日。

② 孙昌熙:《复活了的山大图书馆》,载《国立山东大学校刊》(复校纪念专号)第 17—18 页,1946 年 12 月 28 日。

③ 《征求新旧图书及科学仪器的启事》,存青岛市档案馆,档号:D000202-00039-002。

　　鉴于教师在战乱中散落在全国各地自谋生计,赵太侔立即向曾经在山大任教的教师发出复聘邀请,希望他们尽快返校;同时向许多著名教授、学者发出邀请,希望他们加盟山大。据悉,在山东省档案馆里,由赵太侔亲笔给知名学者发送的聘书足有厚厚的一摞,达上百封之多。先后受聘的学术界知名人士有朱光潜、游国恩、老舍、王统照、陆侃如、冯沅君、黄孝纾、丁山、赵纪彬、杨向奎、萧涤非、丁燮林、杨肇燫、童第周、曾呈奎、王普、郭贻诚、王恒守、李先正、刘椽、朱树屏、严孝复、杨宗翰、郑成坤、李士伟、沈福彭等。这些专家学者,除了朱光潜、游国恩因客观原因未能应聘,老舍虽应聘但在美国未能到校,其余均于1946—1947年到校任教。赵太侔之所以一如既往地优化教师队伍,旨在追求教授治校制度,惟此才能确立教授在大学里的主人翁地位,维护高等学府的自治与独立。1934年入读山大、1946年出任复校后山大副教授的徐中玉在《两次在山大的回忆》一文中写道:"山大复校时,中文系仍把丁山、黄孝纾、萧涤非三先生请回来!其他系仍把童第周、曾呈奎、郭贻诚、王恒守、秦素美、王普、李茂祥等能够请回来的先生都请回来了。"①

　　在学校组织和人事方面,校长赵太侔之下,秘书主任为刘康甫、李希章,教务长为杨肇燫,总务长是周钟岐,训导长系刘次箫。② 各院院长的人选则体现了大学逐步从分科、分门发展到拥有学院学系的组织过程,渗透着学科格局、权力分配、运行制度的诸多要素,其学院制度较战前更为凸显。几经酝酿,文学院院长原聘老舍担任,因其赴美未到校,故由校长赵太侔兼任;理学院院长由教务长杨肇燫兼任(1947年改由丁燮林担任),工学院院长由杨肇燫兼,农学院副院长为陈瑞泰,医学院院长是李士伟。院长人选体现了学院制的专业属性及山大的办学传统。院长之下,有中文系主任杨向奎、外文系主任郑成坤、数学系主任李先正、物理学系主任王普(后赴美由郭贻诚兼代)、化学系主任刘椽、动物学系主任童第周、植物学系主任曾呈奎、地质矿物学系主任何作霖、机械工程学系主任丁履德、电机工程学系主任樊翕、土木工程学系主任许继曾、农艺学系主任王清和、园艺学系主任盛诚桂、水产学系主任朱树屏。③ 上述院系负责人中,周钟岐、老舍、郑成坤、丁燮林、李先正、王普、童第周、曾呈奎系回任山大的"老班底"。

　　当然,新加盟国立山东大学的几个"四梁八柱"备受瞩目。教务长杨肇燫(1898—1974),字季璠,四川潼南人,1918年考取清华学堂留美专科生,赴美国麻省理工学院攻读,获硕士学位,1922年回国后历任南京高等师范学校工科教

①　徐中玉:《两次在山大的回忆》,载《我心中的山东大学》第52页,山东大学出版社,2005。
②　张静:《中国海洋大学大事记》,第36页,中国海洋大学出版社,2014。
③　山东大学校史编写组:《山东大学校史(1901—1966)》,第155—156页,山东大学出版社,1986。

授、北京大学物理学系教授、中央研究院物理研究所研究员兼秘书。农学院副院长陈瑞泰(1911—2001),字晓光,山东潍县人,毕业于金陵大学,抗日战争后期考取农林部公费赴美实习进修,先后在康涅狄格州、北卡罗来纳州、加利福尼亚州及肯塔基大学、康奈尔大学学习,是不可多得的植物病理学家、烟草专家。医学院院长李士伟(1895—1981),字子仪,河南卢氏人,北京协和医学院毕业,赴美获纽约大学博士及美国霍布金大学医学院产科研究员学位,回国后历任国立中央医院妇产科主任、国立上海医学院妇产科教授,系妇产科医学权威。1947 年 10 月,国立山东大学统计全校共有教职员 289 名,其中教员111 名。[①]

1946 年国立山东大学是以 5 院 14 系分院分系招生的,因为学生来源愈广,收获愈丰富,愈能陶冶优秀人才。[②] 此次招生选拔,以考试为主导方式,以推荐、保送为重要补充,录取标准以考试成绩为主。按照教育部多设考区的规定,山大除在青岛招生外,还在北平、南京、上海、西安、成都、重庆、济南 7 地设立招生办事处。各地高中应届毕业生及失学青年听说山东大学招生,踊跃报考,共有5875 人报考(表 7-11)。经初试和复试,共录取本科生 814 名,占报考人数的13.9%。此外,教育部还拨来先修班及复员青年军学生 245 名,南京区委托中

表 7-11　1946 年国立山东大学新生报考录取统计表

单位:人

地区 院系	青岛		济南		北平		重庆		成都		西安		上海		总计	
	报考	录取	报考	录取	报考	录取	报考	录取	报考	录取	报考	录取	报考	录取	报考	录取
文学院	220	74	90	14	91	26	393	15	105	4	380	20	277	13	1556	166
理学院	61	26	55	11	39	10	161	16	33	5	85	20	143	26	577	114
工学院	211	91	119	35	89	20	393	23	80	7	258	48	317	31	1467	255
农学院	198	39	68	12	104	20	343	19	94	1	224	8	199	11	1230	110
医学院	238	80	148	31	150	39	113	2	31	1	210	10	155	6	1045	169
合 计	928	310	480	103	473	115	1403	75	343	18	1157	106	1091	87	5875	814
百分比	15.8	38.1	8.2	12.7	8.1	14.1	23.9	9.2	5.8	2.2	19.7	13.0	18.6	10.7	100	13.9

资料来源:根据《国立山东大学 1946 年度各区新生报考录取人数分系统计表》整理,载张静主编《中国海洋大学大事记》第 31 页,中国海洋大学出版社,2014。

---

① 《关于抄送国立山东大学教职员数清单转各会员的函(1947 年 10 月 7 日)》,存青岛市档案馆,档号:B0038-003-00256-0256。
② 山东大学校史编写组:《山东大学校史(1901—1966)》,第 158 页,山东大学出版社,1986。

央大学代办录取学生 85 名,各指定中学送审成绩经查及格录取者 61 名,总计收录学生 1205 名。复校后招生基本显示出国立大学入学机会的区域性、公平性和不均衡性。

1946 年 9 月,国立山东大学确定了校舍使用方案。鱼山路 5 号为校本部及文学院、理学院院址;泰山路为工学院、农学院院址;武定路为医学院、先修班之用;青岛病院为附属医院;城阳棉种场为实验农场。① 这一格局是山大的梦,即"站在万年山顶,右手是工学院,在东镇的工业中心区;左手是附属医院,以及其他各校舍,遍布市中之要点,山大文化力量控制全市"②。10 月 25 日,国立山东大学举行复校后第一次开学典礼,校长赵太侔在致辞中说:

> 山东大学是因抗战而停办,又因抗战胜利而恢复,在半年的筹备期间,经同人的努力及地方各界的赞助,现在能够开学上课了。回想在八九年长期抗战学校停办期间,真不知何日才可恢复,所以在今天举行的大会,觉得值得庆幸,同时在庆幸中,可说百感交集。③

开学时,由于新生报到最后期限未到,各科实验设备也未整理到位,部分教职员还未到校,为使到校学生便于补习,经临时校务会议议决,先开设国文、英文、数学三门基础课程,于 11 月 11 日在泰山路分校开始上课。12 月 23 日,国立山东大学复校后正式上课;28 日举行庆祝复校纪念大会。

二　倾其智慧和力量彰显地方区位优势

复校后的国立山东大学,作为青岛和山东的最高学府,十分注重结合青岛城市的自然和社会资源,凸显大学教育的特殊性。身为二度掌校的赵太侔深知地处青岛的山大"直接受山东半岛之特殊物产及青岛工业特别发展的影响",大有"值得进行特殊研究工作之处",因而"山大实在有他可以特殊发展的地方"。④一些学科和专业由此崛起,成为山东乃至全国大学的知名品牌。

1.突出海洋学科特色与奠定海洋科研名城基础

鉴于青岛海滨适中,气候宜人,是海洋水产品生产和教学研究的理想之地,

---

① 《沿革》,载《国立山东大学概览》第 1 页,1948。

②③ 《国立山东大学昨举行开学典礼　赵校长主席致训剀切勖勉　周钟岐氏讲复校经过及未来计划》,载《军民日报》1946 年 10 月 26 日。

④ 《赵太侔校长 1946 年在国立山东大学复校典礼上的致词》,载《国立山东大学校刊》第 9、10 合期,1947 年 1 月 18 日。

在国立山东大学复校初的规划中拟增设海洋学院，下设水产学系和海洋学系，后因办学条件等原因，只设了水产学系。赵太侔在复校典礼上即提出"农学院则有水产系之设立，尤拟着重海洋、气象、物理、生物等研究工作"①。事实上，国立山东大学的海洋特色，集中了农学院的水产学系和理学院的海洋专业两个科系的实力，体现了教授治校与教授治学的统一。

山大复校伊始设立的水产学系，有名无实，学生只能在动物系学习英语、数学等基础课，系务工作则由校方暂为掌管。1946年12月，朱树屏接受国立山东大学的聘请。赵太侔在征求朱树屏意见后，决定在其到任之前，暂由曾呈奎代理水产学系主任。朱树屏到任后，重新修订了教学大纲及各专业课程，将水产学系设置为养殖、渔捞、加工三个专业，并编订了浮游生物学、应用湖沼学等多门专业教材。经朱树屏多方聘请，戴立生、王以康、王贻观等多位教授和讲师及康迪安、辛学毅等先后到水产学系任教，朱树屏亲自教授海洋学、浮游生物学、应用湖沼学，成为世界浮游植物实验生态学领域的先驱和中国海洋生态学、水产学及湖沼学研究的奠基者。

复校后的山大，将战前的生物学系分为动物学系和植物学系，然"动植二系，仍以保持过去生物学系之学风为目标"，即"致力于养成学生之研究精神与学术兴趣"。② 为此，无论动物学系主任童第周，抑或植物学系主任曾呈奎，一面整饬课务充实教材，一面强化实验操作，紧盯世界前沿学科发展趋势，改变了以往"多以分类及形态为主"的做法。但是，实验生物非动、植物二系所能兼顾，必须因地制宜利用好水产资源。战前国立青岛/山东大学生物学系虽有海洋研究机构的规划，但范围较小。借鉴欧美各国在沿海城市设立海洋研究机构的经验，并借得美国加利福尼亚州拉霍拉（La Jolla）海洋研究所图纸，还得到美国伍兹霍尔研究所（WHOI）捐助的图书杂志，国立山东大学再次提出创办海洋学系并建海洋研究所的计划。几经努力，1947年2月教育部批准国立山东大学理学院设置海洋学系，附设海洋研究所。4月24日，童第周被聘为海洋研究所所长，曾呈奎为副所长。5月，水产研究所建立，朱树屏任所长。此时水产学系隶属农学院，由泰山路分校迁回鱼山路本部。两个并立的"呱呱坠地之新组织"如何合作？这是颇费心思的。据史料记载，海洋研究所甫一成立即有一个合作发展的设想：

> 所内组织，拟分理化生物二部。前者研究海洋方面有关理化之特性，后

---

① 《十月二十五日本校开学典礼校长致词补志》，载《国立山东大学校刊》第2期，1946年11月13日。

② 《动物学系植物学系及海洋研究所概况》，载《国立山东大学校刊》（复校纪念专号）第6—7页，1946年12月28日。

者研究海产之动植物,理论与实践并重,同时并拟设一大规模之养殖场,以供培养海藻及其他食用动物之用,并兼作研究及实验之场所,故将来可与农学院之水产系密切合作。①

可见,国立山东大学海洋学科的崛起是教授治校与治学的产物。在大学共治的变革背景下,本着求同存异的包容态度和辨证分析的基本立场,海洋科学链接了农学院的水产学系和理学院的海洋学系知谱上的不同两点,既承认其各自的合理性、适用空间及彼此间的兼容性,又弥合了理论分歧,推动大学学科建设的多样性与个性化。这个曾经以校长、系主任的姓氏命名登记过杨振声氏蟹、赵畸氏鱼、曾省氏蟹等获得"生物学科全国最好"之名的海洋生物机关,在复校后海洋研究所和水产研究所接连成立的新机遇前,成为"一国际间,中国方面之学术研究机关,曷胜厚幸"。②1948年10月,经青岛市参议会报国民政府行政院批准,青岛观象台由国立山东大学接管。

2.锐意发展医学高等教育与西医教育的本土化

战后接收的敌产日本青岛医学专门学校及其附属医院,是国立山东大学医学院诞生的基础。由于种种原因,迟至1945年11月青岛市政府才派员接收,并留用了安田忠次郎、佐藤令造两名日籍专业人员。③ 1946年3月23日,教育部代电将医专及其附属医院划归国立山东大学。是月,教育部命名附属医院为"国立山东大学附属医院",依克伦任院长。④

作为一所中国高等西医学院,首要任务是实现西医教育在中国的本土化。但是,该院面临的问题是中国医学专家"寥寥无几,凡属有名专家多各有事业,不肯从事教学",而战后世界"医学之进步日新月异",创建一个由知名医学教育专家构成的学院体系至关重要。为此,1946年4月24日,赵太侔礼聘留学美国约翰·霍普金斯大学的袁贻瑾博士为医学院院长,惜其居美未归,未能到任。8月,赵太侔改聘李士伟为医学院院长,聘王剑尘为附设护士学校校长,并陆续聘进了沈福彭、陈慎昭、潘作新、穆瑞五、冯雁忱、秦文杰、杨枫、李温仁等一批医学专业课正、副教授。1947年2月,医学院院长李士伟兼任附属医院院长,綦建镒、冯雁忱、杨枫、邵式銮、曲天民被聘为医院委员会委员。⑤

---

①② 《动物学系植物学系及海洋研究所概况》,载《国立山东大学校刊》(复校纪念专号)第7、7页,1946年12月28日。

③ 《关于留用日籍技术人员安田忠次郎等的公函》,存青岛市档案馆,档号:B0021-001-00050-0071。

④ 《关于派依克伦为山大医院院长的函》,存青岛市档案馆,档号:B0033-001-00285-0189。

⑤ 《青岛医学院院志(1946—1995)》(内部发行)第16页,1996。

根据医科大学修业规定,医学院年限为 6 年,实行学分制、必修制和选修制。山大医学院初始开设解剖学、神经学、生化学、生理学等学科,第二、三学年起开设组织学、药理学、细菌学、病理学及现代医学技术教育,英文和德文均属必修课。医学院要求,对于"法定的几样课程,要潜心研读,那是天经地义,根本不容疑问"①。由于医学的实践性特点,特别是接收的日本青岛医专的仪器和设备"足以应付目前需要",医学院规定"后期课程将就附属医院开设,并可就近使学生临床实习"。② 以 14 学分的解剖学为例:医学院因"辟一尸池,以储备解剖材料",学生每 4~6 人可以分得一具完整的尸体,但"女尸来源不易",故"用动物代替",人体及胚胎标本则从接收的日本医专的标本中提获。围绕新医学模式的转换,医学院致力于改变以知识为媒介的讲授方式,教授兼附属医院副院长綦建铿提出:

> 其实单凭课堂里的学习,还不算够,必需更进一步,随时留心观察。每逢一种现象发生,都要多多运用自己脑筋,从长思考一下。……因为我们日常遇见的现象和变化,很少几样是和书本上所载完全吻合的。……单靠死书本,尽管你背诵得透熟,是没有多大用处的。③

为推动现代医学高等教育目标的实现,医学院既注重学科自身的特殊性,还注重学科与学科之间、医学学科与人文社会学科之间的关联。綦建铿经常提及的话是:"医学这种科门,说起来是相当广泛的。……举凡宇宙间的一切自然变化,所有各种的科学知识,几乎都和医学发生关系。……学医的人们需要心细,些微的变化,也不要把它轻轻放过,索性这点小小的变化,就可以影响到整个局面。"④显然,对医科大学生而言,具备人文关怀精神不但是自身全面成长成才和职业良知生成的要求,更是医科大学生科技与人文情怀融合发展的需要。据史料记载,1948 年秋,医学院还对青岛中小学生"体格及营养"问题进行调查。⑤1947 年 10 月,医学院录取新生 42 名,11 月先修班结业考试,有 24 人升入医学院。⑥ 至 1949 年 6 月,国立山东大学医学院共招进三届学生,在院学生有 60 余人。无疑,他们的成长为青岛、山东乃至全国卫生行政、医学教育、公共卫生等方面增添了力量。只是,李士伟于 1949 年 1 月携眷经上海转道去了台湾,任职台湾省立台北妇产科医院院长并兼"国防医学院"教授。

---

①③④ 綦孟璞:《和本校医学院的同学谈几句话》,载《国立山东大学校刊》(复校纪念专号)第 14、14、14 页,1946 年 12 月 28 日。

②⑤ 《医学院概况》,载《国立山东大学概览》第 35、35 页,1948。

⑥ 《青岛医学院院志(1946—1995)》(内部发行),第 18 页,1996。

与医学院协同发展的护士学校,成为青岛现代医学教育体系的重要组成部分。这所创建于1946年10月以造就医务卫生护理人才的护士职业学校,落址在江苏路19号,招生对象为初中毕业生,学制3年。凡技术科目的教学,如护病技术、护病原理、溶液论、绷带急救、内外科护病、妇产科护病、小儿科护病、护病学、护士历史、伦理等,均由本校教师任教;国文、英文、史地、化学、解剖学、细菌学、社会学、内科、外科、妇产科、小儿科等,则由山大教师和附属医院医师分别担任。学生在病房实习,除了本校教师负责实习指导,并由各病房护士长及夜班长负责指导。[①]

通过医学院附设护士学校三年的课程计划发现,国际新医学理念有所体现,即由对人的自然属性的关注转向对全面的人的关注,护士培养教育着眼于生态思维,出现了从传统的一维性向多维性转向的迹象。同时,课程编制系统而周密,如第一学年的第一学期(表7-12)就分为前、后两期,前期10周,后期14周,每周教学时数为72个钟点,其中实习(含化学试验和病室实习)为13个钟点,较好地体现了教育思想、培养计划、课程规划的实践性转向。1948年6月22日,国立山东大学公布附设高级护士职业学校招生简章,年度招收新生20名。1949年1月14日,山大校务会议决定:护士学校定名为"国立山东大学医学院附设高级护士学校"[②]。

表7-12 山大医学院附设护士学校第一学年第一学期课程表

教授科目 课程时数		解剖生理	公民	国文	社会学概论	护士心理学	化学	家政	英文	个人卫生	护病历史	护病原理	护病技术	史地	体育	细菌学	溶液论	绷带急救	病室实习	总计
前期	上课钟点	40	20	20	20	20	30	10	20	10	20	20	40	20	20					310
	实习钟点						10													10
	每周钟点	4	2	2	2	2	4	1	2	1	2	2	4	2	2					32
后期	上课钟点	60	20	20					20			20	40			30	20	10		280
	实习钟点																		120	120
	每周钟点	6	2	2					2			2				3	2	1	12	40

资料来源:《医学院概况·附设高级护士职业学校概况》,载《国立山东大学概览》第37—38页,1948。

事实上,无论在数量上、质量上还是在分布范围上,国立山东大学医学院及其护士学校均比德、日时期青岛医学教育有了质的发展,不仅培养了卫生医疗人

---

① 《医学院概况·附设高级护士职业学校概况》,载《国立山东大学概览》第37—38页,1948。

② 《青岛医学院院志(1946—1995)》(内部发行),第21页,1996。

才,而且为青岛西医教育的本土化提供了实践基础。当然,由于创始初期不可避免的问题,青岛医学实践存在着历史洞察的贫乏、科学与人文的断裂、技术进步与人道主义疏离等局限性。

3.文学审美让位于传承与文艺创作的边缘化倾向

如果说杨振声时期的国立青岛大学以"新月派"现代文学创作为特点,国立山东大学前期文学创作与理论研究并举的话,那么赵太侔复校后的山大则是文学创作让位于理论研究,并出现文史交融的症候。之所以如此,与文学院以古典文学为主的课程设置、重学术轻创作的价值导向、师生间代际传承的选择性及新文学在大学的边缘化相关。

首先,文学院以"健全学生治学工具"和"训练学生熟练的治学方法"为教学目的。在中国文学系列举的三项目标中,"养成对于中国文化之了解"和"能做高深学术之研究"位列第一、二项,第三项才是"培养创作能力"。中文系特别提出:为"发表本系同人及高年级同学研究成果,拟刊印《文史丛刊》"。① 这一教学目的折射出文学教育是认识世界、改造世界的工具情结。

其次,文学院的课程设置中古典经史类课程比重最大。如群经概论、声韵学、文字学、中国文学史、世界通史、伦理学、诗选、文选、读书指导都是必修课,选修课则有论语、楚辞、国史选读、杜甫诗、李义山诗、清真词、语音学、中国文化史等。文学创作类课程若有若无,主要是三年级开设的"词选及习作"和"曲选及习作",各占3学分②,是第三学年54学分的11%。可见,受认识论、反映论影响的文学教育,审美取向已被理性取向所替代。

再次,文学院的师资大多是学者,少有作家。在1948年的教师名册上,中国文学系主任为中国思想史宗师杨向奎,教授有刘次箫、丁山、陆侃如、冯沅君、黄孝纾、萧涤非,副教授是王仲荦、殷焕先、刘念和,还有讲师卢振华、孙昌熙、赵殿造,讲员刘本炎、刘泮溪,助教赵西华、刘敦愿。③这些人大都习惯于抽象的理论研究,很少在文学写作上用心。只有冯沅君可能是个例外。

1947年秋,陆侃如、冯沅君夫妇应赵太侔的盛情邀请,离开了沈阳东北大学,到青岛山东大学文学院任教。这对比翼齐飞的文坛伉俪,同为法国巴黎大学的文学博士,二人的结合是不少文友所羡慕的"同志恋"。陆侃如早年考入清华大学即开始研究中国古典文学,大学一年级便出版了《屈原》,大学毕业时又出版《宋玉》一书,1927年出版《乐府古辞考》。冯沅君17岁考取北京女子高等师范学校,将乐府诗《孔雀东南飞》改编成古装话剧,并亲自登台演出;1923年开始文学创作,以笔名"淦女士"发表了《旅行》《隔绝》《隔绝以后》等篇什,有短篇小

①②③ 《中国文学系概况》,载《国立山东大学概览》第8、8—9、8页,1948。

说集《卷施》《劫灰》等,是继陈衡哲、冰心、庐隐之后又一引人注目的女作家。行家评价冯沅君的作品具有明显的浪漫主义色彩,但因"寝馈于旧文学甚深",无一例外地浸染了古典诗词的艺术情调,不免"常有掉书袋的味道","殊使人不满"。① 赴青岛任教国立山东大学之前,陆侃如、冯沅君夫妇已合作出版了《中国诗史》《中国文学史简编》《南戏拾趣》等著述,在学术界产生了不小的影响。

据史料记载,文学院从第三学年开始根据专业旨趣实施分组教授。在拟定的7个分组中(表7-13),前6个均是理论研究项,只有第七组为文艺创作项,

表7-13　1947年国立山东大学中文系第三学年专业分组及导师表

专　业	导师	职称	籍贯	学　　历	专　长
经史研究	丁　山	教　授	安徽和县	北京大学研究所国学门研究生	文字学、尚书学
	杨向奎	教　授	河北丰润	北京大学历史系,日本帝国大学研究生	中国思想史
	王仲荦	副教授	浙江余姚	上海正风文学院毕业	魏晋南北朝史
诸子研究	赵纪彬	教　授	河南内黄	直隶省立大名第七师范	中国哲学史、孔子研究
辞章目录学研究	黄孝纾	教　授	福建闽县	少治经学,后居上海嘉业堂十年读书	辞章目录学
	萧涤非	教　授	江西临川	清华大学文学研究院	唐诗研究、杜甫诗研究
	刘次箫	教　授	山东安丘	日本东京高等师范科	国立山东大学训导长
戏曲学研究	冯沅君	教　授	河南唐河	法国巴黎大学研究院文学博士	戏曲史、短篇小说家
文学史研究	陆侃如	教　授	江苏海门	法国巴黎大学研究院文学博士	先秦文学研究
	冯沅君	教　授	河南唐河	法国巴黎大学研究院文学博士	戏曲史、短篇小说家
文字音韵学研究	丁　山	教　授	安徽和县	北京大学研究所国学门研究生	文字学、尚书学
	刘念和	副教授	不详	不详	不详
	殷焕先	副教授	江苏六和	北京大学文科研究所	古汉语、训诂学
文艺创作	老　舍	教　授	北京	北京师范学校	作家、小说家
	冯沅君	教　授	河南唐河	法国巴黎大学研究院文学博士	戏曲史、短篇小说家
	孙昌熙	讲　师	山东安丘	昆明西南联合大学(北京大学学籍)	比较文学、鲁迅研究

资料来源:根据《各院系概况及课程》《中国文学系概况》等整理,载《国立山东大学概览》第7—8页,1948。

导师是老舍、冯沅君和孙昌熙。学界认为,冯沅君的文学创作实践只在1929年之前,苏雪林更认为冯沅君"是一个在故纸堆里讨生活的人物,与文学创作是无缘的了"②。此话虽尖刻,却也道出一个实情,即冯沅君更适合于做研究。陆侃如也说,冯沅君的主要精力是讲授唐宋以后的诗文词曲及历代古典小说、戏曲的

①② 苏雪林:《几位女作家的作品》,载《苏雪林文集》第3卷第253—254、253页,安徽文艺出版社,1996。

发展史。① 此时老舍受美国政府邀请赴美讲学,一直未能回校赴任。著名作家王统照曾来任教,但因支持学生运动被解聘。② 1934 年入读山大、1946 年复校任副教授的徐中玉,虽为青岛和济南的两家报纸编辑文学周刊栏目,但他不在中文系任职,且 1947 年下半年即离开山大去了上海。无疑,作家教员的远去,使青岛高校繁盛一时的文学创作高峰沉落了。事实上,抗日战争时期兴起的以"抗战"与"建国"为主题的文学教育,担当起经世之用的救国重任,也提高了学生的社会适应力。但是,以工具理性为核心的技术主义一旦成为主导势力,势必导致以审美教育、人文教育为职责的文学教育边缘化,而忽略文学教育所具有的民族文化精神的传承、审美意识的升华和专业技能的训练三大功能。从某种意义上说,国立山东大学复校后重学术轻创作的倾向,致使青岛文学创作在 20 世纪 40 年代以后难见高原景象。

三　大学教育完整性和丰富性的时代困局

事实上,后期国立山东大学针对民国大学本科教育定位不清、教育任务与功能模糊、本科教学严重趋同的问题,致力于发扬优良的学风和校风。赵太侔在开学典礼的讲话中表示要倾其智慧和力量办好学校。他说:

> 我们须知道一个学校的存在,一定有它的需要和特性,本校在种种方面来说,都应该成为一个完全大学。依照地区形势看,北至平津,南至京沪,西迄汴洛,在这广大的区域范围内,众多的学生绝对需要一个完备的大学,以供他们的研读,在这一个唯一的国立大学。③

山东大学复校之日,正值抗日战争胜利之时。复校后的山大更加注重"研究高深学术",各学院修业年限为 4 年,但工学院为 5 年、医学院为 6 年。有媒体称:山大"注重兴趣与天赋","时代演进端赖科学推进"。④ 根据 1946 年 11 月 30 日修订的《国立山东大学学则》,学业管理实行学分制,正式科目授课 1 小时为 1 学分,"实验及无须课外自习的科目"以 2~3 个小时为 1 学分。⑤ 各学院学生除了第一学年,每学期所修科目以不超过 21 学分为原则。考试分为临时试验、学

① 陆侃如:《忆沅君》,载《陆侃如冯沅君合集》第 8 卷第 415 页,安徽教育出版社,2011。
② 刘增人、王焕良:《青岛高等教育史》,现代卷,第 234 页,人民出版社,2008。
③ 《十月二十五日本校开学典礼校长致词补志》,载《国立山东大学校刊》第 2 期,1946 年 11 月 13 日。
④ 《注重兴趣与天赋　时代演进端赖科学推进》,载《军民日报》1946 宁 10 月 26 日。
⑤ 《国立山东大学概览》,存青岛市档案馆,档号:A003004-V12(1948)。

期试验、前期试验、毕业试验四种,成绩分为甲(80 分以上)、乙(70 分以上)、丙(60 分以上)、丁(60 分以下)四个等次。凡某科目成绩列丁等者为不及格,不给学分,如系必修课须重修。修业期满和试验及格者,依学位条例授予学位。①

与学分制并行的是山大学则规定的必修制和选修制。学校规定:三民主义、中文、英文、体育为各院系学生的共同必修课,文科学生还要必修生物课及其他一门自然科学。② 共同必修科目不仅为高深专门学术奠定了广博的知识基础,还具有文化陶冶与人格培养的价值。在共同必修课外,各系又按照不同的教学要求,规定了必修课与选修课目表。例如:数学系的选修课分为分析、代数、几何、应用数学四组,学生"得任选二组",同时在三、四年级增设"数学问题讨论"。③ 地质矿物学系则提出:学生"尤须数学、物理与化学都要有高一点的基础,方能理解工具的运用与纷纭现象的联系"④。一般而言,各系学生于每学年开学时参照选修课目表自行选定课程,中途亦可增选或退选,但须经系主任签字批准,以控制选课,使之不致过滥。⑤ 实际上,必修课与选修课相结合的课程教学安排,既保证了培养人才的方向和需要,又适当照顾了学生个体的志趣,使学生能够按照自己的爱好和特长自学其他与专业相关的知识,锻炼独立思考和解决实际问题的能力。

为了提高教学效果,国立山东大学各系都注重发挥教授在教学中的核心作用,把业务好的老资格教授推到教学第一线,不仅基础课、专业课的教学由教授担任,而且一些重要的选修课也大多由有经验的教授承担。在"并重学理与实验"的化学系,执教的教授有刘椽、阮鸿仪、张怀朴、杨葆昌,教授教学的基本原则是"学理不能精透,则实验徒为盲目炊煮"。⑥ 物理学系则专设"讨论会之组织",每两周举行一次,教务长杨肇燫、理学院院长丁燮林、物理学系主任王普和郭贻诚及教授王恒守、王书庄等亲自执讲。⑦ 教师力求通过讲授内容的创造性,使学生对创造性的理解具体化、形象化,从而鼓舞学生发挥创造性。

国立山东大学严谨的教学管理必然带来良好的生源条件。为了弥补大学单独招生带来的"市场失灵"、招生标准混乱、与中学教学脱节、入学资格模糊、文

---

① 《国立山东大学概览(1948 学年度)》,载张研、孙燕京主编《民国史料丛刊·文教·高等教育》第 1089 册第 10—11 页,大象出版社,2009。

② 山东大学百年史编委会:《山东大学百年史(1901—2001)》,第 124 页,山东大学出版社,2001。

③ 《数学系概况》,载《国立山东大学概览》第 12 页,1948。

④ 何作霖:《山东大学地质矿物学系概况及展望》,载《国立山东大学校刊》(复校纪念专号)第 8 页,1946 年 12 月 28 日。

⑤ 栾开政:《山东高等教育发展史(1840—2000)》,第 160 页,山东教育出版社,2003。

⑥ 《化学系概况》,载《国立山东大学概览》第 15 页,1948。

⑦ 《物理学系概况》,载《国立山东大学概览》第 15 页,1948。

理科失衡等问题,1947 年 5 月,国立山东大学为青岛各中学应届毕业生开放各院系,300 多名中学生分组参观。[1] 据悉,1947 年报考山大的考生为 4307 名,实际录取 451 名。根据 12 月 10 日统计,在校学生为 768 名(其中女生 99 名)。1947 年 7 月,国立山东大学召开第九次校务会议并报告山东省临时参议会,建议在济南设立国立山东大学分校。至 1949 年,国立山东大学在校生累计达到 1615 名。详见表 7-14。

表 7-14　1946—1949 年国立山东大学各系学生统计表

单位:人

科系 / 学年度	中国文学系	外国文学系	地质矿产学系	数学系	物理学系	化学系	水产学系	动物学系	植物学系	土木工程学系	机械工程学系	电机工程学系	农艺学系	园艺学系	医学院	先修班	总计	累计
1946	59	61	13	14	35	35	52	11	2	42	40	44	37	21	54	192	712	712
1947	39	36	9	4	13	17	31	2	6	17	30	19	18	14	42	—	297	1009
1948	25	13	11	16	14	13	17	7	2	10	23	16	11	5	22	—	205	1214
1949	9	35	5	1	25	41	20	10	5	13	42	23	20	4	47	101	401	1615
合计	132	145	38	35	87	106	120	30	15	82	135	102	86	44	165	293	1615	—

资料来源:山东大学校史编写组:《山东大学校史(1901—1966)》,第 65 页,山东大学出版社,1985。

与活跃的教学、科研活动相应的是丰富的校园文化生活。复校后,国立山东大学在教学生活、课余生活、情感生活等方面均体现出新特征,从而使大学的教育功能与教育效果发生明显改变。由于大学生的课外活动时间比课内学习多得多,丰富的课外活动不仅能对课内学习产生重要的帮助,而且"大学的优良风气,时常要从课外活动方面去设法培养"[2]。徐中玉负责的课外活动组,一开始就明确提出"决不应该是消极的'统制'或'限制',而尤应着重在积极的'指导'和'帮助。'"[3]据悉,仅 1948 年上半年,山大学生就组织了 4 月的"樱花晚会"、5 月的"五四晚会"和端午节的"诗人晚会"三次文化艺术性晚会活动。特别是 1949 年初全面收回校舍后,山大各种课外活动团体与日俱增,如学术研究会、话剧团、歌舞团、壁报社等"次第组织成立的已有四十余单位"。[4]

据史料记载,复校后的国立山东大学为适应政治化、系统化、制度化的训育

① 张静:《中国海洋大学大事记》,第 34 页,中国海洋大学出版社,2014。

②③ 徐中玉:《课外活动组的任务与希望》,载《国立山东大学校刊》(复校纪念专号)第 19 页,1946 年 12 月 28 日。

④ 《山大课外活动　犹如雨后春笋》,载《联青晚报》1948 年 4 月 10 日。

管理需要,学生的课外活动由训导处负责。除了依法成立自治会,为倡导自主、平等的社团生活,培养自治组织的管理能力,规范大学生的操守行为,学生社团组织均须在训导处登记。根据登记的社团属性可分为以下六类:

（一）同学会。以地域分,计有豫、皖、晋、冀、苏、浙、湘、粤、陕、平、津等省及鲁属掖、潍、诸、安、莱、平、烟等县市并曹属八县同学会;以出身学校分,计有瑞安、济中二同学会。

（二）系会及学会。计有中国文学系系会、数学会、物理学会、化学社、地质矿物学会、农学会、水产学会、工学会、医学会等。

（三）各种研究会。计有中国文学研究会、新文学研究会、外国文学研究会、历史研究会等。

（四）音乐团体与剧社。计有东山剧社、幻想音乐团、大众音乐团、一一一音乐团。

（五）团契。有基督教团契。

（六）刊物和壁报。计有文摘、正视、向阳报、晨曦、泥土、死水、新文学、女同学、菁野、工坛、人间、艺海、新向、水产、新生（英文壁报）等。[①]

应当说,民国高校的训育制度归属于道德教育的范畴,训育制度及其所包含的政策措施大多借鉴了先进的西方近代民主教育制度,一定程度上体现了学生管理思想的进步性,促进了中国高校学生管理体制的新陈代谢。国立山东大学训导处的实施原则明文规定:"本校训育人员应力避免表示政治的色彩,不为任何党派谋特别的利益。"[②]然而,由于训导制度的欠科学性、管理机制的被动性及经费支持的不力,制约了高校学生管理的发展。特别是处于南京国民政府后期的山东大学,受制于国民党的独裁统治,以及"中统"身份训导长刘次箫的打压,导致训导管理带有浓厚的"管制"色彩,成为一个交织着糟粕与精华、进步与落后的矛盾混合体。

值得注意的是,中共地下组织业已渗透到学生自治会,并与一些同学会、系会等团体保持联系。当时,不少社团办有读书会,推荐传阅《大众哲学》《西行漫记》《铁流》《钢铁是怎样炼成的》《青年近卫军》等进步作品,秘密办起了交流、传阅进步读物的小型图书馆,秘密收听解放区的电台广播。一些进步社团还办有丰富多彩的壁报,壁报内容紧密配合现实斗争。特别是"第三者"和"民主墙"壁报,经常张贴评论时局、抨击政府的文章,鼓励同学们起来与国民党反动当局

---

① 《训导概况》,载《国立山东大学概览》第 42 页,1948。
② 山东大学校史编写组:《山东大学校史（1901—1966）》,第 181 页,山东大学出版社,1986。

作斗争。这一类壁报和刊物虽不为训导处所承认，也屡遭破坏，但在学生中引起了深刻的反响，在促使同学们日益觉醒方面发挥了很大作用。[①] 1949 年 5 月，为纪念五四运动 30 周年，学生自治会发动 20 多个社团出刊了"五四联合壁报"，长长地排列在山大校园的林荫道旁，显示了大学生追求光明、敢于斗争、团结奋进的力量。

一些进步社团甚至成为传播革命思想、广泛团结青年学生的富有战斗性的组织。例如：联系群众最广泛、在校内外影响最深远的"方生剧社"和"大众音乐团"。方生剧社为克服演出条件简陋问题，剧社的舞台布景、道具和灯光设备全部由社员捐钱、捐物自己动手制作，成立伊始就为救济困难同学公演了话剧《岁寒图》，表达了"冬天到了，春天还会远吗？"的含义。[②] 大众音乐团包括青岛大、中学生共约 600 人，所唱歌曲大型的有冼星海的《黄河大合唱》《生产大合唱》和马思聪的《祖国大合唱》等，短小的有《抗日战争歌曲联唱》《到敌人后方去》《插秧谣》《团结就是力量》等。1949 年初为庆祝收回被美军侵占的山大校舍，大众音乐团在大学路小礼堂举办了轰动全市的大团圆晚会，连续演出六个晚上，场场座无虚席。[③]

事实上，南京国民政府后期国立山东大学学生在组织活动和参与活动的过程中，锻炼了能力，学习了知识，联络了感情，形成了公共知识分子的意识和对真理、德行完善的观念。但是，由于 1947 年 5 月起的经济危局，国民党大举进攻解放区，导致人心惶恐，学生退学、休学者大有人在，山大本科教育的完整性与丰富性遭遇到无法消解的时代困局，此时的学生自治团体反而成为鼓动学潮、罢课示威的有力组织。

第五节　反美反蒋风潮与解放区的教育

一　反甄审运动及轰动全国的费筱芝惨案

不能回避的问题是，青岛教育复员伊始便陷入纷争对立之中，而"甄审"运动是导火索。从客观的角度看，这场对沦陷区教师和学生进行甄审和训练的运动，是国民政府基于教育复员和整顿的需要，也是其对政权合法性和国家法统地

---

①③　山东大学校史编写组：《山东大学校史（1901—1966）》，第 163、163—164 页，山东大学出版社，1986。

②　李豹德：《忆"方生剧社"和水产系南迁》，载中共青岛市委党史资料征委会办公室编《青岛党史资料》（内部发行）第 4 辑第 576 页，1989。

位的宣示,但在实际执行中,则因旷日持久、处置失当而不得人心。特别是文德中学女教员费筱芝在反甄审运动中被青岛当局警队枪杀殉命一案,酿成了轰动全国的政治事件。

1945年9月26日,国民政府公布《收复区中等以上学校学生甄审办法》,决定对沦陷区的毕业生、肄业生和在校学生进行甄审和训练。甄审科目"考国文、英文、三民主义",还要"标点批注国父遗教与《中国之命运》,呈交主义研读报告与学术论文各两万字以上"。青岛的"甄审令"于11月2日公布在《青岛公报》的头版位置上,规定:凡沦陷区敌伪所设中等学校教职员、学生须一律甄审;未经甄审合格之学生与教师一律不承认其学籍、教龄,不能继续求学和报考大学,不能继续任教。11月15日,青岛市教育局局长孟云桥签发《关于中小学教职员办理甄审登记的通告》,规定自11月20日—12月19日进行甄审登记。① 后来由于"外埠青年学生甚多",特此展延登记时间至年底。至12月31日,全市计有小学教员登记者577人,参加甄审有1228人(内有非现任者100人),中学教员参加甄审者195人;中学生登记者计高中毕业生39人、简易师范毕业生31人、高二肄业生15人、高一肄业生15人、初中二年肄业生6人、初一肄业生21人,总计登记甄审教员和学生2933人。② 经审查"合格暂准代用者"为1734人。③ 与此同时,以李先良为首的市政府与以葛覃为首的市党部交恶,两派纷纷安插心腹,裁撤大量教职员,还停止住校生的粮食供给。

在美国学者看来,甄审政策的初衷是基于日伪沦陷区的师生都"受到了毒化",他们必须"接受再教育",以便"洗掉思想上的污点"。④ 这便在事实上给被甄审者贴上了"伪教员""伪学生"的耻辱记号。甄审结果与生存机会的结合,又给潜在受害者造成直接的心理打击与恐慌,处于不利地位的人们的反应在所难免。其实,反对甄审、拒绝登记的对立之声在甄审实行之初就有。据史料记载,1945年12月2日,马绪登、李天铮、董建钧、张华庭、刘恒谦、孙佩云、张瑞才等市立中学、师范学校毕业和在校学生在费县路董建钧家中聚会,决定联合全市师生反对甄审。⑤ 12月6日,青岛各校代表数十人在西藏路5号集会,选出7名学生和教员代表到教育局请愿。次日,请愿的师生代表谒见孟云桥,但遭遇冷眼。

---

① 《青岛市教育局通告》,载《民言报》1945年11月17日。

② 《教员学生甄审登记者近三千》,载《青岛公报》1946年1月6日。

③ 青岛市教委史志办:《青岛教育大事记(1891—1987)》(内部发行),第37页,1994。

④ [美]费正清、[美]费维恺:《剑桥中华民国史(1912—1949年)》,刘敬坤等译,下卷,第737页,中国社会科学出版社,1994。

⑤ 马绪登:《在青岛反甄审运动中的市立中学》,载《青岛一中校友回忆录·续编》(内部发行)第30页,2004。

青岛被甄审师生的不满情绪很快形成了巨大的反对声浪。12月9日青岛高初中毕业生联谊会在江苏路小学成立，会后分头在市立女中、师范、崇德、礼贤、文德、圣功等学校串联，要求当局合理甄审，并多次派代表到教育局交涉。孟云桥为防止青岛师生成立社会组织在社会局注册，便于12月11日向社会局送达密函，提出"所有请求成立各种社会组织"在甄审登记期间"未经本局许可幸勿准予立案"。① 然而，孟云桥错误地估计了形势，甄审与反甄审已经碰撞出抗争的火花。12月12日，300多名高初中毕业生和青年教师在黄台路小学集会，讨论决定继续到教育局请愿，坚决要求取消不合理甄审，并酝酿在高、初中毕业生联谊会的基础上成立一个更广泛的教员学生组织，统一领导全市反甄审运动。据马绪登回忆，经过近半个月的斗争锻炼，业已涌现出一批积极分子。例如：师范学校马绪登、沙公普、李君起，市立中学李天铮、王传鼎、徐炳光、董建钧，崇德中学赵德骥、栾全训，礼贤中学武振平、苟渊博，市立女中徐棠、王惠芬，文德女中孙月岫、费筱芝、郑荃，圣功女中王培贞、李青樱等。其中，费筱芝（1925—1945），四川成都人，童年跟随任教大夏大学的父亲费宗之生活在上海，1939年来到青岛在其母焦墨筠任校长的文德女中插班读二年级；1944年考入上海圣约翰大学，旋即退学返回青岛，任职文德女中英语教员。②

这场起于反对者的自发行动，不仅唤起了利益相关群体的共鸣，而且引起中共青岛地下组织的注意。据特支成员王文仁称，最初的集会"特支派我以崇德中学毕业生的身份参加了会议"，会上"为了表明地下党的主张，把斗争引导到正确的轨道，我也发表了意见"。③ 另据有关知情者的笔谈记载，特支书记张辽为此专程去解放区向中共青岛市委做了汇报。市委指示：联合一切反甄审的力量，大造舆论和声势，争取学生家长和各阶层的同情和支持。通过斗争团结进步力量，争取中间力量，教育青年破除对国民党的幻想。④ 12月16日，青岛部分高初中毕业生、小学教师500多人在黄台路小学礼堂召开反甄审大会，决定正式成立"青岛教员学生联谊会"，以马绪登、沙公普、李天铮、邢雨辰、郑荃等14人为发起人，联谊会办公地点设在济阳路文德女中小礼堂。中共青岛特支成员王文成、王文仁及一些地下党员、地下关系均以毕业生和在校学生的身份参加了会议。会议决定：即日夜晚10点全市统一行动，上街张贴标语口号，以呼吁全社会的同情和支持，标语口号为"反对不合理甄审！""甄审应先甄审政府官吏！""反对无

① 《教育局函社会局》，载《岛城春秋》第377页，中共党史出版社，1992。
② 费筱墨：《忆姐姐——费筱芝》，载《青岛反甄审运动暨费筱芝烈士牺牲四十周年纪念册》（内部资料）第9页，存青岛市档案馆，档号：C010657（1985）。
③ 王文仁：《回忆青岛反甄审学生运动》，载《岛城春秋》第341页，中共党史出版社，1992。
④ 肖相鸾：《青岛国统区的学生运动》，载《岛城春秋》第408页，中共党史出版社，1992。

理裁减教员和职员!""要求保障教师最低生活!"等。会后,特支要求所属党员和地下关系积极参加全市的统一行动。此时,国民党青岛市当局早得密报,并调动军警密布全市,准备对手无寸铁的青年师生下手了。马绪登在回忆文章中这样写道:

> 那晚,天气特别冷,滴水成冰,天色特别黑,路灯惨淡。当同学们走上街头时,军警便衣特务手持长短枪,殴打、追捕同学,先后有二十余人被捕。等到我们这些代表,最后十点出发时,已经听到各处响起的枪声。但是,为了真理和正义,大家还是毫不畏惧,勇敢地奔向各自分贴标语的地区,坚决地去完成任务。①

在走上街头、张贴标语的人群中,有青岛文德女子中学20岁的女教员费筱芝,她与另外两名教员郑荃、丁日昕分在一个小组。三个人按分工的路线地段在市政府、法院张贴标语时,被军警发现,退走湖南路,又遭军警追赶,费筱芝"忽然闪身拐弯向江苏路口跑去",不料遭遇青岛保安队巡逻兵枪击。据郑荃回忆,"霎时间听到一声枪响,接着又是一声枪响,只听费筱芝大叫一声,声音异常恐怖凄惨"②。就这样,费筱芝被枪弹击中了腿部和腹部,倒在血泊里,由于流血过多不幸身亡。郑荃与丁日昕侥幸逃脱。

女教员费筱芝不幸殉命既是青岛反甄审运动进入高潮的爆发点,也是国共政治博弈的新契机。据王文仁回忆,费筱芝惨遭杀害的消息一传开,中共青岛特支成员王文成、王文仁星夜在无棣三路43号特支机关,联系侯文玖、朱崇勋、吴宝麟、徐宣功等研究对策,决定"抓住这一时机,进一步发动广大师生进行罢课斗争,揭露国民党政府迫害青年教师、草菅人命的罪行"③。12月17日,青岛市教员学生联谊会在崇德中学校召开紧急会议,成立费筱芝善后委员会,决定对费筱芝被杀事件向社会揭露。善后委员会印发了《告青岛市民书》《告全国同学书》《告各机关书》,提出查办枪杀费筱芝的主使犯、缉拿真凶、保障青年生命及合法的言论自由、保障教职员职位及最低限度生活、为费筱芝召开追悼会等八项要求,之后又进一步形成了《十项请求细目书》。④ 同日,青岛崇德、文德中学及黄台路、北平路、江苏路、台西镇等小学率先罢课。随后,市立中学、市立女中、礼贤

---

① 马绪登:《在青岛反甄审运动中的市立中学》,载《青岛一中校友回忆录·续编》(内部发行)第32—33页,2004。

② 郑荃:《费筱芝被杀经过》,载《山东青运史资料》(内部发行)第9辑第76页,1987。

③ 王文仁:《回忆青岛反甄审学生运动》,载《岛城春秋》第344页,中共党史出版社,1992。

④ 中共青岛市委党史研究室:《中共青岛地方史大事记(1921—1949)》(修订版),第234页,中共党史出版社,2006。

等学校相继响应，有7000名在校生参与进来。北平、天津、重庆、上海的各大报纸作为重大新闻作了报道，全国各大城市的学生组织纷纷响应和支持。山东解放区《大众日报》的标题赫然是《国民党统治下之青岛市掀起学潮》，两条副标题其一是《师生七千人罢课罢教示威游行》，其二则明确指向国民党青岛市政府《李逆先良残酷镇压屠杀女教员》。

费筱芝遭枪击殉命之事很快惊动了南京国民政府高层官员。12月18日，青岛市市长李先良、副市长葛覃、教育局长孟云桥分别致电国民党陆军总司令何应钦、北平行营主任李宗仁、教育部长朱家骅，保证"立派教育局职员分往各校安抚，以期早复原状"①。12月19日，李先良、葛覃等率警察局长、教育局长、保安总队长等"亲临青岛病院检查死者尸体，勘明系用自来得枪所击，腿腹部连中两枪，伤重毙命"；后到江苏路湖南路口，召到目击者"详询真象，勘得死者系被击倒于江苏路湖南路口以北约二十余步街心，尚有血迹两块可证"。② 费筱芝的遗体被移至胶东路东本愿寺入殓，由军警站岗警卫，文德等各校学生轮流守灵，各界市民前往垂吊者络绎不绝。

12月20日，青岛《军民日报》刊登了一篇文章——《第三者的一封信》，是费筱芝被杀时在场的一位驻青美军士兵的来信。信上指出，根据当时现场验枪，证明开枪者为青岛保安队士兵。经过多次对费筱芝的尸检、听取证人的证词及提取现场的物证后，青岛保安队员王玉明被指认为凶手。12月29日，朱家骅致电李先良和孟云桥，将费筱芝殉命事件定性为"青市教员学生反对甄审办法请愿，并发生枪杀教员全市罢课情事"，要求"妥为处理，期即平息"。③ 1946年1月2日，身居济南的第十一战区副司令长官兼山东挺进军总司令李延年，接到青岛教员学生联谊会发来的要求转送蒋介石的电报：

济副长官李转主席蒋：

　　青岛教员学生为求甄审合理，保障生活，要求当局未允。铣晚张贴标语，呼吁同情，女教员费筱芝为地方队警枪杀，学生十人被警逮捕。全体师生咸感死者冤枉，生者自危，彷徨痛愤，无所依归，矢乞主席公裁，不胜待命。

青岛市全体师生叩④

---

① 《市政府、教育局分电何应钦、李宗仁、朱家骅》，载《岛城春秋》第378页，中共党史出版社，1992。

② 《费筱芝被狙击毙命　当局严令缉凶》，载《民言报》1945年12月20日。

③ 《教育部电李先良、孟云桥》，载《风起云涌撼岛城》第172页，山东大学出版社，1989。

④ 《第十一战区副司令长官李延年给李先良的电稿》，载中共青岛市委党史资料征委会办公室编《青岛党史资料》（内部发行）第4辑第249页，1989。

李延年迅速给李先良发电报,并训斥道:"此事发生前,职曾言明不须派队弹压,而地方队警竟自出动,致生不幸事端等情。"末了要求"即彻查办理为盼"。[①]青岛当局迫于国民党上层的压力,一面在报上公开宣布学运非法,称费筱芝被杀是"反动分子从中鼓动,企图扩大变乱";一面故意拖延对凶手的审讯,同时派出参政员张乐古伪装进步欺骗敷衍,对学生施用威吓、监视、挑拨、诱惑等手段。1月3日,李先良、孟云桥联名致电朱家骅,表示事件已"完全平息,各校照常上课,幸未酿成学潮"[②]。5日,李先良、葛覃、孟云桥就费筱芝殉命事件经驻渝办事处呈国民党中央党部、中央宣传部、教育部电。6日,国民政府行政院院长宋子文由津抵青;7日,马绪登等三人到青岛迎宾馆向宋子文递交请愿书,宋让秘书长江季年代其接见。为表达对罹难女教员费筱芝的哀悼之情,1月12日青岛教员学生联谊会为费筱芝举行追悼会,会场有一副挽联格外引人注目:

　　胜利之后,竟遭枪杀,是敌伪? 是污吏? 是为了哪一件?
　　正义面前,胆敢放肆,谁无法? 谁无天? 是谁打死了你?[③]

鉴于国民党青岛当局对已承诺的《十项请求细目书》迟迟不予兑现,为抗议当局言而无信,1月14日青岛师生八九千人齐集第三公园,要求市长李先良前来答复问题。李先良不敢到场。马绪登、刑雨辰被骗至市政府,遭暗中扣押。中共青岛特支成员王文成、王文仁以毕业生的身份参加了游行,当发现国民党当局企图阻止游行请愿时,便当机立断,发动众人到市政府游行请愿。游行队伍高举横幅标语,高呼口号,经中山路等主要街道,浩浩荡荡,奔向市政府。途中,交通公司、电业局、四方机厂、颐中烟草公司等单位的工人纷纷加入游行队伍,参加群众多达一万余人。迫于广大群众的强大声势,李先良被迫见面,孟云桥也表示答应师生提出的条件,次日做正式答复。[④] 费筱芝遭枪杀后,她的遗体既是反甄审师生控诉政府罪行的武器,又是青岛当局的心病。当局诱迫焦墨筠同意埋葬女儿的遗体,教员学生联谊会不得不尊重家属的意见。1月19日,牧师王德润以焦氏的名义主持出殡,将费筱芝遗体葬于万国公墓。

为声援青岛反甄审运动和费筱芝惨案,平、津、宁、沪等地纷纷来函来电表示

---

① 《第十一战区副司令长官李延年给李先良的电稿》,载中共青岛市委党史资料征委会办公室编《青岛党史资料》(内部发行)第4辑第249页,1989。
② 《李先良、孟云桥就费案一事复电教育部》,载中共青岛市委党史资料征委会办公室编《青岛党史资料》(内部发行)第4辑第250—251页,1989。
③ 谢瑞华:《20世纪40年代青岛学生运动》,第25页,青岛出版社,2009。
④ 中共青岛市委党史研究室:《中共青岛地方史大事记(1921—1949)》(修订版),第237页,中共党史出版社,2006。

声援，全国各地的慰问信件纷至沓来。1月20日、21日，即墨金口镇、灵西区师生连续举行示威游行。临沂解放区举行千余人集会，致电蒋介石，提出惩凶恤死、保障自由、取缔甄审等要求。①晋察冀边区青联、学联等各界团体通电声援青岛师生的反甄审运动。重庆《新华日报》、山东《大众日报》、胶东《大众报》等都刊载了声援青岛的文章。中共胶东区党委机关报《大众报》在头版发表《为生者呼吁民主，为死者昭雪怨仇》，副标题为《费筱芝惨案久悬不决，青市万人大示威》的文章。《大众日报》的文章明确提出"惩办凶手李先良，为死者复仇"②。

1946年2月8日，国民党党政工作考核委员会秘书长、青岛市前市长沈鸿烈抵青视察。11日和13日，青岛教员学生联谊会派代表两次谒见沈鸿烈，报告近来青岛学潮状况，请为处理善后。据有关媒体称，沈鸿烈"答称当善为处理请求事项"。实际上，费筱芝的遗体下葬后，教员学生联谊会便失去了停灵抗争的利器，又值寒假，故双方互有妥协。孟云桥被迫承认青岛市教员学生联谊会为合法组织，并以青岛市国民学校教员训练委员会主任的名义发布《青岛市国民学校教员训练班通告》。鉴于全市教员登记甄审业已完竣，所有"应受训人员并经教育局及国民学校教员登记甄审训练委员会会衔以教二字第一〇〇号通告在《民言报》及《青岛公报》公布在案"，孟云桥决定"以通学为原则"实施甄审后训练。③此外，反甄审运动力量不断遭遇三青团青岛地方组织的离间和瓦解，一些反甄审骨干成员或出于恐惧，或担心个人前程，并"拉了不少怕事或不坚定的人下水，破坏反甄审运动"④。有媒体还针对1月14日游行学生在市政府门前下跪进行讥讽："聚众哭跪于市府门首，失青年之身份，辱国家之体面，贻笑于盟邦人士。"⑤同时，中共地下组织对反甄审运动作出调整，将运动中暴露的积极分子护送到解放区，未暴露的地下工作人员也重新进行了工作安排。于是，沸腾的费筱芝事件渐进尾声。

告慰死难费筱芝的行动是，青岛教员学生联谊会于1946年4月1日发起为费筱芝修墓的募捐，共集资60.1万元。碑文为：你永远活在青年人的心里。青岛教员学生联谊会提议，每年12月16日为"青岛教员学生反甄审、费筱芝牺牲纪念日"。迫于学生和市民的游行、罢教的形势及国民党高层施加的要求安定民

---

① 中共青岛市委党史资料征委会办公室：《中共青岛党史大事记(1921—1949)》，第146—147页，中共党史资料出版社，1990。

② 《声援青市师生与群众　争取民主的斗争》，载《大众日报》1946年2月10日。

③ 《青岛市国民学校教员训练班通告》，载中共青岛市委党史资料征委会办公室编《青岛党史资料》(内部发行)第4辑第266页，1989。

④ 侯文玫：《青岛师生反甄审运动纪实》，载《风起云涌撼岛城》第91页，山东大学出版社，1989。

⑤ 《学潮平议》，载《青岛公报》1946年1月16日。

心的压力,李先良被迫将凶手捉拿归案。然而,此前的1月24日,费筱芝之母焦墨筠被以"文化汉奸"的罪名逮捕,后被青岛地方法院判处有期徒刑2年6个月,"褫夺公权"3年,并没收财产。7月31日,青岛地方法院经侦查终结,青岛保安队员王玉明被判处有期徒刑10年,1947年3月减为5年。①

客观地说,青岛的反甄审运动是一场由自发斗争发展到有组织、有领导的爱国青年师生争取和平、民主的革命运动,致使国民政府的教育甄审不仅没有取得应有的效果,反而使其在知识分子中的向心力大打折扣,被甄审者越来越倾向于共产党。费筱芝惨案深刻地启发了全市各界民众的觉悟,在青岛学运史上"写下了光辉的篇章"②。中共华东局对青岛反甄审运动及其费筱芝惨案发表过两次重要的意见。一次是1946年2月15日,中共中央华东局在《关于青岛学生运动的指示》中坦言"我们的力量尚弱,斗争的锻炼还不够",同时强调既要"大胆争取运动公开合法地开展,以推动青年民主的实现",又要"更加严密组织,注意秘密工作",要求胶东区党委和青岛市委及时研究这一"城市工作中新的经验,对于开展其他城市工作有很大的教育意义"③。另一次是1946年4月1日,华东局城市工作部副部长王见新在总结经验教训时写道:

> 青市学运的开始是以请求谈判的方式,要求"合理甄审"。其后因当局枪杀了费筱芝,即转为以呼吁请愿、游行的方式,要求"惩办凶手""保障人权"了。最后在大请愿的跪哭当中,使斗争逐渐向非法方向发展。群众感到"无结果","闹到何时为止",同时再加上统治者对学生领袖的分化、收买、软化,而形成暂时消沉、疲倦。在这中间,是有些经验值得细细研究参考的。④

二　美使司徒雷登碰壁与师生反内战反饥饿学潮

可以说,南京政府后期的青岛始终处在此起彼伏的学生运动中,学潮指向国民党政府的独裁及美国军队的在华暴行,反美反蒋成为学潮的总基调。国民党学生运动政策的失败在于社会各界对学生运动的广泛支援与共产党对学生运动

① 《枪杀费筱芝凶手王玉明逢赦减刑　原为十年减为五年》,载《军民日报》1947年3月22日。
② 王文仁(王家骁):《青岛学运史上的光辉篇章——回忆反甄审运动》,载中共青岛市委党史资料征委会办公室编《青岛党史资料》(内部发行)第4辑第437页,1989。
③ 《中共华东局关于青岛学生运动的指示》,载《岛城春秋》第94页,中共党史出版社,1992。
④ 王见欣:《华东局宣传部心对青岛学生运动的几点检查》,载《山东青年运动档案史料选编》(内部发行)第2辑第222页,1984。

的有效组织及引导。中共地下组织对青岛"蒋管区"爱国学生运动的领导，集中表现在"第二条战线"的形成，有力地配合人民解放军军事战场的斗争。

1.三次反美怒潮与全面收复山大校园

青岛学校的反美抗暴斗争始于1946年底至1947年初抗议美国士兵强奸北大女生的"沈崇事件"。这起发生在1946年12月24日平安之夜的恶性事件，立刻引起了人们的愤怒。12月28日，北京大学的"民主墙"上贴满了誓雪耻辱的壁报，旋即成立了"北京大学学生抗议美军暴行筹备会"，并形成严惩暴徒及其主管长官、驻华美军公开道歉、美军立即退出中国等决议。事实上，战后美军借受降之际经常在华肇事，"沈崇事件"并非一个孤立的事件，只不过是大量案件中较为典型的一个。

为声援北平同学的正义斗争，1947年1月5日，国立山东大学进步学生在中共地下组织的发动下召开了抗议美军暴行大会。① 中文系学生石勃瑜（萧平）等先后在会上发表演说，指出："美军强奸北大女生事件，关系于我国国家地位与全国人民的人格，凡有良心、有正义的同胞莫不愤慨痛心！"大会发出《告市民书》。② 中共胶东区委主办的《大众报》刊发消息称："久埋在青岛学生心底的爱国热情，突破蒋党高压，发出：'要求美军撤出中国'悲愤的吼声。"③据悉，石勃瑜等进步学生曾策划游行示威，但训导长刘次箫出面干涉，把要求美军退出中国的行动说成有碍"国策"，有伤"邦交"。时值国立山东大学复校不久，学生彼此不熟悉，一些学生对时局的认识还很模糊，加之学生组织尚未建立，中共地下组织难以通过学生骨干掌控全局，因而游行示威的决议在各方面的阻挠下未能执行。但这毕竟是国立山东大学复校后的第一次反美行动，可见青岛大学生已经开始觉醒，走上反美斗争的第一线。

1947年3月，国立山东大学成立了由中共地下党员参加的第一届学生自治会，至此学生运动纳入了青岛地下党领导的轨道。④ 如果说青岛大学生对北平"沈崇事件"是出于义愤进行远距离声援的话，那么1947年3月发生在青岛的美军士兵凶杀人力车夫事件，则成为青岛大学生近距离反抗美军暴行的实践。

1947年3月30日晚，人力车夫苏明成在青岛第一大旅社门前候客。数名美兵乘人力车由东而过，在旅社门前下车，车夫向美兵索要车资，美兵不给，双方争

① 中共青岛市委党史研究室：《中共青岛地方史大事记（1921—1949）》，第251页，中共党史出版社，2006。

② 《抗议北平美军暴行告市民书》，存青岛市档案馆，档号：B0027-004-00417-0068。

③ 《青岛爱国学生突破蒋党高压 奋起要求美军滚蛋 散发告书控诉美军在青暴行》，载《大众报》1947年1月12日。

④ 山东大学校史编写组：《山东大学校史（1901—1966）》，第177页，山东大学出版社，1986。

执中,美兵白德洛(Birobedro A)掏出刀子朝在旁观看的苏明成猛刺过去,苏流血不止,当场丧命。事件发生后,有关方面依照中国刑法及处理美军在华刑事案件的有关条例,致函美国宪兵司令部要求"依法惩治凶手",对死者家属"从优抚恤",并"保证嗣后不再发生同样事件"。① 中共地下组织立即通过山大党员、地下关系,联系进步学生,联名建议学生自治会组织抗议活动。4月15日,国立山东大学学生自治会为抗议美军士兵凶杀人力车夫苏明成,并联系青岛港六号码头工人刘修文在港内遭美军枪击中弹身亡发表宣言,向国民政府、社会各界和全国同学呼吁。②

国立山东大学学生的抗美风潮立即引起了国民政府外交部、教育部的关注。4月17日,外交部电示青岛市长李先良,对山大"学生因该案发起反美运动",务必"迅速设法制止"。③ 为此,李先良于4月19日致函山大校长赵太侔:"顷据报山东大学学生因该案发起反美运动,希迅速设法制止,一并见复。"④4月23日,赵太侔在复函中写道:"本校学生为此事仅以书面分向中央及青市府并警备部请求转向美方交涉惩凶、赔偿,并未作出反美运动。惟近日青市美军汽车压毙华人事一再发生,颇于青年以刺激,此后自当继续注意,希查照转复为荷。"⑤4月30日,美国海军第七舰队司令柯克致函青岛市政府,声称:美兵刺死苏明成事件苏或有"激怒"美兵之处,公然为凶手开脱,并表示对肇事美兵"最大予以监禁10年之处分"。⑥

此时,美国驻华大使司徒雷登(John Leighton Stuart)正在青岛逗留,山大训导长刘次箫邀请其莅临学校,灌输亲美教育,以训导"不安于室"的学生。5月1日,司徒雷登以学者身份来到国立山东大学。身为一个在中国出生的美国人和燕京大学的首任校长,曾长期而全面地卷入到中国的政治、文化、教育各个领域,司徒雷登自有得意之处。他"劝学生不要悲观,不要失望,这是过渡时期难免之现象",要求学生"应有政治思想,做良好公民",并希望"政府、人民、学生一齐努力,实现中美关系日益敦睦"。⑦ 司徒雷登话音刚落,中共地下组织通过学生自

---

① 《就苏明成被害一案青岛市政府致美驻西太平洋舰队司令柯克的公函》,载中共青岛市委党史征委会办公室编《青岛党史资料》(内部发行)第4辑第274页,1989。
② 《关于对美军枪杀洋车夫苏明成难民刘修文事件向当局提出严重抗议的函》,存青岛市档案馆,档号:B0038-001-01549-0026。
③ 《外交部电青岛市政府》,载《岛城春秋》第391页,中共党史出版社,1992。
④ 《李先良致函山东大学校长赵太侔》,载《岛城春秋》第392页,中共党史出版社,1992。
⑤ 《赵太侔复函》,载《岛城春秋》第392页,中共党史出版社,1992。
⑥ 青岛市档案馆、青岛市史志编纂委员会办公室:《青岛大事记史料(1891—1987)》上(内部发行),第185页,1989。
⑦ 《司徒大使在山大讲演 劝学生不要悲观不要失望 都应有政治思想》,载《军民日报》1947年5月2日。

治会代表当面宣读并递交了《致大使书》:

> 一、贵国军队原为受降遣俘留驻中国各地,现今任务既已完毕,此项驻军们仍无撤退期限,敝校原有校舍,亦为贵国军队占驻,迄未归还。现校舍不符敷用,问题极为严重,深望阁下转达贵政府,让出敝校校舍,庶免摧残我国教育之嫌。
>
> 二、贵国军队留驻中国,时以暴行加之我人民,以青岛一地而言,贵国军队时常侮辱居民,而卡车之撞死轧伤者,尤属屡见不鲜。日前洋车夫苏明成又以索取车资之故,为贵国水手白罗德残杀,消息传来,各界莫不愤慨。深望大使转告贵国当局,严格约束所属不法行为,从速严惩凶手,抚恤死者家属,赔偿一切损失,并保证今后不发生同样事件。[1]

应当说,《致大使书》措辞委婉但锋芒尖锐,司徒雷登在现场是如何答复的没有翔实的纪事性资料。中共解放区的《大众日报》在 20 多天后刊发消息称:司徒雷登"读信以后,无辞可答,怏怏而去"[2]。这是山东大学载入史册的复校后第二次反美高潮。作为美国驻华大使,司徒雷登贯彻的是美国干涉主义外交政策,他本人无论在中美关系史上还是在更广泛的中国对外关系史上,都只是一个"政治上的小人物"。

1948 年,围绕收回校舍问题国立山东大学掀起了第三次反美高潮。5 月间,正当山大进步学生响应上海学委的号召,积极投入声讨美国扶植日本复活军国主义的正义斗争时,驻青美军为了长期在青岛驻扎,竟提出租借山大校舍 99 年的无理要求。一份来自 1948 年 6 月青岛市警察局的书面报告称:"美军借用山大校舍已满期,因与美方交涉受辱群情不满。"[3]事实是,6 月 28 日国立山东大学学生自治会决定罢课三天,抗议美军企图长期霸占校舍、辱骂学校派去交涉校舍的人员。[4] 中共地下组织立即因势利导,通过自治会组织学生在校园内举行游行示威。同学们对着铁丝网后的美军兵营怒吼着,反对美军无理霸占山大校舍、反对学校当局与美军签订合同的愤怒呼声经久不息,震撼着山大校园,饱蘸同学们愤怒激情的传单散遍了美军兵营。[5] 慑于学生的强大声势,加以赵太侔及其校方代表在交涉中的坚定态度,美军不得不有所收敛,将占用山大校舍的归还期

---

① 《青岛山大学生为争国格护民命　致书美大使提出抗议》,载《大众日报》1947 年 5 月 21 日。

② 《司徒雷登赞扬反对派　山大学生面递抗议书　要求青岛美军撤出侵驻校舍》,载《大众日报》1947 年 5 月 25 日。

③ 《警察局报告》,载《岛城春秋》第 399 页,中共党史出版社,1992。

④ 张静:《中国海洋大学大事记》,第 37 页,中国海洋大学出版社,2014。

⑤ 山东大学校史编写组:《山东大学校史(1901—1966)》,第 178 页,山东大学出版社,1986。

限改为 1950 年①,后于 1949 年 2 月归还。

2.反内战、反饥饿交相呼应与抨击独裁统治、经济失策

1947 年,国民党军队对山东解放区发动重点进攻,内战局势进一步紧张。战争既破坏了青岛教育复员所必需的和平环境,还进一步促成了城市经济的全面恶化。对问题的质问是严肃而有力的:为什么美军还滞留中国?是否真的没有站在国民党一边参与中国内战?这一问题进一步发展成 1947 年五六月间的反内战、反饥饿学潮,不可遏制的学潮又与 1948 年 4 月—6 月抗议美国扶日运动汇合了。② 配合全国学界掀起的反内战、反饥饿运动,青岛教育界的学潮规模之浩大、旗帜之鲜明、影响之深广都是空前的。

有意思的是,运动的触点是"饥饿"。从 1945 年 8 月日本投降至 1949 年 6 月青岛解放,"蒋管区"的粮食供应始终处于时常短缺的不稳定状态。从战局上看,中共控制了山东广大农村的"面",国民党只控制了几个城市和交通线的"点"和"线"。《青岛民报》记者为探测粮食出产情形,从连日奔访的磨坊业及粮源情况得知,青岛地区外围已被中共控制,只能从外埠断续运来粮食。李先良坦言:"以本市而言,如使人民不受粮价压迫,非得附近有数县幅员完整不可,因目下收复各县尚属点线。"由于内战,造成政治、经济上的极大困难,"蒋管区"经济崩溃、通货膨胀,教育事业很快陷入无法维持的困境。

青岛学界反内战、反饥饿学潮起于 1947 年 4 月山大教师罢教。4 月 24 日,国立山东大学教员鉴于生活困难,举行全体教员会议,决定向行政院及教育部致电,要求增加工资,并提出如无圆满结果,自 5 月 5 日起全体罢教,随后发布《告全市公教人员书》。③ 其实,知识阶层对政治的参与往往以诤友的姿态出现,然而国民党推行独裁政治,一向被知识分子视为公共空间的舆论界生态日趋恶化,基于民主情结的诉求迅速高涨。4 月 27 日,青岛市各小学校教员召开紧急会议,声援山东大学教职员的合理要求,并通电教育部:"倘不获准,即与山东大学教员采取同一行动。"④5 月 5 日,国立山东大学全校教职员如期罢教。山大学生会致函教员会,表示全力支持,即日起罢课,同时紧急呼吁全国同学和全市公职

---

① 中共青岛市委党史资料征委会办公室:《中共青岛党史大事记(1921—1949)》,第 167 页,中共党史资料出版社,1990。

② [美]费正清、[美]费维恺:《剑桥中华民国史(1912—1949 年)》,刘敬坤等译,下卷,第 742—743 页,中国社会科学出版社,1994。

③ 《国立山东大学教授要求调整待遇告全市公教人员书》,存青岛市档案馆,档号:B0027-004-00210-0184。

④ 青岛市档案馆、青岛市史志编纂委员会办公室:《青岛大事记史料(1891—1987)》上(内部发行),第 185 页,1989。

教员:"为了支持教员们对安定生活的合理要求,为了大多数公教人员直至现在还是挣扎在菲薄的待遇下,忍受着饥寒和贫困,同时为了这一切残酷的现实的强烈刺激,我们再也不能缄默不言。"①

这起看似单方面的青岛学潮,很快便与全国学联筹委会"反内战日"联系起来。1947年5月31日,国立山东大学学生自治会为响应北京大学学生提出的6月2日全国"反内战日"的建议,举行全校学生大会,到会学生700余人。会议决定6月2日罢课,并成立行动委员会,主持罢课斗争和游行示威。王统照、周钟岐、杨拱辰、徐中玉、高哲生、张学铭、童第周等教授在会上公开发言表示支持。其中,王统照说:"愿同全体教职员做你们的后盾。"②

青岛当局则竭力阻挠学生的"六二"游行。6月2日清晨,青岛警备司令部派兵将山大部分院部包围,设障堵塞学校大门和各交通要道,并对学生进行恐吓。学生们怒不可遏,一致要求冲出校门与国民党当局斗争到底。面对这一情形,"六二行动委员会"立即召开紧急会议,进一步研究对策,并派学生代表与警方交涉,不料却遭强行逮捕,一时校内群情大哗。当天下午,山大学生整队出校游行,他们义愤填膺,斗志昂扬,高呼着口号并肩前行,与前来阻拦的军警进行长时间对峙。时近黄昏,军警凶相毕露,手执凶器殴打赤手空拳的学生。据统计,在场遭毒打的"学生150人,因营救被捕同学被殴,受伤30余人,伤势较严重者6人,尚在羁押中者4人"③。青岛反动当局制造了震惊全国的"六二"惨案。

由"六二"惨案形成的学潮很快波及全市,青岛各中学纷纷集会声援,一时间,学生罢课,工人罢工,商人罢市,反内战、反饥饿斗争全面展开。6月4日,国立山东大学"六二惨案善后委员会"向全国各界人士发出呼吁,彻底揭露青岛当局制造"六二"惨案的真相:"现在我们欲哭无泪,欲呼无声,二、三院的同学已经绝食,把节余下来的钱给同学养伤。这充分表明我们的心已紧紧团结一起,青年人是打不散的,我们永远这样相信!"④11日,在广大人民群众坚持斗争的压力下,经校长赵太侔积极交涉,青岛当局被迫释放"六二"惨案中被捕人员。6月11日,国立山东大学学生自治会举办欢迎会,欢迎被释放的同学,并发表《告全国同胞书》,控诉国民党政府的罪行。中共主办的《解放日报》《大众日报》刊登专题电讯,解放区的山东大学师生聚会,通电声援此次斗争。

1947年青岛"六二"惨案反映了战后国民政府自身孕育着的严重危机。国

---

① 李耀臻:《中国海洋大学大事记》,第45页,中国海洋大学出版社,2004。
② 《教授的话》,载《国立山东大学反内战运动委员会公报》第1期,1947年6月1日。
③ 《国立山东大学教员会就"六二"惨案致各界公函》,载中共青岛市委党史资料征委会办公室编《青岛党史资料》(内部资料)第4辑第299页,1989。
④ 《抗议蒋党"六二"暴行 青岛山大告同胞书》,载《大众日报》1947年6月28日。

民党滥施政府暴力,不正当的压制手段不仅激化了矛盾,而且扩大了自身的反对力量。随着国共两党彻底决裂,深重的内战致使教育再次遭受重创。1947年6月6日《大众报》刊发文章:青岛公教人员待遇调整不及一周,物价又复飞涨不已。从5月14日—18日,白布由28万元涨到32万元,火油由67万元涨到82万元,"而生油竟由28万(元)飞升至44万(元)之惊人数字"。公立学校教职员不禁仰首痛苦:"调整后的待遇,尚不如调整前来得充裕!"①飞涨的物价让广大教师如坠深渊。

1948年1月,南京国民政府公布公教人员待遇调整办法,按照三个月调整一次的"生活指数"发薪,如1948年1月—3月的生活指数达11.5万倍,薪金最高的教授实际领取的1000万余元薪酬,只够买5袋(220斤)面粉。从4月起,虽然月月"调整"生活指数,实际收入还是直线下降。特别是政府取消公教人员配售面粉办法,滥发10万元票额的大钞票,市民生活更陷于绝境。11月,青岛爆发了大规模反饥饿斗争。11月1日,国立山东大学全体教员公开罢教。②接着,全市中小学校长联合向当局提出增发救济,配给粮煤,预借薪金。与此同时,各工厂、商店,包括电信局、港务局的员工也参加了反饥饿斗争,城市几陷瘫痪。11月25日,教育局长隋星源在市长龚学遂主持的市政会议上提出:

> 上星期一本市教育界每人配售了一袋面粉,并发了五分之一的薪水,现在市府各局处同仁也发了薪水,可以说是大家都一样了。当发放面粉的时候,并不是贵不贵的问题,而是有钱买不到面。在平津一带的教育界以请假买米买面的名义而变相地罢了教。……为防止他们也有相同的情形,而影响了本市治安,所以不得不同市长商量,可否先给教育界每人发一袋面?……青市现在学生十一万人,假若教育界罢了教的时候,对于本市治安实有相当影响。③

到了教育局长在市政会议上公开为教员"讨饭"的程度,政府的颜面尽失,威望扫地殆尽。南京国民政府为挽救财政经济危机,于1948年8月实行本位货币"金圆券",取代法币,但由于滥发造成恶性通货膨胀,导致民心大失,这成为国民党内战迅速失败的重要原因。1949年4月15日,青岛市五所市立中等学校教员因生活所迫而停教,要求加薪。五校的学生成立援师委员会,发表《告全体

---

① 《蒋党横行物价高涨 公教人员生活苦难当》,载《大众报》1947年6月6日。
② 《国立山东大学全体教员为争取生存停教宣言》,存青岛市档案馆,档号:B0038-002-00071-0106。
③ 《青岛市政府第一三九次扩大市政会议记录摘要》,载中共青岛市委党史资料征委会办公室、青岛市博物馆编《青岛党史资料》(内部发行)第5辑第408页,1989。

同胞书》,为教师呼吁。青岛市各小学教员因物价暴涨,薪金不足以维持最低生活,于4月19日派出代表向市政府请愿,决定22日停教。5月3日,李村师范学校校长王桂浑递交辞呈,称"学生最低之生活亦无法维持,瞻望前途,自知难以感情或文言以慰学生"①。5月5日,教育局长杨展云以"体念时艰"②,予以慰留。在独裁和内战的双重摧折下,秉持教育独立思想的知识分子群体的愿望早已化作泡影,在历史的河流上空一吹而散了。

3.抗议"特刑庭"逮捕学生与反迫害争自由斗争

抗战胜利后,人民渴望和平安定,城市百废待兴,学生群体怀揣着理想与责任,随着时代脉搏的跳动而表达诉求,纷纷投身到反压迫、反专制、要民主、要自由的运动中。当国民政府尝试"运动学生"失败后,便采取更加严格、更趋强硬的暴力镇压手段对待学生运动。1947年5月国民政府颁布《维持社会秩序临时办法》,以高压政策禁止学生运动。1948年下半年,国民党政府在各大城市设立了"高等特种刑事法庭",大肆逮捕爱国人士和学生运动骨干分子。1948年8月11日,国民党保密局局长毛人凤来青岛视察,企图建立更为严密的特务组织。③8月17日,国民政府行政院致函教育部,特就"战乱时期后方应行注意事项列出四点"。同日,教育部"为肃清共匪学生给山东大学的密电"指出:"凡被特种刑事法庭指控为共匪间谍之学生,学校当局应即一律开除学籍。"8月26日,教育部再次就此给山大发来密电,重申上述决定。事实上,青岛"特刑庭"成立不久,即策划实施了对国立山东大学进步学生的捕捉。

9月15日,国民党青岛党政军警联席汇报会给青岛"特刑庭"发去密函,并提供"国立山东大学匪谍嫌疑学生名册",涉及38人。17日,青岛"特刑庭"法警在山大训导处生活指导组主任杜宇、课外活动组主任马晋等的引导下,分赴各院实施搜捕。据史料记载,8月中共青岛市委社会组已获悉国民党警特机关要逮捕地下工作人员和进步师生的情报。当时黑名单所列38人,已接中共地下组织指示分别转移或隐蔽,故只逮捕到王方、王皇等15名学生。④ 这些学生并非学生运动的骨干,但国民党当局也不放过,并以"危害国家安全嫌疑"之罪名予以关押。同日,校长赵太侔主持召开校务委员会紧急会议,研究应对措施,决定向

---

① 《为告知无法维持学生膳费请辞去校长职务的签呈》,存青岛市档案馆,档号:B0027-001-00562-0001。

② 杨展云在签发的要王桂浑收回辞呈的函中,将"继续负责维持为要"一语,删去了"维持"二字。

③ 青岛市档案馆、青岛市史志编纂委员会办公室:《青岛大事记史料(1891—1987)》上(内部发行),第213页,1989。

④ 山东大学校史编写组:《山东大学校史(1901—1966)》,第183页,山东大学出版社,1986。

青岛当局交涉,营救被羁押的学生。① 山大学生自治会通过无期限罢课决议,并通电全国抗议青岛"特刑庭"无理逮捕学生。与此同时,学生自治会积极组织慰问团,给被捕的同学送去大批慰问品和信件。主持正义的教授们也行动起来,以罢教声援同学们的斗争。

10月1日,山大被压学生曹润伍等七人致函赵太侔:"恳请校长速与特刑庭交涉,援北平被拘学生准予保释听课之例,使生等恢复自由,继续学业。"10月19日,赵太侔致函"特刑庭",认为山大学生"所陈各节不无理由,相应抄附原件函请察核惠复"②。因山大校方提出的保外候传、允许探望等要求皆未得到圆满答复,11月1日国立山东大学180余名教职员决定自即日起罢教三天,并发出《国立山大全体教员为争取生存停教宣言》。11月4日,山大学生为同情教授生活清苦,全体随同教职员一起总请假三天;因所提条件仍未获圆满答复,决定继续总请假三天(4日—6日),后因半数以上学生签名要求营救被"特刑庭"逮捕的同学,故未按期复课,继续停课。出于对羁押学生的同情和学生自治会、正义教授的一再敦促,11月5日,赵太侔为开脱被押学生再次复函"特刑庭"并辩称:

> 青年关怀时事,偶发牢骚,亦不能指为有意危害国家……学生自治会之组织性质及职员之产生方法,在教育部公布之"学生自治会规则"内,均有明文规定。……素有办事能力及较长于交际活动者其当选之机会自必较多。……偶有逾越范围情事,但均系日常细事,不足以言"轨外行动",更未发现有涉及"匪谍"情形。③

青岛"特刑庭"要求学校报送被押学生在校表现情况,赵太侔参照各系上报材料送了《国立山东大学被传各生在校言行概况》,对学生都做了品学兼优的充分肯定。被捕学生在狱内也坚持正义斗争,抗议非法逮捕,"特刑庭"没有找到治罪依据。11月13日,因纪树立等7名被捕学生先期得以释放,学生复课。抗议"特刑庭"非法逮捕学生的狱内狱外斗争紧密配合,持续了3个多月,青岛"特刑庭"被迫分三批释放被捕学生。及至1949年1月中旬,最后一批被押学生获释。据悉,反"特刑庭"逮捕学生斗争的胜利,受到中共青岛地下组织的表扬、慰问和鼓励。④

----

① 张静:《中国海洋大学大事记》,第38页,中国海洋大学出版社,2014。
② 《为保释学生赵太侔函青岛特刑庭》,载中共青岛市委党史资料征委会办公室编《青岛党史资料》(内部发行)第4辑第325页,1989。
③ 《山东大学为开脱被押学生复函特刑庭》,载中共青岛市委党史资料征委会办公室编《青岛党史资料》(内部发行)第4辑第330—332页,1989。
④ 中共青岛市委党史研究室:《中共青岛地方史大事记(1921—1949)》,第262页,中共党史出版社,2006。

说到底，国民党"特种刑事法庭"的设立是其军事大溃败前自我制造的政治灾难。由于国民党政府对学生政策的僵化性、强迫化、恐怖化，对学生运动意义、价值的错误判断，不仅激起了学生群体的强烈抵触，而且最终埋葬了政府的合法性。

三　胶东等解放区教育对蒋管区学校的影响

抗日战争胜利后，解放区面临着国共两党对和平民主旗帜的激烈争夺、国内政治生态更趋复杂的局面，依靠广大农村解放了的农民，艰苦创业，顺势而为，积累了许多适应战时教育的工作经验。此间，国共两党都对教育界尤其学生群体给予了相当关注，解放区教育与青岛"蒋管区"教育的双向影响成为1949年解放青岛、发展新青岛教育的前奏。

1.土改发展的解放区中小学与新思想教育新人

总的来看，胶东地区解放区中小学教育的基本特征是，小学教育在战时实践中形成了制度化和非制度化的战时教学组织特点；中等学校教育历经艰难困苦，努力探索适应战时、适应农村的发展道路。

平度解放区的小学（含平西、平东、平南、蓼兰各县），自1945年9月至1946年春有完全小学56所、初级小学705所，共有学生38294名。[①]莱西至1947年上半年共有完全小学21所、初级小学295所，共有学生16130人、教职员584名。[②]此时的乡村小学，多以土地改革归公的富家房屋为校舍。小学的课程基本按照1946年《山东省当前教育工作纲要》开设。以1946年析胶县南部置胶南县为例：初小一、二年级开设国语、算术两科，三、四年级设国语、算术、常识三科；[③]高小的课程有国语、算术、历史、地理、自然等科。办学形式除了全日制，还兼办半日班、间日班、早班、午班等，不乏制度化教学组织、方式与非制度化的教学组织、方式的探索，学生修完主要课程即可毕业。此外，胶南还开办初等教育程度的"冬学"，根据山东解放区政府提出的"一切通过冬学"的口号，在冬学中加强了战争和土改教育，把参军、支前、生产、破除迷信、扫除文盲等工作放到冬学里实施。胶南1946—1949年共有冬学225处，教员258名，参加学习的达11000人。[④]莱西1949年有妇女识字班278处，入学学员为5694人。[⑤]胶东解放区的"冬学"凸现出平民性、战争性、组织性和不平衡性等特征。

① 山东省平度县地方史志编纂委员会：《平度县志》（内部发行），第512页，1987。

②⑤ 莱西县教育史志办公室：《莱西教育志（1840—1987）》（内部发行），第99、105页，1990。

③④ 山东省胶南县史志编纂委员会：《胶南县志》，第478、489页，新华出版社，1991。

　　胶东解放区的中学是一种集干部教育、普通和师范教育的混合体。1945 年 10 月,南海专署在莱西院上村重建南海中学,校长由南海专署教育科长于岫东兼任,设初中 4 个班、师范 2 个班,学生约 300 人。师范班驻礼格庄,后增设师资短训班,训练在职教师,每期 3 个月。由于战争和灾荒,南海中学于 1948 年 2 月停办,是年 10 月复学更名为"南南联立中学"。① 1946 年,滨北中学由诸城迁至胶州理务关乡戴家尧和东十字路村,分干训班、中学班、师范班,1947 年 8 月迁往大村镇藏马村,当届学生毕业后,滨北中学即告停办。②

　　在平度,抗战时期三种政权建立的中学明显分化。国民政府 1940 年冬复立的平度中学于 1945 年溃散,流亡至青岛复办。日伪 1941 年开设的平度县立中学于 1945 年 9 月被抗日民主政府接管,改为胶东区平度中学。③ 1942 年在大泽山建立的西海中学分校于 1944 年扩为南海中学;1945 年改为西南海干校,9 月迁至七里河子改为西海中学;1946 年迁至平度城,与胶东区平度中学合并,仍称"西海中学",设初中、初级师范两部,有教学班 12 个、400 余名学生。1946 年秋,由于国民党军队进犯,西海中学迁移大泽山区。1947 年秋国民党军再次进犯,学生提前结业,西海中学于年底停办。1948 年 10 月,西海中学在掖县沙河杜家复学,于 1949 年 4 月迁回平度,仍设初中、初级师范两部,有 4 个教学班、150 名学生和 33 名教职工。④

　　随着国共"拉锯战"的展开,青岛解放区的学校异常艰难。1945 年 8 月 22 日莱阳、莱西南两县解放,解放区政府设立教育科,区设由中心小学校长兼任的教育助理员,积极发展教育事业。然而,由于 1947 年秋国民党军队进犯,加之尾随而来的"还乡团",致使大部分中小学停课,1948 年 2 月以致于作出教职工"暂回原籍"⑤的决定。1946—1947 年国民党军队两度进犯胶东,平度大部分小学溃散,又因涝灾严重,至 1948 年 2 月大都停办。1948 年 8 月复学,经过整顿,至 1948 年底平度共有完全小学 50 所、初级小学 665 所,学生达 34059 名。⑥莱西恢复完小 13 所、初级小学 146 所,学生减少到 6570 名⑦,仅为国民党军队进犯前的 40.7%。

　　胶州和即墨的战争形势更为复杂。胶城虽于 1945 年 8 月 20 日解放,但被国民党军赵保原部盘踞。1946 年 6 月中共第二次解放胶城,是年冬又被国民党占据。1947 年 3 月中共收复胶州,至 7 月重被国民党军队占领,其间解放区历时 116 天,1947 年 11 月胶城第三次解放。即墨于 1945 年 8 月 26 日迎来抗战胜

　　①⑤⑦　莱西县教育史志办公室:《莱西教育志(1840—1987)》(内部发行),第 101、6、99 页,1990。
　　②　山东省胶南县史志编纂委员会:《胶南县志》,第 480 页,新华出版社,1991。
　　③④⑥　山东省平度县地方史志编纂委员会:《平度县志》(内部发行),第 517、522、512 页,1987。

利,解放区迅速扩大,向政权所及之村派教师,发课本,办理小学教育。中共领导的即东县成立后,即兴办人民教育事业。① 1946 年 7 月 2 日,中共胶东军区部队撤离即墨城,国民党控制后直到 1949 年 5 月 26 日败退。随着战争形势的胜利发展,即墨解放区不断扩大,恢复办学的完全小学有 9 所、初级小学 86 所,有学生 5185 名、教职员 133 名。②

胶东解放区小学师资建设和办学经费来源,既体现了战争时期的特点,又反映了解放区小学教育"民办化"的问题。1948 年,胶南县从召集的 410 名参训人员中选录 216 名为"正用教员",其余为"代用教员",其待遇以粮代薪。正用教员的月薪为不超过 180 斤的谷子,代用教员为 150 斤,中心小学和完全小学校长为 190~200 斤。③ 由于山东省人民政府提出的小学广泛推行民办,让群众自筹经费、自聘教员的做法,1948 年冬莱西出现了一批由当地群众自聘的"义务教师",其中有 22 人采取助耕、代耕"以劳力换智力"形式。④ 事实上,土改中某些"左"的偏差给学校教育带来了"取消主义倾向"。⑤ 据悉,平南县对在"国统区"上过学或教过书的人均视为"怀疑对象",致使部分教师被"扫地出门"。在"挖蒋根,拔蒋毛"运动中,包括教育科副科长赵清滨在内的多名文教干部和教师被关押,有 4 名教师"死于冤狱"。⑥ 青岛解放区一些地方的教育工作一度处于停滞状态。1948 年 9 月山东第三次教育会议召开后,建立新型教育和正规学校渐成主流,1947 年以来教育服从阶级斗争的错误做法得到某种程度的纠正。1948 年,胶南县根据胶东区行政公署的教育部署,完全小学经费由行署开支,初级小学从公粮附加的 20% 中拨出 40% 作为教育经费,由县教育科统一掌握使用。⑦

值得注意的是,在解放战争极其艰苦的条件下,青岛解放区中小学教科书编写紧密结合战争形势,有力地配合了革命、生产与建设的需要。其间所形成的体例的多样性、内容的丰富性、结构的直观性、反映儿童身心发展的需求性及融合城乡因素等宝贵资源,促进了中国现代教科书的发展。特别是历史教科书蕴含着对未来"新国家"和"新社会"的意识建构与想象,运用唯物史观进行社会形态划分,渗透了阶级斗争、民族观、国家观等相关理念,并注重对毛泽东革命军事理论、新民主主义革命思想的宣传。

2.奔向解放区的学生与逃亡的国民党学校

---

①② 即墨县教育志编写组:《即墨县教育志》(内部发行),第 122、123 页,1990。

③⑦ 山东省胶南县史志编纂委员会:《胶南县志》,第 492、471 页,新华出版社,1991。

④ 莱西县教育史志办公室:《莱西教育志(1840—1987)》(内部发行),第 104 页,1990。

⑤ 《山东省人民政府教育厅关于四年来教育工作情况的报告(1949 年 5 月 18 日)》,载《山东革命历史档案资料选编》第 22 辑第 478 页,山东人民出版社,1986。

⑥ 陈维仪:《平南教育工作回忆》,载《平度文史资料》(内部发行)第 10 辑第 35—36 页,1995。

一方面,青岛"蒋管区"青年学生纷纷奔赴解放区。首先从国共两党在山东的控制范围看,解放区的面积由1945年下半年的68%扩大到1946年初的92%。再从时局的发展状况看,1945年10月国共两党达成的"双十协定",虽然中共提出的要求承认解放区各级政府合法地位的问题悬而未决,但共产党在"蒋管区"的影响不断扩大,许多赞成和平建国政治主张的青年学生热切盼望解放区的生活。1946年2月,山东解放区代表姚仲明等抵达青岛,与行政院善后救济总署鲁青分署谈判救济物资分配问题。① 姚仲明还是军调部中共驻青岛首席代表,这位毕业于济南乡村师范学校,又在延安马列学院、中共中央党校学习,还与陈波儿等集体创作了解放区话剧代表作《同志,你走错了路!》的知名人物公开露面,自然受到青岛社会各界的瞩目。但是,国民党政府却竭力破坏青年学生奔赴解放区。1946年11月11日,南京政府教育部令山东省教育厅长李泰华,针对济南近来公私立中学"前往匪区就读",致使中共"利用机会鼓动学潮及吸收前往匪区就读等情,尤应切实防范,仰即遵照"。② 然而,国民党政府的阻扰无济于事,解放区已经成为进步青年向往的热土,青岛公私立学校奔赴解放区的学生络绎不绝。青岛市立中学有学生回忆说:

> 这时我已上高三,面临毕业,摆在面前的问题是:"中国走向何方?""中国青年走向何方?"当时不少同学的思想是,推翻旧社会,建立新中国,投奔共产党,投奔革命。我就是在这一思想指导下,于毕业前夕和吕寰、赵明、崔召栖、丁尔遂、刘绪宣等观点一致的同学结识了。1948年,崔召栖、丁尔遂、刘绪宣三人离开了青岛,进入解放区,投奔了革命。③

另一方面,解放区的一些"流亡师生"在青岛进入临时学校。1945年秋冬到1946年春山东解放区开展减租减息、反奸诉苦运动,在中共中央华东局作出《关于放手发动新解放区群众的工作指示》后,反奸、诉苦、复仇、清算斗争形成高潮。被清算的原本是地主、恶霸等农民的对立面,国民党控制的学校师生也惶惶不可终日,随之加入了流亡潮。在流亡青岛的学校中,就有来自被解放区驱逐出来的县立中学。例如:1945年平度解放,在辛安复校的平度县立中学流亡青岛,其中一部分在人和路21号址成立青岛私立郁文中学,另一部分以"鲁东联合中学第二分校"之名在同址办学。1949年青岛解放前,一些流亡学校的师生随国民党

---

① 中共青岛市委党史资料征委会办公室:《中共青岛党史大事记(1921—1949)》,第147页,中共党史资料出版社,1990。

② 《教育部为严防中共鼓动"学潮"及招收青年学生赴解放区求学训令稿》,载《中华民国史档案资料汇编》第5辑第3编教育(二)第166页,凤凰出版社,2010。

③ 徐文垣:《难忘的岁月》,载《青岛一中校友回忆录》(内部发行)第87页,1999。

军队去了台湾。据平度大小河子村出生的于宗先回忆，1945年平度解放后，他自称"有家不能回"便"不由自主地踏上流亡的长途"，曾去"高密复学，不到半年，又逃难到潍县"，后来"流落到青岛"，因一首《血泪话流亡》长诗"参加诗歌朗诵比赛"引起轰动。1949年5月于青岛"岌岌可危"之时，于宗先与"几个同学结伴入伍"，以至于"没有来得及和家人告别"，便随"呼啦啦似大厦倾"的国民党军队撤离青岛，去了台湾。① 青岛解放区与"蒋管区"教育的反作用影响，其实是国共之间的政治角力和民心争夺战的反映。

四　中共的接管准备与山大反南迁等护校斗争

其实，早在1945年8月16日中共胶东区委即成立"解放青岛行动委员会"。8月20日，山东省人民政府委任林一山为青岛市长，成立青岛市人民政府，积极准备接管。8月22日，滨海支队解放辛安、薛家岛，建立人民政权，设文教助理，辛安区为杨明信，薛家岛区为庄义瑞，着手恢复教育。②

但是，日本投降后，由于美国政府插手、干预中国内政，整个形势发生了急剧变化。1945年9月19日，中共山东分局依照中共中央《任务和战略部署》，决定暂不用武力解放青岛。1946年3月和4月，中共青岛市委两次在即墨孙家沟召开会议，确定青岛党的地下工作仍以秘密工作为主，切实贯彻"隐蔽精干、长期埋伏、积蓄力量、以待时机"的方针。③ 1948年9月济南解放后，山东战局明朗化。10月，人民解放军攻克锦州，中共胶东区委意识到"解放青岛的时日将比我们过去所预计的为之缩短"，因此"青岛工作应有两套方针和两套打算"。④ 1949年2月，胶东区委根据华东局的指示成立"青岛市准备接管委员会"，由薛尚实、宋子成、王卓青等七人组成，对外以"青岛教育研究会"的名义，下设秘书、组织、教育三个组，教育组由王卓青负责。⑤

1949年4月28日，毛泽东亲自起草对青岛进行"威胁性攻击"的决定。5月4日，山东军区报中央军委及华东局，决定成立青岛市军事管制委员会。军管会

① 李功耀：《赤子蹈学海，风雨话苍生——记台湾"中央研究院"院士于宗先教授》，载《财政监督》2003年第8期。

② 黄岛区教育史志编写小组：《青岛市黄岛区教育记事长编》（内部资料），第20页，1988。

③ 中共青岛市委党史研究室：《中共青岛地方史大事记（1921—1949）》，第244页，中共党史出版社，2006。

④ 《胶东区党委统战部十一月份工作报告》，载《岛城春秋》第142页，中共党史出版社，1992。

⑤ 中共青岛市委党史资料征委会办公室：《中共青岛党史大事记（1921—1949）》，第175页，中共党史资料出版社，1990。

辖16个部,其中文教部由市委书记薛尚实分工领导,部长为王哲、副部长为王卓青。王哲(1900—1990),山东沾化人,1919年就读于北京大学,后入苏联莫斯科中山大学学习,1943年赴延安,历任延安大学预科部主任、华北联合大学政法学院副院长、辽东军事大学副校长,1949年4月任山东省政府行政委员会委员兼教育厅厅长。王哲作为中共山东省政府派遣青岛的红色知识精英,是青岛颠覆旧教育、开启新教育的主帅。文教部于5月5日制定接管青岛教育机构方案。其中,接管方针政策是:

> 我们对旧的文化教育机关,不同于对旧的企业机构——原封不动,也不同于对旧的政治机构——打碎摧毁。在阶级社会中,旧统治阶级的目的,使该项机关成为其统治机构的附属部分。其中学校的教育方针与课程,很多是不适合人民需要的,有的教员公开为旧统治阶级辩护、撒谎、造谣而反对人民。旧统治阶级的文化教育机关,已把旧的学校、报纸、电影、戏剧等,都不可避免的成为该统治阶级在精神上压迫与麻醉人民的工具。因此,在人民成为统治的主人之后,对于旧统治阶级的文化教育组织制度,必须加以很大的适当的改进,使之适合于人民的需要。①

对学校的处理区分公立、私立、外国教会不同类型和属性。公立学校的接管方针是:

(1)实行接管维持原校加以必要的改良,以求迅速复课。

(2)对教职员进行登记,除反革命分子外,一般可照旧录用,训育主任一般不用。如果校长逃亡,可由原教职员中选择较正派及有威望的暂时负责。如政府有适当干部,也可派去担任正职或副职。

(3)除反革命分子外,一般的暂时原职原薪,以后量才录用,考绩升降。

(4)课程方面,除消反动课程党义、公民等,改授我们的政治常识。国文、历史,需要改授解放区教材和临时活页教材;自然科学,在新课本未到前,可摘取原有教材;外文、古文不是不可研究学习,但应选择其进步的和以批判的态度去研究,英文课程应逐渐减少。

(5)除消反动的训导制、保甲制。

(6)除消法西斯的军训和童子军课程,解散童子军。

(7)宣布解散国、三、青、民及特务组织,严禁国民党、三青团及其他反

---

① 《青岛市军管会文教部接管方案》,载中共青岛市委党史资料征委会办公室、青岛市博物馆编《青岛党史资料》(内部发行)第5辑第117页,1989。

革命组织的活动，收缴学校中隐匿的武器。

(8)废除体罚与体罚性质的一切处分。①

对私立学校的接管方针是：

(1)我们要维持原状，加强领导的方针。

(2)一切私立学校要进行登记备案(有的备案，有的试办，有的备查)，分别解决复课问题。改造董事会，使进步分子参加领导，并且组织进步教员参加复课委员会。

(3)一般的私立中、小学，能开课复课的由其自力办学；实在无法继续办学的，应通知或劝告停办。学生动员到公立学校学习(经过考试)，教职员或送训练班学习，或分别介绍到其他学校任课。

(4)私立学校的教育方针、课程制度，应遵照民主政府的规定(与公立学校同)。不得阳奉阴违。②

对外国教会学校的基本态度是"外国人在中国设立学校，教育中国的学生，原则是不允许的。对已有的教会学校暂不立即取消，但在掌握上要严格民族立场"，为此规定：

(1)教育与宗教分开，在学校中不准传教，不准上宗教课，不准做礼拜。

(2)一定要中国人主持，有职有权。

(3)要执行新民主主义教育方针，不允许向学生宣传帝国主义、封建主义的霉素，或发表反共、反人民的言论。

(4)要将学校的政治背景、经济的来源、办理的情形呈报。

(5)外国人要求新创办的学校，应予以拒绝；已停办要求恢复的，其校舍校具是学校财产，应借出办学，变卖也不许。③

此外，还就其他各类学校分别作出处理决定。对国民党官僚举办的学校(如抗建中学、中正中学等)按"反动学校"论处，"命令停办"，其教职员要"进行登记，听候甄别训练，其愿为人民服务者，分别录用或介绍职业"，学生则要"造表呈报，允其经过考试，转学他校"。对流亡中学，因青岛的"流亡学校量很大，应采取慎重的、稳重的步骤来执行，避免无准备的突然宣布，易于搞乱"，有的流亡中学可以"合并另建新校"。教职员要"一律登记，予以必要的训练与甄别后，可

---

①②③ 《青岛市军管会文教部接管方案》，载中共青岛市委党史资料征委会办公室、青岛市博物馆编《青岛党史资料》(内部发行)第5辑第117—118、118、118—119页，1989。

466

分别录用或介绍职业";学生要"登记,其能自力入学的可允其转学续读。无力转学而系外籍者,遣送回籍。在未遣送安置前,需解决必要食粮问题"。其他各种社会补习学校"需向政府备案批准后,始可开办"。①

客观地说,青岛军管会文教部的教育接管方案,是一份务实、具体、可操作的实施文件,正确地区分了不同类别、属性学校的接管办法,突出了规定的强制性,显示了教育接管者的魄力和战争胜利者的豪气。同时,接管方案的偏差也很明显。5 月 29 日,青岛市军管会在《进城前政策性的综合报告》中,批评文教部未能从青岛的具体情况出发,接管方案"有很大部分引中央及华东局的有关指示",特别是"过早地处理私立学校",不利于进城后"稳定人心,安定秩序,争取迅速开工、开课、开市、复工、复课、复市、复岗"总体部署的落实。至于对课程教学的行政干预,尤其是国文、历史科改授解放区教材,减少英语教学时数,以及选择和批判地学习中国古文的规定,则为新中国成立后学校课程与教学改革的无序性和极端化埋下了伏线。

几乎与接管教育同步,针对国民党青岛当局日夜思逃和破坏阴谋,各级各类学校开展了针锋相对的护校斗争。此事的起因是济南齐鲁大学的南迁。在不可逆转的形势下,惶惶不安的国民党山东军政当局于 1948 年夏刮起了一股达官贵人南逃、工厂企业南迁之风。齐鲁大学校董会在董事长孔祥熙主持下,决议由校长吴克明组织齐鲁大学南迁。事实上,8 月初部分教职员及 100 余名学生已分批来青,暂居崇德中学、文德中学,正在寻觅房舍在青岛上课。② 8 月 14 日,为战事焦头烂额的山东省政府主席王耀武致电青岛市长龚学遂,齐鲁大学"因迁杭无址,现拟移青"③。收到王耀武的电报,龚学遂随即批示"教育局洽复"。18 日,《平民报》刊发文章称:齐鲁大学"非搬不可,最好是搬到青岛来,我们反对南迁,挽留这所高等学府。"④然而,粮荒、难民和通货膨胀日益加剧的青岛实在难以"洽复"王耀武的指令,龚学遂以"青市规模较大之房舍极为难觅"为由复电王耀武。青岛校舍无望,齐鲁大学师生怅然南下。9 月 18 日,《青岛晚报》刊发消息《齐鲁大学决定迁杭》。

齐鲁大学经青岛中转南迁杭州一事对青岛影响极大。及至 1949 年初,在解放军向青岛、即墨聚集围攻大军压境的形势下,国民党青岛当局以蒋介石"保存有生力量,力避就歼"的指示,策动逃亡台湾,并密谋对青岛市政设施、机关学校

---

① 《青岛市军管会文教部接管方案》,载中共青岛市委党史资料征委会办公室、青岛市博物馆编《青岛党史资料》(内部发行)第 5 辑第 118 页,1989。

② 《齐鲁大学有意迁来本市》,载《青岛时报》1948 年 8 月 13 日。

③ 《为请协助齐鲁大学文理两院迁移青岛的电》,存青岛市档案馆,档号:B0027-006-00867-0035。

④ 《挽留齐鲁大学》,载《平民报》1948 年 8 月 18 日。

进行破坏和抢劫。国立山东大学训导长刘次箫等特务分子一面集结钱款准备南逃，一面策划将山大整个学校迁往台湾。① 为遮人耳目，刘次箫等瞄准机关大部分在南方的水产学系，大造山大南迁上海的舆论。此时，借调的原水产学系主任朱树屏因聘期已满调回设在上海的中央研究院动物研究所，属驻青渔业管理机构在水产学系兼职的王以康、王贻观等人随之南撤上海，原拟应聘到山大任教的教授也未到职，致使水产学系多门课程停开。

在学生尽快开课的强烈要求下，校长赵太侔决定援例去外地借读。水产学系代理系主任沈汉祥频频致书朱树屏，讨论借读办法。可供山大水产学系借读的学校只有三所：一是设有海洋学系的厦门大学；二是复旦大学，其生物学系设有海洋学组；三是设有海洋研究所的台湾大学。除此之外，再无其他高校设有此类学系。为了不影响学生的学业，朱树屏致函厦门大学唐世凤、复旦大学校长章益和生物学系主任胡寄南，联系山大水产学系三年级渔捞学组学生借读事宜，但他反对将整个水产学系南迁。朱树屏在一封信中称："大局稳定后自当尽早返回山大，今年也好，明年或几年后也好。青岛是山大水产系老家。"②在与厦门大学联系未果的情况下，后经王以康、朱树屏等人多方努力，复旦大学同意山大水产学系加工、养殖两组学生到复旦借读。3月初，水产学系向校长赵太侔提交"迁沪案"。3月18日，"迁沪案"经临时校务会议研究基本同意。③

此时，国立山东大学内的敌对分子利用水产学系部分学生去复旦大学借读之机，煽动学校南迁，进而迁往台湾。国立山东大学是迁还是留？站在历史的十字路口，山大校园敌我两股势力的斗争由此进入白热化。中共地下组织发出了"护校就是当前中心任务"的指示，3月28日，山大学生自治会断然决定举行反对南迁水产学系的大辩论。据媒体称，"一霎时千余学生排成一条长蛇阵，'团结大游行'的鲜明旗帜高高举起来做前导，同时并奏打锣鼓，以壮声势。行列间并高举着一幅漫画，上面画着一个人割掉一只手臂（人代表山大，手代表水产系），其意义明显而深刻"④。关键时刻校长赵太侔的"学校不能南迁，这会造成很大损失"的态度，澄清了少数希望南迁师生的模糊认识。学生自治会的黄鑫顺势提出就南迁问题进行表决，结果以压倒多数的表决结果通过了反对南迁的决议。身为中文系主任参与此次会议的杨向奎回忆说：

> 由校长赵太侔主持的这次全体校务会议上，曾有人动议迁校，但遭到丁

---

① 山东大学校史编写组：《山东大学校史（1901—1966）》，第184页，山东大学出版社，1986。
② 朱树屏：《致Miss尹》，载日月、朱谨编《朱树屏信札》第339页，海洋出版社，2007。
③ 李耀臻：《中国海洋大学大事记》，第54页，中国海洋大学出版社，2004。
④ 《反对水产系南迁 山大学生游行 行列遍历各院情绪激昂》，载《联青晚报》1949年3月30日。

西林、曾呈奎、童第周和我等多数人的反对，校长赵太侔自己也不想走，故迁校的动议未能通过。①

国立山东大学持续数月反南迁斗争的结局是：4 月 1 日，在沈汉祥的带领下，山大水产学系教职员 15 人和二、三年级学生张定民、李爱杰、马绍先等 80 人乘中兴轮船公司"景兴"轮自青岛启程赴上海。② 4 月 18 日，水产学系借读生正式在复旦大学注册上课，受聘为学生开课的有朱树屏、王贻观、陈修白、吴善长、闵菊初等知名学者。③ 不久，解放军逼近上海，陷入战时状态的复旦大学等学校纷纷停课，山大水产学系寄读的部分学生在隆隆炮声的伴随下，搭乘最后一班轮船返回青岛，其余大多在解放后回到青岛。据知情者回忆，上海解放后，复旦大学与青岛山东大学双方协调，并"经华东军政委员会教育部批准，我们复旦大学海洋组的部分学生和自山东大学水产系南迁到复旦大学借读的上述部分学生一起离沪北上，并到青岛山东大学学习"④。客观地说，国立山东大学水产学系师生南迁上海借读多是为学业而为，无论赵太侔还是朱树屏，出发点皆是出于学生专业学习的目的。只是问题出在国民党迁台的背景，自然就被政治化了。

进入 1949 年 5 月，青岛完全成为国民党政权的江北"孤岛"。面对国民党青岛特务机关实施大搜捕制造的极端白色恐怖，5 月 9 日，国立山东大学成立应变委员会，赵太侔任主席，成员由训导长宋君复（5 月 4 日刘次箫辞任）、总务长阎敦及教员会代表、职员会代表、工人团体代表、学生自治会代表共 13 人组成，决心"以灯蛾扑火的精神，来保护学校"。赵太侔采取与进步师生完全合作的态度，亲自去警备司令部交涉不得到山大抓人，并同意拿出美军占据山大校舍的租金，由进步教师曾呈奎与中纺公司协商换回部分面粉，在市区已戒严的情况下将面粉抢运回校园，同时储备了充足的水和煤，以备应急之用。

与山大护校斗争相呼应的是青岛中小学各校进步师生的护校运动。据相关回忆录记载，1949 年春，中共青岛地下组织充分发动社会各界开展了卓有成效的护厂、护校运动，保存了大量的机器设备和学校财产，保证了城市安全度过黎明前最黑暗的时刻。据悉，青岛礼贤中学地下小组组织骨干学生六七十人佩戴"学生护校队"的红色袖章参加护校活动。有知情者回忆说：

① 杨向奎：《青岛解放前夕护校（山东大学）护厂（中纺公司）记实》，载中共青岛市委党史资料征委会办公室编《青岛党史资料》（内部发行）第 4 辑第 543 页，1989。
② 《山大学生赴沪　借读复旦大学》，载《联青晚报》1949 年 4 月 12 日。
③ 张静：《中国海洋大学大事记》，第 39 页，中国海洋大学出版社，2014。
④ 管秉贤：《中国海洋学高等教育最早机构之一——国立复旦大学理学院生物系海洋组的创建史》，载《复旦杂忆》第 512 页，复旦大学出版社，2005。

护校工作布置下去后，忽然有人提出"手里不拿个东西，有了情况怎么办？"在场的同学不约而同地提出"把军训的枪搞出来！"于是由沈福钧、李祖林、刘延春带领十几名同学，跑到教室宿舍小院军事教官李东风(人已不知去向)宿舍，七手八脚把门撬开，发现大约二三十支步枪，打开抽屉发现若干子弹。经检查有五六支枪可用。……从此，护校真正成了"武装护校"。同学们扛着枪值勤、巡逻，显得格外精神。①

青岛市立中学学生则在中共地下组织的领导下"控制了"学校100余支长枪、冲锋枪和机关枪，组成了23人的护校队。② 青岛崇德中学赵炳豪、王疆基、王笛基、吕荣侃等同学不顾家人的阻挡，到校日夜巡逻，守护校园。他们还在胶州路、热河路、江苏路交叉口中心碉堡架起2挺轻机枪，维护校园周边秩序。③地处水清沟的中纺青岛第四纺织厂员工子弟小学，则由校务主任聂玉章等12名男教职工轮流值班护校，授课一直坚持到5月31日上午10时。下午停课后，这些教职员一直在学校留守。在此期间，二年级乙班教室房顶被炮弹击中。④ 显然，青岛进步师生的护校运动为将青岛完整无损地归还人民作出了重大贡献。⑤

1949年6月2日，青岛解放，岛城的教育史由此翻开了崭新的一页。

---

① 刘延春、苗万生：《护校前后——解放前礼贤中学学生运动的片断回忆》，载《百年树人——青岛九中(礼贤中学)校友回忆录》(内部发行)第98—99页,2000。

② 《图说一中(1924—2014)》，第77页，中国书籍出版社，2014。另,1949年5月9日周斌汉辞校长职,5月16日市教育局科长吕存心"兼代"校长。(《关于核准青岛市市立中学校长周斌汉请求辞职由吕存心代职的指令》，存青岛市档案馆，档号：B0027-001-00503-0019。)青岛市立女中校长江雪雯早在是年1月辞职，继任校长为王鸿俊。(《女中校长易人　江雪雯辞职照准　王鸿俊奉命继任》，载《联青报》1949年2月3日。)

③ 《山东省青岛第十一中学校志(1911—1998)》(内部发行)，第29页,1998。

④ 《中纺青岛第四纺织厂在本市解放前后护厂情形总报告》，载《岛城春秋》第160页，中共党史出版社，1992。

⑤ 中共青岛市委党史资料征委会办公室：《中共青岛党史大事记(1921—1949)》，第179页，中共党史资料出版社，1990。

附　录

青岛教育大事记

（1891—1949）

1891 年(清光绪十七年　辛卯)

6 月 14 日(**农历五月初八**)　清光绪帝明发"上谕"，在胶澳设总兵衙门，此为青岛建置之始。隶属即墨县，县教育机关为儒学署，设教谕、训导各一员，掌文庙祭祀，管理所属生员，办理科举考试。

时，胶州教育机关为儒学署，设学正、训导各一员。平度州设学正署和训导署，分置学正、训导各一员。莱西(阳)设教谕廨和训导廨，各设教谕、训导一员。

1892 年(清光绪十八年　壬辰)

壬辰科会试，胶州人宋企适中进士(三甲第 96 名)。

1893 年(清光绪十九年　癸巳)

即墨县官学为县学和岛山卫学。县学定廪生 20 名、增生 20 名，岁、科两试各取进附生 15 名，岁试取进武生 12 名。即墨县教谕、训导的薪俸及生员廪粮等均由县府开支，年共支银 536.6268 两；县有学田 168.98 亩，年共征租银9.324两。岛山卫学定廪生 20 名、增生 20 名、岁、科两试各取进附生 8 名，岁试取进武生 8 名，廪粮银 173.61 两。

1894 年(清光绪二十年　甲午)

本年　甲午恩科会试，胶州人王叔谦(三甲第 29 名)、胡逢恩(三甲第 71 名)，即墨人周正岐(三甲第 174 名)进士及第。

本年　瑞典基督教浸信会牧师任其斐（Johan Alfred Rinell）与妻子任桂香（Hedvig Rinell）到达胶州，推广新式教育。1902 年在胶州城大井街举办瑞华小学校，只招收教徒子女。1909 年瑞华小学附设初中班（今胶州第一中学前身）。

1895 年（清光绪二十一年　乙未）

美国南浸信会传教士谢万禧（William Henry Sears）与妻子张义集（Effie Sears）在平度开办教会小学。1901 年在平度城西开办维新学院（小学），女校迁平度城西关。1902 年两校迁到南关，改名知务学堂（今平度第一中学前身）。

1897 年（清光绪二十三年　丁酉）

11 月 1 日　山东发生"巨野教案"，由此引发德国武力占领胶州湾。时，胶澳境内有私塾 150 余处、塾生 3243 名、塾师 232 名。

1898 年（清光绪二十四年　戊戌）

3 月 6 日（农历二月十四日）　中德签订《胶澳租界条约》。德国设立胶澳总督府，规定各类学校的设置、变更需由胶澳总督府决定，总督批准。

4 月　德胶澳总督府设教育行政机关学务委员会，负责办理教育行政事务。

5 月　德国基督教信义会柏林传教会因胶澳总督府倡议并提供经费，为中国人开办德语学校。1898—1899 年在天后宫后侧建爱道院，分男、女两部，招收贫苦华人子女 40 余名。

本年　戊戌科会试，莱西（横岭村）人于铭训中进士（三甲第 43 名）。

1899 年（清光绪二十五年　己亥）

8 月　德国基督教信义会柏林传教会牧师兼胶澳总督顾问昆泽（Adolf Kunze）在总督府赠予的鲍岛山开办德华书院。

10 月前　移居青岛的德国公民团体租用中国民房建立德国学校（今青岛市实验小学前身）。1901 年 9 月 2 日新校舍落成，址在俾斯麦大街（Bismark Str.，今江苏路）。

1900 年（清光绪二十六年　庚子）

5 月　基督教德-瑞同善会传教士卫礼贤（Richard Wilhelm）与妻子卫美懿（Salome Blumhart）在租住的中国民房胶州街（Kiautschou Str.，今胶州路）开办德华神学校(Deutsch-chinesische Seminar,青岛第九中学前身),卫礼贤自任监督。

　　夏　德国天主教斯泰尔修会修士白明德(Franz Bartels)在青岛开办德华男童学校,分小学(今青岛德县路小学前身)和中学两级。

1901 年(清光绪二十七年　辛丑)

　　春　德-瑞同善会传教士卫礼贤在柏林会教堂旁建立讲堂和宿舍,定名为青岛礼贤书院。

　　本年　胶州知府张承燮在胶州城南门里开办达材学堂。1905 年设中学堂,1913 年更名山东省立第十六中学。

1902 年(清光绪二十八年　壬寅)

　　4 月 1 日　德胶澳总督府接管德国公民团体所办的德国学校,由总督府维持、管理和监督。

　　4 月　天主教圣方济各会弗兰西斯柯修道院为青岛欧籍女童开办弗兰西斯柯女子学校,址在吕特鲍特街(Luidpold Str.,今浙江路)。1905 年 9 月为青岛中国女子开办寄宿制学校。

　　本月　德胶澳总督府船舶机器修理工场成立船坞工艺厂徒工学校,址在维多利亚海岸(Auguste Viktoria Ufer.,今莱阳路)。

　　本年　胶州知州余则达于王家庄、庸村、二十里铺 3 处设义塾,推行"壬寅学制"。

1903 年(清光绪二十九年　癸卯)

　　10 月　青岛礼贤书院新校舍落成(今上海路 7 号址),卫礼贤聘周书训为总教习。

　　本年　德华丝绸工业公司(殖民地公司)在沧口附近的大村河边建设营业所及厂房,同时为挑选的 100 名中国男童设立学校,实施职业培训。

　　即墨县学署改崂山书院为官立皋虞学堂。

　　癸卯恩科会试,莱西(产芝)人王丕煦中进士(三甲第 14 名)。

1904 年(清光绪三十年　甲辰)

　　本年　山东劝业道萧应椿奉令到青岛礼贤书院视察,代表清政府对在校生考试,甲班学生谭玉峰以成绩优秀被奏请奖为优贡生。

　　即墨县有私塾 241 处、塾生 5651 名、塾师 262 名。

德国基督教信义会柏林传教会牧师邵约翰(John Scholz)、齐明德(Albin Zieger)在即墨城南花园村教会礼拜堂内设立萃英书院(今即墨第一中学前身)。

1905 年(清光绪三十一年　乙巳)

2 月　德胶澳总督府在台东镇和法海寺各设一所五年制蒙养学堂(小学)，分别招收中国儿童 17 名、13 名。

本年　胶澳租借地农村 209 个村庄有私塾 246 处，共有塾生 2994 名。

德-瑞同善会传教士卫礼贤在礼贤书院东南院添设女学，并以其妻子名字命名美懿书院，按照德国女子中学的模式制定教学计划。

胶州知州余则达将胶西书院改称胶州师范传习所。

1906 年(清光绪三十二年　丙午)

冬　官立皋虞学堂迁入即墨考院，更名即墨县官立高等小学堂。

本年　青岛礼贤书院附设培养中国教师的预科学校。

山东巡抚杨士骧派学台张士珩到青岛考察。因德-瑞同善会传教士卫礼贤办学有功，奏请清政府谕旨赏卫礼贤四品顶戴。

即墨县改儒学署为劝学公所，总董为周海云。

1907 年(清光绪三十三年　丁未)

1 月 12 日　青岛礼贤书院举行毕业典礼，首届学生谭玉峰、谭岳峰、王真光 3 人毕业。

春　德胶澳总督府在李村、宋哥庄、浮山后各设蒙养学堂。7 月 12 日，德胶澳总督特鲁泊(Oskar von Truppel)参加李村蒙养学堂落成典礼。

秋　同盟会会员陈干受山东主盟人丁惟汾委托，由日本经东北来青，在胶州街(今胶州路)创办震旦公学。1908 年 12 月被查封停办。

本年　同盟会会员鄞文翰、魏殿光等在即墨蓝村创办胶莱公学，致力于反对清王朝专制、宣传共和革命。1912 年迁高密更名海右法政专校。

平度州改学正署、训导署为劝学所，并设教育研究所为之辅助。

1908 年(清光绪三十四年　戊申)

2 月 15 日　德国公使雷克斯(Count von Rex)与清政府体仁阁大学士、兼管学部事务军机大臣张之洞就举办青岛高等学堂进行会谈。

5 月 29 日　张之洞与德国海军署特别委员福兰阁(Otto Franke)就青岛高等

学堂的举办进行谈判。

本年　德胶澳总督府在九水庵、登窑、朱家洼、灰牛石各设蒙养学堂。

1909 年(清宣统元年　己酉)

10 月 25 日　中德合办青岛特别高等专门学堂举行开学典礼。学堂监督为德国海军署官员凯贝尔(Georg Keiper),总稽察为清政府记名御史、学部员外郎蒋楷。此为中国近代第一所中外合办的高等学堂。

本年　胶州于胶西书院旧址设初级师范学堂,从胶州、高密、即墨 3 地招生。

新帝宣统爱新觉罗·溥仪嗣位,诏直省府、州、县、卫各举孝廉方正,赐六品章服。胶州人徐宗仁被举荐。

莱西义谭店乡绅解国钧捐资举办卢西两等小学,1916 年改为莱阳县立第二高等小学堂。

1910 年(清宣统二年　庚戌)

12 月　德-瑞同善会美懿书院新校舍落成,址在奥古斯特女皇街(Kaiserin Aug. Str.,今武定路)同善会医院北端,迁址后改称淑范女子学堂,聘张松溪、栾佩卿夫妇管理校务。

1911 年(清宣统三年　辛亥)

11 月　美国基督教北长老会聂克林夫人在青岛阳信路 2 号开办私立明德中学(青岛第十一中学前身),任用华人校长,首任校长刘廉卿。

1912 年(中华民国元年　壬子)

8 月　胶州于明伦堂设县立单级教员养成所。知事吴镇涛于明伦堂设模范小学。

9 月 30 日　孙中山到青岛特别高等专门学堂演讲。

本年　即墨县于文庙举办县立单级教员养成所。

平度州改劝学所为视学所。1916 年复为劝学所,设所长 1 人、劝学员 4 人。

1913 年(民国二年　癸丑)

2 月 21 日　青岛礼贤书院创立尊孔文社,卫礼贤聘劳乃宣主持社务。

3月 胶县于胶城小桥南头设胶（县）高（密）即（墨）私立单级教员养成分所。

4月 青岛特别高等专门学堂总稽察蒋楷去职,由通译窦学光代理。任教的中国教员有中文总教习商衍瀛、经学教员孙中瀹、史地教员陆同龢、国文教员徐春官、人伦道德兼国文教员于濂芳、小学级中文教员熊燮尧和朱子贵。

本年 德胶澳总督府在青岛农事试验场内附设农学校,在林务局内附设林学校。

即墨县改劝学所为视学所,主任吕崇渠（1914年改蓝人玠）。1916年复为劝学所,所长高焕章（1918年复改吕崇渠）。

即墨县在城里鸭绿池畔开办县立乙种蚕业学校。

1914年（民国三年　甲寅）

5月11日 卫礼贤与寓青逊清遗臣周馥、赵尔巽、刘廷琛、劳乃宣等于青岛礼贤书院东院创建藏书楼。此为青岛第一个现代图书馆。

11月7日 日军攻陷青岛,德胶澳总督瓦尔德克（Alfred Meyer Waldeck）投降。德胶澳总督府在青岛设立的大鲍岛、台东镇、薛家岛、施沟、辛岛、南屯、濠北头、瓦屋庄、李村、浮山后、沧口、赵哥庄、法海寺、九水、埠落、灰牛石、侯家庄、朱家洼、阴岛、上流、宋哥庄、登窑、姜哥庄、于哥庄、下河、香里共26所蒙养学堂全部停办。

本年 青岛淑范女子学堂因日德交战停办,张松溪等教师将学校迁往安丘朱家沙窝。1920年迁胶县西关,与大辛疃坤英女子中学合并。

青岛特别高等专门学堂因日德战争停办,未毕业学生转至上海同济医工学堂,同济因此增设土木科。

1915年（民国四年　乙卯）

3月 日本占领当局命令青岛26所蒙养学堂全部更名为公学堂,学制5年,课程加设日语。

本月 德-瑞同善会青岛礼贤书院复学,添课日本文。

4月 美国基督教北长老会青岛私立明德中学恢复办学。

本月 日本真宗本派本愿寺中原宗定举办私立青岛幼稚园,址在万年町（今江苏路）,后移至舞鹤町（今太平路）。

5月15日 日本占领当局袭用德国总督府学校佐贺町（今广西路）教学楼,为日侨子女建立寻常高等小学校。同时在李村设立寻常小学校。

1916 年(民国五年　丙辰)

3 月　日本人吉利平次郎在叶樱町(今馆陶路)举办私立青岛英学塾,4 月 1 日改为私立青岛英学院,为中等职业学校。1917 年 4 月更名为私立青岛学院。

本月　现化庵公学堂成立。

4 月 15 日　日本占领当局袭用原青岛特别专门高等学堂校舍设立青岛日本高等女子学校,学制 5 年(相当于完全中学)。1918 年在三笠町(今黄台路)建成新校舍。

9 月　台西镇公学堂成立。

本年　即墨县在城里烈女祠举办县立女子初等小学。

1917 年(民国六年　丁巳)

1 月　日本占领当局设立民政署学务系,管理青岛市区、乡区的教育行政事务。10 月 1 日公布《青岛守备军民政署事务分掌规程》,改民政署总务部设学事系,职掌青岛教育事务。

2 月 8 日　日本占领当局袭用原德国伊尔蒂斯兵营设立青岛日本中学校,学制 5 年(相当于完全中学)。1920 年在有明町(今鱼山路)建成新校舍。

4 月　青岛日本第一寻常高等小学校成立,址在花笑町(今武定路)29 号。由是,青岛日本普通小学校一分为二,新校为第一小学校,分出部分学生成立青岛日本第二寻常小学校。

8 月　双山公学堂成立。

9 月 14 日　私立青岛学院成立商业学校(夜间上课),并兼收中国学生。1921 年又设商业学校(白天授课),仍兼收中国学生。

本年　即墨县在旧学署举办县立师范讲习所(副科),1923 年改为正科。

1918 年(民国七年　戊午)

3 月　日本占领当局设立青岛日语学校,招收中国青年学习日语。4 月在李村、坊子开设日语学校。

6 月　育英公学堂成立。

8 月　常在、养正、明德公学堂成立。

10 月 9 日　青岛日本第一寻常高等小学四方分教场开学,同时在胶济铁路沿线设立分校。至 1921 年 5 月,日本在青岛的第一、第二、李村寻常高等小学及台东镇、四方、高密、坊子、青州、张店、淄川煤矿、博山分教场共有 87 个教学班,在校学生 2640 名。

1919 年（民国八年 己未）

3 月 湛山、大麦岛、辛家庄、浮山所公学堂成立。至此，青岛日本占领当局共建 11 所公学堂。

5 月 五四反帝反封建爱国运动爆发，北京学生游行队伍打出了"誓死力争，还我青岛"的标语。26 日青岛明德中学因张贴排日标语被日本占领当局勒令停办，被迫迁潍县，与文华中学合并办学。1920 年 3 月复返青岛，恢复办学。

本年 青岛礼贤书院接受周学熙捐助常年经费，更名青岛礼贤甲种商业学校。周书训辞管理职，劳乃宣为监督，高天元任校长。

1920 年（民国九年 庚申）

9 月 江西、安徽、浙江、江苏四省旅青商人集资创办三江旅青私立两级小学，址在今四方路 10 号。

秋 基督教美国南浸信会于胶县举办私立培基小学。1924 年迁青岛观海一路，后又迁到济宁路。

本年 青岛中华基督教长老刘寿山在上海路兴建会所，附设小学（今青岛上海路小学前身）。1921 年 8 月以青岛中华基督教私立国民小学校名开学。

1921 年（民国十年 辛酉）

5 月 据日本出刊的《青岛要览》统计，日本在青岛各类学校学生总数由开办时的 1400 名增加到 4207 名。其中，小学 2640 名、普通中学 737 名、中等职业学校 558 名、中国语学校 149 名、幼稚园 123 名。同期，日本占领当局为中国人设立 37 所公学堂，共计 125 个班、3356 名学生和 135 名教职员。

本年 美国人绝奎氏创办美国学堂（青岛亚美利加亚卡德米），址在今莱阳路，主要招收欧美各国在青岛的侨商子女。

1922 年（民国十一年 壬戌）

7 月 天主教德籍主教维昌禄（Episcopus Georgius Weig）举办私立圣功女子小学，址在德县路 13 号。

12 月 1 日 中国政府收回青岛主权，改称胶澳商埠。11 日胶澳商埠督办公署成立，内设政务处学务科，管理市区、乡区教育行政事务。这是青岛最早的由中国人设置的教育行政机关。12 月 20 日徐昌言任学务科科长。

12 月 胶澳商埠督办公署对 37 所日制公学堂接收，改制为六年制公立小学校(初级小学 4 年,高级小学 2 年)。有高级生的小学为两级小学校,无高级生为初级小学校。计有公立两级小学校 7 所、初级小学校 30 所。

1923 年(民国十二年　癸亥)

3 月　胶澳商埠督办公署政务处学务科改为政务课学务股。11 月 27 日徐昌言辞,赵同源任学务股股长。

4 月 25 日　富商刘子山捐助的私立青岛中学校成立,址在莱阳路 26 号,后迁大学路。10 月 21 日举行开学典礼,孙广钦任校长。

4 月　胶澳中国青年会附属模范小学校成立,址在湖南路。

本月　日本居留民团撤销李村小学,设立沧口寻常高等小学校,址在沧口大马路。9 月日本第一寻常高等小学四方分校独立为四方寻常高等小学校。

春　青岛明德中学因学生在胶澳商埠联合运动会上与美国学校学生发生械斗,再次停办。

7 月　胶澳商埠督办公署袭用德国伊尔蒂斯兵营,筹办胶澳商埠公立职业学校,王在密任校长。

9 月 10 日　胶澳公署农林事务所筹款建立林内义务小学,址在九水庵。

秋　青岛基督教青年会开办私立胶澳女子职业学校。1925 年春停办。

本年　礼贤甲种商业学校因周学熙停止捐款,更名胶澳商埠礼贤中学校,校长高天元辞职,刘铨法任校长。

平度县劝学所改为教育局,设局长 1 人、视学 2 人、教育委员 4 人、巡视员 2 人,并设学务董事会。

1924 年(民国十三年　甲子)

3 月 8 日　私立胶澳中学(今青岛第一中学前身)成立,陈名豫任校长,校舍袭用德国莫尔提克兵营(今登州路)。10 月与胶澳商埠公立职业学校共用德国伊尔蒂斯兵营为校舍。

3 月　胶澳女子职业学校开办,址在湖南路,张琴啸任校长。

本月　胶澳私立师范讲习所在李村开学,张鸣銮为董事长,王晓山任所长。1926 年停办。

4 月　袁荣叟任胶澳商埠督办公署学务股股长。5 月 1 日改乔曾佑任。5 月 22 日李贻燕充任。

5 月 29 日　私立青岛大学发起会召开,成立由高恩洪、邵恒浚、宋传典、傅炳昭、张德纯、刘子山、王子雍、宋雨亭、丁耀西、孙炳炎、孙广钦 11 人组成的校董事会,聘请国内学界名流梁启超、蔡元培、张伯苓、黄炎培等 24 人为名誉董事。

5 月 胶澳公署在原德胶澳总督府学校址成立公立女子两级小学校,连索兰卿任校长。

本月 胶澳商埠公立两级小学校成立,址在北京路。5 月 20 日崔肇祺为校长,8 月 5 日改谭家骏任校长。

7 月 11 日 礼贤书院创始人卫礼贤归国,青岛礼贤中学举行恭送仪式。

8 月 21 日 私立青岛大学校董事会召开会议,公推高恩洪为校长,聘请孙广钦为校务主任、李贻燕为教务主任。9 月 15 日学生入学,20 日开学上课。

9 月 28 日 私立青岛中学女校开学,址在大学路原私立青岛中学校址。

9 月 胶济铁路管理局开办胶济铁路青岛小学校,址在广西路 58 号。

本月 青岛私立文德女子中学(青岛第八中学前身)在青岛济阳路 7 号成立,此为 1914 年迁安丘、胶县与坤英女中合并的青岛淑范女子学堂。

11 月 私立青岛大学因校长高恩洪去职,由孙广钦暂代校务。11 月 21 日校董事会公议校董、山东省议长宋传典继任校长。

1925 年(民国十四年 乙丑)

1 月 美国基督教北长老会在阳信路原青岛私立明德中学校址重建学校,更名为私立胶东中学。1928 年因发生学潮再次停办。

5 月 29 日 胶澳督办温树德奉张宗昌电令,派军警镇压日本纱厂罢工工人,发生"青岛惨案"。私立青岛大学学生自治会召开学生大会,宣布罢课。30 日上海发生"五卅惨案",青岛学生联合会决议全市学生罢课。6 月 8 日青岛学界成立青沪惨案后援会,中学以上学生罢课。

7 月 张宗昌督鲁,胶澳商埠督办公署改名胶澳商埠局。10 月撤学务股改设教育局,李贻燕任教育局局长。1926 年 10 月 30 日陈命凡任教育局局长。

夏 美国基督教鲁东信义会在青岛市区日本神社旁举办萃英小学。

9 月 14 日 胶济铁路管理局在胶济铁路青岛小学内附设中学班(今青岛第六十六中学前身)。

10 月 胶澳商埠公立女子两级小学校附设初中班(今青岛第二中学前身)。

冬 美国基督教鲁东信义会在萃英书院基础上举办即墨萃英初级中学。

本年 即墨县劝学所改名教育局,胡维藩任局长。

1926 年(民国十五年 丙寅)

2 月 青岛中华基督教私立国民小学校立案,更名胶澳商埠中华基督教私立尚德小学校。

8月　附设于胶济铁路青岛小学内的中学班独立为初级中学。

9月　私立胶澳中学改名公立胶澳中学校,王敬模任校长。此为青岛最早的公立中学。

本年　美国基督教鲁东信义会在即墨城东门里考院北头举办坤德女子初级中学。1929年更名为私立鲁东女子初级中学。

1927年(民国十六年　丁卯)

3月　胶济铁路中学正式成立,校址迁广西路26号。同年冬与小学分立,许传音任校长。

8月　胶澳商埠公立女子两级小学附设初中部独立成校,定名为胶澳商埠公立女子中学校,租观海二路25号民房为校舍,校长由国文教员李岫华担任。1928年7月迁址湖南路。

1928年(民国十七年　戊辰)

春　胶济铁路中学迁址明水路。同年夏租用浙江路9号,增设高中班。1929年12月宋还吾任校长。

5月　受第二次北伐战争影响,宋传典弃职离校,私立青岛大学陷入困境。8月南京国民政府令筹建国立山东大学。1929年6月国立山东大学筹备委员会改为国立青岛大学筹备委员会。

本年　胶澳商埠计有公立男女中学各1所、小学52所(两级小学校16所、初级小学校36所),共有学生7383名、教职员254名,年经费12.39万元;另有私立学校11所(大学1所、中学2所、小学8所),共有学生1390名、教职员115名,年经费2.83万元;又有胶济铁路中学1所、小学2所;还有日本学校9所,学生2679名。

1929年(民国十八年　己巳)

4月16日　南京国民政府接收青岛,改胶澳商埠局为青岛接收专员公署。20日国民政府确定青岛市为特别市,隶国民政府行政院直辖。邓傅任教育局局长。

4月　公立胶澳中学更名青岛特别市市立中学校,王敬模离任,刘尚一暂代,旋任张鸿藻为校长。1930年3月张瑞鹭任校长。

6月12日　教育部聘何思源、王近信、赵太侔、彭百川、杜光埙、傅斯年、杨振声、袁家普、蔡元培 9 人为国立青岛大学筹备委员会委员。7 月 8 日蔡元培与教育部部长蒋梦麟在青岛召开全体筹备委员会议，推举何思源、傅斯年、杨振声、赵太侔、王近信为筹委会常务委员。

7 月 23 日 美国基督教北长老会胶东区会决议停办的明德中学恢复办学。8 月 3 日成立校董事会，定名青岛私立崇德初级中学校。9 月 18 日开学上课。同年校董事会于观象二路崇德中学二院附设崇德小学校。

8 月 2 日 青岛特别市政府设教育局，赵正平任代理局长。

秋 胶澳商埠公立女子中学更名青岛特别市市立女子初级中学校。1930 年秋迁莱阳路 26 号（今太平路 2 号）原私立青岛中学址，增设高中班，更名青岛市市立女子中学校。

本年 胶县瑞华小学初中部定名胶县私立瑞华中学校，实行男、女合校，址在胶县寺门首街路南原三官庙前。

平度县教育局增设经费委员会，视学改称督学。

1930 年（民国十九年　庚午）

3 月 青岛特别市教育局归并于市社会局，为社会局第三科，杨津生"兼代"。7 月复改教育局，韩安任局长，设二科及督学室，旋即督学室扩充为督学处，设督学主任 1 人、督学 4 人。

4 月 28 日 国民政府任命杨振声为国立青岛大学校长。6 月国立青岛大学确定设文学院，下设中文、外文、教育学 3 系；设理学院，下设数学、物理、化学、生物 4 系。张道藩任教务长，闻一多任文学院院长兼中文系主任，梁实秋任外文系主任兼图书馆馆长，黄际遇任理学院院长兼数学系主任，蒋德寿任物理学系主任，汤腾汉任化学系主任，曾省任生物学系主任。

8 月 青岛市立李村、韩哥庄、大麦岛、大埠东小学校各设童子军 1 个团。11 月又于市立朱家洼、段家埠小学校各设童子军 1 个团。至此全市有 10 所中小学校设立童子军。

9 月 15 日 青岛特别市政府改为青岛市政府。9 月 24 日徐崇钦任教育局局长。

10 月 1 日 青岛市民众教育馆设立，址在朝城路 7 号，内设科学、图书、演讲、体育、艺术等部。

秋 青岛市市立小学校更名青岛市市立北平路小学校，青岛市市立女子小学校更名青岛市市立江苏路小学校，两校男、女生兼收。

11 月 14 日 李村初级中学校成立，借用李村小学、李村普济分院、国民党区党部的房屋为校舍，谭建之任校长。1931 年在李村农园西南划给 14.21 亩土地建新校舍。

11 月　青岛市筹建市立实验小学校,附设幼稚园,址在兰山路 3 号。同月新增四方、郑疃、下王埠、臧家等 4 所市立初级小学校。

12 月　国立青岛大学教务长张道藩辞职,赵太侔任教务长,杜光埙任总务长。校务会议决定在体育部内附设军事训练组。

1931 年(民国二十年　辛未)

2 月 24 日　国立青岛大学决定将教育系扩为教育学院,5 月设教育行政系和乡村教育系,黄敬思任教育学院院长兼教育行政系主任,谭书麟任乡村教育系主任。

8 月　青岛私立礼贤中学校增设高级工程科,青岛市立中学附设师范科。

9 月 14 日　美国天主教圣方济各会设立的青岛私立圣功女子中学校(今青岛第七中学前身)举行开学典礼,林黄倩英任校长。

9 月　青岛市教育局取消春季始业,改为秋季始业,春季新生为预备班。

本月　胶济铁路中学校迁四方(今杭州路 5 号)。1932 年秋崔士杰任校长。青岛私立盲童学校成立,址在登州路 40 号,孟守信任校长。

10 月 1 日　国立青岛大学学生因九一八事变成立"反日救国会"。12 月 2 日学生请愿团 179 人不顾阻挠乘火车赴南京。12 月 17 日蒋介石电青岛市代理市长沈鸿烈,令其"转饬学生,求学救国各尽其责,勿越法规"。

12 月　教育部准青岛私立崇德初级中学校立案,青岛市政府自 1932 年 1 月起每月给予 50 元补助,以示鼓励。

本年　美国基督教鲁东信义会在即墨举办的私立萃英初级中学与私立鲁东女子初级中学合并,定名即墨县私立信义初级中学,1932 年迁胡家村南新校址。

即墨县立师范讲习所改为即墨县立初级中学,附设简易师范部。

1932 年(民国二十一年　壬申)

1 月 21 日　徐崇钦离任,市长沈鸿烈通过张伯苓选任天津南开中学训导主任雷法章为青岛市教育局局长。

6 月 12 日　青岛私立崇德初级中学校长王守清逝世,19 日教务主任王文坦继任校长。

6 月 16 日　由中共国立青岛大学地下组织领导的学生非常自治会成立,向校方提出取消学分淘汰制等数项要求。22 日因自治会的要求遭校方拒绝,全校学生罢课。校务会议决议开除 9 名带头罢课的非常学生自治会常委,由此引发学潮。27 日校方发出布告令全体学生休学 1 年,校长杨振声赴南京辞职。

7 月 3 日　教育部奉国民政府行政院令对国立青岛大学进行整理。10 日教育部电聘蒋梦麟、丁惟汾、傅斯年、赵太侔、何思源等 9 人组成国立青岛大学整理委员会。9 月 2 日行政院会议决议国立青岛大学更名国立山东大学,杨振声辞职照准,任命赵太侔为国立山东大学校长。

7 月　青岛市立中学高中第一届(普通科 33 名、师范科 28 名)学生毕业。8 月校长张瑞鹫辞职,谭书麟任校长。

本月　青岛市市立黄台路小学校(青岛丹东路小学前身)开办,附设幼稚园,址在黄台路 5 号,崔登桂任校长。

8 月 12 日　青岛圣功女子中学增设高中普通班,开设音乐科。

8 月　青岛市教育局举办第一届小学教员暑期学校。此后每 2 年举办 1 届,共办 3 届。

本月　青岛市市立朝城路小学校开办。

青岛市立四方职工补习学校及沧口职工补习学校成立。

9 月　国立山东大学聘杜光埙为教务长。文学院和理学院合并为文理学院;增设工学院,下设土木工程学系和机械工程学系;在济南设立农学院,下设研究部和推广部。

秋　李村初级中学增设乡村师范科和速成师范科,更名为青岛市市立李村中学校。

11 月　青岛私立盲童工艺学校"收归市办",杨纯任校长。1934 年增设音乐工艺等技术学科。

本年　青岛茂昌、胶澳、新生、山东、大伦 5 个工厂设立职工补习学校,全市共有职工补习学校 15 所、学员 2159 名。

1933 年(民国二十二年　癸酉)

1 月　青岛市立中学校长谭书麟辞职,董志学任校长。9 月师范科归并李村中学,附设的小学并入太平路小学。至此成为普通科中学校。

6 月 15 日　青岛市教育局奉教育部令举办首届中学生毕业会考。参加会考计有 5 所高中、83 名学生,及格毕业者 66 名;8 所初中、382 名学生,及格毕业者 279 名。19 日举办小学生毕业会考,共有 45 所小学、876 名学生与试,及格毕业者 801 名。

8 月 23 日　青岛圣功女子中学校长林黄倩英辞职,周铭洗继任校长。

9 月　青岛市市立太平路小学校开办,附设幼稚园,另于汇泉设分校。

本年　即墨县、胶县、平度县、莱西(阳)县均改教育局为县政府第五科。

1936 年改称第四科。

1934 年(民国二十三年　甲戌)

7 月 16 日　中华职业教育社第 15 次社员大会在青岛召开,黄炎培等会议代表参观沧口小学校、华新纱厂、果林苗圃等教育、实业、农业等设施。大会形成职业学校教育、职业补习教育、职业指导等主张。

7 月 30 日—8 月 25 日　青岛市青年暑期服务团由市立中学、礼贤、崇德、市立女中、文德女中 5 所中学 440 名学生组成,服务内容为户口调查、职业调查、整理劝导公共卫生及公共安宁、识字运动等。

7 月　青岛市将全市划分为 31 个社会教育中心区(市区 4 个、乡区 27 个),每区均设中心区社会教育学校 1 所,作为社会教育之枢纽。

9 月 25 日　为使妓女从良,青岛设立市立女子补习学校 2 所。第一女子补习学校址在四方路平康东里,其第一分校在黄岛路平康五里,第二分校在东镇平康六里;第二女子补习学校址在邱县路平康二里,其第一分校在冠县路平康三里,第二分校在河北路昇平里。

本年　青岛市立李村中学增设女子简易乡村师范科。

青岛小学教员实行级任制,每班编制比例:高级小学 1.5 人,初级小学 1.25人。青岛市教育局规定各级学校教职员统一着装:男教职员着制服,夏白色,冬藏青色;女教职员穿旗袍,夏浅蓝色,冬深蓝色。

1935 年(民国二十四年　乙亥)

2 月 3 日　济南东文学校迁青岛,改名私立东文书院,址在热河路 59 号,设中学部和夜学部,分别对中国学生教授日语,对日本学生教授汉语。

5 月 2 日　青岛市举行中学生军训大检阅,1800 余名学生参加,国民政府军事委员会北平分会委员长何应钦到会检阅并训话。

8 月 22 日　青岛市职工教育委员会改称劳工教育委员会。同年青岛市职工补习学校改称劳工学校。

本年　青岛市为推进实施义务教育,设立市立嘉祥路、临淄路、平定路 3 所短期小学校,学制 2 年。

天主教圣母文学会修士彭玉麟借明德小学房屋举办明德中学。

1936 年(民国二十五年　丙子)

2 月 10 日　青岛大港三号码头落成之际,国立山东大学学生冲进会场宣传

"一二·九"运动,市政当局派军警镇压,逮捕学生,引发学潮。

3月13日 国立山东大学校长赵太侔向教育部请辞。6月27日教育部训令,赵太侔辞职照准,暂由校务会议常务委员张煦、陈之霖、张闻骏代理校务。7月山东省政府委员林济青任代理校长。

4月13—19日 根据《青岛市学校师生服劳役办法大纲》,教育局会同工务局、农林事务所,组织全市7所中学男女师生2500余人服劳役,每日8小时。

4月28日 教育部政务次长段锡朋抵青岛,视察太平路小学、市立女中、市立中学及体育场,对"青岛教育设施及学校办理方针与成绩,颇表赞许"。

10月20日 青岛市市立初级农业职业学校开办,周亚青任校长。此为青岛第四所市立中学校。

秋 青岛市立李村中学更名青岛市市立李村师范学校,成为培养师资的中等专门学校。

本年 青岛沧口简易民众教育馆与市立沧口小学合并,更名沧口社会教育中心办事处。

1937年(民国二十六年 丁丑)

5月22日 熊希龄抵达青岛,商筹香山慈幼院与青岛合办婴儿园事宜。

8月14日 青岛发生日本海军陆战队水兵遭枪击事件,停泊在青岛海面上的十几艘日本军舰进入临战状态。22日市长沈鸿烈发布停课令,青岛市立、私立中小学校相继停办。9月10日青岛市教育局裁撤,归并社会局内,雷法章任代理社会局局长。

10月7日 国立山东大学决定内迁,9日停课。12月5日请准迁皖,在安庆市安徽大学校址开学,不久又迁四川万县。

本年 青岛共有大学1所、市立和私立中学校9所、市区市私立小学校27所、乡区小学校101所、社会教育机构(含特殊学校)7所。

1938年(民国二十七年 戊寅)

1月10日 日军占领青岛。17日傀偏政权青岛治安维持会成立。29日成立教育筹备处,陈命凡任主任。

2月23日 教育部令国立山东大学停办。4月14日教育部颁《国立山东大学校产保管办法》,规定停办期间所有教具等校产由保管委员3人保管。6月教育部令免除林济青国立山东大学代理校长职务。

3月1日 日伪青岛治安维持会饬令恢复江苏路、北京路、黄台路、台东镇、台西镇5所小学校及盲童工艺学校,校名前均冠以"会立"。11日恢复乡区的上流、张家下庄、朱家洼、韩哥庄、午山、沟崖、侯家庄、枯桃、山东头、浮山后、女姑山、沙沟、姜哥庄、于哥庄、段家埠、登窑、小村庄、大麦岛、薛家岛、北庄、黄岛、宿流、九水、孙家村、王哥庄、上葛场26所小学校。3月16日—5月1日又相继恢复乡区的臧家、赵哥庄、大河东、四方、枣园、吴家村、曲哥庄、黄埠、香里、板桥坊、浮山所、南庄、辛家庄、灵山岛14所小学校。至5月全市市区、乡区恢复上课的"会立"小学校共计46所、258个班,学生9979名、教职员249名。

3月1日　青岛私立东文书院由日伪名流组成校董会,日伪青岛治安维持会拨给胶州路市立医院3栋房屋做校舍。

3月23日　日伪青岛治安维持会社会部教育科成立,陈命凡任科长,宇野祐四郎为顾问。10月21日饭田晁三任顾问,宇野祐四郎改任督学室主任。

5月1日　青岛基督教青年会开办陋巷义学,创办人为美籍牧师德位思。

8月11—15日　日伪青岛治安维持会教育科举办中小学教职员暑期讲习会,共有399名教职员参加。此后至1941年每年举办,连续举办了4届。

9月16日　青岛市立中学、市立女子中学恢复办学。市立中学改称青岛市会立中学校,因校舍被日军占用,移至贵州路小学校舍,陈命凡兼任校长。市立女子中学改称青岛市会立女子中学校,因校舍被日军占用,移至朝城路小学校舍,连索兰卿任校长。

12月1日　青岛市会立中学附设特别师范科开学,招收高级中学毕业(或同等学历)男生40名。

本年　日伪在青岛共恢复市区中学校6所,有学生1679名、教职员133名;市区和乡区小学校62所,有学生16550名、教职员578名。

日伪设平度县公署教育科,并成立义务教育委员会。

1939年(民国二十八年　己卯)

1月10日　日本侵占青岛一周年,日伪青岛治安维持会改称青岛特别市公署。11日青岛治安维持会社会部教育科改称青岛特别市公署教育局,陈命凡任局长,顾问坂田晁三改任副局长。

2月7日　陈命凡辞青岛特别市市立中学校长职,石祖培接任。1940年5月14日石祖培辞职,王筱房任校长。1944年刘亦珽任校长。

2月16日　私立东文书院成立董事会,由日伪青岛市公署每月补助经费400元。3月转呈伪华北教育部备案,昼学部改为正式中学。1940年8月迁大学路2号清军总兵衙门旧址。

4月5日　胶济铁路局青岛铁路小学校恢复,更名为青岛扶轮小学校。

4月18日 济南铁路学院青岛分教场成立。1940年10月7日移至胶济铁路中学址。1941年7月西山喜三郎任主事（校长）。

4月 日本在青岛市立医院内举办5年制医科大学。1940年5月更名同仁会青岛东亚医科学院，向山美弘任院长。1944年7月改名青岛医学专门学校，学制4年，田中朝三任校长。

5月8日 日本为实施"大都市计划"，将即墨县和胶县划入青岛特别市管辖，分别改称即墨区和胶州区，其学校前加改"市立"二字。1941年1月统计，即墨区共有各级学校144所、学生7167名（女生681名）、教职员236名；胶州区共有各级学校121所、学生5600名（女生941名）、教职员230名。

1940年（民国二十九年　庚辰）

3月 中共党员曲华在青岛私立崇德中学进步学生中发展方勋、尹华、莫易、张辽为党员。6月成立中共青岛崇德中学支部，方勋任书记，此为青岛沦陷后市区建立的第一个党支部。同年秋崇德中学党支部在进步学生中组织青岛市青年抗战先锋团，张辽任团长，方勋任政委。

5月28日 日本在即墨城隍庙设立日语学院，左保田负一任院长；另在即墨考院街设立日语学校，小野喜正任校长。

6月12日 日本在蒲县路10号设立兴亚学院（日语补习学校），冈田清一任校长。

6月 青岛礼贤中学校经青岛特别市公署教育局核准备案，夏季开课。

9月10日 日伪青岛特别市教育局筹设的3处日语学校和2处商业补习学校同时开课。第一、第二、第三日语学校分别设于江苏路、黄台路、台东镇小学；第一、第二商业补习学校分别设于北京路、台西镇小学。

9月 平度县抗日民主政府设教育科。

10月 在青岛私立崇德中学就读的中共党员方勋、尹华、莫易遭校方勒令退学，张辽被开除学籍。方、尹、莫、张等转入市立中学，成立中共青岛市立中学支部，尹华任书记，张辽任副书记。中共青岛崇德中学支部重建，陈翼任书记。

11月 日伪青岛特别市教育局统计，市区、乡区共有各级学校108所、学生32680名、教职员1224名，比1939年11月增加学校29所、学生7959名、教职员251名。

1941年（民国三十年　辛巳）

2月 莱阳县划分莱西、莱东二县，莱西县抗日民主政府设教育科。

3 月 14 日　日伪青岛乡政局提请筹建胶州区初级中学,教育局核议具复,4 月 16 日开学。27 日即墨区初级中学成立,教育局奉伪华北政务委员会教育总署令准予备案。

4 月 6 日　青岛中学男生访日使节团一行 17 人离青赴日。12 日《青岛新民报》主办的中学女生访日使节团一行 9 人离青赴日。

5 月 6 日　青岛特别市市立师范学校招考新生。6 月 4 日行开学式,设简易师范科、师范本科、日语专修科,并设附属小学校,阎乐亭任校长。1944 年 1 月改王锦第任校长。

5 月　中共青岛市立女子中学支部成立,梅山任书记。9 月梅山转入私立文德女子中学,建立文德女中支部,并兼任书记。

11 月　青岛特别市市立兴亚路小学校成立,址在西山路 7 号,胡学勤任校长。

12 月 8 日　太平洋战争爆发。9 日驻青日军将英美设立的圣功、文德、崇德中学及圣功、崇德、培基小学等 6 所教会中小学校全部查封。之后按伪华北政务委员会教育总署训令改组各校董事会,29 日重新开学。

本年　始建于莱阳"国统区"的抗建小学随李先良进入崂山后,发展成抗建中学,址初在九水,后迁王哥庄晓望村。

平度设平南县教育科。

1942 年(民国三十一年　壬午)

1 月 20 日　据日伪青岛特别市警察局调查,全市识字者 263866 人,文盲 322555 人。

7 月 14 日　尹援一任青岛特别市公署教育局局长。1944 年 5 月 2 日伊里布任代理局长。

7 月　莱西南县抗日民主政府成立,设教育科。

9 月　日伪青岛当局新辟崂山行政办事处,并建教育管理机构。

本年　平西县抗日民主政府成立,设教育科。

1943 年(民国三十二年　癸未)

4 月 27 日　济南铁路学院青岛分教场更名为济南铁路局青岛铁路学院,设运输科、机务科、公务科 3 科,梁景璟任院长,11 月吉谷仁士任院长。

8 月　即东县抗日民主政府成立,设教育助理员管理教育。

11 月 14 日　日伪青岛特别市公署改称青岛特别市政府,日本人担任的教育局副局长改称辅佐官,先后为佐藤政吉、石川忠三郎。

1944 年（民国三十三年　甲申）

7 月　国民党青岛市政府在崂山成立简易乡村师范学校。

8 月 28 日　日伪青岛当局将美英教会设立的 6 所学校收归市办。其中,圣功、文德女中分别改为市立第二、第三女子中学校,崇德改为市立第二中学校,圣功小学改为市立第二女中附属小学校,培基小学校改为市立济宁路小学校,培德小学校改为市立观象路小学校。同时,原市立中学校改为市立第一中学校,原市立女子中学校改为市立第一女子中学校。

9 月　中共胶东区党委建立青年特支,张辽任书记,特支具体分工领导青岛市内青年学生的抗日救国斗争。

1945 年（民国三十四年　乙酉）

4 月 24 日　日伪青岛教育当局发动各校学生到兴业路联合农场、台西镇联合农场、海泊桥联合农场从事开荒耕作。

8 月 15 日　中国抗战胜利纪念日。8 月 23 日李先良在崂山成立青岛市接收委员会,下设行政、财政、警务、教育、公用、军事、港务、经济、社会等 11 个组,接收委员王文坦负责教育组。9 月 17 日李先良正式接收青岛行政,设秘书处、人事处、社会局、教育局等职能部门,王文坦兼代青岛市教育局局长。10 月 26 日孟云桥抵达青岛任教育局局长。

9 月 14 日　国立山东大学校产保管处向教育部申请接收学校停办时所交纳的契据、印信、文册等。28 日教育部高教司聘孟云桥兼任国立山东大学校产保管委员会委员,就近接收、保管在青岛的山大校产。

9 月　世界红卍字会青岛分会筹办的私立慈济初级普通商业科职业学校(后改称私立慈济商业职业学校)成立,址在鱼山路 37 号(后迁太平路 59 号),丛汝珠任校长。

本月　崂山抗建中学迁入市区大学路前东文书院旧址,定名私立抗建学校,董事长为李先良,代理校长吕颂华。

青岛市市立第一中学、市立第一女子中学分别恢复战前市立中学校、市立女子中学校名称;市立二中、市立第二、三女中分别恢复原名私立崇德中学校、私立圣功女子中学校、私立文德女子中学校。

国民党青岛市政府在崂山设立的市立简易乡村师范学校迁入市内胶州路。

11 月 15 日　青岛市教育局发布中小学教职员办理甄审登记通告。至 12

月 31 日,共有 577 名小学教员登记,参加甄审 1228 名;中学教员参加甄审者 195
名;登记的中学生计高中毕业者 39 名、简易师范毕业者 31 名、高初中肄业生 57
名,总计登记甄审教员、学生 2933 名。

12 月 2 日　马绪登等师范、市立学校毕业生联络市区各校毕业生集会,反
对不合理甄审。16 日青岛市部分高初中毕业生、小学教师 500 多人召开反甄审
大会,中共青岛特支成员以毕业生和在校学生的身份参加了会议,会议决定成立
青岛市教员学生联谊会。当晚,青岛文德女子中学教员费筱芝在马路张贴标语
时被军警开枪击中,因无人抢救流血过多不幸身亡。费筱芝惨案迅速引发青岛
教育界声势浩大的学潮。

本年　平东县抗日民主政府成立,设教育科。

中共南海专署在莱西院上村重建南海中学,于岫东任校长。

1946 年(民国三十五年　丙戌)

1 月 21 日　教育部特设济南临时大学补习班青岛分班(青岛临时大学)开
课,招收青岛失学大学生和高中毕业生 992 人,址在胶州路 1 号前日本青岛医学
专门学校校舍,4 月 29 日结业。

1 月 25 日　教育部同意国立山东大学复校,委派赵太侔代理校长。赵太侔
聘原山大总务长、时在岭南大学任教的周钟岐为复校委员会主任。2 月国民政
府任命赵太侔为校长。

1 月　青岛市市立沧口初级中学校(今青岛第三中学前身)成立,址在沧口
大马路 85 号前日本寻常小学内,校长初为朱子赤,3 月郑光农任校长,8 月马永
桢任校长。

2 月　青岛市立女子中学由朝城路迁原太平路 2 号址,林瑚辞职,江雪雯任
校长。9 月 1 日青岛市立朝城路小学校恢复。

本月　青岛私立英华聋哑学校成立,址在德平路 7 号,分预科、初级、高级,
实行半工半读,杜振东任校长。

3 月 3 日　教育部代电将前日本青岛医学专门学校及其附属医院划归国立
山东大学。是月命名附属医院为国立山东大学附属医院,依克伦任院长。

4 月 4 日　由日本西本愿寺改造后以沈鸿烈的字"成章"命名的青岛私立成
章小学校开学,张希周任校长。

4 月 23 日　青岛市教育会成立,选出 11 名理事、5 名候补理事和 7 名监事、
2 名候补监事,王文坦任理事长,赵士英、孙方锡为常务理事,周斌汉为常务监事。

4 月 26 日　由济南铁路局青岛铁路学院更名的交通部津浦区青岛扶轮中
学开学,王怀中任校长。

春 青岛市立中学初中部仍借用贵州路小学校舍。高中部迁位于临清路前日本铃木医院址，11月迁单县路前日本商业学校址。

6月初 赵太侔抵青岛主持复校工作。经教育部批准，复校后的国立山东大学新增农学（含水产学）、医学、地学等学科共5个学院15个学系，还设有大学先修班、高级护士学校。

6月 青岛市根据教育部实施纲要配合"自治组织"，将全市城乡所有市立小学校名均改为中心国民学校或保国民学校。

7月26日—8月25日 青岛市小学教员暑期讲习班举行，共抽调各小学教职员710人（含小学卫生导师135人）。此后至1948年连续举办了3届。

7月 青岛市立中学校长王文坦辞职，林冠一接任校长。1947年2月周斌汉任校长。

8月16日 由中国工业协会青岛分会筹办的私立高级工业职业学校成立，址在杭州路43号，尹致中任校长。1949年迁烟台，后并入山东工学院。

8月 青岛市立简易乡村师范学校校长孙方锡辞职，王桂浑任代理校长。11月更名青岛市市立李村师范学校。

本月 青岛中华基督教青年会在浙江路9号开办私立青年初级中学校（青岛第十二中学前身），赵化程任校长。

青岛私立胶澳中学校董事会成立，校址初设广饶路，后改设武定路29号，李树峻任校长。

青岛私立明德中学校复校，址在上海路58号乙（馆陶路），彭玉麟任校长。

青岛私立青华高级商业职业学校开办，址在保定路6号，沈冰任校长。

青岛美国学校在蒋介石的直接干预下择址恢复，址在龙口路1号，校长为迈克莱夫人。

9月 青岛市商会举办私立商业职业学校，址在临清路35号，王文坦任校长。1947年11月经教育部令备案。

10月5日 国民党山东省政府主席王耀武为蒋介石"祝嘏献校"，在青岛邀各界发起开办私立中正中学，董事长为王耀武，徐人众任校长。

10月25日 国立山东大学举行复校后的第一次开学典礼，12月28日举行庆祝复校纪念大会。

11月 青岛私立黎明中学开学，址在中庸路（今延安二路）53号，孙希朋任校长。

秋 青岛私立立达初级中学开始招生，校址在松山路10号，王绪兴任校长。

青岛市立高级医事职业学校成立，址在胶州路市立医院内，郭致文任校长。1947年6月王鸿智任校长。

本年 胶县南部置胶南县,至 1949 年共有"冬学"225 处、教员 258 名,11000 余人参加学习。

平南县、平西县、平东县抗日民主政府教育科均改名文教科。1949 年复为教育科。

1947 年(民国三十六年 丁亥)

1 月 27 日—2 月 28 日 青岛市教育局举办小学教员寒假讲习班,共抽调公私立小学教员 641 名,训练及格者 605 名。

1 月 中国回教协会青岛分会设立私立复真小学校,麻灿章任校长。

2 月 19 日 教育部批准国立山东大学理学院设海洋学系,附设海洋研究所。4 月 24 日聘童第周为海洋研究所所长,曾呈奎为副所长。

3 月 17 日 国民党海军代司令桂永清来青筹建海军军官学校。

4 月 24 日 国立山东大学教员因生活困难致电国民政府行政院及教育部要求增加工资,因未得结果 5 月 5 日起全体教职员罢教。27 日青岛市各小学校教员召开紧急会议通电教育部,声援山东大学教职员的合理要求。

5 月 1 日 美国驻华大使司徒雷登(John Leighton Stuart)来青岛,到国立山东大学发表演讲,学生自治会代表面递《致美大使书》,就美国军队强占山大校舍及美军在青岛的种种暴行提出抗议。

5 月 青岛梨园公会发起筹备梨园小学,址在李村路 8 号,是年秋季开学。

6 月 2 日 国立山东大学进步学生开展"反内战、反饥饿、反迫害"游行示威,遭青岛当局镇压,酿成"六二"惨案。

8 月 27 日 青岛市各界纪念孔子诞辰暨教师节大会举行,教育局向遴选的 60 名中小学优良教师颁发奖章。

8 月 青岛市教育局统计外埠"流亡"青岛的中等学校,共计 11 所(省立 1 所、县立 7 所、私立 3 所)、125 个班、7990 名学生、338 名教职员。

9 月 青岛私立东莱中学(青岛第十三中学前身)开办,址在临邑路 1 号,张之敬任校长。

本月 青岛市私立抗建学校更名青岛市私立劳山中学校,李先良仍任董事长兼校长,吕颂华仍任代理校长;其附属小学更名青岛市私立劳山小学校,朱乃洪任校长。是年,劳山中学在沙子口设立分校,刘明志任校长。

秋 青岛市私立振青中学成立,址在仙家寨村,李代芳任校长。

本年 青岛市各企业为员工子弟举办学校 12 所,其中中国纺织建设公司青岛分公司开办的员工子弟小学校 9 所、交通部津浦区举办的扶轮小学 2 所,还有联勤总部平津被服总厂青岛被服厂员工子弟小学校、青岛市黄海水产公司附设员工子弟小学。

即墨县改教育科为县政府第三科。

1948 年(民国三十七年　戊子)

3 月 31 日　青岛私立中正中学举行建校 2 周年大厦落成典礼,蒋介石、王耀武、于右任、孙科、王宠惠、何应钦、朱家骅等题词。

5 月 31 日　隋星源任青岛市教育局局长。

9 月 15 日　国民党青岛党政军警联席会报会议向青岛高等特种刑事法庭提供国立山东大学"匪谍嫌疑学生"名册。16 日 17 名学生被逮捕。11 月 13 日 7 名被捕学生获释,最终分 3 批释放。

本年　青岛市私立新生聋哑学校成立,郭琪任校长。

青岛市私立联义聋哑学校成立。

1949 年(民国三十八年　己丑)

1 月 14 日　山东大学护士学校定名为国立山东大学医学院附设高级护士学校。

1 月　国立山东大学水产学系兼职的部分教师随其所在的驻青渔业管理机构南撤,致使水产学系多门课程停开。后经多方努力,最终确定到上海复旦大学借读。山大由此爆发反南迁斗争。

本月　青岛市立女子中学校长江雪雯辞职,王鸿俊任校长。5 月 9 日青岛市立中学校长周斌汉辞职,吕存心"暂代"校长职。

2 月　中共胶东区委根据华东局指示成立青岛准备接管委员会,对外称青岛教育研究会,下设秘书、组织、教育 3 个组,教育组由王卓青负责。

3 月 10 日　青岛市教育局局长隋星源辞职照准,李涤生暂代局务。4 月 4 日国民党山东省政府秘书长杨展云任青岛市教育局局长。

5 月 9 日　国立山东大学应变委员会成立,主席为赵太侔,由训导长宋君复、总务长阎敦及教员会代表、职员会代表、工人团体代表、学生自治会代表共 13 人组成。

5 月 24 日　青岛市军事管制委员会成立,下设文教部,王哲任部长,王卓青为副部长。

6 月 2 日　青岛解放。

参考文献

一、中国史籍及教育史

（一）中国史籍

[1]班固.汉书卷十二:平帝纪第十二[M]∥汉书:第1册.北京:中华书局,1962.

[2]范晔.后汉书卷八十三:逸民列传七十三[M]∥后汉书:第10册.北京:中华书局,1965.

[3]李百药.北齐书卷三十一:列传第二十三[M]∥北齐书:第2册.北京:中华书局,1972.

[4]李延寿.北史卷四十一:列传第二十九[M]∥北史:第5册.北京:中华书局,1974.

[5]李延寿.南史卷五十:列传第四十[M]∥南史:第4册.北京:中华书局,1975.

[6]欧阳修,宋祁.新唐书卷一百一十二:列传第三十七[M]∥新唐书:第13册.北京:中华书局,1975.

[7]张廷玉,等.明史卷七十五:志第五十一[M]∥明史:第6册.北京:中华书局,1977.

[8]赵尔巽,等.清史稿卷一百六:志八十一[M]∥清史稿:第12册.北京:中华书局,1977.

[9]司马迁.史记卷六:秦始皇本纪第六[M]∥史记:第1册.北京:中华书局,1982.

[10]陈寿.三国志卷二十九:魏书二十九[M]∥三国志:第3册.北京:中华书局,1982.

[11]脱脱,等.宋史卷二百八十六:列传第四十五[M]∥宋史:第28册.北京:中华书局,1985.

[12]吕不韦,毕沅.吕氏春秋卷十一:仲冬纪[M]∥吕氏春秋:第1册.经训堂影印本.北京:中华书局,1991.

（二）外国人著中国史

[13]费正清.剑桥中国晚清史(1800—1911年)[M].中国社会科学院历史研究所编译室,译.北京:中国社会科学出版社,1985.

[14]崔瑞德.剑桥中国隋唐史(589—906年)[M].中国社会科学院历史研究所西方汉学研究课题组,译.北京:中国社会科学出版社,1990.

[15]崔瑞德,鲁惟一.剑桥中国秦汉史(公元前221年—公元220年)[M].杨品泉,张书生,陈高华,等译.北京:中国社会科学出版社,1992.

[16]费正清,费维恺.剑桥中华民国史(1912—1949年)[M].刘敬坤,等译.北京:中国社会科学出版社,1994.

[17]傅海波,崔瑞德.剑桥中国辽西夏金元史(907—1368年)[M].史卫民,等译.北京:中国社会科学出版社,1998.

[18]崔瑞德,牟复礼.剑桥中国明代史(1368—1644年)[M].杨品泉,等译.北京:中国社会科学出版社,1998.

(三)中国教育史料

[19]毛礼锐,瞿菊农,邵鹤亭.中国古代教育史[M].北京:人民教育出版社,1983.

[20]李华兴.民国教育史[M].上海:上海教育出版社,1997.

[21]陈景磐.中国近代教育史[M].3版.北京:人民教育出版社,2004.

[22]田正平.中国教育史研究:近代分卷[M].上海:华东师范大学出版社,2009.

[23]中国教育通史[M].9-14卷.北京:北京师范大学出版社,2013.

[24]朱有瓛.中国近代学制史料[M].3辑6册本.上海:华东师范大学出版社,1983-1992.

[25]璩鑫圭,唐良炎.中国近代教育史资料汇编:学制演变[G].上海:上海教育出版社,2007a.

[26]朱有瓛,戚名琇,钱曼倩,等.中国近代教育史资料汇编:教育行政机构及教育团体[G].上海:上海教育出版社,2007.

[27]陈元晖,李桂林,戚名琇,等.中国近代教育史资料汇编:普通教育[G].上海:上海教育出版社,2007.

[28]潘懋元,刘海峰.中国近代教育史资料汇编:高等教育[G].上海:上海教育出版社,2007.

[29]璩鑫圭,童富勇,张守智.中国近代教育史资料汇编:实业教育 师范教育[G].上海:上海教育出版社,2007b.

[30]张研,孙燕京.民国史料丛刊:文教(高等教育)[G].影印本.郑州:大象出版社,2009.

[31]中国第二历史档案馆.中华民国史档案资料汇编:第3辑(教育)[G].南京:凤凰出版社,2010a.

[32]中国第二历史档案馆.中华民国史档案资料汇编:第5辑.3编(教育)[G].南京:凤凰出版社,2010b.

二、山东、青岛地方史志及教育史

（一）山东地方史志及教育史

[33]中共山东党史研究室.中共山东地方史[M].济南:山东人民出版社,1998.

[34]《民国山东通志》编辑委员会.民国山东通志[M].4册本.台北:山东文献杂志社,2002.

[35]安作璋,王志民.齐鲁文化通史[M].8卷本.北京:中华书局,2004.

[36]安作璋.山东通史[M].9卷12册本.北京:人民出版社,2009.

[37]严有禧.乾隆莱州府志[M]//中国地方志集成·山东府县志辑:第44册.乾隆五年刻本影印本.南京:凤凰出版社,2004.

[38]赵承福.山东教育通史[M].2卷本.济南:山东人民出版社,2001.

[39]山东省地方史志编纂委员会.山省志·教育志[M].济南:山东人民出版社,2003.

[40]李伟,魏永生.山东教育史[M].济南:山东人民出版社,2011.

[41]栾开政.山东高等教育发展史(1840—2000)[M].济南:山东教育出版社,2003.

(二)青岛地方史志资料

[42]叶春墀.青岛概要[M].上海:商务印书馆,1922.

[43]赵琪,袁荣叟.胶澳志[M]//中国地方志丛书·华北地方:第 62 号.青岛华昌印刷局影印本.台北:成文出版社,1968.

[44]陆安.青岛近现代史[M].青岛:青岛出版社,2001.

[45]青岛市史志办公室.青岛市志·体育志[M].北京:新华出版社,1994a.

[46]青岛市史志办公室.青岛市志·卫生志[M].北京:新华出版社,1994b.

[47]青岛市史志办公室.青岛市志·外事志/侨务志[M].北京:新华出版社,1995.

[48]青岛市史志办公室.青岛市志·农业志[M].北京:中国大百科全书出版社,1996.

[49]青岛市史志办公室.青岛市志·民族宗教志[M].北京:新华出版社,1997a.

[50]青岛市史志办公室.青岛市志·海洋志[M].北京:新华出版社,1997b.

[51]青岛市史志办公室.青岛史志·文化志/风俗志[M].北京:新华出版社,1998.

[52]青岛市史志办公室.青岛市志·科学技术志[M].北京:新华出版社,1999.

[53]青岛市史志办公室.青岛市志·沿革区划志[M].北京:新华出版社,2000.

[54]青岛市史志办公室.青岛市志·人口志[M].北京:五洲传播出版社,2001.

[55]张同声,李图,等.道光重修胶州志[M]//中国地方志集成·山东府县志辑:第 39 册.道光二十五年刻本影印本.南京:凤凰出版社,2004.

[56]叶钟英,匡超.民国增修胶志[M]//中国地方志集成·山东府县志辑:第 42 册.大同印刷社影印本.南京:凤凰出版社,2004.

[57]保忠,吴慈,李图,等.道光重修平度州志[M]//中国地方志集成·山东府县志辑:第 43 册.道光二十九年刻本影印本.南京:凤凰出版社,2004.

[58]丁世平,刁承襄,尚庆翰.民国平度县续志[M]//中国地方志集成·山东府县志辑:第 43 册.昌阳书局影印本.南京:凤凰出版社,2004.

[59]林溥,周翕镳.同治即墨县志[M]//中国地方志集成·山东府县志辑:第 47 册.同治十二年刻本影印本.南京:凤凰出版社,2004.

[60]梁秉锟,杨酉桂,王丕煦.民国莱阳县志[M]//中国地方志集成·山东府县志辑:第 53 册.昌阳书局影印本.南京:凤凰出版社,2004.

[61]山东省莱西县志编纂委员会.莱西县志[M].济南:山东人民出版社,1989.

[62]即墨县县志编纂委员会.即墨县志[M].北京:新华出版社,1991.

[63]胶南县史志编纂委员会.胶南县志[M].北京:新华出版社,1991.

[64]周铭旗,等.即墨县乡土志[M].光绪三十四年点校影印本.北京:中国文史出版社,2011.

[65]黄宗昌.崂山志[M]//沈云龙.中国名山胜迹志丛刊:第 2 辑.黄於斯堂影印本.台北:文海出版社,[1971].

[66]周至元.崂山志[M].济南:齐鲁书社,1993.

[67]黄肇颚.崂山续志[M].手抄点校影印本.济南:山东省地图出版社,2008.

[68]青岛市博物馆,等.德国侵占胶州湾史料选编(1897—1898)[M].济南:山东人民出版社,1987.

[69]青岛市档案馆.青岛开埠十七年——《胶澳发展备忘录》全译[M].北京:中国档案出版社,2007.

[70]青岛市档案馆,中国第一历史档案馆.胶州湾事件档案史料汇编[G].青岛:青岛出版社,2011.

[71]青岛市档案馆,青岛市政协文史资料委员会.中国收回青岛档案史料汇编[G].青岛:青岛出版社,2012.

[72]青岛市档案馆,等.胶澳商埠档案史料选编[M].2013(1)-2018(5).青岛:青岛出版社,2013-2018.

[73]青岛市档案馆.国民党青岛市抗日游击武装档案史料选编[M].青岛:青岛出版社,2015.

[74]卫礼贤.中国心灵[M].王宇洁,罗敏,朱晋平,译.北京:国际文化出版公司,1998.

[75]余凯思.在"模范殖民地"胶州湾的统治与抵抗——1897—1914年中国与德国的相互作用[M].孙立新,译.济南:山东大学出版社,2005.

[76]杜威.再访山东[M]∥杜威全集·中期著作(1899—1924):第13卷.赵协真,译.上海:华东师范大学出版社,2012.

[77]谋乐.青岛全书[M].青岛印书局影印本.青岛:青岛出版社,2014.

[78]青岛市青年运动史工作委员会,共青团青岛市委青年运动史办公室.风起云涌撼岛城——青岛教员学生反甄审运动专辑[M].济南:山东大学出版社,1989.

[79]张绍麟.岛城春秋[M].北京:中共党史出版社,1992.

[80]中共青岛市委党史研究室.中共青岛地方史:第1卷(1923—1949)[M].北京:中共党史出版社,2003.

[81]中共青岛市委党史研究室.中共青岛地方史大事记(1921—1949)[M].北京:中共党史出版社,2006.

[82]青岛老区建设发展促进会.青岛革命老区历史长编[M].青岛:青岛出版社,2006.

[83]李先良.李先良回忆录:鲁东及青岛抗战纪实[M].北京:中国文史出版社,2013.

(三)青岛区志、社区志、村志

[84]青岛市黄岛区地方史志编纂委员会办公室.黄岛区志[M].济南:齐鲁书社,1995.

[85]青岛市沧口区志编纂委员会.青岛市沧口区志[M].北京:中国出版社,2004.

[86]《小庄社区志》编纂委员会.小庄社区志[M].北京:中国书籍出版社,2014.

[87]《东宅子头社区志》编纂委员会.东宅子头社区志[M].济南:黄河出版社,2014.

[88]《杨家村社区志》编纂委员会.杨家村社区志[M].济南:黄河出版社,2014.

[89]《东流亭社区志》编纂委员会.东流亭社区志[M].北京:方志出版社,2014.

[90]青岛市崂山区大麦岛村志编纂委员会.大麦岛村志[M].北京:五洲传播出版社,2003.

[91]《沟崖村志》编纂委员会.沟崖村志[M].兰州:兰州大学出版社,2006.

[92]郑庄村志编纂委员会.青岛郑庄村志[M].北京:中国出版社,2006.

[93]青岛市崂山区石老人村志编纂委员会.石老人村志[M].北京:中国国际文化出版社,2008.

[94]《毕家上流村志》编纂委员会.毕家上流村志[M].济南:黄河出版社,2010.

[95]青岛市崂山区史志办公室.金家岭村志[M].北京:方志出版社,2010.

[96]《北村志》编纂委员会.北村志(1404—2009)[M].济南:黄河出版社,2010.

[97]《毛公地村志》编纂委员会.毛公地村志[M].北京:方志出版社,2011.

[98]青岛市李沧区大枣园村志编纂委员会.大枣园村志[M].北京:方志出版社,2011.

[99]《上臧村志》编纂委员会.上臧村志[M].济南:黄河出版社,2013.

(四)青岛教育史相关资料

[100]日人在鲁设学之调查[M]∥中国年鉴.上海:商务印书馆,1924.

[101]胶澳商埠督办公署民政科学务股.胶澳商埠教育汇刊[Z].1924.

[102]青岛市教育局.青岛教育[J].1933,1(1)—1937,4(9).

[103]青岛市教育局.青岛教育概览[Z].1934.

[104]青岛市劳工教育委员会.青岛市劳工教育概况[Z].1936.

[105]青岛特别市教育局.青岛教育周刊[J].1938,1(1)—1939,2(48).

[106]青岛特别市教育局.青岛教育半月刊[J].1940,1(1)—1941,2(7).

[107]山东教育史志资料(青岛专辑)[J].1985(5).

[108]青岛市史志办公室.青岛市志·教育志[M].北京:新华出版社,1994c.

[109]山东大学百年史编委会.山东大学百年史(1901—2001)[M].济南:山东大学出版社,2001.

[110]青岛市李沧区教育志(1898—2002)[M].北京:中国出版社,2005.

[111]刘增人,王焕良.青岛高等教育史:现代卷[M].北京:人民出版社,2008.

[112]《城阳区教育志》编纂委员会.城阳区教育志[M].济南:黄河出版社,2015.

(五)青岛校史资料

[113]青岛市私立礼贤中学校.青岛礼贤中学校廿五周纪念册[Z].1925.

[114]私立青岛大学.私立青岛大学一览[Z].1925.

[115]国立青岛大学.二十年度国立青岛大学一览[Z].1931.

[116]国立山东大学.国立山东大学一览[Z].1933.

[117]青岛私立圣功女子中学校.青岛私立圣功女子中学校刊[Z].1935.

[118]青岛市市立中学校.青岛市立中学十周纪念特刊[Z].1936.

[119]国立山东大学.国立山东大学年刊[Z].1936.

[120]青岛市私立中正中学校.青岛市私立中正中学建校二年大厦落成纪念册[Z].1948.

[121]国立山东大学.国立山东大学概览[Z].1948.

[122]钱国旗.青岛大学校史[M].北京:中央文献出版社,2014.

[123]张静.中国海洋大学大事记[M].青岛:中国海洋大学出版社,2014.

[124]山本一生.私立青岛大学的创办——以其与日华实业协会关于青岛商科大学筹办计划之间的关系为中心[M]∥修斌.海大日本研究:第2辑.青岛:中国海洋大学出版社,2012.

(六)青岛近代教育档案资料

[125]青岛市县区立暨私立民众教育馆概况调查表[A].南京:中国第二历史档案馆(1929:2021-262).

[126]为呈送本县私立瑞华初级中学三十二届毕业生表册恭请核备由[A].济南:山东省档案馆(1943:J101-12-0206-001).

[127]中国教育部对在青岛办学的几点异议——致帝国海军署国务秘书的报告[A].青岛:青岛市档案馆(1908:B0001-008-00013-0005/7).

[128]山东省长公署就礼贤中学学生失学开办新校事给胶澳商埠督办公署的令[A].青岛：青岛市档案馆(1923：B0022-001-00348).

[129]私立青岛大学请拨补助费的函批[A].青岛：青岛市档案馆(1924：B0029-001-02090).

[130]关于教育局代理局长赵正平辞职遗缺派杨津生兼代的训令[A].青岛：青岛市档案馆(1930：B0027-004-00049-0018).

[131]转行政院关于国立青岛大学更名国立山东大学原校长杨振声免职任命赵畸为校长的公函[A].青岛：青岛市档案馆(1932：B0032-001-00421-0024).

[132]青岛美国学校关于召开董事会、聘请教师、学校工作报告的来往信件[A].青岛：青岛市档案馆(1937：B0060-003-0004).

[133]关于准发给市立女中校长连索兰卿退职金十六个月薪额的指令[A].青岛：青岛市档案馆(1943：A0020-001-00378).

[134]关于检送局长孟云桥简历表的便函[A].青岛：青岛市档案馆(1945：B0027-001-0075-0001).

[135]关于核示市立各小学增设自费班应妥慎筹谋不得中途请改公费的训令[A].青岛：青岛市档案馆(1948：B0027-006-06814-0001).

[136]青岛市政府教育局施政报告(1945年9月—1946年9月)[A].青岛：青岛市教育史志档案室(1946：Aa-6-6).

[137]青岛市中学区划分及调整增设公立中学计划[A].青岛：青岛市教育史志档案室(1946：Aa-6-9).

（七）报载青岛教育资料

[138]胶督关闭震旦公学详情[N].顺天时报,1909-01-07(光绪三十四年十二月十六日).

[139]学部奏陈青岛高等学堂礙议情形[N].申报,1909-08-25.

[140]旅鲁日侨皆怀无理之希望[N].晨报,1922-03-07.

[141]青岛国民会议促成会宣言[N].民国日报,1925-02-10.

[142]教部筹备设青岛大学　委何思源等为筹备委员[N].大公报,1929-06-17.

[143]青岛崇德中学扩充商科续招新生广告[N].青岛时报,1935-09-13.

[144]山东大学又起风潮　因开除学生引起　昨日该校停止上课[N].工商新报,1936-03-03.

[145]治安维持会委定五小学校长　先行开班五校已开始招生　陈命凡视察各校筹备情况　新教科书本月十日可到青[N].青岛新民报,1938-03-03.

[146]费筱芝被狙击毙命　当局严令缉凶[N].民言报,1945-12-20.

[147]教育部李督学视察青市教育　教员待遇过低办公费不足　造就优秀学子须调整师资[N].平民报,1946-01-20.

[148]府委陈果夫莅青　昨参观产业馆殷嘱善为利用[N].军民日报,1947-08-24.

[149]反对水产系南迁　山大学生游行　行列遍历各院情绪激昂[N].联青晚报,1949-03-30.

三、教育史研究著述

（一）教育史论著

[150]国民政府教育部.第一次中国教育年鉴[M].上海:开明书店,1934.

[151]国民政府教育部.第二次中国教育年鉴[M].上海:商务印书馆,1948.

[152]徐传德.南京教育史[M].北京:商务印书馆,2007.

[153]刘仲华.北京教育史[M].北京:人民出版社,2008.

[154]山东大学百年史编委会.山东大学百年史[M].济南:山东大学出版社,2001.

[155]刘廷銮,孙家兰.山东明清进士通览[M].济南:山东文艺出版社,2014.

[156]费·鲍尔生.德国教育史[M].滕大春,滕大生,译.北京:人民教育出版社,1986.

[157]王桂.日本教育史[M].吉林:吉林教育出版社,1987.

（二）教育史论文

[158]杜成宪.20世纪关于中国教育史分期问题的探索[J].华东师范大学学报(教育科学版),2000,18(3):85-90.

[159]田正平.论民国时期的中外人士教育考察——以1912年至1937年为中心[J].社会科学战线,2004(3):170-179.

[160]余子侠.日伪统治下华北沦陷区的高等教育[J].近代史研究,2006(6):70-89.

[161]陈桂生.共和国黎明时分"新教育"与"旧教育"观念的再认识[J].全球教育展望,2009(8):40-45.

[162]李剑萍.辛亥革命与现代教育宗旨的确立——兼论教育家与教育创新[J].教育研究,2012(5):123-129.

[163]于珍.农村教育史研究的别样视角:受教育者的口述史研究[J].教育教学论坛,2014(37):94-95.

[164]赵少峰,崔文龙.清末德国对华学校政策与青岛蒙养学堂的创办[J].江南大学学报(人文社会科学版),2016(1):54-60.

[165]申国昌,史降云.交锋与博弈:抗战时期区域教育格局的特点[J].河北师范大学学报(教育科学版),2017(1):28-32.

（三）博士学位论文

[166]张蓉.中国近代民众教育思潮研究[D].上海:华东师范大学,2001.

[167]胡涤非.近代中国政治变迁中的民族主义[D].上海:复旦大学,2004.

[168]胡向东.民国时期中国考试制度的转型与重构[D].武汉:华中师范大学,2006.

[169]贺金林.抗战胜利后国民政府教育复员研究[D].广州:中山大学,2007.

[170]赵洪玮.德占时期青岛城市发展研究[D].太原:山西大学,2008.

[171]王运明.1928—1937年山东中等教育研究[D].北京:首都师范大学,2011.

[172]吴莹.日本近代实用主义教育思想及其实践[D].长春:吉林大学,2013.

[173]黄海涛.抗战胜利后青岛教育甄审与师生反甄审运动[D].北京:中共中央党校,2017.

四、外文资料

[174]PUGACH N H.Embarrassed Monarchist: Frank J. Goodnow and Constitutional Development in China, 1913-1915[J]. Pacific Historical Review,1973,42(4).

[175]LEBRA J.Japen's Greater East Asia Co-prosperity Sphere in World War II[M].Kuala Lumpar:Oxford University Press,1975.

[176]SEELEMANN D A.The Social and Economic Development of the Kiaochao Leaschold under German Administration 1897-1914[D].Toronto:University of Toronto,1982.

[177]SCHLUNK M.Die Schulen für Eingeborene in den deutschen Schutzgebieten[M].Hamburg,1914.

[178]WILHELM S.Richard Wilhelm-Der geistige Mittler zwischen China und Europa[M].Düsseldorf:Eugen Diederichs Verlag,1956.

[179]RIVINIUS K J.Traditionalismus und Modernisierung,Das Engagement von Bischof Augustin Henninghaus auf dem Gebiet des Bildungs und Erziehungswesens in China(1904-1914)[M]. Nettetal:Steyler Verlag,1994.

[180]HUANG Y.Der deutsche Einfluss auf die Entwicklung des chinesischen Bildungswesens 1871-1918[M].Frankfurt:Peter Lang,1995.

[181]HIERY H J,HINZ H M.Alltagsleben und Kulturaustausch:Deutsche und Chinesen in Tsingtau 1897-1914[M].Berlin:Edition Minerva,1999.

[182]田原天南.膠州湾[M].満州:日日新聞株式会社,1914(大正三年).

[183]青岛守備軍民政署.青岛要覧[M].青岛:蘆沢印刷所,1922(大正十一年).

[184]青岛概要[M]∥山東案内.青岛:日華社,1936(昭和十一年).

[185]谷川原.青岛特別市の日本語教育[J].日本語,1941,1(3).

[186]日華実業協会報告(自大正十一年六月至大正十二年五月)第3回総会及評論員会における報告[G]∥渋沢栄一伝記資料(第55巻).東京:竜門社,1964.

[187]槻木瑞生.『大東亞戦争』期における日本植民地、占領地の総合研究[M].東京:皓星社,2002.

[188]米村秀司.消えた学院-日中共学を実践した『青岛学院』の三十年を追う-[M].鹿児島:ラグーナ出版,2011.

作者相关研究举要

一、教育史论著

[1]半个世纪风雨——1891—1949青岛教育大事记述[M].青岛:青岛出版社,2009.

[2]青岛教育纪事长编[M].北京:中国档案出版社,2010.

[3]20世纪30年代青岛教育界作家群研究[M].青岛:青岛出版社,2013.

[4]旅寓青岛教育名人现象研究[M].青岛:青岛出版社,2014.

[5]卫礼贤与近代青岛新式学校教育研究[M].青岛:青岛出版社,2015.

[6]蔡元培与民国青岛教育研究[M].青岛:青岛出版社,2017.

二、教育史论文

[7]陶行知与毛泽东:历史的机缘与邂逅——纪念陶行知逝世60周年、毛泽东逝世30周年[J].教育史研究,2006(3):58-62.

[8]托尔斯泰对鲁迅人道主义教育思想的影响——纪念鲁迅逝世70周年[J].中国德育,2006,1(10):8-11.

[9]孟子与柏拉图:痴迷于善与美的精神家园[J].当代教育科学,2006(23):15-18.

[10]王国维译介西方教育学说的嬗变历程[J].教育史研究,2007(1):49-52.

[11]小原国芳全人教育的实践和理论背景——纪念小原国芳诞辰120周年、逝世30周年[J].临沂师范学院学报,2007,29(4):12-16.

[12]欧阳修的科举仕途与嘉祐贡举革新——纪念欧阳修诞辰1000周年[J].绵阳师范学院学报,2007,26(12):36-40.

[13]抑恶扬善:荀子和亚里士多德的诉求[J].当代教育科学,2007(19):8-11.

[14]梁启超与福泽谕吉:中日教育近代化的启明星[J].滨州学院学报,2008,24(1):32-36.

[15]容闳与晚清幼童出洋"教育计划"[J].教育史研究,2008(3):26-30.

[16]晏阳初与梁漱溟乡村教育思想基础比论[J].山东教育学院学报,2008,23(5):4-7.

[17]程颢与程颐德育思想比较研究[J].中国德育,2008,3(9):30-34.

[18]老舍的教育思想及在青岛的教育活动——纪念老舍诞辰110周年[J].青岛大学师

范学院学报,2009,26(4):123-128.

[19]李贽与利玛窦:儒学与基督的对话[J].教育史研究,2010(4):18-21.

[20]孙中山1912年青岛之行的几个问题求索[J].青岛科技大学学报(社科版),2011,27(2):105-108.

[21]典籍与教科书同构:朱熹纂辑《四书》的理路[J].齐鲁学刊,2012(2):14-20.

[22]何思源教育改革思想的形成与实践[J].中央社会主义学院学报,2013(1):111-115.

[23]胡峄阳:平民隐逸学者的人文情怀[J].教育史研究,2013(1):14-19.

[24]胶潍鸿儒柯劭忞治史与教育管窥——柯劭忞逝世80周年祭[J].潍坊学院学报,2013,13(5):20-26.

[25]劳乃宣:遗臣流恨"劳"而无功[J].齐鲁师范学院学报,2014,29(2):112-118.

[26]马寅初1930年代青岛演讲及其经济教育思想[J].中国成人教育,2015(14):147-150.

[27]邓恩铭在青岛大革命时期的教育活动[J].中共青岛市委党校学报,2016(1):48-54.

[28]1923—1936年的青岛小学教师暑假培训活动[J].教师发展研究,2017,1(3):93-100.

[29]蔡元培与国立青岛大学——纪念蔡元培先生诞辰150周年[J].东方论坛,2018(1):12-18.

[30]南京政府时期青岛的教育视导工作[J].北京教育学院学报,2018,32(6):75-82.

[31]刘铨法与青岛礼贤中学土木工程科考述——刘铨法先生冥诞130周年祭[J].青岛职业技术学院学报,2019,32(6):80-86.

三、报载史论文章

[32]高僧法显的西行东归[N].青岛日报,2016-06-01(4).

[33]蔡元培留在青岛的历史影像:上[N].青岛早报,2018-04-15(8/9).

[34]蔡元培留在青岛的历史影像:下[N].青岛早报,2018-04-22(8/9).

[35]凌道扬在青岛:抒写首席林务官的传奇——纪念凌道扬先生诞辰130周年[N].青岛早报,2018-07-15(8/9).

[36]劳乃宣在青岛:于新旧十字路口徘徊[N].青岛早报,2018-07-29(8/9).

[37]康有为在青岛:不甘沉落的无奈寓公——纪念康有为先生诞辰160周年[N].青岛早报,2018-08-12(8/9).

[38]卫礼贤在青岛:一个德国传教士的惊鸿蝶变:上[N].青岛早报,2018-09-09(8/9).

[39]卫礼贤在青岛:一个德国传教士的惊鸿蝶变:下[N].青岛早报,2018-09-16(8/9).

[40]顾随在青岛:苦水词人的海滨咏叹[N].青岛早报,2019-02-11(12/13).

[41]弘一法师在青岛:荡起湛山寺的律宗梵音[N].青岛早报,2019-02-25(12/13).

[42]吴伯箫在青岛:第一次看海的"山屋"居客[N].青岛早报,2019-03-11(12/13).

[43]雷厉风行,有法有章——雷法章在青岛,书写教育生涯篇章[N].半岛都市报,2019-06-18(B02/B03).

[44]徐中玉在青岛:民国山大最后一位"缪斯"[N].青岛早报,2019-07-22(12/13).

[45]汪静之在青岛:谈不完的情呦说不尽的爱[N].青岛早报,2019-08-12(12/13).

[46]陈梦家在青岛:枕着波涛与钟声从梦中醒来[N].青岛早报,2019-09-09(12/13).

[47]陈干在青岛:彰显武略文韬穷达尽善的精神谱系[N].青岛早报,2019-10-14(12/13).

[48]费筱芝在青岛:寒夜喋血街头的未绽玫瑰[N].青岛早报,2019-11-11(12/13).

[49]闻一多在青岛:向"内"转的苦楚与热爆的《奇迹》——纪念闻一多先生诞辰120周年[N].青岛早报,2019-11-18(12/13).

[50]老舍在青岛:幽默"樱""蛤"与《骆驼祥子》的悲情——纪念老舍先生诞辰120周年[N].青岛早报,2019-12-02(12/13).

四、主持研究课题/项目

[51]以经典阅读为支持的教师职后教育模式的研究(全国教育科学"十一五"教育部规划课题:FHB070415).北京:全国教育科学规划领导小组办公室,2007.

[52]青岛地方教育史志及岛城历史名校名人研究(山东省教育科学"十一五"规划重点课题:2008ZJ008).济南:山东省教育科学规划领导小组办公室,2008.

[53]历史文化名人与青岛教育人文生态研究(山东省人文社会科学课题:13-ZC-WH-05).济南:山东省人文社会科学课题管理办公室,2013.

[54]卫礼贤与近代青岛新式学校教育研究(青岛市社会科学规划项目:QDSKL1501132).青岛:青岛市哲学社会科学规划管理办公室,2015.

[55]蔡元培与民国青岛教育研究(青岛市社会科学规划项目:QDSKL1701203).青岛:青岛市哲学社会科学规划管理办公室,2017.

[56]青岛近代教育史(青岛市社会科学规划项目:QDSKL1901258).青岛:青岛市哲学社会科学规划管理办公室,2019.

表索引

表 0-1　明清时期青岛地区科举世家进士情况抽样分析表　/18—19

表 2-1　五年制胶澳蒙养学堂课程及授课时数表　/66

表 2-2　胶澳船坞工艺厂华人徒工学校各年招生数及留用工匠数　/83

表 2-3　青岛特别高等专门学堂各科各学期总课程表　/111—112

表 3-1　青岛(日本)第一寻常高等小学校各分教场比较统计表　/124

表 3-2　1921 年私立青岛(日本)学院各科学生统计表　/128

表 3-3　日本第一次占领青岛时期增设公学堂一览表　/130

表 4-1　1922—1928 年胶澳商埠公署/局教育经费投入表　/152

表 4-2　1928 年胶澳商埠公立小学情况统计表　/155—156

表 5-1　1936—1937 学年度青岛市中小学校历　/189

表 5-2　1929—1937 年青岛市教育费总支出一览表　/191

表 5-3　1932—1934 年青岛市新(扩、改)建校舍资金投入统计表　/194

表 5-4　1934 年青岛市市立、私立中学收费情况一览表　/196

表 5-5　1935 年青岛市小学生年龄人数统计表　/200

表 5-6　1935、1936 年青岛等"院辖市"私塾情况统计比较表　/203

表 5-7　1936 年青岛市小学校校况统计表　/208

表 5-8　1930—1932 年青岛高中毕业生升学状况统计表　/212

表 5-9　1935 年青岛市中学生籍贯人数统计表　/217

表 5-10　20 世纪 30 年代青岛市中等学校校况分类统计表　/218

表 5-11　1929—1933 年青岛华新纱厂职工补习学校情况统计表　/224

表 5-12　1934—1937 年青岛中等教育经费分配表　/230

表 5-13　1933 年青岛市立、私立小学教师性别学历比较表　/235

表 5-14　青岛市第三届小学教师暑期学校教学预定进度表　/239

表 5-15　1933—1935 年青岛市小学教师平均月薪统计比较表　/245

表 5-16　1934 年青岛民众学校各科教学时数分配表　/248

表5-17　1936—1937学年度青岛市中小学仪式政治活动一览表　/262

表5-18　1936年春假青岛男子中学生服劳役成绩表　/271

表5-19　民国青岛体育毕业会考(高中)田径评判标准　/286

表5-20　青岛市立黄台路小学学生卫生调查表　/287

表5-21　青岛市民众学校视导情况记录表　/297

表5-22　1934年青岛薛家岛区学校布局与学生入学情况调查表　/304

表5-23　1930—1935年国立青岛/山东大学经费收入表　/308

表5-24　1930—1935年国立青岛/山东大学财政支出情况表　/309

表5-25　国立青岛/山东大学历年学生情况表　/315

表5-26　1935年国立山东大学机械工程学系必修课程表　/317

表6-1　1939年日伪青岛特别市教育局主要职员表　/328

表6-2　七七事变前后青岛市中小学学校学生数统计表　/334

表6-3　1944年上半期青岛市市区、乡区各类中小学校概况表　/342

表6-4　日本第二次侵占时期青岛日本中学年度学生情况表　/350

表6-5　1940年日本驻青机关举办日语学校/院情况表　/357

表6-6　1938年青岛小学教学科目及每周教学分数表　/368

表7-1　1946年上半年青岛市教育经费概况表　/395

表7-2　1947学年度第二学期青岛市小学幼稚园收费最高标准表　/398

表7-3　1946年青岛市市民受教育程度调查统计表　/399

表7-4　1946—1947年青岛市国民学校民教部入学人数统计表　/400

表7-5　1945年11月青岛崂西区小学校一览表　/404

表7-6　1946年青岛市学龄儿童调查表　/406

表7-7　1947年青岛市实业团体员工子弟学校一览表　/409

表7-8　1945年12月青岛市中学校一览表　/414

表7-9　1947年青岛外国教会中学概况表　/422

表7-10　1949年解放前青岛"流亡学校"概况表　/425

表7-11　1946年国立山东大学新生报考录取统计表　/432

表7-12　山大医学院附设护士学校第一学年第一学期课程表　/437

表7-13　1947年国立山东大学中文系第三学年专业分组及导师表　/439

表7-14　1946—1949年国立山东大学各系学生统计表　/442

后　记

　　说来惭愧，我是在熬了几乎半个世纪的教育生涯后，才想到炮制一个希望能产生丁点儿影响的小册子的。窃喜的是，我记起了德国史学家鲍尔生的一句话：最足以鼓舞人们对于未来抱有无限希望的，莫过于教育史。这个"希望"让我意识到该使劲的地方，于是我一头扎进了青岛教育的史海中，"吭哧"了几年，好歹把一部付梓前仍不甚满意的史稿诚惶诚恐地奉献给读者。

　　其实，"让历史告诉未来"并非我之孤言独语。可以这样说：不了解历史的人缺乏生命成长的坚实根基；对工作之地的教育过往一无所知或知之甚少的教育者，难有真眼力和大作为。一些所谓教育的"新理念"和"新举措"出笼不久即遭土崩瓦解的原因之一，是没有站在历史的维度去连接时空。教育本质上是具有时间性的，即在时间的长河中连接过去和未来，一个社会的历史与未来必然由教育承接和发展。如果在通向未来的道路上存在难以克服的障碍，史家始终应当关注的不是当下的看客，而是将来读史的人。不过，真要铺下身子治史，为今后青岛教育专题史书写构建一个借鉴基础，使其具有一定的思想意义和研究价值，实在太难太难了。

　　可能是梁启超先生说过治史必先给两个人物纂年谱、做传记之类的话，我便认了实。大概有10年的时间，我一直苦苦寻找两个与青岛教育历史深有关联的人。因一时无从下手，我又将搜索的视野伸向群体性人物圈。沿着这条十分苛刻的研究路线，我将初步收获分别写成《20世纪30年代青岛教育界作家群研究》和《旅寓青岛教育名人现象研究》两个册子之后，终于发现了那两个值得分别做传的人。于是，2015年《卫礼贤与近代青岛新式学校教育研究》、2017年《蔡元培与民国青岛教育研究》与读者见面了。从卫礼贤身上，我摸到了青岛近代教育史的脉络；通过蔡元培，我了解到了民国青岛教育史的梗概。想来，任公先生之言诚不我欺，当初所有的努力都为了这部史稿。这样，为1949年以前青岛教育画一个轮廓，我心里有了底。

　　当然，要想写好这部史稿，至少做到纵不断线、横不丢面，进而达到史论交融、标新立异，绝非易事。青岛教育史的独特魅力在于城市的特殊性。1891年建置，但不久便被德国租借，日本觊觎并借1914年第一次世界大战占领青岛。巴黎和会的僵局导致华盛顿会议的干预，迫使日本在1922年将青岛归还中国。几年后，南京国民政府从北洋军阀手中接管了青岛，1937年七七事变致使青岛再次沦陷。1945年以后青岛的历史多有美军染指，1949年6月2日解放的青岛是长江以北最后一座"孤城"。由于特殊的地缘及特定的政治、经济、文化因素，青岛19世纪末至20世纪上半叶的历史曲线与同期中国任何一个沿海、沿江城市迥然不同，其教育的独特之处尤其表现为近代历史转型时期的突变性、包容性和阶段性。毋庸讳言，青岛被很多人斥为"文化沙漠"，我却庆幸生于斯长于斯，庆幸在这片"沙漠"里获得了有资格言说的生活经验，也庆幸走进了地方教育史这片一般人鲜少光顾的"绿洲"。我沉浸其间，缀成文字，以期释怀。

在追梦的路上，我丝毫不敢懈怠，总有兢兢焉不克负荷之感。我深知，自己扮演着"客串"的角色，必得吃够跨界的苦，尤其是选择了截面史范式，更是苦不堪言。近代青岛教育是民族压迫下国人出于挽救危机进行的变革传统教育的选择。在这一过程中，内在的选择与努力是主因，外来的楔入和冲击是诱因，是既有教育传统与文化现代性因素交互影响与作用的结果。因之，我首先服膺客观主义的史学立场，秉笔直书，不为一己之爱憎所左右，不因怜惜或敬佩而笔下留情；同时我又坚持用史家的思维方式，将一切目前所确知的事实性材料视为阐扬介引，负起对未来的思想责任。换言之，我的史稿必须通过对历史客体（"自在之物"）的分析研究，进入史家认识视野转化成为认识客体而存在（"为我之物"）。这种精神生产实践既需弘毅而为下大海捞针般的工夫，更须将点滴经验进化为富有智慧的直觉与悟性。不能抱怨挖掘、淘洗、甄别尘封旧事的艰辛，其实更困难的是沉潜向下的后置视角和述史笔致。在历史的横断面上用劲，势必摈弃通史和分卷史的规制，把杠杆伸向切当的支点，使史稿能够筑起生动、鲜活的时代场景，在贴切的历史语境中饱满呈现，真正获得质量意义上的成功。

写到文末，仍言不尽兴，莫可奈何。其实，我一直渴念静水深流的学术体验和素面朝天的人生坦然，除此别无他求。历史就是这样冷酷而诡谲，有些页码翻过去就翻过去了，有些页码却永远也翻不过去，属于后一种的，历史的深处自有它的位置。

希望我做的能如我愿：呼唤并集合更多的同志和友朋走进青岛教育史园地，用记忆温存过去，让历史告诉未来。

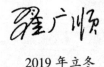

2019年立冬